Estética

György Lukács em Budapeste, Hungria, em 5 de setembro de 1945.

György Lukács

Estética
A peculiaridade do estético

VOLUME 1
Questões preliminares e de princípio

Tradução
Nélio Schneider

Revisão técnica
Ronaldo Vielmi Fortes

Apresentação
José Paulo Netto

Traduzido de: György Lukács, *Die Eigenart des Ästhetischen* (2. ed., Berlim/Weimar, Aufbau, 1987), 2 v.

Direção-geral Ivana Jinkings
Edição Pedro Davoglio
Coordenação de produção Livia Campos
Assistência editorial Marcela Sayuri
Tradução Nélio Schneider
Revisão da tradução Ronaldo Vielmi Fortes
Preparação Mariana Echalar
Revisão Thaís Nicoleti de Camargo
Capa Bloco Gráfico
Diagramação Antonio Kehl

Equipe de apoio Ana Slade, Davi Oliveira, Elaine Ramos, Frank de Oliveira, Frederico Indiani, Glaucia Britto, Higor Alves, Isabella Meucci, Isabella Teixeira, Ivam Oliveira, Kim Doria, Luciana Capelli, Marina Valeriano, Marissol Robles, Maurício Barbosa, Raí Alves, Renata Carnajal, Thais Rimkus, Tulio Candiotto, Victória Lobo, Victória Okubo

CIP-BRASIL. CATALOGAÇÃO NA PUBLICAÇÃO
SINDICATO NACIONAL DOS EDITORES DE LIVROS, RJ

L98e
Lukács, György, 1885-1971
Estética : a peculiaridade do estético, volume 1 / György Lukács ; tradução Nélio Schneider. - 1. ed. - São Paulo : Boitempo, 2023.
536 p. ; 23 cm. (Biblioteca Lukács)

Tradução de: Die eigenart des ästhetischen
ISBN 978-65-5717-315-2

1. Estética. 2. Arte - Filosofia. I. Schneider, Nélio. II. Título. III. Série.

CDD: 701.17
23-86013 CDU: 7.01

Meri Gleice Rodrigues de Souza - Bibliotecária - CRB-7/6439

A tradução deste livro foi apoiada por uma doação do Goethe-Institut.

1ª edição: setembro de 2023

BOITEMPO
Jinkings Editores Associados Ltda.
Rua Pereira Leite, 373
05442-000 São Paulo SP
Tel.: (11) 3875-7250 / 3875-7285
editor@boitempoeditorial.com.br
boitempoeditorial.com.br | blogdaboitempo.com.br
facebook.com/boitempo | twitter.com/editoraboitempo
youtube.com/tvboitempo | instagram.com/boitempo

A Biblioteca Lukács

Desde 2010, a Boitempo desenvolve sistematicamente o projeto de publicação das obras de György Lukács (1885-1971). O diferencial dessas edições, em face das anteriores de textos lukácsianos em português, não se reduz ao esmero da apresentação gráfica nem ao cuidado na escolha de especialistas para a redação dos subsídios (prefácio, posfácio, texto para as orelhas e para a quarta capa dos volumes) oferecidos ao público. O diferencial consiste na tradução – com revisões técnicas –, que se vale dos originais alemães e foi devidamente autorizada pelos detentores dos direitos autorais.

A Boitempo não se propõe a entregar ao leitor de língua portuguesa as obras completas de Lukács, como também não ambiciona elaborar – no sentido estrito – edições críticas. O projeto em curso ousa oferecer o essencial do pensamento lukacsiano em traduções confiáveis e dignas de crédito, posto que se conhecem a complexidade e a dificuldade da tarefa de verter textos tão densos, substanciais e polêmicos.

Aos livros anteriormente publicados (*Prolegômenos para uma ontologia do ser social*, 2010; *O romance histórico*, 2011; *Lênin* e *Para uma ontologia do ser social I*, 2012; e *Para uma ontologia do ser social II*, 2013), juntaram-se *Reboquismo e dialética* (2015), que inaugurou uma nova fase do projeto, batizado como Biblioteca Lukács, *Marx e Engels como historiadores da literatura* (2016), *O jovem Hegel* (2018), *Essenciais são os livros não escritos* (2020) e *Goethe e seu tempo*. A *Estética*, v. 1 é o sexto lançamento dessa nova fase.

Verifica-se como, ao longo de quase uma década, com o trabalho de tradutores de competência comprovada, de revisores técnicos de alto nível e com subsídios de intelectuais destacados, vem avançando a missão de divulgação para o leitor brasileiro do pensamento daquele que foi o maior filósofo marxista do século XX. E a Boitempo, empenhada em alcançar seu objetivo, tem orgulho de contar, na equipe responsável pela Biblioteca Lukács, com a colaboração permanente dos professores José Paulo Netto e Ronaldo Vielmi Fortes, coordenadores da coleção.

Sumário

Apresentação
Lukács: o longo caminho até a *Estética*

José Paulo Netto

À memória de Carlos Nelson Coutinho (1943-2012)

Este é o primeiro dos quatro volumes da *Estética*, de György Lukács, com os quais a Boitempo entregará ao leitor de língua portuguesa a obra que o filósofo húngaro concluiu em fins de 1962 e viu publicada no ano seguinte. De acordo com o autor, a *Estética*, além do material desses quatro volumes, constituintes de uma primeira parte e tão somente dedicados a fundamentar em termos filosóficos a *peculiaridade do estético*, implicaria ainda duas outras partes – uma segunda, que examinaria *a obra de arte e o comportamento estético*, e uma terceira, centrada no tratamento da *arte como fenômeno histórico-social*.

Já na abertura do presente volume, inaugural da primeira parte da *Estética*, Lukács adverte ao leitor que a concretização da fundamentação referida, explicitando sobretudo – como, aliás, ocorreria na segunda parte – uma *análise categorial-dialética*, exigiria um trato especificamente *histórico*, a ser desenvolvido na terceira parte. Somente a leitura integral das três partes propiciaria a plena compreensão da sua obra; em especial nas páginas deste primeiro volume, Lukács promete reiteradamente ao leitor que mais adiante voltará a tematizar em profundidade questões que nele são apenas minimamente tangenciadas, ao mesmo tempo que (frisando a relevância dos fundamentos aqui apresentados) insiste na sua importância basilar. Assim, este primeiro volume, dispondo de alguma autonomia no conjunto da *Estética*, é de leitura imprescindível para a compreensão da totalidade do pensamento lukacsiano no domínio da análise crítico-dialética – materialista – do fenômeno artístico[1].

Pois bem: sabe-se que a segunda e a terceira partes do plano original de Lukács jamais foram redigidas (por isso, a *Estética*, concluída em dezembro de 1962 e publicada em junho de 1963, é também referida como *Estética I*). Mal concluídas as páginas dos quatro volumes que a Boitempo começa agora a editar, o velho pensador procurou desenvolver o que lhe parecia, da sua perspectiva *então tornada explicitamente ontológica*, a introdução a uma necessária fundamentação do que seria a ética da sua maturidade[2]; contudo, o que haveria de ser um ensaio introdutório, de extensão determinada e precisa, converteu-se no seu grande e derradeiro esforço teórico: a sua obra centrada na *ontologia do ser social*[3].

Nesta "Apresentação" ao primeiro volume da edição da Boitempo da *Estética*, interessa-me sobretudo rastrear o longo processo que levou à elaboração teórico-filosófica da obra – daí que notações de caráter biobibliográfico mais amplo pareceram-me relevantes para situar, mesmo que sumariamente, a *Estética* na larga e complexa trajetória intelectual do autor (e, de modo especial, para sinalizar uma documentação mínima aos leitores mais jovens)[4]. Com efeito, o projeto de Lukács de elaborar uma teoria estética já se inscrevia, é certo que embrionariamente, no seu horizonte intelectual antes da sua adesão ao pensamento marxiano e à tradição marxista – como o comprova a redação, entre 1912 e 1918, dos textos que foram publicados integral e postumamente como a sua inconclusa *Estética de Heidelberg*[5].

A produção dos anos de juventude

Nascido a 13 de abril de 1885, Lukács foi um pensador que produziu intensivamente: até poucos meses antes de falecer, a 4 de junho de 1971, continuou acrescendo uma obra de extraordinária e reconhecida dimensão. Da sua precoce estreia na imprensa húngara (1902) aos seus derradeiros escritos (1970-1971), Lukács foi-se impondo, no longo curso da sua jornada, como referencial de originalidade e largueza de horizontes, alcançando enfim o estatuto de uma das figuras mais notáveis da intelectualidade europeia do século XX.

Seu pai, um hábil gestor bancário situado comodamente nos estratos superiores da sociedade austro-húngara (foi enobrecido em 1901), desde logo percebeu os dotes intelectuais do filho e lhe garantiu todas as condições para uma privilegiada formação intelectual[6]. Entre 1902 e 1906, além de publicar em periódicos húngaros (*Magyar Szalon* (Salão húngaro), *Huszadik Század*

(Século XX)), o rapaz fez estudos universitários sistemáticos, graduando-se em jurisprudência em Budapeste e preparando o doutoramento em direito em Kolozsvár; seu doutorado foi-lhe chancelado depois pela Universidade de Budapeste (o título lhe foi cassado, em 1920, pela ditadura de Horthy)[7]. Já então o pai estimulara Lukács a criar, com amigos, o grupo de teatro Thália (para o qual o jovem escreveu algumas peças)[8] e, nos anos seguintes, a passar temporadas em Berlim (assistindo a cursos de Georg Simmel, de quem se torna próximo) e Florença, dedicando-se especialmente a estudos sobre a arte[9].

Desde bem cedo, Lukács revelou o que seria um traço muito próprio do seu perfil intelectual: a sua metódica dedicação à pesquisa criativa – foi, ao largo de toda a sua vida, um trabalhador incansável[10]. Já em 1908 tem pronta aquela que seria a sua primeira obra significativa, uma grande *História do desenvolvimento do drama moderno*[11]; em seguida, publica (em húngaro, em 1910 e, no ano seguinte, em alemão) *A alma e as formas*[12]. Um leitor apaixonado desse livro afirmou, na entrada dos anos 1960, que ele marca "uma data essencial na história do pensamento contemporâneo", com Lukács retomando "a grande tradição da filosofia clássica ao colocar no centro das suas preocupações o problema das relações entre a vida humana e os valores absolutos" – e chega a escrever que, com *A alma e as formas*, provavelmente "começa na Europa o renascimento filosófico que se seguiu à Primeira Guerra Mundial e que ulteriormente será designado pelo nome de existencialismo" (e lembra, ao fazer essa notação, que Kierkegaard – autor que, no livro de Lukács, recebera uma atenção central – era então quase desconhecido)[13].

Nesses poucos anos, os textos de Lukács atraem a atenção de figuras importantes da cultura alemã e quando, na primavera de 1912, Ernst Bloch, que o conhecera dois anos antes, o convence a fixar-se em Heidelberg, ele encontra ali um ambiente universitário amistoso e estimulante, que o acolhe favoravelmente[14]. Assiste a aulas de Wilhelm Windelband e Heinrich Rickert, aproxima-se de Emil Lask, Ferdinand Toennies, Friedrich Gundolf e, muito particularmente, de Max Weber; com este, estabelece fortes relações pessoais, de mútuo respeito e admiração – o sociólogo alemão, à época editor, com Werner Sombart, do *Archiv für Sozialwissenschaft und Sozialpolitik* (Arquivos de Ciências Sociais e Política Social), abre-lhe as portas do seu círculo intelectual e as páginas do respeitado periódico, no qual se veiculam textos de Lukács entre 1914 e 1916[15].

Pouco antes de deslocar-se para Heidelberg, em 1911, Lukács sofre dois duros golpes: a morte de Leo Popper – aos 25 anos –, seu grande amigo, e o suicídio – com pouco menos de 30 anos – de Irma Seidler, à qual o ligavam laços afetivos profundos e complexos[16]. O jovem filósofo experimenta, de fato, uma crise existencial, no curso da qual seu quadro anímico explicita notáveis tensões[17] – crise que se agrava com a emergência do nacionalismo/belicismo que então se generaliza na Europa e deságua na Primeira Guerra Mundial, a que ele assiste com repugnância. Acentuam-se a sua já pronunciada rejeição à ordem social burguesa (ou em processo de aburguesamento) e as expressões culturais a ela conexas e a consciência da necessidade de uma sociabilidade radicalmente diversa da possível na sociedade burguesa. Ao tempo, Lukács avança na sua leitura de Dostoiévski, escritor em que vislumbra novas alternativas literárias e éticas – e eis que projeta um estudo sobre o romancista russo[18]. Essa crise será superada nos desdobramentos imediatos da guerra, especialmente a Revolução de Outubro, com o filósofo, em 1918, ingressando no movimento comunista.

É em Heidelberg que Lukács escreve, durante o inverno de 1914-1915, a obra mais célebre do seu tempo passado na cidade: *A teoria do romance*[19]. Nela, Lukács apresenta e analisa as formas da grande literatura épica, mostra a constituição histórica do romance, suas condições e significação histórica, elabora uma original tipologia da forma romanesca, oferecendo a esta um trato inovador, e aborda de modo radicalmente criativo a figuração do *herói* romanesco e a função da *ironia* na estrutura do romance. *A teoria do romance* condensa uma tal riqueza teórico-analítica (envolvendo apreciações inéditas, entre outros, de Cervantes, de Goethe e de Tolstói) que não poderia menos que provocar o entusiasmo de eruditos e cultos como Max Weber e Max Dvorák.

Mas *A teoria do romance* importa sobretudo porque marca um giro muito relevante no universo teórico-filosófico de Lukács: no livro começa a registrar-se a ultrapassagem dos influxos kantianos e neokantianos que desde 1907 subjaziam aos escritos do autor, como ele mesmo reconheceu nos anos 1930[20]. É em Heidelberg que o filósofo começa a liberar-se de tais influxos e a apropriar-se do legado filosófico de Hegel: então, a concepção hegeliana (idealista objetiva) desloca os supostos provindos de Kant – está em curso o trânsito de Lukács "de um estágio intelectual pré-dialético a outro, onde a concepção da realidade como um conjunto dotado de movimento e fluidez conduz ao abandono da preocupação metodológica formalista [...] e à historicização de conceitos e categorias"[21].

Está claro que os anos de Heidelberg marcam um avanço na evolução intelectual de Lukács. A maioria dos conhecedores da sua obra consigna, no curso do trânsito assinalado, a sua progressiva assimilação de novos referenciais teórico-metodológicos, abrindo distintas vias ao seu desenvolvimento intelectual. Tratando do giro mencionado linhas acima, há analistas que magnificam a sua ponderação, situando ali uma inflexão de grande peso – p. ex., Peter Ludz vê nele a abertura de um novo período na evolução de Lukács, e outro pesquisador, Henri Arvon, também o ressalta ao mapear a trajetória do autor d'*A teoria do romance*[22]. A detecção de giros – de fato existentes – na obra lukacsiana não deve, porém, conduzir a segmentações de ordem tal que induzam à narrativa falaciosa acerca da existência de muitos Lukács, até mesmo contrapostos. Ainda que seja necessário relativizar algumas afirmações peremptórias do filósofo[23] e ainda que periodizações da sua evolução tenham sido objeto de debate, o signatário desta "Apresentação" está convencido de que a obra de Lukács dispõe de uma *continuidade* – como diz Mészáros, uma *continuidade dialética*: "a unidade entre continuidade e descontinuidade", garantida por "uma ideia sintetizadora fundamental"[24]. Eis por que, nestas páginas que o leitor tem diante dos olhos, não destaco – tratando das produções do filósofo – uma "fase" ou um "período" a ser propriamente designado como sendo o do *jovem Lukács*, antes referindo-as como produções da juventude[25].

Entre 1915 e 1917, Lukács passa temporadas entre Heidelberg e Budapeste, publicando materiais em revistas alemãs e húngaras. Em Heidelberg, prossegue suas investigações estético-filosóficas; em Budapeste, dispensado do serviço militar (para o que lhe valeu a influência do pai), exerce funções burocráticas num departamento oficial de censura – mas aplica-se a novos estudos e dedica-se a atividades culturais. Com um grupo de amigos, cria, em 1915, o cenáculo que ficou conhecido como Círculo Dominical – que reunia regularmente intelectuais que logo haveriam de destacar-se no mundo da política e/ou cultura[26]. O teórico sindicalista Ervin Szabó[27] – figura muito respeitada pelo filósofo, fundador de uma Organização Socialista de Estudantes (1902), com a qual Lukács tivera contato – estimulou alguns dos intelectuais do Círculo Dominical a irem além dos limites do cenáculo; surgiu assim a Escola Livre das Ciências do Espírito, que, em 1917, promoveu uma série de conferências públicas, de que participaram os futuramente grandes compositores Béla Bartók e Zoltán Kodály[28]. À época, sob a influência de Szabó, Lukács estuda textos de Rosa Luxemburgo, Anton Pannekoek e Georges Sorel e volta a uma leitura de escritos marxianos (que, com a lente de Toennies, Simmel e Weber, examinara – com interesses estritamente sociológicos – em fins da primeira década do século XX)[29]. Lukács, decerto sem o saber, avançava no rumo que o haveria de conduzir à grande, à maior inflexão (teórico-filosófica e política) de toda a sua vida.

Lukács marxista

Em 2 de dezembro de 1918, aos 33 anos de idade, Lukács ingressa no recém-fundado Partido Comunista da Hungria – e sabemos que, até o fim da sua vida, ele considerava essa decisão "a maior viragem, a mais importante conquista da minha evolução pessoal"[30]. Então, o partido, fundado doze dias antes, não contava com mais de cem aderentes e Lukács, já filiado a ele, ainda viu publicado um ensaio ("O bolchevismo como problema moral") em que relatava os seus dilemas diante da opção que acabara de fazer[31]. A revolução bolchevique – estímulo direto também para a fundação do Partido Comunista húngaro[32] – foi, sem qualquer dúvida, o deflagrador da "maior viragem" da vida de Lukács: "Somente com a Revolução de Outubro se abriu [...] para mim uma perspectiva de futuro na própria realidade"[33].

Poucos meses depois, quando a revolução irrompeu na Hungria e se instaurou, em março, a república soviética (que foi afogada em sangue em fins de julho), o filósofo desempenhou importantes tarefas culturais e até esteve ativo na frente bélica – foi vice-ministro da Educação, em junho assume a direção desse ministério e, na defesa da república, exerce a função de comissário político da 5ª Divisão do Exército Revolucionário[34]. Derrotada a revolução e imposto a ferro e fogo o regime ditatorial de Horthy, o filósofo é investido de responsabilidades na direção/organização do partido e, após breve período de clandestinidade, vê-se obrigado a exilar-se em Viena; condenado à morte *in absentia* por Horthy, a polícia austríaca o prende, em outubro, para entregá-lo aos novos senhores de Budapeste – em novembro, uma ampla mobilização de respeitados intelectuais europeus (entre os quais Franz F. Baumgarten, Alfred Kerr, Paul Ernst, R. Beer-Hoffman, os irmãos Thomas e Heinrich Mann) impediu a sua extradição. Libertado no fim de dezembro, Lukács viveu em Viena até 1929[35].

Nesses dez anos de exílio, o filósofo mergulhou profunda e ativamente na luta político-partidária. No interior do seu partido, Lukács, utilizando-se do codinome *Blum*[36] e opondo-se a Béla Kun, vinculou-se à fração liderada por Jenö Landler[37] e atuou com destaque na organização da resistência a Horthy –

sua atividade compreendia viagens clandestinas à Hungria, voltadas para intervir na organização partidária (em 1929, por exemplo, chegou a passar três meses no país). Ao mesmo tempo, ganhou notoriedade na imprensa comunista internacional, coeditando o periódico teórico-político *Kommunismus*, órgão da Internacional Comunista[38], e participando de vários eventos por ela promovidos (inclusive do III Congresso da organização, em Moscou, em 1921, quando conheceu Lênin e Trótski). Então, o posicionamento político de Lukács mesclava proposições colidentes – como o próprio filósofo observou décadas depois, nele havia "um dualismo: no plano internacional éramos sectários messiânicos; nas questões húngaras, ao contrário, éramos políticos realistas"[39].

Esses anos da primeira intervenção político-partidária direta de Lukács (porque, como se há de ver, outra, a segunda, breve, ocorrerá entre 1945 e 1948 e uma terceira, mais breve ainda, em 1956) concluíram-se em 1929. Falecido Landler, a direção efetiva dos opositores de Béla Kun passou às mãos de Lukács; preparava-se o II Congresso (clandestino) do partido húngaro e Lukács redigiu o informe que a fração landleriana deveria levar ao debate congressual – informe que, posteriormente, sob o título de *Teses de Blum*, se tornou tão famoso quanto pouco consultado[40]. Confrontando-se com a orientação de Béla Kun, que contava com apoios moscovitas importantes, Lukács sustenta, nessas *Teses*, que a atividade do partido não teria por primeiro objetivo instaurar *a ditadura do proletariado*, mas uma necessariamente prévia *ditadura democrática dos operários e camponeses* (como Lênin formulara em 1905)[41]. No momento mesmo em que a Internacional Comunista, no seu VI Congresso (1928), dirigia a sua estratégia e a sua tática para a luta pela ditadura do proletariado, Lukács colocava como objetivo dos comunistas húngaros a ditadura democrática – dissociando-se, obviamente, das formulações do VI Congresso (e da sua política de "classe contra classe")[42]. A reação foi imediata: o centro moscovita endereça aos comunistas húngaros uma "Carta aberta" em que condena a tática e a estratégia propostas por Lukács e o filósofo logo faz uma autocrítica pública e renuncia às atividades político-partidárias[43]; graças a essa autocrítica formal e ao seu afastamento da militância prática direta, ele pôde permanecer vinculado ao movimento comunista internacional e participar organizadamente da luta contra o fascismo[44].

Todavia, essa década no exílio esteve longe de se reduzir ao ativismo prático-político: foi também uma fase de mais detida aproximação a fontes seminais da tradição marxista, que permitiram ao filósofo – sem abandonar temáticas

(p. ex., as de caráter ético e histórico-filosófico) que o preocupavam desde os anos anteriores – aprofundar a crítica a interlocutores que já conhecia (p. ex., Max Weber) e dialogar com autores de trato mais recente (p. ex., Rosa Luxemburgo, Lênin e Bukharin). De fato, nesse decênio Lukács articulou, não sem problemas, a sua intervenção prático-política com avanços teórico-filosóficos muito relevantes e escreveu artigos e ensaios de inquestionável importância.

Logo no começo do exílio, de Lukács publicou-se em húngaro, em maio de 1919, o que alguns biógrafos consideram o seu primeiro "livro marxista" – *Tática e ética*, uma coletânea de ensaios cuja maior parte foi redigida na sequência do ingresso do autor no Partido Comunista, mas antes da constituição da República soviética húngara[45]. Já do curso da terceira década do século, refira-se o ensaio sobre *Lênin*[46], escrito e publicado em 1924, logo após a morte do líder russo; como salientou o próprio autor, no posfácio de janeiro de 1967 que anexou ao ensaio, "este escrito é puro produto dos anos 1920"[47] – mas o *Lênin* já denota, a meu juízo, um inicial *afastamento* do messianismo utópico que então lastreava o pensamento lukacsiano (ver especialmente a seção 6 do ensaio, significativamente intitulada "*Realpolitik* revolucionária")[48].

Cerca de um ano antes de publicar o *Lênin*, Lukács refunde e colige materiais que publicara a partir de 1919 para compor *História e consciência de classe*. Saindo dos prelos em 1923, esse livro acabará por se tornar, no dizer de Kostas Axelos (um dos responsáveis pela sua edição francesa, aliás desautorizada por Lukács), a "obra maldita do marxismo"[49]. De fato, os ensaios reunidos em *História e consciência de classe* ganharam à época aplausos calorosos (Ernst Bloch, Karl Korsch) e, simultaneamente, provocaram críticas de figuras como Karl Kautsky e duros ataques, estes especialmente divulgados pela imprensa vinculada à Internacional Comunista (em cujo V Congresso, de 1924, a obra foi "condenada")[50]. Especialmente a partir de meados dos anos 1950 – quando Maurice Merleau-Ponty publicou *As aventuras da dialética* (1955) –, a "obra maldita" de Lukács despertou grande interesse, com distintos pesquisadores identificando nela um ponto de arranque do chamado *marxismo ocidental*[51]. E, dada a relevância que a obra de fato possui, é necessário, mesmo que em exíguos parágrafos, indicar minimamente uns poucos dos seus traços característicos.

Os "oito ensaios de dialética marxista" que compõem *História e consciência de classe* tematizam objetos distintos, mas vinculados por uma perspectiva teórica e política que lhes confere singular unidade. No plano teórico, Lukács conduz a sua polêmica em duas frentes: contra o "marxismo vulgar" da Segunda

Internacional e sua vertente revisionista (Bernstein) e contra o positivismo acrítico das ciências sociais "burguesas". Em face de ambos, ele realça a peculiaridade do *marxismo ortodoxo* (que distingue de qualquer dogmática), consistente na rigorosa aplicação do que então compreendia como a *dialética materialista*, necessariamente revolucionária. No plano político, compartilhando das expectativas – embasadas na ideia de um rápido exaurimento do capitalismo, este pensado sobretudo como sistema de *relações mercantis* – de uma iminente revolução em escala mundial, defende teses (teóricas e práticas) inspiradas em Rosa Luxemburgo.

Em *História e consciência de classe*, Lukács sustenta a ideia de uma fronteira infranqueável entre o marxismo e a(s) ciência(s) social(ais) "burguesa(s)". A fronteira é marcada pela *perspectiva da totalidade*: a sociedade só pode ser teoricamente (cientificamente) estudada a partir do "ponto de vista da totalidade", capaz de resolver as *formas sociais* nos seus *processos* históricos; ora, na sociedade burguesa, somente às *classes* é acessível o ponto de vista da totalidade, *mas só o proletariado*, partindo dele, pode conhecer verdadeiramente a realidade social, já que "a sobrevivência da burguesia pressupõe que ela jamais alcance uma clara concepção das condições da sua própria existência". O marxismo, consciência teórica do proletariado, é *a* ciência social; no marxismo, o proletariado, *ao mesmo tempo sujeito e objeto da cognição*, no processo de conhecimento da sociedade se realiza adquirindo a sua *autoconsciência*. Para o proletariado, *conhecer a sociedade é conhecer-se* – e esse conhecimento é a única garantia da possibilidade do êxito da ação revolucionária. Vê-se: essa identificação de sujeito e objeto no processo de conhecimento é típica de um pensamento que, todavia, não chegou a superar radicalmente a filosofia de Hegel – identificação que ainda ignora a crítica marxiana fundamental ao grande mestre contida nos textos de 1844 e 1845-1846[52].

A concepção marxista de *História e consciência de classe* é fortemente hegeliana – e, paradoxalmente, o hegelianismo que a obra de 1923 exsuda, limite das concepções lukacsianas de então, é que responde igualmente pelos avanços teóricos do Lukács de 1923: ele pôde resgatar o tema marxiano da *alienação*, a partir do qual formula, à época de modo pioneiro, a sua teoria da *reificação*. O que fascina no livro é o que, simultaneamente, constitui a sua força e a sua fraqueza: a compreensão do marxismo como um radical *historicismo* (excludente da validade de uma *dialética da natureza*, como a pensada por Engels). O historicismo de *História e consciência de classe* permite a Lukács abrir a via à compreensão de fenômenos e processos específicos da sociedade burguesa consolidada, mas é também a sua fraqueza: é um viés que vulnerabiliza/fragiliza a interpretação da obra de Marx, que, num tal marco, perde o seu *caráter ontológico*, o seu traço mais revolucionário (do ponto de vista teórico) de ser a pesquisa mais profunda e consequente da estrutura e do modo de ser e reproduzir-se do ser social.

A saraivada de críticas à *História e consciência de classe* não provocou nenhuma reação pública de Lukács e, até a segunda metade dos anos 1990, os estudiosos da obra do filósofo não registravam réplicas suas ao que lhe foi assacado na década de 1920. E eis que, em arquivos moscovitas (abertos depois da implosão da ex-União Soviética), foi localizado um texto, redigido em alemão, provavelmente de 1925-1926, no qual Lukács contestava firmemente a dois de seus críticos, Abram Deborin e László Rudas, e que mostra a intenção (irrealizada) de uma defesa pública das suas concepções exaradas em 1923. O leitor interessado pode compulsar o significativo documento, disponível em português desde 2015[53].

Publicada *História e consciência de classe*, a mais dois textos desses anos cabe aludir: um, que faz a crítica do influente manual de Nikolai Bukharin referente ao que seria uma "sociologia marxista", e outro, uma recensão da correspondência de Ferdinand Lassalle – ambos expressivos da argúcia crítica de Lukács e, sobretudo, do curso do discreto movimento que se processava na reflexão ideopolítica do filósofo[54]. E, ainda da produção lukacsiana desses anos, cumpre salientar o relevante ensaio "Moses Hess e os problemas da dialética idealista" – dado à luz em 1926, nele já se apreende o movimento que levará o filósofo a outra inflexão profunda no seu evolver teórico-filosófico e político[55].

O segundo exílio (1930-1945): pesquisa histórico-filosófica, exercício crítico-literário, antifascismo e stalinismo[56]

Liberado a partir de 1929 das lides político-partidárias diretas e imediatas, Lukács desenvolverá, *refundando-a*, a sua elaboração teórico-filosófica, retomando também a sua atividade sistemática no âmbito da crítica e da teoria literárias. Além de fontes já arroladas nesta "Apresentação", vários estudos sobre essa década e meia oferecem um repertório informativo e analítico suficientemente revelador do evolver teórico-filosófico de Lukács, que avança a partir do movimento intelectual apenas aludido no parágrafo anterior[57]. Esses três lustros, 1930-1945, serão decisivos no processamento das pesquisas histórico-

-filosóficas de Lukács e, simultaneamente, do seu exercício crítico-literário – nessa segunda e mais longa experiência do exílio, o seu universo intelectual se enriquecerá e ampliará, operando-se nele uma inflexão teórico-filosófica (com rebatimentos profundos no seu posicionamento ideopolítico) que consolidará as concepções que embasarão o protagonismo que o inscreverá duradouramente no proscênio da história do pensamento marxista[58].

O momento inaugural desse período da trajetória de Lukács, no qual se registra o início da inflexão a que voltarei logo a seguir, é o seu estágio em Moscou, para onde se transfere em dezembro de 1929 e onde permanece até o verão de 1930, vinculado ao Instituto Marx-Engels, dirigido por David Riazanov – e durante o qual começa a sua colaboração intelectual com Mikhail Lifschitz[59]. Trata-se de meses de intensa e acurada pesquisa, nos quais Lukács examina não só textos marxianos ainda inéditos, mas também materiais leninianos que desconhecia[60]. É nesses seus primeiros meses na antiga União Soviética que começa a se constituir o que há pouco designei como a *refundação* da sua concepção teórico-filosófica – que lhe permitirá desenvolver suas ideias numa *perspectiva ontológica*.

O estágio no Instituto Marx-Engels interrompe-se em meados de 1930, quando Lukács se desloca para Berlim para colaborar (sob o codinome *Keller*) no âmbito da política cultural do Partido Comunista Alemão – intervindo especialmente nas polêmicas da Bund proletarisch-revolutionärer Schriftsteller (Federação de Escritores Proletários Revolucionários) e na revista *Die Linkskurve* (Giro à Esquerda). Nos poucos anos que vive em Berlim, Lukács retoma a atividade crítico-literária expressando já traços essenciais da *refundação* em andamento, redigindo materiais de combate, porém carregados de uma nova substancialidade teórica – destaco, dentre eles, apenas alguns: "Os romances de Willi Bredel", "Tendência ou partidarismo?", "Reportagem ou configuração?" e "Gerhart Hauptmann"[61]. Nesses artigos, Lukács enfrenta os dilemas da *literatura proletária* alemã que se estava constituindo com o aval da direção do Partido Comunista; saudando os esforços dos romancistas que estavam a exercitá-la, não deixa de criticar duramente o que julga serem as suas debilidades de forma e de conteúdo (que debita especialmente à insuficiência da concepção de dialética que manejam). Também já então Lukács avança a crítica – que aprofundará nos anos seguintes – a referências estético-filosóficas influentes entre os marxistas (p. ex., as formulações de Franz Mehring). Provavelmente ainda do final desse período berlinense, ou pouco depois dele,

Lukács redige um significativo ensaio – "Grande Hotel Abismo" –, em que disseca como a crítica (r)estritamente cultural da sociedade burguesa na era do imperialismo é neutralizada e incorporada por essa mesma sociedade[62].

A estância berlinense de Lukács vê-se interrompida pela ascensão de Hitler: logo depois que o genocida e suas hordas chegam ao poder, Lukács ruma para a antiga União Soviética – o operador da "ditadura terrorista aberta dos elementos mais reacionários, mais chauvinistas, mais imperialistas do capital financeiro"[63] e fautor do Holocausto é tornado chanceler a 30 de janeiro de 1933; Lukács, ameaçado pelas milícias nazistas, fica em Berlim até meados de março e, pelo meio de abril, vai para Moscou, onde permanecerá até a libertação da Hungria[64].

Esses anos do segundo exílio não decorreram sem sobressaltos e são de algum modo rememorados por Lukács em passagens expressivas de *Pensamento vivido*[65]. Foi especialmente depois dos grandes "processos de Moscou", na segunda metade da década de 1930 – mediante os quais, sabe-se, Stálin liquidou a "velha-guarda bolchevique" e instaurou no país um clima de terror[66] –, que Lukács e sua família experimentaram condições de vida muito adversas, e não só do ponto de vista material[67], em parte derivadas, após a invasão nazista (junho de 1941), da conjuntura excepcional da guerra. Nessa conjuntura, aliás, ele e sua família foram, como muitos escritores exilados, temporariamente deslocados de Moscou para Tashkent por cerca de um ano[68]. Mas as dificuldades materiais não eram as mais constrangedoras – pior era a atmosfera política do stalinismo: Lukács teve de se livrar de livros "comprometedores" e a sua hora chegou: ele foi preso pela polícia política a 29 de junho de 1941 e só libertado a 26 de agosto; e não foi o único da família a ser perseguido – seu enteado, Ferenc Jánossy, que então trabalhava numa fábrica em Moscou, ficou preso por anos e só retomou a liberdade em 1945[69].

Cabe agora dedicar algumas linhas à inflexão que se abre nos meses passados pelo pensador comunista em Moscou, entre dezembro de 1929 e o verão do ano seguinte, quando o seu pensamento inicia o movimento teórico-filosófico que, no decurso dos três primeiros quartos da década de 1930, se desenvolveu para formular e consolidar a sua concepção do *caráter ontológico* do legado de Marx (ainda que só assim expressamente considerado por ele cerca de três decênios depois)[70]. Entre os pesquisadores da obra lukacsiana que melhor trataram desse movimento teórico-filosófico – como os já citados Mészáros, Tertulian, Sziklay –, avalio que aquele que mais decisiva e profundamente contribuiu para compreendê-lo foi Guido Oldrini (que, para caracterizá-lo, utiliza não a palavra *inflessione*, mas *svolta* – "virada"), no seu exemplar *György Lukács e i problemi del marxismo del Novecento*[71].

Já se viu, mais acima, que a autocrítica de Lukács em 1929, relativa à sua intervenção política e na sequência da condenação, pela Internacional Comunista, das *Teses de Blum*, foi qualificada por ele como meramente formal e insincera[72]. De natureza inteiramente distinta é a sua autocrítica basicamente teórica de 1933, expressa em texto publicado na revista *Internationale Literatur* (Moscou, n. 2) sob o título "Meu caminho para Marx" – então Lukács afirma que, em *História e consciência de classe*, "problemas decisivos da dialética foram resolvidos de modo idealista (dialética da natureza, teoria do reflexo). [...] Somente [...] depois de quase uma década de atividade prática [...] [e] de esforços intelectuais para compreender Marx, o caráter totalizador e unitário da dialética materialista tornou-se concretamente claro para mim"[73]. *Depois de 1933*, quando voltou os olhos a seus trabalhos anteriores, particularmente dos anos 1920, Lukács (auto)criticou-os honesta, profunda e rigorosamente – como é facilmente verificável seja no já citado prefácio de 1967 a *História e consciência de classe*, seja em várias das entrevistas concedidas nos seus últimos vinte anos de vida[74]; e o ponto essencial do argumento autocrítico que acabei de reproduzir ("problemas decisivos da dialética") é o que mais importa para determinar a inflexão de que agora me ocupo.

Se o cuidadoso exame dos *Manuscritos econômico-filosóficos de 1844* impactou Lukács imediatamente, fê-lo de forma profunda, nada episódica – antes, de modo essencial e duradouramente[75]. O filósofo viu-se compelido a rever *substantiva e estruturalmente* o tratamento que até então conferira a dois núcleos problemáticos "decisivos da dialética", medularmente vinculados em termos reflexivos: o da *objetividade* (material e ideal) da natureza e da sociedade e o da *relação* entre a dialética marxiana e a dialética hegeliana. Com as determinações marxianas explicitadas nos *Manuscritos econômico-filosóficos*, segundo as quais o homem é um *ser objetivo*, *genérico*, *universal* e inextrincavelmente conectado à *natureza* e, especialmente, que essa conexão se efetiva pela *mediação do trabalho*[76] – com tais determinações, Lukács se vê levado a revisar autocriticamente os fundamentos teórico-filosóficos com que operara de 1919 a 1929. E ainda: nos mesmos *Manuscritos econômico-filosóficos*, ele encontra na crítica jovem-marxiana da dialética de Hegel componentes essenciais[77] que lhe impõem uma revisão da sua interpretação (fundante, em larga medida, como já se indicou nesta "Apresentação", das elaborações presentes em *História e consciência de classe*) do cerne metodológico – dir-se-ia melhor: do *núcleo duro* – da obra hegeliana.

Simultânea e igualmente, foi de monta o impacto que lhe causaram em especial as páginas dos *Cadernos filosóficos*, redigidas por Lênin entre setembro e dezembro de 1914 e dedicadas à análise da hegeliana *Ciência da lógica*[78]. Essas reflexões leninianas, conjugadas à crítica a Hegel contida nos *Manuscritos econômico-filosóficos* de 1844, reforçam a necessidade, para Lukács, de revisar as concepções teórico-filosóficas que matrizaram sua concepção (marxista) até então. O acurado exame materialista a que Lênin submete a *Grande lógica* de Hegel (lembre-se que a *Ciência da lógica* foi redigida por Hegel entre 1812 e 1816 e publicada em vida do autor) estabelece uma crítica do idealismo objetivo bem diversa daquela até então predominante entre pensadores marxistas[79]; realmente, Lênin identifica dimensões *filosoficamente* progressistas no estágio intelectual de Hegel tradicionalmente visto como nítida expressão do seu conservadorismo político[80].

As implicações e consequências do trato desses materiais de Marx e de Lênin fizeram com que – no curso dos três primeiros quartos da década de 1930 – as concepções teórico-filosóficas de Lukács experimentassem uma tal inflexão na sua compreensão da dialética – e, pois, da teoria – de Marx que acabou por conduzi-lo ao que aqui designo como *refundação* do seu trabalho teórico (com importantes rebatimentos no seu posicionamento político, como se verá adiante). O Lukács que emerge dessas duas leituras operará com uma análise das relações capitalistas que irá à essência da ordem capitalista, ultrapassando em muito a sua identificação com as relações mercantis (como a que subjaz a *História e consciência de classe*), e que admitirá a vigência de uma *dialética da natureza* (interditada no livro de 1923), construindo uma vinculação antes ignorada ou minimizada em seus escritos entre materialismo *histórico* e materialismo *dialético*. É o Lukács que poderá operar uma sistemática elaboração filosófica em que o lastro *ontológico* do legado de Marx recupera o peso específico que possui na determinação da crítica marxiana da economia política. É o Lukács que, numa clara inflexão do seu pensamento, desenvolverá a sua obra apreendendo o *trabalho* como constitutivo da sociabilidade, tomando – como Marx e Lênin – o conhecimento enquanto *reflexo ideal* do mundo objetivo no cérebro dos homens[81], infirmando de vez a tese da identidade sujeito/objeto no processo do conhecimento e, ademais, deixando definitivamente para trás vieses utópicos e messiânicos.

N'O *jovem Hegel e os problemas da sociedade capitalista*, cujos primeiros esboços datam provavelmente de 1930-1931, com a sua redação concluída em fins de 1938, aparece com nitidez a refundação a que venho me referindo[82]. A análise que faz Lukács do trabalho de Hegel até a *Fenomenologia do Espírito* (1807) demonstra cabalmente a originalidade radical da sua interpretação – e basta cotejar essa análise com outras, de consabida qualidade, produzidas à época[83], para aferir esse traço inegável do alentado ensaio lukacsiano. Ele começa desconstruindo a lenda reacionária segundo a qual Hegel se põe como pensador a partir de um "período teológico", percorre as primeiras concepções hegelianas da história e do presente e desvenda o sentido que a "positividade" tem inicialmente para o pensamento de Hegel; desvela os primórdios da elaboração dialética do grande pensador, caracterizando com rigor os anos passados em Frankfurt (1797-1800), enfatizando a crítica hegeliana à ética de Kant e, *num andamento absolutamente pioneiro*, os seus estudos econômicos e a nova formulação do "problema da positividade"; avança, então, sobre os anos 1801--1803, em Iena, quando, com Schelling, Hegel estabelece a crítica do idealismo subjetivo e prossegue os seus estudos de economia, assinalando seus ganhos e limites e enfrentando as questões do *trabalho* e da *teleologia*; enfim, chega aos anos 1803-1807, ainda em Iena, com Hegel rompendo com Schelling e elaborando a *Fenomenologia do Espírito* – de cuja estrutura oferece uma visão cristalina. Ao largo desse ensaio notável, evidencia-se que Lukács *supera* amplamente algumas das ideias-força que sustentara em anos imediatamente anteriores, como se verifica, p. ex., no tratamento que opera da *alienação*, tomada como conceito central da *Fenomenologia do Espírito*[84]. N'O *jovem Hegel*, está claramente expressa a concepção da dialética materialista assumida por Lukács nesses anos da década de 1930, a qual, a partir de então, fundamenta as suas elaborações teórico-filosóficas e crítico-estéticas, com a assimilação da orientação/direção ontológica constitutiva do pensamento de Marx.

É evidente que uma inflexão como essa, um processo revisional de tal magnitude, com forte conteúdo autocrítico, extremamente complexo e com largas implicações, não resulta da noite para o dia – em especial quando o sujeito que o conduz e experimenta o faz simultaneamente com o desenvolvimento das suas pesquisas e a objetivação dos resultados que está alcançando. No caso de Lukács, tal inflexão decorre basicamente do início do decênio de 1930 a 1937-1938 e pode ser acompanhada com o exame da ensaística então por ele produzida (a que aludirei mais à frente)[85]. Esse marco cronológico parece-me justo: ele toma como ponto de partida – sem desconsiderar o movimento intelectual que emerge já no ensaio "Moses Hess e os problemas da dialética idealista" – o estágio de Lukács em Moscou (1929-1930) e situa a sua culminância na redação destas duas obras-primas: O *jovem Hegel e os problemas da sociedade capitalista* e O *romance histórico*[86].

Quanto a O *romance histórico*, redigido durante o inverno de 1936-1937 e publicado em 1938, Lukács apresenta-o como monografia que entrecruza história e teoria literárias, com o privilégio da sua dimensão teórica, notadamente a *problemática dos gêneros*[87] – com que o autor se ocupa desde a sua juventude e a que dará tratamento original até em escritos posteriores à publicação da *Estética*, como ainda será visto mais adiante. Essa problemática tem n'O *romance histórico* uma abordagem notável (dir-se-ia mesmo inaugural)[88]. Efetivamente, em 1936-1937, Lukács não apenas revisa, sobre bases dialético-materialistas, formulações d'*A teoria do romance*, texto que então se vê plenamente superado; o filósofo avança *novas determinações* distintivas da épica e do drama, desenvolvendo (sob ótica dialético-materialista, repita-se) uma antiga apreensão hegeliana: à diferença do gênero épico, que demanda a figuração de uma *totalidade do objeto*, o drama exige a figuração de uma *totalidade do movimento* – e Lukács concretiza essas determinações axiais no trato, entre outras grandes obras, d'O *rei Lear*, a "maior e mais emocionante tragédia da dissolução da família enquanto comunidade humana que se conhece na literatura mundial"[89].

Interessa primordialmente a Lukács, nesse livro, apreender o desenvolvimento do romance para chegar à constituição do romance histórico. O romance surge e se desenvolve a partir da épica, determinado por transformações sócio-históricas – o romance, na sua estrutura e na sua forma, é a epopeia burguesa[90]. A dinâmica da sociedade burguesa condicionou a emergência de uma forma épica em que traços da antiga epopeia se conservaram, mas cuja configuração estética é diversa, bem outra. Na epopeia clássica, "a força motriz da ação não é o herói épico, mas as forças da necessidade encarnadas nos deuses. A grandeza dos heróis épicos expressava-se apenas em sua resistência heroica, tenaz e inteligente contra essas forças"[91]; tais heróis não vivenciam *problemas/conflitos pessoais* e são tipificados nos "indivíduos histórico-universais" como os caracterizou Hegel. A sociedade burguesa derrui as condições histórico-sociais próprias a esses heróis e, no romance erguido sobre as suas bases, se os personagens "agem segundo suas inclinações e paixões individuais [...], o resultado de suas ações é bem diferente daquele que pretendiam"[92]; por isso, os personagens destacados do romance burguês são "heróis problemáticos"[93].

O processo histórico constitutivo do romance como epopeia burguesa é apreendido e explicitado n'O *romance histórico* mediante a erudição, a argúcia e a originalidade ímpares de que Lukács dá provas cabais nos três primeiros capítulos do livro – ao mesmo tempo que, trazendo para o âmbito da história e da teoria literárias a compreensão que tem da *teoria do reflexo*, desenvolve as bases da sua concepção do *realismo*, que sempre distinguirá de tendências e posições naturalistas[94]. Mas é especialmente no capítulo 3 desse livro que Lukács se atém à emergência do romance histórico – que, já nas primeiras páginas da monografia, estudando as suas condições sócio-históricas de surgimento, credita a Walter Scott, logo a seguir analisado em detalhe[95]; o capítulo se conclui – após a exploração das vias alternativas trilhadas pelo romance histórico – com a indicação das condições gerais da sua decadência. Para o leitor dos dias correntes, as reflexões lukacsianas d'O *romance histórico* explicitadas nos três primeiros capítulos dessa obra permanecem referência histórica e teórico-crítica plenamente rica e interpeladora; e, no capítulo 4 ("O romance histórico do humanismo democrático")[96], igualmente há passagens analíticas de grande força heurística[97]. Entretanto, nesse capítulo, privilegiando análises, entre outros, de antigos precursores democráticos como Wilhelm Raabe e Theodor Fontane, Lukács efetivamente centra seu foco em autores como Romain Rolland, Lion Feuchtwanger e Heinrich Mann, marcantes personalidades literárias do romance histórico de caráter *antifascista* emergente no marco das lutas travadas contra o nazifascismo, antes e durante a vigência do *Reich* hitlerista[98]. Esse romance se constrói sob condições específicas, que só é possível explicar, compreender e ajuizar quando se considera a contextualidade (histórica, cultural, ideológica) em que se insere. A sua avaliação por Lukács inscreve-se no seu esforço para evidenciar a significação da literatura própria à luta antifascista – é um contributo, datado e determinado, para valorizar obras movidas pelo espírito humanista e sociocêntrico que o fascismo pretendia liquidar. O leitor dos dias de hoje que não dispuser da memória histórica relativa à realidade sombria daqueles anos seguramente não poderá apreender seja a sua relevância literária, seja a sua importância na defesa de uma cultura que resiste à barbárie. A crítica lukacsiana daquele romance histórico foi, à época, uma significativa contribuição ao adensamento da cultura democrática tão necessária à resistência ao horror fascista, resistência que tomou forma política na constituição de amplas frentes democráticas (não foi por acaso que Arvon, ao publicar, em 1968, o seu opúsculo, já citado, sobre o filósofo, o tenha intitulado *Georges Lukács ou le Front Populaire en littérature*). A atualidade dessas páginas d'O *romance histórico* só se apreende inteiramente considerando-se a sua inscrição no quadro histórico-ideológico dos anos 1930 – e por isso há de se dizer algo acerca do posicionamento de Lukács nesse quadro.

Já se registrou que, em 1929, afastando-se da militância imediatamente político-partidária, Lukács o fez como que comprando um "bilhete de entrada" para participar organizadamente da luta antifascista[99]. No período aqui considerado – anos 1930-1945 – *todas* as suas energias e atividades intelectuais serão consagradas a tal participação. Também se viu que esse esforço se tornou menos desfavorecido quando a orientação sectária da Internacional Comunista foi substantivamente modificada no VII Congresso da organização (1935), com o abandono, pelos comunistas, da política de "classe contra classe" e a adoção da proposta de frentes amplas democráticas – "frentes populares" – para travar/reverter o rumo à barbárie[100].

Desde a abertura dos anos 1930, acompanhando a evolução do quadro político internacional e da conjuntura alemã, com a sua vivência em Berlim, e especialmente a partir de 1933, Lukács compreendeu que a luta antifascista implicava um esforço capaz de envolver a mobilização de amplas massas (organismos operários e sindicais, atuação de várias classes e categorias sociais e agências privadas da sociedade civil) e uma intensa batalha de ideias. E concluiu que o imperialismo belicista conduziria sem dúvidas a grandes confrontos bélicos – e que a União Soviética (dada a complacência que então a Inglaterra e a França e, depois, de algum modo, também os Estados Unidos revelavam ante o nazifascismo) tanto seria um alvo prioritário da agressão nazista quanto o baluarte militar mais decisivo para a derrota de Hitler, seus asseclas e assemelhados. Já *antes* do giro da Internacional Comunista, em 1935, Lukács compreendeu que a defesa da existência da União Soviética era a garantia elementar para a vitória sobre o Terceiro Reich e que o seu papel pessoal na luta antifascista deveria ser na frente cultural.

O férreo combate de Lukács ao fascismo nesses anos – que se prolongou ainda, como adiante se verá, para além do fim da guerra – é objeto de distintas considerações por praticamente todos os seus biógrafos já citados nesta "Apresentação". Nos textos filosóficos, teórico-literários, históricos e políticos de Lukács desse período, verifica-se uma contínua e reiterada crítica ao fascismo (e não apenas na sua versão alemã), que não caberia recuperar aqui por inteiro[101]; mas os supostos políticos a partir dos quais ele efetivou a sua intervenção cultural, bem como as suas implicações, foram e são objeto de polêmica e crítica, quer de estudiosos à sua direita, quer de autores à sua esquerda – dos primeiros não me ocuparei aqui[102]; dos segundos, algo de breve deve ser logo sinalizado.

Os supostos políticos envolvidos na intervenção teórica de Lukács dos anos 1930-1945 podem, esquematicamente, localizar-se no *explícito apoio* que ofereceu a Stálin no seu confronto com Trótski, com a aceitação da *teoria do socialismo num só país*, na sua posição diante dos *processos de Moscou* e nas suas reiteradas e frequentes *menções/citações formalmente elogiosas* ao comunista georgiano. Há passos em textos lukacsianos de então que – vistos preconceituosamente, formulados sobre *partis pris* e/ou tomados sem maior aprofundamento e contextualização – poderiam levar à ideia de que o seu trabalho posterior a 1929-1930 o situa no campo do stalinismo[103]. É essa a principal trilha seguida pelos marxistas de extração trotskista: um analista da qualidade de Isaac Deutscher caracterizou Lukács como o "único crítico literário stalinista de alta estatura" e Michael Löwy, também justamente respeitado, embora não vendo nele um "stalinista coerente", avalia suas críticas pós-1956 à era stalinista como insuficientes e limitadas à esfera da superestrutura ideológica, numa postura "que não é mais que a continuação consequente da sua perspectiva *frente-populista* que remonta ao fim dos anos 1920" – trilha em que outros trotskistas, geralmente doutrinários e desprovidos da competência de Deutscher e Löwy, avançam com fervor[104]. Ora, uma outra abordagem de trabalhos do filósofo no período aqui em foco, atenta e sobretudo livre de preconceitos, já no início dos anos 1950 sustentava que *Lukács e o stalinismo se diferenciam como se diferencia o socialismo democrático do socialismo burocrático – entre ambos não há nenhum nexo*[105].

Lukács, desde que tomou conhecimento do célebre *relatório secreto* apresentado por Kruschev em 1956[106], não se furtou ao debate: tanto criticou o *dogmatismo* próprio da era stalinista quanto, simultaneamente, rechaçou o emergente *revisionismo de corte liberal* que pretendia superá-lo, salientando que ambos se (re)produziam mutuamente. No pós-escrito de 1957 a "Meu caminho para Marx"[107], o filósofo di-lo cristalina e enfaticamente: "deve-se extirpar o dogmatismo para combater o revisionismo"[108]. Em abril do mesmo ano, em prefácio a *Contra o realismo mal compreendido*, Lukács aduziu um parágrafo – aproveitando então a "primeira oportunidade" de exprimir-se "sem recorrer à linguagem da fábula" a que fora obrigado durante a era stalinista – para afirmar que, no combate ao neorrevisionismo nascente, "precisamos, *em primeiro lugar*, romper decisivamente com o dogmatismo de Stálin e do período stalinista; é necessário descobrir-lhe a coerência sistemática, os fundamentos metodológicos, as consequências práticas e denunciar dessa maneira tudo o que o opõe ao marxismo-leninismo"[109]. É límpida como a luz de um sol de verão carioca a recusa liminar e total da ideia básica do *relatório secreto*, segundo a qual a era stalinista se devia ao "culto da personalidade" de Stálin – recusa que Lukács sustentará em todos os seus escritos posteriores, notadamente na sua relevante *Carta sobre o stalinismo*, redigida em fevereiro de 1962[110].

Lukács, nessa *Carta* de 1962, contrasta a concepção global de Stálin com a de Lênin – contraste que haverá de reiterar e aprofundar em escritos posteriores –, assinala a "falta de escrúpulos" do dirigente georgiano e faz uma observação crucial para a compreensão dos seus procedimentos: "a tendência staliniana é sempre a de abolir, quanto possível, todas as mediações" – o que leva Stálin a estabelecer "ligações imediatas entre a teoria e a prática"[111] e a abastardar a concepção leniniana de *partidarismo*[112]. Na *Carta*, assinalando barbaridades do período stalinista[113] e pontuando críticas precisas a Stálin (indicando-as concretamente e referindo algumas de suas implicações), Lukács também escreve que "uma reflexão imparcial [...] não poderá descuidar-se de levar em conta o que houve de positivo na atividade de Stálin; eu mesmo recordei aqui alguns desses aspectos positivos e poderia recordar outros. *Mas a exigência do nosso tempo é que o socialismo se liberte das cadeias dos métodos stalinianos*. Quando Stálin pertencer integralmente à história e ao passado e não for, como ainda é hoje, *o principal obstáculo para uma evolução futura*, então será possível, sem maior dificuldade, formular sobre ele um julgamento justo"[114]. Diga-se que essa recusa/denúncia dos "métodos stalinianos" prosseguiu constante nas formulações de Lukács já depois da *Carta* – de fato, em setembro de 1966, o velho filósofo insistia em que a desestalinização tinha seus limites determinados sobretudo pelo fato de ainda ser condicionada por tais "métodos": "O que houve até agora foi o início do processo [...] de desaparecimento do stalinismo na forma de stalinismo"[115].

Na *Carta*, Lukács sustenta que não é possível desconsiderar elementos positivos da atividade de Stálin; o filósofo crê que, nos problemas estratégicos então decisivos, o georgiano "teve plenamente razão contra Trótski"[116] – para Lukács, a "sua [de Stálin] enérgica defesa da nova teoria leninista quanto à possibilidade do socialismo em um só país, contra os ataques sobretudo de Trótski, representou, como não se pode deixar de reconhecer hoje, a salvação da revolução soviética"[117]. Lukács tomou a possibilidade da "construção do socialismo em um só país" (defendida por Stálin e que o filósofo remete a Lênin)[118] como a *condição* para a sobrevivência da União Soviética sob a ameaça do fascismo – condição que julgava *indispensável* para derrotar o Eixo no conflito mundial. Com essa compreensão, o filósofo não questionou o pacto Stálin/Hitler (Molotov/Ribbentrop, de 1939)[119]; anos depois de redigir a *Carta*, ele declarou, convencido da correção tática do pacto, que este "era a condição prévia para que Hitler atacasse a Inglaterra e a França, provocando, assim, uma guerra europeia, na qual, portanto, esses Estados e até mesmo os Estados Unidos seriam aliados mais ou menos confiáveis da União Soviética"[120].

No que toca aos grandes processos de Moscou, o filósofo não se eximiu de exprimir o seu ponto de vista. Escrevendo provavelmente em 1969, Lukács, referindo-se aos tempos aqui focados, rememora: "Não participei de qualquer *rebelião ideológica aberta* contra o sistema staliniano considerado em seu conjunto" (itálicos não originais). Na sequência dessa afirmação, acrescenta: "Considerei uma obrigação sagrada evitar qualquer declaração que, no Ocidente, pudesse estimular a tolerância para com Hitler. E foi deste ponto de vista que avaliei os grandes processos [...]. Somente quando a ação de Stálin se estendeu a amplas massas, sob a palavra de ordem 'deve-se extirpar o trotskismo e todas as suas raízes', somente então se fortaleceu a minha crítica interna, intelectual e moral. Mas ela permaneceu condenada ao silêncio na esfera pública, em função da necessária prioridade da luta contra Hitler". Afirma o filósofo: "Avaliei os grandes processos [...] como um ajuste de contas revolucionário com oposições que atuavam efetivamente contra o socialismo vigente" e recorre a um "paralelo histórico: como muitos outros, dei razão aos jacobinos na liquidação dos girondinos, dos dantonistas etc., mesmo que tivesse clareza, historicamente, de que os métodos empregados eram criticáveis"[121]. Reitere-se: a posição de Lukács em face dos grandes processos foi condicionada pela sua convicção de que, à época, "a questão mais importante era o aniquilamento de Hitler. Não se poderia esperar o aniquilamento de Hitler do Ocidente, mas somente dos soviéticos. E Stálin era o único poder anti-Hitler que existia"[122].

Também relativamente às suas reiteradas citações de Stálin ("citações protocolares", nas suas palavras), abundantes nos anos de vigência do stalinismo, Lukács demonstrou-se franco e honesto. De uma parte, o filósofo reconheceu que teve de ceder para poder expressar as suas ideias; lembrou que sempre tentou "reduzir estas citações ao mínimo indispensável e [...] a reproduzir afirmações justas, frequentemente já conhecidas muito antes de Stálin". Travando conscientemente "uma espécie de luta de guerrilha em defesa das minhas ideias", Lukács – para conseguir publicar seus trabalhos – viu-se obrigado a recorrer a citações de Stálin visando a "exprimir, com a necessária cautela, a minha opinião dissidente tão abertamente quanto o permitia a margem de manobra possível nas diferentes conjunturas daquele momento histórico"; e admite: "Tive algumas vezes de me calar"[123]. Anos depois, comentando a sua intervenção no periódico *Literaturnyi Kritik* (Crítica Literária) (ver *infra*), afirmou: "Escrevi vários artigos nesta revista e *cada um comportava ao menos três citações de Stálin – era algo imperativo na Rússia dessa época – e cada um estava diretamente voltado contra a concepção staliniana da literatura*. O seu conteúdo sempre se dirigiu contra o dogmatismo staliniano"[124]. De outra parte, quanto à honestidade de Lukács, basta-me assinalar que, reeditando *depois* de 1956 os seus escritos da era stalinista, *ele os conservou tal como* vieram à luz *antes* do XX Congresso.

As posições críticas do Lukács pós-1956 acerca do fenômeno stalinista são evidentemente significativas e clarificadoras para o tratamento objetivo da sua trajetória intelectual. No entanto, parece-me tão ou mais relevante considerar como, na sua produção teórico-filosófica e crítico-literária anterior ao XX Congresso do PCUS, ele travou a sua "luta de guerrilha" contra "o dogmatismo staliniano". Para essa consideração, é indispensável evocar, ainda que sumariamente, a política cultural própria da era stalinista[125], expressa na sua essencialidade por Andrei A. Zhdanov, que, sem dúvida, foi o seu principal formulador/operador – já em meados dos anos 1930, ele dá os primeiros passos para tornar-se o icônico ideólogo do stalinismo no terreno da cultura, embora a sua intervenção tenha se tornado muito mais incisiva dos finais dessa década ao imediato segundo pós-guerra, com implicações perdurando até o XX Congresso do PCUS (1956)[126].

Através da atividade de Zhdanov generalizou-se a ideia (presente, de fato e há muito, em segmentos da intelectualidade comunista) segundo a qual a tradição marxista – dir-se-ia já então: o marxismo-leninismo – configurava uma *ruptura* completa com o acúmulo teórico-cultural precedente, consistindo numa *novidade absoluta/radical* em relação a toda a filosofia anterior; simetricamente, haveria a possibilidade e a necessidade de uma prática estética também radicalmente nova (o realismo socialista), rompendo inteiramente com a herança e os valores artísticos anteriores. Daí a deriva que acabou por desaguar numa paralisia da reflexão filosófica marxista e na conversão do realismo em camisa de força da produção dos artistas[127] – processos que foram muito além das fronteiras soviéticas, porquanto mimetizados pelos comunistas em vários países. Cumpre notar que, nos anos em que Zhdanov iniciava a sua ascensão no campo da política cultural, havia intensos debates teóricos e crítico-literários em periódicos soviéticos. Provam-no as revistas *Internationale Literatur* (1931-1945), *Literaturnyi Kritik* (1933-1940) e também aquelas editadas em Moscou por emigrados políticos, como a dos alemães, *Das Wort* (A Palavra) (1936-1939), e a dos húngaros, Új Hang (Nova Voz) (1938-1941). Por volta de 1940-1941, com o protagonismo de Zhdanov e a operação de instrumentos coercitivos, tais debates viram-se praticamente interditados, ainda que Strada observe que "o stalinismo não pôde fazer da cultura soviética, durante *todo* o seu transcurso, uma terra arrasada" (itálico não original)[128].

É, pois, mediante o exame do conteúdo essencial da produção lukacsiana contemporânea à emersão e dominância do pensamento de Zhdanov – considerando os limites no interior dos quais Lukács operava a sua compulsória atividade de *partisan* e os constrangimentos que pesavam sobre ele – que é possível aferir a relevância da sua *oposição de princípio ao zhdanovismo*, que então sintetizava a oposição intelectual ao stalinismo *tout court*.

Para Zhdanov, o legado teórico de Marx/Engels/Lênin – o chamado marxismo-leninismo, tal como o concebia Stálin –, com que buscava legitimar as suas ideias culturais e políticas, representava uma *inteira ruptura com toda a herança filosófica anterior*; ele sustentava que "a filosofia marxista surge como *a negação mais completa e categórica* de todas as filosofias anteriores"[129]. Essa concepção da "absoluta originalidade" da filosofia marxista – que renuncia sem mais aos avanços de toda a filosofia que precede a emergência do "marxismo-leninismo" – será afirmada por Zhdanov até o final dos seus dias[130]. *A oposição radical de Lukács a essa concepção será mantida pelo filósofo com firmeza, e sistematicamente, dos anos 1930 até seus últimos escritos*, amparando-se recorrentemente em antológica formulação leniniana ("Sobre a cultura proletária", 1920): "O marxismo conquistou sua significação histórica universal como ideologia do proletariado revolucionário porque não repudiou de modo algum as mais valiosas conquistas da época burguesa, mas, pelo contrário, assimilou e reelaborou tudo o que existiu de valioso em mais de dois mil anos de desenvolvimento do pensamento e da cultura humanos"[131]. Lukács demonstrou-se, ao longo de toda a sua trajetória, um convicto defensor dessa imensamente rica *herança cultural*, teórico-filosófica e artística, da qual Marx e Engels foram legatários[132].

Evidentemente, o filósofo jamais subestimou (e, é óbvio, menos ainda, negou) a *originalidade* – mais precisamente, a *dimensão revolucionário-filosófica* – do pensamento de Marx e do seu legado teórico; antes, reiteradamente, sublinhou-a e assinalou-a com força. Contudo, Lukács *sempre* o fez com a plena consciência de que a ultrapassagem da massa crítica de valor filosófico que se acumulara de Aristóteles a Hegel (massa crítica que Marx dominava) se processava, na elaboração marxiana, no âmbito de uma reflexão eminentemente *superadora* (conforme a concepção de superação/*Aufheben* hegeliana), na qual o *novo* só é possível a partir da recuperação crítico-dialética do conteúdo do que é *negado*[133].

Ao tempo que as ideias e proposições de Zhdanov se afirmavam, a mais contundente confrontação a elas comparece em O *jovem Hegel*, obra lukacsiana já mencionada nestas páginas. O livro, com a sua redação concluída em 1938, põe em destaque a grandeza de Hegel, insistindo em que, no tocante à problemática do trabalho, "Hegel é claramente um precursor de Marx" e da "filosofia marxista". Lukács, terminada a elaboração d'O *jovem Hegel*, pontua que é preciso "deixar clara a profunda ligação de Marx com o desenvolvimento progressista alemão de Lessing a Heine, de Leibniz a Hegel e Feuerbach, o caráter profundamente alemão de sua obra desde a estruturação das ideias até a articulação linguística"[134]. E logo na "Introdução" da sua obra, Lukács sublinha "a ideia histórica genial de Hegel"[135]. Ora, com Lukács explorando nesse diapasão a obra juvenil de Hegel, às vésperas de a dominância da política cultural capitaneada por Zhdanov tratar o autor da *Fenomenologia do Espírito* como "o filósofo da reação prussiana", compreende-se a tardia publicação d'O *jovem Hegel* – que só se viabilizou dez anos depois, fora do controle das autoridades soviéticas[136].

Mas o incessante trabalho do *partisan* contra o zhdanovismo comparece regularmente no ensaísmo histórico-crítico e literário que Lukács exercita naqueles anos de obscurantismo, *dirigido à salvaguarda da herança cultural*, como é fácil de constatar num farto rol, de que referirei umas poucas amostras – poucas, porém suficientemente expressivas. Num ensaio de 1935, ele insiste, a propósito de Engels, que os interesses combativos do então jovem revolucionário vinculam-se "à luta pelo legado dos grandes vultos e obras do passado, [...] à luta pelo resgate das valiosas conquistas do passado para o proletariado revolucionário"; depois, segundo Lukács, "preocupado em preservar a tradição dialética no movimento dos trabalhadores, Engels constantemente remete os teóricos mais jovens ao estudo hegeliano" (expressamente à estética hegeliana). Lukács observa que, em Engels, "a luta [em defesa da herança cultural] está vinculada de modo indissolúvel à luta pelo grande realismo na literatura", e infere que a concepção engelsiana da herança cultural significa tanto uma pauta para a criação de uma grande literatura proletária quanto uma crítica aniquiladora do presente capitalista[137]. Três anos mais tarde, em 1938, num ensaio de vasta erudição, vigoroso e polêmico, Lukács aborda uma temática que não diz respeito diretamente à herança cultural, mas introduz determinações teóricas que rebatem diretamente na análise da filosofia e da arte em que consiste boa parcela do acervo pertinente àquela herança – trata-se do escrito "Marx e o problema da decadência ideológica"[138]; esse ensaio teve grande incidência nos trabalhos posteriores de Lukács acerca dos processos filosófico-artísticos da moderna sociedade burguesa; é nele, p. ex., que o filósofo distingue, na análise da cultura da ordem burguesa, *apologia direta* de *apologia indireta* do capitalismo, embasando mesmo a argumentação expendida n'*A destruição da razão* (ver *infra*)[139].

A defesa mais rigorosa da herança estético-literária, especificamente – mas não só – germânica[140], comparece nos ensaios, redigidos e publicados entre 1935 e 1940, nos quais Lukács resgata a grandeza (mas também assinala as limitações) do extraordinário legado da literatura alemã[141]. Os estudos lukacsianos cuidam percucientemente de aspectos cruciais da estética de Schiller (1935), do exercício literário de Heine (1935), da tragédia de Kleist (1936), da escrita de Büchner (1937) e de trabalhos de Gottfried Keller (1939), Wilhelm Raabe (1939) e Eichendorff (1940). Nessas páginas, muitas das quais verdadeiramente antológicas, Lukács conjuga, com impressionante argúcia e profundidade, a análise de dimensões estritamente literárias com a remissão à contextualidade histórico-social e política de obras e autores, sem concessões a qualquer sociologismo na avaliação estética[142]. Talvez o ensaio mais notável entre esses seja aquele intitulado "Estudos sobre o *Fausto*" (1940)[143] – em cerca de uma centena de páginas, Lukács disseca a gênese e o desenvolvimento da extraordinária obra de Goethe, apreende a sua relação com o Iluminismo alemão (conexa à *Fenomenologia do Espírito*)[144], examina a fundo a polaridade

Fausto/Mefistófeles[145] e o significado da tragédia de Gretchen; e todo o movimento analítico de Lukács leva em conta, desvelando-os e trazendo-os cristalinamente à luz, os recursos estilísticos especificamente literários com que Goethe joga, inclusive a sua diversa modulação nos distintos momentos constitutivos da obra genial[146].

A defesa da herança cultural sumariada no parágrafo acima contém quer uma confrontação com as efetivas concepções/intervenções ideológicas e práticas do zhdanovismo, quer alternativas/possibilidades de imantar outras forças intelectuais sensíveis para resistir a ele[147]. Devo, todavia, destacar dois dentre os ensaios de Lukács desses anos. O primeiro, "Narrar ou descrever?", de 1936, já citado e agora referido pela *crítica explícita* à produção romanesca afinada ao realismo socialista – raríssimos foram aqueles que, vivendo na União Soviética em tempos tão desfavoráveis, se pronunciaram tão corajosamente contra os protótipos da estética de Zhdanov: Lukács assumiu o risco de afirmar que a avalanche de peças que estavam a produzir-se conforme os ditames da estética realista-socialista oficial, zhdanovista, não ia além de um mero naturalismo reciclado[148]. O outro ensaio desses anos de chumbo a merecer atenção especial é "Tribuno do povo ou burocrata?", de 1940[149]; e este sobretudo pela coragem da sua *dimensão política explícita*, que só pode escapar a leitores cegados por preconceitos – uma crítica frontal à burocracia e ao burocratismo (e seus deletérios efeitos sobre a literatura), "um desafio endereçado aos burocratas da literatura, que teimavam em fazer da arte um instrumento de propaganda e a ela prescreviam regras"[150].

É ainda desses anos de chumbo a intervenção de Lukács no periódico dos exilados alemães, *Das Wort*, que – sob a direção de Bertolt Brecht – promoveu em 1938-1939 aquele que ficou famoso como *o debate sobre o expressionismo*, envolvendo conceituados protagonistas[151]. O duro juízo de Lukács sobre o expressionismo, formulado quatro anos antes, era conhecido e a sua contribuição a *Das Wort* foi um escrito ("Trata-se do realismo", de 1938) no qual – ademais de alusões autocríticas a produções "juvenis", a *Teoria do romance* e a *História e consciência de classe* – rebatia as severas reservas que já recebera o seu texto de 1934[152]. Nesse escrito, polemizando com interlocutores como Ernst Bloch e Hanns Eisler e obviamente com Brecht[153], Lukács contrapôs a autores *vanguardistas* (p. ex., James Joyce) as suas opções *realistas* (p. ex., Thomas Mann). De fato, ele deslocou o objeto do debate: tangenciou a problemática do expressionismo (realmente, já abordada por ele em 1934) e colocou no centro da sua argumentação a questão do realismo, conectada ao resgate da herança cultural. O escrito de Lukács recebeu muitas críticas, sobretudo as que apontavam, nas suas análises, um viés conservador – e desde então a sua posição ante as vanguardas foi tomada por críticos respeitáveis como permeada por um marcante conservadorismo (um deles chegou a escrever que Lukács manteve "uma posição de declarada hostilidade com a arte moderna"). Por outra parte, as suas divergências com Brecht ficaram evidentes – divergências que, por algum tempo, sem que o respeito mútuo se perdesse, fizeram estremecer as suas relações; mas, pouco depois, o afeto entre ambos se restabeleceu. E, a pedido da companheira de Brecht, Lukács foi um dos que usaram da palavra na cerimônia fúnebre do grande dramaturgo (18 de agosto de 1956)[154].

O exame da produção e da atividade intelectuais de Lukács na União Soviética, na década de 1930, comprova que ele explorou todas as possibilidades existentes para a condução coerente e firme da sua *guerrilha* contra o obscurantismo da era stalinista. E não deixa de ser emblemático verificar que o debate provocado por um livro de Lukács publicado em Moscou, em 1939 (*Contribuições à história do realismo*) – debate que se prolongou por cerca de um ano, foi a ocasião de que os stalinistas se aproveitaram para liquidar a *Literaturnyi Kritik*, revista sabidamente orientada pelo filósofo, que, com o encerramento dela, praticamente perdeu qualquer chance de expor suas ideias na União Soviética[155].

Não há dúvidas de que, para sobreviver nos marcos da era stalinista, Lukács teve que operar – como se viu – sob fortes condicionalismos políticos e ideológicos. Ele cometeu erros (p. ex., a sua avaliação primeira e imediata dos "processos de Moscou") e, por vezes, iludiu-se quanto às perspectivas do desenvolvimento cultural soviético (p. ex., as suas expectativas de uma abertura cultural na sequência da dissolução da RAPP). E muitos analistas credibilizados apontaram vulnerabilidades nas suas elaborações estético-críticas, a mais saliente delas consistindo na sua problemática avaliação de obras e de tendências artísticas próprias ao século XX[156]. Decerto que muitas das críticas que recebeu merecem um exame cuidadoso – foi a tarefa a que se propôs Carlos Nelson Coutinho, em suas últimas incursões no domínio da crítica literária[157]. Entretanto, no juízo do signatário desta "Apresentação", nenhuma das reais e/ou eventuais vulnerabilidades identificáveis pelos críticos de Lukács pode ser debitada a cedências do filósofo a imposições políticas – derivaram mesmo da processualidade interna e autônoma da sua reflexão. Do Lukács que travou a sua *guerrilha* contra o zhdanovismo e pôs em questão o vanguardismo que lhe pareceu equivocado, não se pode dizer que incorreu em conivências nem que maculou a sua dignidade pessoal e intelectual. Antes, foi um homem que, parafraseando uma passagem de Feuchtwanger, se recusou ao martírio – lutando sincera e honestamente, entre luzes e sombras, pelo que considerava, com íntima convicção, ser o melhor da herança cultural da humanidade (nela incluído, como sua parte integrante e inalienável, o legado de Marx e Engels).

Lukács, 1945-1956: liberdade, ilusões políticas, obras, levante popular e exílio

Na década seguinte ao fim da Segunda Guerra Mundial, com Lukács de volta à pátria no verão de 1945, registra-se dele uma prolífica produção, especialmente na segunda metade dos anos 1940[158]. Durante pouco mais de três anos, até 1948-1949 (quando o regime de Mátyás Rákosi promove o *debate Lukács*, que seria mais bem definido como o *debate contra Lukács* e de que tratarei adiante), o filósofo experimentou um breve período de plena liberdade. Foi um tempo quase paradisíaco para ele, mesmo no país tornado um monte de ruínas pela guerra e vivendo os constrangimentos materiais dela decorrentes: Lukács disse, desse breve lapso temporal de 1945 a 1948-1949, que gozava de "permissão para tudo"[159]. Ademais, no apagar das luzes desses anos de bonança, Lukács teve a sua estatura nacional reconhecida: foi-lhe conferido o Prêmio Kossuth em 1948. Depois, como logo se verá, o inferno lhe abriu as portas.

O filósofo voltou a Budapeste já eleito como membro do parlamento, assumiu a cátedra de Estética na Universidade de Budapeste e envolveu-se com entusiasmo em atividades de natureza cultural e política – conectadas à sua participação no Conselho Nacional da Frente Popular Patriótica, na Academia de Ciências da Hungria e, em seguida, no Conselho Mundial da Paz. Lukács cria a revista *Forum* em 1946 (que o regime de Rákosi leva à supressão em 1950) e jovens universitários e intelectuais acolhem-no com entusiasmo e formam círculos de estudo sob sua influência[160]. Torna-se presença marcante em eventos nacionais (como no I Congresso de Escritores Húngaros de 1946) e no exterior (como no primeiro dos Rencontres Internationales de Genève [Encontros Internacionais de Genebra] em 1946[161], na Conferência Internacional de Filósofos Marxistas, em Milão, em 1947, e na Conferência sobre Hegel, em Paris, em 1949). Com inteira liberdade para viajar até princípios de

1949, Lukács moveu-se entre a França, a Suíça e a Itália fazendo conferências e travando contatos pessoais com inúmeros intelectuais estrangeiros, militantes comunistas ou não[162]. Esses anos em que Lukács teve "permissão para tudo" – e em que o seu prestígio internacional ganhou peso – configuraram um efêmero (todavia muito relevante) episódio na história da Hungria do segundo pós-guerra e, igualmente, na vida do filósofo – nesse caso, resultante de uma singular conjugação de variáveis subjetivas e objetivas.

As primeiras – as subjetivas – podem ser resumidas na concepção política que Lukács trouxe do exílio[163], assentada em dois supostos: 1) tomando como referência a "grande aliança" constituída em 1941 entre o Ocidente capitalista e a União Soviética contra o fascismo, ele estava convencido de que esses sistemas econômicos e sociopolíticos, cujo essencial antagonismo conhecia bem e não subestimava, conviveriam sem confrontos imediatos e vitais por uma conjuntura de médio prazo; 2) que a transição ao socialismo, na Hungria, poderia desenvolver-se com base em um sistema político diverso do vigente na União Soviética – não sustentado por um exclusivismo do Partido Comunista (a ditadura do proletariado), mas apoiado no que designava como *nova democracia*, com os comunistas convivendo e disputando a hegemonia com outras forças políticas[164]. As variáveis objetivas eram compatíveis com a política externa da União Soviética: à época, a direção stalinista não fez imediatamente pressão sobre as *democracias populares* então emergentes e, para o filósofo, essa orientação não seria algo passageiro, de curta duração.

Consequente com tais supostos, Lukács trabalhou efetivamente para a fusão dos sociais-democratas e dos comunistas húngaros, que redundou na constituição, em 1948, do Partido dos Trabalhadores Húngaros[165] – que, sob essa designação, mas a partir de 1949 realmente controlado apenas pelos comunistas e carente do ideário lukacsiano resumido na ideia da *nova democracia*, monopolizou o poder político na Hungria de 1949 a 1986 (desde 1949, o Partido dos Trabalhadores Húngaros era factualmente o Partido Comunista da Hungria). Lukács tinha relações com os sociais-democratas desde 1919 – estabelecidas quando a unidade política (mas sem fusão partidária) destes com os comunistas operou-se no processo revolucionário então vivido[166]. Na Hungria recém-libertada, o filósofo foi reconhecido pelos sociais-democratas como um interlocutor credibilizado do que restava do antigo Partido Comunista, mesmo não sendo membro do seu Comitê Central (como ele esclareceu em *Pensamento vivido*)[167]. Todas as indicações disponíveis atestam que, no processo de fusão daqueles anos 1940, Lukács teve papel destacado. Porém – e com óbvio patrocínio do regime soviético –, pouco depois de criado o novo partido, os comunistas, sob o comando de Rákosi, de fato excluíram os sociais-democratas (e não só estes) da vida político-partidária. Verifica-se, pois, que o primeiro suposto do filósofo foi rapidamente infirmado na realidade húngara.

Simultaneamente, o filósofo jogou com a ideia de que a política externa da União Soviética permitiria o resgate da "grande aliança" de 1941 e batalhou em defesa do seu espírito. Também aqui o filósofo se equivocou: Stálin – em face da emergência da Guerra Fria (e também do fracasso das suas tentativas para enquadrar Tito e o experimento iugoslavo) – respondeu com a mesma belicosidade das potências ocidentais às ameaças destas e decidiu impor às *democracias populares* o padrão da sua própria autocracia[168]. Foi-se por água abaixo também o segundo suposto do projeto lukacsiano para os anos que se seguiram à libertação da Hungria.

Assim, as ideias de Lukács sobre a *nova democracia*, bem como a sua expectativa acerca da atualidade/possibilidade do resgate, em 1946-1948, da política da "grande aliança" de 1941[169], viram-se completamente frustradas pela conjuntura (húngara e internacional) que se instaurou a partir de 1948-1949. Com efeito, sem entrar aqui na valoração teórico-filosófica e nas implicações prático-políticas das suas projeções, cabe constatar que Lukács desenvolveu, naqueles anos, a sua atividade política e cultural a partir de supostos que, a curto prazo, se revelaram claramente *ilusórios*. Mais uma e outra vez, a prática social do filósofo revelou a ele mesmo, nessa sua segunda imersão na atividade político-partidária, que a sua "vocação política" não tinha – parafraseando o seu amigo de outrora, Max Weber – o mesmo grau de validez/eficácia que a sua "vocação teórica" ("científica", diria o sociólogo alemão)[170].

Em livros e ensaios vindos a público na segunda metade dos anos 1940[171], a "vocação teórica" de Lukács alcança o nível altíssimo de que dá provas cabais em *Goethe e seu tempo*: na obra, que reúne textos ainda da década anterior, a argúcia do filósofo esplende numa finíssima crítica literária ao clássico a que tanto aportou ricas análises[172] – brilho de análise que igualmente reluz no citado *Thomas Mann*[173]. Já em *Existencialismo ou marxismo?*, cuja introdução data de julho de 1947, "pequena obra" de polêmica nascida em "pleno combate pela nova democracia", o que ressalta é o tratamento duro, mas respeitoso, dado aos existencialistas franceses[174] – em uma *crítica de princípio* reiterada pelo filósofo até o fim dos seus dias; nesse livro, Lukács infirma substantivamente o *terceiro caminho* filosófico-epistemológico que se pretende superador do idealismo e do materialismo – sustenta que esse *terceiro caminho*, política e ideologicamente, constitui uma *apologia indireta do capitalismo* –; tangencia o *ateísmo religioso*[175] e, no seu último capítulo, põe em destaque a categoria da *totalidade*; aliás, a essa categoria, na sua intervenção no antes referido Congresso de filósofos marxistas em Milão (dezembro de 1947), Lukács deu ênfase especial[176]. E dois de outros ensaios desse tempo têm singular relevo pelas polêmicas que envolvem os seus respectivos objetos: "Arte livre ou arte dirigida?" e "Poesia de partido"[177].

Linhas acima, anotei que o fim da liberdade de que gozou Lukács – quando teve "permissão para tudo" – lhe abriu as portas do inferno. Com efeito, tudo começou em 1948, com Rákosi anunciando o "ano da mudança": tendo na mão a máquina da ÁVO (a sua polícia política) e eliminado "da vida política os vários partidos e, com eles, a oposição externa ao Partido Comunista Húngaro", "os dirigentes stalinistas do partido iniciaram uma luta impiedosa contra a oposição interna, desferindo-lhes duros golpes em todos os campos"[178]. Seguindo o padrão das farsas judiciárias soviéticas da segunda metade dos anos 1930, Rákosi e seu grupo trataram de liquidar as personalidades (até mesmo fiéis ao stalinismo) que, nas suas próprias fileiras, pudessem disputar o poder partidário – e a primeira grande vítima foi László Rajk, em processo espetaculoso no curso do verão-outono de 1949, que se concluiu com a sua condenação à morte por enforcamento e o seu enterro secreto[179].

Na correta análise de Mészáros, sendo "o processo Rajk precedido e também seguido (dada sua longa duração) pelo debate sobre Lukács", não se pode evitar a conclusão de que este era o correspondente daquele "no campo ideológico-cultural"[180]. Tudo indica que o *debate sobre Lukács* tenha resultado da decisão do trio Rákosi/Gerö/Farkas[181] de humilhar e desmoralizar o filósofo para constrangê-lo ao silêncio. Em abril de 1949, Rákosi ordenou a László Rudas que redigisse uma crítica contra Lukács, logo publicada (julho) em um órgão oficial do partido, o *Társadalmi Szemle* (Análise Social) – o texto acusava Lukács de cometer "crimes" tais como cosmopolitismo, idealismo e deformações do pensamento de Lênin (além de subestimar a importância das transformações socialistas na União Soviética). Ao inquisitorial de Rudas, mesmo depois que Lukács firmou uma primeira autocrítica, haveriam de se seguir ataques de József Révai, Márton Horváth e József Darvas, num processo vil e persecutório que prosseguiu por anos[182].

Sucedendo abruptamente ao período em que teve "permissão para tudo", Lukács viveu esse outro, igual em extensão, mas distinto pelos seus marcantes traços de calculismo e perversidade políticos: o processo conduzido por Rákosi se fez de modo planejado, conjugando desautorizações públicas a Lukács, afrontas à sua honorabilidade revolucionária, ataques pessoais, crescentes pressões políticas (inclusive vindas do exterior) e interdições de publicação – e sem vozes que, na zona de projeção soviética (o já chamado "campo socialista"), se pudessem fazer ouvir em sua defesa[183]. Sabemos hoje que Rákosi e seus conselheiros não visavam à eliminação física de Lukács, que lhes custaria muito diante da opinião pública internacional, que tanto já respeitava o nome do filósofo; não lhes interessava produzir mais um mártir (para seus fins imediatos, já lhes bastava a execução de Rajk): o que pretendiam era afrontar e humilhar o grande pensador. A atmosfera política asfixiante imposta à Hungria em 1948-1949, todavia, levou Lukács a considerar seriamente que a sua vida estava em risco: em contraste com a revolta e os protestos de intelectuais do Ocidente, especialmente da França, o isolamento a que se viu submetido em seu país fê-lo concluir que era objetivo dos senhores do poder a sua execução – o caminho da força, igual ao de Rajk, pareceu-lhe traçado[184].

Pesquisas dos anos 1990 no Arquivo Lukács indicaram que, uma vez publicado o inquisitorial de Rudas, o filósofo buscou, através de umas poucas cartas, algum diálogo com seus algozes (mormente Rákosi e depois Révai). Daí resultou o texto da sua primeira autocrítica, publicada em agosto de 1949 no periódico *Társadalmi Szemle*, órgão do partido. Cerca de seis meses depois, em março de 1950, Révai dá à luz, no também partidário *Szabad Nép* (Povo Livre), um texto sórdido, argumentando que a autocrítica de Lukács fora insuficiente porquanto "pouco profunda" – então, verdadeira e literalmente acuado, o filósofo redige uma segunda autocrítica, que o *Társadalmi Szemle* divulga em agosto-setembro de 1950[185]. A alcateia pareceu satisfeita com o *quantum* de sangue da presa, a que ao tempo se destituiu da cátedra universitária, se escorraçou do espaço público e se impediu de divulgar suas ideias no país, presa que de fato se viu condenada ao silêncio e à segregação na vida privada.

No prefácio que preparou para a coletânea húngara *Arte e sociedade* (1967)[186], o filósofo recupera com objetividade praticamente toda a sua evolução teórico-filosófica e crítico-literária e sustenta, mais uma vez, que seu desenvolvimento intelectual constitui "uma linha unitária, uma continuidade". Nesse importante escrito, Lukács recorda muito breve e serenamente os debates de 1949-1950[187] – e se verifica que, daqueles tempos ásperos, em que foi afrontado e humilhado, não guardou rancores e ressentimentos pessoais[188]. Vinte anos antes, ele recomendara a outro revolucionário: "Não se faça estupidamente deportar por coisa miúda, pela recusa a uma pequena humilhação. [...] Creia-me, as afrontas não têm grande importância para nós. Os revolucionários marxistas precisam de paciência e coragem, não de amor-próprio. O momento é ruim, estamos numa virada obscura. Poupemos nossas forças: a história ainda apelará a nós"[189]. Constata-se que ele mesmo seguiu tal recomendação.

Durante quase um lustro, o regime de Rákosi conseguiu calar a voz do filósofo na Hungria – mas não o impediu de trabalhar, pensar e produzir e ser ouvido fora do país (materiais todos editados em Berlim). O trabalho foi significativo: ainda em junho de 1950, Lukács organizou uma coletânea de ensaios redigidos entre 1935 e 1950, publicada no ano seguinte sob o título de *Realistas alemães do século XIX* – eruditas e rigorosas análises que articulam o desenvolvimento histórico e filosófico da Alemanha à elaboração literária de autores clássicos e/ou expressivos (Goethe, Heine, Kleist, Büchner, Gottfried Keller). Em 1952, vem à luz *O realismo russo na literatura universal*, contendo textos originalmente produzidos entre 1939 e 1951, em que examina com a argúcia já conhecida grandes autores que considera expressões do realismo crítico (Púchkin, Gógol, Tchernichévski, Dostoiévski, Tolstói) e autores vinculados ao realismo socialista (Górki, Makarenko, Fadeiev, Sholokhov). Em setembro de 1952, o filósofo seleciona ensaios, escritos entre 1935 e 1952, em que analisa as concepções estéticas de Schiller, Hegel, Tchernichévski, T. Vischer, Mehring, Freiligrath, publicando em 1954 o volume *Contribuições à história da estética*. No ano seguinte, nos moldes dessas coletâneas, do filósofo veio a público o volume *Problemas do realismo*[190].

O trabalho de Lukács, porém, durante essa primeira metade da década de 1950, esteve longe de se limitar à preparação de algumas antologias de textos seus – o filósofo avançou em pesquisas e produções originais de indiscutível valor, de que é magnífica amostra o ensaio "O jovem Marx. Sua evolução filosófica de 1840 a 1844"[191]; nas suas mais de setenta páginas, Lukács acompanha e esclarece o desenvolvimento teórico-filosófico de Marx, da sua formação acadêmica – percorrendo e exaurindo a sua experiência jornalística, as suas primeiras críticas a Hegel e a Feuerbach – aos *Manuscritos econômico-filosóficos* de 1844. Também nesses anos, o filósofo retoma as suas investigações no âmbito da teoria da arte e da literatura, já visando à elaboração sistemática do que seria a sua *Estética*: da sua pesquisa de então, resultaram o denso e fundamental ensaio *Introdução a uma estética marxista: sobre a categoria da particularidade*[192] e o registro de reflexões que incorporaria na *Estética*. Mas a sua obra mais importante desse período, publicada em Berlim (1954), é *A destruição da razão*[193].

Essa obra, de dimensão enciclopédica, foi objeto de ácidas críticas, incompreensões e ataques provindos de distintos e diferenciados sujeitos do espectro teórico-filosófico e ideopolítico – entre muitos, George Lichtheim, Theodor W. Adorno, David Pike, Giuseppe Bedeschi, Leszek Kołakowski e Árpád Kadarkay abalaram-se a desqualificar *A destruição da razão* (e mesmo o seu autor); vários dos passos cruciais do livro receberam duras críticas, principalmente as análises de Lukács sobre Nietzsche e a que dedicou a Heidegger[194]. No entanto, a grandeza dessa obra do filósofo (para a qual ele redigiu dois esboços, o primeiro em 1933, já em Moscou, o segundo no inverno de 1941-1942, quando esteve em Tashkent[195]), concluída em fins de 1952 e publicada dois anos depois, situa-a como uma das mais substantivas da lavra de Lukács.

A destruição da razão tem por objetivo analisar "a trajetória do irracionalismo de Schelling a Hitler", um longo e complexo processo histórico-filosófico que parte da Revolução Francesa e avança até a constituição da "concepção de mundo nacional-socialista" (leia-se: nazista). Lukács pretende *explicar e compreender* como essa "concepção de mundo" se desenvolveu no marco do "irracionalismo como fenômeno internacional do período imperialista", que, dada a particularidade alemã, fez dele, no país, uma realidade paradoxal – afinal, trata-se da pátria de pensadores notoriamente racionalistas, do porte de Goethe, Hegel, Marx e Engels. Uma das linhas de força da argumentação lukacsiana expressa no livro de 1954 radica em não fundar/reduzir as contradições cultural-filosóficas no/ao antagonismo *idealismo x materialismo*, mas consiste em apreender como essencial a oposição *racionalismo/irracionalismo* (o que irritou humores inclusive do campo marxista)[196]. A obra recupera muitas das ideias seminais do filósofo já enunciadas em seus ensaios elaborados nos anos posteriores a 1930 (p. ex., a tese da "decadência ideológica" da burguesia como classe e a distinção entre a "apologia direta e a apologia indireta" do capitalismo)[197] – nela mais desenvolvidas e articuladas sobre a base de uma excelente análise da formação histórico-econômica da Alemanha moderna (no seu primeiro capítulo, Lukács oferece um notável exame de traços particulares do desenvolvimento histórico-econômico da Alemanha a partir do século XVI).

A sólida argumentação de Lukács se abre com o trato do irracionalismo entre 1789 e 1848, centrando a análise em Schelling (1775-1854), Schopenhauer (1788-1860) e Kierkegaard (1813-1855) (segundo capítulo). Em seguida, o foco analítico incide sobre Nietzsche (1844-1900), que Lukács vê como o fundador do irracionalismo do período imperialista (terceiro capítulo). Depois, o filósofo cuida da filosofia da vida (*Lebensphilosophie*) na Alemanha imperialista, abordando, entre outros, Wilhelm Dilthey (1833-1911), Georg Simmel (1858-1918) e Martin Heidegger (1889-1976), ademais de figuras como o racista Ludwig Klages (1872-1956) e o execrável Alfred Rosenberg (1893-1946) (quarto capítulo). Logo após, o neo-hegelianismo recebe sintético tratamento (quinto capítulo). Segue-se o exame da sociologia alemã – sua gênese, evolver e diferenciação, até derivar na sociologia pré-fascista e fascista –, com a atenção voltada para autores como Ferdinand Toennies (1855-1936), Max Weber (1864-1920), Karl Mannheim (1893-1947), Hans Freyer (1887--1969) e Carl Schmitt (1888-1985) (sexto capítulo). Enfim, o filósofo aborda a emergência do racismo ainda no século XVIII, o papel de Arthur de Gobineau (1816-1882) na sua evolução, os primeiros passos do darwinismo social, a fundação do racismo moderno por Houston S. Chamberlain (1885-1927) e o seu desaguar na "concepção nacional-socialista" (leia-se: nazista) (sétimo capítulo).

A destruição da razão conjuga a análise histórico-social ao exame da textualidade filosófica e, sobretudo, das suas implicações ideológicas na prática social[198] – e com frequência tematiza a sua reverberação na literatura. Um empreendimento das dimensões do que Lukács concluiu em 1954 não passa, compreensivelmente, sem merecer reparos, aliás sinalizados por estudiosos sérios[199]; entretanto, nenhum deles, a meu juízo, fere a sua essencialidade.

Há, porém, n'*A destruição da razão* um segmento em que as marcas da opressiva conjuntura ideopolítica em que Lukács se movia à época não faz jus à riqueza dessa sua obra e constitui o seu tendão de Aquiles: trata-se do epílogo com que a encerra ("Sobre o irracionalismo no pós-guerra") – nessas sete dezenas de páginas, o filósofo descaiu num reducionismo e numa polemização quase vulgar, expressando posições do senso comum dominantes entre os comunistas no auge da Guerra Fria na primeira metade da década de 1950. Atrevo-me a observar que esse epílogo, para o leitor dos dias de hoje, é quase imprestável (salvo para documentar a que grau constrangimentos ideopolíticos chegam a afetar exposições de um grande pensador). Malgrado esse anticlímax, para esse leitor há alternativas para explorar *A destruição da razão*: da verificação de como um expressivo estrato da intelectualidade pode capitular diante da decadência ideológica e da realidade imediata vivida na sociedade capitalista sob o imperialismo à investigação de como um autor de méritos inquestionáveis, ao perquirir intelectuais significativos, perquire também a sua própria evolução[200]. Entretanto, estou convencido de que a melhor chave de leitura dessa obra, que resiste às reservas que lhe foram feitas e ao tempo, é tomá-la criticamente como um contributo ímpar para a compreensão do pensamento filosófico europeu de meados do século XIX à primeira metade do século XX – ou ainda, mais que isso, um grande e inovador esboço para a elaboração de uma teoria da moderna cultura burguesa.

No momento em que Lukács publica *A destruição da razão*, já o quadro político, quer no âmbito mundial, quer na Europa central e oriental, altera-se com nitidez. A hegemonia norte-americana sobre o Ocidente, que emerge no imediato segundo pós-guerra, consolida-se amplamente, elevando a novo patamar o tensionamento internacional (p. ex., a guerra na Coreia), mas vê-se problematizada no Oriente pelo evolver vitorioso da Revolução Chinesa e pelo protagonismo da Índia de Nehru e o nascente movimento dos "não alinhados", cujo surgimento pôs em questão aspectos da política externa dos Estados Unidos e da União Soviética. Esta e suas lideranças stalinistas, além de fracassarem no intento de desestabilizar o governo iugoslavo[201], começam a experimentar as primeiras oposições populares (p. ex., a revolta de 1953 na Alemanha Oriental, que rebateu fortemente nos países da *democracia popular*)[202].

Também na Hungria, o descontentamento com a ditadura de Rákosi vinha em crescendo, acuando o pequeno Stálin local – assim é que Rákosi deixou a cabeça do governo transitoriamente em 1953, cedendo-a a Imre Nagy, mas retomando as rédeas do poder em 1955[203]. Não lhe foi possível, contudo, prosseguir com a mesma orientação duramente repressiva que imprimiu ao governo de 1948 a 1953 – e claros sinais das mudanças que se mostravam inadiáveis começaram a se evidenciar no próprio ano em que o ditador voltou à chefia do governo; um desses sinais, já resultantes dos meses em que Nagy dirigira o país, foi a redução das pressões sobre Lukács: concederam-lhe, em abril de 1955, quando comemorava o seu septuagésimo aniversário, o Prêmio Kossuth pelo conjunto da sua obra[204].

Novamente em plena ação, Rákosi e o seu "núcleo dirigente" não tiveram mais condições de manter-se no poder – um espontâneo levante popular explodiu no outono de 1956, operando como um inesperado turbilhão na vida húngara[205]; mas a sua evidência de raio em céu sereno é enganosa: vários analistas aqui citados já demonstraram a sua gestação nos primeiros anos da década de 1950. O levante – que se inicia na noite de 23 de outubro, após a derrubada de uma monumental estátua de Stálin numa manifestação popular, e se viu sufocado pela intervenção dos tanques soviéticos a partir de 4 de novembro – foi um processo fundamentalmente urbano, detonado inicialmente por estudantes universitários e, de imediato, apoiado pela massa das populações citadinas, ganhando dimensão nacional. Ficou provado, com uma rapidez mensurável em horas, que à esmagadora maioria dos húngaros repugnava o regime de Rákosi. Manobras na cúpula do Partido Comunista e do Estado levaram à substituição do ditador pelo seu lugar-tenente, Ernö Gerö (1898-1980), que logo pediu a intervenção de forças da União Soviética. Quanto ao partido no poder, também numa velocidade inaudita, mostrou-se em crise agônica e terminal, e os comunistas mais lúcidos criaram uma comissão para refundá-lo (Lukács foi convocado e aceitou dela participar)[206]. A 24 de outubro, tropas do Exército soviético atenderam ao pedido de Gerö e entraram em ação em Budapeste, mas se retiraram ao fim do dia, após confrontos pontuais com grupos rebeldes (mas com mortos e feridos, entre húngaros e russos) – à noite, Nagy voltou à direção do Estado nos braços do povo (e com o apoio de Moscou)[207]; a 27, ele anunciou a constituição de um novo governo. Então, Lukács, dada a sua posição decididamente favorável a reformas democráticas no marco do socialismo, aceitou o convite para ocupar o cargo de ministro da Cultura (desde uns poucos meses antes, o filósofo criara um novo periódico, *Eszmélet* (Tomada de Consciência), e rompera o seu silêncio intervindo em sessões do Círculo Petöfe)[208]. Com a precipitação dos acontecimentos, Lukács nem chegou a esquentar a cadeira de ministro... – pela terceira vez na vida do filósofo, a sua intervenção diretamente prático-política saldou-se por nova derrota.

Todas as informações dignas de crédito atestam que Nagy se propunha a conduzir reformas de natureza estritamente democrática – reformas exigidas e formuladas no documento, de 22 de outubro, saído de uma assembleia universitária e que se converteu no programa do levante ("Os dezesseis pontos")[209]. Não há quaisquer indicações de que ele se inclinasse a medidas e/ou providências antissocialistas ou anticomunistas, até porque esse não era o espírito da mobilização dos húngaros: a massa popular que irrompeu nas ruas de Budapeste e outras cidades não punha em xeque o regime e o projeto socialista – questionava a ditadura de Rákosi e seus métodos policialescos.

É compreensível que indivíduos isolados e diminutas claques fascistas ainda sobreviventes do passado tratassem de participar do levante – mas este em nenhum momento foi imantado por ideias reacionárias.

Com Nagy no governo, suspenderam-se as operações de repressão política e centenas e centenas de prisioneiros foram libertados[210]. Mas é fato que o ódio ao *rakosismo*, expressando-se na tomada pelo povo de espaços públicos antes controlados por aparelhos repressivos e em atos de justiçamento sumário de agentes da ÁVO, derivou em episódios de violência. E também é fato que Nagy não pôde travar a movimentação dos trabalhadores, que, mesmo apoiando o seu governo, organizaram greves e ativaram a constituição de associações classistas independentes – os sindicatos, livres da tutela do governo e do Partido Comunista em dissolução, começaram a agir de forma autônoma, criaram comitês proletários e puseram sobre a mesa demandas havia muito reprimidas.

Nagy tentou, mediante negociação contínua com autoridades da União Soviética e diálogos com os emergentes sujeitos sociais coletivos que se constituíam na Hungria, garantir um apaziguamento e pactos sociais capazes de permitir o funcionamento do seu governo – e nada disso foi viável naqueles dias tempestuosos[211]. Pressões vindas de todos os lados, de protagonistas nacionais e externos (leia-se: soviéticos), exigiam uma liderança institucional com forte capacidade de tomar decisões difíceis e complexas – e o levante não a possuía. E o próprio novo ministério de Nagy mergulhou em divisões intestinas, sendo a mais séria aquela derivada da decisão do chefe do governo tomada em 1º de novembro: Nagy declarou a retirada unilateral da Hungria do Pacto de Varsóvia e solicitou a ajuda do Ocidente (da ONU e das "Grandes Potências") para garantir a neutralidade do país[212]. Informado o ministério da decisão de Nagy, dois de seus membros votaram contra ela: Lukács e Zoltán Szántó – diante da decisão, o filósofo apresentou a sua demissão[213]. Logo seguiu-se a desintegração do governo Nagy, com a defecção de alguns de seus membros e a repressão soviética[214].

Com as tropas soviéticas invadindo o país, Lukács cometeu o que logo considerou um "erro": na madrugada de 3 para 4 de novembro, refugiou-se na Embaixada da Iugoslávia, onde já estavam Nagy e mais umas quatro dezenas de pessoas[215]. Começou então uma infernal, ainda que breve, sucessão de idas e vindas, pressões e coações – finalmente, os refugiados saíram da embaixada em carros diplomáticos, mas foram sequestrados e recolhidos a veículos blindados que os conduziram a uma instalação militar controlada pelos soviéticos[216].

Poucos dias depois, foram metidos num avião cujo destino ignoravam – só ao chegar ao termo da viagem constataram que foram desembarcados em Bucareste, capital da Romênia. Lukács e Gertrud, sua mulher, como todos os outros refugiados, viram-se alojados num antigo e confortável castelo em Snagov, a poucos quilômetros da capital. Não sofreram torturas físicas e foram até bem tratados como "hóspedes" – mas passaram por interrogatórios e neles, como atestam unanimemente todas as informações disponíveis, Lukács manteve uma firme postura de não criticar ou comprometer quaisquer outros envolvidos no levante[217].

O exílio romeno de Lukács não foi longo. Kádár, empenhado em conquistar a legitimidade mínima que lhe era indispensável, criou condições para o regresso do filósofo à pátria; o governante permitiu que Lukács retornasse sob a condição única de recolher-se à vida privada – ofereceu-lhe, como alguém impropriamente caracterizou, uma espécie de *otium cum dignitate*. Formalmente obrigado somente a abster-se de intervenções políticas públicas, Lukács, *sem fazer qualquer autocrítica de natureza política ou teórica*, voltou a seu país em 11 de abril de 1957[218]. Note-se que o pedido de Lukács de se reintegrar ao Partido Comunista refundado[219], encaminhado aos seus dirigentes tão logo o filósofo regressou a seu país, só foi atendido dez anos depois – em 1967, Lukács viu-se novamente nas fileiras partidárias[220].

Poucas oportunidades de *otium cum dignitate* teriam se revelado tão produtivas quanto a que se apresentou a Lukács – então, a *Estética* e a *Ontologia do ser social* ganharam a forma e o conteúdo possíveis[221].

"*Otium cum dignitate*": para Lukács, a volta ao trabalho

Já sublinhei que um dos traços que peculiarizam a vida inteira de Lukács reside na sua capacidade de trabalho – por isso, a ideia de um ócio digno não se presta, em absoluto, ao movimento do filósofo no seu regresso à Hungria.

O trabalho intelectual foi contínua e sistematicamente exercitado por Lukács ao longo da sua trajetória, resultando, mesmo quando o filósofo enfrentava enormes dificuldades pessoais, em objetivações valiosas – é emblemática, para os anos 1960, a elaboração de "Minna von Barnhelm", provavelmente o mais belo texto redigido por Lukács[222]. Por isso, se é verdade que o seu retorno do exílio na Romênia lhe ofereceu as condições para, retomando o seu trabalho momentaneamente interrompido com o levante de 1956, concluir a *Estética* e avançar na *Ontologia*, é preciso deixar claro que essas duas grandes obras não esgotam a produção da última década da sua vida. Nesses anos 1960, na intensa atividade intelectual de Lukács, destacam-se, além dessas últimas duas obras notáveis, várias peças relevantes – mas aludirei aqui a apenas duas delas[223].

A primeira relaciona-se à teoria e à crítica literárias – trata-se de dois ensaios, redigidos respectivamente em 1964 e 1969, que compuseram o seu pequeno e precioso volume intitulado *Solzhenitsyn*, editado em 1970[224]. Nesse volumito (rogo ao leitor que não se iluda com o diminutivo), Lukács retoma e amplia a sua apreciação da obra de Thomas Mann, que, a seu juízo, conduziu o realismo crítico ao ápice na primeira metade do século XX[225]. A abordagem agora operada por Lukács da obra de Mann contém *avanços teóricos muito significativos* no trato da concepção da estrutura romanesca, que então deixa de requerer uma "totalidade de objetos" e passa a implicar uma "totalidade de reações"; com esse passo, Lukács abre a via à compreensão das relações entre o realismo crítico d'*A montanha mágica* e o realismo próprio à obra de Soljenítsin – que, de acordo com o filósofo, "não é apenas o herdeiro das melhores tendências do realismo socialista em seus inícios, mas também do realismo da grande literatura, de Tolstói e de Dostoiévski"[226].

Lukács se atém, no curso dos dois ensaios, mas em especial no segundo, a traços especificamente estilísticos do escritor (a *bizarria*, o *humor*), bem como à sua decisiva opção de tomar o universo concentracionário como o "teatro" em que emerge a "totalidade de reações" (lembremos que Mann, n'*A montanha mágica*, já fizera do hospital de Davos o "teatro" em que se confrontam Settembrini e Naphta). Para Lukács, Soljenítsin é "um crítico puramente plebeu, e não comunista, [...] da era stalinista" – e sublinha que seu mérito histórico--literário é, retomando a "tradição plebeia", que "foi uma das bases da grandeza da literatura russa", ter feito de tal tradição "um prolongamento digno dela"[227].

A segunda peça a que devo aludir aqui é o ensaio que Lukács redigiu no final de 1968, decerto motivado pela intervenção, comandada pela União Soviética, das tropas do Pacto de Varsóvia na Tchecoslováquia (agosto de 1968), que abortou a breve experiência democratizante que se desenrolou sob a direção de Alexandre Dubcek – intervenção condenada pelo filósofo[228]. Havia mais de uma década já reintegrado no Partido húngaro[229], Lukács entregou a seus dirigentes um texto em que, reafirmando a sua firme defesa de uma profunda reforma na vida política dos países do "mundo socialista" (que se poderia compreender como uma autorreforma), punha a *questão democrática* como central nesse processo mudancista. A direção do Partido húngaro optou, recebendo o escrito, por não publicá-lo imediatamente – decisão que o disciplinado Lukács acatou. Resultado: o material só veio à luz em 1985, catorze anos depois da morte do autor, sob o título *Demokratisierung heute und morgen* (Democratização hoje e amanhã) – em 2008 vertido para o português como "O processo de democratização"[230].

Esse ensaio é, efetivamente, uma peça relevante para o conhecimento das concepções políticas de Lukács, tais como formuladas na segunda metade dos anos 1960 – mas nele fica evidente, para além de contributos inovadores, a *continuidade* dessas concepções com as ideias expostas pelo filósofo pelo menos desde o imediato segundo pós-guerra. Em "O processo de democratização", Lukács retoma e aprofunda reflexões que já desenvolvera sobre a era stalinista e discorre acerca dos limites da democracia formal burguesa, que recusa firmemente como solução aos constrangimentos políticos que constata nos países em que se opera uma transição no rumo do socialismo (no dizer de Mészáros, "sociedades pós-revolucionárias"). Porém, no texto só postumamente publicado, há avanços: Lukács sustenta que, nas tais "sociedades pós-revolucionárias", a verdadeira alternativa com que se deparam os comunistas é inequívoca: *stalinismo ou democracia socialista*. Apresenta argutas e polêmicas análises históricas sobre o evolver da Revolução Russa (que qualifica como uma "revolução não clássica") e seus desdobramentos, sinaliza as conexões entre economia e política, dá relevo ao papel do trabalho nos processos de sociabilidade e traz ao debate as necessárias relações entre representantes e representados nas instituições políticas; e, sobretudo, põe ênfase no papel da consciência no desenvolvimento revolucionário e sublinha a relevância da democracia para a vida cotidiana. Como nota crítica, considero que, nesse ensaio, a recorrência de Lukács a Lênin e a seu comportamento teórico-prático ganham um hiperdimensionamento – e a mim me parece que o filósofo constrói do líder da Revolução de Outubro uma imagem saturada de traços idealizados[231].

Finalizado aqui o escorço biobibliográfico de Lukács contido nas quatro dezenas de páginas precedentes, pode o eventual leitor indagar da sua procedência/pertinência numa "Apresentação" à *Estética* lukacsiana; um tal leitor tem o direito de questionar se esta grande obra (que muitos qualificam como "monumental") não seria *bastante em si mesma* – isto é, não seria suficiente a sua estrita textualidade para dar conta do seu conteúdo complexo e extremamente rico?

A resposta do signatário desta "Apresentação" é negativa: entendo que uma leitura da *Estética* colada unicamente ao seu texto concluso perde elementos preciosos e substanciais para a plena apreensão do seu conteúdo. Recorde-se que a ideia de uma estética marxista começou a ser aventada nos inícios dos anos 1930 – quando Lukács, ao lado de Lifschitz, formulou a tese da *possibilidade* de uma estética fundada única, expressa e explicitamente na teoria marxiana[232]. À consecução dessa ideia o filósofo haveria de se dedicar num longo processo intelectual e político. Aliás, na dedicatória à sua companheira Gertrud, que abre a *Estética*, Lukács não menciona somente a "comunidade de vida e pensamento" que os uniu por "mais de quarenta anos" – faz questão de acrescentar expressamente: comunidade também "de trabalho e de luta".

A massa crítica relativa à arte de que Lukács se assenhorou no seu trabalho intelectual anterior àquela ideia, compartilhada com Lifschitz na entrada dos anos 1930, da possibilidade de uma estética marxista sistemática, tal massa crítica – cujo domínio se iniciou em Budapeste na primeira década do século XX e se ampliou durante os seus estudos acadêmicos (e não somente acadêmicos: pense-se nas suas estâncias italianas) na Alemanha – viu-se superada com os seus conhecimentos/apropriação da teoria marxiana e leniniana. Mas, como ocorre em toda superação dialética, *não se viu imobilizada e esquecida nos anos posteriores a 1930*: constituiu um suporte criticamente incorporado aos seus esforços para a elaboração da sua estética marxista[233]. E tais esforços se processaram concomitantemente à sua retomada do exercício regular da crítica literária, que, embora menos frequente nos anos 1920[234], voltou ao centro da sua atividade nos seus períodos de Berlim e de Moscou e até seus últimos dias. Em Lukács, e este é um dado a ser levado em conta, a *teorização* relativa à arte esteve sempre ligada à prática da *crítica concreta de obras de arte* (inclusive no Lukács pré-marxista). A sistematização estética concluída por Lukács em 1962 não foi obra de um filósofo que se debruçou aleatoriamente sobre obras de arte e se dedicou, com diligência e zelo, a teorizar sobre elas ou a partir delas. A *Estética* de Lukács resultou de análises críticas de obras de arte significativas do acervo cultural da humanidade, *análises que se articularam/interagiram numa incessante pesquisa que conjugou o trato crítico de obras de arte determinadas com elaborações estético-filosóficas*.

A trajetória de Lukács até a sua *Estética* saída a público em 1963, na qual trabalhou de meados dos anos 1950 à sua conclusão, foi um *longo caminho*, que procurei resgatar nas páginas precedentes[235]. A gênese, o desenvolvimento e os resultados que se contêm na *Estética* estarão muito longe de serem *explicados* se tal gênese, desenvolvimento e resultados forem dados por supostos e/ou tomados como apenas e tão somente pura elaboração teórico-filosófica (por mais que se reconheça a sua complexidade e riqueza) – e decerto que sem essa explicação a sua compreensão íntegra fica prejudicada. Evidentemente, a *explicação* não substitui nem esgota a *compreensão*: mas esta só é de fato viabilizada totalizadoramente se se conjugar articulada e dialeticamente àquela. A *Estética* não é um produto intelectual "puro". As "impurezas" – da sua contextualidade histórica, política (e mesmo político-partidária) – são fundantes da elaboração teórico-filosófica que nela se condensa (a *Estética* é, para retomar a ironia do velho e saudoso Astrojildo Pereira acerca do seu próprio trabalho, uma realização tipicamente *impura*)[236]. É óbvio que a leitura da *Estética*[237], como, aliás, de qualquer obra significativa, *deve ater-se primariamente à sua letra*; o seu exame com certeza exige perquirições rentes à sua textualidade. A sua *compreensão*, todavia, se enriquece, se alarga, se esclarece na medida em que a sua *explicação* fornece chaves heurísticas básicas que iluminem a sua elaboração. E, num contexto histórico-social ainda por examinar com mais cuidado entre nós – como, segundo penso, aquele em que se inscreveu a elaboração estética de Lukács –, uma panorâmica da sua trajetória, por sucinta que seja, se me afigura uma preliminar necessária para o conhecimento pleno da sua *Estética*. Eis a razão das tantas páginas em que me ocupei com a clarificação do longo caminho que conduziu Lukács a uma das suas obras maiores.

Enfim, não se perca de vista que contribuições para uma estética com visos marxistas não foi tarefa assumida somente por Lukács – expressivo rol de intelectuais, vinculados em escala maior ou menor ao legado marxiano, enfrentaram esse desafio[238]. Mas há características que singularizam o empreendimento lukacsiano realizado na *Estética* – e uma delas, de evidência inquestionável, consiste em que esse empreendimento constitui a formulação mais desenvolvida de uma *estética sistemática* produzida no interior da tradição marxista[239].

A *Estética* de György Lukács

Na abertura desta "Apresentação", informou-se ao leitor que a *Estética* que Lukács publicou em 1963 constitui apenas a primeira parte de um extenso tratado que deveria desdobrar-se em mais duas outras – que o filósofo não redigiu, pelo que a obra vinda à luz em 1963 é também nominada *Estética I*, com o subtítulo de *A peculiaridade do estético*. Mesmo que o filósofo não tenha concluído a exposição do seu sistema estético nas outras partes que projetara, estou convencido de que a *Estética* que nos legou é a sua obra mais *completa*[240].

O cariz e o tônus da *Estética* lukacsiana (e esse é outro dos traços que a singularizam) têm o porte das elaborações clássicas do idealismo alemão, notadamente de Kant e, em especial, de Hegel, com as quais a *Estética* dialoga intensa e muito criticamente[241], superando-as também com a recuperação crítica de uma imensa massa de conhecimentos acumulados posteriormente em áreas/ciências particulares diversas (filosofia, história, economia, antropologia, arqueologia, etnografia, psicologia). Recuperação que – repita-se: sempre crítica – se opera numa perspectiva dialético-totalizante, dada a *originalidade metodológica* dos procedimentos analíticos do filósofo. A magnitude teórico-filosófica da *Estética* revela-se logo (e este é mais um traço a singularizá-la) na *riqueza categorial* que ela exibe, riqueza que dificulta – e até problematiza – as tentativas de formular uma síntese introdutória ao grande texto[242]. Os parágrafos que se seguem pretendem, tão somente, sumariar o ordenamento das formulações lukacsianas e uns poucos dos seus traços fundamentais.

Suporte essencial do sistema estético de Lukács é a sua *teoria do reflexo*[243] – é com base nela, como fica claro neste volume 1 da edição da Boitempo da *Estética*, a que voltarei adiante, que o filósofo expõe (no que serão os volumes 2 e 4 desta edição) as suas exaustivas elaborações sobre a *mimese estética*[244]. Tais elaborações, que fundamentam e explicitam o *caráter mimético* da arte, envolvem todo o complexo das diferenciadas formas artísticas desenvolvidas pelos sujeitos humanos no curso de um larguíssimo movimento histórico (rastreado por Lukács sintética, mas cuidadosamente).

A originalidade e a argúcia da sistematização estética de Lukács flagram-se com evidência no volume 2 da edição da Boitempo – em andamento – que compreende a *heterogênese* da arte a partir da magia (capítulo 5)[245], o *mundo próprio* das obras de arte e sua problemática (capítulo 6), a *relação sujeito-objeto* na estética (capítulos 7 e 10)[246], a excelente formulação categorial inclusiva de *meio homogêneo/homem inteiro/homem inteiramente* e do trato do *pluralismo* da esfera estética (capítulo 8), a *missão desfetichizadora* da arte (capítulo 9) e a reconceituação da *catarse* como categoria geral da estética (capítulo 10).

No que será o volume 3 da edição da Boitempo, o filósofo detém-se nos fundamentos e princípios mais gerais do *comportamento estético*. Admitindo que não se sente qualificado para discutir as teses enunciadas pelos especialistas da psicologia[247], Lukács – recorrendo a sugestões das pesquisas materialistas de Pavlov – indica (capítulo 11) que se restringe a investigar as relações entre os "sistemas de sinalização" (os emergentes dos reflexos condicionados, o *sistema de sinalização 1*) e a linguagem (o *sistema de sinalização 2*), chegando à proposição, alternativa e instigante, de um sistema de sinalização distinto, *estético*, que designa como *sistema de sinalização 1'*[248]. Nesse mesmo volume 3, no capítulo 12, a *categoria da particularidade* é novamente objeto da análise de Lukács[249]. E ainda, nesse volume, o capítulo 13 reveste-se de extrema importância: eis onde o filósofo resgata e instrumentaliza para o pensamento estético categorias axiais do legado hegeliano (p. ex., *em si*, *para nós*, *para si*), porém *refundadas* a partir da crítica a Hegel estabelecida inicialmente pelo jovem Marx; Lukács já examinara várias dessas categorias n'O *jovem Hegel* e n'O *jovem Marx* e elas, com outras elaboradas pelo próprio filósofo, serão imprescindíveis para a articulação da estética sistemática tal como Lukács a concebe.

No volume 4, com que se encerra a edição da Boitempo, Lukács começa por discorrer sobre as questões liminares da mimese estética nas várias artes. O capítulo 14, introduzindo a original ideia da *dupla mimese* para a perquirição da música e a noção do *ciclo problemático do agradável*, é revelador do domínio que o filósofo possui do amplo patrimônio artístico que investiga[250]. No capítulo 15, Lukács não se ocupa apenas das questões da *beleza natural*, mas tematiza as fronteiras entre *a ética e a estética*[251]. Enfim, no último capítulo da obra, a análise do que o filósofo designa como a *luta emancipadora da arte* articula-se a problematizações inéditas seja de tópicos fundamentalmente estéticos (alguns já tangenciados anteriormente, como *alegoria* e *símbolo*)[252], seja de temas como *pessoa privada* e *necessidade religiosa*.

Mais um dos traços distintivos da *Estética* lukacsiana consiste no fato de a sua sistematização *desnaturalizar* (ou se se quiser, *historicizar*) as concepções existentes sobre a arte – da Antiguidade ao século XX – e, ainda, de circunscrever a posição da arte entre as expressões ideais que a sociabilidade humana apresentou no seu desenvolvimento ao largo do processo histórico de constituição da humanidade (fazendo recuar as "barreiras naturais", como dizia Marx). O procedimento teórico-metodológico recorrente em toda a *Estética* de Lukács não coonesta quaisquer ideias de uma "natural" vocação humana para a arte, um "natural" evolver da emergência das atividades artísticas inscrita numa "essência humana" tomada abstrata e a-historicamente como eterna e imutável. Esse procedimento não exclui o reconhecimento de uma *concepção histórica e determinada do ser social do homem*; trata-se da concepção marxiana filosófico-antropológica, embasada ontologicamente, que pode até receber a designação de "essência humana", mas que em Marx é referida sobretudo como "natureza humana" – que também *nada tem de natural, eterna e imutável*; essa concepção receberia, na evolução do Marx posterior a 1844, fundamentação mais sólida, porém nunca seria abandonada pelo autor d'O *capital*[253]. À época em que ainda se vinculava ao pensamento de Marx, Heller, sumariando o estudo de Márkus há pouco citado em nota, dizia acertadamente que "a concepção do jovem Marx – *que se mantém no período da [sua] maturidade* –" compreende que "as componentes da essência humana são [...] o trabalho (a objetivação), a socialidade, a universalidade, a consciência e a liberdade. A essência humana, portanto, não é o que 'esteve sempre presente' na humanidade (para não falar mesmo de cada indivíduo), mas a realização gradual e contínua das *possibilidades* imanentes à humanidade, ao gênero humano"[254].

Entre as categorias extraídas do legado hegeliano, outra – também examinada criticamente pelo jovem Marx – é de vital importância para a estética lukacsiana: a categoria de *objetivação*[255]. A exaustiva análise que Lukács faz da problemática das objetivações, tomando o *trabalho* como *modelo da práxis* (práxis que não se esgota no trabalho), desdobra-se exemplarmente na *Ontologia do ser social*, mas já tem os seus fundamentos presentes na *Estética*. Nesta, Lukács tomará a arte como uma das mais altas e realizadas objetivações do espírito humano, assim como a ciência – ambas produzidas/resultantes no/do curso de um larguíssimo processo histórico posto em movimento com o evolver de atividades de natureza mágica (processo que o filósofo tratará no volume 2 da *Estética* na edição da Boitempo).

Dois parágrafos acima, anotei que a *Estética* lukacsiana se coloca a questão de circunscrever a posição da arte entre as expressões (objetivações) ideais que a sociabilidade humana produziu e desenvolveu no processo histórico de (auto) constituição da humanidade. Daí ser imperativo, para a economia interna da *Estética* e para a explicitação dos seus eixos elementares, relacionar a arte e a outra notável objetivação do ser social, a ciência, à vida dos indivíduos. Por isso, Lukács *começa* (justifica-se esse itálico: o volume 1 da *Estética* da edição da Boitempo atém-se expressamente a "questões preliminares e de princípio") analisando a vigência e os limites do reflexo que se processam naquele nível insuprimível da vida em que todo indivíduo humano está imerso: a vida cotidiana[256]. Dado o seu caráter imprescindível, esse começo leva-me agora, no pequeno excurso que se segue, a dedicar umas poucas linhas ao volume 1 da *Estética* que o leitor tem em mãos[257].

Permita-se-me, antes de mais, passar a palavra a Lukács:

> O comportamento cotidiano do homem é simultaneamente começo e fim de toda atividade humana, isto é, quando se imagina o cotidiano como um grande rio, pode-se dizer que, nas formas superiores de recepção e reprodução da realidade, ciência e arte ramificam-se a partir dele, diferenciam-se e constituem-se de acordo com suas finalidades específicas, alcançam sua forma pura nessa peculiaridade – que emerge das necessidades da vida social para então, por consequência de seus efeitos, de suas incidências sobre a vida dos homens, voltar a desembocar no rio da vida cotidiana. Portanto, esse rio é constantemente enriquecido com os resultados mais elevados do espírito humano, assimilando-os a suas necessidades práticas cotidianas, e daí voltam a surgir, em forma de questões e demandas, novas ramificações das formas de objetivação superiores.[258]

Reproduzo Lukács *ipsis verbis* porque nesse prefácio ele sintetiza a quintessência da argumentação que exara no volume 1 da *Estética*: a relação da vida cotidiana mormente com duas modalidades de objetivação humana, a arte e a ciência[259], cuja processualidade histórica – gênese e desenvolvimento e, logo, a sua diferenciação – será objeto dos capítulos 1 a 3 da obra. Vê-se: à partida, Lukács põe a vida cotidiana como o alfa e o ômega dos reflexos mediante os quais a realidade objetiva é apropriada pelos homens. Mais: assinala que tais reflexos, na sua diferencialidade, se transformam seguindo linhas específicas. Igualmente, também na abertura da *Estética*, o filósofo explicita que a sua argumentação, relativa à recepção e à reprodução da realidade pelo "espírito humano", se embasa numa concepção alargada do *reflexo*, pertinente "a toda atividade humana"; afirma o filósofo:

> Não só a realidade objetiva que aparece nos diferentes tipos de reflexo está sujeita a uma mudança ininterrupta como essa mudança apresenta rumos bem determinados, linhas evolutivas bem determinadas. Portanto, a própria realidade é histórica segundo seu modo objetivo de ser; as determinações históricas, tanto de conteúdo quanto de forma, que aparecem nos diferentes reflexos não passam de aproximações mais ou menos corretas desse aspecto da realidade objetiva. Porém uma historicidade autêntica jamais pode consistir em uma simples modificação dos conteúdos de formas que se mantêm sempre iguais, no âmbito de categorias sempre imutáveis, pois essa variação dos conteúdos terá necessariamente um efeito de modificar também as formas, devendo acarretar inicialmente determinados deslocamentos de função

dentro do sistema categorial e, a partir de certo grau, até mudanças pronunciadas, ou seja, o surgimento de categorias novas e o desaparecimento de categorias velhas. A historicidade da realidade objetiva tem como consequência uma determinada historicidade da teoria das categorias.[260]

Essas duas passagens de Lukács são cruciais: verifica-se que, para ele, a realidade objetiva (em si mesma histórica, efetiva e mutável) é apreensível – da sua aparência imediata na vida cotidiana ao seu conhecimento essencial, viabilizado em objetivações distintas e específicas, como a arte e a ciência – por *diferentes modalidades de reflexo*, cuja historicidade se estende às categorias pelas quais o espírito humano se *apropria idealmente* do mundo em que vive e se orienta para nele *intervir praticamente*. Eis por que o exame da cotidianidade e seu reflexo em objetivações que transcendem os limites da empiria imediata é absolutamente necessário para a compreensão da especificidade dessas mesmas objetivações – e é esse exame que Lukács apresenta no volume 1 da edição da Boitempo da *Estética* (que, no tratamento do reflexo estético, *começa* nele, prosseguindo ainda no volume 2). A síntese obtida com esse exame é antecipada pelo próprio filósofo:

os reflexos científico e estético da realidade objetiva são formas de reflexo cada vez mais diferenciadas que se constituem no decorrer do desenvolvimento histórico e encontram tanto sua base quanto sua realização plena e definitiva na própria vida. Sua peculiaridade reside justamente na direção exigida [...] pelo exercício cada vez mais preciso e completo de sua função social. [...] Se quisermos examinar o reflexo na vida cotidiana, na ciência e na arte quanto a suas diferenças, devemos entender sempre com clareza que todas as três formas retratam a mesma realidade.[261]

Ainda antes de expor e apresentar os resultados das investigações[262] em que se empenhou arduamente para compreender a diferencialidade básica entre os reflexos científico e estético, fundante das suas peculiaridades, o filósofo diz que sua argumentação deve:

mostrar que o reflexo científico da realidade procura se libertar de todas as determinações antropológicas, tanto das sensíveis quanto das intelectuais, e que se esforça para retratar os objetos e suas relações como são em si, independentemente da consciência [do pesquisador]. O reflexo estético, em oposição, parte do mundo do homem e está voltado para ele. Isso não implica, como mostraremos no devido momento, um simples subjetivismo. Pelo contrário, a objetividade dos objetos fica preservada, só que de modo que estejam contidas nela também todas as referen-

> cialidades típicas da vida humana, manifestando-se de um modo que corresponda ao respectivo estado de desenvolvimento interior e exterior da humanidade [...]. Isso significa que toda configuração estética inclui, ordena dentro de si o *hic et nunc* histórico de sua gênese como fator essencial de sua objetividade decisiva.[263]

Com essa passagem, já na abertura da *Estética*, Lukács antecipa a diferença absolutamente distintiva que, na sua perspectiva analítica, especificará as duas modalidades de reflexo: essencialmente, o científico é *desantropomorfizador*, o estético é *antropomorfizador*. Tudo isso posto, compreende-se sem dúvidas que a pesquisa da *peculiaridade do estético* – objeto da *Estética* (mais exatamente, da *Estética I*) – exige preliminarmente a análise dos problemas do reflexo na vida cotidiana e o seu desenvolvimento diferenciado, de que emergem os reflexos científico e estético. É essa análise preliminar que Lukács oferece nos quatro capítulos deste volume 1 da *Estética*; não cabe aqui um resumo da sua argumentação – extremamente rica, ampla e complexa –, mas tão somente um sumário, breve e esquemático, dos seus elementos centrais.

O capítulo 1 ("Problemas do reflexo na vida cotidiana") consagra a sua primeira seção à caracterização geral do pensamento cotidiano. Esse pensamento, constituído pelo reflexo que é da vida cotidiana, expressa as condições em que se movem os agentes para atender às necessidades garantidoras da sua reprodução enquanto tais, o que implica uma determinada relação com a natureza, o *trabalho*[264]; mesmo nos seus estágios históricos mais primitivos, essa relação vai demandar a produção de instrumentos materiais e de formas simbólicas de comunicação entre os agentes – desenvolver-se-á, pois, uma *relação genética* entre trabalho e linguagem. É no processo de trabalho que os agentes se tornam *sujeitos* que, atuando de início sobre elementos naturais, *intencionalmente* produzem *objetos* para satisfazer suas necessidades (que, uma vez satisfeitas, geram *novas* necessidades). No processo de trabalho, constitutivo compulsório da sua vida cotidiana, os sujeitos se defrontam com um mundo que existe material e objetivamente fora das suas consciências – o que confere ao seu pensamento um *materialismo espontâneo* (ainda que permeado por componentes mágicos) e tende a favorecer a percepção de um vínculo *imediato* entre as representações e as práticas dos sujeitos. Um desenvolvimento multimilenar fez com que o domínio e o controle da natureza exigissem e impusessem aos homens, para responder às demandas da sua reprodução vital, transformações substantivas nas suas relações com a natureza (o intercâmbio sociedade/natureza é operado através do trabalho) e nas suas próprias interações – e tais transformações desbordaram largamente o conteúdo e as formas do conhecimento propiciado *imediatamente* pelo exercício do trabalho[265]. A partir de determinado grau a que se alçou o processo histórico-social, as limitações do pensamento acumulado (produzido com base no reflexo fundado na vida cotidiana) foram-se revelando progressivamente – mas o processo histórico-social mesmo pôs alternativas para ultrapassá-las: emergiu a diferenciação daquele acúmulo, configurando os modos específicos dos reflexos científico e estético. Como Lukács destaca, o pensamento cotidiano não desapareceu com o surgimento das duas novas modalidades de reflexo – permaneceu e permanece, alterando-se com a recepção de componentes derivados dos novos reflexos; de fato, o reflexo que o funda provém sempre da insuprimível cotidianidade, mantendo, entretanto, uma contínua interação com o desenvolvimento da ciência e da arte[266].

É na segunda seção desse capítulo 1 que Lukács abre a via para a análise da diferenciação que, por força de novas necessidades sociais, conduzirá do pensamento cotidiano às duas outras modalidades de reflexo. Recorrendo criticamente a estudos antropológicos e etnológicos, Lukács tematiza longamente questões extremamente relevantes acerca da ponderação dos elementos mágicos (Lukács admite a existência de um "período mágico" no curso inicial do pensamento cotidiano) e dos primeiros avanços nos estágios mais primitivos do reflexo próprio da cotidianidade (p. ex., a tendência da sua evolução no sentido de tornar conscientes seus componentes inconscientes). Discute ainda a emersão, na vida cotidiana, de comportamentos que, derivados da magia, apontam para a configuração de uma *concepção religiosa do mundo*; quando esta se desenvolve, cria-se, a partir da *fé* depositada na ideia de um *demiurgo* responsável pela existência do mundo, a base para uma *apreensão antropomorfizadora* da vida cotidiana – uma antropomorfização diversa daquela que marcará a arte, que é *cismundana* por excelência[267]. Lukács procura demonstrar que tal concepção religiosa do mundo não colide com o pensamento cotidiano, mas é compatível com ele (o filósofo discorre sobre uma "proximidade estrutural" dessa concepção à vida cotidiana). A argumentação lukacsiana é toda direcionada para demonstrar a contradição – e, no limite, o antagonismo – que se instaura entre o reflexo antropomorfizador e as tentativas de obter um conhecimento científico e veraz da realidade objetiva. Dessa contradição resultarão mais tarde as lutas que os representantes da ciência haverão de travar contra as representações antropomorfizadoras corporificadas em concepções de mundo.

O objeto do capítulo 2 é precisamente o problema da desantropomorfização do reflexo na ciência. Segundo Lukács, a primeira diferenciação histórica entre o reflexo que funda o pensamento da vida cotidiana e o reflexo que embasa o conhecimento científico já é constatável na Antiguidade, precisamente na Grécia clássica – diferenciação estudada na primeira seção desse capítulo[268]. Nela, depois de perquirir as posições expressas por filósofos gregos, dos pré-socráticos a Aristóteles, Lukács considera que se estabeleceram duas ideias básicas: a de que uma apreensão científica da realidade objetiva só é possível com a ultrapassagem de concepções antropomorfizadoras (tanto do objeto quanto do sujeito do conhecimento) e a de que essa apreensão só pode operar-se no marco de uma perspectiva filosófica materialista; considera, também, que os fundamentos metodológicos para operar essa apreensão científica já estão postos na filosofia grega. Fica clara a significação dessa conquista do pensamento grego, mas igualmente se evidenciam os seus limites – próprios de um materialismo filosófico ainda pouco desenvolvido.

É na segunda seção desse capítulo 2 que Lukács – depois de registrar que as tendências antropomorfizadoras predominaram no final da Antiguidade e imperaram no essencial do pensamento da Idade Média – constata que o "princípio antropomorfizador" voltará a ser atacado no Renascimento, inaugurando o que há de ser o pensamento próprio da Idade Moderna num período de desenvolvimento historicamente novo. Nesse período, emergente em consonância com as transformações postas em movimento pelas nascentes relações econômicas e sociais capitalistas[269], as tendências desantropomorfizadoras avançam e tendem a universalizar-se; concomitantemente, esse pensamento próprio da Idade Moderna vê-se imerso numa "situação peculiar":

> o princípio da cientificidade ter adquirido uma universalidade desconhecida até então e simultaneamente o antagonismo entre ela e a visão de mundo da filosofia nunca ter sido tão drástico [...] explica-se exatamente pelo que expusemos até aqui: aquela imagem de mundo que impõe o reflexo desantropomorfizador da realidade ao homem mostra-se imprescindível no plano da prática econômica, mas cada vez menos sustentável para a burguesia e sua intelectualidade no plano ideológico.[270]

Essa peculiar situação – já visível no curso do Renascimento e muito evidente nos seus desdobramentos ulteriores, agravada por novas variáveis postas pela dinâmica do capitalismo já consolidado, particularmente as implicações no processo econômico-social provindas da Revolução Industrial e no processo político provindas da Revolução Francesa –, essa peculiar situação é analisada por Lukács, nessa densa segunda seção do capítulo 2, em seus múltiplos aspectos[271]. Para o filósofo, o "princípio da desantropomorfização" que funda a ciência moderna e acabou por se impor, ainda que de modo sumamente contraditório, é, essencialmente, um princípio de progresso e de humanização[272]. Por outra parte, na exposição que oferece do processo de desantropomorfização que triunfa na ciência moderna, Lukács explicita com ênfase que ele estabelece uma clivagem em relação ao reflexo estético:

> quanto mais a ciência avança com êxito na desantropomorfização de seu reflexo e na elaboração conceitual deste, tanto mais intransponível se torna o abismo entre reflexo científico e reflexo estético[273]. Após estes se desvincularem {da} unidade indiferenciada do período mágico, seguem-se longos períodos de desenvolvimento paralelo, de fecundação recíproca imediata, de manifestação diretamente visível de que os dois campos refletem a mesma realidade. Naturalmente essa afirmação é válida ainda hoje; porém a ciência avançou por campos que não podem mais ser apreendidos pelo antropomorfismo da arte de nenhuma maneira. Desse modo, terminam a participação da arte nas descobertas científicas, como ocorreu na Renascença, e a passagem direta dos resultados científicos para a imagem de mundo da arte. [...] Porém seria rigidez metafísica inferir disso uma cessação completa das inter-relações entre ciência e arte. [...] Há muitas tendências em ação que as intensificam; a cessação de uma inter-relação imediata [...] pode ser substituída por inter-relações mais fecundas, se bem que mais mediadas, ou seja, inter-relações que entram em vigor mediante a fecundação da imagem de mundo universal da arte pela ciência e vice-versa.[274]

Uma vez posta à luz, mesmo que liminarmente, a problemática da separação do reflexo científico em face do pensamento próprio da vida cotidiana, Lukács passa à problemática da separação da arte relativamente à vida cotidiana – a ela dedica o capítulo 3 deste volume 1 da *Estética*. Todo esse capítulo volta-se para as questões prévias e de princípio concernentes a tal separação, extraindo, para sustentar a sua argumentação, insumos da herança cultural histórico-filosófica e literária que Lukács tão bem conhecia (de Vico a Goethe) e da tradição marxista (especialmente Marx e Engels). Nele, o filósofo mostra que, comparativamente ao processo de desenvolvimento do reflexo científico, o do reflexo estético foi mais lento, mais complexo e mais tardio – e diferente a sua orientação determinante[275]. E, mesmo em relação à dinâmica histórica do trabalho, diz Lukács, o reflexo estético exibe a tardança da sua emersão[276].

E também o filósofo não deixa de tangenciar a *cismundanidade* que caracteriza o estético[277]. No entanto, o movimento analítico fundamental que se opera nesse capítulo 3 diz respeito à antropomorfização que é específica do reflexo estético e que nada tem de comum com aquela contra a qual enfim triunfaram, como se viu em parágrafos precedentes, no pensamento moderno a ciência e, mais tardiamente, a arte. No reflexo estético que então se desenvolveu, emergiu e se consolidou, como constitutivo necessário da obra de arte, uma *outra* modalidade de antropomorfização, estrutural e qualitativamente *diferente* daquela que imperou no fim da Antiguidade e por toda a Idade Média – e na qual o homem, como *sujeito e objeto*, estará *sempre* presente[278].

No capítulo 4, com que se encerra este volume 1 da edição da Boitempo da *Estética*, o filósofo discorre acerca de fenômenos e processos que, emergindo na vida cotidiana (e fundamentalmente vinculados ao complexo do *trabalho*), não possuem originalmente funções estritamente estéticas, mas que incidirão no desenvolvimento do reflexo especificamente estético. O primeiro dos fenômenos examinados por Lukács é o *ritmo* – que ele apreende como direta e geneticamente conexo ao trabalho. No curso desse exame[279], o filósofo retoma e aprofunda reflexões que envolvem a teoria filosófica do reflexo, e a sua argumentação demonstra que o ritmo, tal como se põe fisiologicamente ou determinado pela natureza, não é um elemento significativo para compreender a gênese do reflexo estético. Mas – e este é um aspecto importantíssimo da análise lukacsiana –, quando se trata especificamente de estética, o ritmo ganha enorme relevância, porquanto adquire a dimensão de componente viabilizador da *evocação*, traço necessário de toda verdadeira obra de arte[280]. Em seguida, Lukács se detém na consideração dos problemas postos pela *simetria* e pela *proporção*; a sua fina argumentação, remetendo a filósofos (p. ex., Kant), a estudiosos da arte (p. ex., Burckhardt, Wölfflin, Riegl, Fischer) e a artistas (p. ex., Dürer, Leonardo), dá ênfase especial às questões da *proporcionalidade* – com o que ele passa à sua delicada (e excelente) análise da *ornamentística*. Então Lukács distingue a "arte puramente ornamental", cujos elementos construtivos são as formas abstratas de reflexo (ritmo, simetria, proporção etc.), da "arte que reflete a realidade concretamente, conforme o conteúdo" – ressalvando que os limites entre elas frequentemente se esbatem e apresentam muitas transições. O filósofo desconstrói a tese que vê o gosto humano pelo adorno como extensão e/ou derivação do gosto animal e levanta a hipótese de que o adorno humano nasceu do desenvolvimento de técnicas do trabalho. A argumentação lukacsiana é realmente criativa, como se verifica na relação que estabelece entre a ornamentística e a arquitetura, e se desdobra no questionamento do que, em arte, se pode qualificar como *profundo*[281].

Logo no segundo parágrafo desta "Apresentação", adverti o leitor da relativa autonomia deste volume 1 da *Estética* e, ao mesmo tempo, da sua imprescindibilidade para a compreensão de toda a obra. Espero que o breve excurso apresentado nestas páginas contribua em alguma medida para justificar aquela advertência – e, também e enfim, para que o leitor, municiado com um mínimo de informação, possa aproximar-se mais proveitosamente do longo texto de Lukács, complexo e difícil, porém admirável porquanto iluminador dessa objetivação humana fascinante que é a arte.

Lukács pensa a arte como um reflexo da realidade, construído histórica e socialmente, que produz uma modalidade de conhecimento tão legítima quanto a ciência; ele não estabelece entre esta e aquela nenhuma hierarquia valorativa e as compreende, a ambas, em interação sempre mediada com a vida cotidiana. O filósofo, porém, distingue o que cada uma delas entrega ao sujeito humano diretamente envolvido *na sua criação e na sua recepção*: a ciência oferece-lhe um *conhecimento objetivo, sempre progressivo e revisável*, que lhe permite o *domínio e o controle* do seu ambiente natural e social; a arte, com seu acervo crescentemente cumulativo, propicia-lhe um *conhecimento sensível de si mesmo*, um *autoconhecimento* do seu ser como *expressão singular do gênero humano*. As duas modalidades de conhecimento, relativas a uma única e mesma realidade objetiva, processam-se mediante meios específicos – e, sobretudo, têm funções sociais também específicas.

Lukács sustenta que a função social própria da ciência é potencializar as forças produtivas humanas para que a sociedade tenha asseguradas as condições (materiais e ideais) necessárias para otimizar os processos demandados pela totalidade da reprodução social. A função social específica da arte, que só ela pode desempenhar racional e fundadamente, é viabilizar aos indivíduos, que se inserem na vida cotidiana e nela se comportam necessariamente como *homens inteiros*, a alternativa para se elevarem ao nível do gênero humano, identificando-se com a causa e o destino da humanidade; essa elevação lhes possibilita a experiência catártica de se tornarem *inteiramente homens* – concretizando o projeto fáustico do homem total plenamente desenvolvido[282]. De experiências catárticas – envolventes de cientistas e pesquisadores, de criadores de obras de arte e seus fruidores, que implicam uma *suspensão* temporária da imersão na vida cotidiana, uma vez que esta é insuprimível para todos os homens – pode (e deve) resultar uma individualidade consciente de si e da sua pertença ao gênero humano. Homens libertos dos fetiches que até hoje impedem a clara compreensão da vida cotidiana, homens absolutamente necessários para construir uma humanidade emancipada.

Compreende-se então por que Lukács, ao cabo do seu longo caminho até a *Estética*, atribuiu à arte uma função social *desfetichizadora* e confiou a ela a constituição da *autoconsciência do desenvolvimento da humanidade*.

Recreio dos Bandeirantes, 13 de abril de 2023

Notas

[1] Em um longo ensaio (editado em italiano em 1957 sob o título de *Prolegomini a un'estetica marxista* pela Riuniti, de Roma, e traduzido no Brasil onze anos depois por Carlos Nelson Coutinho e Leandro Konder – ver György Lukács, *Introdução a uma estética marxista: sobre a categoria da particularidade*, Rio de Janeiro, Civilização Brasileira, 1968), o filósofo antecipa muito do que argumentará mais extensamente na *Estética*. Tal ensaio, "Über die Besonderheit als Kategorie der Ästhetik", está coligido no v. 10 de *Georg Lukács Werke: Probleme der Ästhetik* (Neuwied, Luchterhand, 1969).

Em 1967, Carlos Nelson Coutinho, em *Literatura e humanismo* (Rio de Janeiro, Paz e Terra, 1967), deteve-se na relevância da categoria da *particularidade* na reflexão estética de Lukács. Também a propósito da *Estética*, George H. R. Parkinson fez o mesmo numa das suas contribuições ao volume coletivo que editou: *Georg Lukács: The Man, His Work and His Ideas* (Londres, Weidenfeld & Nicolson, 1970). Ver ainda: Ranieri Carli, *A estética de György Lukács e o triunfo do realismo na literatura* (Rio de Janeiro, Ed. UFRJ, 2012); Deribaldo Santos, *A particularidade na estética de Lukács* (São Paulo, Instituto Lukács, 2017); e Luciano A. Lemos Moreira, "A particularidade estética em Lukács", em Miguel Vedda, Gilmaísa Costa e Norma Alcântara (orgs.), *Anuário Lukács 2017* (São Paulo, Instituto Lukács, 2017).

Uma vez que, nesta nota, citei autores brasileiros, cabe salientar que, entre outros, Celso Frederico dedicou à recepção de Lukács em nosso país dois textos importantes para a sua contextualização: "Presença de Lukács na política cultural do PCB e na universidade", em João Quartim de Moraes (org.), *História do marxismo no Brasil*, v. 2 (Campinas, Ed. Unicamp, 2007), e "A recepção de Lukács no Brasil", *Blog da Boitempo*, 24 ago. 2010, disponível em: <https://blogdaboitempo.com.br/2010/08/24/a-recepcao-de-lukacs-no-brasil/>. Observe-se que, nos anos subsequentes à publicação desses textos, o volume de trabalhos acadêmicos brasileiros que se referem expressamente a Lukács cresceu muito significativamente; nesta "Apresentação", não os citei, mas o seu registro é acessível em: <https://catalogodeteses.capes.gov.br/catalogo-teses/#/>.

[2] Preocupações éticas marcam a reflexão teórico-filosófica de Lukács desde a segunda década do século XX – corretamente, o estudo que o mais destacado dos seus discípulos dedicou ao desenvolvimento da sua obra enfatiza o peso do *dever-ser* (*Sollen*) como "uma dimensão estruturadora fundamental de *todo* o pensamento de Lukács" (István Mészáros, *O conceito de dialética em Lukács*, trad. Rogério Bettoni, São Paulo, Boitempo, 2013, p. 39; o itálico em *todo* não é do original). Já na dedicatória (à sua companheira Gertrud Bortstieber) que abre a *Estética*, Lukács expressa o seu projeto de reunir os principais resultados da sua *evolução filosófica*, da sua ética e da sua *estética*.

Vários estudiosos da obra lukacsiana sustentam que, desde os anos 1930, o filósofo húngaro desenvolveu suas ideias a partir de uma fundamentação ontológica (tese compartilhada pelo signatário desta "Apresentação"); porém, só *depois* de concluir a *Estética I* ele reconheceu e explicitou inequivocamente essa direção contida na sua reflexão. Sobre esse ponto, ver em Ricardo Antunes e Walquiria D. L. Rêgo (orgs.), *Lukács: um Galileu no século XX* (São Paulo, Boitempo, 1996), a intervenção de Carlos Nelson Coutinho e, em Maria Orlanda Pinassi e Sérgio Lessa (orgs.), *Lukács e a atualidade do marxismo* (São Paulo, Boitempo, 2002), especialmente as contribuições de Nicolas Tertulian, Guido Oldrini e José Paulo Netto.

Assim como as partes segunda e terceira da *Estética* não foram redigidas, também a *Ética* lukacsiana não teve desenvolvimento – mas o filósofo deixou apontamentos que vieram a público em 1994 e que estão disponíveis na edição bilíngue de György Lukács, *Notas para uma ética/Versuche zu Einer Ethik* (trad. Sérgio Lessa, São Paulo, Instituto Lukács, 2014). Essa edição deve-se a Sérgio Lessa – que precedeu o volume de uma substantiva apresentação, em que repontam reflexões pertinentes à *Ontologia do ser social* – e o seu significado é objeto também de Guido Oldrini – ver o cap. IX do seu *György Lukács e i problemi del marxismo del Novecento* (Nápoles, La Città del Sole, 2009) (ed. bras.: *György Lukács e os problemas do marxismo do século 20*, trad. Mariana Andrade, Maceió, Coletivo Veredas, 2017).

[3] Ver György Lukács, *Prolegômenos para uma ontologia do ser social* (trad. Rodnei Antônio do Nascimento e Lya Luft, São Paulo, Boitempo, 2010) e *Para uma ontologia do ser social* (trad. Nélio Schneider, Carlos Nelson Coutinho e Mario Duayer, São Paulo, Boitempo, 2012-2013), 2 v.

Mesmo não sendo essa obra derradeira do último Lukács o alvo da presente "Apresentação", creio útil e pertinente referenciar sobre ela alguns títulos, entre uma farta documentação: Alberto Scarponi, "L'ontologia alternativa di György Lukács", *Metaphorein: Quaderni Internazionali di Critica e di Sociologia della Cultura*, ano III, n. 8, 1979-1980, p. 127-40; Nicolas Tertulian, *La rinascita dell'ontologia* (Roma, Riuniti, 1986) e "Ontologia heideggeriana e ontologia lukacsiana", em *Lukács e seus contemporâneos* (trad. Pedro Campos Araújo Corgozinho, São Paulo, Perspectiva, 2016); do mesmo Tertulian, ainda vale ler o ensaio "On the Later Lukács", *Telos*, n. 40, 1979; Csaba Varga, *The Place of Law in Lukács' World Concept* (Budapeste, Akadémiai Kiadó, 1985) e "A atualidade da obra de Lukács para a moderna teoria social", em Marcos Del Roio (org.), *György Lukács e a emancipação humana* (São Paulo/Marília, Boitempo/ Oficina Universitária, 2013); Paul Browne, "Lukács' Later Ontology", *Science & Society*, v. 54, n. 2, 1990; Sérgio Lessa, *Trabalho e ser social* (Maceió, EUFC/Edufal, 1997) e *Mundo dos homens* (Maceió, Coletivo Veredas, 2016); Mario Duayer e João Leonardo Medeiros, "Lukács' Critical Ontology and Critical Realism", *Journal of*

Critical Realism, v. 4, n. 2, 2005; Celso Frederico, *Marx, Lukács: a arte na perspectiva ontológica* (Natal, UFRN, 2005), esp. cap. 7, e "Lukács: o caminho para a *Ontologia*", *Revista Novos Rumos*, ano 22, n. 48, 2007; Vincent Charbonnier (ver nota 24, *infra*), "Travail et hominisation: éléments sur l'*Ontologie de l'*être social de György Lukács" (1ª parte), 2009, disponível em: <https://hal.science/hal-02111213v1/document>; Vitor B. Sartori, *Lukács e a crítica ontológica ao direito* (São Paulo, Cortez, 2010); Mario Duayer, María Fernanda Escurra e Andrea Vieira Siqueira, "A ontologia de Lukács e a restauração da crítica ontológica em Marx", *Katálysis*, v. 16, n. 1, 2013. Em Mario Duayer e Miguel Vedda (orgs.), *György Lukács: años de peregrinaje filosófico* (Buenos Aires, Herramienta, 2013), ver o ensaio de Maurício Vieira Martins, "Más allá del 'corte epistemológico': cambios operados sobre el concepto de ontología por György Lukács"; consultem-se também vários dos textos coligidos (com destaque para o de Antônio José Lopes Alves) em Ester Vaisman e Miguel Vedda (orgs.), *Lukács: estética e ontologia* (São Paulo, Alameda, 2014); ver ainda Ronaldo V. Fortes, *As novas vias da ontologia em György Lukács: as bases ontológicas do conhecimento* (Saarbrücken, Novas Edições Acadêmicas, 2013) e "Trabalho e gênese do ser social na *Ontologia* de György Lukács", *Em Debate*, 18 dez. 2016; Antonino Infranca, *Trabalho, indivíduo, história: o conceito de trabalho em Lukács* (São Paulo, Boitempo, 2014); o cap. VIII de Guido Oldrini, *György Lukács e i problemi del marxismo del Novecento*, cit.; Rüdiger Dannemann e Werner Jung (orgs.), *Objektive Möglichkeit: Beiträge zu Georg Lukács' Zur Ontologie des gesellschaftlichen Seins* (Wiesbaden, Sozialwissenschaften, 1995); Matteo Gargani, *Produzione e filosofia: sul concetto di ontologia in Lukács* (Hildesheim, Olms, 2017); Michael J. Tompson (org.), *Georg Lukács and the Possibility of Social Ontology* (Leiden, Brill, 2020); e Cristina L. Nacif e Ivan Z. Kawahara (orgs.), *Introdução à* Ontologia do ser social *de Georg Lukács* (Rio de Janeiro, Consequência, 2022). Em recente publicação francesa, vários autores tematizam, ademais de distintos momentos da evolução do pensamento lukacsiano, questões próprias da *Ontologia* – ver a revista *Actuel Marx*, v. 1, n. 69 (dedicado a Lukács), 2021.

Há que lembrar que, nos anos 1970, após a morte de Lukács, ganhou notoriedade uma "escola de Budapeste" (ver, p. ex., o prefácio de Jean-Michel Palmier a Ágnes Heller, *La théorie des besoins chez Marx*, Paris, UGE, 1978), constituída por intelectuais que estiveram ao pé do filósofo nos anos 1960, entre os quais pontificava Ágnes Heller. Pouco antes de o filósofo falecer, o *Times Literary Supplement*, de Londres, publicou (a 15 de fevereiro de 1971) uma carta em que Lukács apresentava ao Ocidente os nomes de Ágnes Heller, György Márkus, Mihály Vajda e Ferenc Féher. Deles, partiria uma crítica ao material já redigido da *Ontologia* (ver Ferenc Féher et al., "Annotazione sull'ontologia per il compagno Lukács", *Aut-Aut*, n. 157-158, 1977) e se aventou a hipótese de que a redação dos *Prolegômenos* tenha sido motivada pela crítica desses ditos "discípulos". Na "Apresentação" à edição brasileira dessa obra (p. 26-7), Vaisman e Fortes questionam fundadamente – assim como Lessa, na sua introdução a *Mundo dos homens: trabalho e ser social* (São Paulo, Instituto Lukács, 2012) – tal hipótese; aliás, à página 17 desse livro, Lessa afirma com razão que esses autores, com "Ágnes Heller à frente, iniciaram um movimento de afastamento de Lukács que culminou, na década de 1980, *com o abandono completo e explícito da* [sua] *filiação à obra marxiana e, consequentemente, à de Lukács*" (itálicos não originais). É preciso distinguir entre essa "escola de Budapeste" e a "escola de Lukács" – ver o "Appendice" de Tibor Szabó, *György Lukács, filosofo autonomo* (Nápoles, La Città del Sole, 2005).

Note-se que, no âmbito da tradição marxista, desde o final do século passado, ocorreu mesmo uma "guinada" no sentido da tematização ontológica – ver, sobre esse ponto, o ensaio de Daniel Alvaro, "Ontologías del ser social (Lukács, Gould, Negri, Hardt, Balibar)", Nómadas: Revista Crítica de Ciencias Sociales y Jurídicas, v. 1, n. 45, 2015. Já bem antes, o mais destacado filósofo português discutia competentemente distintas elaborações acerca da ontologia – ver José Barata-Moura, *Ontologias da "práxis" e idealismo* (Lisboa, Caminho, 1986).

[4] Decerto que, considerando a magnitude da documentação existente em vários idiomas sobre a vida e a obra de Lukács, o leitor haverá de compreender que as referências que registro – resultantes de mais de meio século de trato com a produção do filósofo e com a literatura a ela atinente – são necessariamente seletivas e terminam por omitir incontáveis textos e autores merecedores de atenção.

Para subsídios sobre a vida e a obra de Lukács, mencione-se o próprio György Lukács, *Pensamento vivido: autobiografia em diálogo* (trad. Cristina A. Franco, São Paulo/Viçosa, Ad Hominem/Ed. UFV, 1999); especialmente para o primeiro quartel do século XX, vale recorrer a Georg Lukács, *Selected Correspondence, 1902-1920* (Nova York, Columbia University Press, 1986), bem como ao seu *Epistolario, 1902-1917* (Roma, Riuniti, 1984) e ao seu *Diário, 1910-1911* (Barcelona, Península, 1985); Frank Benseler (org.), G. *Lukács: Autobiographische Texte und Gespräche* (Bielefeld, Aisthesis, 2009); no volume preparado e prefaciado por Antonino Infranca, *Lukács parla* (Milão, Punto Rosso, 2019), reunindo entrevistas do filósofo concedidas entre 1963 e 1971, há uma pletora de informações (biográficas, teóricas e políticas) importantes; e muitos dados encontram-se em fontes de simples divulgação – p. ex., Henri Arvon, *Georges Lukács ou le Front populaire en littérature* (Paris, Seghers, 1968); Ehrhard Bahr, *Georg Lukács* (Berlim, Colloquium, 1970); George Lichtheim, *Lukács* (Nova York, Viking/Penguin, 1970); Giuseppe Bedeschi, *Introduzione a Lukács* (Bari, Laterza, 1970); o trabalho de Fritz J. Raddatz, G. *Lukács in Selbstzeugnissen und Bilddokumenten* (Reinbek, Rowohlt, 1972), é bem documentado; Udo Bermbach e Günter Trautmann (orgs.), *Georg Lukács: Kultur-Politik-Ontologie* (Wiesbaden, Springer, 1987); Lothar Peter, *Georg Lukács: Kultur, Kunst und politisches Engagement* (Wiesbaden, Springer, 2015). Merecem muita atenção esforços como os de Éva Fekete e Éva Karádi (orgs.), *György Lukács: His Life in Pictures and Documents* (Budapeste, Corvina, 1981); Frank Benseler (org.), *Georg Lukács: Eine Einführung in Leben und Werk* (Neuwied, Luchterhand, 1984); Werner Jung, *Georg Lukács* (Stuttgart, JB Metzler, 1989), e Rüdiger Dannemann, *Georg Lukács: Zur Einführung* (Hamburgo, Junius, 1997). Uma conhecida biografia (que, mesmo contendo informações relevantes, se mostra comprometida por superficialidades, por preconceitos e pelo seu viés anticomunista) deve-se a Árpád Kadarkay, *Georg Lukács: Life, Thought and Politics* (Oxford, Basil Blackwell, 1991). Ver ainda Mario Valenti (org.), *Lukács e il suo tempo: Atti del Convegno di Roma* (Nápoles, Tullio Pironti, 1984), e István Hermann, *Georg Lukács: Sein Leben und Wirken* (Budapeste, Corvina, 1985); Mihailo Marković, "The Critical Thought of Georg Lukács", em Tom Rockmore (org.), *Lukács Today: Essays in Marxist Philosophy* (Dordrech, Springer, 1988); Werner Jung (org.), *Diskursüberschneidungen Georg Lukács und andere: Akten des Internationalen Georg-Lukács-Symposiums "Perspektiven der Forschung" Essen 1989* (Bern, Peter Lang, 1993); Antonino Infranca et al. (orgs.), *Actas del Coloquio "György Lukács: Pensamiento vivido"* (Buenos Aires, Facultad de Filosofía y Letras/UBA, 2002); Pierre Ruch e Adam Takács, *L'Actualité de Georges Lukács* (Paris, L'Harmattan, 2013); Nicolas Tertulian,

Pourquoi Lukács? (Paris, Maison des Sciences de l'Homme, 2016); Margit Köves, "The Life and Work of Georg Lukács: An Introduction", *Social Scientist*, v. 45, n. 11-12, 2017; Giuseppe Prestipino, *Su Lukács: frammenti di un discorso etico-politico* (Roma, Riuniti, 2020). Refira-se que, no Brasil, uma das melhores sínteses do desenvolvimento global da obra lukacsiana deve-se a Celso Frederico, *A arte no mundo dos homens: o itinerário de Lukács* (São Paulo, Expressão Popular, 2013).

Em 2021, na passagem dos cinquenta anos da morte de Lukács, vários eventos, em muitos países, marcaram a data; muitos deles – como o promovido no mês de junho pela Internationale Georg-Lukács Gesellschaft, *Lukács im 21. Jahrhundert*, acessível no Youtube – ofereceram novos subsídios à biobibliografia lukacsiana. Na América Latina, registre-se o *Congresso Internacional Lukács 50 anos depois: pensamento vivo*, realizado virtualmente em junho de 2021, em promoção do Coletivo Veredas e do Anuário Lukács (acessível em: <www.anuariolukacs.com.br>), bem como o colóquio *50 aniversario luctuoso de Georg Lukács: homenaje y legado*, realizado virtualmente em setembro de 2021, em promoção da Benemérita Universidad Autónoma de Puebla/Facultad de Filosofía y Letras (acessível em: <http://www.buap.mx>). Ver também "György Lukács. 50 anos depois, ainda", *Verinotio*, v. 27, n. 2, 2022.

No que diz respeito à bibliografia de e sobre Lukács, fonte qualificada – cobrindo documentos produzidos até a abertura da década de 1970 – é István Mészáros, *O conceito de dialética em Lukács*, cit.; também é de recorrer a François H. Lapointe, *Georg Lukács and His Critics: An International Bibliography with Annotations, 1910-1982* (Londres, Greenwood, 1983). Um largo rol, verdadeiramente exaustivo, do trabalho de Lukács, foi preparado por Maruyama Keiichi em novembro de 2015 e está disponível em *György Lukács: il primo blog dedicato a Lukács* (https://gyorgylukacs.wordpress.com/bibliografia-su-lukacs/), que também elenca textos sobre o filósofo. Outras fontes credíveis, disponíveis na internet, são os sítios da *Internationale Georg Lukács Gesellschaft* e o mantido por *Les Amis de Georges Lukács*. Anote-se também que uma larga bibliografia de trabalhos sobre o filósofo, preparada nos anos 1990 por János Ambrus, finaliza o segundo volume dos *Hungarian Studies on György Lukács*, organizados por László Illés et al. (Budapeste, Akadémiai Kiadó, 1993), 2 v. (essa importante obra colige instigantes ensaios que têm por objeto a biografia de Lukács, suas relações intelectuais e distintos momentos e aspectos da sua produção).

5 Ver György Lukács, *Heidelberger Philosophie der Kunst* e *Heidelberger Ästhetik* (Darmstadt, Luchterhand, 1974). À *Estética de Heidelberg* pertence o ensaio "A relação sujeito-objeto na estética", publicado originalmente na revista *Logos* (1917-1918) e traduzido e apresentado por Rainer Patriota, competente estudioso de Lukács, em *Artefilosofia*, v. 8, n. 14, 2013.

Intelectuais a que Lukács se vinculou em Heidelberg (ver *infra*) estimularam-no a ingressar na carreira universitária. Em maio de 1918, pretendendo tornar-se *Privatdozent* (docente autônomo), Lukács apresentou à Universidade de Heidelberg os documentos exigidos, entre os quais uma produção autoral – precisamente os materiais que, depois de anos de abandono, viriam a compor a póstuma *Estética de Heidelberg*. Para uma aproximação a essa obra, ver Elisabeth Weisser, *Georg Lukács' Heidelberger Kunstphilosophie* (Bonn, Bouvier, 1992); Nicolas Tertulian, *Georg Lukács: etapas de seu pensamento estético* (trad. Renira Lisboa de Moura Lima, São Paulo, Ed. Unesp, 2008), esp. p. 119-66 (mais adiante, nesse livro, o ensaísta romeno nos oferece um belo estudo sobre a *Estética*);

Guido Oldrini, *György Lukács e i problemi del marxismo del Novecento*, cit., p. 73-7; e Arlenice A. Silva, *Estética da resistência: a autonomia da arte no jovem Lukács* (São Paulo, Boitempo, 2021), esp. p. 325-66. Ver também, em Ester Vaisman e Miguel Vedda (orgs.), *Lukács: Estética e ontologia*, cit., os ensaios de Julián Fava e Carlos Eduardo Jordão Machado; e Renata A. Garcia Gallo, "Estética e utopia no pensamento de Georg Lukács", *Expedições: Teoria da História & Historiografia*, v. 7, n. 1, 2016.

Em tempo: a pretensão do filósofo, manifestada em maio de 1918, não seguiu adiante – seja por causa da avaliação do material autoral por ele apresentado (conforme anotou György Márkus, em passo reproduzido por Arlenice A. Silva na nota da p. 325 de *Estética da resistência*, cit.), seja porque a Universidade de Heidelberg teria argumentado informalmente que não habilitaria para a docência um estrangeiro (como aventou Kadarkay em páginas da terceira parte da biografia que consagrou a Lukács).

6 Recordem-se uns poucos dados concernentes à vida familiar: Lukács perdeu a mãe, Adél, em 1917 (aos 57 anos) e o pai, József, em 1927 (aos 74 anos); seu irmão mais velho, János, nascido em 1884, morreria em 1944, em um campo de concentração nazista; o irmão mais novo, Pál, falece ainda na primeira infância (1889-1892); a irmã Maria (apelidada "Mici"), a que Lukács se manteve sempre ligado, foi longeva – morreu em 1980, com 93 anos. E ainda se lembre que o sobrenome *Lukács* foi assumido pela família com a conversão dos genitores judeus, nos primeiros anos do século XX, ao cristianismo (antes, o sobrenome era *Löwinger*).

7 Nesta "Apresentação", não poderei ater-me ao que penso ser indispensável para uma abordagem adequada dos desenvolvimentos – especialmente juvenis, mas não só – de Lukács: o quadro sócio-histórico, cultural e político da Hungria no período que emerge com o "compromisso de 1867" e se estende até o fim da Primeira Guerra Mundial; para uma excepcional síntese dele, remeto o leitor ao primeiro capítulo de José I. López Soria, *De lo trágico a lo utópico: sobre el primer Lukács* (Caracas, Monte Ávila, 1978); e são muito pertinentes, relativamente ao quadro cultural centro-europeu e húngaro, as páginas a ele dedicadas por Guido Oldrini no cap. I de *György Lukács e i problemi del marxismo del Novecento*, cit.

Entre nós (e, diria mesmo, em português), fontes sobre a história da Hungria não são numerosas; delas, apenas posso sugerir ao leitor a obra de László Kontler, *Uma história da Hungria* (trad. Leila V. B. Gouvêa, São Paulo, Edusp, 2021), calhamaço acadêmico e panorâmico, e o livro, mais próximo dos interesses de quem estuda Lukács, de Pieter M. Judson, *História do Império Habsburgo* (trad. Miguel Mata, Lisboa, Bookbuilders, 2019). Para a Hungria moderna, pós-1867, que sobretudo importa para contextualizar o nosso filósofo, indico um rol de textos muito diferenciado: Ivan T. Berend e György Ránki, *Storia economica dell'Ungheria dal 1848 ad oggi* (Roma, Riuniti, 1976); Jörg K. Hoensch, *A History of Modern Hungary, 1867-1944* (Londres, Longman, 1996); Miklós Molnár, *A Concise History of Hungary* (Cambridge, Cambridge University Press, 2001); Eva Philippoff (org.), *L'Autriche-Hongrie: politique et culture à travers les textes, 1867-1918* (Lille, Presses Universitaires du Septentrion, 2002); Jean Bérenger, *L'Empire Austro-Hongrois, 1815-1918* (Paris, Colin, 2011); Charles Kecskeméti (org.), *La Hongrie des Habsbourg*, t. II: *De 1790 à 1914* (Rennes, Presses Universitaires de Rennes, 2011).

8 Sobre a experiência do grupo Thália, ver o ensaio de José I. López Soria, *De lo trágico a lo utópico*, cit., que apresenta uma excelente abordagem ao jovem Lukács no período

que precede a Revolução de Outubro (recentemente, o mesmo López Soria publicou outra obra que merece leitura atenta: *El joven Lukács: filosofía, literatura y política*, Lima, Ande, 2021). Ainda sobre Lukács e o grupo Thália, ver a segunda seção da primeira parte de Árpád Kadarkay, *Georg Lukács: Life, Thought and Politics*, cit.

Uma ampla seleta de materiais lukacsianos sobre teatro encontra-se em Jakob Hayner e Erik Zielke (orgs.), *Georg Lukács: Texte zum Theater* (introd. D. Dath, Berlim, Literaturforum im Brecht-Haus/Theater der Zeit, 2021).

[9] O pai garantiu financeiramente a vida do filho até 1918; nem mesmo a adesão de Lukács ao Partido Comunista (a 2 de dezembro de 1918) afetou as amistosas relações entre eles – quando, durante a brutal repressão que se seguiu à Comuna Húngara, Lukács foi obrigado ao exílio, o pai providenciou os recursos necessários para que o filho, cuja condenação à morte pelo regime de Horthy logo seria conhecida, se transferisse clandestinamente para a Áustria.

[10] Nada é mais ilustrativo do empenho e da dedicação de Lukács ao trabalho do que suas atividades nos seus últimos meses de vida: quando, em dezembro de 1970, o dr. János Werkner, seu médico particular, lhe comunicou que um câncer terminal já lhe minava o organismo, Lukács não interrompeu quer a sua militância política – assumiu ativamente a luta em defesa de Angela Davis, então prisioneira política do governo de Richard Nixon –, quer o seu trabalho na *Ontologia*, que prosseguiu até pouco tempo antes do desfecho previsível (a 4 de junho de 1971).

[11] Que lhe valeu a alta honraria (o Prêmio Cristina) da Sociedade Kisfaludy, instituição de fomento cultural fundada em Pest em 1836 e extinta em 1952 – reelaborado o texto original, a *História do desenvolvimento do drama moderno* foi publicada em dois volumes em 1911, em Budapeste. Eficiente aproximação a essa obra de Lukács é oferecida por José I. López Soria, *De lo trágico a lo utópico*, cit., p. 80-96. Ver também Konstantinos Kavoulakos, "The Drama in an Age of Fragmentation: Toward a New Reading of Georg Lukács's *Evolutionary History of the Modern Drama*", *New German Critique*, v. 42, n. 124, 2015.

Observações argutas sobre a obra de 1911 e também sobre *A alma e as formas* (ver a próxima nota) encontram-se em Denis Thouard, "Suite hongroise. Szondi après Lukács", *Revue Germanique Internationale*, n. 17, 2013 (número dedicado a "L'Herméneutique littéraire et son histoire. Peter Szondi").

[12] Há edição em português: *A alma e as formas* (trad. Rainer Patriota, Belo Horizonte, Autêntica, 2015), com pertinente introdução de Judith Butler e posfácio de Rainer Patriota. Sobre esse livro de Lukács, ver Lucien Goldmann, "L'esthétique du jeune Lukács", em *Marxisme et sciences humaines* (Paris, Gallimard, 1970); o comentário de Nicolas Tertulian em *Georg Lukács: etapas de seu pensamento estético*, cit., e o longo posfácio de Guy Haarscher (que vai muito além do texto lukacsiano publicado em 1911) a György Lukács, *L'âme et les formes* (Paris, Gallimard, 1974); e Carlos Eduardo Jordão Machado, *As formas e a vida: estética e ética no jovem Lukács* (São Paulo, Ed. Unesp, 2004). Há também elementos relevantes em textos reunidos por Ágnes Heller et al., *Die Seele und das Leben: Studien zum frühen Lukács* (Frankfurt, Suhrkamp, 1977).

[13] O *leitor apaixonado* é Lucien Goldmann, e a sua apreciação comparece no ensaio "Introduction aux premiers écrits de Georges Lukács", *Les Temps Modernes*, n. 195, 1962. Nesse ensaio, que desempenhou papel importante ao chamar a atenção para a

obra juvenil de Lukács, Goldmann ocupa-se não só d'*A alma e as formas*, mas ainda d'*A teoria do romance* e de *História e consciência de classe* (trad. Rodnei Nascimento, São Paulo, Martins Fontes, 2003). Para competentes aproximações a Goldmann, ver Celso Frederico, *Sociologia da cultura: Lucien Goldmann e os debates do século XX* (São Paulo, Cortez, 2006) e Michael Löwy e Sami Naïr, *Lucien Goldmann ou a dialética da totalidade* (trad. Wanda Caldeira Brant, São Paulo, Boitempo, 2009).

Os trabalhos de Lukács que Goldmann sempre valorizou foram aqueles publicados até 1923 – o crítico romeno praticamente ignoraria, p. ex., a *Estética*. O silêncio de Goldmann em relação ao que Lukács produziu depois da entrada dos anos 1920 levou o filósofo a escrever-lhe, em outubro de 1959: "Se eu estivesse morto por volta de 1924, e se minha alma imutável tivesse olhado vossa atividade literária do além, estaria plena de um verdadeiro reconhecimento por ocupar-vos tão intensamente com as obras da minha juventude. Mas, como não estou morto e, durante trinta e quatro anos, criei o que deve chamar-se de a obra de minha vida e como, em suma, para vós, essa obra não existe de forma alguma, é difícil, para mim, como ser vivo, cujos interesses são dirigidos, evidentemente, para a sua própria atividade presente, levar em conta vossas considerações" (citado em Nicolas Tertulian, *Georg Lukács: etapas de seu pensamento estético*, cit., p. 292).

[14] Não há dúvidas da importância, para o desenvolvimento intelectual de Lukács, da sua decisão de fixar-se em Heidelberg – ver Bettina Szabados, "Georg Lukács in Heidelberg: A Crossroad between the Academic and Political Career", *Filozofia: The Central European Journal of Social Sciences and Humanities*, n. 75, 2020. Para a relação de Lukács com Bloch nesse período, ver Éva Karádi, "Ernst Bloch and Georg Lukács in Max Weber's Heidelberg", em Wolfgang J. Mommsen e Jürgen Osterhammel (orgs.), *Max Weber and His Contemporaries* (Londres, Unwin Hyman, 1987), e Peter Zudeick, *Ernst Bloch: vida y obra* (Valência, Alfons el Magnànim/Generalitat Valenciana, 1992), esp. cap. 2; ver ainda Nicolas Tertulian, "Bloch-Lukács: la storia di un'amicizia conflittuale", em Rosario Musillami (org.), *Filosofia e prassi* (Milão, Diffusione, 1989); Miguel Vedda, "Tragédia, atualidade, utopia. A propósito das controvérsias entre o jovem Lukács e o jovem Bloch", em Flávio F. Miranda e Rodrigo D. Monfardini (orgs.), *Ontologia e estética* (Rio de Janeiro, Consequência, 2015); e as indicações de Arno Münster, *Ernst Bloch: messianisme et utopie* (Paris, PUF, 1989), esp. parte II, seção II). E um belo e polêmico trabalho de referência devemos a Giuseppe Prestipino, *Realismo e utopia: in memoria di Lukács e Bloch* (Roma, Riuniti, 2002).

[15] Sobre o *Archiv für Sozialwissenschaft und Sozialpolitik*, ver Regis A. Factor, *Guide to the Archiv für Sozialwissenschaft und Sozialpolitik Group, 1904-1933: A History and Comprehensive Bibliography* (Nova York, Greenwood, 1988).

As relações Weber-Lukács, da abertura da segunda década do século XX a 1920, foram mesmo muito estreitas – além de passagens de Marianne Weber, *Max Weber: A Biography* (New Brunswick, Transaction, 1988), ver Maurice Weyenbergh, "Max Weber et Georg Lukács", *Revue Internationale de Philosophie*, v, 27, n. 106(4) (dedicado a Lukács), 1973; Andrew Arato e Paul Breines, *The Young Lukács and the Origins of Western Marxism* (Nova York, Seabury, 1979), esp. a seção IV da primeira parte; Zoltán Tar e Judith Marcus, "The Weber-Lukács Encounter", em Ronald Glassman e Vatro Murvar (orgs.), *Max Weber's Political Sociology: A Pessimist Vision of a Rationalized World* (Westport, Praeger, 1984); a contribuição de Ángel Prior a Juan Sáez Carreras (org.), *Los debates fecundos* (Valência, Nau Llibres, 2000). Ver ainda Mariana O. N. Teixeira, "Considerações biográfico-intelectuais sobre um diálogo vivo: Georg Lukács e Max Weber na Heidelberg do início do século XX", *Ideias*, n. 1, nova série, 2010.

Depois de 1920 e notadamente a partir da década de 1930, Lukács formulou – sem negar a importância daquele período na sua evolução intelectual – críticas severas a vários dos autores com que interagiu nos anos de Heidelberg. Seu juízo maduro sobre a sociologia alemã, em especial Max Weber, está exposto em sua obra (concluída em fins de 1952 e publicada em 1954) *A destruição da razão* (trad. Bernard Herman Hess, Rainer Patriota e Ronaldo Vielmi Fortes, São Paulo, Instituto Lukács, 2020) – ver, nessa edição, particularmente o cap. VI.

O leitor decerto compreende que, nesta "Apresentação", me é impossível deter-me, salvo em poucos casos, nas relações intelectuais de Lukács com interlocutores relevantes – para uma aproximação a esse aspecto importante da biografia de Lukács, ver, no tocante à sua juventude, Mary Gluck, *Georg Lukács and His Generation, 1900-1918* (Cambridge, Harvard University Press, 1991), e também a sua correspondência citada na nota 4, *supra*; de outra natureza e abrangência, mas muito esclarecedor, é o já citado trabalho de Nicolas Tertulian, *Lukács e seus contemporâneos*, cit.

[16] Ver respectivamente Csilla Markója, "Popper and Lukács. The Anatomy of a Friendship", *Acta Historiae Artium*, v. 53, n. 1, 2012, e Ágnes Heller e Etti de Laczay, "Georg Lukács and Irma Seidler", *New German Critique*, n. 18, 1979.

[17] Há cerca de quarenta anos, observei que, "entre 1914 e 1918, o jovem de formação neokantiana experimentou uma etapa de desespero crônico. Seu desprezo pelo prosaísmo da vida capitalista acabara por levá-lo a uma visão de mundo efetivamente trágica: no imediato pré-guerra, uma mescla de neoplatonismo e filosofia da vida (*Lebensphilosophie*), a que se acrescia algum contributo da fenomenologia, encontrara em seu pensamento uma formulação que antecipava notas existencialistas" (José Paulo Netto, "Lukács: tempo e modo", introdução a *Georg Lukács: sociologia* (org. José Paulo Netto, São Paulo, Ática, col. Grandes Cientistas Sociais, v. 20, 1981, p. 34). Ver ainda, entre contribuições brasileiras, o artigo de Leandro Konder "Rebeldia, desespero e revolução no jovem Lukács", *Temas de Ciências Humanas*, n. 2, 1977, e o ensaio de Ester Vaisman "O jovem Lukács: trágico, utópico e romântico? Outras aproximações", em Ester Vaisman e Miguel Vedda (orgs.), *Arte, filosofia e sociedade* (São Paulo, Intermeios, 2014); um texto italiano relevante é o de Giovambattista Vaccaro, *Tragico, l'etico, l'utopico: studio sul giovane Lukács* (Milão, Mimesis, 2014).

[18] Em 1985, publicaram-se as notas, redigidas já com a Primeira Guerra Mundial em curso, de Lukács para tal estudo – ver, aos cuidados de Michele Cometa, György Lukács, *Dostoevskij* (Milão, SE, 2000).

A teoria do romance (ver a próxima nota) seria, na projeção do filósofo, o desdobramento da sua análise de Dostoiévski. Sobre aquelas notas, ver Michael Löwy, "Der Junge Lukács und Dostojewski", em Rüdiger *Dannemann* (org.), *Georg Lukács: Jenseits der Polemiken. Beiträge zur Rekonstruktion seiner Philosophie* (Frankfurt, Sendler, 1986); Zsuzsanna B. Andersen, "The Young György Lukács and Dostoevsky", *Dostoevsky Studies*, v. 8, 1987; Miguel Vedda, "Comunidad y cultura en el joven Lukács: a propósito del 'Proyecto Dostoiévski'", em *La sugestión de lo concreto: estudios sobre teoría literaria marxista* (Buenos Aires, Gorla, 2006) (esse volume do brilhante ensaísta argentino reúne ensaios pertinentes não só ao jovem Lukács); Sandro M. Justo, "Arte e política no jovem Lukács", em *Anais do Colóquio Marx e o Marxismo: De* O capital *à Revolução de Outubro* (1867--1917) (Niterói, [s.ed.], 2017), disponível em: <https://www.niepmarx.blog.br/MM/MM2017/AnaisMM2017/MC54/mc541.pdf>, ademais do substantivo posfácio de Michele Cometa à edição italiana citada.

Lukács, em 1943, sintetizou a sua visão marxista do romancista russo no ensaio "Dostoiévski", reproduzido em *Ensaios sobre literatura* (org. e trad. Leandro Konder, Rio de Janeiro, Civilização Brasileira, 1965).

19 Há tradução para o português: György Lukács, *A teoria do romance* (trad. J. M. Mariani de Macedo, São Paulo, Duas Cidades/Editora 34, 2000), com um interessante posfácio do tradutor. A obra veio a público inicialmente em 1916 (em *Zeitschrift für Ästhetik und Allgemeine Kunstwissenschaft* [Jornal de Estética e Estudos Gerais de Arte], periódico fundado em 1906, em Stuttgart, por Max Dessoir) e, sob a forma de livro, em 1920, editado em Berlim por Paul Cassirer. Somente mais de quarenta anos depois, com um cuidadoso prefácio – rico em termos tanto de contextualização histórico-cultural quanto de elementos autocríticos –, datado de julho de 1962, Lukács autorizou a sua reedição – ver *Georg Lukács Werke: Frühschriften I* (Neuwied, Luchterhand, 1968).

A teoria do romance, dedicado a Yelyena Andreievna Grabenko – uma social-revolucionária russa com a qual Lukács se casou em maio de 1914, num matrimônio formalmente desfeito em 1919 –, foi objeto de incontáveis análises. Várias dessas análises estão contidas em fontes já citadas nesta "Apresentação" ou que, adiante, ainda serão referidas; agora, mencionem-se outras: José Paulo Netto, "A *Teoria do Romance* do *jovem* Lukács", *Revista de Cultura Vozes*, ano 70, v. LXX, n. 10, 1976; Jay M. Bernstein, *The Philosophy of the Novel: Lukács, Marxism and Dialectics of Form* (Minneapolis, University of Minnesota Press, 1984); as páginas que ao livro dedica Fredric Jameson no ensaio "Em defesa de Georg Lukács", em *Marxismo e forma* (coord. trad. Iumna Maria Simon, São Paulo, Hucitec, 1985); a introdução de Giuseppe Di Giacomo a György Lukács, *Teoria del romanzo* (Parma, Nuova Pratiche, 1994); Arlenice A. Silva, "O símbolo esvaziado: a *Teoria do Romance* do jovem György Lukács", *Trans/form/ação*, v. 29, n. 1, 2006; Niklas Hebing, *Unversöhnbarkeit: Hegels Ästhetik und Lukács'* Theorie des Romans (Duisburg, Rhein-Ruhr, 2009); as referências de Ana Cotrim ao livro no ensaio – de escopo mais abrangente – "Reflexos da guinada marxista de Georg Lukács na sua teoria do romance", *Projeto História*, n. 43, 2011; o estudo de Gerhard Scheit "Georg Lukács' *Theorie des Romans* und der romantische Antikapitalismus", em Nicolas Berg e Dieter Burdorf (orgs.), *Textgelehrte* (Göttingen, Vandenhoeck und Ruprech, 2014); o interpelador e conciso texto de Franco Moretti "Lukács's *Theory of the Novel*. Centenary Reflections", *New Left Review*, n. 91, 2015; Rüdiger Dannemann et al. (orgs.), *Hundert Jahre "transzendentale Obdachlosigkeit". Georg Lukács'* Theorie des Romans *neu gelesen* (Bielefeld, Aisthesis, 2018); considere-se também o material coligido por Carlo U. Arcuri e Andréas Pfersmann em "Lukács 2016: cent ans de *Théorie du roman*", *Romanesques*, n. 8, 2016, e o reunido por Jean Bessière em "György Lukács et le roman", *Revue Internationale de Philosophie*, n. 288, n. 2, 2019; ver ainda o cap. 3 de Rachel Schmidt, *Forms of Modernity: Don Quixote and the Modern Theories of the Novel* (Toronto, University of Toronto, 2012). Vale, ademais, a leitura do debate realizado, em Moscou, entre dezembro de 1934 e janeiro de 1935, a partir de um informe do próprio Lukács sobre o romance – ver György Lukács et al., *Problemi di teoria del romanzo: metodologia letteraria e dialettica storica* (Turim, Einaudi, 1976).

Anote-se que, antes de ir para Heidelberg, Lukács, com o seu amigo Lajos Fülep (1885--1970), historiador da arte, criou a revista *Szellem* (*Espírito*), editada em Florença, que tirou apenas dois números. Estando em Heidelberg, publicou, em húngaro (1913), o conjunto de ensaios *Cultura estética* (ed. ital.: *Cultura estetica*, Roma, Newton Compton, 1977; sobre esse escrito, ver especialmente o breve, mas essencial, ensaio de López Soria, *El joven Lukács*, cit., p. 187-97); já então Lukács expressa a sua profunda admiração por Endre Ady (1877-1919), o grande poeta húngaro ao qual prestou tributo por toda a vida (ver, entre muitos de seus escritos, "The Importance and Influence of Ady", *The New Hungarian Quarterly*, v. X, n. 35, 1969); sobre a relação de Lukács com Ady, há pistas interessantes no ensaio de Peter Egri, "The Lukácsian Concept of Poetry", em John Odmark (org.), *Language, Literature & Meaning*, v. I: *Problems of Literary Theory* (Amsterdã, John Benjamins, 1979).

[20] Diz Lukács dos seus referenciais à época: "A teoria neokantiana da 'imanência da consciência' adequava-se perfeitamente à minha posição de classe de então e à minha concepção de mundo: eu não a submetia a nenhum exame crítico, mas a aceitava passivamente como ponto de partida para toda formulação da problemática gnosiológica. É certo que suspeitava fortemente do idealismo subjetivo extremo (seja da escola neokantiana de Marburgo, seja das teorias de Mach), uma vez que não conseguia conceber de que modo o problema da realidade poderia ser definido considerando-a simplesmente como uma categoria imanente da consciência. Entretanto, isto não me induziu a nenhuma conclusão materialista, mas a uma aproximação àquelas tendências filosóficas que pretendiam resolver esse problema de forma irracionalista-relativista, até mesmo com matizes místicos (Windelband, Rickert, Simmel, Dilthey). A influência de Simmel, de quem fui aluno, permitiu-me 'inserir' numa tal concepção de mundo o que tinha então assimilado de Marx. [...] Os ensaios que publiquei entre 1907 e 1911 oscilavam entre este método e um subjetivismo místico. [...] Os problemas concretos e as fases desta evolução, na qual este idealismo subjetivo conduziu-me a uma crise filosófica, não interessam ao leitor. Mas esta crise – sem que eu o soubesse – foi determinada objetivamente por uma mais intensa manifestação das contradições imperialistas e acentuada pela eclosão da guerra mundial. Decerto, esta crise se expressou inicialmente somente na forma de uma passagem do idealismo subjetivo ao idealismo objetivo (*A teoria do romance*, redigida entre 1914 e 1915), com Hegel assumindo para mim uma importância cada vez maior [...]" (György Lukács, "Meu caminho para Marx", em *Socialismo e democratização: escritos políticos, 1956-1971*, trad. Carlos Nelson Coutinho e José Paulo Netto, Rio de Janeiro, Ed. UFRJ, 2008, p. 37-9).

[21] Ver José Paulo Netto, "Lukács: tempo e modo", introdução a *Georg Lukács: sociologia*, cit., p. 39. Vários são os autores que analisaram a superação do kantismo/neokantismo de Lukács e a sua apropriação do pensamento de Hegel – ver, entre tantos, Peter C. Ludz, introdução à sua edição de György Lukács, *Schriften zur Literatursoziologie* (Neuwied, Luchterhand, 1961); Lucien Goldmann, "Introduction aux premiers écrits de Georges Lukács", já citado, e especialmente Konstantinos Kavoulakos, *Georg Lukács's Philosophy of Praxis: From Neo-Kantianism to Marxism* (Londres, Bloomsbury, 2018). É útil também o exame dos cap. V e VI (que tratam da situação das universidades alemãs e da inserção acadêmica de Lukács e Ortega) de Francisco Gil Villegas Montiel, *Los profetas y el Mesías. Lukács y Ortega como percursores de Heidegger en el Zeitgeist de la modernidad (1900-1912)* (México, Colegio de México, 1996).

Estudioso da obra do *jovem* Lukács, Lucien Goldmann, talvez o primeiro que nela visualizou incidências antecipadoras do ulterior existencialismo, ocupou-se, décadas depois, das relações dessa obra juvenil com o pensamento de Heidegger – ver as suas notas, publicadas postumamente, em Lucien Goldmann, *Lukács et Heidegger* (Paris, Denoel/Gonthier, 1973). A reflexão goldmanniana ensejou vários debates sobre eventuais conexões teórico-filosóficas entre os dois filósofos; na documentação brasileira, as melhores páginas dedicadas ao tema encontram-se em Vitor B. Sartori, *Ontologia nos extremos: o embate Heidegger e Lukács, uma introdução* (São Paulo, Intermeios, 2019). *En passant*, recordo que Heidegger foi tratado com severidade pelo Lukács da madurez em *A destruição da razão*, cit., esp. p. 428-52 e, menos acidamente, em *Para uma ontologia do ser social I*, cit., esp. p. 80-100.

[22] Há cerca de quarenta anos, no ensaio citado na nota anterior, critiquei as periodizações de Goldmann, Ludz e Arvon que se apresentavam à época – quando textos importantes de Lukács ainda não estavam disponíveis à luz pública – na abordagem do inteiro itinerário do filósofo e formulei uma alternativa a elas (ver José Paulo Netto, "Lukács: tempo e modo", cit., p. 26 e seg.).

[23] Por exemplo: "Minha vida forma uma sequência lógica. Acho que no meu desenvolvimento não há elementos inorgânicos"; mas ele acaba por admitir ao menos uma grande inflexão na sua história: "Tornar-me comunista foi a maior viragem, a mais importante conquista da minha evolução pessoal" (para as duas assertivas, ver György Lukács, *Pensamento vivido*, cit., p. 15).

[24] "É sempre perigoso, se não arbitrário, dividir os filósofos em 'o jovem X' e 'o maduro X' [...]. Os principais contornos de uma ideia sintetizadora fundamental podem – e devem – estar presentes na mente do filósofo quando ele elabora, em um texto específico, algumas de suas implicações concretas em contextos particulares. Essa ideia pode passar, é claro, por mudanças significativas; os próprios contextos particulares requerem constantes reelaborações e modificações em consonância com as características específicas das situações concretas que têm de ser levadas em conta. Mas até mesmo uma conversão genuína do 'idealismo' para o 'materialismo' não implica necessariamente uma rejeição ou a repressão radical da ideia sintetizadora original. Um bom exemplo disso no século XX é György Lukács. Suas obras pós-idealistas revelam, na abordagem de todos os grandes problemas, a mesma estrutura de pensamento, embora ele tenha genuinamente deixado para trás seus posicionamentos idealistas originais" (István Mészáros, *O conceito de dialética em Lukács*, cit., p. 33).

A dialética unidade de continuidade/descontinuidade na concepção estética do filósofo, dos anos de Heidelberg à *Estética* publicada em 1963, é brilhantemente explorada por Tertulian (*Georg Lukács: etapas de seu pensamento estético*, cit., esp. p. 127 e seg.). Noutro registro teórico, um culto professor de Lovaina procurou demonstrar a relação de continuidade/descontinuidade no conjunto da obra lukacsiana até a elaboração de *História e consciência de classe* – ver Koenraad Geldof, "De l'art démoniaque au miracle de la révolution. Réflexions sur le jeune Lukács (1908-1923)", Études Germaniques, n. 249, n. 1, 2008. Também Vincent Charbonnier elabora seus trabalhos sobre Lukács sustentando a recusa de "toda dicotomia faustiana do pensamento lukacsiano e o vemos como uma totalidade, naturalmente dialética" – ver, entre seus vários textos, "La particularité de Lukács", *L'Actuel Marx en ligne*, 13 out. 2002. Charbonnier é um rigoroso analista que se doutorou em 2019, apresentando à Université de Toulouse 2 a excelente tese "De l'objectivité à l'histoire. Émergence de la problématique ontologique chez Lukács", acessível em: <https://www.theses.fr/2019TOU20070>; ver ainda: <http://amisgeorglukacs.org/2021/04/vincent-charbonnier-articles-sur-lukacs.html>.

[25] Não é este o espaço para debater quão frequentemente se hipostasiaram as posições do *jovem* Lukács *versus* as do Lukács da *maturidade* – e esse é um risco que pode ser evitado atualmente, quando já se conhece o essencial da produção do filósofo (ver, p. ex., Maruyama Keiichi, *György Lukács: il primo blog dedicato a Lukács*, cit.). Todavia, é de conferir méritos a muitos e diferenciados trabalhos expressamente referidos ao *jovem* Lukács – além dos já citados, destaco Antoni Grunenberg, *Bürger und Revolutionär: Georg Lukács, 1918-1928* (Colônia, Europäische Verlagsanstalt, 1976); Laura Boella, *Il giovane Lukács: la formazione intellettuale e la filosofia politica* (Bari, De Donato, 1977); Paolo Pullega, *La comprensione estetica del mondo: saggio sul giovane Lukács* (Bolonha, Cappelli, 1983); Rainer Rochlitz, *Le jeune Lukács* (Paris, Payot, 1983); Lee W. Congdon, *The Young Lukács* (Carolina do Norte, The University of North Carolina Press, 1983); *Lelio La Porta, Etica* e *rivoluzione nel giovane Lukács (Roma, L'Ed, 1991)*; Volker Caysa, *Das Ethos der* Ästhetik: *Vom romantischen Antikapitalismus zum Marxismus der junge Lukács* (Leipzig, Rosa Luxemburg Stiftung Sachsen, *1997);* Elio Matassi, *Il giovane Lukács: saggio e sistema* (Milão, Mimesis, 2011); Mauro Ponzi (org.), *Soggetto e redenzione: il giovane Lukács* (Milão, Mimesis, 2018); Nikos Foufas, *Processualité de l'*être social dans la philosophie du jeune Lukács (Paris, L'Harmattan, 2021).

Não se pode deixar de assinalar que parece pouco adequado, pelo menos do ponto de vista cronológico, referir-se como obra do *jovem Lukács* a célebre *História e consciência de classe*, dada à luz – na sua redação definitiva – em 1923, quando o autor já avançava na sua terceira década de vida. Ver, quanto a esse ponto, a sábia observação de Guido Oldrini, *György Lukács e i problemi del marxismo del Novecento*, cit., p. 130.

[26] Lembremos apenas uns poucos nomes: Béla Balázs, Arnold Hauser, Karl Mannheim, Eugene Varga... Para uma abordagem do "Círculo Dominical", ver Mary Gluck, *Georg Lukács and His Generation*, cit.; elementos pertinentes às relações desses intelectuais com Lukács ao tempo do "Círculo Dominical" ou posteriormente, bem como da importância ulterior deles, ver, dentre ampla documentação, Arnold Hauser, *Conversaciones con Lukács* (Madri, Guadarrama, 1979); *Éva* Karádi e Erzsébet Vezér (orgs.), *Georg Lukács, Karl Mannheim und der Sonntagskreis* (Frankfurt, Sendler, 1985); Colin Loader, *The Intellectual Development of Karl Mannheim* (Cambridge, Cambridge University Press, 1985), cap. 1 a 4; Joseph Zsuffa, *Béla Balázs: The Man and the Artist* (Berkeley, University of California Press, 1987); Júlia Lenkei, "Béla Balázs and György Lukács: Their Contacts in Youth", em László Illés et al. (orgs.), *Hungarian Studies on György Lukács*, v. I, cit., p. 66-86; Michael Löwy, "Karl Mannheim et György Lukács. L'héritage perdu de l'historicisme hérétique", *L'Homme et la Société*, n. 130, 1998; André Mommen, *Stalin's Economist: The Economic Contributions of Jenö Varga* (Londres, Routledge, 2011); Antonino Infranca, "A amizade rompida: Lukács e Béla Balázs", *Cerrados*, v. 24, n. 39, 2015; Csilla Markója, "The Young Arnold Hauser and the Sunday Circle. The Publication of Hauser's Estate Preserved in Hungary", *Journal of Art Historiography*, n. 21, 2019.

[27] Para um condensado do seu ideário, ver György Litván e János M. Bak (orgs.), *Socialism and Social Science: Selected Writings of Ervin Szabó (1877-1918)* (Londres, Routledge & Kegan Paul, 1982). Note-se que, rememorando o período imediatamente anterior à

Revolução de Outubro, Lukács se refere aos círculos e às figuras intelectuais com que se relacionava e afirma que, entre todos, "eu só admirava mesmo Ervin Szabó. Foi o único que realmente desempenhou um papel importante no meu desenvolvimento" (ver György Lukács, *Pensamento vivido*, cit., p. 53).

[28] Ver Miklós Szabolcsi, "Béla Bartók and György Lukács", em László Illés et al. (orgs.), *Hungarian Studies on György Lukács*, v. I, cit., p. 87-96; Toni Geraci, *György Lukács e Béla Bartók* (Lucca, LIM, 1999) e János Breuer, *Zoltán Kodály* (Budapeste, Magus, 1999).

[29] Ver György Lukács, "Meu caminho para Marx", cit., esp. p. 37-40.

[30] Ver idem, *Pensamento vivido*, cit., p. 15.

[31] "O bolchevismo como problema moral", escrito meses antes de seu ingresso no Partido Comunista, publicou-se na Hungria em dezembro de 1918 – está vertido para o português em anexo à obra de Michael Löwy, *A evolução política de Lukács, 1919-1929* (trad. Heloísa Helena A. Mello, São Paulo, Cortez, 1998). Da considerável bibliografia que aborda esse texto lukacsiano, remeto a apenas duas fontes recentes: Vincent Charbonnier, "De la rupture à la crise: Lukács et la Revolution d'Octobre 1917", *La Pensée*, n. 390, 2017, e John B. Foster, "Lukács and the Tragedy of Revolution", *Monthly Review*, v. 73, n. 9, 2022.

[32] Ver Rudolf L. Tökes, *Béla Kun and the Hungarian Soviet Republic: The Origins and Role of the Communist Party of Hungary in the Revolutions of 1918-1919* (Nova York/Londres, Praeger/Pall Mall, 1967), obra – como tantas outras com o mesmo objeto – marcada por vieses anticomunistas; sobre a figura central na fundação do Partido Comunista na Hungria, ver György Borsanyi, *Life a Communist Revolutionary: Béla Kun* (Nova York, Columbia University Press, 1993). Registre-se que Lukács sempre manteve relações pessoais e políticas difíceis com Béla Kun – ver, p. ex., György Lukács, *Pensamento vivido*, cit., p. 69 e 85.

[33] Ver o prólogo de 1967 em György Lukács, *História e consciência de classe*, cit.

[34] Lukács rememora suas atividades durante a Revolução Húngara em *Pensamento vivido*, cit., p. 57-70. Sobre a *Comuna* húngara, que não durou mais de 133 dias, ver Francis L. Carsten, *Revolution in Central Europe, 1918-1919* (Berkeley, University California Press, 1972); Tibor Hajdu, *The Hungarian Soviet Republic* (Budapeste, Akadémiai Kiadó, 1979); András Siklos, *Revolution in Hungary and the Dissolution of the Multinational State, 1918* (Budapeste, Akadémiai Kiadó, 1988); os breves comentários de Pierre Broué, *História da Internacional Comunista, 1919-1943*, v. 1 (trad. Fernando Ferrone, São Paulo, Sundermann, 2007), p. 121-5 e 127-35; Gábor Gángó, "Communists and Social Democrats in the 1919 Hungarian Soviet Republic", em Johann P. Arnason e Marek Hrubec (orgs.), *Social Transformations and Revolutions: Reflections and Analyses* (Edimburgo, Edinburg University Press, 2016); Andrew C. Janos e William B. Slotman (orgs.), *Revolution in Perspective: Essays on the Hungarian Soviet Republic of 1919* (Berkeley, University Press, 2021); András B. Göllner (org.), *The Forgotten Revolution: The 1919 Hungarian Republic of Councils* (Montreal, Black Rose, 2022). Ver também, em conferência de abertura do seminário internacional comemorativo do centenário da República Soviética Húngara (março de 2019), a intervenção de Tamás Krausz, "The Hungarian Soviet Republic from a Century-Long Perspective", *Revolutionary Marxism* (ed. especial em inglês), 2019.

[35] Em 1920, Lukács casa-se com Gertrud Bortstieber, que trazia do seu primeiro matrimônio dois filhos (Lajos e Ferenc, que, adultos, se tornaram intelectuais de destaque), e juntos têm uma filha (Anna). Gertrud, três anos mais velha que Lukács, foi, por mais de quatro décadas, a companheira da vida do filósofo; a sua importância na existência dele pode ser avaliada pela confidência do velho Lukács: "Desde que encontrei G[ertrud], ser aprovado por ela se tornou o problema central da minha vida pessoal" (ver György Lukács, *Pensamento vivido*, cit., p. 160).

[36] Note-se que o codinome *Blum* é uma homenagem de Lukács a Robert Blum (1807-1848), revolucionário de 1848.

[37] Há significativo material em húngaro, idioma que não domino, sobre Jenö Landler (1875-1928), mas desconheço biografias substantivas dele publicadas no Ocidente. Falecido em Cannes (França), teve a honraria de seus restos mortais serem depositados nas Muralhas do Kremlin. As passagens em que Lukács se refere a ele deixam claro o quanto o filósofo o respeitava.

[38] Textos que Lukács veiculou em *Kommunismus*, depois de amplamente revisados, compuseram ensaios de *História e consciência de classe*, cit., seu livro de 1923 (ver *infra*).

[39] A observação encontra-se em *Pensamento vivido*, cit., p. 77-8. Em O *conceito de dialética em Lukács* (cit., p. 102), Mészáros anotou que, na entrada dos anos 1920, a concepção política de Lukács conjugava a dualidade de "uma abordagem 'messiânica' esquerdista e um tanto sectária dos problemas da revolução mundial (ele é um defensor – um teórico, na verdade – da 'Ação de Março', em 1921)" com, "ao mesmo tempo, uma avaliação altamente realista e não sectária das perspectivas do desenvolvimento socialista na Hungria. (Nesse último aspecto, a influência de Landler é crucial)". O tensionamento das posturas lukacsianas de então estava conectado à mescla de influxos presentes no seu pensamento político – especialmente provindos da sua admiração por Rosa Luxemburgo, pelo sindicalismo de Ervin Szabó e pelo anarcossindicalismo de Georges Sorel.

Sobre a "Ação de Março" (1921), ver as distintas reflexões de Isabel Loureiro, *A revolução alemã (1918-1923)* (São Paulo, Ed. Unesp, 2005) e Pierre Broué, *História da Internacional Comunista*, v. 1, cit., p. 268 e seg.

Na abertura dos anos 1920, desenvolveram-se debates acerca da participação dos comunistas em instituições burguesas – sobretudo nos parlamentos. No artigo "Sobre a questão do parlamentarismo", publicado em *Kommunismus* (n. 6, de 1o de março de 1920), Lukács critica tal participação; Lênin, pouco depois (a 12 de junho), diz desse texto lukacsiano que ele "é muito esquerdista e muito ruim. Seu marxismo é puramente retórico. [...] Carece da análise concreta de situações históricas bem determinadas" – ver o artigo de Lukács e a referência de Lênin em György Lukács, *Revolución socialista y antiparlamentarismo* (Córdoba, PyP, Cuadernos de Pasado y Presente, n. 41, 1973). Décadas depois, Lukács afirmou, sobre essa crítica de Lênin, que ela "me propiciou o primeiro passo para a superação do esquerdismo" (ver, na mesma fonte, p. 3).

[40] Eis o título original do documento: *Projeto de teses sobre a situação política e econômica da Hungria e sobre as tarefas do Partido dos Comunistas da Hungria, 1928* – redigido em húngaro, converteu-se após 1929 em raridade bibliográfica; edição confiável é a preparada por Frank Benseler, *Demokratische Diktatur: Politische Aufsätze V. 1925-1928* (Darmstad, Sammlung Luchterhand, 1979). Tanto para as *Teses* como para a "Carta aberta do Comitê Executivo da Internacional Comunista aos membros do Partido dos

Comunistas da Hungria" (1929) e a "Autocrítica" (1929) de Lukács, a que me referirei adiante, ver "Le dossier des *Thèses Blum*", acessível em: <http://amisgeorglukacs.org/2022/08/georg-lukacs-le-dossier-des-theses-blum-1928.html>. As *Teses de Blum* foram parcialmente traduzidas no Brasil – ver *Temas de Ciências Humanas*, n. 7, 1980.

Observe-se que a atividade clandestina de Lukács envolveu também, entre 1927 e 1930, a colaboração, sob distintos codinomes, com um periódico que circulava na Hungria, a revista *100%*. Segundo Kadarkay (*Georg Lukács: Life, Thought and Politics*, cit., cap. 12), a revista expressava os pontos de vista da fração de Jenö Landler.

[41] Sobre as *Teses de Blum*, ver Peter C. Ludz, "Il concetto di 'dittatura democratica' nella filosofia politica di Georg Lukács", em Guido Oldrini (org.), *Lukács* (Milão, Isedi, 1979); Michael Löwy, *A evolução política de Lukács*, cit., esp. p. 237-41; Miklós Lackó, "The 'Blum Theses' and György Lukács's Conception of Culture and Literature", em László Illés et al. (orgs.), *Hungarian Studies on György Lukács*, v. I, cit.; Marcos Del Roio, "Lukács e a questão da democracia como estratégia" (esp. seção 2), *Revista Izquierdas*, n. 50, 2021.

A formulação de Lênin (de junho-julho de 1905 e divulgada logo a seguir) está em Vladímir I. Lênin, *Duas táticas da social-democracia na revolução democrática*" (trad. Edições Avante!, São Paulo Boitempo, 2022).

[42] Para uma sinopse histórica da Internacional Comunista, ver Annie Kriegel, *Las Internacionales Obreras* (Barcelona, Orbis, 1986), esp. parte III.

No que toca ao evento aqui em tela, ver *VI Congreso de la Internacional Comunista* (México, Siglo XXI, Cuadernos de Pasado y Presente, n. 66-67, 1977-1978); as citações da próxima nota foram extraídas dessa fonte; no n. 66, leia-se, além da documentação oficial, o ensaio de Milos Hajek, "La táctica de la lucha de *clase contra clase* en el VI Congreso".

Não é possível, neste espaço, discutir os resultados políticos catastróficos da política de "classe contra classe" então proposta e praticada pela Internacional Comunista; essa equivocada orientação haveria de ser ultrapassada no VII Congresso da organização (1935) – sobre este e algumas das suas implicações, ver as diferentes análises de Fernando Claudín, *A crise do movimento comunista* (trad. José Paulo Netto, São Paulo, Expressão Popular, 2013), esp. p. 174-279, e Pierre Broué, *História da Internacional Comunista*, v. 2, cit., p. 826-55. E, quando, no marco da política derivada do VII Congresso (1935), o movimento comunista estimulou as "frentes populares", vários autores consideram que, então, as *Teses de Blum* ganharam, a despeito da condenação de que foram objeto em 1929, uma nova significação: um deles escreve expressamente que elas "antecipam a estratégia da *Frente Popular*" (István Mészáros, *O conceito de dialética em Lukács*, cit., p. 104) – ideia com que concorda o signatário da presente "Apresentação".

[43] Lê-se na "Carta Aberta": "O partido deve concentrar o fogo principal sobre as teses antileninistas do camarada Blum, que substituiu a teoria leninista da revolução proletária por uma teoria liquidacionista meio social-democrata". Logo em seguida, Lukács divulga a sua autocrítica, datada de 4 de dezembro de 1929, em que afirma expressamente: "Aceito em todo o seu teor a crítica da 'Carta Aberta da IC'".

[44] Quando pôde pronunciar-se sem quaisquer constrangimentos políticos, em mais de uma ocasião Lukács qualificou como *insincera* a sua autocrítica de 1929. Eis o que diz na década de 1960: no curso das discussões em torno das *Teses de Blum*, "quando soube de

fontes confiáveis que Béla Kun preparava a minha exclusão do partido na condição de 'liquidacionista', decidi renunciar a prosseguir a luta, pois sabia da influência de Kun na Internacional, e publiquei uma 'autocrítica'. Embora naquela época eu estivesse profundamente convencido de estar defendendo um ponto de vista correto, sabia também – pelo destino de Karl Korsch, por exemplo – que a exclusão do partido significava a impossibilidade de participar ativamente da luta contra o fascismo iminente. Como 'bilhete de entrada' para tal atividade, redigi essa autocrítica, já que, sob tais circunstâncias, eu não podia e não queria mais trabalhar no movimento húngaro. Era evidente que essa autocrítica não podia ser levada a sério: a mudança da opinião fundamental que sustentava as *Teses* [...] passou a ser doravante o fio condutor para minha atividade teórica e prática" (prefácio de 1967 a *História e consciência de classe*, cit., p. 36-7 – essa citação foi modificada aqui: na versão brasileira, em vez de *liquidacionista*, usou-se *liquidador*). Em 1971, ano em que viria a falecer, ele volta à autocrítica de 1929 em entrevista a *New Left Review*, n. 68, 1971 – que Michael Löwy reproduz na coletânea que organizou: György Lukács, *Littérature, philosophie, marxisme* (Paris, PUF, 1978) – e, então, afirma que aquela autocrítica era "absolutamente cínica" (ver, nessa fonte, p. 167-8). Vale notar que, num dos escritos reunidos nessa coletânea ("A psicologia coletiva de Freud", publicado a 21 de maio de 1922), Lukács, que muitos autores afirmam ignorar Freud, comprova que já o lera.

Sobre Karl Korsch – que, no mesmo ano em que Lukács publicou *História e consciência de classe* (1923), deu à luz o seu célebre *Marxismo e filosofia* (trad. José Paulo Netto, Rio de Janeiro, Ed. UFRJ, 2008) –, expulso do partido comunista alemão em 1926, ver Patrick Goode, *Karl Korsch: A Study in Western Marxism* (Londres, Macmillan, 1979), e Paul Mattick, *Karl Korsch e o marxismo* (trad. Nildo Viana, Goiânia, Enfrentamento, 2020). Na apresentação à edição brasileira de *Marxismo e filosofia* (cit., p. 18-9), há mais indicações bibliográficas referentes a Korsch.

[45] Versão confiável desse texto encontra-se em György Lukács, *Táctica y ética: escritos tempranos, 1919-1929* (Buenos Aires, El Cielo por Asalto, 2005). Essa edição, organizada por Antonino Infranca e Miguel Vedda, colige vários materiais lukacsianos além de *Tática e ética*, nos quais Lukács expressa ideias que, retrabalhadas, estarão presentes em *História e consciência de classe*. A introdução de Infranca e Vedda sinaliza a relevância do texto; sobre ele, ver Mauro L. Iasi, "Lukács: a ponte entre o passado e o futuro", em Marcos Del Roio (org.), *György Lukács e a emancipação humana*, cit., e também os sintéticos apontamentos de Vincent Charbonnier, "György Lukács: de la rupture à la crise", *La Pensée*, v. 2, n. 390, 2017, e Isaac Nakhimovsky, "Georg Lukács and Revolutionary *Realpolitik*, 1918-19: An Essay on Ethical Action, Historical Judgment, and the History of Political Thought", *Journal of the History of Ideas*, v. 83, n. 1, 2022.

[46] György Lukács, *Lênin: um estudo sobre a unidade de seu pensamento* (trad. Rubens Enderle, São Paulo, Boitempo, 2012), com esclarecedora apresentação de Miguel Vedda.

[47] Ver, ibidem, p. 104-14.

[48] Dentre os que se debruçaram sobre o pequeno livro, além de vários já citados nestas páginas, ver Francesco Rossolillo, "Considérations sur l'essai sur Lénine de Lukács", *Le Fédéraliste*, VIII année, n. 1, 1966, e Matteo Gargani, "*Weder Empirist noch Dogmatiker*. Lukács interprete di Lenin", *Materialismo Storico*, v. 3, n. 2, 2017. Ver ainda os ensaios "Lukács, Lênin e o caminho para Marx: Apontamentos", de Anderson Deo, e "Lukács intérprete de Lênin", de Antonino Infranca, coligidos por Anderson Deo, Antonio Carlos

Mazzeo e Marcos Del Roio em *Lênin: teoria e prática revolucionária* (Marília/São Paulo, Oficina Universitária/Cultura Acadêmica, 2015).

Vale anotar que Lee W. Congdon, em seu *Exile and Social Thought: Hungarian Intellectuals in Germany and Austria, 1919-1933* (Princeton, Princeton University Press, 1991), ao tratar de Lukács (p. 45 e seg.) aponta exatamente que ele percorre "um caminho para Lênin". Para uma panorâmica do exílio centro e leste-europeu ao largo do século XX, com umas poucas referências a Lukács, ver John Neubauer e Borbála Z. Török (orgs.), *The Exile and Return of Writes from East-Central European: A Compendium* (Berlim, De Gruyter, 2009).

[49] Até essa edição francesa – *Histoire et conscience de classe: essais de dialectique marxiste* (Paris, Minuit, 1960), a obra era muito pouco acessível, quase uma raridade bibliográfica. Reedições do livro que viu a luz em 1923 (em Berlim, pela Malik) só foram autorizadas por Lukács em 1967, precedidas por um longo prólogo (firmado em março de 1967, em Budapeste), que é de leitura compulsória para compreender a sua relevância na evolução do autor. Depois da edição francesa de 1960, cresceram muito as publicações centradas na obra lukacsiana de 1923 – entre exemplos de relevo, ver o material reunido por István Mészáros, *Aspects of History and Class Consciousness* (Londres, Routledge & Kegan Paul, 1972). Note-se que, mais de vinte anos depois, Mészáros sumariou observações críticas à obra lukacsiana de 1923 em vários passos do seu importantíssimo *Para além do capital* (trad. Sérgio Lessa e Paulo Cezar Castanheira, São Paulo/Campinas, Boitempo/Ed. Unicamp, 2002), esp. cap. 6, 7, 10 e 22.

[50] Dos anos 1920 à entrada do século XXI, *História e consciência de classe* mereceu, em centros culturais importantes, a atenção crítica de pesquisadores, marxistas ou não, que se ocuparam do evolver teórico-filosófico da tradição marxista (especialmente, mas não só, daqueles que trataram das relações entre ela e o legado de Hegel), envolvendo analistas os mais distintos – aleatoriamente, recorde-se, na França, Maurice Merleau-Ponty e Henri Lefebvre, na Itália, Lucio Colletti, na Alemanha, Leo Kofler, na Espanha, Manuel Sacristán, nos Estados Unidos, Alvin W. Gouldner e Fredric Jameson, na Inglaterra, Terry Eagleton, na Suécia, Anders Burman, na Grécia, Nikos Foufas... O rol de pensadores que se detiveram em *História e consciência de classe* é enorme e diferenciado, da Europa Central e Oriental (Gajo Petrović, Adam Schaff, Predrag Vranicki) a países da América Latina (Leandro Konder, Bolívar Echeverría, Miguel Vedda); para a recepção de Lukács no Oriente, ver em *Jahrbuch der Internationalen Georg-Lukács Gesellschaft* (org. Rüdiger Dannemann, Bielefeld, Aisthesis, 2017-2018) os textos de Qiankun Li ("Georg Lukács in China") e Junji Nishikado ("Georg Lukács in Japan").

Não é possível, evidentemente, nesta "Apresentação", esboçar sequer um sumário da fortuna crítica da obra de 1923; aqui fica apenas a sugestão ao leitor para recorrer às bibliografias já referidas. Todavia, para minimizar essa carência de informação, indiquem-se uns poucos títulos que recuperam debates pertinentes ao "livro maldito": Furio Cerutti et al., *Geschichte und Klassenbewusstsein heute: Diskussion und Dokumentation* (Amsterdã, De Munter, 1971); Laura Boella (org.), *Intellettuali e coscienza di classe: il dibattito su Lukács, 1923-1924* (Milão, Feltrinelli, 1977); José Paulo Netto, "Possibilidades estéticas de *História e consciência de classe*", *Temas de Ciências Humanas*, n. 3, 1978; Ludomír Sochor, "Lukács e Korsch: a discussão filosófica dos anos 20", em Eric J. Hobsbawm (org.), *História do marxismo*, v. 9: *O marxismo na época da Terceira Internacional* (trad. Carlos Nelson Coutinho, Rio de Janeiro, Paz e Terra, 1987); Tamás Krausz e Miklós

Mesterházi, "Lukács *History and Class Consciousness* in the Debates of the 1920s", em László Illés et al. (orgs.), *Hungarian Studies on György Lukács*, v. I, cit.; Federica Basaglia, *Coscienza di classe e storia in György Lukács: il dibattito* (Carbonia, Susil, 2016). Das principais críticas contemporâneas à publicação do livro de Lukács, lembre-se a intervenção de Karl Kautsky em *Die Gesellschaft: Internationale Revue für Sozialismus und Politik*, de Berlim, em número de junho de 1924; recorde-se que o porta-voz oficial da Internacional Comunista, Grigori Zinoviev, condenou expressamente as posições teórico-filosóficas de Lukács (e de Korsch) na sessão de 19 de junho do V Congresso (1924) da organização e que, na sua edição de 25 de julho de 1924, o moscovita *Pravda* se abalou a fazer coro com os ataques a Lukács – já objeto das sérias reservas por parte de László Rudas e Abram Deborin (publicadas no *Arbeiterliteratur*, de Viena).

[51] O livro de Merleau-Ponty tem edição brasileira: *As aventuras da dialética* (trad. Claudia Berliner, São Paulo, Martins Fontes, 2006). Há discussões sobre o "marxismo ocidental" noutros textos acessíveis em português – p. ex., José G. Merquior, *O marxismo ocidental* (São Paulo, É Realizações, 2018 [1987]); Domenico Losurdo, *O marxismo ocidental: como nasceu, como morreu, como pode renascer* (trad. Ana Maria Chiarini e Diego Silveira Coelho Ferreira, São Paulo, Boitempo, 2018) e Perry Anderson, *Considerações sobre o marxismo ocidental/Nas trilhas do materialismo histórico* (trad. Fábio Fernandes, São Paulo, Boitempo, 2019). Estudiosos do "jovem Lukács" ocuparam-se desse tema – ver, p. ex., o já citado livro de Andrew Arato e Paul Breines, *The Young Lukács and the Origins of Western Marxism*. São fontes a consultar também Gareth Stedman Jones et al., *Western Marxism: A Critical Reader* (Londres, Verso, 1978) e Kevin Anderson, *Lenin, Hegel and Western Marxism: A Critical Study* (Chicago, University of Illinois Press, 1995). Ver ainda José Paulo Netto, "Lukács e o marxismo ocidental", em Ricardo Antunes e Walquíria L. Rêgo (orgs.), *Lukács: um Galileu no século XX*, cit., e Ricardo Musse, "A gênese do conceito de marxismo ocidental", *Blog da Boitempo*, 10 fev. 2012.

Ao cuidar do "marxismo ocidental", quase sempre se registra o fato de Lukács, com mais uma vintena de intelectuais, ter participado da "Semana de trabalho marxista" ("Marxistische Arbeitswoche"), organizada em 1923 por Felix Weil e Karl Korsch num hotel de Geraberg, a sudoeste de Weimar, onde teria surgido a ideia da criação do instituto de pesquisa de que se originou a "escola de Frankfurt" – ver Ulrike Migdal, *Die Frühgeschichte des Frankfurter Instituts für Sozialforschung* (Frankfurt, Campus, 1981). Para um tratamento centrado nos principais autores considerados próprios ao "marxismo ocidental", seus temas e desenvolvimento, ver Martin Jay, *Marxism and Totality: The Adventures of a Concept from Lukács to Habermas* (Berkeley, University of California Press, 1984), e o alentado trabalho de Diethard Behrens e Kornelia Hafner, *Westlicher Marxismus* (Einbeck, Schmetterling, 2017). Ver ainda Susan Buck-Morss, *The Origin of Negative Dialectics: Theodor W. Adorno, Walter Benjamin and the Frankfurt Institute* (Nova York, The Free Press, 1977); Rolf Wiggershaus, *A Escola de Frankfurt: história, desenvolvimento teórico, significação política* (trad. Lilyane Deroche-Gurgel e Vera de Azambuja Harvey, Rio de Janeiro, Difel, 2006); Martin Jay, *A imaginação dialética: história da Escola de Frankfurt e do Instituto de Pesquisas Sociais, 1923-1950* (trad. Vera Ribeiro, Rio de Janeiro, Contraponto, 2008); S. Jeffries, *Grande Hotel Abismo: a Escola de Frankfurt e seus personagens* (trad. Paulo Geiger, São Paulo, Cia. das Letras, 2018). Em Andrew Feenberg, *Philosophie de la praxis: Marx, Lukács et l'École de Francfort* (Montreal, Lux, 2016) e em Tyrus Miller, *Georg Lukács and Critical Theory*

(Edimburgo, Edinburg University Press, 2022), há elementos relevantes para enriquecer a temática coberta por essa bibliografia.

52 Compreende-se: tais textos de Marx, especialmente os *Cadernos de Paris & Manuscritos econômico-filosóficos de 1844* (trad. José Paulo Netto e Maria Antónia Pacheco, São Paulo, Expressão Popular, 2015), e de Marx-Engels, *A ideologia alemã*, (trad. Rubens Enderle, Nélio Schneider e Luciano Cavini Martorano, São Paulo, Boitempo, 2007) permaneciam inéditos quando *História e consciência de classe* se publicou. Lukács só conheceu os primeiros quando de seu estágio em Moscou, na entrada dos anos 1930 (a que aludirei mais adiante) – conhecimento que significou, efetivamente, uma inflexão no desenvolvimento das suas ideias. Quanto à obra *A ideologia alemã*, sabe-se, só veio à luz em 1932.

Ao que sei, na década de 1920, o único marxista, independentemente de Lukács, que partiu das reflexões d'O *capital* sobre o fetichismo da mercadoria e sinalizou a problemática da reificação foi Isaac I. Rubin - ver o seu *A teoria marxista do valor* (trad. José Bonifácio de S. Amaral Filho, São Paulo, Brasiliense, 1980).

53 Ver György Lukács, *Reboquismo e dialética: uma resposta aos críticos de História e consciência de classe* (trad. Nélio Schneider, São Paulo, Boitempo, 2015). Os textos apensados a essa edição – um prefácio de Michael Löwy e um posfácio de Nicolas Tertulian – dispensam-me de comentários adicionais; ver ainda o posfácio de Slavoj Žižek ("Georg Lukács as the Philosopher of Leninism") à edição inglesa do livro, György Lukács, *A Defense of History and Class Consciousness: Tailism and the Dialectic* (Londres, Verso, 2000). A edição argentina desse material (György Lukács, *Derrotismo y dialéctica: una defensa de Historia y conciencia de clase*, Buenos Aires, Herramienta, 2015) também apresenta apêndices relevantes.

54 Há tradução da obra objeto da atenção de Lukács: Nikolai Bukharin, *Tratado de materialismo histórico* (trad. Edgard Carone, Rio de Janeiro, Laemmert, 1970); quanto à crítica lukacsiana, datada de 1925, ver György Lukács, "Tecnologia e relações sociais", em Antonio R. Bertelli (org.), *Bukhárin, teórico marxista* (Belo Horizonte, Oficina de Livros, 1989). Não conheço versão da correspondência de Lassalle em português; também não localizei em português a resenha de Lukács, publicada em 1925 – mas ela é acessível em György Lukács, *Táctica y ética*, cit. Observo ao leitor que, nos anos 1930, Lukács revisitou a correspondência de Lassalle com Marx e Engels num texto notável – ver György Lukács, *Marx e Engels como historiadores da literatura* (trad. Nélio Schneider, São Paulo, Boitempo, 2016), especialmente o primeiro ensaio e o apêndice do livro.

Sobre Bukharin, entre muitas obras, duas contribuem para situar com veracidade o seu protagonismo revolucionário: Roy Medvedev, *Os últimos anos de Bukharin* (trad. Luis Mario Gazzaneo, Rio de Janeiro, Civilização Brasileira, 1980) e Stephen Cohen, *Bukharin: uma biografia política* (trad. Maria Ines Rolim, Rio de Janeiro, Paz e Terra, 1990). No que toca a Ferdinand Lassalle, da sua correspondência – *Nachgelassene Briefe und Schriften* (Berlim, Deutsche Verlagsanstalt, 1921-1925), 6 v., organizada por Gustav Mayer – não tenho conhecimento de traduções.

Sobre o intelectual e personagem do movimento socialista alemão, ver a antiga biografia de David Footman, *The Primrose Path: A Life of Ferdinand Lassalle* (Londres, Cresset, 1946); o artigo de Sonia Dayan-Herzbrun, "Le socialisme scientifique de Ferdinand Lassalle", *Le Mouvement Social*, n. 95, 1976; e Iring Fetscher, "Lassalle, Ferdinand", em *Neue Deutsche Biographie*, v. 13 (Berlim, Dunker & Humblot, 1982).

[55] Publicado originalmente em 1926, o ensaio está coligido em György Lukács, *Werke: Frühschriften II* (Neuwied, Luchterhand, 1977) e em antologias de textos lukacsianos dos anos 1920: György Lukács, *Political Writings, 1919-1929* (Londres, NLB, 1972); *Scritti politici giovanili, 1919-1928* (Bari, Laterza, 1972); e também em *Táctica y ética*, cit.

Reflexões críticas sobre o "Moses Hess e os problemas da dialética idealista" comparecem em boa parcela dos estudiosos que tratam dos textos de juventude de Lukács – ver, p. ex., Lee W. Congdon, "Lukács's Realism: From *Geschichte und Klassenbewusstsein* to the *Blum Theses*", em Gvozden Flego e Wolfdietrich Schmied-Kowarzik (orgs.), *Georg Lukács: Ersehnte Totalität* (Bochum, Germinal, 1986). Entre eles, alguns já localizam aí um giro importante do pensamento do filósofo – é o caso de Michael Löwy, ao verificar que, a partir do "Moses Hess", "Lukács começa a [...] privilegiar o realismo – a *Versöhnung mit der Wirklichkeit* (reconciliação com a realidade) hegeliana – às custas da dimensão utópico-voluntarista" (Michael Löwy, *Romantismo e messianismo: ensaios sobre Lukács e Benjamin*, trad. Myrian Veras Baptista e Magdalena Pizante Baptista, São Paulo, Edusp/Perspectiva, 1990, p. 103-4). Em outra oportunidade, detive-me no ensaio de 1926 (ver "O 'Moses Hess...' de Lukács", em Marcos Del Roio (org.), *György Lukács e a emancipação humana*, cit., p. 27-44); sem questionar a correta *verificação* do sempre arguto Löwy, faço, porém, *inferências* diversas das extraídas por ele. Essa formulação de Löwy, por outra parte, é comentada criticamente por Miguel Vedda, no primeiro capítulo do seu já referido *La sugestión de lo concreto*.

Sobre Hess, ver Gérard Bensussan, *Moses Hess, la philosophie, le socialisme (1836-1845)* (Paris, PUF, 1985); Shlomo Avineri, *Moses Hess: Prophet of Communism and Zionism* (Nova York, New York University Press, 1985); e Jean-Louis Bertocchi, *Moses Hess: philosophie, communisme et sionisme* (Paris, L'Éclat, 2020).

[56] Divergem os estudiosos quanto à data precisa do regresso de Lukács à Hungria, havendo consenso apenas sobre o fato de ser posterior à intervenção do Exército Vermelho, que libertou a capital em fevereiro de 1945. Na sua brilhante tese de doutoramento *El pensamiento filosófico-político de György Lukács*, orientada por Miguel Vedda e apresentada à Universidade de Buenos Aires em abril de 2017, Antonino Infranca – que reputo um dos mais competentes analistas da obra lukacsiana – dá como dia do retorno o 25 de agosto de 1945.

[57] Destaco especialmente duas fontes ainda não citadas: *László* Sziklay, *After the Proletarian Revolution: Georg Lukács Marxist Development, 1930-1945* (Budapeste, Akadémiai Kiadó, 1992), e *László* Illés, "The Struggle for 'Reconciliation'? György Lukács's Marxist Aesthetic in the 1930s", em László Illés et al., *Hungarian Studies on György Lukács*, v. I, cit.

[58] Cuido-me de empregar com parcimônia a tese da existência de *inflexões* no curso da evolução do pensamento de Lukács – já se verificou que o próprio filósofo reconheceu como tal o haver se tornado comunista (ver, *supra*, a nota 23) e que compartilho da interpretação conforme a qual há, na sua trajetória, uma unidade (dialética) de continuidade/descontinuidade (ver, *supra*, a nota 24). Considero, todavia, uma verdadeira inflexão – *no interior do processo do seu desenvolvimento como legatário de Marx (e de Engels e Lênin)* – as transformações teórico-filosóficas que seu pensamento experimentou nos anos 1930.

[59] A quem o liga, a partir de então, uma sólida amizade – a ele dedica o seu notável O *jovem Hegel e os problemas da sociedade capitalista* (trad. Nélio Schneider, São Paulo, Boitempo, 2018) (ver *infra*).

Sobre o instituto e Riazanov, ver Colum Lekley, "David Riazanov and Russian Marxism", *Russian History*, v. 22, n. 2, 1995; Jonathan Beecher e Valerii Formichev, "David Riazanov and the French Archive of the Marx-Engels Institute", *The Journal of Modern History*, v. 78, n. 1, 2006; Nicolas G. Varela, "Riazanov, editor de Marx, dissidente vermelho", *Revista Novos Rumos*, v. 50, n. 1, 2013; e Hugo E. A. Gama Cerqueira, "Breve história da edição crítica das obras de Karl Marx", *Revista de Economia Política*, v. 35, n. 4, 2015.

Da lavra de Mikhail Lifschitz, em português só registro o seu estudo, dos anos 1950, sobre as ideias estéticas de Marx, reproduzido em Karl Marx e Friedrich Engels, *Cultura, arte e literatura* (trad. José Paulo Netto e Miguel Yoshida, São Paulo, Expressão Popular, 2010) e três pequenos textos, traduzidos pelo pesquisador Marcelo José Souza e Silva, da UFPR, disponíveis em: <https://www.marxists.org>. A prolífica ensaística de Lifschitz nos anos 1930 está reunida em *Die dreissiger Jahre. Ausgewählte Schriften* (Dresden, Verlag der Kunst, 1988); a sua contribuição teórica à estética marxista tem alguma divulgação no Ocidente – ver, p. ex., *La filosofía del arte de Karl Marx* (México, Siglo XXI, 1981) e *The Crisis of Ugliness: From Cubism to Pop-Art* (Chicago, Haymarket, 2019). Sobre Lifschitz, ver Stanley Mitchell, "Mikhail Alexandrovich Lifshits (1905-1983)", *Oxford Art Journal*, v. 20, n. 2, 1997; José Paulo Netto, "M. A. Lifschitz, editor e crítico", *Blog da Boitempo*, 11 jul. 2016; e o polêmico ensaio de Víctor A. Carrión, "Liberdade e necessidade em Friedrich Engels. A contribuição dos escritos de Mikhail Lifschitz na década de 1960", *Germinal: Marxismo e Educação em Debate*, v. 12, n. 3, 2020. Para o exame da relação Lifschitz-Lukács, ver a evocação de Lukács em *Pensamento vivido*, cit., p. 87-9; ver ainda, editados por Giovanni Mastroianni, Mikhail Lifschitz, "Dialoghi moscoviti con Lukács", *Belfagor* [revista bimensal editada entre 1946 a 2012, em fascículos numerados], n. XLV, 1990; e Viktor Arslanov (org.), *Perepiska* [Cartas], *Mikhail Lifschitz and György Lukács* (Moscou, Grundrisse, 2011).

[60] Acerca dos inéditos de Marx então estudados por Lukács, ver nota 52, *supra*. Lukács, no pós-escrito de 1957 a "Meu caminho para Marx" (cit., p. 42), registra a sua recepção desses textos de Marx e Lênin.

O principal do acervo leniniano com que Lukács só se defrontou nesses meses de Moscou foram os *Cadernos filosóficos*, publicados entre 1929 e 1930 – ver Vladímir I. Lênin, *Obras completas*, t. 29 (Moscou, Progreso, 1986). Sobre os *Cadernos filosóficos* leninianos estudados por Lukács, ver a "Introdução" de Henri Lefebvre e Norbert Guterman a Vladímir I. Lênin, *Cadernos sobre a dialética de Hegel* (trad. José Paulo Netto, Rio de Janeiro, Ed. UFRJ, 2011), reeditada em Vladímir I. Lênin, *Cadernos filosóficos* (rev. trad. Paula Vaz de Almeida, São Paulo, Boitempo, 2018).

[61] Publicados entre 1931 e 1932 em *Die Linkskurve*, estão coligidos em *Georg Lukács Werke: Probleme des Realismus I. Essays über Realismus* (Neuwied, Luchterhand, 1971). Desses textos, pelo menos os dois primeiros estão traduzidos em português, graças ao trabalho meritório de Bruno Bianchi (ver em: <https://medium.com/katharsis>).

Lukács evoca esse período em Berlim em páginas de *Pensamento vivido*, cit., p. 91-7; nelas também faz comentários importantes sobre suas relações de então, entre outros, com Bertolt Brecht e Thomas Mann (acerca deste, diz algo muito significativo, à p. 97: "A um bom escritor permito, por assim dizer, tudo").

Para duas avaliações distintas da produção berlinense de Lukács, ver Helga Gallas, *Teoría marxista de la literatura* (Buenos Aires, Siglo XXI, 1973), e Alfred Klein, *Georg Lukács in Berlin: Literaturtheorie und Literaturpolitik der Jahre 1930-1932* (Berlim, Aufbau, 1990).

Ademais de publicar suas críticas literárias, em Berlim, Lukács – segundo Kadarkay, no cap. 15 do seu *Georg Lukács: Life, Thought and Politics*, cit. – lecionou na Escola Operária Marxista (Marxistische Arbeiterschule (Masch), mantida pelo partido alemão), dando regularmente aulas sobre a moderna literatura burguesa, a literatura da Revolução Francesa e sobre escritos estéticos de autores marxistas (Franz Mehring). Na mesma escola (que contou com a colaboração de Albert Einstein, discorrendo sobre a teoria da relatividade), Gertrud, a companheira de Lukács, teria ministrado aulas de economia política.

[62] Advirta-se ao leitor que Lukács opera com a concepção de *imperialismo* tal como formulada por Lênin no seu clássico estudo *Imperialismo, estágio superior do capitalismo* (trad. Avante! e Paula Vaz de Almeida, São Paulo, Boitempo, 2021).

O texto – composto em duas partes, ambas publicadas postumamente – está recolhido em Ilona T. Erdélvi (org.), *Helikon, literarischer Beobachter. Sondernummer: Literatur und Literaturgeschichte in Österreich* (Budapeste, Helikon, 1979); Frank Benseler (org.), *Georg Lukács: Eine Einführung in Leben und Werk*, cit.; Vittoria Franco (org.), *György Lukács: intellettuali e irrazionalismo* (Pisa, ETS, 1984); Antonino Infranca e Miguel Vedda (orgs.), *György Lukács: ética, estética y ontologia* (Buenos Aires, Colihue, 2007). Há tradução em português: "Grande Hotel Abismo", *Revista Novos Rumos*, v. 52, n. 1, 2015.

[63] Essa é a caracterização "clássica" do fascismo por Gueorgui Dimitrov – ver, do revolucionário búlgaro, *Obras escolhidas em três volumes*, v. 2 (Sofia, Sofia, 1982), p. 23.

[64] Essa é a indicação do próprio Lukács (ver *Pensamento vivido*, cit., p. 91 e 98).

[65] Ver, *Pensamento vivido*, cit., p. 98-114. Em textos de autores anticomunistas e antissoviéticos, temos várias notícias das dificuldades enfrentadas por Lukács em seu exílio na antiga União Soviética – ver, p. ex., a narrativa de Kadarkay no cap. 13 da sua biografia já citada; em outro ensaio, Kadarkay fala da prisão de Lukács em 1941, que mencionarei adiante (ver "The Captive Mind of György Lukács", *Hungarian Review*, v. IV, n. 2, 2013). O episódio da prisão de Lukács é referido por Michael Löwy, *A evolução política de Lukács*, cit., p. 244-245, e Tibor Szabó, *György Lukács: filosofo autonomo*, cit., p. 51, e detalhado por Gabor Székely, "Béla Kun, György Lukács, Imre Nagy und die Säuberung in Moskau", *Jahrbuch für Historische Kommunismusforschung 2008*, p. 329-38.

[66] Sobre a bárbara liquidação da velha-guarda bolchevique e os "processos de Moscou", ver Isaac Deutscher, *Stálin: uma biografia política* (trad. Luiz Sérgio Henriques, Rio de Janeiro, Civilização Brasileira, 2006), esp. cap. 9; Jean-Jacques Marie, *Stálin* (trad. Irene Guimarães, São Paulo, Babel, 2011), esp. cap. XXII e XXIII; Pierre Broué, *O partido bolchevique* (trad. Paula Maffei e Ricardo Alves, São Paulo, Sundermann, 2014), p. 349-76. À posição de Lukács ante os "processos de Moscou" retornarei adiante.

Sabe-se que os crimes e a violência da autocracia de Stálin têm sido, mais recentemente, objeto de um tosco revisionismo, que se esforça por justificar/negar os barbarismos da autocracia stalinista – ver Ludo Martens, *Stálin: um novo olhar* (trad. Pedro Castro e Pedro Castilho, Rio de Janeiro, Revan, 2004), e Grover Furr, *Khrushchev Lied* (Kettering, Erythros and Media/LLC, 2011), *Blood Lies* (Nova York, Red Star, 2017) e *Iejov contre Staline: la verité sur les répressions de masse en URSS, baptisées "la grande terreur"* (Paris, Delga, 2018). Também o filósofo Domenico Losurdo – obviamente em registro que nada tem de grosseiro –, em seu *Stálin: história crítica de uma lenda negra* (trad.

Jaime A. Clasen, Rio de Janeiro, Revan, 2010), de algum modo contribui para esse nefasto revisionismo histórico.

[67] Entre as razões da sua sobrevivência política à época, ele ironizava: "Eu morava numa casa muito ruim, que exercia pouca atração sobre o pessoal da NKVD [polícia política]" (ver *Pensamento vivido*, cit., p. 99). Aliás, só depois de anos em Moscou, Lukács e sua família conseguiram viver numa habitação com dois cômodos e um banheiro coletivo (ver Árpád Kadarkay, *Georg Lukács: Life, Thought and Politics*, cit., cap. 13).

[68] Excepcionalmente, nos meses em Tashkent (situada a cerca de 3 mil quilômetros a leste de Moscou), Lukács viveu sem grandes problemas de ordem material. Lembra ele: "Os escritores de Moscou foram mandados para Tashkent e assim vivíamos lá do melhor modo que podíamos. [...] Na verdade, eu vivia bastante bem, pois Alexei Tolstói visitou Tashkent como delegado da *Associação dos Escritores* e me conhecia como um escritor ilustre no exterior. Por conseguinte, ele me incluiu na elite" (ver *Pensamento vivido*, cit., p. 113).

Alexei N. Tolstói (1883-1945), descendente distante do autor do clássico *Guerra e paz*, foi romancista prestigiado na União Soviética da época: autor da trilogia *O caminho dos tormentos* (trad. Miguel Urbano Rodrigues, Rio de Janeiro, Civilização Brasileira, 1966), recebeu, por três vezes (uma delas póstuma), o Prêmio Stálin de Literatura.

[69] Ver *Pensamento vivido*, cit., p. 100 e 114; sobre a libertação de Lukács, com a intervenção de Dimitrov, ver, nessa mesma fonte, p. 101 e também István Mészáros, *O conceito de dialética em Lukács*, cit., p. 107.

Tanto a prisão de Lukács quanto a de Ferenc Jánossy foram operações tipicamente policialescas da autocracia stalinista: de Lukács, os inquisidores tentaram inutilmente extrair a confissão de que era um "agente trotskista" desde a década de 1920...; e seu enteado penou anos (1942-1945) em prisão na Sibéria, sob regime de trabalho forçado, acusado de "atividades antissoviéticas".

[70] Ver o segundo parágrafo da nota 2, *supra*.

[71] Guido Oldrini, *György Lukács e i problemi del marxismo del Novecento*, cit., p. 131-69.

[72] Ver as notas 43 e 44, supra.

[73] Essas frases extraem-se da primeira parte desse texto, a que Lukács acrescentou depois um pós-escrito (ver György Lukács, *Socialismo e democratização*, cit., p. 40); à sua segunda parte, o "pós-escrito de 1957", voltarei mais adiante. Para a íntegra do texto ver, na fonte aqui mencionada, p. 37-54.

[74] Ver a já citada recolha de Antonio Infranca, *Lukács parla*.

[75] Pouco antes de morrer, ele afirmou sobre a leitura dos *Manuscritos*: "mudou toda a minha relação com o marxismo e transformou a minha visão filosófica" ("Georg Lukács on this Life and Work: Interview", *New Left Review*, n. 68, 1971) – vê-se que sobram razões para considerar que provocaram uma inflexão no curso do pensamento de Lukács.

Em 1954, Lukács voltou a tematizar os "escritos juvenis" (1840-1844) de Marx em relevante ensaio ("O jovem Marx"), coligido por Peter C. Ludz em György Lukács, *Schriften zur Ideologie und Politik* (Neuwied, Luchterhand, 1967), p. 506-92. O ensaio está acessível em português em György Lukács, *O jovem Marx e outros escritos de filosofia* (trad. e org. Carlos Nelson Coutinho e José Paulo Netto, Rio de Janeiro, Ed. UFRJ, 2007).

[76] Para tais determinações, ver Karl Marx, *Cadernos de Paris & Manuscritos econômico-filosóficos de 1844* (trad. José Paulo Netto e Maria Antónia Pacheco, São Paulo, Expressão Popular, 2015), esp. p. 310-3, 369-71 e 374-8.

[77] Ver, na fonte citada na nota anterior, esp. p. 381-91 e ainda as p. 423-30.

[78] Ver, nos *Cadernos filosóficos*, cit., esp. p. 75-216. Em lúcido ensaio escrito há meio século ("Da *Grande Lógica* de Hegel à Estação Finlandesa de Petrogrado"), Löwy indicou como a ruptura *política* de Lênin com o "velho bolchevismo" tem a ver com a ruptura *teórica* inspirada pela leitura que o líder da Revolução de Outubro fez de Hegel quando da eclosão da Primeira Guerra Mundial (ver Michael Löwy, *Método dialético e teoria política*, trad. Reginaldo Di Piero, Rio de Janeiro, Paz e Terra, 1975).

[79] Lênin lê a *Lógica* hegeliana com lentes indiscutivelmente materialistas; o que não posso discutir nesta oportunidade é se tais lentes são idênticas às utilizadas por ele em seu *Materialismo e empiriocriticismo* (Lisboa/Moscou, Avante!/Progresso, 1982), redigido em 1908 e publicado no ano seguinte – a mim, parece-me que são diferenciadas. Mas há controvérsias sobre essa questão; a título meramente sugestivo, ver, entre inúmeros materiais, Louis Althusser, *Lénine et la philosophie* (Paris, Maspero, 1969) e "Lenin, lector de Marx", em *Escritos (1968-1970)* (Barcelona, Laia, 1975); Predrag Vranicki, *Storia del marxismo*, v. I (Roma, Riuniti, 1973), p. 426-40; Dominique Lecourt, *Une Crise et son enjeu: essai sur la position de Lénine en philosophie* (Paris, Maspero, 1973); Enrico Bellone et al. (orgs.), *Attualità del materialismo dialettico* (Roma, Riuniti, 1974); Néstor Kohan, "El virage autocrítico de Lenin", em *Marx en su (Tercer) Mundo: hacia un socialismo no colonizado* (Bogotá, Pensamiento Crítico, 2007); Stathis Kouvelakis, "Lenin como lector de Hegel. Hipótesis para una lectura de los *Cuadernos* de Lenin sobre la *Ciencia de la lógica*", em Sebastian Budgen et al., *Lenin reactivado: hacia una política de la verdad* (Madri, Akal, 2010); Lilian Truchon, *Lénine épistémologue: les thèses de* Matérialisme et empiriocriticisme *et la constitution d'un matérialisme integral* (Paris, Delga, 2013); Emiliano R. Monge, "Bajo el pulso de las masas: a cien años del (re)encuentro de Lenin y Hegel", *Hic Rodus*, n. 6 (3), 2014.

[80] Sem deixar de criticar o idealismo, a obscuridade, as contradições e até as tolices de Hegel, Lênin extrai dele conclusões impensáveis para o velho materialismo. É fato que Lênin recupera uma conhecida verificação de Engels, a de que "o sistema de Hegel, por seu método e seu conteúdo, já não era mais que um materialismo posto de cabeça para baixo" (ver Friedrich Engels, "Ludwig Feuerbach e o fim da filosofia clássica alemã", em Karl Marx e Friedrich Engels, *Obras escolhidas em três volumes*, v. 3, trad. Almir Matos, Rio de Janeiro, Vitória, 1963, p. 181). Mas, em 1914, avança para além de Engels; diz, p. ex., que "Não se pode compreender plenamente O *capital* de Marx, particularmente o seu primeiro capítulo, sem ter estudado e compreendido toda a *Lógica* de Hegel" (ver Lênin, *Obras completas*, t. 29, cit., p. 159); que, nas *Teses sobre Feuerbach*, "Marx segue diretamente Hegel, introduzindo o critério da prática na teoria do conhecimento" (ibidem, p. 191); comentando outro passo de Hegel, exclama: "Isto é materialismo puro!" (ibidem, p. 195); e afirma: "Na obra *mais idealista* de Hegel há *menos* idealismo e *mais* materialismo" (ibidem, p. 212-3). E, em outro texto, faz uma avaliação do idealismo que colide com a tradição materialista até então predominante: "O idealismo filosófico é uma tolice *somente* sob o ponto de vista do materialismo tosco, simples, metafísico. Em troca, sob o ponto de vista do materialismo *dialético*, o idealismo filosófico é um desenvolvimento *unilateral*, exagerado [...] de traços, facetas

do conhecimento até convertê-lo em um absoluto, divorciado da matéria, da natureza, deificado" (ibidem, p. 327).

Para uma adequada consideração do conservadorismo tradicionalmente atribuído a Hegel, há muito que os trabalhos de Jacques D'Hondt clarificaram a questão – ver o seu *Hegel en son temps (Berlin, 1818-1831)* (Paris, Ed. Sociales, 1968) e o seu *Hegel, philosophe de l'histoire vivante* (Paris, PUF, 1987). Consulte-se, ainda, uma das últimas obras de D'Hondt, *Hegel: biographie* (Paris, Calmann-Lévy, 1998).

[81] (Em tempo: parece-me supérfluo assinalar que as referências feitas nesta "Apresentação" – dos clássicos do marxismo, particularmente de Lukács, mas não só – a *homem/homens* remetem ao *gênero humano*, tomado como obviamente constituído, necessária e concretamente, por *homens e mulheres* e compreendida a sua unidade articulada na sua diversidade.)

A forma como Lukács apreendeu a *teoria do reflexo* não faz concessões a "espelhismos" de traços mecanicistas. Num ensaio brilhante, "Georg Lukács e o problema do reflexo estético", um arguto analista, assinalando o papel atribuído à fantasia pelo filósofo na criação artística, escreve: "O fato de Lukács destacar tão energicamente o papel da fantasia no processo do reflexo [estético] mostra, para Lukács, quão longe está o reflexo [...] daquele fenômeno similar meramente mecânico do espelho"; e aduz: "Esta surpreendente inter-relação entre reflexo e fantasia" pode chegar até ao "fantástico" (Leo Kofler, *Arte abstracto y literatura del absurdo*, Barcelona, Barral, 1972, p. 46).

Em inúmeras passagens da obra de Lukács, a recusa de qualquer "reflexo" (na arte e na ciência) sem a ativa intervenção dos sujeitos (criadores e pesquisadores) é reiterada. Mesmo em textos considerados "duros" e "ortodoxos", o recurso à intervenção da subjetividade de artistas e cientistas é repetido – ver o ensaio "Arte y verdad objetiva" (1934), em György Lukács, *Materiales sobre el realismo* (Barcelona, Grijalbo, 1977), e o capítulo "A teoria leninista do conhecimento e os problemas da filosofia moderna" (1947), em György Lukács, *Existencialismo ou marxismo?* (trad. José Carlos Bruni, São Paulo, Ciências Humanas, 1979). Acerca do primeiro desses escritos, ver Ranieri Carli, "A relação entre a teoria do reflexo de Lênin e a teoria da arte em Lukács", *Germinal: Marxismo e Educação em Debate*, v. 12, n. 2, 2020; para outro juízo, ver Celso Frederico, *Marx, Lukács: a arte na perspectiva ontológica*, cit., cap. 4.

[82] Ao transferir-se de Berlim para a União Soviética, Lukács vinculou-se ao Instituto de Filosofia da Academia de Ciências de Moscou; a essa instituição apresentou, em 1938, *O jovem Hegel*, que ainda não havia sido publicado, e, em dezembro de 1942, dela recebeu o título de "Doutor em Ciências Filosóficas" (ver Guido Oldrini, *György Lukács e i problemi del marxismo del Novecento*, cit., p. 161).

Cumpre notar que, na primeira edição desse livro, seu título era *Der junge Hegel: Über die Beziehungen von Dialektik und Ökonomie* [O jovem Hegel: sobre a relação entre dialética e economia] (Zurique, Europa, 1948); só em edições posteriores passou a ser intitulado *Der junge Hegel und die Probleme der kapitalistischen Gesellschaft* (O jovem Hegel e os problemas da sociedade capitalista). Comentários e alusões a essa obra de Lukács encontram-se em Norberto Bobbio, "Rassegna di studi hegeliani", *Belfagor*, n. V, 1950; Jean Hyppolite, *Études sur Marx et Hegel* (Paris, Marcel Rivière, 1965); Lucio Colletti, *Il marxismo e Hegel*, v. 2 (Roma, Laterza, 1976); Tito Perlini, *Utopia e prospettiva in György Lukács* (Bari, Dedalo, 1993); Galin Tihanov, "Revisiting Hegel's *Phenomenology* on the Left: Lukács, Kojève, Hyppolite", *Comparative Criticism*,

n. XXV, 2004; Domenico Losurdo, "Hegel, Marx e l'*Ontologia dell'essere sociale*", *Critica Marxista*, n. 5, 2010.

Para referências menos sucintas, ver Nicolas Tertulian, "Lukács, Adorno et la philosophie classique allemande", *Archives de Philosophie*, v. 47, n. 2, 1984, "Lukács interprete di Hegel", em Maria Laura Lanzillo et al. (orgs.), *Percorsi della dialettica nel Novecento: da Lukács alla cibernetica* (Roma, Carocci, 2011), e *Modernité et antihumanisme: les combats philosophiques de Georg Lukács* (Paris, Klincksieck, 2019); László Sziklay, "Lukács e l'età del socialismo: contributi alla genesi di *Der Junge Hegel*", em Mario Valente (org.), *Lukács e il suo tempo* (Nápoles, Pironti, 1984); Anders Bartonek e Anders Burman (orgs.), *Hegelian Marxism: The Uses of Hegel's Philosophy in Marxist Theory from G. Lukács to Slavoj Žižek* (Södertörn, Södertörn University, 2018); Antonino Infranca, *Trabalho, indivíduo, história*, cit., cap. 4, e "A construção marxista de *O jovem Hegel* de Lukács", *Germinal: Marxismo e Educação em Debate*, v. 13, n. 1, 2021; Filippo Menozzi, "Reading Hegel after Marx: Lukács and the Question of Teleology", *International Critical Thought*, v. 12, n. 1, 2022.

Vale observar que, segundo Néstor Kohan – *En la selva: los estudios desconocidos del Che Guevara. A propósito de sus "Cuadernos de lectura en Bolivia"* (La Paz, Biblioteca Laboral/MTEPS, 2019) –, o *Che*, durante a sua derradeira marcha revolucionária, perscrutou páginas e páginas d'O *jovem Hegel*. Aliás, nessa oportunidade, Kohan fez pertinentes considerações sobre o livro de Lukács (ibidem, p. 168-80).

[83] Pense-se, p. ex., no valioso estudo de Herbert Marcuse, *Razão e revolução: Hegel e o advento da teoria social* (trad. Marília Barroso, Rio de Janeiro, Saga, 1969 [1941]).

[84] Georg W. F. Hegel, *Fenomenologia do Espírito* (trad. Paulo Menezes, Petrópolis/Bragança Paulista, Vozes/Ed. Universidade São Francisco, 2008), p. 687 e seg.

[85] Contribuem para acompanhar esse processo alguns dos ensaios lukacsianos coligidos por Antonino Infranca em György Lukács, *Dialettica e irrazionalismo: saggi, 1932-1970* (Milão, Punto Rosso, 2020).

[86] Ambos já lançados pela Boitempo na "Biblioteca Lukács" – o primeiro em 2018 (com tradução de Nélio Schneider), o segundo um pouco antes, em 2011 (com tradução de Rubens Enderle).

Originalmente, O *romance histórico* foi publicado *antes* d'O *jovem Hegel*; aqui, refiro-os em ordem inversa, uma vez que a redação d'O *jovem Hegel* foi começada provavelmente em 1930-1931 – uma de suas motivações originais teria sido a proximidade da passagem do centenário da morte de Hegel (1931).

[87] Sobre o escopo do livro e os seus limites, ver os prefácios de Lukács às edições russa e alemã de 1954 (György Lukács, O *romance histórico*, cit., p. 27-32).

Para diferentes tratamentos dessa obra, ver José Paulo Netto, "Lukács e a teoria do romance", *Revista de Cultura Vozes*, ano 68, v. LXVIII, n. 6, 1974; Margherita Ganeri, *Il romanzo storico di György Lukács: per una fondazione politica del genere letterario* (Roma, Vecchiarelli, 1998); o prefácio de Fredric Jameson a György Lukács, *The Historical Novel* (Lincoln, University of Nebraska Press, 2002); Nicolas Tertulian, *Georg Lukács: etapas de seu pensamento estético*, cit., p. 167-87 (a análise que Tertulian faz d'O *romance histórico* é excelente); o ensaio de John Marx, "The Historical Novel after Lukács", em Timothy Bewes e Timothy Hall (orgs.), *Georg Lukács: The Fundamental Dissonance of Existence. Aesthetics, Politics, Literature* (Londres, Continuum, 2011);

Arlenice A. Silva, "Apresentação" a György Lukács, O *romance histórico*, cit.; Miguel Vedda, "Notas sobre *La novela histórica* de György Lukács", em Mario Duayer e Miguel Vedda (orgs.), *György Lukács: años de peregrinaje filosófico*, cit.; Ian Duncan, "History and the Novel after Lukács", *Novel: A Forum on Fiction*, n. 50, 2017; Francisco G. Chicote, "Realismo y distorsión subjetiva en la literatura: acerca de *La novela histórica* de György Lukács", em Ana M. Leite, Edvaldo A. Bergamo e Rogério Canedo (orgs.), *A permanência do romance histórico: literatura, cultura e sociedade* (São Paulo, Intermeios, 2021). Há também observações pertinentes no ensaio de George Steiner, "Georg Lukács e seu pacto com o demônio", em *Linguagem e silêncio* (trad. Gilda Stuart e Felipe Rajabally, São Paulo, Cia. das Letras, 1998), e vale também a leitura de um texto de Perry Anderson que, em polêmica com Fredric Jameson, atualiza condições da elaboração de romances históricos (ver Perry Anderson, "Trajetos de uma forma literária", *Novos Estudos Cebrap*, n. 77, 2007).

88 Em 1980, um dos melhores analistas dessa obra considerava que o seu valor "é, antes de tudo, *teórico*. Inaugurava um novo tipo de leitura e de interpretação das obras literárias, de um modo sistemático. [...] O *romance histórico* tem o mérito de, com ele, ter sido escrita uma nova página da história e da crítica literária das últimas décadas" (Nicolas Tertulian, *Georg Lukács: etapas de seu pensamento estético*, cit., p. 186-7; a edição original data de 1980).

89 Ver György Lukács, O *romance histórico*, cit., esp. cap. 2.

90 Lukács afirma, n'O *romance histórico* (cit., p. 135, tradução modificada), que "a forma artística nunca é uma simples cópia mecânica da vida social. É certo que ela surge como reflexo das suas tendências, porém possui, dentro desses limites, uma dinâmica própria, uma tendência própria à veracidade ou ao distanciamento da vida".

Na década de 1930 – no curso da inflexão que suas concepções experimentavam à época –, Lukács avançou muito no trato do romance como *epopeia burguesa*. Antes mesmo da redação d'O *romance histórico*, ele redigiu textos importantes sobre o tema – ver algumas das fontes citadas na nota 19, *supra*, e materiais similares coligidos e apresentados por Claude Prévost em György Lukács, Écrits de Moscou (Paris, Ed. Sociales, 1974). Ver ainda György Lukács, *Moskauer Schriften: Zur Literaturtheorie und Literaturpolitik* (org. Frank Benseler et al., Frankfurt, Sendler, 1981) e, com bela introdução de Miguel Vedda, György Lukács, *Escritos de Moscú: estudios sobre política y literatura* (Buenos Aires, Gorla, 2011).

91 György Lukács, O *romance histórico*, cit., p. 184 e seg.

92 Idem.

93 Ver, *infra*, a nota 97.

94 N'O *romance histórico*, ademais de uma abordagem crítica do romantismo (ver cap. 1, seção III), o naturalismo é problematizado (ver cap. 3, seção III).

É preciso salientar com forte ênfase que Lukács não pensa o realismo e o naturalismo como "escolas" ou "estilos" literários à moda convencional das histórias da literatura; para Lukács, já nos anos 1930 (e essa determinação, ele a conservará por toda a sua vida), realismo e naturalismo são tomados como *métodos compositivos* da arte literária que ele contrapõe vigorosamente. Num ensaio de 1936, anterior pois a O *romance histórico*, ele formula com nitidez a peculiaridade de cada um desses métodos, demonstrando concretamente, na análise de várias obras, como são distintos – ver "Narrar ou descrever?", em György Lukács, *Marxismo e teoria da literatura* (trad. Carlos Nelson Coutinho, 2. ed., São Paulo, Expressão Popular, 2010), p. 149-85; mais tarde, cerca de vinte anos depois, afirma que "hoje como sempre, o realismo não é apenas um estilo entre muitos outros – é a própria base de toda a literatura, e os diversos estilos (inclusive os que lhes são hostis) só podem nascer no seu interior ou numa relação qualquer com o que constitui o seu domínio próprio" (György Lukács, *Essays über Realismus*, Neuwied, Luchterhand, 1971, p. 501); e, enfim, na *Estética*, reitera: "Trata-se da essência realista de toda arte – de que o realismo não é, na concreta evolução da arte, um estilo entre outros, mas a característica fundamental das artes em geral, de que os diversos estilos só podem diferenciar-se no seu marco" (*Georg Lukács Werke: Ästhetik. Teil I. Die Eigenart des Ästhetischen. 1. Halbband*, Neuwied, Luchterhand, 1963, p. 551).

Sobre a concepção de realismo de Lukács, ademais de fontes já citadas nesta "Apresentação", ver Ana Cotrim, *Literatura e realismo em György Lukács* (Porto Alegre, Zouk, 2016) e os seguintes artigos: F. Perus, "El concepto de realismo en Lukács", *Revista Mexicana de Sociología*, v. 38, n. 1, 1976; Ernst Keller, "Georg Lukács' Concept of Literary Realism", *Journal of the Australasian Universities Language and Literature Association*, v. 47, n. 1, 1977; Alvaro Quesada, "Arte y realismo en el pensamiento de Georg Lukács", *Revista Filosófica*, v. XIX, 1981; Marc Angenot, "Le réalisme de Lukács", em Clive Thomson (org.), *Georg Lukács et la théorie littéraire contemporaine* (Montreal, Association des Professeurs de Français des Universités et Collèges Canadiens, 1983); Jung Werner, "Georg Lukács y el realismo. Revisión de un paradigma". *Herramienta*. Buenos Aires, n. 25, 2004, acessível em <https://herramienta.com.ar/georg-lukacs-y-el-realismo-revision-de-un-paradigma>; Carlos H. Gileno, "Breves considerações sobre a questão do realismo em György Lukács", *Achegas.net.*, n. 46, 2013; Michael J. Thompson, "Realism as Anti-Reification: A Defense of Lukács' Aesthetic of Realism", *Jahrbuch der Internationalen Georg Lukács Gesellschaft*, v. 14, 2014; Leonardo M. Candiano, "Lukács: defensa del realismo. De *Ensayos sobre el realismo* a *La peculiaridad de lo estético*. La continuidade de un pensamiento", *Exlibris*, n. 5, 2016; María G. Marando, "Realismo y 'triunfo del realismo' en la teoría estética tardía de György Lukács", *Verinotio*, ano IX, n. 18, 2013; Edu T. Otsuka, "Lukács, realismo, experiência periférica. (Anotações de leitura)", *Literatura e Sociedade*, v. 15, n. 13, 2010; Celso Frederico, "Lukács e a defesa do realismo", *Cerrados*, v. 24, n. 39, 2015; Galin Tihanov, "Revisiting Lukács' Theory of Realism", *Thesis Eleven*, v. 159, n. 1, 2020.

[95] Ver György Lukács, O *romance histórico*, cit., p. 33-46 e 46-84.

[96] Ver ibidem, p. 307-422.

[97] Chamo a atenção do leitor especialmente para a tematização dos problemas da *biografia* no romance e da *relação* entre herói romanesco e "indivíduo histórico-universal" (ver György Lukács, O *romance histórico*, cit., p. 366 e seg.).

[98] No trato do romance histórico antifascista, Lukács distingue com perspicácia o seu diverso processamento na Alemanha e na França. Quanto à especificidade desse romance, eis como Lukács a vê: "O romance histórico dos humanistas de nossos dias [anos 1930] vincula-se de maneira muito estreita com os grandes problemas do presente e, ao contrário, por exemplo, dos romances do tipo dos de Flaubert [que Lukács analisou no cap. 3, seção II, d'O *romance histórico*], direciona-se para a figuração da *pré-história do presente*. Essa atualidade, em amplo sentido histórico, é um dos maiores progressos realizados pelos humanistas antifascistas; caracteriza o início de uma *virada* na história

do romance histórico. Mas isso é apenas o *início* de uma virada, pois essa mesma virada conduz de volta às tradições do romance histórico clássico. A diferença que até hoje ainda os distingue [...] consiste no fato de que o romance histórico dos humanistas atuais fornece – provisoriamente – apenas a *pré-história abstrata das ideias* que movem o presente, e não a pré-histórica concreta do destino do próprio povo, que é figurada justamente pelo romance histórico em seu período clássico" (ver György Lukács, *O romance histórico*, cit., p. 408).

[99] Ver, *supra*, a nota 44.

[100] Ver, *supra*, a nota 42.

[101] A larga bibliografia antifascista de Lukács desses anos vai de textos de crítica estética e literária a materiais que vinculam correntes filosóficas ao fascismo – ver, p. ex., ensaios como "Nietzsche como precursor da estética fascista" (1934), em György Lukács, *Beiträge zur Geschichte der Ästhetik* (Berlim, Aufbau, 1954) e "O *Hipérion* de Hölderlin" (1935), em György Lukács, *Goethe e seu tempo* (trad. Nélio Schneider e Ronaldo Vielmi Fortes, São Paulo, Boitempo, 2021) – e os artigos "Como surgiu a filosofia fascista na Alemanha?" (1933), "Como a Alemanha se tornou o centro da ideologia reacionária?" (1941-1942) (há uma edição brasileira, sob o mesmo título, do Coletivo Veredas, Maceió, 2021, com tradução de Mariana Andrade), "O fascismo alemão e Hegel" (1943) (há tradução em português acessível em: <https://lavrapalavra.com/2020/06/03/o-fascismo-alemao-e-hegel>); alguns desses materiais foram recolhidos em György Lukács, *Schiksalswende* [Viradas do destino] (Berlim, Aufbau, 1956), e outros, redigidos em anos posteriores, foram coligidos em György Lukács, *Marxismus und Stalinismus: Ausgewählte Schriften IV* (Reinbek, Rowohlt, 2018). Ver a coletânea organizada por Vittoria Franco, *György Lukács: intellettuali e irrazionalismo*, cit., p. 101-11, que oferece uma síntese bibliográfica da produção lukacsiana entre 1930 e 1940; e György Lukács, *Zur Kritik der faschistischen Ideologie* (Berlim, Aufbau, 1989). Ver também Margit Köves, "Lukács and Fascism", *Social Scientist*, v. 25, n. 7-8, 1997; Jürgen Pelzer, "Crítica de la ideología fascista. Sobre dos estudios de György Lukács de los años 1933 y 1941-1942", disponível em: <https://www.herramienta.com.ar/critica-de-la-ideologia-fascista-sobre-dos-estudios-de-gy-rgy-lukacs-de-los-anos-1933-y-1941-1942>; e Matteo Gargani, "Lukács 1933-1942. L'irrazionalismo nell'età del fascismo", *Rivista di Storia della Filosofia*, n. 75, n. 1, 2020. E vale assistir à bela conferência de Miguel Vedda, *Teorías del fascismo en Georg Lukács y Siegfried Krakauer: relevancia histórica y significación actual*, acessível em: <https://www.youtube.com/watch?v=n8kjENLFSro>.

[102] Sobre alguns desses, há indicações indispensáveis em Nicolas Tertulian, "Lukács e o stalinismo", *Verinotio*, ano IV, n. 7, 2007.

[103] Não é este o espaço para a discussão do fenômeno stalinista, sobre o qual há uma bibliografia amazônica e enormemente diferenciada – da qual destaco Isaac Deutscher, *Stálin: uma biografia política*, cit.; Jean Elleinstein, *Histoire du phénomène stalinien* (Paris, Grasset, 1975), e *História da URSS*, v. III e IV (trad. J. Ferreira, Lisboa, Europa-América, 1976) (para a crítica dessa obra, ver páginas de Ernest Mandel, *Crítica do eurocomunismo*, trad. A. Castro, Lisboa, Antídoto, 1976); Giuseppe Boffa (org.), *Il fenomeno Stalin nella storia del XX secolo* (Bari, Laterza, 1982); os ensaios de Moshe Lewin, Robert McNeal, Franz Márek e Massimo Salvadori reunidos em Eric J. Hobsbawm (org.), *História do marxismo*, v. VII: *O marxismo na época da Terceira Internacional: a URSS da construção do socialismo ao stalinismo* (Rio de Janeiro, Paz e

Terra, 1986); Valentino Gerratana, "Stálin, Lênin e o marxismo-leninismo", em Eric J. Hobsbawm (org.), *História do marxismo*, v. IX, cit., 1987; Moshe Lewin, *Storia sociale dello stalinismo* (Turim, Einaudi, 1988); Aldo Natoli e Silvio Pons (orgs.), *L'Età dello stalinismo* (Roma, Riuniti, 1991); Robert C. Tucker (org.), *Stalinism: Essays in Historical Interpretation* (Abington, Routledge, 1998); Sheila Fitzpatrick (org.), *Stalinism: New Directions* (Londres, Routledge, 2001).

[104] A afirmação de Isaac Deutscher comparece em página de *Marxism in Our Time* (Menlo Park, Ramparts, 1971). A posição de Michael Löwy se expressa no seu ensaio "Lukács and Stalinism", da segunda metade dos anos 1970, reproduzido em *A evolução política de Lukács*, cit.; cabe observar que Löwy consigna que, após 1968, especialmente em entrevistas, o velho Lukács, "aos 83 anos, começa então uma nova etapa de sua evolução político-ideológica que, *em certa medida, é um retorno à orientação revolucionária de sua juventude*" (ibidem, p. 252-3; itálicos originais) – de fato, o filósofo abandonou mesmo, depois de 1929, aquela que, *segundo os critérios de Löwy*, constituiria uma justa "orientação revolucionária"; sobre 1968 e o velho Lukács, ver Rüdiger Dannemann (org.), *Georg Lukács und 1968* (Bielefeld, Aisthesis, 2009). Entre fervorosos doutrinários, ver Edison Salles, "Notas sobre Lukács y el stalinismo", *Estrategia Internacional*, n. 25, 2008-2009; já antes de Salles, Cliff Slaughter – que, parece, no final dos anos 1980 se tornou um renegado – já dera suficientes provas de sectarismo e incompreensão diante de Lukács em seu livro *Marxismo, ideologia e literatura* (trad. Waltensir Dutra, Rio de Janeiro, Zahar, 1983).

[105] Essa é a tese, essencialmente justa no juízo do signatário desta "Apresentação", formulada desde o início dos anos 1950 por Leo Kofler ("J. Dévérité"), *Der Fall Lukács: Georg Lukács und der Stalinismus* (Colônia, Verlag für politische Publizistik, 1952). Deve-se mencionar que, no seu prólogo (de dezembro de 1965) à edição espanhola de *Problemas del realismo* (México, Fondo de Cultura Económica, 1966), Lukács invoca Jürgen Rühle, que considera um "historiador burguês inteligente", como um crítico que compreendeu que suas concepções não podem ser associadas à "ideologia estética do stalinismo" (Lukács se refere à obra de Rühle, *Literatur und Revolution*, Berlim, Kieperheuer & Witsch, 1960).

Sobre a relação entre Lukács e o stalinismo, ver em especial o sintético ensaio de Nicolas Tertulian, "Lukács e o stalinismo", cit. Mas há que levar em conta os muito diversos contributos oferecidos, p. ex., em Eugene Lunn, *Marxismo y modernismo: un estudio histórico de Lukács, Brecht, Benjamin y Adorno* (México, FCE, 1986); Nicholas Vazsonyi, *Lukács Reads Goethe: From Aestheticism to Stalinism*. Columbia, Camden House, 1997); Henrique C. Coelho, "Georg Lukács: para uma crítica do taticismo stalinista", *Sapere Aude*, v. 11, n. 21, 2020; Ana Laura Corrêa et al., "Dossiê Lukács e o stalinismo", *Anuário Lukács 2021*, v. 8, n. 1, 2021, acessível em: <www.anuariolukacs.com.br>; e Antonino Infranca, "Lukács contra Stalin" I e II, *Herramienta*, ago. e nov. 2021, acessível em: <www.herramienta.com.ar>.

Para o contexto ideopolítico e cultural no qual Lukács se moveu no período aqui estudado, ver o meu artigo "Lukács e a problemática cultural da era stalinista", *Temas de Ciências Humanas*, n. 6, 1979 (nem preciso advertir ao leitor de que, corridas mais de quatro décadas desde a publicação desse artigo, considero superadas algumas das ideias que então exarei). Sobre esse contexto, ver tratamentos diferenciados em David Pike, *German Writers in Soviet Exile, 1933-1945* (Chapel Hill, The University of North

Carolina Press, 1982); Ranjana Saxena, "György Lukács and Russian Soviet Factor", *Social Scientist*, v. 46, n. 1-2, 2018; e Vesa Oittinen e Elina Viljanen (orgs.), *Stalin Era Intellectuals: Culture and Stalinism* (Abingdon, Routledge, 2023). Interessa também, sobre os anos do filósofo na União Soviética, o artigo de Juarez T. Duayer, "Lukács e a emigração na URSS (1933-45): realismo e sorte em tempos de catástrofes", *Verinotio*, v. 26, n. 1, 2020.

[106] O *relatório secreto*, apresentado por Kruschev numa sessão fechada do XX Congresso do PCUS (fevereiro de 1956), trouxe à luz barbaridades do período stalinista, debitando-as ao "culto à personalidade" do dirigente falecido a 5 de março de 1953. Podem ser consultadas diferentes versões do relatório em português: *O discurso secreto de Nikita S. Kruschev no XX Congresso do Partido Comunista da União Soviética* (Rio de Janeiro, Ipanema, 1956), e *Kruschev contra Stalin: relatório secreto apresentado por Nikita Kruschev ao XX Congresso do Partido Comunista da URSS* (Lisboa, Golden, 1978); uma nova versão se contém no volume organizado por Caetano P. de Araújo, *Khruschov denuncia Stálin: revolução e democracia* (Brasília, Fundação Astrojildo Pereira, 2022).

Conhecido o *relatório*, conteúdo e divulgação causaram enorme impacto nas fileiras comunistas em todo o mundo; ver, entre farta documentação, Bernard Carantino e Constantin Zarnekau, "Le 20e Congrès du Parti Communiste de l'URSS", *Politique Étrangère*, ano XXI, n. 4, 1956; Isaac Deutscher, *Ironias da história* (trad. Álvaro Cabral, Rio de Janeiro, Civilização Brasileira, 1968), esp. p. 7-24 e 215-21; Fernando Claudín, *A oposição no "socialismo real": União Soviética, Hungria, Polônia, Tcheco-Eslováquia, 1953-1980* (Rio de Janeiro, Marco Zero, 1983), p. 3-18; Adriano Guerra, *Il giorno che Kruscev parlò: dal XX Congreso a la rivolta ungherese* (Roma, Riuniti, 1986); Dmitri Volkogonov, *Stalin*, v. 2 (trad. Joubert de Oliveira Brízida, Rio de Janeiro, Nova Fronteira, 2004), p. 596-600; Zhores A. e Roy A. Medvedev, *Um Stalin desconhecido* (trad. Clóvis Marques, Rio de Janeiro, Record, 2006), p. 137-57; Roger Martelli, *1956 communiste: le glas d'une espérance* (Paris, La Dispute, 2006); Véronique Jobert et al., *Revue Russe: Le XXe Congrès et la culture*, n. 28, 2006; Kathleen E. Smith, *Moscow 1956* (Cambridge, Harvard University Press, 2017). Ver também o capítulo 2 de *As fitas da glasnost: memórias de Khruchtchev* (trad. Raul de Sá Barbosa, São Paulo, Siciliano, 1991) (memórias cuja autenticidade foi discutida), e o expressivo depoimento de Eric J. Hobsbawm no cap. 12 de *Tempos interessantes: uma vida no século XX* (trad. S. Duarte, São Paulo, Cia. das Letras, 2002).

Quanto ao impacto do *relatório secreto* no Brasil, ver esp. Raimundo Santos, *A primeira renovação pecebista: Reflexos do XX Congresso do PCUS no PCB (1956-1957)* (Belo Horizonte, Oficina de Livros, 1988), e o cap. III de Frederico J. Falcão, *Os homens do passo certo: o PCB e a esquerda revolucionária no Brasil (1942-1961)* (São Paulo, Sundermann, 2012). Há também elementos significativos no memorialismo de comunistas brasileiros (ver, entre muitos, Agildo Barata, *Vida de um revolucionário: memórias* (Rio de Janeiro, Melso, 1962; reed. São Paulo, Hucitec, 1978); Leôncio Basbaum, *Uma vida em seis tempos: memórias* (São Paulo, Hucitec, 1976); e João C. Falcão, *O partido comunista que eu conheci: vinte anos de clandestinidade* (Rio de Janeiro, Civilização Brasileira, 1988); e em biografias de alguns militantes e líderes – p. ex., ver Mário Magalhães, *Mariguella, o guerrilheiro que incendiou o mundo* (São Paulo, Cia. das Letras, 2012), p. 231-7, e Anita L. Prestes, *Luiz Carlos Prestes: um comunista brasileiro* (São Paulo, Boitempo, 2015), p. 308-14.

[107] Referido na nota 73, *supra*.

[108] György Lukács, *Socialismo e democratização*, cit., p. 50.

[109] Itálicos não originais. Redigido no outono de 1955, esse ensaio, em que é marcante a questão da alegoria e do símbolo, intitulado *Die Gegenwartsbedeutung des kritischen Realismus*, figura em *Georg Lukács Werke*, v. 4: *Probleme des Realismus I. Essays über Realismus* (Neuwied, Luchterhand, 1971), p. 459-603, e tem pelo menos duas versões em português, com titulação diversa: *Significado presente do realismo crítico* (trad. Carlos Saboga, Lisboa, Cadernos de Hoje, 1964) e *Realismo crítico hoje* (trad. Ermínio Rodrigues, Brasília, Coordenada, 1969) (nesta, a passagem que citei, do prefácio de Lukács, de abril de 1957, encontra-se à p. 24). A edição brasileira conta com uma "Introdução" de Carlos Nelson Coutinho, que, anos depois e sob novas lentes, voltaria a tangenciar esse escrito em seu *Lukács, Proust e Kafka: literatura e sociedade no século XX* (Rio de Janeiro, Civilização Brasileira, 2005) (sobre essa obra, ver o importante ensaio de Hermenegildo Bastos, "Lukács leitor de Proust e Kafka, segundo Carlos Nelson Coutinho", em Daniele S. Rosa (org.), *O realismo e sua atualidade: literatura e modernidade periférica*, São Paulo, Outras Expressões, 2018, e também Rafael R. Massuia, "Carlos Nelson Coutinho, György Lukács e a reavaliação das vanguardas", *Praia Vermelha: Estudos de Política e Teoria Social*, v. 31, n. 2, 2021).

[110] Esse documento fundamental – datado de 8 de fevereiro de 1962 e que, segundo Lukács, não passa de "notas breves e fragmentárias" – constitui a resposta a questões acerca do stalinismo formuladas por Alberto Carocci, que, com Alberto Moravia, então editava a revista *Nuovi Argomenti* (Turim, Einaudi); o periódico divulgou-o em seu número duplo (57-58) de julho/outubro de 1962. Ao que sei, a primeira tradução da *Carta sobre o stalinismo* em português, de Leandro Konder, saiu na *Revista Civilização Brasileira, Caderno Especial n. 1: A Revolução Russa: cinquenta anos de história*, em novembro de 1967. Posteriormente, essa versão da *Carta* foi várias vezes republicada, no Brasil e em Portugal – entre nós, uma de suas últimas edições encontra-se em *Margem Esquerda*, n. 28, 2017.

Leia-se algo do que escreveu Lukács: "Começo pela expressão 'culto da personalidade'. É claro que entendo ser absurdo reduzir o conteúdo e a problemática de um período tão importante da história do mundo ao caráter particular de um indivíduo. [...] Minha primeira reação em face do XX Congresso, quase puramente imediata, *refletiu uma preocupação, mais do que com a pessoa, com a organização: com o aparelho que tinha produzido o 'culto da personalidade' e o fixara depois numa espécie de incessante reprodução ampliada*. [Eu] identificava em Stálin o vértice de uma pirâmide que, alargando-se sempre na direção da base, compunha-se de 'pequenos Stálins', os quais, vistos de cima, eram os objetos e, vistos de baixo, eram os produtores e mantenedores do 'culto da personalidade'. *Sem o funcionamento regular deste mecanismo, o 'culto da personalidade não teria passado de um sonho subjetivo, de um acidente patológico, e jamais teria podido atingir aquela eficácia social que exerceu durante algumas décadas*" (*Caderno Especial*, cit., p. 30; os itálicos não constam do original).

[111] György Lukács, *Caderno Especial*, cit., p. 34-5.

[112] Tal abastardamento é tematizado, embora sumariamente, na *Carta* (*Caderno Especial*, cit., p. 38-9). Quanto à relação entre ciência e ação política, anota Lukács: "Para os clássicos do marxismo era óbvio que a ciência fornecia o material e os pontos de vista com base nos quais eram tomadas as decisões políticas. Propaganda e agitação recebiam o seu material

da ciência, da *práxis cientificamente* elaborada; Stálin inverteu esta relação. Para ele, a agitação torna-se o momento primário. As exigências da agitação determinam [...] aquilo que a ciência deve dizer e até mesmo o modo como deve dizê-lo" (*Caderno Especial*, cit., p. 39); ver ainda Leo Kofler, Wolfgang Abendroth e Hans H. Holz, *Conversando com Lukács* (trad. Giseh Vianna Konder, Rio de Janeiro, Paz e Terra, 1969, com reedição do Instituto Lukács, São Paulo, 2014), p. 102, 154 e 157. Note-se que no citado pós-escrito de 1957 a "Meu caminho para Marx", Lukács volta-se rapidamente para problemas da vida científica sob Stálin (ver *Socialismo e democratização*, cit., p. 49).

Para especificar a direção staliniana como antípoda à de Lênin, Lukács dirá que, enquanto o líder de Outubro articulava uma integração viva entre a teoria marxista e a práxis política e, assim, relacionava corretamente a dependência das opções táticas aos objetivos estratégicos, Stálin notabilizou-se pelo seu *taticismo*, o soberano desprezo pela função regente da teoria e pelo seu *oportunismo*, a colagem a conjunturas singulares. Segundo Lukács, para Stálin "a tática momentânea [...] era essencial. As injunções ditavam as estratégias e, em seguida, a estratégia era aplicada às perspectivas gerais do socialismo". Em síntese, nesse âmbito, "a grande diferença entre Lênin e Stálin consiste exatamente no fato de que, na filosofia stalinista, se assim podemos chamá-la, o lugar principal é concedido às escolhas táticas prático-políticas do momento, impondo-se uma degradação da teoria geral, que fica relegada a superestrutura, a embelezamento, e de fato não tem mais nenhuma influência sobre as decisões táticas"; ver Leo Kofler, Wolfgang Abendroth e Hans H. Holz, *Conversando com Lukács*, cit..

[113] Em passo relevante dessa *Carta*, tratando da reabilitação dos injustiçados na era stalinista, Lukács distingue claramente entre *o resgate necessário do valor moral* das vítimas do regime de Stálin e *a reavaliação dos seus equívocos/erros teóricos*. Escreveu o filósofo: "Permitam-me uma breve digressão sobre o significado das reabilitações. Sem dúvida todos aqueles que, nos anos trinta e mais tarde, foram injustamente perseguidos, condenados e assassinados por Stálin, devem ser reabilitados quanto às 'acusações' inventadas contra eles (espionagem, sabotagem etc.). O que não implica que devam ser 'reabilitados' também os seus erros políticos e as suas perspectivas falsas. Sobretudo no caso de Trótski, que foi o principal defensor teórico da tese de que a construção do socialismo em um só país era impossível. A história refutou, faz tempo, a sua teoria. [...] Se nos transportamos à época que se seguiu imediatamente à morte de Lênin, vemos que tal ponto de vista gerava necessariamente a alternativa: ampliar a base do socialismo através da 'guerra revolucionária' ou retornar à situação social anterior a 7 de novembro – o dilema do *aventureirismo* ou *capitulação*. E aqui a história não consente de modo algum em uma reabilitação. No que concerne aos problemas estratégicos então decisivos, Stálin teve plenamente razão contra Trótski"; György Lukács, *Caderno Especial*, cit., p. 32.

[114] György Lukács, *Caderno Especial*, cit., p. 44-5; itálicos não originais.

[115] Ver *Conversando com Lukács*, cit., p. 102. Noutra passagem dessas conversações (ibidem, p. 154-5), ele afirma: "Quanto à superação da época stalinista, estamos ainda em um período no qual os grandes erros do stalinismo vêm sendo eliminados sempre com os métodos stalinistas. Não chegamos, ainda, à superação desses métodos".

Em texto de 1968, publicado postumamente e abordando questões eminentemente políticas, Lukács dedicou uma importante seção ao "método de Stálin" especialmente para compreender como o dirigente georgiano operava a sua intervenção política – ver "O processo de democratização", em György Lukács, *Socialismo e democratização*, cit.,

p. 134-59. Nesse ensaio, de cariz basicamente político, vale destacar a crítica *teórica* à tardia incursão (1952) de Stálin na questão da *teoria do valor* e a recorrência lukacsiana às profundas e insuperáveis diferenças (teóricas, políticas e ideológicas) entre Lênin e Stálin. Sobre a referida incursão, ver Josef V. Stálin, *Problemas econômicos do socialismo na URSS* (Rio de Janeiro, Vitória, 1953).

[116] György Lukács, *Caderno Especial*, cit., p. 32. Sabe-se que Lukács não simpatizou com Trótski quando o encontrou em Moscou, em 1921 (durante o III Congresso da Internacional Comunista), mas é certo que suas grandes reservas ao revolucionário assassinado no México tiveram somente motivação teórica e política – o filósofo criticou quer as suas concepções estratégicas e táticas, quer a possibilidade de ele se constituir como uma alternativa positiva ao autocratismo de Stálin (*Caderno Especial*, cit., p. 32-3). E fique claro que Lukács não questionou a sua honradez pessoal – pouco antes de sua morte, referindo-se a Trótski e a Bukharin, afirmou: "Nunca duvidei, em absoluto, da integridade pessoal dos dois" (György Lukács, "Para além de Stálin", em *Socialismo e democratização*, cit., p. 207). E ainda, depois de assinalar que "Trótski era um escritor extremamente espirituoso e inteligente. [Mas] como político, como teórico político, não o considero absolutamente", reafirmou: "Não ponho em dúvida que Trótski fosse uma pessoa extremamente honesta"; György Lukács, *Pensamento vivido*, cit., p. 110-1.

[117] György Lukács, *Caderno Especial*, cit., p. 31-2.

[118] Graças à ajuda de João Vasco Fagundes, filósofo português com quem sempre estou aprendendo, rastreei a remissão lukacsiana em pelo menos três textos de Lênin: o líder da Revolução de Outubro alude à *revolução num só país* em 1915 ("Sobre a palavra de ordem dos Estados Unidos da Europa", em *Obras escolhidas em seis tomos*, t. 2, Lisboa/Moscou, Avante!/Progresso, 1984, p. 271), em 1916 ("O programa militar da revolução proletária", em *Obras escolhidas em três tomos*, t. 1, Lisboa/Moscou, Avante/Progresso, 1977, p. 680-1) e, mesmo que obliquamente, em 1923 ("Sobre a cooperação", em *Obras escolhidas em três tomos*, t. 3, Lisboa/Moscou, Avante!/Progresso, 1979, p. 657-8).

[119] Sobre o pacto, além das informações contidas em autores já citados (Deutscher, Claudín, Broué, Volkogonov, Marie), ver María S. de las Matas Martín, "El punto de vista soviético sobre el pacto Molotov-Ribbentrop", *Revista Reflexiones*, v. 86, n. 1, 2007, e o ensaio de Jacques R. Pauwels, "Mito y realidade del pacto entre Hitler y Stalin del 23 de agosto de 1939", *Global Research*, 23 ago. 2019, acessível em: <http:www.globalresearch.ca/hitler-stalin-pact-august-23-1939/5687021>.

[120] György Lukács, *Pensamento vivido*, cit., p. 112.

[121] Ver György Lukács, "Para além de Stálin", cit., p. 208-9. Refira-se que, noutra oportunidade, Lukács fez observações diversas sobre os grandes processos, considerando-os desnecessários, "supérfluos", e assinalando que o referido "paralelo histórico" não é correto, mas "compreensível" a partir "da perspectiva de um emigrado húngaro que vivia na Rússia naquela época"; György Lukács, *Pensamento vivido*, cit., p. 108-10 – ver ainda a próxima nota.

Observe-se que viver na União Soviética naquela época foi uma *escolha* de Lukács: poderia ter optado pelos Estados Unidos, "mas eu não quis" (ibidem, p. 108); também o seu problemático biógrafo Kadarkay (ver o cap. 13 do seu já citado *Georg Lukács: Life, Thought and Politics*) se refere às possibilidades, recusadas pelo filósofo, de exilar-se no Ocidente nos anos 1930. Muitos anos depois, após os eventos de 1956 – de que tratarei mais adiante –, foi-lhe oferecido um passaporte para sair da Hungria, oferta que o filósofo recusou; ver György Lukács, *Pensamento vivido*, cit., p. 138.

[122] Ver György Lukács, *Pensamento vivido*, cit., p. 108. Noutra passagem (extraída de "Meu caminho para Marx", cit., p. 44), Lukács diz de sua posição em face dos processos de Moscou: "eu reconhecia a sua necessidade histórica, sem preocupar-me muito com a questão da sua legalidade. [...] Minha posição mudou radicalmente quando se difundiu a palavra de ordem segundo a qual haveria que extirpar pela raiz o trotskismo etc. Compreendi logo que se seguiria a condenação massiva de pessoas em sua maioria inocentes. E, se hoje me perguntarem por que não assumi publicamente minha posição contrária, não invocarei primeiramente, nem mesmo neste caso, a impossibilidade física (vivia na União Soviética como emigrado político), mas a impossibilidade moral: a União Soviética encontrava-se na iminência do confronto decisivo contra o fascismo. A um comunista convicto caberia dizer apenas: '*Right or wrong, my party*' ['Certo ou errado, é o meu partido']. Fizesse o que fizesse naquela situação o partido dirigido por Stálin [...], era necessário permanecer incondicionalmente solidário com ele naquela luta, pôr esta solidariedade acima de tudo".

[123] A primeira lembrança, de maio de 1957, está registrada na "nota à edição italiana" de *Contributi alla storia dell'estetica* (Milão, Feltrinelli, 1957; ed. orig.: *Beiträge zur Geschichte der Ästhetik*, Berlim, Aufbau, 1954); a citação seguinte extrai-se do pós-escrito de 1957 a "Meu caminho para Marx", cit., p. 43.

[124] Ver a entrevista de Lukács à *New Left Review* referida na nota 44, *supra*; itálicos não originais.

Um exemplo, entre muitos, de como Lukács conduziu a sua *luta de guerrilha* "contra o dogmatismo staliniano" nos é oferecido na entrada dos anos 1950 – quando, como se verá adiante, o filósofo estava submetido a fortes pressões dos stalinistas húngaros (e não só). Ao referir esse exemplo, serei obviamente obrigado a tomá-lo muito sumariamente.

Em junho de 1950, o *Pravda*, órgão oficial do Partido Comunista da União Soviética, publicou um texto de Stálin (ed. ingl.: *Marxism and Problems of Linguistics*, Moscou, Foreign Languages Publishing House, 1954), sobre a teoria linguística de Nikolai J. Marr (1864-1934), estudioso até então influente na União Soviética (sobre Marr, ver a breve referência de Georges Mounin, *Historia de la lingüística*, Madri, Gredos, 1968, p. 32 e seg.). O texto de Stálin, criticando as ideias de Marr, remetia à tão citada relação *base/superestrutura*, dela sustentando uma concepção mecanicamente economicista: "A superestrutura é o produto de *uma* época em cujo decurso subsiste e opera uma determinada base econômica. Por isto, *a superestrutura não dura mais que a base, mas é eliminada e desaparece ao eliminar-se e desaparecer a base*. [...] Desde a morte de Puschkin correram mais de cem anos. Neste período se eliminaram da Rússia a ordem feudal e a ordem capitalista, e surgiu uma terceira, a socialista. *Consequentemente, foram eliminadas duas bases junto com suas superestruturas*" (ibidem, p. 7, itálicos não originais).

Cerca de um ano depois, numa conferência pronunciada na Academia Húngara de Ciências, Lukács rende homenagens à contribuição staliniana à discussão sobre linguística – afirma que o material de Stálin tem o caráter de um "acontecimento histórico", "produziu uma transformação em nossa vida científica" e faz várias citações louvaminheiras do documento staliniano. Em seguida, com os cuidados próprios a um *partisan* que lavra no campo minado da cultura, traz o debate para o âmbito da arte e da literatura – e é então que, de fato, corrige (ou melhor: *refuta*) as formulações de Stálin: demonstra que uma "superestrutura" não serve a uma só "base", podendo mesmo erodi-la, e que a superação de uma "base" não implica a eliminação automática da sua "superestrutura". Essa conferência de Lukács – "Literatura e arte como superestrutura" – é parte dos *Contributi alla storia dell'estetica*, cit.; aliás, no prefácio (1957) a essa edição, escreve: "Dadas as circunstâncias em que pronunciei e publiquei [meados de 1951] a conferência, esta *polêmica* contra Stálin só podia expressar-se sob a forma de uma *interpretação* de Stálin. Posso aduzir que foi uma sorte que o meu compulsório mimetismo teórico tenha sido exitoso e que a crítica oculta não tenha sido reconhecida como tal".

[125] Dentre as tantas fontes disponíveis para reconstruir essa política cultural (ver, *supra*, a nota 105), destaco que a melhor síntese que posso sugerir ao eventual leitor são os dois ensaios ("Da *revolução cultural* ao *realismo socialista*" e "Do *realismo socialista* ao zhdanovismo") de Vittorio Strada contidos em Eric J. Hobsbawm (org.), *História do marxismo*, v. IX, cit. Para uma abordagem bem mais simples e enxuta, vale o breve artigo de Evgeny Dobrenko, "A cultura soviética entre a revolução e o stalinismo", *Estudos avançados*, v. 31, n. 91, 2017.

[126] Zhdanov foi – de meados da década de 1910 ao fim de seus dias – figura importante e destacada no partido bolchevique e, especialmente a partir dos anos 1930, no governo soviético (ver Kees Boterbloem, *The Life and Times of Andrei Zhdanov, 1896-1948*, Montreal, McGill-Queen's University Press, 2004); sua relevância política é visível inclusive no segundo pós-guerra, quando da organização do Centro de Informação dos Partidos Comunistas (Kominform) (sobre este, ver Fernando Claudín, *A crise do movimento comunista*, cit., p. 542 e seg., e Lilly Marcou, *Le Kominform*, Paris, Presses de Sciences Po, 1977).

Aqui, interessa-me somente a intervenção de Zhdanov no domínio da política cultural da era stalinista – política cuja gravitação foi diversa, nos seus efeitos, nos anos 1930 e no pós-guerra, como assinala Strada em "Do 'realismo socialista' ao zdhanovismo", cit., p. 153. As principais formulações de Zhdanov sobre expressões culturais e artísticas encontram-se em Andrei A. Zhdanov, *On Literature, Music and Philosophy* (Londres, Lawrence & Wishart, 1950), e (com Maksim Górki) *Literatura, filosofía y marxismo* (México, Grijalbo, 1968) (o núcleo duro do ideário de Zhdanov está contido aí). Para a discussão daquela política, no que toca principalmente à literatura, ver Herman Ermolaev, *Soviet Literary Theories 1917-1937: The Genesis of Socialist Realism* (Londres, Octagon, 1977); James F. Murphy, *The Proletarian Moment: The Controverse over Leftism in Literature* (Urbana, University of Illinois Press, 1991); e Evgeny Dobrenko e Galin Tihanov (orgs.), *A History of Russian Literary Theory and Criticism: The Soviet Age and beyond* (Pittsburg, University of Pittsburg Press, 2011). Pode-se recorrer também a Katerina Clark et al. (orgs.), *Soviet Culture and Power: A History in Documents, 1917-1953* (New Haven, Yale University Press, 2007).

Saliente-se que a influência das concepções culturais e artísticas de Zhdanov, especialmente entre o fim da Segunda Guerra Mundial e o XX Congresso do PCUS, foi muito além da União Soviética, com a sua incorporação oficial por inúmeros partidos comunistas. No Brasil, textos de Zhdanov foram difundidos por dois periódicos vinculados ao PCB: *Problemas: Revista Mensal de Cultura Política*, editada no Rio de Janeiro de 1948 a 1956, e *Fundamentos: Revista de Cultura Moderna*, editada em São Paulo de 1948 a 1955. Para aferir da incidência de Zhdanov entre nós, recorra-se ao excelente trabalho de Dênis de Moraes, *O imaginário vigiado: a imprensa comunista e o realismo socialista no Brasil (1947-1953)* (Rio de Janeiro, José Olympio, 1994).

[127] Não posso deter-me aqui no papel de Górki na consagração da estética do realismo socialista. É lugar-comum a referência ao seu discurso de agosto de 1934, no I Congresso dos Escritores Soviéticos, como peça inaugural das ideias que Zhdanov implementaria com força – interpretação incorporada por Leandro Konder em 1967 (ver o seu *Os marxistas e a arte*, 2. ed., São Paulo, Expressão Popular, 2013, p. 85-8); mas é de notar que nem todos os estudiosos a aceitam (ver, p. ex., o fundamental estudo de Francisco Posada, *Lukács, Brecht e a situação atual do realismo socialista*, Rio de Janeiro, Civilização Brasileira, 1970, esp. p. 149-50).

[128] Vittorio Strada, "Do 'realismo socialista' ao zdhanovismo", cit., p. 153. Saliente-se que Lukács teve textos publicados em todos os periódicos acima citados. Salvo a *Internationale Literatur*, essas revistas são posteriores à dissolução, em 1932, por ato de força governamental, da RAPP (a Associação Russa de Escritores Proletários), que patrocinava a *Novy LEF – Frente de esquerda das artes* e que o regime considerava controlada por correntes trotskistas; a RAPP foi substituída pela União dos Escritores Soviéticos. Sobre a RAPP, ver esp. p. 181-90 de Strada, ibidem. No contexto imediato da criação da União dos Escritores Soviéticos, malgrado o peso de Alexander Fadeiev (1901-1956), romancista russo e ideólogo influente na era stalinista, já perceptível na orientação da nova entidade, Lukács chegou, com alguns de seus camaradas, a acreditar "numa verdadeira mudança ideológica, pelo menos admitida pelo próprio Stálin" (György Lukács, "Para além de Stálin", em *Socialismo e democratização*, cit., p. 208). Rapidamente essa ilusão se desfez.

Desde a sua primeira estada na União Soviética, Lukács, com Lifschitz, opôs-se à RAPP e à *Novy LEF* por razões basicamente literárias – a estreiteza e o sectarismo das concepções estéticas do movimento (que ecoavam Bogdanov e o *proletkult*) eram recusadas pelos dois amigos. Em contraposição à RAPP/*Novy LEF*, Lukács e Lifschitz constituíram um núcleo (a "nova corrente") a que logo se agregaram os intelectuais que, com eles, dirigiriam a *Literaturnyi Kritik* – nomeadamente M. Rosental, P. Judin, I. Usievich e W. Gribb; diz Strada, ibidem, p. 208-9, que essa foi "a melhor revista soviética dos anos [19]30 e, certamente, a que elevara a conceituação do 'realismo socialista' ao nível teórico mais alto possível". Ver também o prefácio (1967) de Lukács à sua antologia *Arte e società I-II* (Roma, Riuniti, 1977).

Sobre Bogdanov e o *proletkult*, ver Jutta Scherrer, "Bogdanov e Lênin: o bolchevismo na encruzilhada", em Eric J. Hobsbawm (org.), *História do marxismo*, v. III, cit., 1984; Lynn Mally, *Culture of the Future: The Proletkult Movement in Revolutionary Russia* (Berkeley, University of California Press, 1990); Zenovia A. Sochor, *Revolution and Culture: The Bogdanov-Lenin Controversy* (Ithaca, Cornell University Press, 1998). Mesmo enviesado por um antileninismo primário, é rico em informações o trabalho de James D. White, *Red Hamlet: The Life and Ideas of Alexander Bogdanov* (Leiden, Brill, 2018).

[129] Andrei A. Zhdanov, *Literatura, filosofía y marxismo*, cit., p. 112; os itálicos não são do original.

[130] Como se verifica numa de suas últimas intervenções, o debate (junho de 1947) em torno do livro de Georgy F. Alexandrov, *História da filosofia ocidental*, publicado em 1946 – ver Andrei A. Zhdanov, "O marxismo é a revolução na filosofia", *Problemas: Revista Mensal de Cultura Política*, n. 7, 1948.

Por vezes, em alguns de seus enunciados, Zhdanov cuidou de prevenir-se contra seus adversários – p. ex., ainda no citado congresso de 1934 (ver os seus *Escritos*, São Paulo, Nova Cultura, 2018, esp. p. 103), referiu-se à necessidade de uma "assimilação crítica da herança literária de todas as épocas". Tal "assimilação crítica" permaneceu – vista a sua atividade de dirigente cultural – como um expediente retórico e demagógico.

[131] Vladímir I. Lênin, *Obras escolhidas em três tomos*, t. 3 (Lisboa/Moscou, Avante!/Progresso, 1979), p. 398.

[132] A valorização crítica da herança cultural por Lukács, depois da vigência das imposições stalinistas, foi suficientemente verificada por autores que já citei (nomeadamente Tertulian e Oldrini), e não pode ser detalhada aqui. Permito-me lembrar somente o material elaborado por Lukács em *Introdução a uma estética marxista* (1957) – ver, na ed. bras. cit., cap. I, II e IV; em *Die Eigenart des Ästhetischen* (1963) – ver, na ed. al. cit., entre outras, a recepção e o trato crítico (sem contar artistas, cientistas, historiadores, sociólogos e antropólogos), nos v. I e II, esp. de Platão, Aristóteles, Plotino, Hobbes, Herder, Bacon, Descartes, Vico, Kant, Diderot, Hegel, Lessing, Schiller, Goethe, Spinoza, Tchernichevski, Burckhardt, Wolfflin, Hartmann e, no v. II, esp. de Balázs, Brecht, Adorno, Benjamin, Auerbach, Bloch, Kracauer; em *Para uma ontologia do ser social* – ver, na ed. bras. cit., praticamente todo o v. I, com o tratamento crítico de Wittgenstein, Heidegger, Hartmann e Sartre.

[133] As dificuldades com que se defrontaram (e se defrontam) os tradutores que cuidaram de trazer textos de Hegel a idiomas neolatinos foram (e são) notórias, inclusive no caso de *Aufheben/Aufhebung*, com a sua polissemia – a conservação de algo e, simultaneamente, negando-o, a sua elevação a outro nível. A polissemia foi registrada, entre outros, pelo italiano Rodolfo Mondolfo, o francês Jean Hyppolite e o catalão Ferrater Mora; no Brasil, tornou-se frequente a sua tradução por *superar/superação* (de Djacir Menezes a Carlos Nelson Coutinho e Leandro Konder). Entre nós, mais recentemente, especialistas a traduziram por *suprassumir/suprassunção* – como se verifica na edição brasileira da *Fenomenologia do Espírito*, em tradução de Paulo Menezes, cit.

[134] Essas citações são extraídas de materiais posteriores à redação d'*O jovem Hegel* – ver, na ed. bras. cit., p. 21, 35 e 44.

[135] "A *ideia histórica genial* de Hegel consiste na constatação da conexão interior, dialética, entre os sistemas filosóficos. Ele foi o primeiro a alçar a história da filosofia [...] às alturas de ciência histórica efetiva. [...] *Existe em tudo isso muito de verdadeiro e também de importante para a história marxista da filosofia*" – ainda que, "ao ver [...], na condição de idealista objetivo, a filosofia como automovimento do conceito, Hegel é forçado a colocar [...] as conexões de cabeça para baixo" (ver *O jovem Hegel*, cit., p. 45-6, itálicos não originais). Nessa mesma "Introdução", depois de assinalar que Marx já indicara que "a filosofia hegeliana constitui um movimento intelectual muito análogo à economia inglesa clássica", Lukács sublinha que Hegel "é o único [...] avança para a formulação de uma dialética universal", mesmo que essa "grandiosa concepção da dialética da sociedade humana" seja "precisamente uma dialética *idealista*, com todos os equívocos [...] que o idealismo necessariamente introduz na concepção da dialética" (ibidem, p. 62).

[136] Primeira edição da obra: *Der Junge Hegel: Über die Beziehungen von Dialektik und Ökonomie* (Zurique, Europa, 1948). Rememorando a redação desse livro, Lukács (ver *Pensamento Vivido*, cit., p. 103) diz que o escreveu "num período em que Zhdanov já dizia que, na verdade, Hegel era o ideólogo da reação feudal contra a Revolução Francesa".

Lembre-se que, especialmente entre meados dos anos 1930 e 1940, quando de uma parte o fascismo alemão procurava valer-se de Hegel e de outra o stalinismo tratava-o como ideólogo reacionário, vários marxistas se empenharam para combater essas mistificações – mencionado já o trabalho de Herbert Marcuse, *Razão e revolução*, cit., caberia evocar ainda, um pouco posterior, o de Ernst Bloch, *Subjekt-Objekt: Erläuterungen zu Hegel* (Sujeito-Objeto: comentário a Hegel) (Berlim, Aufbau, 1951). Enquanto *O jovem Hegel* tem como limite da sua análise a *Fenomenologia do Espírito*, a alentada obra blochiana é mais abrangente, com os olhos postos no sistema de Hegel (para uma acessível e apertada síntese das análises de Lukács e Bloch, ver Iring Fetscher, *Karl Marx e os marxismos* (trad. Heindrun Mendes de Silva, Rio de Janeiro, Paz e Terra, 1970), p. 98 e seg.

[137] György Lukács, *Marx e Engels como historiadores da literatura*, cit., p. 76, 87 e 91.

[138] Ver idem, *Marxismo e teoria da literatura*, cit., p. 51-103. Não cabe aqui rastrear a fortuna crítica desse ensaio, que despertou polêmicas – p. ex., Sartre, que afirmou, sem mais, julgar "necessário [...] *a priori* rejeitar o conceito de decadência" (ver A. Saraiva (org.), *Páginas de estética contemporânea*, Lisboa, Presença, 1966, p. 74), e um então jovem crítico brasileiro tomou o conceito como simples e pobremente "moralizante" (ver José Guilherme Merquior, *Arte e sociedade em Marcuse, Adorno e Benjamin*, Rio de Janeiro, Tempo Brasileiro, 1969).

Na bibliografia brasileira, para algumas aproximações a esse texto, ver José Paulo Netto, "Sobre o conceito de decadência. Esboço para uma abordagem lukacsiana", *Revista Hora & Vez*, ano I, n. experimental, 1971; e Ricardo Lara, "Notas lukacsianas sobre a decadência ideológica da burguesia", *Katálysis*, v. 16, n. 1, 2013. Mais recentemente, o ensaio atraiu a atenção de Saulo R. Carvalho, "A decadência ideológica da burguesia e a desvalorização da produção científica nacional", *Cadernos GPOSSHE on-line*, v. 2, n. especial, 2019, acessível em: <https://revistas.uece.br/index.php/CadernosdoGPOSSHE/article/view/2780>; e de Wesley Sousa e Henrique L. Coelho, "A *decadência ideológica*: Lukács e o debate acerca da filosofia burguesa", *Contextura*, n. 17, 2021; e foi explorado por Sérgio D. Gianna, *Decadência ideológica do pensamento burguês: a crítica ontológica de Lukács ao agnosticismo e ao irracionalismo* (São Paulo, Lutas Anticapital, 2022).

É pertinente observar que, ainda antes da publicação do seu ensaio, Lukács já se valia da ideia de *decadência ideológica*, como, p. ex., em sua correspondência com Anna Seghers (1938-1939) – ver György Lukács, *Il marxismo e la critica letteraria* (Turim, Einaudi, 1953), p. 388-427. Lembre-se que Seghers (1900-1983) manteve com Lukács laços de amizade até os anos 1960, quando se tornou romancista prestigiada pelo regime da República Democrática da Alemanha (sobre ela, ver Anita Wünschmann, *Anna Seghers: Jüdin, Kommunistin, Weltbürgerin – die große Erzählerin des 20. Jahrhunderts* [Anna Seghers: judia, comunista, cidadã do mundo – a grande contadora de histórias do século XX] (Berlim, Hentrich & Hentrich, 2004). Em *Pensamento vivido* (cit., p. 94), Lukács faz uma referência muito breve a ela.

[139] Um ensaio lukacsiano de 1939, "O escritor e o crítico" (ver György Lukács, *Marxismo e teoria da literatura*, cit., p. 231-65), também assenta grandemente na distinção aqui mencionada. Nele, Lukács faz um escorço das dificuldades com que se deparam os escritores que se opõem às sequelas desumanizadoras do desenvolvimento capitalista e das transformações operadas, no interior desse desenvolvimento, no exercício da crítica. É de notar a atenção que Lukács, além de referências expressivas a clássicos europeus,

confere a escritores norte-americanos (Edgar A. Poe, Upton Sinclair e John dos Passos); e é também de observar aí as reservas do filósofo à "investigação sociológica da literatura" (ver ibidem, esp. p. 239-40).

[140] Em outro notável ensaio desses anos – "A fisionomia intelectual dos personagens artísticos", de 1936 (reproduzido em *Marxismo e teoria da literatura*, cit., p. 187-230) –, Lukács oferece um tratamento original e criativo de momentos constitutivos da reflexão e da criação estéticas da tradição ocidental. Nesse escrito, em que demonstra o seu amplo domínio da literatura universal, ademais de abordar autores alemães e russos, Lukács discorre sobre Platão e pós-renascentistas da Inglaterra e da Espanha (Shakespeare, Sterne, Cervantes), sobre franceses do século XIX (Balzac, Victor Hugo, Flaubert, Zola) e nórdicos (o norueguês Ibsen, o dinamarquês Strindberg) e alude a alguns escritores do século XX (como James Joyce e John dos Passos). Seguramente poucos estudiosos da literatura ocidental dispuseram da cultura e da erudição de que Lukács deu provas em seu exercício crítico. Ver também a nota 147, *infra*.

[141] A maioria dos quais reunidos em *Georg Lukács Werke*, v. 7 (Neuwied, Luchterhand, 1964). Recorde-se que, nos seus últimos anos em Moscou (1944-1945), Lukács preparou os ensaios (então publicados na *Internationale Literatur*) que depois seriam reunidos em *Skizze einer Geschichte der neueren deutschen Literatur* (Berlim, Aufbau, 1953; ed. ital.: *Breve storia della letteratura tedesca: dal Settecento ad oggi*, Turim, Einaudi, 1956). Nesse livro, Lukács reúne suas ideias sobre "progresso e reação na literatura alemã" e sobre as correntes literárias alemãs "na época do imperialismo" – ver Michele Sisto, "'Le sens de la lutte'. *Breve storia della letteratura tedesca* de György Lukács en Italia (1945-1948)", *Revue Germanique Internationale*, v. 32, 2020.

[142] Sublinho que, sem nunca perder de vista a contextualidade histórico-social (e política) que envolve a produção da arte, Lukács não *deduz* dela a qualidade (o valor) das obras de arte. No curso dos anos 1930, em especial através de *Literaturnyi Kritik*, Lukács e Lifschitz criticaram aquela tendência de analisar/criticar a literatura a partir do que o camarada de Lukács designava como "sociologia vulgar" – ver a introdução de Prévost a György Lukács, Écrits de Moscou, cit., e também a de Vedda ao mesmo György Lukács, *Escritos de Moscú*, cit.; aliás, não foram poucas as passagens em que Lukács se referiu asperamente à "sociologia vulgar" – veja-se, p. ex., o seu comentário à p. 95 de *Marxismo e teoria da literatura*, cit. Note-se que não é sem cuidados que Ludz, na sua introdução a György Lukács, *Schriften zur Literatursoziologie*, cit.,se refere a textos do filósofo como "sociologia da literatura". Nos anos aqui focados, em defesa de uma avaliação estética não derivada de considerações de natureza sociológica, Lukács e Lifschitz questionaram os trabalhos e os seguidores de Gueorgui Plekhanov e Franz Mehring – ambos por eles tratados com respeito. Aliás, ao autor da *Lenda de Lessing* (1893), Lukács dedicou, em 1933, um alentado ensaio (cerca de cem páginas), "Franz Mehring (1846-1919)", recolhido em *Beiträge zur Geschichte der Ästhetik*, cit.

[143] Para um dos mais competentes analistas italianos da obra de Lukács, os "Estudos sobre o *Fausto*" são "provavelmente o ponto mais alto da ensaística histórica do Lukács da maturidade" – ver Cesare Cases, *Su Lukács: vicende di un'interpretazione* (Turim, Einaudi, 1985), p. 125.

[144] Escreve Lukács: "O *Fausto* de Goethe e a *Fenomenologia do Espírito* de Hegel são as duas produções artísticas e intelectuais maiores do período clássico na Alemanha" (ver

Georg Lukács Werke: Probleme des Realismus III, v. 6, Berlim, Luchterhand, 1965, p. 544).

[145] "A oposição entre Fausto e Mefistófeles jamais é uma oposição entre o ascetismo e a sensualidade, mas a concreta e real dialética do humano e do demoníaco no interior mesmo do gozo sensual da vida" (ver a fonte citada na nota anterior, p. 575).

[146] Uma notável síntese final dessa modulação comparece às p. 601-21 da fonte citada nas duas notas precedentes.

[147] E é absolutamente importante salientar que a defesa da herança cultural não se limita à literatura alemã. A defesa da herança cultural literária por Lukács estará presente, repito, ao longo de toda a obra do filósofo – recordo, sumária e aleatoriamente, e limitando-me agora à sua produção de meados dos anos 1930 à entrada dos anos 1950, os seus ensaios sobre a literatura russa (coligidos em György Lukács, *Der russische Realismus in der Weltliteratur* [O realismo russo na literatura mundial], ed. rev. e ampl., Berlim, Aufbau, 1952) e a literatura francesa (ver György Lukács, *Balzac und der französische Realismus*, Berlim, Aufbau, 1952, que também trata de Stendhal e Zola), ademais de estudos específicos, entre outros, sobre Attila József (1945), Endre Ady (1949) e Cervantes (1952).

[148] Num segmento que foi suprimido da tradução brasileira de "Narrar ou descrever?" (o item VII), coligida em *Marxismo e teoria da literatura*, cit., mas que se encontra em versão integral em György Lukács, *Ensaios sobre literatura*, cit., o filósofo diz, da generalidade dos romances realistas socialistas russos, que neles se constata "a monotonia da [sua] composição [...]. Mal começamos a lê-los e já sabemos como vão terminar: existem sabotadores em uma fábrica, sucedem-se confusões terríveis, mas no fim a célula do partido ou a GPU [polícia do Estado] descobrem o ninho de sabotadores e a produção volta a florescer; ou, então, o *kolkós* [estabelecimento rural de propriedade coletiva] não está funcionando bem por causa da sabotagem dos *kulaks* [camponeses ricos], mas o operário enviado para fazer uma inspeção consegue eliminar o estorvo e se processa um surto de progresso no *kolkós*". Segundo Lukács, a razão dessa mediocridade reside em que, no realismo socialista vigente na cultura oficial da União Soviética daqueles anos, "a composição de alguns [*sic*] romances soviéticos não é menos esquemática do que a composição dos romances naturalistas da escola zoliana [de Zola]: apenas o é em sentido inverso [...]. O caminho seguido em ambos os casos é igualmente abstrato e esquemático" (ver *Ensaios sobre literatura*, cit., p. 87-8); em suma, para Lukács, na prática literária da estética zhdanovista e por ela promovida, a dominância não era o *narrar*, mas o *descrever* (ver, *supra*, a nota 94).

Noutro ensaio contemporâneo ao "Narrar ou descrever?", o filósofo discute a elaboração estética de "A fisionomia intelectual dos personagens artísticos" (ver *Marxismo e teoria da literatura*, cit., p. 187-230), desenvolvendo a crítica ao naturalismo que identifica no romance de realistas socialistas russos.

[149] Ver *Georg Lukács Werke: Probleme des Realismus I*, v. 4 (Neuwied, Luchterhand, 1971), p. 413-55. Há tradução em português em *Marxismo e teoria da literatura*, cit., p. 105--46.

[150] Nicolas Tertulian, "Lukács e o stalinismo", cit., p. 10.

A crítica de Lukács ao burocratismo trata-o, partindo de formulações de Lênin, como fenômeno inerente à dinâmica capitalista – mas o filósofo põe o problema como *atual* para a sociedade soviética: "Ora, o burocratismo existe também em nossa sociedade socialista" e avança sobre suas implicações culturais e estéticas (ver em *Marxismo e teoria da literatura*, cit., p. 136 e seg.).

[151] Sobre o qual ver Paolo Chiarini, *Brecht, Lukács e il realismo* (Bari, Laterza, 1983); Werner Mittenzwei, "The Brecht-Lukács Debate", em Gaylord C. LeRoy e Ursula Beitz (orgs.), *Preserve and Create* (Nova York, Humanities, 1973); Cesare Cases, "L'autocritica degli intellettuali tedeschi e il dibattito sul'espressionismo", *Quaderni Storici*, v. 12, n. 34, 1977; Claude Prévost, "Brecht et Lukács devant l'expressionisme", *Obliques: "Utiliser" Brecht*, n. 20-21, 1979; Béla Királyfalvi, "Georg Lukács or Bertolt Brecht?", *British Journal of Aesthetics*, v. 25, n. 4, 1985; David Pike, *Lukács and Brecht* (Chapel Hill, University of North Carolina Press, 2011); Helmut Peitsch, "Die Vorgeschichte der 'Brecht-Lukács Debatte'", *Internationales Archiv für Sozialgeschichte der deutschen Literatur*, v. 39, n. 1, 2014; Sérgio de Carvalho, "Brecht e a polêmica sobre o expressionismo", *Marx e o marxismo*, v. 3, n. 5, 2015. Há materiais extremamente importantes do debate do final dos anos 1930 em João Barrento, *Realismo, materialismo, utopia: uma polêmica (1935-1940)* (Lisboa, Moares, 1978), e em Ernst Bloch et al., *Aesthetics and Politics* (Londres, Verso, 1980), e um estudo relevante sobre ele é o de Carlos Eduardo Jordão Machado, *Um capítulo na história da estética: debate sobre o expressionismo* (São Paulo, Ed. Unesp, 2014) (o autor também colige textos de Bloch, Lukács e Brecht).

Duas entre as mais qualificadas biografias de Brecht devem-se a Frederic Ewen, *Bertolt Brecht: His Life, His Art, His Times* (Nova York, Kensington, 1998), e a Stephen Parker, *Bertolt Brecht: A Literary Life* (Londres, Bloomsbury, 2014). E vale ainda a leitura do estudo, mais antigo (1959), de John Willett, *O teatro de Brecht* (trad. Álvaro Cabral, Rio de Janeiro, Zahar, 1967).

O teatro de Brecht está acessível ao leitor brasileiro: *Teatro completo em 12 volumes* (trad. Christine Röhrig et al., Rio de Janeiro, Paz e Terra, 1987-1995). Também há bibliografia significativa sobre o autor, desde textos introdutórios (Fernando Peixoto, *Brecht: vida e obra*, Rio de Janeiro, Paz e Terra, 1974) até ensaios sofisticados (Gerd Bornheim, *Brecht: a estética do teatro*, Rio de Janeiro, Graal, 1992); boa amostra do trato brasileiro com Brecht está coligida na *Pandaemonium Germanicum: Revista de Estudos Germânicos*, n. 4, 2000. Aliás, entre nós, nos últimos anos, a atenção acadêmica à obra do dramaturgo tem crescido muito – ver Ana Marina Nascimento, "Os estudos sobre Bertolt Brecht no Brasil", em II Seminário em História, Política e Cena: *História, política e cena: tecnologia e cena política* (São João del-Rei, 2019, cadernos monográficos, v. II), disponível em: <https://www.even3.com.br/anais/iishpc_ufsj_2018/132388-os-estudos-sobre-brecht-no-brasil/>.

[152] O seu ensaio "Grösse und Verfall des Expressionismus" ("Grandeza e decadência do expressionismo") fora publicado na revista *Internationale Literatur* em 1934; para um severo juízo sobre esse ensaio, ver Celso Frederico, *A arte no mundo dos homens*, cit., p. 92-3; o texto de 1934 e a intervenção no debate do final da década ("Es geht um den Realismus" ("Trata-se do realismo"), encontrável entre os traduzidos por Carlos Eduardo Jordão Machado, *Um capítulo na história da estética*, cit.) estão coligidos em György Lukács, *Probleme des Realismus* (Berlim, Aufbau, 1955).

[153] Para aferir as posições de Brecht, ver os textos traduzidos e coligidos por Carlos Eduardo Jordão Machado, *Um capítulo na história da estética*, cit.

Na verdade, penso que, no estrito plano teórico-estético, as posições de Lukács e Brecht – assinaladas por vários dos autores citados na nota 151, *supra* – eram essencialmente incompatíveis: se os trabalhos de Lukács tinham em Hegel uma referência incontornável, "Brecht não apreciou [...] o sistema estético hegeliano. Nos [seus] sete tomos sobre teoria teatral, o nome de Hegel aparece 3 vezes; nos dois tomos sobre arte e literatura, aparece 5 vezes. Pode-se afirmar que Brecht *aceita pouquíssimas ideias deste filósofo e nenhuma esteticamente decisiva*" (Francisco Posada, *Lukács, Brecht e a situação atual do realismo socialista*, p. 53; itálicos não originais). Para uma abordagem das distintas posições de Lukács e Brecht, ver o livro de Paolo Chiarini, *Brecht, Lukács e il realismo*, cit., e ainda o sintético cap. 6 de Celso Frederico em *A arte no mundo dos homens*, cit.

[154] Às suas relações com Brecht, Lukács refere-se em *Pensamento vivido* (cit., p. 92-4).

[155] Ver Strada, "Do *realismo socialista* ao zhdanovismo", cit., p. 208-17.

[156] Como bem observou Konder em 1967, "depois que Brecht formulou contra Lukács a acusação de um excessivo apego à estrutura do romance realista do século XIX, semelhante acusação voltou a se repetir em numerosas ocasiões" (Leandro Konder, *Os marxistas e a arte*, cit., p. 134). O respeitado Adorno, em várias dessas ocasiões, foi daqueles que mais severamente questionaram as concepções filosóficas e estéticas de Lukács – não cabe aqui referir as suas críticas, mas é preciso indicar, ao menos, um analista que se deteve em algumas delas e as problematizou: Nicolas Tertulian, "Lukács, Adorno et la philosophie classique allemande", cit., porém do qual se deve examinar também *Georg Lukács: etapas de seu pensamento estético*, cit., esp. p. 193-5, e o artigo "Lukács/Adorno: a reconciliação impossível", *Verinotio*, ano VI, n. 11, 2010.

[157] Ver o seu *Lukács, Proust e Kafka*, cit., p. 19-47.

[158] Entre 1946 e 1956, com Lukács instalado em Budapeste, Mészáros (ver *O conceito de dialética em Lukács*, cit., p. 151-6) contou mais de meia centena de artigos e ensaios do filósofo, boa parte deles publicados em húngaro (títulos também detalhados nas bibliografias citadas na nota 4, *supra*), com destaque para escritos como "As tarefas da filosofia marxista na nova democracia" (1948) e "O jovem Hegel. Os novos problemas da pesquisa hegeliana" (1949) (ver ambos na ed. bras. de *O jovem Marx e outros escritos de filosofia*, cit.) e estudos sobre as estéticas de Hegel e Tchernichevski (1951-1952) (o estudo sobre Hegel tem ed. bras. em *Arte e sociedade: escritos estéticos, 1932-1967*, org. e trad. Carlos Nelson Coutinho e José Paulo Netto, Rio de Janeiro, Ed. UFRJ, 2009). Saíram nesse período, ainda, vários livros seus, alguns coligindo textos publicados pouco antes em periódicos: *Literatura e democracia* (1947) (ver, *infra*, a nota 177); *Goethe e seu tempo* (1947); a primeira edição de *Thomas Mann* (1948), então com apenas dois ensaios; *Marx e Engels, como historiadores da literatura* (1948); *Existencialismo ou marxismo?* (1948); *Deutsche Realisten des neunzehnten Jahrhunderts* (Realistas alemães do século XIX) (1951); *Der russische Realismus in der Weltliteratur* (O realismo russo na literatura universal) (1952); *A destruição da razão* (1954); *Beiträge zur Geschichte der Ästhetik* (Contribuições à história da estética) (1954); *Probleme des Realismus* (1955); e *O jovem Marx*.

[159] Ver György Lukács, *Pensamento vivido*, cit., p. 116, e Guido Oldrini, *György Lukács e i problemi del marxismo del Novecento*, cit., p. 208 e seg.

[160] O nem sempre crível Kadarkay descreve (na sexta parte, primeira seção, da sua citada biografia de Lukács) a recepção do filósofo na universidade: "A sua primeira aula constituiu um acontecimento público. Os estudantes lotaram a sala [...]. Um estudante, à entrada, saudou-o solenemente: 'A juventude progressista dá as boas-vindas ao professor

progressista'". O então jovem, e depois famoso, Imre Lakatos (1922-1974) foi um dos que logo participaram de tais círculos – ver Val Dusek, "Brecht and Lukács as Teachers of Feyerabend and Lakatos: The Feyerabend-Lakatos Debate as Scientific Recapitulation of the Brecht-Lukács Debate", *History of the Human Sciences*, v. 11, n. 2, 1998, e László Ropolyi, "Lakatos and Lukács", em György Kampis, Ladislav Kvasz e Michael Stöltzner (orgs.), *Appraising Lakatos: Mathematics, Metodology and the Man* (Alphen aan den Rijn, Kluver Academic, 2002).

[161] Nesse expressivo colóquio, cujo objeto era O *espírito europeu*, Lukács confrontou-se com o existencialista alemão Karl Jaspers, intervindo com a conferência "Concepção aristocrática e concepção democrática do mundo" (coligida em György Lukács, O *jovem Marx e outros escritos de filosofia*, cit.).

[162] Entre os quais Émile Bottigelli, Jean Desanti, Roger Garaudy, Henri Lefebvre, Jean Hyppolite, Jean-Paul Sartre, Simone de Beauvoir, Maurice Merleau-Ponty, Antonio Banfi.

[163] Ver a introdução ("Sobre Lukács e a política") que preparei em 2008 para György Lukács, *Socialismo e democratização*, cit.

[164] Lukács discorre sobre a *nova democracia* no já citado ensaio de 1948, "As tarefas da filosofia marxista na nova democracia" (ver, *supra*, a nota 158). Diz o filósofo que se trata de "uma democracia que não seja mais o privilégio das 'duzentas famílias', mas que ofereça ao povo trabalhador a possibilidade de constituir uma sociedade em que a propriedade privada capitalista subsista – submetida a limitações, controles etc. –, na qual, todavia, os interesses vitais, materiais e culturais do povo trabalhador sejam predominantes e decisivos"; a proposta nada tem a ver, nas condições que se seguem à derrota militar do fascismo, com "a persistência e a reconstrução da democracia formal", que "significam a ditadura da burguesia [e] corresponde[m] hoje a uma quase restauração gradual do fascismo". Desenvolve, mais adiante, os traços distintivos da *nova democracia* (ibidem, p. 74), depois de salientar que ela não tem por objetivo próximo o fim do Estado nem renega toda "forma jurídica", o que viabilizaria "uma tirania arbitrária": ela exige "um novo Estado jurídico, uma nova solidez do direito e [...] uma vitória sobre o caos e a anarquia". E observa ainda que, "*se vislumbramos atualmente um caminho para o socialismo, novo, mais lento e que talvez exija menos sacrifícios, devemos aproveitá-lo e percorrê-lo* [...]" (ver György Lukács, O *jovem Marx e outros escritos de filosofia*, cit., p. 57-8; itálicos não originais). Vale notar que, à mesma época e decerto autonomamente, Togliatti formulava uma ideia similar, a de uma *democracia progressiva* – ver Palmiro Togliatti, *Opere*, v. V: *1944-1955* (Roma, Riuniti, 1984).

A tematização lukacsiana acerca da democracia ("nova", "popular") está condensada em György Lukács, *The Culture of People's Democracy: Hungarian Essays on Literature, Art and Democratic Transition (1945-1948)* (org. Tyrus Miller, Leiden, Brill, 2013) e é muito bem contextualizada por Antonino Infranca, "Realismo y política en la Hungría Socialista. A propósito de Lukács", *Memoria: Revista de Crítica Militante*, v. 3-4, n. 279-280, 2021, p. 52-63.

[165] Nas eleições livres e democráticas de 1945, tanto o Partido Comunista (fundado em 1918) quanto o velho Partido Social-Democrata (criado na última década do século XIX) – o primeiro quase destruído pela sistemática repressão de Horthy e o segundo também em frangalhos – obtiveram resultados pífios: nenhum deles alcançou mais que 17% dos votos; vitorioso foi o Partido dos Pequenos Proprietários, que teve 57% dos sufrágios. Só o processo de fusão em andamento desde 1945-1946 deu força

político-eleitoral a comunistas e sociais-democratas, verificável já no pleito de 1947. Para uma análise política (e do panorama eleitoral) do imediato pós-guerra húngaro, ver Julien Papp, *La Hongrie libérée: État, pouvoirs et société après la défaite du nazisme (septembre 1944-septembre 1947)* (Rennes, Presses Universitaires de Rennes, 2006).

166 Ver a nota 34, *supra*.

167 Ver György Lukács, *Pensamento vivido*, cit., p. 199.

168 A conjuntura histórica a que me referi nestes três últimos parágrafos foi analisada em fontes já citadas (esp. Claudín e Broué) e tratada em duas obras de Hobsbawm – *A era dos extremos: o breve século XX (1914-1991)* (trad. Marcos Santarrita, São Paulo, Cia. das Letras, 1995), parte II, e *Tempos interessantes*, cit., esp. cap. 10 a 12. O giro da política externa soviética, a que também se articulou a mudança nas relações da União Soviética com as democracias populares, viu-se chancelado a partir da criação do Kominform, em outubro de 1947 (ver, *supra*, a nota 126). Mais à frente, o leitor encontrará elementos bibliográficos acerca da história e do destino das democracias populares.

169 Na intervenção referida na nota 161, *supra*, Lukács tematiza o conteúdo ideológico da "grande aliança" de 1941 e a alternativa/necessidade de retomá-la nas condições do pós-guerra. Eis uma parte pertinente da sua intervenção: "A aliança de 1941 [...] foi, desde a sua origem, bem mais que uma coalizão política. A forma que então assumiu foi suficiente para a vitória na guerra. A luta por uma paz verdadeira deve renovar o conteúdo essencial das ideias de 1941: *a aliança entre o socialismo e a democracia e a compreensão de que os socialistas e os autênticos democratas estavam tão fortemente unidos no combate ao inimigo comum, o inimigo da civilização, da cultura e do progresso – o fascismo –, que suas divergências, por mais profundas que fossem nos planos social, econômico, político e cultural, não os podiam dividir. Esta aliança constituiu o conteúdo ideológico de 1941*. E é da própria democracia que, desde 1941, depende decidir se deve, com o apoio desta aliança, levar adiante a luta por uma nova Europa, promovendo o seu próprio e brilhante renascimento, ou se deve degradar-se ao papel de espectador impotente de um novo Munique" (ver György Lukács, *O jovem Marx e outros escritos de filosofia*, cit., p. 51; itálicos não originais).

A referência a um "novo Munique" remete ao acordo de setembro de 1938, firmado por Hitler, Mussolini e os representantes da Inglaterra, Neville Chamberlain, e da França, Édouard Daladier, que franqueou a expansão bélica do fascismo na Europa – ver Henri Noguères, *Munich ou la drôle de paix* (Paris, Robert Laffont, 1963); Gerhard L. Weinberg, William R. Rock e Anna M. Cienciala, "Essay and Reflection: The Munich Crisis Revisited", *The International History Review*, v. 11, n. 4, 1989; e Igor Lukes e Erik Goldstein (orgs.), *The Munich Crisis, 1938: Prelude to World War II* (Londres, Cass, 1999).

170 Sobre as duas "vocações", ver Max Weber, *Ciência e política: duas vocações* (trad. Leonidas Hegenberg e Octany Silveira da Mota, São Paulo, Cultrix, 2011). Não foi casualmente que, após o seu afastamento compulsório da vida política (ver *infra*), Lukács quis assumir-se como "apenas ideólogo" (ver *Pensamento vivido*, cit., p. 168).

171 Ver a nota 158, *supra*.

172 Motivado pelas comemorações do centenário da morte de Goethe, em 1931-1932, Lukács já dedicara a ele vários artigos – traduzidos por Ronaldo Vielmi Fortes em *Verinotio*, v. 27, n. 2, 2022.

O profundo conhecimento de Goethe por Lukács – atestado sobretudo por intelectuais alemães (Peter C. Ludz, Frank Benseler), de língua inglesa (George Steiner, Terry Eagleton, Fredric Jameson), francesa (Claude Prévost, Nicolas Tertulian, Jean-Pierre Morbois), italiana (Cesare Cases, Michele Cometa) e espanhola (Manuel Sacristán, Miguel Vedda) – culminou com a atribuição a ele, em 1970, do Prêmio Goethe. A honraria, criada pelo poder público de Frankfurt em 1927, concede-se não somente a escritores, mas também a cientistas e a outros criadores – receberam-na, além de romancistas como Hermann Hesse e Thomas Mann, personalidades como Sigmund Freud, Max Planck, Walter Gropius, Ingmar Bergman... Premiado, o filósofo recebeu a expressiva quantia de 50 mil marcos (e a dividiu entre intelectuais que lhe eram próximos); aliás, Lukács, já doente, não pôde comparecer à cerimônia da entrega do prêmio, mas a mensagem que enviou aos seus anfitriões, traduzida por Bruno Bianchi, está acessível em: <https://medium.com/katharsis/lukacs-marx-goethe-e276f6b6cbd5>.

[173] Ver a nota 158, *supra*.

[174] Compare-se o tom desse livro com o que escreveram, à mesma época, marxistas franceses como Jean Kanapa, Henri Mougin e outros – p. ex., um intelectual da estatura de Lefebvre então qualificou Sartre como um literato que fazia "la métaphysique de la merde" (ver Henri Lefebvre, *L'Existencialisme*, Paris, Sagitaire, 1946; foi Leandro Konder quem me chamou a atenção para esse infeliz momento de Lefebvre, anos depois superado); ver David Drake, "Sartre et le parti communiste français (PCF) après la libération (1944--1948), *Sens Public*, 2-6, disponível em: <http://sens-public.org/articles/234/>; e ainda Dênis de Moraes, *Sartre e a imprensa* (Rio de Janeiro, Mauad, 2022), p. 66-71 (em passos ulteriores da sua rigorosa pesquisa, Moraes acompanhou a evolução das relações entre Sartre e os comunistas). Para uma boa resenha de *Existencialismo ou marxismo?*, ver a "apresentação" redigida por seu tradutor, José Carlos Bruni, na ed. bras. cit., p. 7-12; Sartre, lembre-se, ocupou-se de passagem com a crítica de Lukács em *Questão de método* (trad. Bento Prado Junior, São Paulo, Difel, 1967).

Na segunda edição francesa (1960) de *Existencialismo ou marxismo?*, Lukács reconheceu que algumas de suas referências históricas de 1947 (p. ex., os "processos de Moscou") estavam "caducas" e inseriu uma nota afirmando que o seu texto deveria ser atualizado. Escreveu o filósofo: "O mais importante é que Sartre e Merleau-Ponty tenham mudado fundamentalmente, neste lapso de tempo [1947-1960], sua posição política e, portanto, filosófica. *Uma polêmica atual levaria, sob vários aspectos, a resultados diferentes* [itálicos não originais]. Estando muito ocupado em terminar minha obra sobre estética, não posso pensar numa transformação completa do *Existencialismo ou marxismo?*. Ao contrário, espero poder voltar à maioria dos problemas atuais da filosofia de Sartre na minha obra sobre ética, que empreenderei após ter terminado a estética" (György Lukács *Existencialismo ou marxismo?*, cit., p. 12-3). E, de fato, ele voltou a tematizar o existencialismo, porém dando mais atenção à sua vertente alemã, em *Para uma ontologia do ser social I*, cit., p. 45-127.

[175] A crítica de Lukács ao *terceiro caminho* comparece no cap. I do livro. Quanto ao ateísmo religioso, diz tratar-se de "um ateísmo religioso novo, mas cujo conteúdo ideológico e moral será diametralmente oposto ao do ateísmo materialista. É fácil acompanhar essa evolução que vai de Nietzsche até o existencialismo de Heidegger e de Sartre" (ver *Existencialismo ou marxismo?*, cit., p. 40); aliás, n'*A destruição da razão* (cit., p. 445), Lukács alude à "teologia heideggeriana sem religião positiva e sem um Deus pessoal".

[176] Importante referência à totalidade encontra-se em György Lukács, O *jovem Marx e outros escritos de filosofia*, cit., p. 58-9. Ao leitor interessado no aprofundamento da problemática da categoria da totalidade será útil o recurso ao cap. 6 ("Totalidade e mediação") de István Mészáros, O *conceito de dialética em Lukács*, cit.

[177] No primeiro deles, Lukács escreve: "Nenhuma 'regulamentação', nenhuma 'instituição' ou 'direção' podem determinar uma nova tendência para a evolução da arte. Só os próprios artistas são capazes de fazê-lo, mas sem serem, naturalmente, independentes da transformação da vida, da sociedade. Nada disso é um problema que diga respeito apenas à arte, um problema a ser resolvido no interior de um ateliê. [...] O problema da liberdade da arte – sem ser simplesmente idêntico ao problema geral, social, filosófico da liberdade – não é, contudo, independente dele. [...] As questões de estilo não são regulamentadas por decisões, e sim pela dialética interna da evolução dos artistas" (György Lukács, *Marxismo e teoria da literatura*, cit., p. 284). No segundo, Lukács discute o papel dos poetas na sua vinculação política e afirma que "o poeta de partido nunca é um líder ou um soldado das linhas de frente, mas um guerrilheiro que opera atrás das trincheiras" – o ensaio é parte de *Literatura e democracia*, publicado em húngaro em 1947 (ver György Lukács, *The Culture of People's Democracy*, cit.) – a citação aqui feita extraiu-se da p. 125 desse volume. Poucos anos depois, em 1951, o filósofo dedicou à poesia lírica uma reflexão breve, porém muito criativa, "A característica mais geral do reflexo lírico" em *Arte e sociedade*, cit., p. 245-7.

[178] István Mészáros, *A revolta dos intelectuais na Hungria* (trad. João Pedro Alves Bueno, São Paulo, Boitempo, 2018), p. 31.

Sobre Rákosi (1892-1971) e o período em que foi o "homem forte" da Hungria, ver Miklós Molnar, *From Béla Kun to János Kádár: Seventy Years of Hungarian Communism* (Nova York, Berg, 1990); László Borhi, "Some Questions on Hungarian-Soviet Relations, 1949-1955", *Hungarian Studies*, v. 14, n. 1, 2000; Apor Balázs, *The Invisible Shining: The Cult of Mátyás Rákosi in Stalinist Hungarian, 1945-1956* (Budapeste, Central European University Press, 2017); sobre a *ÁVO* de Rákosi, ver Victor Sebestyen, *Doze dias: a revolução de 1956. O levante húngaro contra os soviéticos* (trad. Saulo Adrian, Rio de Janeiro, Objetiva, 2008), esp. p. 60-5 – o viés anticomunista que perpassa alguns dos títulos citados não compromete boa parte das *informações* que oferecem.

[179] László Rajk (1909-1949), eis um militante de larga folha de serviços prestados à causa comunista: lutou na Guerra Civil Espanhola, fez a resistência no interior do seu país, foi prisioneiro em campo de concentração... Com a Libertação, em 1945, exerceu destacadas funções no governo húngaro: de 1946 a agosto de 1948, foi ministro do Interior e das Relações Exteriores. Stalinista convicto, preso em junho de 1949 e submetido a torturas, "confessou" crimes que nunca cometeu – e foi executado em outubro. Ver a documentação "oficial" do seu processo, editada em Budapeste em 1949 e traduzida depois em francês, *Livre bleu: László Rajk et ses complices devant le Tribunal du Peuple* (Paris, Éditeurs Français Réunis, 1959).

Lukács nunca teve dúvidas de que "Rajk e seu grupo foram torturados" e que o dirigente foi vítima de "um assassinato preventivo" (ver György Lukács, *Pensamento vivido*, cit., p. 116-9). Sobre o *caso Rajk*, a bibliografia é imensa – ver o primeiro protesto significativo, de François Fejtö, "L'affaire Rajk est une affaire Dreyfus internationale", *Esprit*, n. 161, 1949; e mais: Vincent Savarius (pseud. de Béla Szasz), *Volontiers pour l'*échafaud (Paris, Julliard, 1963); Roger Stéphane, *Rue László Rajk: tragédie hongroise* (Paris, Odile Jacob,

1991); e, numa angulação abrangente, George H. Hodos, *Schauprozesse: Stalinistische Säuberungen in Osteuropa, 1948-1954* (Berlim, Aufbau, 2001). Em outubro de 1956, às vésperas do levante húngaro (ver *infra*), Rajk foi "reabilitado" – seu enterro público, no dia 6, levou às ruas de Budapeste milhares de pessoas, em monumental manifestação contra o regime de Rákosi.

Paralelamente ao processo contra Rajk, decorreu o *debate sobre Lukács*, de que logo se cuidará brevemente – nele, o filósofo foi tratado pelos órgãos do partido como se fosse "o Rajk da literatura" (ver o contributo de Károly Urbán em *Hungarian Studies on György Lukács*, v. II, cit., p. 445). No seu precioso ensaio "Lukács hoje" (ver Maria Orlanda Pinassi e Sérgio Lessa (orgs.), *Lukács e a atualidade do marxismo*, cit., p. 27-48), Nicolas Tertulian cita uma conversa, nos anos 1960, do filósofo com H. Mayer, acerca dos eventos de 1949-1950, em que Lukács comenta calma e friamente que seu destino poderia ter sido o de Rajk: "Se naquela época eu não tivesse feito minha autocrítica, estaria agora num túmulo sendo venerado [...]. Eu teria sido enforcado e logo em seguida reabilitado com todas as honras". Todos os informes dignos de crédito deixam claro que, em 1949-1950, Lukács temeu efetivamente por sua vida.

[180] István Mészáros, *A revolta dos intelectuais na Hungria*, cit., p. 31 – a maioria dos biógrafos/estudiosos do filósofo menciona o debate do final dos anos 1940, mas é no cap. I desse livro de Mészáros que se encontra a melhor síntese acerca da cruzada contra Lukács e suas consequências. Valer-me-ei também, ao abordar rapidamente o debate em tela, das informações – que me parecerem credíveis – contidas no cap. 18 da biografia citada de Árpád Kadarkay.

[181] Os dois dispuseram de grande poder sob Rákosi. Ërno Gerö (1898-1980) participou da Comuna húngara em 1919 e da Guerra Civil Espanhola, viveu na União Soviética de Stálin e foi dos primeiros comunistas a regressar à Hungria (ainda em novembro de 1944); depois da Libertação, esteve à frente de ministérios, foi conselheiro de Rákosi e sucedeu-lhe nos meses imediatamente anteriores ao levante de 1956. Mihály Farkas (1904-1965), comunista desde a década de 1920, lutou na Guerra Civil Espanhola, também viveu na União Soviética de Stálin e ocupou a chefia do Ministério da Defesa da Hungria de 1948 a 1953.

[182] László Rudas (1885-1950) foi membro do primeiro Comitê Central do Partido Comunista da Hungria e participou da Comuna húngara (1919); vivendo na União Soviética – este homem de quem Lukács diria ser "um dos maiores covardes que se possa imaginar" (ver *Pensamento vivido*, cit., p. 75) – durante o grande terror dos anos 1930, foi encarcerado por duas vezes (1938 e 1941), mas sobreviveu até retornar à Hungria; exerceu mandato parlamentar (1945-1950), dirigiu a Escola Central do partido húngaro e tornou-se membro da Academia Húngara de Ciências; muito prestigiado pelo regime de Rákosi, recebeu em 1949 o Prêmio Kossuth – a mais alta honraria estatal húngara, criado por ocasião do centenário da Revolução de 1848, homenageando o herói nacional Lajos Kossuth (1802-1894). József Révai (1898-1959), comunista desde os vinte anos de idade, inteligente e oportunista, viveu os anos 1930 na União Soviética; de regresso à Hungria, tornou-se membro do Comitê Central do Partido Comunista (1945-1956); como ministro da Cultura (1949-1953), atuou vigorosamente na campanha contra Lukács (com quem mantinha laços de amizade); para suas posições desses anos, ver seu livro *La littérature et la démocratie populaire: à propos de G. Lukács* (Paris, La Nouvelle Critique, 1950); em 1952 comandou a campanha contra o romancista Tibor Déry (1894-1977), um

dos mais brilhantes literatos húngaros (ver István Mészáros, *A revolta dos intelectuais na Hungria*, cit., p. 59-81); diz Mészáros (ibidem, p. 42): "deve-se sobretudo a Révai que o período que vai do debate Lukács até junho de 1953 [...] tenha sido a época mais obscura da cultura húngara". Márton Horváth (1906-1987) entrou para o Partido Comunista em 1931; preso em diversas ocasiões, escapou dos cárceres e participou da resistência húngara até 1945; após a Libertação, ascendeu na hierarquia comunista húngara, respondendo pelo setor de agitação e propaganda; desde então, em vários períodos, foi o editor de *Szabad Nép* (Povo Livre), jornal oficial do partido até 1956; interveio em 1950 contra Lukács com o artigo "Sur l'autocritique de Lukács", *La Nouvelle Critique: Revue du Marxisme Militant*, n. 13, 1950. József Darvas (1912-1973) ocupou altos cargos governamentais e presidiu durante algum tempo a Associação Húngara de Escritores; seu ataque a Lukács, em 1951, catalisou todos os constrangimentos que, no ano seguinte, obrigaram o filósofo a retirar-se da vida pública.

Todavia, essa retirada compulsória de Lukács da vida pública não pôs fim à cruzada contra ele, que prosseguiu, de meados ao final dos anos 1950, como o demonstram os ensaios do importante filósofo Béla Fogarasi (1891-1959), um antigo membro do "Círculo Dominical" (ver a nota 26, *supra*), que viveu na União Soviética entre 1930 e 1945, regressando à Hungria como firme stalinista – seus escritos contra Lukács, de 1955 e 1959 (um deles, "As concepções filosóficas de Georg Lukács" saiu em português, em 1959, em *Problemas da paz e do socialismo*, revista internacional do movimento comunista), podem-se ler em seu livro *Parallele und Divergenz* (Budapeste, MTA Filozófiai Intézet, 1998) – e os de József Szigeti (ex-aluno de Lukács que chegou a ser vice-ministro da Cultura em 1957-1958; não consegui mínimos dados biográficos sobre essa figura, que não deve ser confundida com o seu homônimo, o grande violinista que viveu entre 1892 e 1973), "A propósito da questão Lukács" e "Relações entre as ideias políticas e filosóficas de Lukács" (este publicado no Brasil em 1959 por *Estudos Sociais*, ed. A. Pereira, n. 5, 1959). Acerca da edição desses materiais de Fogarasi e Szigeti entre nós, ver o artigo de Celso Frederico sobre "A recepção de Lukács no Brasil", acessível em: <https://www.herramienta.com.ar/a-recep-o-de-lukacs-no-brasil>.

Para uma seleta de textos da época contra Lukács, ver o volume coletivo *Georg Lukács und der Revisionismus: Eine Sammlung von Aufsätzen* [Georg Lukács e o revisionismo: uma coletânea de textos] (Berlim, Aufbau, 1960).

183 A intervenção externa (soviética) foi descarada: a 1º de fevereiro de 1950, Alexander Fadeiev (1901-1956) – autor do conhecido romance *A jovem guarda* (1945), que, segundo estudiosos, foi revisado em 1951 para agradar a Stálin –, então com mais um mandato de presidente da União dos Escritores Soviéticos (1946-1954), publicou no *Pravda*, órgão oficial do Partido Comunista da União Soviética, um artigo acusando Lukács de omitir os avanços da cultura soviética, criticando duramente as concepções lukacsianas expressas em *Literatura e democracia* e afirmando que o filósofo se empenhava em justificar a "ideologia burguesa". O texto de Fadeiev soou como música no círculo rakosiano de Budapeste.

Quanto a interdições no exterior, foram muitas (exceto, por anos, na República Democrática Alemã): contratos já firmados para edições de obras de Lukács foram cancelados na Polônia, na Tchecoslováquia e na França (neste último, com a anuência do ícone comunista Louis Aragon) – ver István Mészáros, *A revolta dos intelectuais na Hungria*, cit., p. 31-2. Aliás, a cruzada contra Lukács, ressoando na imprensa comunista internacional, muitas vezes *precedeu*, em muitos países, a divulgação de textos do próprio filósofo (como no caso do Brasil – ver o artigo de Celso Frederico, "A recepção de Lukács no Brasil", cit.

[184] Em páginas do cap. 18 da sua biografia de Lukács, Kadarkay descreve suficientemente, no que chamou de "o drama silencioso de Lukács", o sofrimento espiritual e moral do filósofo. Para rastrear o ânimo de filósofo no período imediatamente seguinte a 1949, vale examinar a sua correspondência com W. Harich – ver Andreas Heyer (org.), Wolfgang Harich, *Georg Lukács: Dokumente Einer Freundschaft* [Documentos de uma amizade] (Baden-Baden, Tectum, 2017); sobre Harich (1923-1995), amigo de Lukács e de Bloch, preso e condenado em 1956 pelo regime de Walter Ulbricht e "reabilitado" em 1990, ver Andreas Heyer, *Studien zu Wolfgang Harich* (Norsdestedt, BoD, 2016).

[185] A primeira das autocríticas aqui referidas intitulou-se "Crítica e autocrítica" ("Bírálat és önbírálat"); a segunda, com a qual o filósofo pretendia encerrar as controvérsias, tinha por título "Conclusões sobre o debate literário" ("*Következtetések* az *irodalmi vitából")*. Ao que sei, somente esta última se divulgou textualmente na América Latina – ver *Cuadernos de Cultura Democrática y Popular: Revista del Partido Comunista Argentino*, n. 3, 1951, p. 65-8.

Leve-se em conta que, em 1967, o filósofo se referiu a essas "pretensas autocríticas" considerando-as "inteiramente formais" – ver György Lukács, *Arte e sociedade*, cit., p. 32. Poucos anos depois, evocando aqueles meses terríveis de 1949-1950 e suas autocríticas, Lukács reconheceu que fez "concessões" e, nas suas palavras, "talvez eu não precisava tê-las feito [...]. No debate com Rudas provavelmente eu não precisasse ter ido tão longe como fui quanto às concessões. Como justificação posso dizer que se Rajk foi executado [...], não se podia ter uma garantia séria de que [...] não nos poderia acontecer coisa semelhante" (ver *Pensamento vivido*, cit., p. 117).

[186] Vertido em György Lukács, *Arte e sociedade*, cit., p. 21-39.

[187] Ibidem, esp. p. 31-2.

[188] A ausência de ressentimentos pessoais de Lukács em relação aos episódios do *debate Lukács* é realmente impressionante. Sabemos do comportamento de Révai na entrada da década de 1950; quando, depois de 1956 e da volta do filósofo do exílio romeno (ver *infra*), indagado sobre suas relações com Révai, Lukács respondeu: "Ainda nos encontramos, pois Révai, naquela época, tinha sido expulso do Comitê Central e [...] vivia uma situação difícil [...]. Após trinta anos de amizade eu não poderia abandoná-lo num momento como aquele. Nossos contatos não eram muito amigáveis ou muito íntimos, mas nos encontrávamos a cada quatro semanas" (ver *Pensamento vivido*, cit., p. 142-3).

Quanto à serenidade do filósofo, recordemos que, em 1969, Lukács voltou a repensar a "conjuntura imediatamente posterior a 1945" – reconheceu que "os fundamentos objetivos em que repousava" a sua atividade "se revelaram ilusórios em seu aspecto tático" e qualificou como "sumamente diplomática" a sua autocrítica da época. Fazendo um tranquilo balanço da sua trajetória e das suas "ilusões de tantos anos", sublinhou: "Ainda hoje, apesar das mudanças e evoluções, continuo sendo um comunista tão convicto como quando, em 1919, ingressei no Partido" (ver "Para além de Stálin", em György Lukács, *Socialismo e democratização*, cit., p. 209-11).

[189] Essas palavras de Lukács teriam sido ditas a Victor Serge (1890-1947), que as reproduziu em suas *Memórias de um revolucionário* (trad. Denise Bottmann, São Paulo, Cia. das

Letras, 1987), p. 222. Sobre esse importante personagem do campo revolucionário, ver Susan Weissman, *Victor Serge: A Political Biography* (Londres, Verso, 2013).

[190] Ver ainda, mais recentemente, ademais da seleta compilada em György Lukács, *Textes zum Theater*, cit., a organizada por Jesús Ramé e Jordi Claramonte, *No lo saben, pero lo hacen: textos sobre cine y estética de György Lukács* (Madri, Plaza y Valdéz, 2019).

O recurso a antologias na divulgação da obra de Lukács, além das organizadas pelo próprio autor, foi um procedimento editorial bastante comum a partir de 1950-1960. Há exemplos especialmente na Alemanha – ver as preparadas por Peter C. Ludz: György Lukács, *Schriften zur Literatursoziologie*, cit. (esta traduzida para o italiano em 1964), e *Schriften zur Ideologie und Politik* (Neuwied, Luchterhand, 1961 e 1967), e Heinz Maus et al.: György Lukács, *Literatursoziologie* (Neuwied, Luchterhand, 1968) – e na Itália – uma, preparada pelo próprio autor: *Il marxismo e la critica letteraria* (Turim, Einaudi, 1953) e outra, sem indicação de organizador, *Marxismo e politica culturale* (Milão, Il Saggiatore, 1972).

No Brasil, o mesmo procedimento foi adotado – ver a antologia organizada por Leandro Konder, György Lukács, *Ensaios sobre literatura* (Rio de Janeiro, Civilização Brasileira, 1965), seguida pela preparada por Carlos Nelson Coutinho, *Marxismo e teoria da literatura* (Rio de Janeiro, Civilização Brasileira, 1968, reeditada em 2010 pela Expressão Popular) e pelo volume, de 1981, *Georg Lukács: Sociologia*, da coleção Grandes Cientistas Sociais, organizado por José Paulo Netto e também já citado. Salvo erro, um dos primeiros textos significativos do *jovem* Lukács – "A consciência de classe", extraído de *História e consciência de classe* – foi incluído no volume *Estrutura de classes e estratificação social*, preparado por Otávio Guilherme Velho et al. (Rio de Janeiro, Zahar, 1966); bem mais tarde, extratos de textos políticos do filósofo foram coligidos por Leandro Konder em seu *Lukács* (Porto Alegre, L&PM, 1980).

[191] Ver a nota 75, *supra*.

[192] Ver a nota 1, *supra*.

[193] Textos sobre essa obra encontram-se em fontes já citadas; dentre copiosa documentação, apenas se anote agora: Manuel Sacristán, "Nota sobre el uso de las nociones de razón e irracionalismo por Georg Lukács", *Materiales*, n. 1, 1977, acessível em: <http://www.jstor.org/stable/42642272>; Nicolas Tertulian, "*La Destruction de la raison* trente ans après", *L'Homme et la Société*, n. 79-82, 1986; Domenico Losurdo, "Lukács e la distruzione della ragione", em Domenico Losurdo, Pasquale Salvucci e Livio Sichirollo (orgs.), *György Lukács nel centenario della nascita (1885-1985)* (Urbino, QuattroVenti, 1986); Vincent Charbonnier, "Ire rationnelle? À propos de *La Destruction de la raison*, de G. Lukács", *Actes de la Société Chauvinoise de Philosophie*, n. 2, 2004, p. 101-24, acessível em: <https://hal.science/hal-00640620/document>; János Kelemen, "En défense *de La Destruction de la raison*", em Pierre Rusch e Adam Takacs (orgs.), *L'Actualité de Georg Lukács* (Paris, Archives Karéline, 2013); Enzo Traverso, *Dialettica dell'irrazionalismo: Lukács tra nazismo e stalinismo* (Verona, Ombre Corte, 2022); John B. Foster, "The New Irrationalism", *Monthly Review*, v. 74, n. 9, 2023.

Já antes da tradução brasileira d'*A destruição da razão* (ver a nota 15, *supra*), o crítico Rodolfo G. Pessanha propôs "uma leitura concisa" da obra, dela recolhendo extratos – ver a segunda parte do seu *Navegando com o irracionalismo* (Niterói, Clube de Leitores Cromos, 1995).

[194] Decerto que autores marxistas realizaram análises de Nietzsche diferentes das de Lukács – p. ex., os trabalhos de Henri Lefebvre, *Nietzsche* (Paris, Ed. Sociales Internationales, 1939) e *La Fin de l'histoire:* épilégomènes (Paris, Minuit, 1970), e o de Domenico Losurdo, *Nietzsche: o rebelde aristocrata* (trad. Jaime A. Clasen, Rio de Janeiro, Revan, 2009); dessa obra volumosa, publicada originalmente em 2002, há uma espécie de edição compacta: Domenico Losurdo, *Nietzsche e a crítica da modernidade* (São Paulo, Ideias & Letras, 2016). Essa diferencialidade analítica revela, mais uma vez, a polifonia da tradição marxista.

O tratamento que Lukács, em 1954, dispensou a Heidegger, com o pensador húngaro associando-o ao fascismo, fez do autor d'*A destruição da razão* objeto de críticas de caráter verrinário. Nem sequer as provas da adesão de Heidegger ao hitlerismo, apresentadas nos anos 1980 (ver Victor Farias, *Heidegger et le nazisme*, Paris, Verdier, 1987; ed. bras.: *Heidegger e o nazismo*, trad. Sieni Maria Campos, Rio de Janeiro, Paz e Terra, 1988), reduziram a difusão de tais críticas – e mesmo de outras, similares e mais recentes –, que consideram estreitamente "ideológicas" e/ou "políticas" as formulações lukacsianas. Mas a análise textual, imanente, de textos heideggerianos, cuidadosamente elaborada por Emmanuel Faye (publicada em 2005 pela Albin Michel, de Paris, e lançada entre nós sob o título *A introdução do nazismo na filosofia*, trad. Luiz Paulo Rouanet, São Paulo, É Realizações, 2015) enfim demonstrou, cabal e indubitavelmente, a essencial correção do trato de Heidegger n'*A destruição da razão*. Ver ainda Peter Trawny, *Heidegger et l'antisémitisme* (Paris, Seuil, 2014).

[195] Ver o artigo de Jürgen. Pelzer, "Crítica de la ideología fascista", cit.

[196] Ver o volume coletivo *Georg Lukács und der Revisionismus*, cit.

[197] Se, como se viu, já em *Existencialismo ou marxismo?*, Lukács se valeu da distinção entre *apologia direta* e *apologia indireta*, também n'*A destruição da razão* verifica-se que, na crítica lukacsiana a autores seminais do irracionalismo *moderno* – ou seja, do período imperialista –, está sempre subjacente a determinação da *apologia indireta* do capitalismo, o que a tais autores lhes permite adornar as suas formulações com uma "profundidade" e até um "radicalismo" (retórico e/ou demagógico) que as embeleza com matizes "revolucionários".

[198] Tornou-se desde então célebre e antológica a formulação lukacsiana segundo a qual "não há nenhuma ideologia *inocente*", posta logo na "Introdução" d'*A destruição da razão*, cit.

[199] Ver alguns deles na documentação referida na nota 193, *supra*.

Reparo pertinente diz respeito ao fato de Lukács, n'*A destruição da razão*, não atentar com o devido cuidado para expressões filosóficas que, situadas formalmente à distância do irracionalismo, promoviam de um modo ou outro uma efetiva redução do campo da *ratio*. O filósofo tratou do tema na *Ontologia do ser social*, mas em 1972, bem antes, pois, da publicação da última grande obra de Lukács, Carlos Nelson Coutinho, explorando sendas já abertas pelo filósofo, concluiu o seu brilhante ensaio (lamentavelmente pouco estudado) *O estruturalismo e a miséria da razão* (2. ed., São Paulo, Expressão Popular, 2010), em que trata dessa problemática.

[200] Basta ler passagens como as contidas no cap. III e especialmente no cap. IV para constatar elementos autocríticos da história intelectual de Lukács.

[201] A via de desenvolvimento revolucionária empreendida na Iugoslávia de Tito, importante na história do socialismo do segundo pós-guerra, tem sido frequentemente subestimada.

Para compreendê-la minimamente, ver Fernando Claudín, *A crise do movimento comunista*, cit., p. 563-617, e mais Edvard Kardelj, *De la Démocratie populaire en Yougoslavie* (Paris, Le Livre Yougoslave, 1949), e *Reminiscences: The Struggle For Recognition and Independence. The New Yugoslavia, 1944-1957* (Londres, Blond & Briggs/Summerfield Press, 1982); Jasper Ridley, *Tito: A Biography* (Londres, Constable, 1994), e a parte IV de Marie-Janine Calic, *A History of Yugoslavia* (West Lafayette, Purdue University Press, 2019). E não se esqueça Leoncio Basbaum, *No estranho país dos iugoslavos* (São Paulo, Edaglit, 1962).

202 Não me é possível, aqui, senão tangenciar essa quadra histórica; elementos para a sua compreensão encontram-se em larga massa crítica, de que algo já se citou em páginas desta "Apresentação" (p. ex., Eric J. Hobsbawm, *Era dos extremos*, cit., parte 2) e de que são amostras Geoffrey Barraclough, *Introdução à história contemporânea* (trad. Álvaro Cabral, Rio de Janeiro, Zahar, 1966); Michel Winock (org.), *Le Temps de la guerre froide* (Paris, Seuil, 1994); Brian Brivati, Julia Buxton e Anthony Seldon (orgs.), *The Contemporary History Handbook* (Manchester, Manchester University Press, 1996); Giampaolo C. Novati e Lia Quartapelle (orgs.), *Terzo Monde addio: la conferenza afro-asiatica de Bandung in una prospettiva storica* (Roma, Carocci, 2007); e Vijay Prashad, *Une Histoire politique du Tiers Monde* (Montreal, Écosociété, 2019).

Mas é de ressaltar a revolta que estalou, em 1953, na Alemanha Oriental, porque ela teve forte impacto no "campo socialista", sobretudo na Hungria e na Polônia; não sei de obras em português que a analisem especificamente e em detalhes e, pois, limito-me a assinalar quatro fontes estrangeiras relevantes para o seu conhecimento: Arnulf M. Baring, *Uprising in East Germany: June 17, 1953* (Ithaca, Cornell University Press, 1972); Christian F. Ostermann (org.), *Uprising in East Germany, 1953* (Budapeste, Central European University, 2001); Hubertus Knabe, *17. Juni 1953. Ein deutscher Aufstand* (Munique, Propyläen, 2003); e Rolf Steininger, *17 Juni 1953. Der Anfang vom langem Ende der DDR* (Munique, Olzog, 2003).

203 Imre Nagy (1896-1958) foi figura central no levante húngaro de 1956 – sobre ele, ver János M. Rainer, *Imre Nagy: Vom Parteisoldaten zum Märtyrer des ungarischen Volksaufstandes. Eine politische Biographie (1896-1958)* (Paderborn, Schöningh, 2006), e Karl P. Benziger, *Imre Nagy, Martyr of the Nation: Contested History, Legitimacy and Popular Memory in Hungary* (Lanham, Lexington, 2010); traços hagiográficos não retiram o valor informativo desses dois livros.

Rememorando o levante de 1956, Lukács fez várias referências a Nagy; numa delas, diz: "Eu considerava Imre Nagy um homem honesto, inteligente e competente na questão agrária húngara. Mas não o considerava um verdadeiro político" (ver *Pensamento vivido*, cit., p. 132). No seu "Testamento político" – um dos últimos textos que seus camaradas húngaros receberam dele, em janeiro de 1971, síntese de uma entrevista realizada na primeira quinzena daquele mês – volta a fazer comentário sobre Nagy similar ao que acabei de citar (ver o "Testamento político" em György Lukács, *Socialismo e democratização*, cit., p. 247). Para severa apreciação e crítica desse documento, ver István Mészáros, *Para além do capital*, cit., p. 501-10.

204 A redução das pressões sobre Lukács permitiu-lhe participar, em janeiro de 1956, em Berlim, do IV Congresso de Escritores Alemães; o filósofo interveio com a conferência "O problema da perspectiva", reproduzida em *Marxismo e teoria da literatura*, cit., p. 287-92, na qual renova a sua crítica à versão corrente do realismo socialista.

[205] Os estudos sobre o levante revelam que a sua eclosão surpreendeu até mesmo os serviços de espionagem do Ocidente (Estados Unidos, França e Inglaterra). Desde a sua emersão, ele foi obviamente saudado e estimulado pelos Estados Unidos – não se esqueça que França e Inglaterra tinham as suas atenções voltadas para a questão do Canal de Suez – ver W. Roger Louis e Roger Owen (orgs.), *Suez 1956: The Crisis and his Consequences* (Oxford, Clarendon, 1991), e Jean-Yves Bernard, *La Genèse de l'expédition franco-britannique de 1956 en Égypte* (Paris, Éd. Sorbonne, 2003). Logo que o levante veio à luz do dia, os norte-americanos deram-lhe apoio, mormente através de uma emissora radiofônica de grande potência, a *Rádio Europa Livre* (criada em 1949, sediada em Munique, com um plantel de cerca de 250 norte-americanos e de 1.500 europeus), reconhecidamente um veículo da CIA – os imperialistas saturaram os ares europeus com a difusão massiva de um anticomunismo extremo e grosseiro. Não há, todavia, qualquer prova de que o Ocidente, através dos Estados Unidos e além desse apoio radiofônico e do uso de balões que lançavam manifestos provocativos e informações falsas, tenham participado do evento com recursos bélicos e humanos.

Para saber do *levante* – a meu juízo, não uma *contrarrevolução* e, menos ainda, uma *revolução* – e avaliar do seu significado, há imensa documentação. Dela, além dos já citados Victor Sebestyen, *Doze dias*, cit., e István Mészáros, *A revolta dos intelectuais na Hungria*, cit., destaque-se: François Fejtö, *La Tragédie hongroise ou une révolution socialiste anti-soviétique* (Paris, Pierre Horay, 1956), e *Histoire des démocraties populaires* (Paris, Seuil, 1969 [1952]), 2 v. – deste último há uma versão portuguesa compacta: *As democracias populares* (trad. J. Ferreria, Lisboa, Europa-América, 1976), 2 v.; Tamas Aczél e Tibor Méray, *The Revolt of the Mind: A Case History of Intellectual Resistance behind the Iron Curtain* (Londres, Thames & Hudson, 1960); Jean-Paul Sartre, *O fantasma de Stalin* (trad. Roland Corbisier, Rio de Janeiro, Paz e Terra, 1967); Miklós Molnar, *Victoire d'une défaite: Budapest, 1956* (Lausanne, L'Âge d'Homme, 1996); György Litván, *The Hungarian Revolution of 1956: Reform, Revolt and Repression* (Londres, Longman, 1996); Csaba Békés, Malcolm Byrne e János M. Rainer (orgs.), *The 1956 Hungarian Revolution: History in Documents* (Budapeste, Central European University, 2002); Charles Gati, *Failed Illusions: Moscow, Washington, Budapest and the Hungarian Revolt* (Stanford, Stanford University Press, 2006); Ladislao Szabo et al. (orgs.), *Hungria 1956... e o muro começa a cair* (São Paulo, Contexto, 2006). Cronologias detalhadas dos eventos húngaros de 1956 encontram-se nessas fontes.

[206] O esboroamento do Partido Comunista – que, antes do levante, se supunha contar com 800 mil membros numa população total estimada em cerca de 9 milhões – foi completo. Mal se iniciaram os trabalhos dessa comissão, Lukács teria dito a János Kádár (ver *infra*), que dela também participava: "O comunismo está totalmente comprometido na Hungria. Certamente se agruparão em torno do Partido círculos intelectuais progressistas, escritores, alguns jovens. A classe trabalhadora seguirá desde logo os sociais-democratas. Em eleições livres, os comunistas obteriam cinco ou no máximo dez por cento dos votos. Eles não farão provavelmente parte do governo, e passarão à oposição [...]. Mas o Partido continuará a existir, salvará suas ideias, tornar-se-á um centro intelectual e, daí a alguns anos, quem sabe?" (ver Tibor Méray, *Budapest: 23 octobre 1956*, Paris, Robert Laffont, 1961, p. 280). Uma das primeiras resoluções da referida comissão foi que Lukács deveria ingressar no Comitê Central do partido refundado (ver *Pensamento vivido*, cit., p. 133) – decisão atropelada pelo evolver do levante.

[207] A posição de Moscou diante do levante húngaro de 1956 oscilou de outubro a inícios de novembro – Kruschev ainda estava consolidando o seu *status* como novo líder e no seu grupo havia alguma divisão acerca de como tratar as questões emergentes na área de projeção soviética.

O embaixador da União Soviética em Budapeste, Iúri Andropov (1914-1984), que foi depois chefe da polícia política, a KGB, de 1967 a 1982 e enfim dirigente máximo da União Soviética, cumpria com zelo as ordens superiores que recebia, dissimulando diplomaticamente a sua rejeição pessoal a Nagy. O juízo dos dois homens que Kruschev deslocou para analisar *in loco* a situação húngara na última semana de outubro era contraditório: um deles, Anastas I. Mikoyan (1895-1978), diplomata de fino trato, por décadas o responsável pela política exterior da União Soviética, discordava inteiramente de uma intervenção militar; o outro, Mikhail Suslov (1902-1892), ideólogo "duro", advogava pela intervenção. Essa "solução" foi a adotada pela direção soviética nos primeiros dias de novembro e comunicada aos líderes chineses e a Tito, que a aprovaram.

[208] O Círculo Petöfe, que foi muito importante na história do levante de 1956, iniciou suas atividades nos primeiros meses daquele ano (ver István Mészáros, *A revolta dos intelectuais na Hungria*, cit., p. 153-68).

Passemos às palavras do próprio Lukács: ele lembra que, "nos anos 1950, quando começou o movimento dos escritores contra Rákosi [...], não participei, não por razões muito sublimes, mas por uma preocupação tática, pois conhecia o partido melhor do que os outros e sabia que seria considerado formação de facção se os escritores protestassem coletivamente em determinada direção. Se um deles fosse ameaçado de expulsão do partido por facciosismo, todos desistiriam. E foi isso que aconteceu. Como eu não queria desistir, nem participei daquele episódio. *Assim, portanto, minha presença nas sublevações literárias que precederam 1956 foi nula*" (itálicos não originais). Sobre sua decisão de intervir politicamente em 1956, o filósofo afirmou: "Compreendi 1956 como um grande movimento espontâneo. Esse movimento espontâneo precisava de uma ideologia determinada. Eu me dispus a assumir essa tarefa em diversas conferências [...] não só no Círculo Petöfe, pois também fiz uma conferência na faculdade do partido" (ver György Lukács, *Pensamento vivido*, cit., p. 130 e 132-3]. A intervenção de Lukács no Círculo Petöfe, em 15 de junho de 1956, está coligida na seleta organizada por Peter C. Ludz e já citada, *Schriften zur Ideologie und Politik*; nessa mesma fonte encontra-se a conferência pronunciada pelo filósofo, em 28 de junho de 1956, na "faculdade do partido" (de fato, a Academia Política do Partido dos Trabalhadores Húngaros); ainda de junho de 1956 é a participação de Lukács num debate no Instituto de História do partido sobre as *Teses de Blum*, então parcialmente publicadas.

[209] Encontram-se transcritos em Victor Sebestyen, *Doze dias*, cit., p. 374-5.

[210] Inclusive o cardeal József Mindszenty (1892-1975), encarcerado por Rákosi em 1949. Mindszenty, ultramontano e reacionário, na sequência da derrota do levante ingressou na embaixada norte-americana e nela permaneceu até 1971, embora já tivesse permissão para sair do país – só nesse último ano exilou-se na Áustria. Corre, no Vaticano, um processo de beatificação desse clérigo; há incontáveis estudos sobre ele, a maioria de caráter hagiográfico. Um trabalho mais recente é o de Margit Balogh, *Kardinal József Mindszenty: Ein Leben zwischen kommunistischer Diktatur und Kalten Krieg* [O cardeal József Mindszenty: uma vida entre a ditadura comunista e a Guerra Fria] (Berlim, OEZ, 2014).

[211] Ademais, Nagy – embora sinceramente empenhado numa via reformista – carecia de um programa concreto e factível, o que o conduzia a vacilações e travagens nas ações do novo governo. Já se viu (na nota 203, *supra*) o juízo de Lukács sobre a (in)capacidade política de Nagy; para Lukács, partidário decidido de uma reforma democrática nos quadros do socialismo, Nagy "não tinha um programa. Um dia dizia uma coisa, no dia seguinte dizia outra" (ver György Lukács, *Pensamento vivido*, cit., p. 134).

[212] A declaração da neutralidade da Hungria, com a sua retirada unilateral do Pacto de Varsóvia e o apelo à ajuda do Ocidente, foi comunicada à Secretaria Geral da ONU e ao povo húngaro por Nagy no dia 1° de novembro (ver Victor Sebestyen, *Doze dias*, cit., p. 301-3). A saída unilateral da Hungria do Pacto de Varsóvia foi um dos elementos determinantes para que Moscou se decidisse pela intervenção.

Lembre-se o leitor que o Pacto de Varsóvia foi criado em 1955, sob os auspícios da União Soviética, para contrapor-se à Otan, fundada em 1949 sob o controle dos Estados Unidos. O Pacto de Varsóvia foi dissolvido em 1991; a Otan tem ampliado a sua abrangência nos últimos anos. Todos os estudos históricos sérios sobre a Guerra Fria atestam a importância dessas duas organizações no segundo pós-guerra.

[213] Indagado se a sua oposição à saída da Hungria do Pacto de Varsóvia foi motivada por razões de princípio ou por considerações táticas, Lukács respondeu: "Em primeiro lugar, eu tinha, sem dúvidas, razões de princípio. Eu simplesmente aprovava a participação da Hungria no Pacto de Varsóvia. Em segundo lugar, é claro que influiu na minha decisão não devermos dar aos russos nenhum pretexto para se imiscuírem nos assuntos húngaros. Como motivo, isto também tinha importância" (ver *Pensamento vivido*, cit., p. 134).

Zoltán Szántó (1893-1977), um dos primeiros membros do Partido Comunista em 1918, participou da Comuna húngara, lutou na clandestinidade, foi preso e condenado, cumpriu pena e depois emigrou para a União Soviética, onde trabalhou na Rádio Kossuth, mantida pelos soviéticos em solidariedade à resistência húngara. Retornando em 1945, foi deputado e depois se dedicou a uma profícua carreira diplomática. Partícipe do ministério de Nagy em 1956, com a derrota do levante asilou-se na embaixada da Iugoslávia e, enfim, recolheu-se à vida privada.

[214] A defecção mais importante foi a de János Kádár (1912-1989). Antes de considerá-la, tenhamos presentes uns poucos traços da trajetória desse relevante personagem do comunismo húngaro: operário mecânico, Kádár ingressou no Partido Comunista em 1931 e foi ativo militante na resistência, com prisões e fugas; com a libertação, ascendeu ao Comitê Central, dirigiu o Ministério do Interior (1948-1950), depois caiu em desgraça (esteve preso de 1951 a 1954), reemergiu na política no primeiro governo Nagy e, derrotado o levante, esteve à frente do Estado e do partido húngaros por 32 anos (1956-1988); sobre ele, ver Roger Gough, *A Goode Comrade: János Kádár, Communism and Hungary* (Londres, Tauris, 2006), e Gisella Nemeth Papo, Adriano Papo e Alessandro Rosselli (orgs.), *Chi era János Kádár? L'ultima stagione del comunismo ungherese (1956-1989)* (Roma, Carocci, 2012).

Pois bem: depois da reunião do dia 1º de novembro, Kádár simplesmente desapareceu – nenhum membro do ministério de Nagy conseguiu comunicar-se com ele. Eis o que se passou: secretamente, Kádár foi para Moscou, reuniu-se com a direção soviética e de lá retornou a Budapeste com os tanques soviéticos – veio entronizado como o novo homem forte do regime imposto pela União Soviética. Ele respondeu pela fase inicial (1956-1958) da repressão aos participantes do levante – inclusive pela execução de Nagy – e foi imediatamente visto como traidor e serventuário da União Soviética.

Todavia, logo que consolidou seu controle sobre o Estado e o partido, passou a buscar legitimidade mediante reformas discretas, mas efetivas e, claramente a partir de 1958--1959, exercitou uma política democratizante. Mesmo um consequente anticomunista viu-se obrigado a reconhecer que, sob Kádár, em muitos aspectos, "a Hungria era o satélite [*sic*] soviético mais próspero e tranquilo [...]. Com o apoio soviético, Kádár instituiu um 'comunismo *gulache*', nome do prato tradicional do país, que era um regime tipicamente húngaro, livre dos piores traços do socialismo do Leste Europeu, mas que manteve o Partido Comunista no poder. Kádár se tornou uma figura amplamente respeitada e admirada por sua habilidade política. Ele não foi perdoado [*sic*], mas prestou-se certo reconhecimento às suas realizações" (ver Victor Sebestyen, *Doze dias*, cit., p. 372-3). Aliás, logo na abertura do seu livro aqui citado, esse jornalista menciona que "uma pesquisa de opinião conduzida em Budapeste em 2003" deu a Kádár "o posto de segundo húngaro mais popular da história, bem à frente de Nagy" (ibidem, p. 27).

Nos anos 1960, Lukács trocou alguma correspondência com Kádár – escreveu-lhe, por exemplo, protestando contra as dificuldades de publicar seus livros e, noutra ocasião, para informar-lhe que reprovava as posições (do próprio Kádár e do partido) em face da questão da Tchecoslováquia (1968) – ver *Pensamento vivido*, cit., p. 138-9. Seu juízo derradeiro sobre Kádár deve ser lembrado: "Tive poucos contatos com o camarada Kádár. Ele talvez se recorde de que, depois de 1945, quando os dois partidos, o Comunista e o Social-Democrata, ainda competiam entre si, surgiu um comitê formado por 4-5 sociais-democratas e 4-5 comunistas que se reuniam mensalmente, tomando café, para conversar amistosamente sobre os contrastes e os conflitos existentes entre os dois partidos, procurando minimizá-los e regulamentá-los. Estive com Kádár nesse comitê e formei uma opinião muito favorável sobre sua pessoa. Desde então, não tive novos contatos com ele. Mas penso que ele pertence ao reduzido grupo de operários inteligentes que não perderam o seu caráter operário em função do fascínio pelo poder. Mantenho ainda esta avaliação. Kádár transformou-se de operário em dirigente, mas sem se converter, no curso deste processo, em um burocrata" ("Testamento político", em György Lukács, *Socialismo e democratização*, cit., p. 250-1).

[215] Lukács rememora esse "erro" – a palavra é usada por ele – em páginas de *Pensamento vivido*, cit., p. 134 e seg.

Tito apoiou a intervenção soviética, mas abriu a sua embaixada para receber aqueles que procuravam escapar à repressão – porém, abrigou-os no prédio sem lhes oferecer asilo político na Iugoslávia.

[216] Uma plástica narrativa da roda-viva em que Lukács se viu mergulhado nesses dias – narrativa não sei se absolutamente veraz – é oferecida por Kadarkay, no cap. 19 da sua já citada biografia de Lukács.

Vale a pena aludir aqui a uma – entre várias, mas esta pelo seu traço meio rocambolesco – expressão da solidariedade comunista vinda do exterior para com Lukács: nos dias seguintes à intervenção soviética, em que o filósofo esteve incomunicável, na Alemanha Oriental a escritora Anna Seghers (ver a nota 138, *supra*) planejou com Walter Janka (1914-1994), comunista, depois vítima da repressão de autoridades locais e então diretor da Aufbau Verlag, que em Berlim editava obras de Lukács, uma operação de resgate do filósofo – uma espécie de sequestro para retirá-lo da Hungria; a aventura foi inviabilizada por ordem pessoal de Walter Ulbricht (1893-1973), que governou com mão de ferro a República Democrática Alemã de 1950 a 1971. Mencionam esse plano mirabolante tanto Kadarkay (no cap. 19 da sua citada biografia de Lukács) quanto Tertulian (no texto, também já citado, "György Lukács e o stalinismo").

[217] Um episódio ocorrido em Snagov ilustra bem a postura de Lukács. Indagado por um de seus interrogadores por que não testemunhava contra Nagy, o filósofo explicou: "Respondi que tão logo nós dois, Imre Nagy e eu, pudéssemos passear livremente por Budapeste, diria minha opinião sobre todas as atividades dele. [Antes disso] não podia me pronunciar a respeito dos meus companheiros de prisão" (*Pensamento vivido*, cit., p. 136).

[218] Comentando as tentativas do governo Kádár de aproximação com Lukács, imediatamente após o levante de 1956, Kostas Axelos (que caracterizou o filósofo como um "Galileu socialista e sociocêntrico") escreveu: "Kádár tentou, várias vezes, inutilmente, obter a colaboração de Lukács. Lukács, o velho Lukács de 71 anos, recusou-se uma vez a fazer a sua autocrítica, a reconhecer seus erros, a submeter-se à autoridade e à burocracia que se dizem socialistas. No terceiro canto do galo, o Pedro granítico do marxismo recusou-se a renegar e a renegar-se" (ver o prefácio de Axelos, de dezembro de 1959, à ed. franc. de *Histoire et conscience de classe*, cit., p. 3).

[219] Ver a nota seguinte.

[220] Leia-se o que Lukács observou quanto a isso (ver *Pensamento vivido*, cit., p. 137): "Quando o partido foi reorganizado e recebeu o nome atual, comuniquei que insistia em continuar sendo membro dele. Escrevi uma carta ao Comitê Central. Nela dizia desde quando era membro do partido e que toda a minha vida de militante havia transcorrido às claras diante do partido desde o momento da minha inscrição. Portanto, não havia nenhum motivo para que o meu pedido de filiação fosse recusado. Apesar disso, meu pedido foi, é claro, recusado, já que não recebi nenhuma resposta à minha carta. Só dez anos depois é que surgiu de novo a questão da resposta".

[221] Não se pense que a relação de Lukács com o governo Kádár foi isenta de conflitos – especial, mas não exclusivamente, na questão da publicação das obras do filósofo.

Pouco depois de sua volta à Hungria, Lukács foi intimado por uma autoridade – István Szirmai (1906-1969), membro do Comitê Central do partido – a prestar esclarecimentos sobre a publicação de suas obras no exterior. Szirmai ofereceu-lhe um passaporte para que ele emigrasse; Lukács recusou o oferecimento, afirmando: "Veja, o poder está em suas mãos, pode fazer o que quiser comigo. [...] Mas o senhor não tem o poder de me fazer dizer adeus à Hungria quando bem entender" (*Pensamento vivido*, cit., p. 138). E, depois, a questão da remessa de originais lukacsianos para o exterior (nomeadamente Alemanha e Itália), que configurava um verdadeiro contrabando por parte do filósofo, foi objeto de tensão entre ele e as autoridades do governo; no tempo em que o original da *Estética* já estava na posse da editora alemã (Luchterhand) que a publicaria, numa entrevista com György Aczél (1917-1991), responsável pela política cultural do governo Kádár, Lukács afirmou: "Veja, enquanto vocês me proibirem de publicar no exterior, vou continuar tranquilamente a contrabandear, pois não reconheço o direito de vocês de impedirem a publicação do meu livro na Alemanha. Quando eu tiver a garantia de que as minhas coisas podem ser publicadas no exterior legalmente, renunciarei com o maior prazer ao meu direito de contrabandear" (*Pensamento vivido*, cit., p. 139).

[222] A 28 de abril de 1963 falece Gertrud, a companheira da vida do filósofo – profundamente abatido por essa irreparável perda, Lukács recompõe o seu ânimo escrevendo esse notável ensaio, em que analisa as afinidades entre Mozart e Lessing, artistas maiores que eram estimadíssimos por sua mulher. Ver o texto em *Georg Lukács Werke*, cit., v. 7, 1964; confiável versão em língua neolatina está disponível em György Lukács, *Goethe y su época* (Barcelona, Grijalbo, 1968), p. 25-49. Sobre o ensaio de Lukács, ver Martín Salinas, "Estética y ética en la lectura lukácsiana de *Minna von Barnhelm o la felicidade del soldado*, de Gotthold Ephraim Lessing", em Mario Duayer e Miguel Vedda, *György Lukács: años de peregrinaje filosófico*, cit., p. 197-209.

[223] Deixarei de referir aqui textos que, embora expressivos do pensamento político do último Lukács, são marcadamente conjunturais – p. ex., "Zur Debatte zwischen China und der Sowjetunion" ("Sobre o debate entre a China e a União Soviética"), de 1963 (ed. franc.: "Contribution au débat entre la Chine et l'Union Soviétique", *Les Temps Modernes*, n. 213, 1964), e "Probleme der kulturellen Koexistenz", de 1964 (ed. bras.: "O problema da coexistência cultural", *Revista Libertas*, v. 19, n. 2, 2019), ambos reunidos em György Lukács, *Marxismus und Stalinismus: Politische Aufsätze* (Hamburgo, Rowohlt, 2018). Observe-se que a questão da coexistência se viu novamente tematizada por Lukács numa entrevista de 1964 ("Marxismo e coexistência") concedida a A. Liehm e reproduzida no já citado *Conversando com Lukács*.

Também os anos 1960 registram o adensamento do prestígio internacional de Lukács; já se aludiu à atribuição a ele do Prêmio Goethe; mas são de recordar-se outras homenagens acadêmicas que lhe prestaram (p. ex., a concessão do título de doutor *honoris causa* por universidades como as de Zagreb e de Ghent), as iniciativas para a publicação das suas obras completas (na Alemanha/Luchterhand e na Espanha/Grijalbo), o crescente interesse por seus trabalhos no mundo universitário, as demandas de intelectuais e jornalistas do Ocidente por entrevistas e a ampliação dos seus interlocutores por via de correspondência – ver, além de outras fontes já citadas, György Lukács, *Essenciais são os livros não escritos* (trad. Ronaldo Vielmi Fortes, São Paulo, Boitempo, 2020) e ainda: György I. Mezei (org.), *Briefwechsel zwischen Georg Lukács und Werner Hofmann* (Budapeste, Akadémiai Kiadó-Georg-Lukács-Archive, 1991); György Lukács, *Lettere agli italiani* (org. Antonino Infranca, Milão, Punto Rosso, 2022) e a matéria "Lukács-Anders: uma correspondência", *Verinotio*, v. 27, n. 2, 2022. É de notar como um novo público se relacionou então com o velho filósofo: "Jovens estudantes revolucionários da Europa Ocidental, que visitavam Lukács por volta de setembro de 1968, ficaram espantados com a severidade da sua crítica quanto à URSS e, por outro lado, com o seu interesse profundo pelos acontecimentos de maio na França. Lukács compreendia a relação dialética entre as duas crises, a do stalinismo e a do mundo burguês" (Michael Löwy, *A evolução política de Lukács*, cit., p. 252). No que toca a entrevistas, tiveram repercussão internacional – porquanto traduzidas em vários idiomas – aquelas que foram coligidas em dois volumes já citados aqui: *Conversando com Lukács* e *Pensamento vivido*. Elementos para avaliar a larga ressonância do filósofo também se encontram em Eva L. Corredor, *Lukács after Communism: Interviews with Contemporary Intellectuals* (Durham, Duke University Press, 1997), e ainda na antologia organizada por Lelio La Porta, *Lukács Chi? Dicono di lui* (Roma, Bordeaux, 2021).

Nesses anos 1960, Lukács sublinhou a necessidade (e a possibilidade) de um arejamento e uma expansão da pesquisa e da reflexão dos intelectuais revolucionários, investindo de forma otimista no que designava um "renascimento do marxismo" (ver a abertura do ensaio de José Paulo Netto, "Georg Lukács: um exílio na pós-modernidade", em Maria Orlanda Pinassi e Sérgio Lessa (orgs.), *Lukács e a atualidade do marxismo*, cit.).

Igualmente é desses anos a sua reiterada atenção ao fenômeno da *manipulação* desenvolvida no marco do capitalismo, fenômeno que seria tematizado na *Ontologia* – p. ex., é então que, num passo de *Conversando com Lukács* (cit., p. 114), o filósofo se refere ao *capitalismo manipulatório*; também numa carta de abril de 1965 a Guido Aristarco, que este utilizou como prefácio a um livro seu – *Marx, il cinema e la critica del film* (Milão, Feltrinelli, 1979) –, alude à questão da manipulação. Em um de seus últimos textos, sobre o qual me deterei a seguir, Lukács critica as formas contemporâneas da democracia formal (burguesa) a partir da seguinte determinação macroscópica: "A democracia atual [...] é a democracia de um imperialismo manipulado, cujo domínio se apoia na manipulação" (György Lukács, *Socialismo e democratização*, cit., p. 95).

[224] Ver György Lukács, *Solzhenitsyn* (Neuwied, Luchterhand, 1970); o primeiro dos ensaios logo foi traduzido para o italiano (ver *Belfagor*, n. III, 1964); de ambos os textos, há traduções para o francês (*Soljenitsyne*, Paris, Gallimard, 1970), o inglês (*Solzhenitsyn*, Cambridge, The MIT Press, 1971) e o espanhol (*Solzhenitsyn*, México, Grijalbo, 1974). No primeiro ensaio, o objeto de Lukács é *Um dia na vida de Ivan Denissovitch* (dessa obra do autor russo há várias traduções para o português; cito a que me parece ser a primeira ed. bras., lançada em São Paulo em 1964 pela Livraria Exposição do Livro), ainda que se refira a outros relatos curtos do escritor. No segundo, o filósofo estuda os romances até então publicados por Soljenítsin: *O primeiro círculo* (ed. bras.: Rio de Janeiro, Bruguera, 1968) e *Pavilhão de cancerosos* (ed. bras.: Rio de Janeiro, Expressão e Cultura, 1969).

A melhor apreciação da importância e das inovações analíticas contidas nesse pequeno livro de Lukács deve-se a Carlos Nelson Coutinho, *Lukács, Proust e Kafka*, cit. Sobre esses materiais lukacsianos, ver também Irving Howe, "Lukács and Solzhenitsyn", *Dissent*, 1971; Leandro C. Souza, "György Lukács, leitor de Alexandre Soljenítsin", *Verinotio*, ano VIII, n. 16, 2012; Martín Salinas, "Lukács y la renovación del realismo: autonomía y perspectiva en *Pabellón de cáncer*, de Soljenítsin", *Verinotio*, ano XV, n. 1. 2020; Leonardo Bruno Lopresti, "Manipulación y literatura edificante: la crítica de Lukács en los ensayos sobre Solzhenitsyn", *Herramienta*, n. 34, 2021.

[225] Já assinalei (nota 158, *supra*) que, em 1948, Lukács publicou uma primeira edição do seu *Thomas Mann*, composto então por dois ensaios: "Em busca do burguês", de 1945, e "A tragédia da arte moderna", de 1948 – deste último há tradução em György Lukács, *Ensaios sobre literatura*, cit. O livro, enriquecido com um novo e brilhante ensaio ("O lúdico e suas motivações", de 1955), saiu em alemão no v. 7 das *Georg Lukács Werke* (Neuwied, Luchterhand, 1964).

São conhecidos os laços de mútuo respeito e admiração existentes, desde inícios dos anos 1920, entre o filósofo e o romancista alemão (premiado com o Nobel de Literatura em 1929). Aliás, jornalistas e estudiosos aventaram a hipótese de que Lukács tenha constituído uma espécie de modelo para a figura de Naphta, personagem de relevo d'*A montanha mágica* – ver Yvon Bourdet, *Figures de Lukács* (Paris, Anthropos, 1972) e especialmente Michael Löwy, "Lukács et 'Léon Naphta'. L'énigme du *Zauberbeg*", *Études Germaniques*, ano 41, n. 3, 1986 (sobre essa questão e outros aspectos de sua relação com Thomas Mann, que o filósofo qualificou como "diplomática" da parte do escritor, ver György Lukács, *Pensamento vivido*, cit., p. 95-7). Para a interlocução entre eles, ver Judith Marcus, *Georg Lukács and Thomas Mann: A Study in the Sociology of Literature* (Amherst, The University of Massachusetts Press, 1988), e vale a leitura de Kaio Felipe, "As vidas paralelas de Lukács e Thomas Mann: do romantismo da desilusão ao humanismo engajado", *Pensamento Plural*, n. 12, 2013.

[226] Para as referências feitas nesse parágrafo, ver György Lukács, *Soljenitsyne*, cit., p. 67 e 69-71. Repita-se: ao tratar da obra de Soljenítsin, Lukács só tem à vista o que o autor publicou até 1969 – ver, *supra*, a nota 224.

[227] Ver György Lukács, *Soljenitsyne*, cit., p. 178-9.

[228] Eis o que constatou o sempre bem informado Tertulian: "A invasão da Checolosváquia foi desaprovada, *sem reserva*, por Lukács, embora ele tenha evitado, por causa da posição tomada por seu partido, fazer declarações públicas" (ver Nicolas Tertulian, *Georg Lukács: etapas de seu pensamento estético*, cit., p. 287; itálico não original).

Acerca da intervenção sob comando da União Soviética, entre muitos títulos, ver Roger Garaudy, *Liberdade vigiada: Praga, 1968* (Rio de Janeiro, Bloch, 1968), e "L'intervention en Tchecoslovaquie, pourquoi?", *Cahiers Rouges*, n. 5, 1969; Pierre Broué, *A primavera dos povos começa em Praga* (trad. Maria Luiza Gonçalves e J. Teixeira Coelho Neto, São Paulo, Kayrós, 1979); Alexandre Dubcek, *C'est l'espoir qui meurt en dernier: autobiographie* (Paris, Fayard, 1993); Kieran Williams, *The Prague Spring and Its Aftermath: Czechoslovak Politics, 1968-1970* (Cambridge, Cambridge University Press, 1997); Jaromír Navrátil (org.), *The Prague Spring* (Budapeste, Central European University, 1998); François Fejtö et al. (orgs.), *Le Printemps tchécoslovaque 1968* (Paris, Complexe, 2008); Miroslav Novak, *Le Printemps de Prague, 1968: une révolution interrompue?* (Ploemeur, Codex, 2021).

[229] Ver a nota 220, *supra*.

[230] Ver György Lukács, *Socialismo e democratização*, cit. – nesse volume, às p. 33-5, resume-se a história do texto lukacsiano, que tem títulos distintos em versões italiana (*L'uomo e la democrazia*, Roma, Luccarini, 1987), francesa (*Socialisme et démocratisation*, Paris, Messidor, 1989), espanhola (*Democratización hoy y mañana*, Buenos Aires, Contrapunto, 1989) e inglesa (*The Process of Democratization*, Nova York, State University of New York Press, 1991).

[231] Há cerca de uma década e meia, tive a oportunidade de escrever, na "Introdução" que preparei para *Socialismo e democratização* (cit., p. 26): "A relação do último Lukács com a figura de Lênin (e poder-se-ia pesquisar sua similitude com a relação do Hegel posterior a 1805 com a figura de Napoleão) está marcada por uma forte idealização do máximo dirigente bolchevique, com implicações que comprometem a análise política que o velho Lukács realiza dos rumos tomados pela Revolução de Outubro". Aliás, outros estudiosos vinculados a Lukács já chamaram a atenção para traços realmente equívocos e/ou irrealistas de algumas análises do filósofo, que resultaram em apreensões de fato ingênuas de processos históricos determinados; comentando uma passagem das entrevistas coligidas em *Conversando com Lukács* – em que este se refere ao papel do *brain trust* kennediano (ver, na ed. cit. do Instituto Lukács, as p. 115-7) –, Mészáros assinalou, talvez exageradamente, "o *irrealismo total* da posição de Lukács" (István Mészáros, *O conceito de dialética em Lukács*, cit., p. 68; itálicos não originais).

[232] As hipóteses de que poderia haver uma estética marxista *própria*, não extraída "nem de Kant nem de nenhum outro", "foram elaboradas por Lifschitz e por mim. [...] A

constatação não é comum hoje na história da filosofia, no entanto o fato é que fomos os primeiros a falar de uma estética marxiana específica, e não desta ou daquela estética que completasse o sistema de Marx. A ideia de que a estética seja uma parte orgânica do sistema marxiano está presente no artigo que escrevi a respeito do debate sobre *Sickingen* entre Marx e Lassale; em Lifschitz esta ideia está no seu livro, escrito na juventude, sobre o jovem Marx. Sobre esta base começamos a desenvolver a ideia de que existe uma estética marxiana e que para desenvolvê-la era necessário partir de Marx" (ver György Lukács, *Pensamento vivido*, cit., p. 87-8). O artigo sobre o debate Marx-Lassale acerca do *Sickingen*, de 1931, está disponível em György Lukács, *Marx e Engels como historiadores da literatura*, cit.; do texto de Lifschitz referido por Lukács, não sei de nenhuma versão em português.

233 Veja-se o que escreveu um dos seus analistas mais qualificados: "Muitos dos importantes temas articulados pelo jovem Lukács continuaram a emergir em seus escritos subsequentes; alguns como questões vivas e positivamente redefinidas e outros como obstáculos negativos, identificados pelo intelectual politicamente comprometido com seu combate e sua superação genuína. [...] Em um plano mais complexo, a visão trágica de suas primeiras obras – numa forma 'transcendida/preservada' (*aufgehoben*) – permaneceu como o núcleo estruturante dos últimos escritos de Lukács" (István Mészáros, *Para além do capital*, cit., p. 359). Outro profundo conhecedor da *Estética* lukacsiana afirma: "A continuidade entre as ideias da juventude [de Lukács] sobre o *poder da forma*, diretamente influenciadas pelos textos do historiador da arte Leo Popper, e a estética da maturidade é uma realidade" (Nicolas Tertulian, *Georg Lukács: etapas de seu pensamento estético*, cit., p. 195). Mais adiante, ao tratar de temáticas desenvolvidas na *Estética*, nalguns casos relacionei-as a obras lukacsianas anteriores.

234 Note-se o que observamos, Carlos Nelson Coutinho e eu, em 2009: "O que não significa, de modo algum, que ele [Lukács] tenha deixado inteiramente de lado, neste período [anos 1920], suas preocupações estéticas e literárias. Para comprová-lo, basta recordar alguns pequenos textos publicados sobretudo em *Rote Fahne* [*Bandeira Vermelha*], cotidiano do Partido Comunista Alemão. Muitos deles foram selecionados e publicados por Michael Löwy em György Lukács, *Littérature, philosophie et marxisme (1922-1923)*. Paris, PUF, 1978. Nestes textos, Lukács trata não apenas de escritores (como Lessing, Balzac, Dostoiévski, Bernard Shaw, Hauptmann e outros) mas também de temas teóricos, como, por exemplo, a relação entre marxismo e história da literatura" (György Lukács, *Arte e sociedade*, cit.).

235 Tenha-se em mente que Lukács "começou a trabalhar em sua *Estética* antes de 1956, depois de ter terminado um livro de introdução à problemática que devia desenvolver em seu *opus magnum*: *Introdução a uma estética marxista* [ver o primeiro parágrafo da nota 1, *supra*], mas a redação foi interrompida pelos acontecimentos de 1956 na Hungria. [...] Voltando a Budapeste, após sua estada romena, em abril de 1957, pôs-se a trabalhar com furor, e em menos de três anos terminou a redação do manuscrito da *Estética*, uma obra de mais de 1.700 páginas, que em fevereiro de 1960 estava revisando" (Nicolas Tertulian, *Georg Lukács: etapas de seu pensamento estético*, cit., p. 290).

236 Ver Astrojildo Pereira, *Crítica impura* (São Paulo/Brasília, Boitempo/Fundação Astrojildo Pereira, 2022), p. 27.

237 A leitura da *Estética*, inegavelmente, não é um exercício intelectual fácil – supõe um leitor decidido a enfrentar uma obra densa e complexa, que requer cuidados rigoro-

sos, reclamados pela peculiaridade da sua apresentação formal. Sobre esse aspecto, comenta severamente um analista exigente: "Essa obra [...] parece muito mais um *Rohentwurf* [rascunho] do que uma síntese consumada. Revela camadas heterogêneas do desenvolvimento de seu [de Lukács] pensamento, postas lado a lado. Além disso, o novo e extensivo 'trabalho de base' – tornado necessário pela percepção de falhas temporais dos preparativos iniciais, bem como por uma consciência aguda das lacunas não resolvidas – é elaborado diante de nossos olhos e incorporado como imediaticidade na síntese geral. Infelizmente, essa última característica – e não o nível de abstração – afasta essa obra fundamental do público leitor" (István Mészáros, *O conceito de dialética em Lukács*, cit., p. 54-5). E também leituras acadêmicas encontram na *Estética* algo que, nos detalhes, incomoda os especialistas de plantão, decerto ignorando que o autor nunca se pretendeu um acadêmico (e não se esqueça, ademais, que a experiência professoral/universitária de Lukács foi breve: do seu retorno à Hungria, em 1945, à sua exclusão da academia, em 1952): incomoda-os o fato de que "Lukács tinha o hábito – nada acadêmico – de não indicar as referências de suas muitas citações" (ver Carlos Nelson Coutinho e José Paulo Netto, "Apresentação" a György Lukács, *Arte e sociedade*, cit., p. 20).

Quanto a Lukács, ele nunca se iludiu quanto à recepção da *Estética* por grande parte do público, acadêmico ou não – o filósofo tinha clara consciência dos limites do que seria a sua repercussão (ver Nicolas Tertulian, *Georg Lukács: etapas de seu pensamento estético*, cit., p. 291-2).

[238] Ver, entre muitos títulos, Leandro Konder, *Os marxistas e a arte*, cit.; a antologia preparada por Adolfo S. Vázquez, *Estética y marxismo* (México, Era, 1970), 2 v.; Maynard Solomon (org.), *Marxism and Art* (Detroit, Wayne State University Press, 1979); Andrew Hemingway (org.), *Marxism and the History of Art* (Londres, Pluto, 2006).

[239] Penso que, expressamente, apenas um outro marxista de porte se colocou tarefa similar – Galvano della Volpe, na sua *Critica del gusto* (Milão, Feltrinelli, 1960) (ed. port.: *Crítica do gosto*, Lisboa, Presença, [s.d.], 2 v.); o filósofo italiano afirma que, nela, "tentou-se fazer *a exposição sistemática de uma estética materialista-histórica* e, portanto, uma leitura sociológica metódica da poesia e da arte em geral" (ed. port. cit., v. I, p. 9; itálicos não originais). Sobre Della Volpe, ver o v. 14, organizado por Wilcon J. Pereira, da coleção – coordenada por Florestan Fernandes – Grandes Cientistas Sociais (São Paulo, Ática, 1979) e, especificamente sobre a obra citada, Piergiorgio Bianchi, "Valori estetici e metodologia della lettura in *Critica del gusto* di Galvano della Volpe", *Materialismo Storico*, v. VI, n. 1, 2019. Para um cotejo entre reflexões estéticas de Lukács e de Della Volpe, ainda é instigante (e polêmico) o trabalho de Giuseppe Prestipino, *L'arte e la dialettica in Lukács e Della Volpe* (Messina, G. D'Anna, 1961).

Em destacados marxistas, sistematizações estéticas rigorosas são mesmo raras e de fecundidade muito diversa – ver os bem diferenciados escritos de Henri Lefebvre *Contribution à l'esthétique* (Paris, Ed. Sociales, 1953), este um texto anódino, e os mais profícuos de Terry Eagleton *Literary Theory: An Introduction* (2. ed., Hoboken, Blackwell, 1996 [1983]) e *A ideologia da estética* (trad. Mauro Sá Rego Costa, Rio de Janeiro, Zahar, 1993). Aproveite-se a oportunidade para assinalar que, com a vaga pós-moderna, se chegou a aclamar a necessidade da "desconstrução" de elaborações sistemáticas – ao demais, é frequente a equivocada ideia de que tais elaborações sistemáticas são compulsoriamente "rígidas" e "fechadas"; tudo indica que alternativas "flexíveis" e "abertas" não apresentem soluções efetivamente positivas, como se constatou, p. ex., no caso de Roger Garaudy, *Um realismo sem fronteiras* (trad. Rui Mourato, Lisboa, Dom Quixote, 1966).

[240] Subscrevo por inteiro a afirmação de um dos seus mais competentes estudiosos: "O sistema marxista de estética de Georg Lukács, contido nos dois grandes volumes impressos em 1963 [...], pode ser considerado a obra mais *completa* do pensador. Sua significação vai muito além do estreito domínio das teses que trataram da natureza da arte. A importante evolução filosófica de Lukács, desde a sua célebre obra *História e consciência de classe* até a fase, última e decisiva, de seu pensamento da maturidade, encontra sua expressão mais fiel na *Estética*. Sem dúvida, o grosso manuscrito da *Ontologia*, destinado a ser uma obra póstuma, é de natureza a lançar novas luzes, do mais alto interesse, na última fase da evolução filosófica de Lukács. Mas a *Estética* permanece o monumento mais expressivo dos textos publicados durante sua vida" (Nicolas Tertulian, *Georg Lukács: etapas de seu pensamento estético*, cit., p. 189).

[241] Ver esp. Immanuel Kant, *Crítica da faculdade do juízo* (trad. Valerio Rohden e Antonio Marques, 2, ed., Rio de Janeiro, Forense Universitária, 2008), bem como Georg W. F. Hegel, *Cursos de estética*, v. I-IV (trad. Marco Aurélio Werle e Oliver Tolle, São Paulo, Edusp, 1999-2004) e *Estética* (trad. Álvaro Ribeiro e Orlando Vitorino, Lisboa, Guimarães, 1993).

[242] Parece-me importante que o leitor conheça o desenho geral da *Estética* (*Estética I. A peculiaridade do estético*) – tendo em mente que esta edição da Boitempo, à diferença da edição alemã (*Ästhetik. I. Die Eigenart des Ästhetischen*), que se compõe de dois volumes, reproduz o mesmo conteúdo da alemã – 16 capítulos –, mas distribuídos em quatro volumes: nela, os capítulos 1-4 estão neste v. 1; estarão os capítulos 5-10 no v. 2, 11-13 no v. 3 e 14-16 no v. 4; ao longo da tradução da obra, ainda em curso, poderá haver alguma pequena modificação na titulação dos capítulos e seções. Ver o sumário dos 4 volumes nas p. 529-31.

Apresentar uma síntese introdutória à *Estética* de Lukács, capaz de apreender minimamente a sua complexidade e riqueza, apenas sinalizadas nesse sumário da sua estrutura formal, é tarefa logo perceptível como dificílima e não vou empreendê-la nesta oportunidade; recomendo ao leitor a exitosa tentativa de levá-la a cabo que devemos a Tertulian, em seu *Georg Lukács: etapas de seu pensamento estético*, cit., p. 189-283, que explicita suficientemente a originalidade metodológica da *Estética*.

Em materiais já citados nesta "Apresentação", há elementos substantivos acerca da *Estética*, encontráveis também num rol bibliográfico diferenciado e bem extenso – do qual se segue pequena amostra: Ágnes Heller, "L'Esthétique de György Lukács", *L'Homme et la Société*, n. 9, 1968 (tradução em português: "A estética de Georg Lukács", *Revista Hora*, ano II, n. 2, 1972); Hartmut Rosshoff, "Die ästhetische Theorie des späten Lukács", em Heinz Schlaffer (org.), *Literaturwissenschaft und Sozialwissenschaften* (Stuttgart, Metzler, 1974); Béla Királyfalvi, *The Aesthetics of György Lukács* (Princeton, Princeton University Press, 1975); Rolf G. Renner, Ästhetischer Theorie bei György Lukács (Bern, Francke, 1976); Gerhard Pasternack, *Georg Lukács: späte Ästhetik und Literaturtheorie* (Frankfurt, Hain, 1986); Giorgio Pigafetta, *La verità di Dedalo: saggio sull'architettura in Lukács e Heidegger* (Florença, Alinea, 1986); Karin Brenner, *Theorie der Literaturgeschichte und Ästhetik bei Georg Lukács* (Frankfurt, Peter Lang, 1990); Ramadan Bastawess, *Lukács's Aesthetics* (Cairo, General Egyptian Book Organization, 1991); Jost Hermand, "Double Mimesis: Georg Lukács's Philosophy of Music", em Jost Hermand e Gerhard Richter (orgs.), *Sound Figures of Modernity: German Music and Philisophy* (Madison, University of Wiscosin Press, 2006); Ian Aitken, *Realism Film Theory and Cinema* (Manchester, Manchester University Press, 2006), e *Lukácsian Film Theory and Cinema: A Study of Georg Lukács's Writing on Film* (Manchester, Manchester University Press, 2012); Juarez T. Duayer, *Lukács e a arquitetura*. Niterói, Eduff, 2008); Pierre Rusch, "Esthétique et anthropologie. Approche de la dernière esthétique de Georg Lukács", *Actuel Marx*, n. 49, n. 1, 2009, e *L'Œeuvre-monde: essai sur la pensée du dernier Lukács* (Paris, Klincksieck, 2013); János Keleman, *The Rationalism of Georg Lukács* (Basingstoke, Palgrave Macmillan, 2014); Daniel Göcht, *Mimesis-Subjektivität-Realismus: Eine kritisch-systematische Rekonstruktion der materialistischen Theorie der Kunst in Georg Lukács' "Die Eigenart des Ästhetischen"* (Bielefeld, Aisthesis, 2017); Cristina L. Nacif e Ivan Zanatta (orgs.), *Introdução à* Estética *de Georg Lukács* (Rio de Janeiro, 7Letras, 2019); Ivana Perica, "Tertium datur. Lukács' Aesthetics and Ethics as Mirrored in *Die Eigenart des Ästhetischen*", *Zagreber germanistische Beiträge*, v. 29, n. 1, 2020; José D. Gomes dos Santos, "Cinema em Lukács: a atmosfera psíquica em movimento", *Aufklarung: Revista de Filosofia*, v. 7, n. 3, 2020; Leandro C. Souza, "Para uma arqueologia do sentimento estético: o papel da arte paleolítica na *Estética* de György Lukács", *Verinotio*, v. 27, n. 2, 2022; Panos Ntouvos, *Marxism and the Philosophy of Music: The Case of Georg Lukács* (Düren, Shaker, 2023).

[243] Ver, *supra*, a nota 81.

[244] São exemplares as reflexões que Tertulian, no seu *Georg Lukács: etapas de seu pensamento estético*, cit., esp. p. 230-44, desenvolve sobre a questão da mimese na *Estética* – no âmbito das quais o filósofo volta às questões teórico-estéticas da alegoria e do símbolo (para um tratamento lukacsiano da alegoria na literatura moderna, ver o já citado trabalho de Leo Kofler, *Arte abstracto y literatura del absurdo*, p. 79-105).

Recorde-se que Erich Auerbach publicou, em 1946, um rico ensaio sobre a mimese (que teve inúmeras edições entre nós – ver Erich Auerbach, *Mimesis: a representação da realidade na literatura ocidental*, trad. George Bernard Sperber et al., São Paulo, Perspectiva, 2015). Lukács conheceu o texto de Auerbach e o citou na *Estética*, no seu trato da relação alegoria/símbolo (na ed. da Boitempo, ver o v. 4, cap. 16, seção II), salientando que a concepção estética do autor e o método de análise que ele emprega se contrapõem abertamente aos seus.

Vários são os estudos que relacionam os dois esetas de concepções tão diferentes – entre nós, cite-se Antônio Sérgio Pontes de Aguiar, "Erich Auerbach e Georg Lukács: afinidades eletivas", em *Anais do III Seminário Internacional História e Historiografia* (Fortaleza Expressão Gráfica/Wave Media, 2012), referindo-se especialmente à lukacsiana *Teoria do romance*. Ver também o breve artigo de David H. Miles, "Reality and the Two Realisms. Mimesis in Auerbach, Lukács and Handke", *Monatschefte*, v. 71, n. 4, 1979, e o cap. 2 de Richard Walsh, *The Rhetoric of Fictionality* (Athens, The Ohio University Press, 2007).

[245] Mas já neste volume 1 da Boitempo encontramos esta determinação: "é impossível derivar a prática estética da humanidade de uma só fonte" (ver p. 453 deste volume).

[246] Problema filosófico-estético já presente no Lukács pré-marxista (*Estética de Heidelberg*) – ver, *supra*, a nota 5.

[247] O signatário desta "Apresentação", nas suas leituras de Lukács, não registrou referências do filósofo a Liev S. Vigotski, talentoso polígrafo russo precocemente falecido nos

anos 1930, cujo legado se relaciona sobretudo à área da psicologia, mas que inclui abordagens da arte – ver Liev S. Vigotski, *Psicologia da arte* (trad. Paulo Bezerra, São Paulo, Martins Fontes, 2020), e Priscila Marques (org. e trad.), *Liev S. Vigotski: escritos sobre arte* (Bauru, Mireveja, 2022). Todavia, cabe assinalar que, desde fins do século passado, psicólogos e pedagogos brasileiros têm destacado conexões entre algumas concepções de sociabilidade de Vigotski e de Lukács – pense-se especialmente no trabalho desenvolvido por pesquisadores da "pedagogia histórico-crítica", na qual tem relevo o professor Newton Duarte.

[248] Advirta-se ao leitor, desde já, que Lukács, quando se vale da contribuição de cientistas – como Darwin e Pavlov – que estudaram a *evolução natural* (inclusive neurológica) dos seres vivos, sem negar o seu peso para o conhecimento da espécie humana, é extremamente cuidadoso no seu recurso a eles: o filósofo tem sempre presente que *a "herança natural" não responde pela especificidade do ser social*. Um passo da *Estética* basta para evidenciar essa posição de Lukács: escreve ele que "aqui nos valemos, para fins bem definidos, de certos resultados da antropologia" porque, para o "conhecimento adequado" do homem, há de se levar em conta a "importância decisiva justamente [d]a indissociabilidade entre o trabalho e a da linguagem e, portanto, [d]o que separa o animal do homem" (ver p. 178 deste volume). Já sabe o leitor que a fundamentação exaustiva da especificidade do ser social ocupará Lukács na sequência da conclusão da *Estética I*, empenhado na redação da *Ontologia do ser social*.

[249] Ver a nota 1, *supra*.

[250] Esse capítulo tem o interesse adicional de contribuir para deitar por terra o tão difundido quanto tolo preconceito segundo o qual a concepção estética de Lukács se nutre restritamente do seu conhecimento literário. Ao longo da *Estética*, Lukács demonstra a sua (e já bem antes o fizera em outros escritos) relação pertinente e crítica com a obra de artistas que não se situam apenas no universo da literatura – para ficar somente na *Estética*, lembremos os mais notáveis a que o filósofo se remete: Giotto, Fra Angelico, Leonardo, Michelangelo, Dürer, Tintoretto, Rembrandt, Bach, Goya, Händel, Beethoven, Schubert, Van Gogh, Daumier, Courbet, Cézanne, Dvorak, Bartók – descontadas remissões incidentais a Matisse, Picasso, Chaplin e De Sica.

[251] Tema de que o Lukács pré-marxista já se ocupara – ver Carlos Eduardo Jordão Machado, *As formas e a vida*, cit., e José I. López Soria, *El joven Lukács*, cit.

[252] Objeto de tratamento por Lukács em *Realismo crítico hoje*, cit., esp. p. 66-71.

[253] É arquiconhecida a precisão marxiana: "Toda a história não é mais que uma transformação contínua da natureza humana" (Karl Marx, *Miséria da filosofia*, trad. José Paulo Netto, São Paulo, Boitempo, 2017, p. 128). A determinação tem servido à ideia equivocada de que Marx excluiu, na sua maturidade intelectual, a efetividade de uma *natureza humana*, que não pode ser meramente identificada com a noção naturalizadora de *essência humana* – nesse mesmo parágrafo veremos o que, a partir de Marx, pode constituir uma caracterização *não naturalista* de essência humana.

Sobre os problemas aqui aludidos, ver o brilhante estudo, já cinquentenário, de György Márkus, *Marxismo e antropologia: o conceito de "essência humana" na filosofia de Marx* (São Paulo/Criciúma, Expressão Popular/Ediunesc, 2015); observe-se que Márkus, em nota à p. 91, distingue e não identifica em Marx *menschliches Wesen* (essência humana) e *menschliche Natur* (natureza humana). Permito-me remeter o leitor ao livro que publiquei há poucos anos, em que há subsídios para discutir a questão da essência humana no pensamento marxiano: *Karl Marx, uma biografia* (São Paulo, Boitempo, 2020), esp. cap. 2, p. 110-2 e suas respectivas notas.

[254] Ver Ágnes Heller, *O quotidiano e a história* (trad. Carlos Nelson Coutinho e Leandro Konder, Rio de Janeiro, Paz e Terra, 1972), p. 4 (os primeiros itálicos da citação não são do original). Outro autor, no estudo do *jovem* Marx, arrola "como traços ou determinações do homem" a *consciência*, o *trabalho*, a *sociabilidade*, a *universalidade*, a *liberdade* e a *totalidade*, salientando que "estas determinações não se apresentam isoladas, mas sim em estreita unidade" (Adolfo Sánchez Vázquez, *El joven Marx: los Manuscritos de 1844*, México, La Jornada/Itaca, 2003, p. 243 e seg.).

[255] Para o trato marxiano dessa categoria (*Vergegenständlichung*) (e de outras, constitutivas da *natureza humana* tematizada por Marx, e às quais Lukács recorre na *Estética*, como a de *ser genérico* (*Gattungswesen*)), ver especialmente Karl Marx, *Cadernos de Paris & Manuscritos econômico-filosóficos de 1844*, cit., p. 58-67 e suas respectivas notas, às p. 158 e seg.

[256] Lukács não foi o primeiro teórico marxista a dedicar-se à análise da vida cotidiana. Já desde a segunda metade da década de 1940, Lefebvre – sob uma lente teórica bem distinta da de Lukács – iniciou a publicação dos seus estudos, pioneiros e instigantes, sobre a vida cotidiana – ver Henri Lefebvre, *Critique de la vie quotidienne*, v. I. (Paris, Grasset, 1947), v. II (Paris, L'Arche, 1958) e v. III (Paris, L'Arche, 1981); ver também o seu *La vie quotidienne dans le monde moderne* (Paris, Gallimard, 1968) (ed. bras.: *A vida cotidiana no mundo moderno*, trad. Alcides João de Barros, São Paulo, Ática, 2009). Mas não creio estar em erro se considero que o tratamento da vida e do pensamento cotidianos apresentado por Lukács na *Estética* abriu uma perspectiva de análise inteiramente nova desse objeto – a primeira a explorar tal perspectiva, mesmo que à sua moda, foi Ágnes Heller (ver *Sociologia della vita quotidiana*, Roma, Riuniti, 1975).

Talvez seja pertinente lembrar que, há mais de trinta anos (de fato, em 1987), cuidei do tratamento que Lukács ofereceu à vida cotidiana num pequeno e didático ensaio, "Para a crítica da vida cotidiana" – ver José Paulo Netto e Maria do Carmo B. de Carvalho, *Cotidiano: conhecimento e crítica* (10. ed., São Paulo, Cortez, 2012).

[257] O projeto editorial da Boitempo para a *Estética* prevê que, à maneira deste v. 1, todos os três próximos serão abertos com uma apresentação do seu conteúdo específico, firmados por especialistas qualificados.

[258] Ver p. 153-4 deste volume.

[259] Recorde-se que a relação vida cotidiana/arte (e, de algum modo, também a relação arte/ciência) é questão já posta pelo Lukács pré-marxista na contraposição entre a *vida* e a *Vida* (ver György Lukács, *A alma e as formas*, cit., esp. p. 31-53).

[260] Ver p. 164-5 deste volume.

[261] Ver p. 174-5 deste volume.

[262] Lembre-se aqui a notação marxiana de 1873: "deve-se distinguir o modo de exposição segundo sua forma do modo de investigação. A investigação tem de se apropriar da matéria [*Stoff*] em seus detalhes, analisar suas diferentes formas de desenvolvimento e rastrear seu nexo interno. Somente depois de consumado tal trabalho é que se pode expor adequadamente o movimento real. Se isso é realizado com sucesso, e se a vida da matéria é agora refletida idealmente, o observador pode ter a impressão de se encontrar

diante de uma construção *a priori*" (Karl Marx, "Posfácio da segunda edição", em *O capital: crítica da economia política*, Livro I: *O processo de produção do capital*, trad. Rubens Enderle, São Paulo, Boitempo, 2013, p. 90).

[263] Ver p. 166 deste volume.

[264] A análise lukacsiana do *trabalho*, fundada nas concepções de Marx, será desenvolvida exaustivamente pelo filósofo na *Ontologia do ser social*, mas, como indiquei, já vem avançada na *Estética*. A referência às concepções marxianas dispensa lembrar que, também para Lukács, através do trabalho, se opera tanto a *transformação da natureza* quanto a *hominização da determinada espécie de ser vivo que o pratica* (vale dizer: o trabalho transforma o seu objeto e o seu sujeito).

[265] As transformações aqui aludidas e suas implicações (divisão social do trabalho, surgimento das tendências ao idealismo, impacto da dinâmica do desenvolvimento capitalista, incidência na filosofia inclusive do século XX etc.) são ricamente tratadas por Lukács – rogo ao leitor que percorra as páginas deste capítulo 1 para avaliar o caráter verdadeiramente esquemático do excurso que agora está diante de seus olhos.

[266] O esquematismo deste excurso obriga-me a não conferir aqui o necessário destaque à *heterogeneidade*, que, segundo a análise de Lukács, é constitutiva da vida cotidiana – nem a sublinhar que, em face dela, os sujeitos reagem/respondem como *homens inteiros*; em outro capítulo da *Estética*, o filósofo realça que, nas objetivações artísticas resultantes do reflexo estético desenvolvido, se instaura o *meio homogêneo* próprio do mundo das obras de arte, e os seus autores e fruidores comportam-se/reagem como *inteiramente homens* (ver, na edição da Boitempo, o v. 2, esp. cap. 8).

[267] Ver, *infra*, a nota 277.

[268] O tratamento que Lukács confere à cultura da Grécia clássica nesse passo da *Estética* faz-se no quadro de uma sintética, mas rigorosa, análise histórica e econômico-social que não será recuperada no presente excurso.

[269] Também nesse passo a análise lukacsiana remete a causas e a motivos políticos e econômico-sociais que este excurso não resgata.

[270] Ver p. 311 deste volume.

[271] Inclusive desenvolvimentos literários. E diga-se que o invejável conhecimento científico-filosófico de Lukács lhe permite transitar bem à vontade na perquirição de posições de Galileu e na interlocução crítica com pensadores do porte de Bacon, Hobbes, Descartes e Spinoza – aliás, nesse período fundacional da ciência moderna, Lukács considera que Bacon foi aquele que mais contribuiu para levar a cabo a diferenciação entre pensamento cotidiano e reflexo científico-objetivo da realidade.

[272] No andamento da sua análise, Lukács esclarece que a "reconfiguração intelectual e emocional do mundo, visto como desantropomorfizado, não constitui, portanto, uma desumanização niilista ou relativista da realidade humana nem resulta em uma desesperada falta de direção do agir humano. Quando isso acontece, estamos lidando, ao contrário, com algum mito reacionário" (ver p. 319 deste volume).

[273] Nicolas Tertulian, em *Georg Lukács: etapas de seu pensamento estético*, cit., p. 194, observa que Adorno, em texto de 1958 ("Erpresste Versöhnung" ("Uma reconciliação extorquida")), afirmou: "Lukács simplifica a unidade dialética entre arte e ciência até reduzi-las a uma pura identidade [...]" (para consultar o texto adorniano, ver, na

ed. norte-americana, Theodor W. Adorno, *Notes to Literature* (Nova York, Columbia University Press, 2019, p. 225). Se o juízo de Adorno já era discutível em 1958, com a publicação da *Estética* ele se vê absolutamente infirmado.

274 Ver p. 346 deste volume.

275 "Por mais que tenha frequentemente de se restringir a problemas específicos, o reflexo científico também deve almejar constantemente acercar-se tanto quanto possível da totalidade extensiva e intensiva das determinações universais de seu respectivo objeto. O reflexo estético, em contraposição, visa imediatamente sempre só um objeto particular" (ver p. 377 deste volume).

276 Lukács atribui essa tardia emersão do estético em relação ao trabalho a diversas variáveis – e não deixa de anotar que "ele [o estético] pressupõe objetivamente não só certo patamar da técnica mas também *certo ócio para a criação do 'supérfluo'*, acarretado pelo aumento das forças produtivas do trabalho" (ver p. 380 deste volume; os itálicos não são originais).

277 O "caráter 'fictício' da arte sempre se consuma radicalmente até o fim, ao passo que, na religião, esse 'caráter fictício' aparece sempre com a pretensão de constituir uma realidade transcendente, mais verdadeira do que a da vida cotidiana. [...] a renúncia da imagem artística a ser realidade implica objetivamente uma rejeição da transcendência, do além; ela cria formas específicas do reflexo elaborado da realidade, formas que se originam da realidade e retornam ativamente sobre ela" (ver p. 385-6 deste volume). Observe-se que Lukács, tratando desse caráter "fictício", logo retoma a passagem clássica de Feuerbach, em que este, depois de considerar a religião uma forma de poesia, acrescenta: "mas com a diferença da poesia, da arte em geral, que a arte não toma suas criações por coisas que não são [reais], mas simplesmente por criações da arte; mas a religião considera suas entidades fictícias como entidades reais" (ver Ludwig Feuerbach, *Preleções sobre a essência da religião*, trad. José da Silva Brandão, Campinas, Papirus, 1989, p. 154). Aduza-se que o procedimento de Lukács repete, como ele mesmo informa, o de Lênin (ver Vladímir I. Lênin, "Cuadernos filosóficos", em *Obras completas*, t. 29, Moscou, Progreso, 1986, p. 51).

A *cismundanidade* do estético, dada a sua relevância, será ainda tratada por Lukács no capítulo 6 da *Estética* (ver, na edição da Boitempo, o v. 2) e no capítulo 16 (ver, na mesma edição, o v. 4). Neste último, escreverá o filósofo: "A cismundanidade não é, na arte, uma mera negação abstrata da transcendência, mas algo muito ativo, positivo e criador: é a incorporação de toda transcendência – sempre presente de algum modo no material vital da obra, imersa totalmente junto com todos os demais elementos vitais, cismundanos por sua natureza – na corrente do meio homogêneo. Tudo o que na vida do homem, em seus pensamentos, em seus sentimentos, em suas representações ou fantasias míticas ou semimíticas etc. é um momento de transcendência na existência humana – para a arte tudo é um fetiche que tem de dissolver em pura humanidade, em relações humanas, em emoções subjetivas, em paixões ou em operações mentais. Por esta via – e não há outra – aqueles conteúdos se apresentam aos homens como elementos internos da existência terrena, se tornam manifestos e adquirem a sua verdadeira significação" (ed. alemã da Luchterhand, 2, 1963, p. 830-1).

278 Eis o que escreve o filósofo, em passo tão importante quanto complexo da sua argumentação: "o objeto fundamental do reflexo estético é a sociedade em seu metabolismo com a natureza. [...] o reflexo estético está constantemente efetuando uma generalização.

Contudo, o estágio supremo dessa generalização é o gênero humano, é a tipicidade para seu desenvolvimento ascendente. Porém ela nunca aparece como abstração. A profunda verdade vital do reflexo estético não consiste [...] no fato de mirar sempre o destino do gênero humano, mas em nunca o separar dos indivíduos que o compõem, jamais querer fazer dele uma entidade que existe independentemente. O reflexo estético mostra a humanidade constantemente na forma de indivíduos e destinos individuais. Sua peculiaridade [...] expressa-se justamente no modo como esses indivíduos, por um lado, possuem uma imediaticidade sensível que se diferencia da imediaticidade da vida cotidiana pela intensificação dos dois fatores e, por outro, no modo como é inerente a eles a tipicidade do gênero humano – sem que isso anule sua imediaticidade. [...] O estabelecimento simultâneo desses dois fatores perfaz a historicidade indissolúvel de toda obra de arte. Ele não fixa simplesmente situações de fatos existentes em si, como faz a ciência, mas eterniza um momento do desenvolvimento histórico do gênero humano. A preservação da individualidade na tipicidade [...] representa os momentos dessa historicidade. [...] a verdade artística, enquanto verdade, é histórica; sua gênese correta converge com sua validade verdadeira, dado que esta não é senão o ato de desocultar e tornar evidente, alçar à vivenciabilidade um dos momentos do desenvolvimento do gênero humano que merece ser registrado, em termos tanto de conteúdo quanto de forma" (ver p. 388-9 deste volume).

Elementos que clarificam as categorias presentes nessa importante passagem da *Estética* estão acessivelmente tratados por Ágnes Heller em "A estética de Lukács", cit., e desenvolvidos amplamente no já citado trabalho de Nicolas Tertulian, *Georg Lukács: etapas de seu pensamento estético*, cit., esp. p. 223-44.

Noutro capítulo desta obra, diz Lukács "que o princípio antropomorfizador na estética, e apenas nela, não significa uma subjetivação – nem mesmo uma subjetivação socialmente necessária, como na religião –, mas uma objetividade peculiar, que, no entanto, está inseparavelmente ligada ao gênero humano enquanto objeto e sujeito do estético" (ver p. 425 deste volume).

[279] Também aqui não recuperarei a farta documentação (antropológica, etnológica, histórico-filosófica e literária) a que Lukács recorre, escorado na sua invejável cultura e erudição.

[280] A relevância da *evocação* na concepção estética de Lukács – que não pode ser tematizada aqui – é reconhecida expressamente pelos seus principais exegetas. Na *Estética*, são incontáveis os passos em que o filósofo remete à necessária característica *mimético--evocativa* da arte; lembro um único exemplo, extremamente significativo: Lukács afirma que o traço distintivo do "autenticamente estético", em face dos seus sucedâneos, "é precisamente a força da evocação" (afirmação que o leitor encontrará, na edição da Boitempo, no v. 2, cap. 8; ver, na edição da Luchterhand, 1963, v. 2, cap. 8, p. 681).

[281] O "que consideramos profundo na arte, independentemente de qual arte se trata? A resposta é evidente: um reflexo da realidade que figura de modo fidedigno a contraditoriedade da vida em todas as suas determinações decisivas, em sua dinâmica plenamente desdobrada. Quanto maior for a tensão de tais contradições concretas trazidas à unidade, tanto mais profunda será a obra de arte. [...] se costuma conferir o predicado da profundidade justamente a artistas que, nesse aspecto, vão inescrupulosamente até as últimas consequências; é o caso de Dante e Rembrandt, Shakespeare e Beethoven" (ver p. 477 deste volume).

[282] Lukács formula inicialmente as suas ideias acerca da função social específica da arte na *Introdução a uma estética marxista*, cit., p. 282-98 e as desenvolve detalhada e amplamente no capítulo 16 da *Estética* (tematizando as conexões da estética com a ética), que virá no v. 4 da edição da Boitempo.

Nota da revisão

Ronaldo Vielmi Fortes

A tradução da obra de Lukács, dado seu debate com as grandes correntes do pensamento filosófico, impõe dificuldades que precisam ser consideradas e esclarecidas. As reflexões desenvolvidas neste livro fazem uso de categorias que se tornaram tradicionais na filosofia. No entanto, ao se apropriar dessas categorias, Lukács não as toma sob a óptica de um rigor típico dos sistemas filosóficos. A análise das categorias fundamentais da estética assume no autor contornos claramente distintos daqueles verificados na tradição da filosofia. Lukács não se preocupa em estabelecer sua reflexão nos moldes do tratamento sistematizador lógico-hierárquico característico dos grandes sistemas filosóficos, nem mesmo dedica capítulos ou seções de seu livro à elucidação de determinados temas sob a forma da exposição esquemática de cada categoria, e, portanto, não as enreda no arcabouço lógico de um sistema. O tratamento conferido a elas aparece em meio à análise dos "complexos problemáticos mais importantes" do ser social. Por meio da elucidação dos complexos e de seus elementos, se fazem presentes as reflexões sobre as categorias filosóficas, quase sempre acompanhadas de críticas ao modo pelo qual a tradição filosófica lidou com eles. A opção por essa forma expositiva condiz com a perspectiva do autor, para quem o desvelamento e a especificação das categorias devem proceder da análise dos próprios nexos presentes na matéria tratada, e que visa eliminar toda consideração e articulação meramente lógica ou gnosiológica dos nexos categoriais – fato que, segundo o autor, caracteriza grande parte das elaborações da filosofia em torno das categorias.

A explicitação e justificativa da forma como ocorre o tratamento das categorias no interior de sua obra significa "a ruptura com os meios expositivos baseados em definições e delimitações mecanicistas, em separações 'puras' em 'seções'". Contrariamente a tal procedimento, Lukács parte do "método da determinação, em oposição ao da definição", de forma a retornar "aos fundamentos da realidade da dialética, à infinitude tanto extensiva quanto intensiva dos objetos e suas relações". Enquanto "a definição fixa a própria parcialidade como algo definitivo e, por isso, obrigatoriamente violenta o caráter fundamental dos fenômenos", a determinação é "considerada desde o início algo provisório, carente de complementação, algo cuja essência precisa ser complementada, formada continuamente e concretizada". As categorias possuem historicidade, e o sentido exato delas somente pode ser apreendido por meio da análise de suas determinações no interior de dados complexos. Para Lukács, "só é possível aproximar-se gradativamente, passo a passo, do objeto, na medida em que esse objeto é analisado em diversos contextos, em diferentes relações com diversos outros objetos, na medida em que a determinação inicial não é invalidada por esses procedimentos – nesse caso, ela estaria errada –, mas, ao contrário, é enriquecida ininterruptamente ou, poderíamos dizer, se aproxima sempre mais da infinitude do objeto para o qual está voltada, com astúcia".

Desse modo, é preciso acompanhar a intensificação analítica das categorias ao longo da obra de Lukács, pois elas assumem ordens de determinação distintas no interior dos complexos das atividades do ser social. Trata-se da continuidade na descontinuidade, da conformação e sobredeterminação categorial no interior de dado complexo – por exemplo, a categoria ritmo na natureza, no trabalho e a forma evocativa que ela assume no complexo estético (ver cap. 3). Assim, foi preciso manter, quando possível, termos tradicionais específicos para determinadas categorias da língua alemã. Porém, como o leitor poderá notar, em determinados casos, tal opção nem sempre foi passível de ser mantida.

Esse é o caso da categoria *Erscheinung*, de forte significação nos estudos do pensamento hegeliano. Optamos por traduzi-la por "aparência" – no sentido de "aparecer", de manifestação da essência, e não de uma mera ilusão – principalmente nos casos em que *Erscheinung* se apresenta fazendo par com *Wesen* [essência]. No entanto, nem sempre essa transposição para o português mostrou fazer sentido. Isso se deve ao fato de Lukács utilizar tal termo, em várias oportunidades, como semelhante a *Phänomen*, ou seja, "fenômeno". Nessas ocasiões, em que a tradução por *aparência* poderia suscitar estranheza na língua portuguesa, usamos "fenômeno", porém sempre indicando o termo original do alemão entre colchetes. Em todos os outros casos em que a palavra "fenômeno" aparece sem tal indicação, significa que o termo usado por Lukács é *Phänomen*.

Nossa opção visou a deixar claro ao leitor o uso por Lukács de palavras distintas, muito embora – como acreditamos que se poderá observar – não exista o rigor sistematizante no uso dessas terminologias em particular. Por exemplo, no trato que o autor confere ao pensamento de Kant, em que *phenomena* forma par categorial com *noumena* – nas referências à questão da "coisa em si" – Lukács traduz a expressão latina por *Erscheinung* no lugar do correspondente mais próximo, que seria "fenômeno". Tal evidência da peculiaridade dessa transposição para o alemão (cujo uso é semelhante ao que ocorre em *A ciência da lógica*, de Hegel), contribui para nos distanciarmos do preciosismo terminológico em que incorrem algumas traduções, que optam por serem mais rigorosas semanticamente do que os próprios autores. É preciso advertir para esses aspectos do uso terminológico dada a tendência em nossos dias ao extremismo filológico, que por vezes se perde na discussão exagerada e enfadonha da precisão dos termos, negligenciando aspectos mais importantes, ou seja, o exato sentido das palavras, das categorias, nos contextos específicos em que são utilizadas.

Assim, contra as tendências extremas, também optamos por traduzir *Wirklichkeit* por "realidade", diferentemente das traduções hegelianas em nosso país que optam por "efetividade". Pelo mesmo motivo, *Aufhebung* foi traduzido por "superação", evitando desse modo o uso, comum entre os hegelianos, do neologismo "suprassunção". Essa opção traria problemas, pois significaria hegelianizar o pensamento de Lukács, forçando uma aproximação exagerada, conferindo a seu pensamento a atmosfera de desdobramentos diretos das reflexões de Hegel. Nem sempre o termo *Aufhebung* é usado na acepção hegeliana. Por vezes, seu sentido é tão somente o de "cancelar", superar na significação de eliminar. Próximo a esse termo e, por vezes, até mesmo como substitutivo a ele, Lukács utiliza o termo alemão *Überwindung* – traduzido por suplantação – em acepção que não faz referência a questões relativas à dialética. Usar expressões peculiares ao hegelianismo poderia induzir o leitor a erros ou até mesmo impor interpretações – a nosso ver equivocadas – ao livro aqui em questão. Além de evitar aproximações apressadas e até mesmo indevidas, a intenção é permitir ao leitor julgar por si mesmo o sentido das categorias no pensamento de Lukács, por meio do uso de palavras diferentes para termos alemães distintos.

Duas outras categorias oferecem dificuldades para a tradução: *Partikularität* e *Besonderheit*. Ambas correspondem ao termo "particularidade" no português. Porém, Lukács as utiliza em sentidos distintos. *Besonderheit* corresponde à categoria da tríade frequente na tradição filosófica "universalidade, particularidade e singularidade", enquanto *Partikularität* possui o sentido de parte, de delimitado, ou mesmo de interesses particulares. Nessa última acepção, por exemplo, a *Partikularität* dos indivíduos, corresponde ao indivíduo isolado, preso a si mesmo, em sua cotidianidade. Conforme se poderá observar em suas formulações, há o contraponto elaborado pelo autor, segundo o qual, por meio da arte, o indivíduo pode se elevar de sua *Partikularität* à *Besonderheit* do gênero. Nesse sentido, *Partikularität* se distingue de *Besonderheit* tal como analisa Lukács no "Capítulo 12 - A categoria da particularidade" [*Die Kategorie der Besonderheit*]. Para apontar ao leitor o uso específico das categorias, indicamos no corpo do texto entre colchetes sempre que o termo utilizado for *Partikularität*. No caso do uso de *Besonderheit*, apenas destacamos a palavra em português sem a indicação do termo em alemão, salvo nos casos em que aparecem juntas em uma mesma frase.

Quanto à expressão alemã *Widerspigelung* que em *Para uma ontologia do ser social* foi vertida como "espelhamento", nesta edição optamos por traduzir como "reflexo". Muito embora filologicamente a tradução "espelhamento" esteja correta, do ponto de vista histórico-político julgamos a modificação necessária. Em referência direta à "teoria do reflexo" de Lênin, o uso do termo por parte de Lukács associa-se à tradição do marxismo, embora ganhe em seu pensamento aspectos peculiares, como o leitor poderá julgar por si mesmo. Coube aqui, portanto, optar por essa tradução, no intuito de destacar os desdobramentos feitos pelo pensador magiar da tradição leninista herdada por ele. Para diferenciar a categoria *Widerspigelung* de *Reflex* (reflexo) – também usado por Lukács –, neste último caso indicou-se no corpo do texto a expressão alemã entre colchetes. *Reflex* tem relação direta com a expressão usada do Pavlov – "reflexo condicionado" – ou tem o sentido de uma imagem refletida no espelho. Quando não houver nenhuma indicação no corpo do texto, o termo usado por Lukács é *Widerspigelung*.

Por fim, no caso das expressões *Gegenstanlichkeit* e *Objekvationen* o significado parece ser o mesmo em todos os casos. Ao que parece, diferente do uso que se dá em *Para uma ontologia do ser social*, nas páginas deste livro os termos são usados de maneira indiscriminada, de forma que optamos sempre por vertê-los por *objetivação*.

Esta nota não poderia deixar de registrar o agradecimento a Ester Vaisman e a Vitor Bartoletti Sartori, pelas discussões extremamente elucidativas no trabalho da revisão das categorias. É preciso, no entanto, advertir: as opções finais de tradução foram decisões assumidas pelo revisor. Nessa medida, as eventuais críticas devem ser endereçadas única e exclusivamente a ele.

Nota da editora alemã

O texto da nossa edição de *A peculiaridade do estético*, de György Lukács, tem por base a edição em dois volumes publicada em 1963 pela editora Luchterhand (v. 11-12 das *Obras completas*); dúvidas puderam ser esclarecidas mediante o recurso a uma cópia datilografada do original que gentilmente nos foi cedida pelo prof. dr. Frank Benseler.

Em virtude da complexa gênese desse original datilografado – Lukács ditou sua obra em língua alemã; as provas datilografadas produzidas com base no ditado foram revisadas, corrigidas e passadas a limpo, sendo ocasionalmente corrigidas uma segunda ou terceira vez –, o texto da edição da Luchterhand apresentou muitos erros (trata-se de erros de audição dos colaboradores nunca corrigidos, lapsos de impressão e omissão de linhas inteiras). A produção editorial foi premida pelo tempo e, por isso, não foi coerente em muitos detalhes (além dos problemas de ortografia e pontuação, há problemas gramaticais e sintáticos e falta de esclarecimento de algumas passagens "obscuras" do texto).

Nossa revisão se esforçou para ressaltar o argumento da exposição com formulações mais precisas e modernização da ortografia, pontuação, gramática e sintaxe, sem modificar propriamente o texto. Isso significa que, por um lado, interferimos apenas excepcionalmente em passagens obscuras do texto, auxiliando a compreensão mediante conjecturas inseridas entre {...} (palavras ou grupos de palavras que constam entre <...> são passíveis de eliminação). Por outro lado, isso quer dizer que corrigimos tacitamente erros de fácil identificação (inclusive as assim chamadas "linhas ocultas") e, em função da legibilidade, eliminamos, sem chamar a atenção para o fato, certas inseguranças do alemão de Lukács que não haviam sido corrigidas no trabalho de revisão de Frank Benseler – seguindo a mesma linha dessa primeira redação do texto. Referimo-nos à uniformização da grafia (por exemplo: *Homogenität*, em vez de *Homogeneität*, *Verhaltensweise*, em vez de *Verhaltungsweise* etc.) e, sobretudo, às concordâncias lógicas e sintáticas que, no texto original, foram frequentemente deformadas pelo uso incorreto de pronomes possessivos, relativos e reflexivos.

Esperamos ter respeitado a intenção do autor ao, por um lado, renunciar a todo empenho filológico e, por outro, não ter corrigido todo desvio da norma culta da língua. Com exceção das normatizações descritas, feitas em função da inteligibilidade do texto, esta edição corresponde integralmente ao texto da edição definitiva da Luchterhand e da cópia tipográfica da obra.

Nossa edição destina-se ao estudo e à pesquisa. Por isso também nos empenhamos por registrar entre {...} as páginas correspondentes às numerosas referências cruzadas do autor a passagens paralelas ou excursos sobre problemas específicos em outras partes da obra; por razões técnicas, isso não foi possível em todos os casos. Esse caráter de estudo e pesquisa da nossa edição também ensejou a verificação de grande parte das citações. A editora agradece em especial a Bernd Florath e a Peter Heyl pela checagem paciente e conscienciosa das citações, que resultou também na correção de numerosos erros que alteravam o sentido dos textos. As citações das obras e cartas de Marx e Engels, para as quais Lukács usou diversas edições antigas, foram todas modificadas segundo a *Marx-Engels-Werke* (MEW); as referências bibliográficas das edições usadas por Lukács continuam constando nas notas e são complementadas, em segunda posição, pelas passagens da MEW.

Em virtude das divergências entre as traduções mais recentes das obras e cartas de Lênin e as mais antigas, as citações deste em Lukács foram mantidas de acordo com as fontes usadas por ele; contudo, nas notas foram incluídas, para comparação, passagens paralelas de todas as citações de Lênin, segundo as novas edições de suas obras e cartas.

Em outros casos, também recorremos à referência dupla para permitir que o leitor se oriente mais facilmente, como no caso de certas fontes em língua estrangeira que Lukács costuma citar com traduções próprias, mas das quais dispomos hoje de traduções confiáveis em língua alemã, ou, no que se refere às Máximas e reflexões de Goethe, fizemos indicações suplementares da edição de Hoyer, de mais fácil acesso.

Jürgen Jahn

Siglas e convenções

Hoyer	Johann Wolfgang von Goethe, *Maximen und Reflexionen* (ed. Walter Hoyer, Leipzig, Dieterich, 1953, Coleção Dieterich, v. 149)
HWF	*Georg Wilhelm Friedrich Hegel's Werke*. Vollständige Ausgabe durch einen Verein von Freunden des Verewigten [edição completa realizada por associação dos amigos do imortal] (Berlim, Duncker & Humblot, 1832-1845)
HSWG	Georg Wilhelm Friedrich Hegel, *Sämtliche Werke*. Jubiläumsausgabe in zwanzig Bänden [edição do jubileu em 20 volumes] (reed. Hermann Glockner, Stuttgart, Frommans, 1927-1940; 3. ed., 1949-1959)
HSWL	Georg Wilhelm Friedrich Hegel, *Sämtliche Werke*. Kritische Ausgabe [edição crítica], v. 1 a 10a, 12-15a, 18a, 19-21 (ed. Georg Lasson e Johannes Hoffmeister, Hamburgo, F. Meiner, 1952-1960); continuação: *Sämtliche Werke*. Neue kritische Ausgabe [nova edição crítica], v. 5, 11, 12, 18a, 27-30 (ed. Johannes Hoffmeister, Hamburgo, F. Meiner, 1952-1960)
JA	Johann Wolfgang Goethe, *Sämtliche Werke*. Jubiläums-Ausgabe in 40 Bänden [edição do jubileu em 40 volumes] (ed. Konrad Burdach e Eduard von der Hellen, Stuttgart, Cotta, 1902-1907)
KGSA	*Kant's gesammelte Schriften* (ed. Real Academia Prussiana das Ciências, Berlim, Reimer, 1904-1911). Primeira seção: Obras

Lênin, *Briefe*	Vladímir Ilitch Lênin, *Briefe*, v. 1-10 (Berlim, Dietz, 1967-1976)
LV	Vladímir Ilitch Lênin, *Werke*, v. 1-40 (Berlim, Dietz, 1961-1971)
MEGA	Karl Marx e Friedrich Engels, *Historisch-kritische Gesamtausgabe*. Werke. Schriften. Briefe, v. 1-7 (ed. David Rjazanov [e Viktor Adoratskij, a partir de 1931], pelo Instituto Marx-Engels-Lênin de Moscou, Frankfurt am Main/Berlim, Marx-Engels-Archiv, 1927--1932; 2. ed., Moscou, Marx-Engels-Verlag, 1933-1935)
MEW	Karl Marx e Friedrich Engels, *Werke*, v. 1-39 e v. compl. (Berlim, Dietz, 1956-1968). Escritos até 1844, Parte 1-2
PhB	*Die Philosophische Bibliothek* [Biblioteca filosófica] (Hamburgo, Felix Meiner. s.d.)
Rilla	Gotthold Ephraim Lessing, *Gesammelte Werke in zehn Bänden* (ed. Paul Rilla, Berlim, Aufbau, 1954-1958)
RUB	*Reclams Universalbibliothek* [Biblioteca universal da Editora Reclam]
WA	*Goethes Werke* (ed. a pedido da grã-duquesa Sofia da Saxônia [ed. Weimar], Weimar, H. Böhlau, 1887-1919). Seções I-IV
{...}	Inserções explicativas do editor (Aufbau Verlag)
<...>	Termos que o editor alemão propõe que sejam eliminados
[...]	Inserções explicativas do tradutor

ESTÉTICA
A peculiaridade do estético

Volume 1
Questões preliminares e de princípio

Eu pretendia dedicar as obras em que planejo sintetizar os resultados mais essenciais do meu desenvolvimento, a minha Ética e a minha Estética, da qual se encontra aqui a primeira parte independente, como modesto ensaio de agradecimento por mais de quarenta anos de comunhão de vida e pensamento, de trabalho e lutas a
Gertrud Bortstieber Lukács,
falecida em 28 de abril de 1963.
Hoje só posso dedicá-las à sua memória.

Eles não sabem disso, mas o fazem.

Karl Marx, O *capital*

Prefácio

O livro aqui entregue ao público é a primeira parte de uma estética que tem por tema central a fundamentação filosófica do tipo de pôr estético, a dedução da categoria específica da estética e a sua delimitação em relação a outros campos. Na medida em que as exposições se concentram nesse complexo de problemas e só abordam problemas concretos da estética quando isso é imprescindível para o esclarecimento dessas questões, esta parte forma um todo acabado e compreensível também sem as partes subsequentes.

É imprescindível deixar claro o lugar que o comportamento estético ocupa na totalidade das atividades humanas e das reações humanas ao mundo exterior, assim como a relação entre as formações estéticas daí resultantes, entre sua estruturação categorial (forma estrutural etc.) e outros modos de reação à realidade objetiva. A observação imparcial dessas relações resulta, grosso modo, no seguinte quadro: a dimensão primária é o comportamento do homem na vida cotidiana, um campo que, apesar de sua importância central para a compreensão dos modos superiores e mais complexos de reação, em grande parte não foi ainda investigado. Sem querer antecipar aqui pontos que foram expostos detalhadamente no curso da própria obra, devemos mencionar, com toda a brevidade possível, as ideias básicas de sua estrutura. O comportamento cotidiano do homem é simultaneamente começo e fim de toda atividade humana, isto é, quando se imagina o cotidiano como um grande rio, pode-se dizer que, nas formas superiores de recepção e reprodução da realidade, ciência e arte ramificam-se a partir dele, diferenciam-se e constituem-se de acordo com suas finalidades específicas, alcançam sua forma pura nessa peculiaridade – que emerge das necessidades da vida social para então, por consequência de seus efeitos, de suas incidências sobre a vida dos homens, voltar a desembocar no rio da vida cotidiana. Portanto, esse rio é constantemente enriquecido com os resultados mais elevados do espírito humano, assimilando-os a suas necessidades práticas cotidianas, e daí voltam a surgir, em forma de questões e demandas, novas ramificações das formas de objetivação superiores. Desse modo, é preciso examinar detidamente as complexas inter-relações entre a consumação imanente das obras na ciência e na arte e as necessidades sociais que despertam ou ocasionam seu surgimento. É dessa dinâmica da gênese, do desdobramento, da legalidade própria, do enraizamento na vida da humanidade que se podem derivar as categorias e estruturas particulares das reações científicas e artísticas do homem à realidade. As análises feitas nesta obra estão direcionadas naturalmente para o conhecimento da peculiaridade do estético. Como, porém, os homens vivem em uma realidade unitária e se inter-relacionam com ela, a essência do estético só pode ser apreendida, ainda que apenas de modo aproximado, na constante comparação com outros tipos de reação. Nesse caso, a relação com a ciência é a mais importante; contudo é imprescindível investigar também a relação com a ética e a religião. Até os problemas psicológicos que afloram aqui resultam necessariamente de questionamentos direcionados à especificidade do pôr estético.

Obviamente nenhuma estética pode deter-se nesse estágio. Kant ainda pôde contentar-se em responder à questão metodológica geral sobre a pretensão de validade dos juízos estéticos. Abstraindo-se do fato de que essa questão, a nosso ver, não é primária, mas extremamente derivada do ponto de vista da estrutura da estética, desde que apareceu a "estética" hegeliana nenhum filósofo que leve a sério a aclaração da essência do estético pode continuar a se contentar com uma moldura tão estreita e uma formulação do problema tão unilateralmente orientada na teoria do conhecimento. No texto a seguir, falaremos muito dos aspectos questionáveis da "estética" hegeliana, tanto em sua fundamentação quanto nas exposições específicas; no entanto, o universalismo filosófico de sua concepção e o modo histórico-sistemático de sua síntese permanecem sempre exemplares para o projeto de toda estética. Somente as três partes de nossa estética em seu conjunto conseguirão realizar uma aproximação – apenas parcial – desse elevado modelo, pois, abstraindo-se inteiramente do saber e do talento de quem hoje empreende tal tentativa, é muito mais difícil na época atual do que o foi na época de Hegel pôr em prática os parâmetros de abrangência total estabelecidos pela "estética" hegeliana. Assim, a teoria das artes – igualmente de cunho histórico-sistemático –, também tratada extensamente por Hegel, ainda se encontra fora do âmbito circunscrito pelo plano global de nossa obra. A segunda parte dela – com o título provisório "Obra de arte e comportamento estético" – tem por objetivo sobretudo concretizar a estrutura específica da obra de arte, que, na primeira parte, é deduzida e esboçada apenas de modo sumamente genérico; as categorias que, na primeira parte, foram obtidas somente como generalidades poderão obter ali, pela primeira vez, sua fisionomia verdadeira e definida. Na primeira parte, problemas como conteúdo e forma, visão de mundo e conformação [*Formbildung*], técnica e forma etc. aparecerão de modo extremamente genérico, apenas como questões no horizonte; filosoficamente, sua verdadeira essência concreta somente poderá vir à tona no decorrer de uma análise detida da estrutura da obra. O mesmo se dá com os problemas referentes ao comportamento criativo e receptivo. A primeira parte só consegue avançar até o seu delineamento geral, retratando de certo modo o respectivo "lugar" metodológico de sua possibilidade de determinação. As relações reais entre cotidiano, de um lado, e, de outro, comportamento científico, ético etc. e produção e reprodução estéticas, o modo categorial essencial de suas proporções, interações, influências recíprocas etc. exigem análises voltadas para a dimensão mais concreta possível, fundamentalmente impossíveis no quadro de uma primeira parte centrada na fundamentação filosófica.

A situação é semelhante no que se refere à terceira parte. (O título provisório é "A arte como fenômeno [*Erscheinung*] histórico-social".) Decerto não há como evitar que a primeira parte não contenha somente excursos históricos isolados, mas, antes de tudo, aponte constantemente para a essência originariamente histórica de cada fenômeno [*Phänomens*] estético. Como já foi mencionado, o caráter histórico-sistemático da arte recebeu sua primeira figura bem delineada na estética de Hegel. A rigidez da sistematização hegeliana decorrente do idealismo objetivo foi corrigida pelo marxismo. A inter-relação complexa entre materialismo dialético e materialismo histórico por si só já constitui um sinal de que o marxismo não quer deduzir fases do desenvolvimento histórico do desenvolvimento interior da ideia, mas, pelo contrário, procura apreender o processo real em suas complicadas determinações histórico-sistemáticas. A unidade de determinações teóricas (aqui estéticas) e históricas efetiva-se, em última análise, de um modo extremamente contraditório e, por essa razão, só poderá ser analisada a fundo, tanto no plano fundamental quanto nos casos individuais concretos, por meio de uma cooperação ininterrupta entre materialismo dialético e materialismo histórico[1]. Na primeira e na segunda partes desta obra, predominam os pontos de vista do materialismo dialético, dado que se trata de expressar em conceitos a essência objetiva do estético. Nessa forma de proceder, contudo, quase não existe problema que possa ser solucionado sem que se esclareçam pelo menos indicativamente seus aspectos históricos – em unidade indissolúvel com a teoria estética. Na terceira parte, predomina o método do materialismo histórico, visto que nela o interesse está voltado, em primeiro plano, para as determinações e propriedades históricas da gênese das artes, seu desdobramento, suas crises, seu papel de guia ou de subordinação etc. Pretendemos investigar nesse momento sobretudo o problema do desenvolvimento desigual na gênese, no ser e no devir estético e a influência exercida pelas artes. Contudo, isso representa simultaneamente uma ruptura com toda a vulgarização "sociológica" da gênese e do efeito das artes. Mas é impossível realizar essa análise histórico-social admissivelmente simplificadora sem aproveitar os resultados das pesquisas dialético-materialistas sobre a construção categorial, a estrutura e a natureza específica de cada arte para o conhecimento de seu caráter histórico. Portanto, a interação permanente e vívida entre materialismo dialético e materialismo histórico evidencia-se aqui a partir de outro ângulo, mas não menos do que nas primeiras duas partes.

Como o leitor pode ver, a estruturação destas investigações estéticas diverge consideravelmente das construções habituais. Isso, contudo, de modo nenhum significa que elas possam reivindicar originalidade quanto ao método. Pelo contrário: elas não passam da aplicação mais precisa possível do marxismo aos problemas da estética. Para que um empreendimento como esse não seja entendido de antemão de modo equivocado, é preciso aclarar, ainda que em poucas palavras, a situação dessa estética e a sua relação com o marxismo. Quando, há mais ou menos trinta anos, escrevi minha primeira contribuição

---

[1] As tendências vulgarizadoras do marxismo no período stalinista também se evidenciam no fato de que, por algum tempo, materialismo dialético e materialismo histórico foram tratados como ciências independentes uma da outra, chegando a haver "especialistas" em cada uma delas.

à estética do marxismo[2], defendi a tese de que o marxismo tem uma estética própria e, ao fazer isso, deparei-me com diversas resistências. A razão disso foi o marxismo anterior a Lênin ter-se restringido – inclusive em seus melhores representantes, por exemplo, Plekhánov ou Mehring – quase exclusivamente aos problemas do materialismo histórico[3]. Foi só a partir de Lênin que o materialismo dialético voltou a ser o centro dos interesses. Essa é a razão pela qual Mehring, que baseou sua estética na *Crítica da faculdade do juízo*, conseguiu ver as divergências entre Marx-Engels e Lassalle apenas como confrontos de juízos subjetivos a respeito do gosto estético. Essa controvérsia, de fato, há muito já está resolvida. Desde o brilhante estudo de M[ikhail] Lifschitz sobre o desenvolvimento das noções estéticas de Marx, desde a cuidadosa coleta e sistematização dos enunciados dispersos de Marx, Engels e Lênin sobre questões estéticas, não pode haver mais dúvidas quanto ao nexo e à coerência desses raciocínios[4].

Evidenciar e comprovar esse nexo sistemático, porém, nem de longe soluciona a questão de uma estética do marxismo, pois, se nos ditos coligidos e sistematizados dos clássicos do marxismo já estivesse contida uma estética ou, pelo menos, seu esqueleto perfeito, bastaria adicionar um bom texto de articulação e a estética marxista estaria pronta diante de nós. Mas a situação não é essa! Como evidenciam múltiplas experiências, nem mesmo fazer uma aplicação monográfica direta desse material a todas as questões individuais da

---

[2] György Lukács, "Die Sickingendebatte zwischen Marx-Engels und Lassalle" em *Karl Marx und Friedrich Engels als Literaturhistoriker* (Berlim, [Aufbau,] 1948, 1952) [ed. bras.: "O debate sobre Sickingen entre Marx-Engels e Lassalle", em *Marx e Engels como historiadores da literatura*, trad. Nélio Schneider, São Paulo, Boitempo, 2016, p. 17-62].

[3] Franz Mehring, *Gesammelte Schriften und Aufsätze* (Berlim, [Universumbücherei,] 1929); atualmente *Gesammelte Schriften* (Berlim, [Dietz,] 1960 e seg.); *Die Lessing-Legende* (Stuttgart, [Dietz,] 1898; Berlim, [Dietz,] 1953); Gueórgui Plekhánov, *Kunst und Literatur* (pref. M. Rosenthal, ed. e coment. Nikolai Fedorowitch Beltschikow, trad. Joseph Harhammer, Berlim, [Dietz,] 1955).

[4] Mikhail Lifschitz, "Lenin o kul'ture i iskusstve", *Marksistko-Leninskoe Iskusstvoznanie*, v. 2, 1932, p. 143 e seg.; idem, "Karl Marx und die Ästhetik", *Internationale Literatur*, v. 2, 1933, p. 127 e seg.; idem, *Marks i Engel's ob iskusstve* (ed. F. Šiller e M. Lifschitz, Moscou, 1933); idem, *K. Marks i F. Engel's, Ob iskusstve* (ed. M. Lifschitz, Moscou-Leningrado, 1937); Karl Marx e Friedrich Engels, *Über Kunst und Literatur: Eine Sammlung aus ihren Schriften* (ed. M. Lifschitz, pref. Fritz Erpenbeck, Berlim, [Dietz,] 1948); M. Lifschitz, *The Philosophy of Art of Karl Marx* ([trad. Ralph B. Winn,] Nova York, [Critics Group,] 1938); idem, *Karl Marx und die Ästhetik* (Dresden, [Verlag der Kunst,] 1960, Fundus-Bücher 3).

estética é trazer contribuições cientificamente decisivas para a estruturação do conjunto. Temos, portanto, a situação paradoxal de que existe e ao mesmo tempo não existe uma estética marxista, que ela tem de ser conquistada e até criada por meio de pesquisas autônomas e que o resultado apenas expõe e fixa conceitualmente alguma coisa que existe conforme a ideia. Entretanto, o paradoxo se resolve por si só quando todo o problema é analisado à luz do método da dialética materialista, pois o sentido antiquíssimo da palavra "método", indissoluvelmente ligado ao caminho que leva ao conhecimento, implica necessariamente a ideia de que, para chegar a determinados resultados, é preciso trilhar determinados caminhos. A direção desses caminhos está contida de modo inequivocamente evidente na totalidade da imagem de mundo projetada pelos clássicos do marxismo, em especial na medida em que os resultados obtidos são claros para nós como pontos finais de tais caminhos. Portanto, mesmo que isso não seja visível à primeira vista nem diretamente, o método do materialismo dialético traçou de maneira prévia e clara quais são esses caminhos e como eles devem ser trilhados para se conceituar a realidade objetiva em sua verdadeira objetividade e investigar a fundo a essência de cada campo específico de acordo com sua verdade. Só se esse método, esse norteamento de caminhos, for cumprido e sustentado com autonomia por uma pesquisa própria haverá a possibilidade de se encontrar o que se busca, de estruturar corretamente a estética marxista ou, pelo menos, de aproximar-se de sua verdadeira essência. Quem cultivar a ilusão de reproduzir a realidade em pensamento com o auxílio de uma mera interpretação de Marx e, desse modo, reproduzir simultaneamente a apreensão marxiana da realidade forçosamente falhará nas duas coisas. Somente uma análise imparcial da realidade e sua elaboração por meio do método descoberto por Marx pode lograr fidelidade à realidade e, ao mesmo tempo, ao marxismo. Nesse sentido, este trabalho é, em todas as suas partes e em seu conjunto, resultado de pesquisa independente, mas, ainda assim, não reivindica originalidade, pois deve todos os meios de se acercar da verdade, todo o seu método, ao estudo do conjunto da obra transmitida a nós pelos clássicos do marxismo.

Mas fidelidade ao marxismo significa também o reconhecimento das grandes tradições que até hoje procuraram dar conta da realidade. No período stalinista, enfatizou-se exclusivamente, em especial Zhdanov, aquilo que separa o marxismo das grandes tradições do pensamento humano. Se, nesse caso, tivesse sido enfatizado apenas o qualitativamente novo no marxismo, a saber, o salto que separa sua dialética da dos seus precursores mais desenvolvidos, por exemplo, Aristóteles ou Hegel, isso poderia ser relativamente justificado. Uma posição como essa até poderia ser avaliada como necessária e proveitosa, se não ressaltasse de modo unilateral, isolante e, por isso, metafísico – de modo profundamente não dialético – o radicalmente novo no marxismo, se não negligenciasse o fator da continuidade no desenvolvimento do pensamento humano. Porém, a realidade – e, por isso mesmo, também seu reflexo e sua reprodução no pensamento – constitui uma unidade dialética de continuidade e descontinuidade, de tradição e revolução, de transições gradativas e de saltos. O próprio socialismo científico é algo completamente novo na história e, no entanto, constitui a realização plena de um vívido anseio milenar da humanidade, o cumprimento daquilo que foi almejado profundamente pelos melhores espíritos. O mesmo ocorre com a apreensão conceitual do mundo pelos clássicos do marxismo. A profunda verdade do marxismo, que nenhum ataque ou silenciamento são capazes de abalar, apoia-se principalmente no fato de que, com sua ajuda, os fatos fundamentais da realidade, da vida humana, antes ocultos, vêm à tona e podem tornar-se conteúdo da consciência humana. O novo adquire assim um duplo sentido: não apenas, em decorrência da realidade anteriormente inexistente do socialismo, a vida humana recebe um novo conteúdo, um novo sentido, mas, ao mesmo tempo, a desfetichização levada a cabo com o auxílio do método e da pesquisa marxistas, bem como de seus resultados, lança nova luz sobre o presente e o passado, sobre toda a existência humana, antes vistos como conhecidos. Desse modo, todos os esforços passados para apreendê-la em sua verdade se tornam compreensíveis em um sentido muito novo. Perspectiva de futuro, conhecimento do presente, a compreensão das tendências que eles acarretaram tanto intelectual quanto praticamente encontram-se, assim, em uma inter-relação indissolúvel. Enfatizar unilateralmente o que separa e o que é novo evoca o perigo de estreitar e empobrecer no interior de uma alteridade abstrata tudo o que há de concreto e rico em determinações no verdadeiramente novo. A confrontação das caracterizações distintivas da dialética em Lênin e Stálin mostra com muita clareza as consequências dessa diferença metodológica; e os posicionamentos de muitas formas não racionais sobre a herança da filosofia hegeliana levaram a uma pobreza muitas vezes assustadora do conteúdo das investigações lógicas no período stalinista.

Nos próprios clássicos, não se encontra nenhum vestígio de tal contraste metafísico entre o velho e o novo. Pelo contrário, a relação entre eles aparece nas proporções produzidas pelo desenvolvimento sócio-histórico, na medida em que este permite à verdade manifestar-se. Ater-se a esse único método correto talvez seja mais importante para a estética do que para outros campos, pois, nesse ponto, a análise precisa dos fatos mostrará com especial clareza que o estado consciente do pensamento referente ao que foi realizado na prática no campo do estético sempre ficou aquém desse resultado prático. Justamente por isso os poucos pensadores que chegaram relativamente cedo a ter clareza sobre os autênticos problemas do estético têm uma importância extraordinária. Em contrapartida – como mostrarão nossas análises –, raciocínios que por vezes parecem muito distantes, por exemplo, os de cunho filosófico ou ético, são muito importantes para a compreensão dos fenômenos estéticos. Para não antecipar demais aquilo que só cabe mesmo nas exposições detalhadas, observe-se que toda a estrutura e todas as exposições detalhadas desta obra – justamente porque deve sua existência ao método marxiano – são determinadas em toda a sua profundidade pelos resultados a que Aristóteles, Goethe e Hegel chegaram em seus mais diferentes escritos, e não só naqueles que se referem diretamente à estética. Se, ademais, expresso meu reconhecimento a Epicuro, Bacon, Hobbes, Espinosa, Vico, Diderot, Lessing e aos pensadores democrático-revolucionários russos, naturalmente não faço mais que apenas elencar os nomes mais importantes; essa lista nem de longe esgota os autores com os quais me sinto em dívida na realização deste trabalho, tanto no conjunto quanto no detalhe. O modo de citar esses autores corresponde a essa convicção. Não pretendemos tratar aqui dos problemas da história da arte ou da estética. Trata-se, antes, de aclarar fatos ou linhas de desenvolvimento relevantes para a teoria geral. Por isso serão citados, em correspondência com suas respectivas constelações teóricas, os autores ou as obras que enunciaram algo pela primeira vez – de modo correto ou significativamente errado – ou cuja opinião aparece como especialmente característica de determinada situação. Aspirar à completude da fundamentação bibliográfica não figura entre as intenções deste trabalho.

Do que foi exposto até agora já se depreende que os pontos polêmicos de todo este trabalho estão apontados para o idealismo filosófico. Nesse procedimento, a batalha em torno da teoria do conhecimento, por sua natureza, extrapola seu quadro; o que interessa aqui são as questões específicas, nas quais o idealismo filosófico se comprova como empecilho para a compreensão adequada de fatos especificamente estéticos. Falaremos, sobretudo na segunda parte, sobre as confusões que surgem quando o interesse estético se concentra na beleza (e eventualmente em seus assim chamados momentos); aqui, abordaremos esse complexo apenas tangencialmente e episodicamente. Tanto mais importante nos parece apontar o caráter necessariamente hierárquico de toda estética idealista, pois quando figuram como os princípios últimos de determinação da objetividade de todos os objetos investigados, de sua posição no sistema etc., e não são concebidas – a exemplo do que ocorre no materialismo – como modos de reação a algo existente objetivamente, independentemente da consciência, e já estão concretamente formadas, as diferentes formas de consciência forçosamente se alçam à condição de juízes supremos da ordem intelectual e estruturam seu sistema hierarquicamente. Hierarquias desse tipo comportam níveis extraordinariamente diversos em termos históricos. Isso, porém, não será discutido aqui, já que estamos interessados exclusivamente no modo de ser de cada uma dessas hierarquias, que falseia todos os objetos e todas as relações.

Trata-se de um mal-entendido muito difundido acreditar que a imagem de mundo do materialismo – prioridade do ser em relação à consciência, do ser social em relação à consciência social – possui também um caráter hierárquico. Para o materialismo, a prioridade do ser é, antes de tudo, a constatação de um fato: existe ser sem consciência, mas não existe consciência sem ser. Contudo, disso não resulta nenhum tipo de subordinação hierárquica da consciência ao ser. Pelo contrário, essa prioridade e seu reconhecimento concreto – tanto teórico quanto prático – pela consciência é que criam a possibilidade de a consciência dominar o ser em termos reais. O simples fato do trabalho ilustra essa faticidade de modo contundente. E, quando o materialismo histórico constata a prioridade do ser social em relação à consciência social, trata-se igualmente apenas do reconhecimento de uma faticidade. A prática social também está direcionada para o domínio do ser social, e o fato de ter cumprido seus fins apenas de modo muito relativo no decorrer da história até o presente momento não cria uma relação hierárquica entre ambos, mas apenas determina as condições concretas nas quais uma prática exitosa se torna objetivamente possível, traçando desse modo, simultaneamente, seus limites concretos, o espaço de manobra para a consciência, o espaço proporcionado pelo respectivo ser social. Assim, nessa relação, torna-se visível uma dialética histórica, mas de modo algum uma estrutura hierárquica. Quando um pequeno barco a vela se mostra impotente diante de uma tempestade que um poderoso navio a motor superaria sem dificuldades, isso mostra apenas a superioridade ou a limitação real da respectiva consciência diante do ser, mas não uma relação hierárquica entre o homem e as forças da natureza; e isso tanto menos quanto o desenvolvimento histórico – e com ele o conhecimento crescente que a consciência tem da verdadeira natureza do ser – produz um crescimento constante das possibilidades de domínio do ser pela consciência.

O idealismo filosófico tem de projetar sua imagem de mundo de modo radicalmente diferente. Não são as relações de força reais e alternantes que criam uma preponderância ou uma inferioridade temporária na vida, mas desde o início é estabelecida uma hierarquia das potências, em conformidade com a consciência, que não só produzem e ordenam as formas de objetividade e as relações entre os objetos como também têm graduações hierárquicas entre si. Para lançar luz sobre a situação de nosso problema: quando, por exemplo, Hegel associou a arte à intuição, a religião à representação, a filosofia ao conceito e as concebeu como regidas por essas formas de consciência, ele fez surgir por essa via uma hierarquia precisa, "eterna", irrefutável, que, como sabe todo conhecedor de Hegel, determina também o destino histórico da arte. (Quando, por exemplo, o jovem Schelling inseriu a arte em ordem hierárquica contraposta, isso não modificou os princípios.) É evidente que surge daí todo um emaranhado de pseudoproblemas que, desde Platão, causaram confusão metodológica em toda a estética, pois é indiferente se a filosofia idealista estabelece, em certo sentido, uma relação de sobreordenação ou de subordinação entre a arte e outras formas de consciência, se o pensamento é desviado da investigação das propriedades específicas dos objetos e se estes são reduzidos – em geral de modo totalmente inadmissível – a um só denominador, para que, desse modo, seja possível compará-los entre si dentro de uma ordem hierárquica e inseri-los no nível hierárquico desejado. Mesmo que se trate de problemas referentes à relação da arte quer com a natureza, quer com a religião, quer com a ciência etc., em toda parte os pseudoproblemas originam necessariamente distorções das formas de objetividade, das categorias.

A significação da ruptura com o idealismo filosófico é ainda mais evidente em suas consequências, ou seja, quando concretizamos ainda mais nosso ponto de partida materialista, a saber, quando concebemos a arte como um modo peculiar de manifestação do reflexo da realidade, um modo que, por sua vez, é apenas um dos subtipos de relações universais reflexivas do homem com a realidade. Uma das ideias básicas decisivas desta obra é que todos os tipos de reflexo – analisaremos sobretudo os que são representados pela vida cotidiana, pela ciência e pela arte – retratam sempre a mesma realidade objetiva. Esse ponto de partida, que parece óbvio e até trivial, tem, no entanto, consequências de grande alcance. A filosofia materialista não vê todas as formas de objetividade, todos os objetos e categorias associadas às suas relações como produtos de uma consciência criativa, como faz o idealismo, mas vislumbra neles uma realidade objetiva que existe independentemente da consciência; por conseguinte, todas as divergências e até contraposições presentes em cada tipo de reflexo só podem dar-se no âmbito dessa realidade material e formalmente unitária. Para que se possa compreender a complicada dialética dessa unidade de unidade e diversidade, é preciso romper primeiro com a representação muito difundida de um reflexo mecanicista, fotográfico. Se esse tipo de reflexo fosse a base da qual brotam as diferenças, todas as formas específicas seriam deformações subjetivas dessa única reprodução "autêntica" da realidade, ou a diferenciação deveria ser de caráter puramente ulterior, inteiramente privado de espontaneidade, meramente consciente e intelectual. Porém a infinitude extensiva e intensiva do mundo objetivo obriga todos os seres vivos, e sobretudo o homem, a uma adaptação, a uma seleção inconsciente no reflexo. Portanto, essa seleção tem também – a despeito de seu caráter fundamentalmente objetivo – um componente insuperavelmente subjetivo, que no nível animal é condicionado em termos puramente fisiológicos e, no homem, além disso, também em termos sociais. (Influência do trabalho no enriquecimento, na disseminação, no aprofundamento etc. das capacidades humanas de reflexo da realidade.) A diferenciação é, portanto – sobretudo nos campos da ciência e da arte –, produto do ser social, das necessidades surgidas nesse terreno, da adaptação do homem ao seu ambiente, do crescimento de suas capacidades em interação com a obrigação de estar à altura de tarefas inteiramente novas. Em termos fisiológicos e psicológicos, essas interações e essas adaptações ao novo têm de fato de se realizar de modo imediato nos homens singulares, mas elas adquirem de antemão uma universalidade social, dado que as novas tarefas propostas, as novas circunstâncias que exercem uma ação modificadora possuem uma natureza (social) geral e só admitem variantes individuais subjetivas dentro do espaço de manobra social.

A explicitação dos traços específicos da essência do reflexo estético da realidade ocupa uma parte qualitativa e quantitativamente decisiva deste trabalho. De acordo com a intenção básica desta obra, essas investigações são de natureza filosófica, isto é, concentram-se na seguinte questão: quais são as formas, relações, proporções etc. específicas que o mundo categorial comum a todo reflexo adquire no pôr estético? Naturalmente é inevitável que nesse procedimento se abordem também questões psicológicas; a esses problemas dedicamos um capítulo específico (Capítulo 11). Ademais, é preciso ressaltar desde já que a intenção filosófica básica nos prescreve necessariamente elaborar, em todas as artes, sobretudo os traços estéticos comuns ao reflexo, embora de acordo com a estrutura pluralista da esfera estética, e, na medida do possível, a particularidade [*Besonderheit*] de cada uma das artes no tratamento dos problemas categoriais. O modo de manifestação muito peculiar do reflexo da realidade em artes como a música ou a arquitetura torna inevitável dedicar a esses casos especiais um capítulo à parte (Capítulo 14), buscando, nesse caso, aclarar as diferenças específicas de tal maneira que nelas os princípios estéticos gerais preservem simultaneamente sua validade.

Essa universalidade do reflexo da realidade como base de todas as inter-relações do homem com seu ambiente tem, quando levada ao extremo, consequências ideológicas de grande alcance para a concepção do estético, pois, para todo idealismo realmente consequente, qualquer forma de consciência significativa para a existência humana – no nosso caso, a estética – deve ter um modo de ser "eterno", "supratemporal", dado que sua origem está fundada hierarquicamente no contexto de um mundo ideal; na medida em que é possível tratá-la historicamente, isso acontece dentro do marco meta-histórico do ser ou da aplicação "atemporal". Porém essa posição aparentemente metodológica e formal se reverterá necessariamente em conteúdo, em visão de mundo, pois dela decorre necessariamente que o estético, em termos tanto produtivos quanto receptivos, pertence à "essência" do homem, mesmo que se determine isso do ponto de vista quer do mundo da ideia, quer do espírito do mundo, quer em termos antropológicos ou ontológicos. Um quadro diametralmente oposto deverá resultar de nossa perspectiva materialista. Não só a realidade objetiva que aparece nos diferentes tipos de reflexo está sujeita a uma mudança ininterrupta como essa mudança apresenta rumos bem determinados, linhas evolutivas bem determinadas. Portanto, a própria realidade é histórica segundo seu modo objetivo de ser; as determinações históricas, tanto de conteúdo quanto de forma, que aparecem nos diferentes reflexos não passam de aproximações mais ou menos corretas desse aspecto da realidade objetiva. Porém uma historicidade autêntica jamais pode consistir em uma simples modificação dos conteúdos de formas que se mantêm sempre iguais, no âmbito de categorias sempre imutáveis, pois essa variação dos conteúdos terá necessariamente um efeito de modificar também as formas, devendo acarretar inicialmente determinados deslocamentos de função dentro do sistema categorial e, a partir de certo grau, até mudanças pronunciadas, ou seja, o surgimento de categorias novas e o desaparecimento de categorias velhas. A historicidade da realidade objetiva tem como consequência uma determinada historicidade da teoria das categorias.

Todavia é preciso estar atento para saber até que ponto e em que medida tais transformações são de constituição objetiva ou subjetiva, pois, embora achemos que também a natureza deve, em última análise, ser concebida historicamente, cada uma das etapas de seu desenvolvimento é de uma extensão temporal tal que suas transformações objetivas praticamente não podem ser levadas em consideração pela ciência. Tanto mais importante, naturalmente, é a história subjetiva das descobertas de objetivações, relações, nexos categoriais. Somente na biologia se poderia constatar um ponto de inflexão no surgimento das categorias objetivas da vida – pelo menos, na parte do universo que conhecemos – e, desse modo, uma gênese objetiva. A questão é qualitativamente diferente quando se trata do homem e da sociedade humana. Nesse caso, indubitavelmente, trata-se sempre da gênese de categorias singulares e nexos categoriais, que não podem ser "deduzidos" da simples continuidade do desenvolvimento precedente, cuja gênese, portanto, apresenta demandas específicas ao conhecimento. Contudo, haveria uma distorção da faticidade verdadeira se quiséssemos fazer uma separação metodológica entre a investigação histórica da gênese e a análise filosófica do fenômeno que surge nesse processo. A verdadeira estrutura categorial de todo fenômeno desse tipo está ligada, muito intimamente, à sua gênese; a demonstração da estrutura categorial só será possível de modo pleno e na proporção correta se a decomposição concreta estiver organicamente vinculada à aclaração da gênese; a dedução do valor, no início de O *capital*, de Marx, constitui o modelo exemplar desse método histórico-sistemático. Essa união será tentada nas exposições concretas desta obra sobre o fenômeno fundamental do estético e em todas as suas ramificações em questões de detalhes. Ora, essa metodologia se converte em visão de mundo na medida em que implica uma ruptura radical com todas as concepções que vislumbram, na arte, no comportamento artístico, algo supra-historicamente ideal ou, pelo menos, algo ontológica ou antropologicamente pertencente à "ideia" do homem. A exemplo do trabalho, da ciência e de todas as atividades sociais do homem, a arte é produto do desenvolvimento social, do homem que se faz homem por meio do seu trabalho.

Porém, para além disso, a historicidade objetiva do ser e seu modo de manifestação especificamente demarcado na sociedade humana tem consequências importantes para a apreensão da peculiaridade fundamental do estético. A missão das nossas argumentações concretas será mostrar que o reflexo científico da realidade procura se libertar de todas as determinações antropológicas, tanto das sensíveis quanto das intelectuais, e que se esforça para retratar os objetos e suas relações como são em si, independentemente da consciência. O reflexo estético, em oposição, parte do mundo do homem e está voltado para ele. Isso não implica, como mostraremos no devido momento, um simples subjetivismo. Pelo contrário, a objetividade dos objetos fica preservada, só que de modo que estejam contidas nela também todas as referencialidades típicas da vida humana, manifestando-se de um modo que corresponda ao respectivo estado de desenvolvimento interior e exterior da humanidade, que é um desenvolvimento social. Isso significa que toda configuração estética inclui, ordena dentro de si o *hic et nunc* histórico de sua gênese como fator essencial de sua objetividade decisiva. Naturalmente todo reflexo é determinado concretamente pelo lugar determinado de sua efetivação. Mesmo na descoberta de verdades puramente matemáticas ou na ciência natural, o contexto temporal nunca é casual; no entanto, a importância objetiva desse contexto temporal tem maior relevância para a história das ciências do que para o próprio saber, para o qual pode ser considerado como totalmente indiferente quando e em que condições históricas – necessárias – foi formulado pela primeira vez, por exemplo, o teorema de Pitágoras. Não podendo abordar aqui a complexa situação que se observa nas ciências sociais, devemos constatar, também quanto a elas, que a influência da situação temporal em suas mais diferentes formas pode se tornar efetiva no sentido de atrapalhar a elaboração da objetividade real na reprodução dos fatos sócio-históricos. É completamente oposto o que ocorre com o reflexo estético da realidade: jamais houve uma obra de arte significativa sem a vivificação figurativa do respectivo *hic et nunc* histórico no momento retratado. Não importa se os artistas em questão estão conscientes ou creem operar com a convicção de produzir algo supratemporal, de dar continuidade a um estilo anterior, de realizar um ideal "eterno" extraído do passado – na medida em que são artisticamente autênticas, suas obras brotam das mais profundas aspirações da época em que se originam; conteúdo e forma das configurações verdadeiramente artísticas não podem – justamente em termos estéticos – ser separados do chão em que nasceram. A historicidade da realidade objetiva adquire sua figura subjetiva e objetiva exatamente nas obras de arte.

Essa essência histórica da realidade conduz para outro complexo importante de problemas, que, em primeira linha, também é de ordem metodológica, mas, como todo problema autêntico de uma metodologia concebida corretamente – e não apenas de modo formal –, converte-se necessariamente em visão de mundo. Referimo-nos ao problema da imanência [*Diesseitigkeit*]. Considerada em termos puramente metodológicos, a imanência é uma exigência imprescindível tanto do conhecimento científico quanto da configuração artística. Só quando um complexo de fenômenos é plenamente compreendido a partir de suas qualidades imanentes, das legalidades igualmente imanentes que atuam sobre elas, é possível considerá-lo cientificamente conhecido. Em termos práticos, naturalmente essa completude é sempre aproximativa; a infinitude tanto extensiva quanto intensiva dos objetos e de suas relações estáticas e dinâmicas etc. não permite que se conceba um conhecimento como absolutamente definitivo em uma forma dada, que se possa considerar excluída a necessidade de fazer correções, ressalvas, ampliações etc. Da magia até o positivismo moderno, esse "ainda não" que vigora no domínio científico da realidade foi interpretado, das mais diferentes maneiras, como transcendência, desconsiderando-se que muita coisa sobre a qual um dia se proclamou um "ignorabimus", há muito já ingressou na ciência exata como um problema solucionável, mesmo que na prática ainda não tenha sido solucionado. O surgimento do capitalismo e as novas relações entre ciência e produção, em combinação com as grandes crises das concepções de mundo religiosas, fizeram com que a transcendência ingênua fosse substituída por uma mais complexa, mais refinada. O novo dualismo nasceu já na época das tentativas dos defensores do cristianismo de rejeitar ideologicamente a teoria copernicana: uma concepção metodológica que visava a criar um laço entre a imanência do mundo fenomênico dado e a negação de sua realidade última, no intuito de contestar a competência da ciência de dizer algo válido sobre essa realidade. Superficialmente, pode-se ter a impressão de que essa depreciação da realidade do mundo não faz diferença, já que, na prática, os homens podem cumprir suas tarefas imediatas na produção independentemente de considerarem objeto, meios etc. de sua atividade algo como ente-em-si ou como mera aparência. Tal concepção, porém, é sofística em dois sentidos. Em primeiro lugar, todo homem ativo em sua prática real tem sempre a convicção de lidar com a própria realidade; até o físico positivista tem convicção disso quando, por exemplo, realiza um experimento. Em segundo lugar, quando – por razões sociais – tal concepção é profundamente arraigada e muito disseminada, ela desagrega as relações intelectuais e morais mais mediadas entre os homens e a realidade. A filosofia existencialista, segundo a qual o homem, "lançado" no mundo, se defronta com o nada, é – do ponto de vista sócio-histórico – o polo oposto necessariamente complementar do desenvolvimento filosófico que leva de Berkeley a Mach ou a Carnap.

O campo de batalha propriamente dito entre imanência [*Diesseitigkeit*] e transcendência [*Jenseitigkeit*]* é inquestionavelmente a ética. Por isso, nos marcos desta obra, as determinações decisivas dessa controvérsia não poderão ser expostas de modo completo, mas apenas tangenciadas; o autor espera poder oferecer de forma sistemática, num futuro próximo, suas concepções sobre essa questão. Neste ponto, devemos apenas observar brevemente que o velho materialismo – de Demócrito a Feuerbach – conseguiu expor a imanência da estrutura do mundo somente de modo mecanicista, razão pela qual, por um lado, o mundo ainda podia ser concebido como o mecanismo de um relógio que necessita de intervenção externa – transcendente – para se pôr em movimento; por outro lado, nesse tipo de visão de mundo, o homem só podia aparecer como produto e objeto necessário das legalidades imanente-citeriores [*immanent-diesseitigen*], sendo que estas não explicavam sua subjetividade nem sua prática. A teoria de Hegel-Marx sobre a autocriação do homem por seu próprio trabalho – que Gordon Childe condensou na excelente fórmula "*man makes himself* [o homem faz a si mesmo]"[5] – consuma pela primeira vez a imanência da imagem de mundo, lança a base ideológica para uma ética imanente, cujo espírito já estava bem vivo nas concepções geniais de Aristóteles e Epicuro, Espinosa e Goethe. (Nesse contexto, a teoria da evolução no mundo [orgânico],

* A rigor, o termo *Diesseitigkeit* poderia ser traduzido por "citerioridade", e *Jenseitigkeit* por "ulterioridade". Com sentidos opostos, o primeiro tem por definição "aquilo que está do lado de cá"; enquanto o segundo, "aquilo que está do outro lado". Na medida em que Lukács utiliza os termos na exata significação de "imanente" e "transcendente", respectivamente, optamos por verter os termos com tais terminologias. (N. R. T.)

[5] Ver Vere Gordon Childe, *What happened in history* [1941] (Harmondsworth, Penguin Books, 1942); ed. alemã: *Stufen der Kultur: Von der Urzeit zur Antike* ([trad. F. W. Gutbrod,] 2. ed., Stuttgart, [Kohlhammer,] 1955) [ed. bras.: O *que aconteceu na história*, trad. Waltensir Dutra, 4. ed., Rio de Janeiro, Zahar, 1977].

a aproximação cada vez maior do surgimento da vida a partir da interação de legalidades físicas e químicas, tem um papel importante.)

Para a estética, essa questão é de suma importância e, por isso, será tratada extensamente nas exposições concretas da presente obra. Não faria sentido antecipar aqui, de forma abreviada, os resultados dessas investigações, que só adquirem força de persuasão no desdobramento de todas as determinações pertinentes a elas. Apenas para não silenciar o ponto de vista do autor nem no prefácio, diremos que a coerência imanente, o "ser-posto-sobre-si-mesmo" [*Auf-sich-selbst-Gestelltsein*] de toda obra de arte autêntica – um tipo de reflexo que não tem analogia em outros campos das reações humanas ao mundo exterior –, por seu conteúdo, querendo ou não, representa uma confissão da imanência. Por isso, a oposição de alegoria e símbolo, como Goethe percebeu de modo genial, é uma questão de ser ou não ser para a arte. Por essa razão, como mostraremos em capítulo próprio (Capítulo 16), a luta da arte para se libertar da tutela da religião é, ao mesmo tempo, um fato fundamental de sua origem e desdobramento. A gênese tem de mostrar justamente como a partir do vínculo natural e consciente do homem primitivo à transcendência, sem o qual seriam inimagináveis os estágios iniciais em qualquer campo, a arte gradativamente conquistou autonomia no reflexo da realidade, chegando a elaborá-la em uma forma peculiar. Trata-se, naturalmente, do desenvolvimento dos fatos estéticos objetivos, não do que pensaram sobre eles aqueles que os realizaram. Precisamente na prática artística, a divergência entre ato e consciência desse ato é particularmente grande. Nesse ponto, ganha destaque marcante o lema de toda a nossa obra, emprestado de Marx: "Eles não o sabem, mas o fazem". Trata-se, portanto, da estrutura categorial objetiva da obra de arte, que volta a transformar em imanência todo movimento da consciência rumo ao transcendente, que por sua natureza é muito frequente na história do gênero humano, na medida em que aparece como aquilo que é, ou seja, como parte integrante da vida humana imanente, como sintoma do seu respectivo ser propriamente assim [*Geradesosein*]. As reiteradas rejeições da arte e do princípio estético, desde Tertuliano até Kierkegaard, não são casuais; ao contrário, são o reconhecimento de sua essência real provenientes do campo de seus inimigos irredutíveis. Esta obra não se limita a registrar essas lutas necessárias, mas toma posições resolutas: a favor da arte, contra a religião, nos termos de uma grande tradição que vai de Epicuro até Marx e Lênin, passando por Goethe.

O desdobramento, a separação e a síntese dialéticas, de determinações – tão multiformes, contraditórias, convergentes e divergentes – de objetividades e suas relações exigem um método próprio para sua exposição. Ao fazer uma exposição breve dos princípios em que o método está baseado, de modo nenhum se pode dizer que o autor quer fazer no prefácio uma apologia do seu modo expositivo. Ninguém é capaz de identificar com mais clareza seus limites e falhas do que o autor. Ele deseja somente afirmar suas intenções; não lhe compete julgar onde as realizou adequadamente e onde falhou. Por isso, falaremos a seguir somente dos princípios. Estes estão enraizados na dialética materialista, cuja execução coerente em um campo tão vasto, que abrange coisas muito afastadas umas das outras, exige, antes de tudo, uma ruptura com os meios expositivos formais, baseados em definições e delimitações mecanicistas, em separações "puras" em seções. Transpondo-nos de um só golpe para o centro da questão, quando partimos do método das determinações em oposição ao das definições, retornamos aos fundamentos da realidade da dialética, à infinitude tanto extensiva quanto intensiva dos objetos e suas relações. Toda tentativa de apreender essa infinitude pela via intelectual terá necessariamente insuficiências. Contudo, a definição fixa a própria parcialidade como algo definitivo e, por isso, obrigatoriamente violenta o caráter fundamental dos fenômenos. A determinação é considerada desde o início algo provisório, carente de complementação, algo cuja essência precisa ser complementada, formada continuamente e concretizada, isto é, quando, nesta obra, um objeto, uma relação de objetividades ou uma categoria são expostos por meio de sua determinação à luz da compreensibilidade e da conceituação, sempre temos em mente e pretendemos duas coisas: caracterizar o respectivo objeto de tal maneira que ele seja inequivocamente conhecido, sem, contudo, pretender que o ser conhecido nesse estágio se aplique à sua totalidade e que, por essa razão, se poderia parar por aí. Só é possível aproximar-se gradativamente, passo a passo, do objeto, na medida em que esse objeto é analisado em diversos contextos, em diferentes relações com diversos outros objetos, na medida em que a determinação inicial não é invalidada por esses procedimentos – nesse caso, ela estaria errada –, mas, ao contrário, é enriquecida ininterruptamente ou, poderíamos dizer, se aproxima sempre mais da infinitude do objeto para o qual está voltada, com astúcia. Esse processo se desenrola nas mais diferentes dimensões da reprodução ideal da realidade e, por essa razão, é sempre considerado por princípio apenas relativamente concluído. Contudo, se essa dialética for corretamente executada, há um progresso crescente em termos de clareza e riqueza de sua determinação e nexo sistemático; portanto, é preciso diferenciar com precisão a recorrência da mesma determinação nas diferentes constelações e dimensões de uma simples repetição. O progresso assim obtido não é apenas andar para a frente, penetrar de maneira cada vez mais profunda na essência dos objetos a serem apreendidos, mas – quando ocorre de modo realmente correto, de modo realmente dialético – iluminará com uma nova luz o caminho passado, o caminho já percorrido, tornando-o só então realmente viável em sentido mais profundo. Max Weber me escreveu certa vez, a propósito dos meus primeiros e muito insuficientes ensaios nesse sentido, dizendo que davam a impressão de um drama de Ibsen, cujo início só se compreende a partir do fim. Vi isso como uma compreensão refinada das minhas intenções, ainda que a minha produção na época não merecesse de modo algum um elogio desses. Espero que esta obra se preste melhor a ser considerada a realização de tal estilo de pensamento.

Por fim, peço ao leitor que me permita indicar sucintamente a história do surgimento da minha estética. Comecei como um crítico literário e ensaísta que buscou apoio teórico nas estéticas de Kant e mais tarde de Hegel. No inverno de 1911-1912, elaborei em Florença o primeiro plano de uma estética sistemática autônoma, na qual trabalhei de 1912 a 1914, em Heidelberg. Ainda penso com gratidão no benevolente interesse crítico que Ernst Bloch, Emil Lask e, sobretudo, Max Weber demonstraram pelo meu ensaio. O plano fracassou completamente. E aqui, quando me contraponho com veemência ao idealismo filosófico, essa crítica também vai contra as minhas tendências juvenis. De uma perspectiva externa, a irrupção da guerra interrompeu esse trabalho. A Teoria do romance[6], que escrevi no primeiro ano da guerra, é mais voltada para os problemas da filosofia da história, dos quais os problemas estéticos seriam apenas sintomas, sinais. A partir de então, a ética, a história e a economia ocuparam cada vez mais o centro dos meus interesses. Tornei-me marxista e o decênio da minha atividade política foi ao mesmo tempo o período de discussão interna do marxismo, o período de sua real assimilação. Quando – em torno de 1930 – voltei a me ocupar intensivamente dos problemas da arte,

[6] György Lukács, *Die Theorie des Romans: Ein geschichtsphilosophischer Versuch über die Formen der großen Epik* (Berlim, [Cassirer,] 1920; reed. Neuwied, [Luchterhand,] 1963) [ed. bras.: *A teoria do romance*, trad. José Marcos Mariani de Macedo, São Paulo, Editora 34/Duas Cidades, 2000].

uma estética sistemática era apenas uma perspectiva distante no meu horizonte. Só duas décadas mais tarde, no início dos anos 1950, pude pensar em realizar meu sonho juvenil, com uma visão de mundo e um método completamente diferentes, e executá-lo com conteúdos totalmente diferentes, com métodos radicalmente opostos.

Não gostaria de entregar este livro ao público sem expressar minha gratidão ao professor Bence Szabolcsi, que me auxiliou com paciência inesgotável a ampliar e aprofundar minha precária cultura musical, à sra. Ágnes Heller, que leu meu manuscrito durante a redação e cuja crítica perspicaz foi muito benéfica ao texto final, ao dr. Frank Benseler, por sua iniciativa para trazer a lume esta edição e por seu trabalho dedicado na preparação e na correção do manuscrito.

Budapeste, dezembro de 1962

1
Problemas do reflexo na vida cotidiana

I. Caracterização geral do pensamento cotidiano

As exposições a seguir em nenhum momento pretendem oferecer uma análise filosófica – específica do campo da teoria do conhecimento – precisa e exaustiva do pensamento cotidiano. Tampouco pretendem apresentar uma história – mesmo que só filosófica – da separação dos reflexos artístico e científico da realidade, reflexos que brotam desse terreno comum. A dificuldade principal é a falta de trabalhos prévios. Até agora a teoria do conhecimento se ocupou muito pouco do pensamento cotidiano. É inerente à postura de toda teoria do conhecimento burguesa, e sobretudo da idealista, remeter, por um lado, todas as questões da gênese do conhecimento ao campo da antropologia etc. e investigar, por outro, somente os problemas das formas mais desenvolvidas e mais puras do conhecimento científico, a ponto de as ciências não naturais, não "exatas", como as ciências históricas, só muito tardiamente serem submetidas a uma análise gnosiológica – e, quando isso aconteceu, via de regra, foi de tal modo que, dada a sua tendência irracionalista, ela mais confundiu que esclareceu os nexos. Mesmo as investigações sobre a peculiaridade do estético, que no mais raro dos casos lidavam com o reflexo estético da realidade, na maioria das vezes apenas enfatizavam a alteridade abstrata do estético em relação à vida e à ciência. Justamente em tais complexos de questões, o pensamento metafísico coloca empecilhos intransponíveis no caminho do conhecimento, pois seu sim ou não nega o conhecimento das transições fluidas, que encontramos na vida e sobretudo nos períodos da gênese histórico-social da arte como problemas a serem resolvidos. O caráter metafísico da contraposição igualmente rígida das questões referentes à gênese e à validade constitui um obstáculo adicional nesse sentido. O materialismo dialético e histórico será o primeiro a reunir as condições para formular um método histórico-sistemático visando à investigação de tais problemas.

A formulação metodológica geral do problema fica muito clara sobre essa base. No que se segue, tentaremos comprovar sua capacidade de lançar luz sobre essas questões. Aqui apenas enfatizaremos sucintamente, a título de antecipação, o ponto de vista mais geral possível: os reflexos científico e estético da realidade objetiva são formas de reflexo cada vez mais diferenciadas que se constituem no decorrer do desenvolvimento histórico e encontram tanto sua base quanto sua realização plena e definitiva na própria vida. Sua peculiaridade reside justamente na direção exigida, dentro de suas possibilidades, pelo exercício cada vez mais preciso e completo de sua função social. Por isso, em sua pureza relativamente tardia, na qual se baseia sua generalidade científica ou então estética, formam-se os dois polos do reflexo geral da realidade objetiva, cujo centro fecundo é a realidade da vida cotidiana. Essa tripartição da relação do homem com o mundo exterior a que fazemos alusão e que mais tarde trataremos mais extensamente foi identificada com muita clareza por Pavlov. Ao investigar os tipos da atividade do sistema nervoso superior, ele escreveu o seguinte:

> Até o surgimento do *Homo sapiens*, os animais se relacionavam com o ambiente apenas por meio das impressões diretas dos diversos agentes que incidiam sobre seus diversos receptores e eram canalizadas para as células correspondentes de seu sistema nervoso central. Essas impressões são, para os animais, os únicos sinais dos objetos do mundo exterior. Com a origem do homem surgiram, desenvolveram-se e aperfeiçoaram-se sinais extraordinários de segunda ordem, sinais daqueles sinais primários, na forma de palavras faladas, ouvidas e visíveis. Esses novos sinais designaram, em última análise, tudo o que os homens percebem tanto de seu mundo exterior quanto de seu mundo interior, e foram usados por eles não só nas relações mútuas, mas também de si para si. O predomínio desses novos sinais era condicionado naturalmente pela imensa importância da palavra, embora as palavras fossem e sejam apenas sinais secundários da realidade. [...] Porém, sem nos aprofundarmos mais nesse tema importante e vasto, devemos observar que, em consequência dos dois sistemas de sinais e graças à persistência dos antigos modos de vida, a massa dos homens se divide em um tipo artístico, um tipo pensante e um tipo médio. Este

último reúne o trabalho dos dois sistemas na proporção necessária. Essa subdivisão pode ser identificada tanto em indivíduos humanos quanto em nações inteiras.[1]

Por um lado, portanto, a pureza dos reflexos científico e estético se delimita nitidamente em relação às complexas formas mistas do cotidiano. Por outro, esses limites, ao mesmo tempo, se esvanecem ininterruptamente, na medida em que essas duas formas diferenciadas de reflexo se originam das necessidades da vida cotidiana e são chamadas a dar resposta a seus problemas e na medida em que muitos de seus resultados voltam a mesclar-se com formas de exteriorização da vida cotidiana, tornando esta última mais abrangente, mais diferenciada, mais rica, mais profunda etc. e, desse modo, fazendo-a desenvolver-se ininterruptamente para níveis superiores. Uma gênese histórico-sistemática real tanto do reflexo científico quanto do estético é simplesmente impensável sem a elucidação dessas inter-relações. Por conseguinte, para a apreensão filosófica dos problemas que surgem daí, é imprescindível que a análise não perca de vista nem a dupla interação com o pensamento cotidiano nem a peculiaridade específica em formação das duas formas diferenciadas.

Contudo, a investigação filosófica do reflexo tem um pressuposto imprescindível que deve ser aclarado, pelo menos em suas bases mais gerais, antes que se possa dar início à discussão de seus problemas específicos. Se quisermos examinar o reflexo na vida cotidiana, na ciência e na arte quanto a suas diferenças, devemos entender sempre com clareza que todas as três formas retratam a mesma realidade. Com o idealismo subjetivo, surgiu pela primeira vez a representação de que os diferentes tipos de ordenamento humano do reflexo se referem a realidades diferentes, autônomas, criadas pelo sujeito, sem nenhum contato entre si. Quem expressa isso de maneira mais aguda e coerente é Simmel: por exemplo, sobre a religião, ele diz: "A vida religiosa recria o mundo, ela representa a existência em um tom especial, de modo que, de acordo com sua pura ideia, não pode se cruzar com as imagens de mundo construídas com outras categorias nem pode contradizê-las"[2]. Para o materialismo dialético, em contrapartida, a unidade material do mundo é um fato irrefutável. Por conse-

[1] Ivan Petrovich Pavlov, *Sämtliche Werke*, v. 3/2: *Die Physiologie und Pathologie der höheren Nerventätigkeit* (Berlim, [Akademie Verlag,] 1953), p. 551.

[2] Georg Simmel, *Die Religion* (Frankfurt a. M., [Mütten und Loening], 1906), p. 11 [ed. bras.: *Religião: ensaios*, trad. Antonio Carlos Santos e Claúdia Dornbusch, São Paulo, Olho d'Água, 2010-2011, 2 v.].

guinte, todo reflexo é reflexo dessa realidade unitária e única. Contudo, somente para o materialismo mecanicista decorre disso que toda figuração [*Abbild*] dessa realidade deva ser uma simples fotocópia dela. (Mais adiante trataremos em detalhe essa questão {cap. 5, I}. Neste ponto, bastará a observação de que os reflexos reais surgem na interação entre o homem e o mundo exterior, sem que a seleção, a disposição etc. que isso implica sejam obrigatoriamente ilusão ou distorção subjetiva, embora naturalmente o sejam em alguns casos.) Por exemplo, quando, na vida cotidiana, alguém fecha os olhos para perceber melhor certas nuances audíveis do ambiente, esse desligamento de uma parte da realidade a ser refletida pode contribuir para uma apreensão mais precisa, mais completa e mais próxima daquele fenômeno que interessa dominar do que seria se não houvesse desconsideração do mundo visual. Dessas manipulações efetuadas quase instintivamente parte um caminho muito sinuoso que passa pelo reflexo no trabalho, no experimento etc. e leva até a ciência e a arte. Mais adiante trataremos extensamente as diferenças e até os antagonismos que surgem no reflexo da realidade. Aqui, o que devemos estabelecer resolutamente logo de início é que sempre se trata do reflexo da mesma realidade objetiva e que essa unidade do objeto último é de importância decisiva para a conformação do conteúdo e a forma das diferenças e dos antagonismos.

Quando consideramos sobre essa base as interações do cotidiano com a ciência e a arte, vemos que o conhecimento dos problemas, por mais claro que seja, nem de longe significa que eles podem ser resolvidos concretamente hoje. Isso vale sobretudo para a história da diferenciação gradativa, desigual, contraditória dessas três modalidades do reflexo. Sem dúvida, podemos formar uma ideia geral dessa caótica mistura original no estágio primitivo da humanidade que conhecemos. Na história escrita da humanidade, deparamo-nos com uma diferenciação altamente desenvolvida e que se desenvolve cada vez mais – ainda que, como veremos mais adiante, de modo contraditório. Igualmente inquestionável é que a continuidade histórica entre esses dois extremos existe objetivamente. Nosso saber atual sobre esse processo nem de longe é suficiente para que o conheçamos concretamente. Essa falta não se deve ao desconhecimento dos fatos históricos, mas está profundamente associada à falta de clareza dos princípios, das questões filosóficas fundamentais. Portanto, se quisermos romper esse círculo mágico dessa diversificada ignorância, teremos de empreender corajosamente – sempre conscientes de nossos conhecimentos extremamente fragmentários – a aclaração filosófica tanto dos tipos básicos quanto das etapas decisivas de desenvolvimento da diferenciação. Por mais filosófico que seja nosso método, ele contém os princípios da perspectiva social. Marx descreveu e determinou com clareza o método dessa aproximação a épocas há muito remotas e muitas vezes esquecidas com referência à história das formações e categorias econômicas. Ele diz:

> A sociedade burguesa é a mais desenvolvida e diversificada organização histórica da produção. Por essa razão, as categorias que expressam suas relações e a compreensão de sua estrutura permitem simultaneamente compreender a organização e as relações de produção de todas as formas de sociedade desaparecidas, com cujos escombros e elementos edificou-se, parte dos quais ainda carrega consigo como resíduos não superados, parte [que] nela se desenvolvem de meros indícios em significações plenas etc. A anatomia do homem é uma chave para a anatomia do macaco. Por outro lado, os indícios de formas superiores nas espécies animais inferiores só podem ser compreendidos quando a própria forma superior já é conhecida. Do mesmo modo, a economia burguesa fornece a chave da economia antiga etc. Mas de modo algum à moda dos economistas, que apagam todas as diferenças históricas e veem a sociedade burguesa em todas as formas de sociedade.[3]

Também no nosso campo a anatomia do homem é a chave para a anatomia do macaco. Naturalmente, dado o nível atual de desenvolvimento de nossas compreensões e conhecimentos, não se pode lograr mais do que uma aclaração aproximada das tendências mais importantes, dos pontos nodais mais decisivos. Mas nem é preciso mais para os fins de nossas investigações. Esperamos que sirvam de estímulo para pesquisas subsequentes, que certamente corrigirão alguns dos pontos aqui expostos.

Sobre o método geral, observamos apenas que nossas investigações se restringem ao homem. A importância do segundo sistema de sinais de Pavlov, a linguagem, já exige uma delimitação metodológica clara em relação ao mundo animal, no qual esses sinais não ocorrem. Naturalmente continuará sendo uma tarefa importante estudar detidamente a origem e o desdobramento dos reflexos [*Reflexe*] condicionados no desenvolvimento do mundo animal, pois neste já começa certa elaboração da realidade objetiva refletida de modo imediato, que nos animais superiores atinge um grau relativamente alto de diferenciação.

---

[3] Karl Marx, *Grundrisse der Kritik der politischen Ökonomie (Rohentwurf) – 1857-1858* (ed. Marx-Engels-Lenin-Institut Moskau, Moscou, 1939), v. 1, p. 25-26 [ed. bras.: *Grundrisse: manuscritos econômicos de 1857-1858: esboços da crítica da economia política*, trad. Mario Duayer e Nélio Schneider, São Paulo, Boitempo, 2011, p. 58].

Porém uma consideração detida sobre esse complexo de problemas extrapola o marco do nosso trabalho. Retornaremos a ele apenas ocasionalmente, em determinados casos concretos, para estabelecer limites precisos ou aclarar zonas de transição.

Todavia, as constatações de Pavlov devem ser concebidas e interpretadas sempre no sentido do materialismo dialético. Por mais fundamental que seja seu segundo sistema de sinais da linguagem para essa delimitação entre homem e animal, ele só adquire seu real sentido e fecundidade quando damos, a exemplo de Engels[4], o devido peso ao surgimento simultâneo do trabalho e da linguagem, à sua indissociabilidade concreta. O fato de os homens "terem algo a dizer" que se situa além do âmbito animal procede diretamente do trabalho e desdobra-se – direta e indiretamente e, mais tarde, passando frequentemente por muitas mediações – em conexão com o desenvolvimento do trabalho. Por essa razão, não faremos muitas referências aqui, nem sequer polemicamente, aos esforços de Darwin para encontrar as categorias da arte já na vida animal e delas derivar suas expressões humanas. Acreditamos que o trabalho (e, com ele, a linguagem e o mundo dos conceitos) abra aqui um fosso tão largo e profundo que a herança animal que eventualmente exista não tenha um peso decisivo quando considerada por si só; com toda a certeza, essa herança não pode ser usada para explicar fenômenos totalmente novos. Isso não quer dizer, é claro, que neguemos peremptoriamente o fato de tal herança existir, como teremos ocasião de demonstrar mais adiante. Pelo contrário, opinamos que as tendências mais recentes da biologia e da antropologia que estabelecem uma distinção total entre o animal e o homem deixam de lado muitos fatos importantes. Porém aqui nos valemos, para fins bem definidos, de certos resultados da antropologia para cujo conhecimento adequado adquire importância decisiva justamente a indissociabilidade do trabalho e da linguagem e, portanto, o que separa o animal do homem.

Ao empreendermos agora uma breve análise do pensamento cotidiano, temos de mencionar, além da já aludida falta de trabalhos preparatórios, as seguintes dificuldades concretas que decerto constituem, ao menos em parte, a razão pela qual o cotidiano – esse importante campo que abarca a maior

---

[4] Friedrich Engels, *Herrn Eugen Dührings Umwälzung der Wissenschaft. Dialektik der Natur. 1873-1882* (ed. V. Adoratski, Moscou-Leningrado, 1935), p. 696; MEW, v. 20, p. 446 [ed. bras.: *Dialética da natureza*, trad. Nélio Schneider, São Paulo, Boitempo, 2020, p. 341].

parte da vida humana – tenha sido tão pouco investigado filosoficamente. Talvez a dificuldade principal seja o fato de que a vida cotidiana não dispõe de objetivações tão definidas quanto as da ciência e da arte. Mas isso não quer dizer que careça totalmente de objetivações. Sem objetivação não se pode nem mesmo conceber a vida do homem, seu pensar e sentir, sua prática e reflexão [*Reflexion*]. Prescindindo do fato de que todas as objetivações propriamente ditas desempenham um papel importante na vida cotidiana dos homens, as formas básicas já constatadas por nós do modo de vida especificamente humano, o trabalho e a linguagem, também têm, em alguns aspectos, essencialmente o caráter de objetivações. O trabalho só tem existência como ato teleológico. Marx diz o seguinte sobre o caráter especificamente humano do trabalho:

> Pressupomos o trabalho numa forma em que ele diz respeito unicamente ao homem. Uma aranha executa operações semelhantes às do tecelão, e uma abelha envergonha muitos arquitetos com a estrutura de sua colmeia. Porém, o que desde o início distingue o pior arquiteto da melhor abelha é o fato de que o primeiro tem a colmeia em sua mente antes de construí-la com a cera. No final do processo de trabalho, chega-se a um resultado que já estava presente na representação do trabalhador no início do processo, portanto um resultado que já existia idealmente. Isso não significa que ele se limite a uma alteração da forma do elemento natural; ele realiza neste último, ao mesmo tempo, seu objetivo, que ele sabe que determina, como lei, o tipo e o modo de sua atividade e ao qual ele tem de subordinar sua vontade.[5]

Com base nisso, examinemos, portanto, aqueles aspectos do trabalho que o determinam como fator fundamental da vida cotidiana, do pensamento cotidiano, do reflexo da realidade objetiva no cotidiano. Marx indica, antes de tudo, que se trata de um processo histórico, no qual ocorrem – tanto objetiva quanto subjetivamente – transformações qualitativas. Mais adiante detalharemos em várias ocasiões o significado concreto dessas transformações. O único fato que importa para nós, agora, é que Marx diferencia, com breves alusões, três períodos essenciais. O primeiro é caracterizado pelas "primeiras formas instintivas, animalescas, do trabalho"[6], como estágio prévio do formato já

---

[5] Karl Marx, *Das Kapital. Kritik der politischen Ökonomie*, Livro I, v. 1 (ed. Karl Kautsky. Stuttgart, [J. H. W. Dietz,] 1914), p. 140; MEW, v. 23, p. 193 [ed. bras.: O *capital: crítica da economia política*, Livro I: O *processo de produção do capital*, trad. Rubens Enderle, São Paulo, Boitempo, 2013, p. 255-6].

[6] Idem [ed. bras.: ibidem, p. 255].

superado pelo trabalho no estágio – ainda pouco desenvolvido – da circulação simples de mercadorias. O terceiro é seu modo de ser desenvolvido pelo capitalismo, que mais adiante teremos de investigar mais detidamente, no qual a introdução da ciência aplicada ao trabalho provoca transformações decisivas. Nesse estágio, o trabalho deixa de ser determinado, em primeiro lugar, pelas capacidades físicas e intelectuais do trabalhador. (Período do trabalho mecanizado, crescente determinação do trabalho pelas ciências.) Entre esses dois estágios, situa-se a formação do trabalho em um nível menos desenvolvido, que é profundamente associado às capacidades humanas pessoais (período da manufatura, proximidade da manufatura com a arte) e que, historicamente, cria os pressupostos para o terceiro período.

O que todos esses três períodos possuem de comum é a característica essencial do trabalho especificamente humano, o princípio teleológico: o resultado do processo do trabalho "já estava presente na representação do trabalhador no início do processo, portanto, um resultado que já existia idealmente"[7]. A possibilidade desse modo de agir pressupõe determinado grau de reflexo correto da realidade objetiva na consciência do homem, pois, segundo Hegel, que identificou claramente essa estrutura do trabalho e a quem Marx se reportou nessas considerações, sua essência consiste no seguinte: o trabalho "deixa que a natureza se desgaste, assiste tranquilamente e, assim, governa tudo com pouco esforço"[8]. É claro que esse governo dos processos naturais – mesmo no estágio mais primitivo – pressupõe um reflexo quase correto, mesmo quando as exigências generalizadoras extraídas dele são falsas. Pareto foi certeiro quando descreveu a conexão entre estar correto no detalhe e a fantasmagoria no geral: "Pode-se dizer que as combinações realmente eficazes, como a produção de fogo com o sílex, levam o homem a crer também na eficácia de combinações imaginárias"[9].

Contudo, se esses resultados do reflexo da realidade são próprios da vida cotidiana e do seu pensamento, está claro que a questão das objetivações ou de sua formação deficitária nessa esfera da vida só pode ser concebida de maneira

---

[7] Idem [ed. bras.: ibidem, p. 256].

[8] Georg Wilhelm Friedrich Hegel, *Jenenser Realphilosophie*, t. 2: *Die Vorlesungen von 1805/06* [Leipzig, Meiner, 1931]; HSWL, v. 20, p. 199-200. [A citação exata é: "Aqui a tração se retrai totalmente do trabalho. Ele deixa a natureza se desgastar...".]

[9] Vilfredo Pareto, *Allgemeine Soziologie* (ed., introd. e trad. Carl Brinkmann, Tübingen, [Mohr,] 1955), p. 39.

elástica, dialética, se não quisermos violentar as tendências fundantes de sua estrutura e desenvolvimento. Indubitavelmente surge no trabalho (do mesmo modo que na linguagem, que também constitui um fator fundamental da vida cotidiana) uma espécie de objetivação. E não só no produto do trabalho, o que é indiscutível, mas também no processo do trabalho. A acumulação de experiências diárias, o exercício, o hábito etc. levam à repetição e ao aperfeiçoamento de determinados movimentos no processo do trabalho, assim como à sucessão, à intercalação, à complementação, à intensificação etc., quantitativa e qualitativamente; isso faz com que esse processo adquira necessariamente para o homem que o exerce o caráter de certa objetivação. Porém, em oposição à fixidez das formações produzidas pela arte ou pela ciência, que é muito maior, essa objetivação possui um modo de ser mais mutável, mais fluido, pois, por mais intenso que seja o efeito dos princípios de conservação e estabilização no processo de trabalho da vida cotidiana (particularmente nos estágios iniciais) – pense-se na força das tradições na agricultura camponesa ou na manufatura pré-capitalista —, em cada processo individual de trabalho há, pelo menos, a possibilidade abstrata de divergir das tradições existentes, de tentar algo novo ou, dependendo das circunstâncias, recorrer a algo ainda mais antigo para modificá-lo.

Numa perspectiva bem geral, isso ainda não exprime uma diferença essencial em relação à prática dos cientistas. Estes, acima de tudo, também vivem sua vida cotidiana no âmbito da vida cotidiana dos homens. Portanto, seu comportamento individual para objetivação de sua atividade não precisa se diferenciar fundamentalmente nem qualitativamente de suas demais atividades, em especial no caso da divisão social ainda não desenvolvida do trabalho. Contudo, se observarmos a faticidade daí resultante não só do ponto de vista do sujeito atuante mas do ponto de vista do objeto, veremos que há diferenças qualitativas importantes. Estas não residem apenas na mutabilidade dos resultados, pois os resultados da ciência se modificam com o enriquecimento e o aprofundamento que ocorrem no processo de reflexo da realidade, tanto quanto os do trabalho. O que é decisivo é, antes, o grau de abstração, o distanciamento da prática imediata da vida cotidiana, com a qual, no entanto, um e outro permanecem conectados – tanto em seus pressupostos como em suas consequências. Contudo, para a ciência, essa conexão é mediada, com maior ou menor amplitude e complexidade, ao passo que, para o trabalho, mesmo quando este consiste na aplicação de conhecimentos científicos de alta complexidade, ela possui um caráter preponderantemente imediato. Ora, quanto mais imediatas forem essas relações, o que significa também que a intenção do agir é direcionada para um caso isolado da vida – e esse é sempre o caso do trabalho, dada a sua natureza –, tanto mais fraca, tanto mais mutável e tanto menos fixa será a objetivação. Dito de modo mais preciso: tanto maiores são as possibilidades de que sua fixação – mesmo que extremamente rígida – não se origine da essência da realidade objetiva [*objektiven Gegenständlichkeit*], mas tenha um fundamento subjetivo, muitas vezes sociopsicológico (tradições, hábitos etc.). Isso significa que os resultados da ciência, como formações que independem do homem, são estruturalmente fixados de modo mais sólido que os do próprio trabalho. O desenvolvimento se manifesta no fato de que, sem perder sua objetividade fixada, uma formação é substituída por outra corrigida. Isso é até acentuado na prática das ciências em geral pelo destaque que é dado às mudanças introduzidas. Nos produtos do trabalho, ao contrário, essas mudanças podem ocorrer como variações individuais; quando estas são expressamente divulgadas – como ocorre muitas vezes no capitalismo –, em geral é por razões de mercado. De modo geral, o capitalismo aproxima o trabalho e o resultado do trabalho da estrutura da ciência.

Naturalmente analisaremos aqui somente os dois polos, sem levar em consideração as incontáveis formas de transição que surgem em decorrência das interações a que já fizemos alusão e que mais adiante trataremos mais extensamente. Se considerarmos a totalidade das atividades humanas – todas as objetivações, ou seja, não só a ciência e a arte, mas também as instituições sociais como manifestação concreta dessas atividades –, as transições vêm energicamente para o primeiro plano. Contudo, visto que nossa investigação não se propõe finalidades tão amplas, mas apenas elaborar algumas características essenciais importantes da vida cotidiana – em contraposição à ciência e à arte –, podemos e devemos contentar-nos com a constatação desses contrastes. Tanto mais que o trabalho, como fonte constante de desenvolvimento da ciência (um campo que é ininterruptamente enriquecido por ele), provavelmente alcance na vida cotidiana o mais alto grau de objetivação possível. Nesse sentido, é preciso apontar o desenvolvimento histórico do próprio trabalho a que fizemos alusão no início {p. 179-80}. Dado que a interação com a ciência desempenha um papel incessante, de efeito tanto extensiva quanto intensivamente cada vez mais forte, é evidente que, no trabalho atual, as categorias científicas têm importância muito maior do que tiveram no trabalho mais antigo.

Isso não anula a peculiaridade fundamental do pensamento cotidiano que exporemos em seguida; a crescente recepção de elementos científicos não o transforma em comportamento realmente científico.

A maneira mais clara de observar isso é na inter-relação da ciência com a indústria moderna. Pelo critério histórico, é correto dizer que a linha principal do desenvolvimento vai no sentido da penetração da ciência na indústria, isto é, no processo do trabalho. Em termos históricos objetivos, constata-se – como mostrou Bernal* em detalhes – que, por um lado, o isolamento de certos modos de pesquisa em relação à vida e, por outro, a estreiteza, o conservadorismo etc. dos industriais impossibilitaram, em muitos casos e por longo tempo, a aplicação de resultados científicos já alcançados. Não estamos interessados, aqui, nesse fenômeno do ponto de vista da história da indústria, da técnica ou da ciência, nas quais não há dúvida de "que nem as motivações ostensivas nem as realmente operativas das pessoas historicamente atuantes são as causas últimas dos acontecimentos históricos"[10], mas do ponto de vista do cotidiano, no qual as motivações "ostensivas" estão em primeiro plano; e estas mostram o nível – relativamente – baixo das objetivações na resolução das pessoas para agir, no caráter fluido que possuem aqui muitas das formações em si fortemente objetivadas e, por fim, no papel muitas vezes decisivo que a habituação, a tradição etc. desempenham nessas resoluções. A vida subjetiva da cotidianidade caracteriza-se por uma constante oscilação entre decisões baseadas em motivos de natureza instantânea e fluida e decisões apoiadas em bases rígidas, mesmo que raramente fixadas como ideias (tradição, costume).

O trabalho, contudo, é a parte da realidade cotidiana mais próxima da objetivação científica. As relações infinitamente variadas entre os homens singulares (matrimônio, amor, família, amizade etc.) – para não falar das incontáveis relações fugazes –, as relações dos homens singulares com as instituições estatais e sociais, as diversas formas de ocupação secundária, de diversão (por exemplo, o esporte) etc. e fenômenos do cotidiano (como a moda) confirmam a exatidão dessa análise. Trata-se, em toda a parte, da mudança rápida, com frequência repentina, entre o enrijecimento conservador (em forma de rotina

* Ver, entre outros, John Desmond Bernal, *Science in History* (Londres, Watts, 1954), 4 v. (N. T.)

10 Friedrich Engels, *Ludwig Feuerbach und der Ausgang der klassischen Philosophie* (ed., pref. e notas Hermann Duncker, Viena, [Literatur und Politik,] 1927, Marxistische Bibliothek 3), p. 57; MEW, v. 21, p. 298.

ou convenção) e ações, resoluções etc., cujas motivações – pelo menos subjetivamente, o que é muito importante para nossas investigações – possuem um caráter preponderantemente pessoal. Essa constatação é confirmada pelo fato de que, particularmente no cotidiano da sociedade capitalista, no qual predominam as motivações do movimento no plano individual, evidencia-se, em termos estatísticos objetivos, uma grande uniformidade. Em sociedades pré-capitalistas mais apegadas à tradição, essa polarização tem uma aparência qualitativamente diferente, sem, contudo, suprimir essa semelhança estrutural essencial.

Por trás de tudo o que foi exposto até agora, encontra-se uma segunda característica essencial do ser e do pensar cotidianos: a conexão direta entre teoria e prática. Para ser corretamente entendida, essa afirmação necessita de certo esclarecimento, pois seria totalmente errado supor que os objetos da atividade cotidiana têm, em si, um caráter objetivo, imediato. Pelo contrário. Eles só existem por causa de um sistema de mediação muito ramificado, multifacetado, complexo, que, no decorrer do desenvolvimento social, se torna cada vez mais complexo e ramificado. Contudo, na medida em que se trata de objetos da vida cotidiana, estes estão prontos e, quando se mostram em seu ser-aí e ser-assim imediatos, ou seja, tais como são, todo vestígio do sistema de mediação que os produz é apagado. Pense-se, quanto a isso, não só em fenômenos técnico-científicos mas também em fenômenos economicamente muito complexos, como o táxi, o ônibus, o bonde etc., em seu uso na vida cotidiana, no modo como eles figuram na vida cotidiana, e ver-se-á com clareza essa imediaticidade. Faz parte da economia necessária da vida cotidiana tomar ciência e avaliar pela média todo o entorno – enquanto funcione – somente com base em seu funcionamento prático (e não em sua essência objetiva). E, em muitos casos, até seu não funcionamento provoca reações desse tipo. Naturalmente, isso – em sua forma pura – é produto da divisão capitalista do trabalho. Em estágios mais primitivos de desenvolvimento, em que a maioria dos utensílios etc. da vida cotidiana eram confeccionados pelos próprios agentes ou o modo de produção era de conhecimento geral, esse tipo de imediaticidade era bem menos desenvolvido e notório. A divisão social altamente desenvolvida do trabalho, que converte todo ramo de produção e seus aspectos parciais em uma especialidade precisamente delimitada, é a primeira a impor essa imediaticidade ao indivíduo médio ativo da vida cotidiana.

A estrutura mais geral desse comportamento, porém bem menos desenvolvida, remonta à era primitiva, pois a ligação imediata de teoria (isto é, a reflexão, o modo de reflexo do objeto) e prática é certamente a mais antiga de todas as suas formas: com muita frequência, ou mesmo na maioria dos casos, as circunstâncias obrigam os homens a uma ação imediata. Todavia, o papel social da cultura (e sobretudo da ciência) consiste em descobrir mediações entre uma situação previsível e a melhor forma possível de agir – e então interpor essas mediações entre elas. Contudo, assim que passam a existir e a ser de uso geral, elas perdem para o homem que atua no cotidiano o seu caráter mediador, e a imediaticidade descrita por nós volta a vigorar. Nesse ponto, podemos ver claramente – e sobre isso falaremos extensamente mais adiante – como é estreita a interação entre a ciência e a vida cotidiana: os problemas que se apresentam à ciência emergem, de modo imediato ou mediato, da vida cotidiana, e esta se enriquece constantemente com os resultados e os métodos elaborados pela ciência que são aplicados nela. Mas não basta constatar essas interações constantes para compreender essa interconexão. Desde já é preciso indicar – e nossa análise do pensamento cotidiano tem justamente essa intenção – que, entre o reflexo da realidade e sua elaboração intelectual na ciência e no cotidiano, há também diferenças qualitativas. Estas, contudo, não instituem uma dualidade rígida e insuperável, como a teoria do conhecimento burguesa costuma tratar tais questões; a diferenciação, incluindo a diferenciação qualitativa, é antes o produto do desenvolvimento social da humanidade. A diferenciação e, com ela, a independência (relativa) dos métodos científicos em relação às necessidades imediatas do cotidiano e sua ruptura com os hábitos mentais surgem justamente para servir melhor a essas necessidades do que seria possível com uma unidade direta dos métodos. A diferença entre arte e vida cotidiana, sua interação, que é semelhante em sua estrutura mais geral, também atende a essas necessidades sociais. Todavia, o fato de não podermos tratar dessas questões neste ponto não significa que elas tenham surgido historicamente mais tarde. A polarização da vida cotidiana, do pensamento cotidiano, nas duas esferas mais intensamente objetivadoras, objetivamente menos imediatas, a saber, a da arte e a da ciência, constitui um processo tão simultâneo quanto as interações que acabamos de descrever.

O caráter específico da imediatidade da vida e do pensamento cotidianos, como descrevemos aqui, expressa-se marcadamente no materialismo espontâneo dessa esfera. Toda análise mais ou menos imparcial e minuciosa deve mostrar que o homem da vida cotidiana sempre reage aos objetos de seu ambiente de modo espontaneamente materialista, não importando como essas reações venham a ser interpretadas em seguida pelo sujeito da prática. Isso decorre da própria essência do trabalho. Todo trabalho pressupõe um complexo de objetos e de leis que determinam a modalidade, os movimentos, as operações etc. necessários a ele, e estes são tratados espontaneamente como algo que existe e funciona independentemente da consciência humana. A essência do trabalho consiste justamente em observar, explorar e aproveitar esse ser e devir ente-em si. Mesmo no estágio em que o homem primitivo ainda não produzia ferramentas, mas apenas se utilizava de pedras de determinada forma e as descartava após usá-las, já devia haver observações a respeito de quais pedras eram apropriadas para determinadas operações em função de sua dureza, formato etc. O fato de o homem escolher entre muitas pedras aquela que lhe parece adequada e o modo como a escolhe já mostram que ele é mais ou menos consciente de que é obrigado a agir em um mundo exterior que existe independentemente dele e, portanto, deve tentar explorar intelectualmente, da melhor maneira possível, por meio da observação, esse entorno que existe independentemente dele, a fim de poder existir, de escapar dos perigos que o ameaçam. O perigo como categoria da vida interior do homem também mostra que o sujeito é mais ou menos consciente de estar diante de um mundo exterior independente de sua consciência.

Porém esse materialismo possui um caráter puramente espontâneo, direcionado aos objetos imediatos da prática e restrito a eles. Por essa razão, em seu florescimento imperialista, o idealismo subjetivo lhe virou altivamente as costas e o ignorou filosoficamente de todo. Rickert, por exemplo, diz que não tem nada a objetar ao realismo "ingênuo":

> Ele [o realismo ingênuo] não conhece nem um real transcendente, nem o sujeito da teoria do conhecimento, nem a consciência supraindividual. Não é uma teoria científica que precise ser combatida cientificamente, mas um complexo de opiniões irrefletidas e indeterminadas que bastam para a vida, e que se pode deixar tranquilamente para quem só quer viver.[11]

Na época de crise que se seguiu à Primeira Guerra Mundial, quando o idealismo subjetivo se viu cada vez mais obrigado a fortalecer suas posições com argumentos antropológicos, adquirem importância crescente também para

[11] Heinrich Rickert, *Der Gegenstand der Erkenntnis* (Tübingen, [J. C. B. Mohr,] 1928), p. 116.

ele os problemas da vida cotidiana, entre os quais os do "realismo ingênuo" (que era em geral como os idealistas burgueses compreendiam o materialismo espontâneo). Rothacker já se explica nestes termos:

> Porém o mundo inteiro, no qual vivemos e atuamos na prática, incluindo naturalmente as atividades vitais de cunho político, econômico, religioso e artístico, move-se dentro de "categorias vitais" cuja quintessência enquanto "imagem de mundo pré-científica" necessita urgentemente de um tratamento mais explícito e representa um dos numerosos temas da "antropologia filosófica" que mal foram abordados. *Hic Rhodus, hic salta*! [Aqui é Rodes, salta aqui!] Nunca se enfatizará o suficiente o fato de que todas as grandes decisões que tomamos na vida incidirem em um "mundo realista ingênuo", de que toda a história mundial e, com ela, o tema de todas as ciências históricas e filologias se desenrolar nesse mundo realista ingênuo, constitui um argumento de suma importância também para o tratamento de questões atinentes à teoria do conhecimento.[12]

No entanto, esse reconhecimento do problema serviu a Rothacker apenas para conferir ao idealismo subjetivo uma formulação solipsista mais coerente do que ocorria antes, na medida em que sua teoria subjetivista do conhecimento julgou encontrar na teoria ambiental de Uexküll* um suporte biológico. O materialismo espontâneo da vida cotidiana converte-se, nesse contexto, em um modo de manifestação – de fato bastante complexo – do ambiente determinado pelos órgãos. Faremos uma crítica mais profunda dessa teoria ao tratar do problema do em-si.

A força e a debilidade dessa espontaneidade circunscrevem claramente, a partir de outro ponto de vista, a peculiaridade do pensamento cotidiano. Sua força se externa no fato de que nenhuma visão de mundo, por mais idealista e solipsista que seja, consegue impedir que essa espontaneidade funcione na vida e no pensamento cotidianos. Nem o mais fanático adepto de Berkeley, ao se desviar de um automóvel em um cruzamento ou esperar que ele passe, tem a sensação de lidar apenas com a sua representação e não com uma realidade independente de sua consciência. O *esse est percipi* [ser é perceber] desaparece sem deixar vestígios na vida cotidiana do homem que age de modo imediato. A debilidade desse materialismo espontâneo se externa no fato de que ele quase não tem consequências ideológicas ou, poder-se-ia dizer, não tem nenhuma.

---

[12] Erich Rothacker, *Probleme der Kulturanthropologie* (Bonn, [Bouvier,] 1948), p. 166.

* Ver Jakob von Uexküll, *Theoretische Biologie* (Berlim, Springer, 1928). (N. T.)

Ele pode coexistir comodamente com representações idealistas, religiosas, supersticiosas etc. na consciência do homem – sem nem suspeitar subjetivamente dessa contradição. Para citar exemplos, não é preciso remontar à era primitiva do desenvolvimento da humanidade, na qual as primeiras experiências de trabalho e as grandes descobertas que dele surgiram eram inseparavelmente vinculadas a representações mágicas. O homem atual também associará fatos muito reais da vida – apreendidos de modo materialista espontâneo – a representações supersticiosas, com frequência sem ter a mínima ideia de quão grotesca é essa vinculação. No entanto, ao se estabelecer essa semelhança, não se podem ignorar as diferenças. O materialismo espontâneo do homem primitivo também se estende a fenômenos que são essencialmente de natureza consciente. Basta pensar na interpretação que se faz dos sonhos. Mas nesse estágio primitivo, em que à observação das manifestações [*Erscheinungen*] materiais se associam explicações "espirituais" para interpretá-los, estas são vivenciadas de modo tão espontaneamente materialista quanto a própria realidade objetiva. Cassirer aponta com razão o fato de o pensamento primitivo não traçar uma linha divisória entre verdade e aparência, tampouco entre "a percepção meramente 'representada' e a percepção 'real', entre desejo e satisfação, entre imagem e coisa"[13]. (A reação filosófica de nossos dias quer encontrar na relação primitiva entre imagem e coisa o fundamento para uma nova maneira de conceber o mundo; é o que faz Klages.) E, assim como acabamos de fazer, Cassirer aponta a maneira como o primitivo toma os sonhos como algo objetivo. Essa "objetividade" – ilusória – do sonho está profundamente arraigada na vida cotidiana dos homens, o que pode muito bem ser depreendido do fato de essa diferenciação ainda ter certa importância nas ponderações gnosiológicas de Descartes[14]. Essa homogeneidade, essa falsa unificação diminui gradativamente nos estágios mais desenvolvidos. A superstição do homem moderno, por exemplo, que às vezes pode ser profundamente enraizada subjetivamente, muitas vezes envolve uma consciência intelectual culpada, ou seja, a consci-

---

[13] Ernst Cassirer, *Philosophie der symbolischen Formen*, t. 2: *Das mythische Denken* (Darmstadt, [Wissenschaftliche Buchgesellschaft,] 1953), p. 48 [ed. bras.: *A filosofia das formas simbólicas*, v. 2: *O pensamento mítico*, trad. Flávia Cavalcanti São Paulo, Martins Fontes, 2004].

[14] René Descartes, "Les principes de la philosophie", [em *Œuvres et lettres*, Paris, Pléiade, 1937,] Bibliothèque de la Pléiade 40, p. 434 [ed. port.: *Princípios de filosofia*, trad. J. Gama, Lisboa, Edições 70, 2006].

ência de que se está lidando com um produto da consciência subjetiva, não com uma realidade objetiva que existe independentemente dela, conforme ao materialismo espontâneo da vida cotidiana. Não podemos abordar aqui as muitas transições que há nesse campo. Constata-se a mesma situação na própria ciência. Teóricos idealistas do conhecimento falam frequentemente com irônico pesar do "realismo ingênuo" (isto é, do materialismo) de destacados pesquisadores da natureza; em contrapartida, Lênin[15] constata que mesmo os estudiosos que reverenciam o idealismo subjetivo em sua teoria do conhecimento são materialistas espontâneos em sua prática científica.

A negligência teórica desse fator primário da vida cotidiana e do pensamento cotidiano faz com que fatos importantes do pensamento humano permaneçam sem explicação. Assim, diversos pesquisadores da era primitiva constataram certa afinidade entre a magia primitiva e o materialismo espontâneo que acabamos de descrever. No entanto, há uma diferença qualitativa, historicamente determinada, quanto a se a complementação idealista (religiosa, mágica, supersticiosa) do materialismo espontâneo só aparece à margem da imagem prática de mundo ou se encobre intelectual e emocionalmente os fatos estabelecidos por ela. O caminho de volta do último caso para o primeiro é a linha de desenvolvimento essencial, mas com frequência ziguezagueante, da cultura. Porém esse desenvolvimento somente é possível porque o pensamento humano supera a imediaticidade do cotidiano no sentido aqui indicado, isto é, porque a ligação direta entre reflexo da realidade, sua explicação intelectual e a prática é superada, e, portanto, uma série cada vez maior de mediações se intercala entre o pensamento, que só assim se torna propriamente teórico, e a prática. Somente assim é possível abrir um caminho que leva do materialismo meramente espontâneo da vida cotidiana até o materialismo filosófico. Como veremos mais adiante {p. 287 e seg.}, a primeira expressão clara dessa evolução ocorreu na Antiguidade grega. É nela que se dá resolutamente o início de uma separação definitiva entre idealismo e materialismo filosóficos. Cassirer[16] tem razão quando data de Leucipo e Demócrito a ruptura com o "pensamento mítico".

---

[15] Vladímir Ilitch Lênin, *Sämtliche Werke*, v. 13: *Materialismus und Empiriokritizismus* (Viena, [Literatur und Politik,] 1927), p. 280 e seg.; ver também LV, v. 14, p. 285-91 [ed. port.: *Materialismo e empirocriticismo: notas críticas sobre uma filosofia reacionária*, Lisboa/Moscou, Avante!/Progresso, 1982].

[16] Ernst Cassirer, *Philosophie der symbolischen Formen*, t. 2, cit., p. 62.

A dificuldade desse processo se evidencia no fato de que as primeiras tentativas de ultrapassar a espontaneidade do pensamento cotidiano apresentam em geral traços essencialmente idealistas. É interessante que Cassirer, partindo da identificação primitiva de imagem e coisa, chega à seguinte conclusão: "De acordo com isso, pode-se até mesmo designar a ausência da categoria do 'ideal' como característica do pensamento mítico..."[17]. Assim, já afloram mais claramente a essência e os limites do materialismo espontâneo primitivo: ele é atuante em um período em que ainda não se conhecia a contraposição antinômica de idealismo e materialismo. Essa contraposição se desenvolve na luta contra o idealismo filosófico, que surgiu antes. O materialismo espontâneo da vida cotidiana preserva alguns resquícios das condições primitivas, mas torna-se efetivo em um ambiente em que essa diferenciação já havia acontecido. Descrever o processo complexo desses desenvolvimentos ainda que alusivamente é algo que extrapola todo o marco deste trabalho. Apresentamos apenas algumas notas sobre as causas sociais desse surgimento do idealismo. Suas razões são múltiplas. Em primeiro lugar, o desconhecimento de natureza e sociedade. Por essa razão, assim que o homem primitivo busca ultrapassar as relações imediatas do mundo objetivo ao qual tinha acesso direto, ele é forçado a recorrer a uma analogia não fundada ou, pelo menos, insuficientemente fundada nos fatos e, para isso, por sua natureza, costuma escolher espontaneamente como ponto de partida a própria subjetividade. Em segundo lugar, a incipiente divisão social do trabalho cria pela primeira vez aquela camada que vai dispor do ócio necessário para refletir "profissionalmente" sobre problemas desse tipo. Assim, com a liberação da obrigação de reagir sempre de imediato ao mundo exterior, cria-se para essa camada, por um lado, a distância necessária a partir da qual se pode começar a superar a imediaticidade espontânea do cotidiano, sua falta de generalização, mas, por outro, essa divisão do trabalho distancia cada vez mais do próprio trabalho a camada que tem o privilégio de refletir mais profundamente. Porém o trabalho é a base mais importante do materialismo espontâneo da vida cotidiana, embora seja também a base das tendências idealistas de concepções de mundo em surgimento. Recordem-se aqui as descrições de Marx segundo as quais o resultado do processo de trabalho existe já no plano da ideia. É bem compreensível que o ponto de partida da generalização analogizante esteve dado

[17] Ibidem, p. 51.

quando a analogia começou a predominar sobre a causalidade e a legalidade no pensamento primitivo. Quando complexos de objetos e movimentos que até então não podiam ser explicados de modo imediato foram projetados em termos idealistas, religiosos etc. em um "criador", trata-se na maioria dos casos desse tipo de generalização analógica do aspecto subjetivo do processo de trabalho. (Pense-se, para citar um exemplo óbvio, no Artífice-Demiurgo das representações gregas da divindade.) Somente em um nível superior, ou seja, na luta contra tais concepções, surgiria o materialismo filosófico: a tentativa de compreender todos os fenômenos [*Erscheinungen*] a partir das leis dinâmicas da realidade independentemente da consciência. A descrição de sua luta contra as concepções de mundo idealistas naturalmente não faz parte desse contexto.

Nesse contexto, devemos citar apenas um ponto de vista, a saber, o nexo entre representações idealistas (religiosas) e o tipo de pensamento da cotidianidade. Cada passo adiante dado pelo materialismo como visão de mundo implica um afastamento da maneira como a cotidianidade imediata vê as coisas, uma incipiente percepção científica das causas "não ostensivas" dos fenômenos e de seu movimento. Nos limites desse reflexo científico da realidade, que, como veremos, representa um afastamento das formas de pensamento da cotidianidade e um elevar-se acima delas, origina-se necessariamente um retorno ao cotidiano. Em termos formais, tal pensamento pode ser altamente desenvolvido, pode valer-se de todas as formas e de todos os conteúdos do reflexo científico da realidade, mas sua estrutura básica será sempre muito próxima à da cotidianidade. Por exemplo, quando Engels critica a concepção de história do materialismo mecanicista e constata que ele teve uma recaída no idealismo, sua argumentação se move na direção descrita por nós. Ele acusa esse materialismo de assumir, "como causas últimas as forças ideais que atuam na história, em vez de investigar o que há por trás delas, quais são as forças motrizes dessas forças motrizes. A incoerência não é identificar forças motrizes ideais, mas não recuar até as causas que as movem"[18]. Está claro que, mesmo quando se trata de uma tendência filosófica altamente desenvolvida em outros campos, como nesse caso, a essência da deficiência metodológica consiste em não ter abandonado de modo suficientemente radical o ponto de vista do pensamento cotidiano imediato e não

---

[18] Friedrich Engels, *Ludwig Feuerbach und der Ausgang der klassischen Philosophie*, cit., p. 57; MEW, v. 21, p. 297-8.

ter transformado até o fim o reflexo que está em sua base em um reflexo científico. Esses exemplos mostram também as contínuas interações entre as duas esferas – no caso em questão, a incidência do pensamento cotidiano no pensamento científico –, ao passo que outros casos podem mostrar influência no sentido oposto. Porém, a análise correta de tais exemplos mostraria também que, por um lado, a elaboração pura do reflexo científico é indispensável para o desenvolvimento da cultura da vida cotidiana e, por outro, na prática da cotidianidade, os acontecimentos da ciência voltam a ser integrados na estrutura do pensamento cotidiano.

Já indicamos {p. 190 e seg.} que a analogia é uma das formas mais importantes entre as formas originárias e as atualmente vigentes tanto do pensamento inicial quanto do pensamento originalmente cotidiano, pois é o tipo predominante de vinculação e transformação do reflexo imediato da realidade objetiva. Não estamos tratando aqui do problema lógico da analogia e da inferência por analogia; mas, para esclarecer melhor nosso problema, citaremos algumas observações de Hegel. Hegel não faz uma consideração genética dessa questão, mas, ainda assim, dá algumas indicações de que vislumbra na analogia e na inferência por analogia algo ligado aos primórdios do pensamento. Assim, recorrendo às exposições feitas na *Fenomenologia*, fala do "instinto da razão" (portanto, não da razão desdobrada em sua forma pura), "que faz pressentir que essa ou aquela determinação empiricamente descoberta está fundada na natureza íntima ou no gênero de um objeto, sobre os quais continua apoiada"[19]. A expressão "pressentir" também sublinha esse caráter inicial da analogia. Todavia, na mesma passagem, Hegel observa, por um lado, que a aplicação do procedimento da analogia nas ciências empíricas trouxe resultados importantes, mas, por outro, indica claramente que, do ponto de vista da ciência já desenvolvida, a analogia surgiu e foi aplicada por deficiência da indução, dada a impossibilidade de esgotar todas as singularidades. Para proteger a cientificidade desses perigos, Hegel aponta a necessidade de diferenciar com precisão analogia "superficial" de analogia "fundamental". A analogia só pode se tornar fecunda para a prática quando a ciência delineia e isola com muita precisão as determinações postas

[19] Georg Wilhelm Friedrich Hegel, *Enzyklopädie der philosophischen Wissenschaften im Grundrisse*, t. 1: *Die Logik* (editado, comentado e complementado a partir das preleções do autor pelo dr. Leopold von Henning, [Berlim, Duncker und Humblot, 1840,]) p. 357 e seg. (§190, adendo) (ver também v. 6) [ed. bras.: *Enciclopédia das ciências filosóficas em compêndio*, v. 1: *A ciência da lógica*, trad. Paulo Meneses, São Paulo, Loyola, 1995].

em forma de analogia; a filosofia da natureza da escola de Schelling é, na visão de Hegel, o exemplo magistral de "jogo fútil com analogias exteriores vazias".

Disso tudo ressalta claramente a peculiaridade natural, originária da analogia, e sua estreita vinculação com o pensamento cotidiano. As indicações de Hegel sobre seu uso superficial apontam não somente para generalizações – pois toda forma de dedução pode ser tratada de modo superficial ou profundo, sofisticamente formal ou concreto – mas também para uma possibilidade espontânea e profundamente arraigada de tal uso. Ainda que não possamos abordar mais detidamente os problemas históricos do pensamento analógico, podemos constatar justamente aqui o risco da aplicação meramente verbal dos conceitos. Reportando-se ao *Eutidemo* de Platão, Prantl destaca o "princípio" sofístico "de que a expressão linguística deve ser aplicada igualmente em toda parte a todas as relações" e nele encontra com razão "o motivo de todas as inferências por analogia que se baseiam meramente na expressão linguística"[20]. Porém o que aparece aqui como degeneração retórica ou sofística certamente desempenha um papel muito importante – e muitas vezes sem rastro de tais tendências – no pensamento cotidiano, e tanto mais quanto menos desenvolvida for a ciência e com ela o tratamento crítico dos significados das palavras. Por sua natureza, a analogia é totalmente decisiva nas épocas primitivas, nas quais, sobretudo no período mágico, adquire uma importância pura e simplesmente dominante em todas as exteriorizações da vida, formas de comunicação etc. Está claro que a importância mistificada dos nomes, por exemplo, no pensamento primitivo deve ter favorecido fortemente essas tendências. Porém tudo isso incide também, ainda que em menor intensidade, no pensamento cotidiano das culturas mais desenvolvidas; nestas, o uso de analogias continua sendo um fator vivo na vida cotidiana das pessoas. E isso tanto mais quanto mais intensa for a ligação imediata de teoria e prática, como já ressaltamos, quanto mais próximas se encontram na consciência dos homens, pois, nesses casos, o reflexo imediato da realidade fornece uma série de traços, marcas etc. aos objetos que, por falta de uma investigação precisa, apresentam certas semelhanças. Nada mais plausível, portanto, do que vincular as duas mais estreitamente – e, em virtude da generalização verbal, ainda mais hermeticamente – também em pensamento para daí tirar conclusões imediatas. Goethe, que, como veremos, tem uma

[20] Carl von Prantl, *Geschichte der Logik im Abendlande*, v. 1 (Berlim, [Wissenschaftliche Buchgesellschaft,] 1955), p. 23.

visão muito crítica a respeito do pensamento analógico, mas também ressalta repetidas vezes sua inevitabilidade para a prática da cotidianidade, percebe esse perigo de "proximidade" na prática do cotidiano também onde os homens ultrapassam o simples uso de analogias e começam a pensar de modo causal: "Um grande erro que cometemos é sempre pensar que a causa está próxima do efeito, como a corda está da flecha que a impulsiona; e, no entanto, não temos como evitá-lo, porque causa e efeito são sempre pensados em conjunto e, portanto, são aproximados na mente"[21].

Esse é, precisamente, o comportamento típico do homem da cotidianidade. O fato de a penetração da ciência na vida cotidiana descartar concretamente da prática uma série longa e sempre crescente desses "curtos-circuitos", o fato de uma quantidade cada vez maior de teses cientificamente corretas fundamentar a prática do cotidiano e tornar-se um costume nela, nada disso altera sua estrutura básica, como ressaltamos. À margem dessas habituações tomadas da ciência, a analogia e a inferência analógica continuam a prosperar para fenômenos subjetivamente não resolvidos e determinam o comportamento e o pensamento da cotidianidade. Sendo isso correto para o confronto intelectual e prático cotidiano com a realidade, tanto mais o será para o relacionamento dos homens entre si. Aquilo que, na vida prática, denominamos conhecimento do homem, um fator imprescindível de toda atuação conjunta, baseia-se na maioria dos casos – especialmente na medida em que é trazido à consciência – em uma aplicação espontânea de analogias. (Em um capítulo posterior, examinaremos extensamente a psicologia do conhecimento do homem.) Goethe, que figura entre os poucos pensadores que também investigaram essas exteriorizações de vida tendo em vista suas categorias, diz, entre outras coisas, sobre esse papel da analogia:

> Considero a comunicação por meio de analogias tão útil quanto agradável: o caso análogo não quer se impor, não quer provar nada; ele se confronta com outro sem se ligar a ele. Uns quantos casos análogos não se unem em fileiras cerradas, eles são como uma boa companhia que sempre estimula mais do que dá.[22]

---

[21] Johann Wolfgang von Goethe, "Maximen und Reflexionen" [em *Sämtliche Werke: Jubiläums-Ausgabe in 40 Bänden*, ed. Eduard von der Hellen e Konrad Burdach, Stuttgart, Cotta, 1912], v. 39, p. 86; Hoyer, p. 1.270 [ed. bras.: *Máximas e reflexões*, trad. Marco Antonio Casanova, Rio de Janeiro, Forense Universitária, 2003].

[22] Ibidem, v. 39, p. 87; Hoyer, p. 1.280.

E em outra passagem: "Não se deve censurar o pensamento que se vale de analogias: a analogia tem a vantagem de não fechar questão e não querer propriamente nada definitivo [...]"[23].

Como é natural, tudo isso determina apenas os polos extremos de atuação da analogia no pensamento da vida cotidiana. Não consideramos nossa tarefa aqui preencher o espaço intermediário amplo e diversificado entre eles. Contudo, transparece dessas alusões que a analogia e a inferência analógica decorrente dela pertencem às categorias que surgem na vida cotidiana, estão profundamente arraigadas nela e expressam espontânea e adequadamente – com frequência indo além dessas necessidades – sua relação com a realidade, o tipo de seu reflexo, a transposição imediata deste para a prática. Por isso, elas possuem necessariamente – tal como são em si mesmas, tal como brotam desse chão – um caráter oscilante, ambíguo: certa elasticidade, uma falta de apoditicidade, no que Goethe viu seu significado positivo para a vida cotidiana, e, ao mesmo tempo, uma vaguidade que pode ser aclarada conceitualmente, experimentalmente etc. e, nesse caso, leva na direção do pensamento científico, mas costuma desembocar numa imobilidade e até mesmo numa fixação arbitrária no sofisma ou na fantasia vazia.

Goethe chama a atenção para um novo aspecto da posição da analogia no reflexo da realidade quando diz:

> Cada existente é um análogo de todo existente; é por isso que a existência sempre nos parece, ao mesmo tempo, separada e interligada. Quando se segue demais a analogia, tudo conflui como idêntico; quando se evita a analogia, tudo se dispersa no infinito. Nos dois casos, a análise estagna, no primeiro caso por ser excessivamente vital, no segundo por ter sido morta.[24]

A fonte principal de erros reside diretamente na extrapolação leviana; porém vemos aqui que o contrário, uma rejeição pedante de todas as semelhanças que não estejam já fundamentadas, também pode levar a distorções. Isso é significativo tanto para o efeito favorável das analogias na vida cotidiana quanto para a formação do pensamento científico. Contudo, as considerações de Goethe, tanto a última como as anteriores, indicam também que a apreensão do mundo sob a forma de analogias pode levar ao rumo do reflexo estético.

---

[23] Ibidem, v. 4, p. 231; Hoyer, p. 532.

[24] Ibidem, v. 39, p. 87; Hoyer, p. 554.

Em vista do grau atual do nosso conhecimento, é prematuro falar sobre o problema propriamente dito. Neste ponto, só podemos indicar que a lassidão e a elasticidade da analogia ressaltadas por Goethe constituem um terreno favorável para a comparação artística, pois, dado que aqui a semelhança nunca perde sua referência ao sujeito, dado que a analogia não entra em cena com a pretensão de determinar com sua ajuda nem mesmo de modo aproximadamente completo dois objetos ou grupos de objetos, alguma coisa que seria cientificamente condenável pode tornar-se virtude, embora, naturalmente, também nesse caso um reflexo correto da realidade constitui um pressuposto, mas um pressuposto de ordem qualitativamente diferente. Trataremos de toda essa questão mais adiante.

A importância que o pensamento baseado no procedimento analógico tem para a cotidianidade nos força a tangenciar desde já um problema que está destinado a desempenhar um papel importante em nossas considerações posteriores, mas cujas determinações exatas ainda não podemos expor neste estágio. Já dissemos em termos gerais que pensamento cotidiano, ciência e arte, por um lado, refletem a mesma realidade objetiva e que, por outro lado, conteúdo e forma da refiguração podem e devem resultar distintos – dependendo dos tipos de finalidade oriundos da vida social dos homens. Essa constatação pode agora se concretizar um pouco mais, no sentido de que o reflexo da mesma realidade acarreta a necessidade de se operar em toda parte com as mesmas categorias, pois, em oposição ao idealismo subjetivo, o materialismo dialético não encara as categorias como resultado de uma produtividade enigmática do sujeito, mas como formas constantes e gerais da própria realidade objetiva, ou seja, seu reflexo somente será adequado quando a refiguração [*Abbild*] na consciência contiver também essas formas como princípios formadores do conteúdo refletido. A objetividade dessas formas categoriais também aparece no fato de que elas podem ser usadas no reflexo da realidade por um tempo infinitamente longo, sem que se obtenha a mínima consciência de seu caráter como categorias. A consequência dessa situação é que – em termos gerais – pensamento cotidiano, ciência e arte não só refletem necessariamente os mesmos conteúdos mas também os apreendem como formados pelas mesmas categorias.

Contudo, a forma como tratamos a questão da analogia mostra algo que indicamos no início, a saber, que, dependendo do modo da prática social, dependendo dos pores de fim e dos métodos condicionados por eles, o uso das categorias pode apresentar aspectos diversos e, com frequência, até mesmo opostos. Aquilo que no procedimento analógico é capaz de trazer resultados significativos para a poesia pode tornar-se contraprodutivo para o desenvolvimento da ciência etc. Teremos de lidar muito com esse problema durante a concretização do retratar estético da realidade e, sempre que for o caso, falaremos extensamente tanto dos pontos em comum quanto da diversidade de cada uma das categorias – sobretudo na ciência e na arte. Neste ponto, indicamos apenas que as categorias possuem não só um significado objetivo mas também uma história tanto objetiva quanto subjetiva. Possuem uma história objetiva na medida em que determinadas categorias pressupõem um determinado estágio de desenvolvimento do movimento da matéria. Assim, as categorias específicas usadas pela ciência biológica só nascem objetivamente quando surge a vida; e as categorias específicas do capitalismo só surgem na gênese dessa formação – e, como Marx mostrou, suas funções nesse processo não são idênticas a suas funções em seu desdobramento pleno. (Determinadas categorias, como a da taxa média de lucro, pressupõem até um capitalismo em grau relativamente alto de desenvolvimento.) A história subjetiva das categorias é a história de sua descoberta pela consciência humana. As legalidades estatísticas, por exemplo, sempre e em toda parte estiveram atuando na natureza e na sociedade, onde e sempre que houve uma quantidade suficiente de fenômenos que lhes permitissem vigorar. Contudo, foi necessário um desenvolvimento milenar das experiências humanas e de sua elaboração intelectual para que fossem conhecidas e aplicadas conscientemente. Em termos ópticos objetivos (e, por isso, também no plano objetivo da fisiologia dos sentidos), sempre houve diferenças de valor – pelo menos em nossa atmosfera terrestre. Contudo, um longo desenvolvimento artístico também foi necessário aqui para perceber e avaliar esteticamente formas importantes da realidade objetiva que aparecem visualmente e as relações do gênero humano com elas. Essas conquistas do reflexo científico e artístico da realidade emergem primeiro como questões, necessidades etc. pouco conscientes na vida cotidiana e, após receberem uma resposta adequada da arte e da ciência, refluem a elas. Trata-se de um processo para o qual já chamamos a atenção e ao qual nos referiremos ainda muitas vezes.

Talvez obtenhamos a expressão mais palpável da peculiaridade do pensamento cotidiano ao submetermos a linguagem a uma análise detida a partir desse ponto de vista em particular. A linguagem da cotidianidade mostra sobretudo a peculiaridade já ressaltada por nós de ser um sistema complexo de mediação com o qual todo sujeito que o usa se comporta de modo imediato. Essa imediaticidade recebeu sua explicação fisiológica em nossos dias, quando Pavlov descobriu na linguagem o segundo sistema de sinais que diferencia o homem dos animais. É indiscutível que cada palavra e, sobretudo, cada sentença ultrapassam a imediaticidade; pois a mais comum das palavras, como machado, pedra, andar etc., já constitui uma síntese complexa de fenômenos diretamente diversos entre si, já constitui sua síntese abstrativa. A história da linguagem mostra até que ponto se trata aqui de um processo demorado de mediação e generalização, isto é, de afastamento da imediaticidade, da percepção sensível. Quando se analisa a linguagem de qualquer povo primitivo, vê-se que a formação de suas palavras está incomparavelmente mais próxima da percepção sensível e mais distante do conceito do que a nossa. Já Herder havia visto que na palavra são fixadas certas características dos objetos, para que "seja este o objeto e nenhum outro"[25]. Foi, porém, necessário um percurso histórico longo de milhares de anos para retirar as marcas concretamente sensíveis, dadas de modo imediato, e fixar numa só palavra o conceito – frequentemente muito mediado – de um objeto, de um complexo, de uma ação etc. Assim, os habitantes do arquipélago de Bismarck (Península Gazela) não conhecem a palavra nem o conceito de preto. "O preto é denominado segundo os diversos objetos dos quais se obtém essa cor ou se diz que um objeto é preto, comparando-o com outro"[26]. Esses pontos de comparação são propiciados pelo corvo, pela noz-da-índia carbonizada, pelo barro dos pântanos, pela resina queimada, por folhas e nozes de areca carbonizadas etc. É perfeitamente compreensível que essas expressões estejam muito mais próximas da percepção imediata do que nossa simples palavra "preto", mas que também já rumem para sínteses mais distantes, ultrapassando a diversidade das percepções individuais mediante a abstração e a analogia.

Como quer que se tenha desenvolvido, é certo que, em qualquer estágio, a linguagem (palavra, sentença, sintaxe etc.) existente naquele tempo foi tomada pelos homens de modo imediato. A origem da linguagem a partir das necessidades do trabalho marcou época justamente porque, mediante

---

[25] Johann Gottfried von Herder, "Über den Ursprung der Sprache", em *Sämtliche Werke. Zur Geschichte und Philosophie*, Parte II (Stuttgart/Tübingen, [J. G. Cotta,] 1827), p. 40.

[26] Lucien Lévy-Bruhl, *Das Denken der Naturvölker* (ed., trad. e introd. W. Jerusalem. Viena, [Braumüller,] 1921), p. 145.

a denominação de objetos e procedimentos, foram sintetizados situações ou processos complexos, eliminadas suas diferenças singulares, ressaltado e fixado o que tinham em comum e o que era essencial a eles; desse modo, a continuidade prática de uma conquista, a habituação a ela e seu vir a ser tradição foram extraordinariamente favorecidos. Em contrapartida, essa fixação se diferencia da dos animais (que ocorre exclusivamente mediante reflexos [*Reflexe*] não condicionados e condicionados) por não se solidificar em uma qualidade fisiológica imutável ou, pelo menos, difícil de mudar, mas por sempre preservar seu caráter social fundamental motriz e movido. Isso se deve ao fato de que a fixação mais primitiva dos objetos e de suas interconexões por meio da palavra alça as concepções e representações a um nível conceitual. Desse modo, gradativamente assoma à consciência a dialética de aparência e essência; naturalmente, no início e por muito tempo, isso foi inconsciente, mas o significado nunca totalmente rígido da palavra, a variação de sentido das palavras em uso, indica claramente que a síntese e a generalização intelectual das qualidades sensíveis na palavra possuem necessariamente um caráter fluido – determinado pelo desenvolvimento social. O fato de os homens, sob condições novas, conseguirem orientar-se e adaptar-se até mais rapidamente do que os animais mais evoluídos deve-se em grande medida a essa dialética da aparência e da essência, executada na prática, embora muitas vezes inconscientemente, por meio do significado fixo da palavra e, não obstante, mutável. De fato, sabemos com que tenacidade os homens muitas vezes se apegam ao habitual, ao tradicional; porém, dado que essas tendências para a permanência possuem um caráter social, não fisiológico, elas podem ser e são socialmente suplantadas. Onde essas tendências são extraordinariamente fortes sempre se mostra que determinados resquícios socieconômicos de uma formação em grande parte superada ainda se mantiveram na nova formação – mesmo que com múltiplas transformações. Foi assim, por exemplo, com determinados elementos da agricultura feudal em todos os países que chegaram ao capitalismo pela via "prussiana", não pela via "norte-americana" (Lênin)*.

É claro que isso é simplesmente o substrato social geral para as forças conservadoras na linguagem, que atuam para preservar a tradição. Elas exercem um efeito tão forte sobre os homens, porque se relacionam necessariamente

* Ver Vladímir I. Lênin, *O programa agrário da social-democracia na primeira revolução russa de 1905-1907* (São Paulo, Ciências Humanas, 1980). (N. T.)

de modo direto com a linguagem – embora esta, por essência, constitua um sistema de mediações cada vez mais complexo. A simplificação enorme que a linguagem produz nas relações entre os homens e o mundo e entre si e sua função de promover e impulsionar a cultura está intimamente ligada com esse comportamento imediato dos sujeitos individuais com a linguagem. Nas passagens que citamos {p. 174 e seg.}, Pavlov descreve com perspicácia essa situação e todos os perigos que ela contém. Assim, uma experiência antiquíssima encontra sua formulação científica. O Mefistófeles de Goethe já diz para o estudante na cena do quarto de trabalho:

> Em geral, ficai só às palavras afeito!
> Haveis de entrar assim por seguro portal,
> No templo da certeza incondicional.
> [...]
> Palavras solverão qualquer problema,
> Palavras construirão qualquer sistema,
> Influem palavras fé devota,
> De uma palavra não rouba um iota.*

O dramaturgo francês François de Curel constata esses fatos com chistosa ironia. Em uma de suas peças, uma senhora se queixa de que seu marido não a entende e, por isso, teria iniciado um atendimento com um psicólogo. Sua amiga, a quem ela faz essa confissão, diz: "Ele dará um nome grego ao teu padecimento".

Na vida cotidiana, portanto, a linguagem mostra a seguinte contradição dialética: ela dá aos homens acesso a um mundo exterior e interior incomparavelmente maior e mais rico do que seria imaginável sem ela, isto é, torna acessíveis o mundo circundante e o mundo interior propriamente humanos; ao mesmo tempo, porém, com frequência ela impossibilita ou pelo menos dificulta a recepção imparcial do mundo interior e exterior. Essa dialética se complica ainda mais por se tratar da simultaneidade do recém-descrito enrijecimento e de uma indeterminação e confusão na linguagem. A terminologia científica visa, em primeira linha, superar esta última tendência. Porém seria unilateral e errado não ver que também nela constantemente predominam aspirações de ultrapassar a barreira do enrijecimento da linguagem. Todavia, a história da

* Johann Wolfgang von Goethe, *Fausto: uma tragédia, primeira parte* (trad. Jenny Klabin Segall, São Paulo, Editora 34, 2011), p. 1.600. (N. T.)

ciência mostra como as forças da permanência podem ser potentes também nela. Isso tem a ver, em primeiro lugar, com o desenvolvimento das forças produtivas e, na esteira deste, com a investigação científica da realidade objetiva. As fronteiras do saber que surgem daí são frequentemente capazes de levar a enrijecimentos seculares da conceituação científica e, consequentemente, da linguagem científica. Pense-se, por exemplo, no axioma do *horror vacui* [horror do vácuo] da natureza, que por muito tempo se enrijeceu ao modo de um fetiche. Porém essas barreiras também podem ser fixadas "artificialmente" por meio da estrutura social (dominação das castas sacerdotais no Oriente).

Em tudo isso, volta a se evidenciar a inter-relação entre cotidianidade e ciência. Só que dessa vez não pelo lado positivo, da diferenciação entre atitude científica, linguagem etc. fecundas para o desenvolvimento global da humanidade, da incidência igualmente promotora do progresso da parte dos métodos científicos e dos resultados sobre o pensamento e a prática da cotidianidade; mas também pelo negativo: a dupla barreira do pensamento cotidiano, isto é, a reprodução polar da imprecisão e do enrijecimento, também pode penetrar no reflexo científico da realidade e em sua expressão linguística. Dado que a atividade científica, mesmo a do mais consciente e objetivo dos estudiosos, permanece acomodada no leito de sua cotidianidade, dado que pela mediação dessa cotidianidade as forças básicas de sua formação social exercem influência sobre ele, essas incidências do pensamento cotidiano e de sua expressão na linguagem da ciência são perfeitamente compreensíveis. E, embora ainda não possamos nos ocupar aqui da peculiaridade do reflexo estético e suas formas de expressão, já podemos observar que a linguagem poética apresenta – do modo que lhe é próprio, radicalmente diferente da linguagem científica – a tendência de superar os dois polos da vida cotidiana: a imprecisão e o enrijecimento. Essa duplicidade das tendências de suplantação deve ser sublinhada tanto no caso da ciência quanto no da poesia, pois nestas a separação das "faculdades" na ideologia e na estética burguesas pode levar muito facilmente a uma "divisão do trabalho" equivocada, por exemplo, quando se atribui à ciência apenas a exatidão e à poesia apenas a superação do enrijecimento. Na realidade, a ciência não consegue suplantar a imprecisão do pensamento cotidiano e de sua linguagem sem dissolver o enrijecimento mediante o apelo à realidade; e tampouco a poesia terá êxito em tornar fluido o que está rigidamente fixado na linguagem se não se dispuser a conferir forma exata e clara (no sentido poético) às obscuridades destituídas de contornos claros dessa linguagem.

Em tudo isso, é importante não só romper com as "faculdades da alma" de Kant e sua "divisão do trabalho" exata mas também retomar a própria realidade. A observação de Pavlov citada aqui aponta justamente para esse afrouxamento da relação com a realidade como fenômeno frequente e inevitável da vida cotidiana. Sem uma enorme quantidade de hábitos, tradições, convenções etc., essa vida não teria como se desenrolar sem atritos, seu pensamento não poderia reagir tão prontamente ao mundo exterior como com frequência é absolutamente necessário. O elemento positivo, preservador da vida, não pode ser ignorado em nenhuma dessas duas tendências extremas – que, em última análise, inibem a relação com a realidade. Por fim – e isso é parte da dialética essencial da vida cotidiana e de seu pensamento – são imprescindíveis para um progresso essencial a crítica e a correção por meio de ciência e da arte, que brotam dessa vida e desse pensamento e estão em interação com eles, mesmo que crítica e correção jamais possam levar à liquidação definitiva do enrijecimento e da fluidez.

Nessa estrutura dinâmica da linguagem do cotidiano, expressa-se o modo de ser geral do desenvolvimento social, da prática humana, ao qual fizemos alusão com o *motto* [lema] deste volume. Os homens agem na vida cotidiana em geral, e especialmente em seus estágios primitivos, em reação a situações imediatas com finalidades imediatas; enquanto fazem isso, produzem um instrumental espiritual e material que contém mais do que puseram nele de modo imediato e consciente e que, por isso, é movido por suas ações imediatas de tal modo que gradativamente se torna explícito o que nele existia apenas implicitamente e leva as ações a ultrapassar o que era diretamente pretendido. Isso tem origem na inter-relação da dialética objetiva e da dialética subjetiva. A dialética objetiva, cujo reflexo é a dialética subjetiva, sempre será necessariamente mais rica e mais abrangente do que esta última. Seus fatores próprios, ainda não apreendidos subjetivamente, com frequência se tornam efetivos de modo a alçá-la a um nível mais elevado, a apontar para além das finalidades subjetivas imediatas; muitas vezes, porém, isso ocorre numa forma marcada pela crise. No entanto, isso nem de longe circunscreve a relação entre dialética objetiva e seu reflexo subjetivo. A realidade objetiva passaria a ter um caráter místico se seu efeito estivesse voltado sempre e simplesmente para os fatores que promovem o progresso. As tendências negativas que acabamos de descrever também estão vinculadas com essa inter-relação de dialética objetiva e dialética subjetiva. Com frequência o vínculo imediato da prática na realidade com o quadro de reflexo da realidade objetiva existente no momento da ação tem necessariamente um efeito inibidor no sentido que descrevemos. A lógica interna desse estado de coisas tem o efeito de fazer preponderar – de acordo com a propensão que marcou épocas inteiras – as tendências que promovem o conhecimento; onde isso não aconteceu, a formação correspondente foi condenada ao declínio ou desaparecimento.

Leibniz captou com mais clareza do que outros as consequências dessa interação para o pensamento humano. Por trás de sua concepção das "representações confusas" está, entre outras coisas, o problema que ressaltamos do instrumental mais rico e inconscientemente autocriado pelas formas humanas de atividade. Em uma polêmica com Bayle, ele elabora tanto a relatividade e o entrelaçamento entre as ideias distintas e as ideias confusas quanto o importante ponto de vista de que ambas são produto do homem inteiro [*ganzen Menschen*] – que rompe com a teoria das "faculdades da alma". (O fato de Leibniz rejeitar a "divisão do trabalho" entre corpo e alma não afeta a importância de sua explanação. Pelo contrário.) Leibniz diz:

> A objeção talvez provenha de se acreditar que as ideias confusas seriam *toto genere* diferentes das ideias distintas, sendo que, pelo contrário, só são diferenciadas e desenvolvidas em grau menor por causa de sua multiplicidade. Por conseguinte, certos movimentos, que com razão foram designados como involuntários, foram relacionados tão exclusivamente com o corpo que se acreditou não haver na alma nada que lhes corresponda: e, por outro lado, supôs-se que certas ideias abstratas de modo nenhum se refletiriam em corpos. Contudo, ambas as suposições são errôneas, como na maioria dos casos costuma acontecer com esse tipo de diferenciações, porque só se atentou para o que era notório. Até as ideias mais abstratas necessitam de alguma intuição sensível e, quando se pondera o que são propriamente as ideias confusas – que constantemente acompanham também as nossas ideias mais distintas, como, por exemplo, as sensações das cores, dos odores, sabores, calor, frio etc. –, reconhece-se que elas sempre abarcam algo infinito, expressando não só os processos no interior do nosso corpo, mas pela mediação deste também todos os restantes acontecimentos.[27]

O que resulta disso para o nosso problema atual da linguagem é o reconhecimento da generalização em toda expressão linguística, bem como a relativização dialética dos graus dessa generalização no uso prático. Leibniz diz:

[27] Gottfried Wilhelm Leibniz, "Erwiderung auf die Betrachtungen über das System der prästabilierten Harmonie in der zweiten Auflage des Bayleschen 'Dictionnaire historique et critique'", em *Philosophische Werke*, v. 2 (ed. A. Buchenau e Ernst Cassirer, Leipzig, [F. Meiner,] 1924), p. 394.

> As expressões gerais não servem somente para a perfeição das línguas, mas são necessárias para a sua constituição essencial. Pois se pelas coisas particulares se entendem as individuais, seria impossível falar se só houvesse nomes próprios e não houvesse apelativos, ou seja, se só houvesse palavras para designar os indivíduos, pois a todo momento há novas quando se trata dos indivíduos, dos acidentes e, em particular, das ações, que são as que designamos com maior frequência. Ao contrário, se pelas coisas particulares entendemos as espécies mais baixas (*species infimas*), além de muitas vezes ser difícil determiná-las, é evidente que já se trata de conceitos universais, fundados na similitude. Por conseguinte, já que só se trata de similitude mais ou menos extensa, conforme se fala de gêneros ou espécies, é natural que se assinale toda sorte de similitude ou coincidências e, por conseguinte, que se unam termos gerais de todos os graus [...].[28]

Essa argumentação de Leibniz não só lança luz sobre o problema do pensamento e da linguagem mas também aponta outro importante traço essencial da vida cotidiana, a saber, que nela sempre está envolvido o homem inteiro. Isso nos põe novamente contra a teoria, muito influente na história da estética, das assim chamadas "faculdades da alma". A filosofia e a estética hegelianas já travaram uma luta ferrenha contra tal fragmentação do homem, contra o "saco da alma", como dizia o próprio Hegel*. Entretanto, essa luta não pôde ser levada a termo de modo coerente, porque a hierarquia inevitável no idealismo levou igualmente a uma fragmentação – em um nível diferente, mais elevado – da unidade dialética do homem e de suas atividades. Pense-se na justaposição entre intuição e arte, representação e religião, conceito e filosofia e em suas consequências hierárquicas de cunho metafísico no sistema de Hegel. O materialismo dialético foi o primeiro a estabelecer, pela prioridade do ser em relação à consciência, a base metodológica para uma concepção unitária e dialética do homem inteiro em suas ações e reações ao mundo exterior. Desse modo, suplanta-se ao mesmo tempo o tipo mecanicista do reflexo da realidade, assumido pelo materialismo metafísico. A grande importância da teoria de Pavlov consiste justamente em que ela abre caminho para compreendermos tanto a unidade material de todas as exteriori-

---

28 Idem, *Philosophische Werke*, v. 3: *Neue Abhandlungen über den menschlichen Verstand* (ed. A. Buchenau e Ernst Cassirer, Leipzig, [F. Meiner,] 1926), p. 272 [ed. bras.: *Novos ensaios sobre o entendimento humano*, trad. Luiz João Baraúna, São Paulo, Nova Cultural, 1996].

* Ver, por exemplo, Georg Wilhelm Friedrich Hegel, *Werke in zwanzig Bänden*, v. 20: *Vorlesungen über die Geschichte der Philosophie* (Frankfurt am Main, Suhrkamp, 1979), p. 350. (N. T.)

zações da vida quanto o vínculo material real entre o ser natural, fisiológico, do homem e seu ser social (o segundo sistema de sinais como ligação entre linguagem e trabalho). Porém, muito antes disso, o materialismo dialético já identificara em toda atividade humana a cooperação orgânica de todas as faculdades humanas ("faculdades da alma"). Não, é claro, na forma de uma promoção recíproca isenta de problemas, de uma *harmonia praestabilita* [harmonia preestabelecida], mas em sua contraditoriedade real, em que a prática social determina se e em que medida ocorre esse apoio recíproco, ou se a boa ação se torna uma praga. Nessa linha, Lênin diz sobre o processo do conhecimento:

> A abordagem da coisa individual pela razão (do homem), a confecção de uma impressão dela (= um conceito), não é um ato simples, imediato, como um reflexo sem vida no espelho, mas um ato complexo, discrepante, ziguezagueante, que inclui a possibilidade de a fantasia se desprender da vida; e, como se não bastasse: a possibilidade da transformação (mais ainda, uma transformação imperceptível, que não se torna consciente para o homem) do conceito abstrato, da ideia, em uma fantasia (em última instância = Deus). Pois até na mais simples generalização, na ideia geral mais elementar ("a mesa" em geral), já está embutida uma porção de fantasia. (Inversamente: é absurdo negar o papel da fantasia até na mais rigorosa das ciências: ver Pissarev sobre o sonho útil como estímulo para o trabalho e sobre os devaneios vazios).[29]

O fato de a teoria da separação metafísica das "faculdades da alma" não ser um simples caminho equivocado da ciência, um erro de pensadores individuais, mas o reflexo – mesmo que distorcido nos termos do idealismo ou do materialismo vulgar – de determinados aspectos da realidade ou etapas de seu desenvolvimento, nada muda em nosso juízo sobre ela. No entanto, é correto dizer que a divisão capitalista do trabalho destrói essa inteireza imediata do homem, que a tendência fundamental do trabalho no capitalismo estranha o homem de si mesmo e de sua atividade. No entanto, isso é intelectualmente ocultado pela economia capitalista, porque, como Marx observa com aguda fineza justamente a respeito do nosso problema, "não considera a relação imediata entre o trabalhador (o trabalho) e a produção"[30]. Por essa

[29] Vladímir Ilitch Lênin, *Aus dem philosophischen Nachlaß: Exzerpte und Randglossen* (ed. Marx-Engels-Lenin-Institut Moskau, Moscou, 1932; 3. ed., Berlim, 1954), p. 299; ver LV, v. 38, p. 352-3.

[30] Karl Marx, "Ökonomisch-philosophische Manuskripte", em MEGA, v. I/3 (Berlim, Dietz, 1932), p. 84-85; MEW, v. 1, p. 513 [ed. bras.: *Manuscritos econômico-filosóficos*, trad. Jesus Ranieri, São Paulo, Boitempo, 2010, p. 82].

via surge a oposição polarizada entre o produto objetivo do trabalho e suas consequências morais e psíquicas no trabalhador estranhado de si mesmo. Porém seria um erro acreditar que esse estranhamento confirme a teoria das "faculdades da alma". A independência – aparente – das "faculdades da alma" umas em relação às outras e até a contraditoriedade manifesta entre elas são um fato importante da cotidianidade capitalista. Essa independência é sua forma fenomênica imediata na alma dos homens desse período. O caráter metafísico das teorias filosóficas, psicológicas, antropológicas etc. que brotaram desse chão consiste no fato de que elas absolutizam acriticamente, em sua imediaticidade, a faticidade indubitavelmente existente. Acriticamente não significa necessariamente um simples aceitar como está, o que, todavia, ocorre com frequência. A dialética do modo de manifestação pode ser criticada com perspicácia e, por essa via, podem até mesmo vir à tona importantes nexos culturais, como acontece, por exemplo, na filosofia da arte de Schiller. Nesse caso, todavia, não falta uma compreensão ao menos intuitiva da condicionalidade histórico-social que causa essa autonomização e essa contraditoriedade das "faculdades da alma" e, desse modo, um anseio – ainda que retrospectivo e utópico – pelo homem unitário e integral. Contudo, só a aclaração completa das bases sociais é capaz de tornar o homem compreensível como totalidade, na indissociabilidade de suas capacidades físicas e psíquicas. Marx expressa de modo extraordinariamente drástico a perversão que se produz no estranhamento: "Comer, beber e procriar etc., são também, é verdade, funções genuinamente humanas. Porém, na abstração que as separa da esfera restante da atividade humana, e faz delas finalidades últimas e exclusivas, são funções animais"[31]. Aqui o jovem Marx constatou esses efeitos da divisão capitalista do trabalho somente em relação à classe trabalhadora. Pouco depois, em *A sagrada família*[32], ele estende sua validade para toda a sociedade burguesa e vislumbra uma oposição ideológica decisiva entre burguesia e proletariado justamente na maneira oposta como cada qual reage – afirmativa ou negativamente – às mesmas tendências do

[31] MEGA, v. I/3, p. 86; MEW, v. 1, p. 515 [ed. bras.: ibidem, p. 83].

[32] Karl Marx e Friedrich Engels, "Die heilige Familie oder Kritik der kritischen Kritik", em MEGA, v. I/3, p. 206; MEW, v. 2, p. 37 [ed. bras.: *A sagrada família, ou A crítica da Crítica crítica contra Bruno Bauer e consortes*, trad. Marcelo Backes, São Paulo, Boitempo, 2011, p. 49].

estranhamento. Mais tarde, Engels generaliza essa faticidade para todas as exteriorizações de vida da sociedade burguesa[33].

Os clássicos do marxismo, contudo, sempre tiveram clareza de que esse efeito do substrato capitalista abrangia apenas um aspecto da totalidade de suas irradiações. Como última sociedade baseada na espoliação, como a sociedade que não só cria as precondições econômicas e materiais para o socialismo mas também produz seu próprio coveiro, ela tem de produzir, em meio às forças que desfiguram e deformam o homem, também as forças que se orientam para o futuro – e, no entanto, cada vez mais conscientemente voltadas contra ela própria. Como há pouco se mostrou, já em *A sagrada família*, Marx vê essa oposição na reação satisfeita ou indignada ao estranhamento capitalista do homem em relação a si próprio. Mais tarde, ele delineia também os contornos das determinações econômicas que estão objetivamente na base dessa indignação, que lhe dão forma e que até tornam necessário que ela não permaneça em mera esterilidade subjetiva, mas leve realmente à revolução da sociedade. Em sua avaliação de Ricardo, Marx diz sobre isso:

> Com razão para seu tempo, Ricardo considera o modo capitalista de produção o mais vantajoso para a produção em geral, o mais vantajoso para a geração de riqueza. Quer a produção pela produção, e está certo. Querer sustentar, como o fizeram os adversários sentimentais de Ricardo, que a produção como tal não é o objetivo é esquecer que a produção pela produção significa apenas desenvolvimento das forças produtivas humanas, ou seja, desenvolvimento da riqueza da natureza humana como fim em si. [...] deixa-se de compreender que esse desenvolvimento das aptidões da espécie humana, embora se faça de início às custas da maioria dos indivíduos e de classes inteiras, por fim rompe esse antagonismo e coincide com o desenvolvimento do indivíduo isolado; que assim o desenvolvimento mais alto da individualidade só se conquista por meio de um processo histórico em que os indivíduos são sacrificados [...].[34]

---

[33] Friedrich Engels, *Herrn Eugen Dührings Umwälzung der Wissenschaft. Dialektik der Natur. 1873-1882* (ed. V. Adoratski, Moscou-Leningrado, 1935), p. 304; MEW, v. 20, p. 253 [ed. bras.: *Anti-Dühring: a revolução da ciência segundo o senhor Eugen Dühring*, trad. Nélio Schneider, São Paulo, Boitempo, 2014, p. 350].

[34] Karl Marx, *Theorien über den Mehrwert. Aus dem nachgelassenen Manuskript "Zur Kritik der politischen Oekonomie" von Karl Marx*, v. 2, Parte I (ed. Karl Kautsky, Stuttgart, [Dietz,] 1905), p. 309-310; MEW, v. 26/2, p. 110-111 [ed. bras.: *Teorias da mais-valia: história crítica do pensamento econômico*, v. 2, trad. Reginaldo de Sant'Anna, São Paulo, Difel, 1983, p. 549].

Aqui se torna visível outra razão pela qual não possuímos nenhuma análise filosoficamente fundamentada da vida cotidiana e do pensamento cotidiano. Ela teria de se posicionar de algum modo, direta ou indiretamente, diante da duplicidade contraditória da vida cotidiana no capitalismo, tal como esboçada por Marx. E está claro, sem mais palavras, que a contraditoriedade do cotidiano, que aqui chega a um ponto culminante, se encontra também sob formas muito variadas em algumas formações mais antigas e decerto não deixa de coexistir imediata e automaticamente com a expropriação e a socialização dos meios de produção. A superação do caráter antagônico das contradições que aqui aparecem e sua transformação em contradições não mais antagônicas, superação que tem início com o socialismo, é um processo demorado e desigual, que não exclui de modo algum certos resíduos ou até mesmo recaídas. Ora, nem mesmo a mais abstrata das investigações gnoseológicas ou fenomenológicas do pensamento cotidiano poderá passar ao largo de tais transformações histórico-estruturais; caso não queira falsificar – por meio de uma absolutização anti-histórica – o conteúdo e a estrutura do próprio objeto que quer conhecer, ela terá de se posicionar de uma maneira ou de outra diante dos fenômenos históricos fundamentais mencionados aqui. Contudo, todo posicionamento implica uma análise histórica dos modos de manifestação da cotidianidade capitalista que nele ocorrem e, ao mesmo tempo, certa noção do rumo real tomado pelo desenvolvimento histórico global. Sem isso, há uma absolutização e uma idealização do passado ou do presente, ou de ambos, que podem ter acentos tanto positivos quanto negativos, mas ambos igualmente falsos. Marx vê nisso um dilema inevitável e intransponível da avaliação burguesa desse estado de coisas, porque esta petrifica unilateralmente o fator progressista ou o fator estranhador e estranhado da contradição supramencionada. Ele diz:

> Em estágios anteriores de desenvolvimento, o indivíduo singular aparece mais completo precisamente porque não elaborou ainda a plenitude de suas relações e não as pôs diante de si como poderes e relações sociais independentes dele. É tão ridículo ter nostalgia daquela plenitude original: da mesma forma, é ridícula a crença de que é preciso permanecer naquele completo esvaziamento.[35]

Nos primórdios do desenvolvimento do pensamento burguês, predominou a tendência a afirmar o progresso e ignorar sua contraditoriedade; já antes de

---

[35] Karl Marx, *Grundrisse*, v. I, cit., p. 80 [ed. bras.: *Grundrisse*, cit., p. 110].

Marx houve uma reação romântica que aliou a crítica do estranhamento a uma idealização de estágios primitivos do desenvolvimento e hoje é essa reação que domina – aberta ou dissimuladamente – o estudo filosófico, de qualquer modo escasso, da cotidianidade e do pensamento cotidiano.

Se oferecermos aqui um panorama sucinto de como os problemas do comportamento e do pensamento cotidianos aparecem de forma depauperada e desfigurada em Martin Heidegger, talvez haja quem proteste que ele seja situado entre os críticos românticos da cultura capitalista. Heidegger separa resolutamente a cotidianidade do primitivismo: "Cotidianidade não coincide com primitivismo. Ao contrário, a cotidianidade é um modo de ser do *Dasein* [ser-aí] quando e precisamente quando ele se move numa cultura altamente desenvolvida e diferenciada"[36]. E, em suas análises concretas, falta um apelo positivo a qualquer período passado concreto (como Gehlen, que recorre ao período "pré-mágico"). O anticapitalismo romântico de Heidegger "apenas" difama em termos fenomenológicos e ontológicos a cotidianidade do presente e seu pensamento; contudo, o critério para esse juízo não reside na estrutura de determinado período passado, mas na distância ontológico-hierárquica interposta pelo ente em relação ao ser, por ocasião de sua queda em relação a este. A base espiritual da rejeição não é, portanto, romântico-histórica, mas teológica; é fundada na doutrina irracionalista de Deus de Kierkegaard – transformada em ateísmo.

A posição de Heidegger em relação à cotidianidade já é visível em sua terminologia. Quando ele denomina as coisas que ocorrem na cotidianidade de "o instrumento [*das Zeug*]", quando denomina o "quem?" dessa esfera de "o impessoal [*das Man*]", quando denomina os comportamentos mais típicos e mais frequentes de "o falatório [*das Gerede*]", "ambiguidade [*Zweideutigkeit*]", "queda [*Verfallen*]" etc., ele até pode cultivar a ilusão de oferecer apenas uma descrição objetiva, sem juízo de valor acentuadamente emocional; não obstante, objetivamente, trata-se, no caso dele, de um mundo de impropriedade, de decadência, de defecção do propriamente dito. O próprio Heidegger chama de precipitar-se essa "mobilidade" do ser-aí em seu próprio ser. "O *Dasein* precipita-se em si mesmo a partir de si mesmo, na falta-de-chão e na nulidade da cotidianidade imprópria. Mas essa precipitação lhe permanece encoberta

[36] Martin Heidegger, *Sein und Zeit* (5. ed. Halle, [Max Niemeyer,] 1941), p. 50 [ed. bras.: *Ser e tempo*, trad. Fausto Castilho, Campinas/Petrópolis, Ed. Unicamp/Vozes, 2012, p. 163].

pelo público ser-do-interpretado, a ponto de a interpretar como 'ascensão' e 'vida concreta'"[37]. E ele explica melhor:

> O fenômeno da queda não fornece também algo como uma "visão noturna" do *Dasein*, uma propriedade que sobrevém onticamente e que pode servir à complementação do aspecto inofensivo desse ente. A queda desvenda uma essencial estrutura ontológica do *Dasein* ele mesmo, a qual não lhe determina o lado noturno, constituindo, ao contrário, todos os seus dias em sua cotidianidade.[38]

Esse pessimismo profundo que transforma o cotidiano em uma esfera de decadência irrecuperável, de derrelição [*Geworfenheit*] "na dimensão pública de 'o impessoal'"[39], da "falta-de-chão do falatório"[40], tem ao mesmo tempo de depauperar e desfigurar sua essência e estrutura: quando a prática do cotidiano perde – no plano fenomenológico e ontológico – sua vinculação dinâmica com o conhecimento, com a ciência, quando a ciência não emerge das perguntas que a prática do cotidiano levanta, quando a prática do cotidiano não se enriquece constantemente com os resultados que a ciência produz, quando não se torna mais ampla e mais profunda por meio da ciência, a cotidianidade perde justamente seu modo de ser autêntico, perde justamente aquilo que a torna a fonte e a foz do conhecimento no agir humano. Ao ser esvaziada dessas inter-relações, a cotidianidade aparece em Heidegger como dominada exclusivamente pelas forças do estranhamento que desfiguram o homem. O outro fator, aquele que impulsiona para a frente em meio ao estranhamento e apesar dele, desaparece da "depuração" ontológica dos fenômenos.

Pois também nesse ponto há uma conexão entre metodologia e visão de mundo. O método de Heidegger, assim como o da fenomenologia e das tendências ontológicas derivadas dela, consiste em reduzir toda objetividade e todo comportamento em relação a ela às "formas originárias" mais simples e mais gerais, para desse modo elaborar com clareza sua essência mais profunda – independentemente de toda variedade sócio-histórica. Contudo, dado que a "intuição da essência" é também um fundamento dessa metodologia, o juízo subjetivo de valor do filósofo tem forçosamente – de modo consciente ou

---

37 Ibidem, p. 178 [ed. bras.: ibidem, p. 501].

38 Ibidem, p. 179 [ed. bras.: ibidem, p. 503, trad. modif.].

39 Ibidem, p. 167 [ed. bras.: ibidem, p. 471, trad. modif.].

40 Ibidem, p. 169 [ed. bras.: ibidem, p. 475].

inconsciente – uma influência profunda sobre a determinação de conteúdo e forma da objetividade fenomenológica ou ontologicamente "depurada" e confunde a relação entre aparência e essência. Assim, aparecem aqui fenômenos da cotidianidade capitalista como se fossem determinações ontológicas essenciais dos entes em geral. É o que ocorre também na descrição que Heidegger faz da vida cotidiana. Ninguém negará que surgiu aí uma tentativa enfática de elaborar, mais concretamente do que havia sido feito até então, certos aspectos decisivos da vida e do pensamento cotidianos; nesse sentido, Heidegger vai muito além do estado em que se encontrava a discussão desse problema entre os neokantianos. Assim, ele faz uma interessante investida, visando a apreender a vinculação específica de teoria e prática na vida cotidiana.

> Em tal trato de emprego, o ocupar-se submete-se ao para algo constitutivo do instrumento correspondente, pois, quanto menos a coisa-martelo é somente considerada, quanto mais o martelo é empunhado no seu emprego, tanto mais originária será a relação com ele e menos encoberto será o modo por que virá ao encontro tal qual é, como instrumento. O martelar ele mesmo descobre a específica "maneabilidade" do martelo. [...] O olhar para coisas unicamente "teórico" dispensa o entendimento da utilizabilidade. O trato que emprega e maneja não é, porém, cego e tem o seu próprio modo de ver, conduzindo o manejo e lhe emprestando a sua específica segurança.[41]

Inquestionavelmente, aqui foi captado algo da estrutura básica da vida e do pensamento cotidianos, do vínculo imediato entre teoria e prática. Contudo, a convergência da simplificação metodológica formal e do juízo subjetivo de valor (anticapitalista) na "intuição da essência" instala, no lugar das transições e interações contraditórias reais, um contraste metafísico demasiado brusco entre o comportamento propriamente teórico e a "teoria" na prática cotidiana. O isolamento abstrativo da cotidianidade efetuado desse modo, sua redução aos fatores que parecem caber a ele exclusivamente nessa delimitação intelectual artificial, produz, como ressaltamos no início {p. 209 e seg.}, um depauperamento e uma deformação de toda essa esfera. Um depauperamento, na medida em que ignora – no plano metodológico consciente – a profundidade da ligação entre todos os modos de comportamento do cotidiano e a cultura como um todo e o desenvolvimento cultural da humanidade; uma deformação, na medida

---

[41] Ibidem, p. 69 [ed. bras.: ibidem, p. 213].

em que, por essa via, se elimina intelectualmente o papel da cotidianidade na disseminação do progresso e na concretização de seus resultados.

Essa alusão ao beco sem saída teórico que é visível em Heidegger servirá tão somente para concretizar metodologicamente o caminho que tomamos, comparando-o com outros; como em outros casos parecidos, não visamos uma discussão com a teoria de Heidegger. Sendo forçados a fazer um excurso polêmico, é óbvio que não nos propusemos analisar extensamente o complexo dos fatos que se apresentaram. Eles somente foram citados para que pudéssemos descrever verazmente o problema do homem inteiro na cotidianidade (também e sobretudo na sociedade burguesa). Em primeiro lugar, o que importa aqui é aclarar provisoriamente a relação da cotidianidade e seu pensamento com o comportamento do homem na atividade científica e artística. Apenas provisoriamente, pois adiante, em capítulo específico, nos ocuparemos da separação entre a ciência e a vida cotidiana; em contrapartida, a produtividade e a receptividade artísticas, que também serão alvo da nossa atenção, só poderão ser apreendidas de modo realmente adequado na segunda parte, após desvelada a estrutura da obra de arte. Por enquanto, já antecipando desenvolvimentos posteriores, apenas podemos dizer que o modo de comportamento dos homens depende essencialmente do grau de objetivação de sua atividade. Onde estas {objetivações?}* atingem seu nível mais elevado, ou seja, na ciência e na arte, suas leis objetivas determinam o comportamento humano em relação às formações criadas por elas próprias. Isto é, todas as faculdades do homem adquirem um direcionamento – em parte instintivo, em parte consciente, inculcado – para o cumprimento dessas legalidades objetivas. Caso se queira entender e descrever corretamente esses modos de comportamento, tanto em sua conexão com o cotidiano quanto em sua diferença e oposição ao comportamento cotidiano, será preciso ter sempre em vista que, nos dois casos, se trata da relação do homem inteiro – por mais estranhado de si e desfigurado que esteja – com a realidade objetiva ou então com as objetivações humanas e sociais que refletem e medeiam essa realidade. O efeito das objetivações desenvolvidas e aperfeiçoadas, como a ciência e a arte, manifesta-se, acima de tudo, no fato de que os critérios de seleção, agrupamento, intensidade etc.

* Conjectura plausível do editor alemão. O pronome demonstrativo "*diese*... (*erreichen*)", no feminino plural, não concorda com nenhum elemento da frase anterior, mas tem em vista o contexto que se segue. (N. T.)

das atividades subjetivas empregadas são delimitados e determinados de modo muito mais preciso do que nas demais exteriorizações da vida. Naturalmente há aqui muitos níveis de transição, sobretudo no trabalho, visto que, objetivamente, ele apresenta muitas transições na direção da ciência e da arte durante o decorrer da história.

Essas objetivações têm não apenas sua legalidade interna – que, no entanto, só gradativamente se tornou consciente – mas também um determinado meio exclusivo pelo qual a objetivação correspondente pode ser realizada de modo produtivo e receptivo. (Pense-se no papel da matemática nas ciências exatas, da visualidade nas artes plásticas etc.) Quem não tomar o caminho da objetivação, atravessando esse meio, passará ao largo de seus problemas decisivos. Esse fato foi observado com frequência, mas em quase todas as vezes extraíram-se consequências falsas dele. Sempre que se identifica o meio com a objetivação (por exemplo, quando Konrad Fiedler trata da visualidade – retornaremos a ele mais adiante – ou quando o raciocínio se torna mais concreto {p. 371 e seg.}), associa-se uma "faculdade da alma" isolada a um grupo de objetivação – apesar das variações modernizadas – e negligencia-se ou se elimina a dinâmica movimentada da totalidade da vida psíquica humana. Porém a faticidade real mostra que, na objetivação, o papel do meio consiste justamente em ser portador de uma totalidade de sensações, pensamentos, nexos concretos etc.; por essa razão, a adaptação do comportamento subjetivo a ela tem de ser igualmente uma síntese desses elementos. Portanto, é sempre o homem inteiro que se expressa nessa especialização extrema, só que com uma transformação dinâmico-estrutural muito importante (em oposição à média dos casos cotidianos): suas qualidades mobilizadas de forma unitária concentram-se de certo modo no foco direcionado para a objetivação pretendida por ela. Por isso, sempre que nos referirmos a esse comportamento, falaremos do "homem inteiramente" (em relação a uma determinada objetivação), em contraposição ao homem inteiro da cotidianidade, que, em sentido figurado, se volta para a realidade com toda a superfície de sua existência. Pela própria natureza do tema, para nós é importante, sobretudo, o comportamento estético. Por essa razão, em contextos subsequentes, trataremos extensamente da diferença estética entre o homem inteiro e o "homem inteiramente" {cap. 8, II}. Dado que o comportamento científico nos interessa, antes de tudo, como determinação contrastante com o estético, podemos contentar-nos aqui com constatações gerais.

Essa oposição teve de ser elaborada com nitidez em seus extremos. Contudo, não se devem negligenciar as transições inconfundivelmente matizadas. Basta pensar no trabalho, no qual igualmente passa a existir – tanto mais quanto mais completo ele se torna – certa tendência à concentração sobre o "homem inteiramente", como acabamos de analisar. O caráter transitório é criado pela natureza não total da maioria das atividades do trabalho. Onde o trabalho se aproxima da arte, como na manufatura antiga, o comportamento objetivo adotado nela também se aproxima do comportamento artístico, e onde a racionalização máxima é altamente desenvolvida, ele às vezes se aproxima do comportamento científico. Nesse sentido, muitos tipos de trabalho são, portanto, fenômenos de transição [*Übergangserscheinungen*], mas, por mais fundamentais que sejam para a vida humana como um todo, abrangem apenas uma parte da vida cotidiana. Nas demais partes, por sua natureza, o outro princípio, mais amplo, menos estrito, menos direcionado para o reagrupamento do homem, deve preponderar. Naturalmente aqui também há formas de transição; o jogo, o esporte (na medida em que sua prática se converte em treinamento sistematizado), a conversa (na medida em que se torna discussão concreta) etc. podem facilmente se aproximar de modo permanente ou transitório do tipo de comportamento do trabalho. Porém essa ampla escala de nuances transicionais não elimina o caráter antagônico dos extremos. Pelo contrário. Acreditamos que, precisamente por essa via, fiquem claras não só a necessidade de que o modo de comportamento do homem inteiro passe para o do "homem inteiramente" mas também a fundação deste sobre aquele, sua fecundação recíproca e seu desenvolvimento a um nível superior. Nesse processo, contudo, a diferença – ou mesmo a oposição – continua existindo. Ela se funda, por um lado, no caráter mais ou menos total da objetivação almejada (desde a sua falta quase completa até o seu predomínio sobre o comportamento subjetivo) e, por outro lado, e em estreita conexão com ela, na relação mais ou menos imediata entre pensamento e prática. Pense-se no esporte como simples exercício físico, no qual essa relação pode ter um caráter puramente imediato, a exemplo da caminhada, e nas mediações complexas, com frequência bastante estendidas, que emergem no treinamento sistemático.

Essa oposição aparece de maneira ainda mais clara quando pensamos na atividade sociopolítica do homem. Lênin trouxe essa atividade brilhantemente à tona em sua obra *O que fazer?* Suas análises são tanto mais valiosas para nós porque se concentram nas formas e nos conteúdos sociopolíticos e tangenciam os problemas aqui tratados apenas ocasionalmente e quase sem querer. Em relação à espontaneidade dos movimentos econômicos da classe trabalhadora, Lênin mostra que lhe falta justamente a consciência dos nexos mais amplos da sociedade, as finalidades que apontam para além da imediaticidade. No início do século XX, os trabalhadores russos que faziam greve espontaneamente não tinham – e, segundo Lênin, nem podiam ter – "consciência da oposição irreconciliável entre os seus interesses e todo o regime político e social existente"[42], isto é, faltava-lhes a noção das necessárias consequências decorrentes de seu próprio fazer. Não é preciso uma abordagem extensa para perceber que a maioria esmagadora das ações na vida cotidiana, independentemente de serem individuais ou coletivas, possuem uma estrutura semelhante, na qual claramente vigora a ligação imediata entre o pensamento e a prática a que nos referimos anteriormente. Ora, ao elaborar sua crítica sociopolítica da espontaneidade no sentido de que a correta consciência do trabalhador que luta espontaneamente por seus interesses "pode ser levada ao operário somente a partir de fora, ou seja, de fora da luta econômica, de fora da esfera das relações entre operários e patrões"[43] e, portanto, de fora do ambiente imediato, das finalidades imediatas do trabalhador, Lênin enuncia um conhecimento duplamente importante para a questão que nos ocupa. Em primeiro lugar, ele diz que, para a suplantação da vida cotidiana, são necessárias forças espirituais, atitudes intelectuais, que ultrapassem qualitativamente o horizonte do pensamento cotidiano. Em segundo lugar, que – quando, como neste caso, se fala de uma orientação correta para o agir prático – o "de fora" leniniano designa o mundo da ciência.

A compreensão obtida desse modo sobre o pensamento cotidiano parece provar que seu desenvolvimento a um nível superior e sua adequação ao conhecimento da realidade objetiva só são possíveis pela via da ciência, mediante o abandono do pensamento cotidiano. Considerado segundo tendência da história mundial, vê-se que de fato é assim. Contudo, seria uma abstração vulgarizante, que falsifica fatos importantes do desenvolvimento, fazer disso uma lei que funciona em toda parte e sem exceção. Com frequência – e em casos muito importantes – pensamento científico e pensamento cotidiano se confrontam

---

[42] Vladímir Ilitch Lênin, "Was tun?", em *Sämtliche Werke*, v. 4/2 (Viena-Berlim, [Verlag für Literatur und Politik,] 1929), p. 159; LV, v. 5, p. 385 [ed. bras.: O *que fazer?*, trad. Edições Avante!, São Paulo, Boitempo, 2020, p. 47].

[43] Ibidem, p. 216-217; LV, v. 5, p. 436 [ed. bras.: ibidem, p. 95].

exatamente dessa maneira. Pense-se na teoria copernicana e na "experiência" diária insuperável (imediata e subjetivamente) de que o sol "se põe" etc.; usamos intencionalmente a palavra "insuperável", porque essa será necessariamente a reação espontânea diante desse fenômeno, mesmo do astrônomo mais culto enquanto homem da vida cotidiana. Desse modo, contudo, nem de longe se circunscreve toda a riqueza da realidade, da relação do pensamento cotidiano, da ciência (e da arte) com ela. Não são raros os casos em que o pensamento cotidiano protesta – com razão – contra certos modos de objetivação da ciência (e da arte) e acaba conseguindo em última instância que seu protesto seja ouvido. A dialética dessa contraditoriedade entre a cotidianidade e a ciência ou a arte é sempre de cunho histórico-social. São sempre situações concretas, histórica e socialmente condicionadas, nas quais o pensamento cotidiano se afirma diante das objetivações superiores ou vice-versa. Porém tampouco nessa situação se pode absolutizar coisa alguma de maneira metafísica. A resistência – em última análise – vitoriosa do pensamento cotidiano contra certa ciência (ou arte) só pode ter a espontaneidade e a imediaticidade da vida cotidiana. Mas, com esses meios disponíveis, só se consegue chegar até a negação, a rejeição. Caso se queira superar a ciência (ou a arte) que não mais se concilia com as necessidades da vida, é preciso que essa negação espontânea dê origem a um novo tipo de ciência (ou arte), isto é, o terreno da vida cotidiana precisa ser novamente abandonado. Ou seja, toda análise de tais fatos mostra que tanto a interconexão quanto a diversidade dessas esferas só podem ser compreendidas quando se levam em consideração as interações ininterruptas entre elas. Na medida em que são importantes para a arte, consequências desse tipo só poderão ser tratadas na parte histórico-materialista da estética, em razão de sua concretude histórico-social. Nesse ponto, só podemos apontar as determinações – que necessariamente permanecerão abstratas – em que o caráter mais geral do reflexo da realidade se manifesta na cotidianidade.

Trata-se – em poucas palavras – do fenômeno do assim chamado senso comum. Em si e por si só ele é generalização simples das experiências da vida cotidiana, que na maioria das vezes permanece abstrata. Dado que, como já mostramos e voltaremos a mostrar detalhadamente, os resultados da ciência e da arte fluem continuamente para a vida cotidiana e para o pensamento cotidiano, enriquecendo-os, eles com muita frequência já estão contidos nestes, mas em geral somente na medida em que passam a ser elementos cada vez mais efetivos da prática da cotidianidade. Quanto à forma, essas generalizações assumem, na maioria dos casos, um caráter apodítico. Toda a lacônica sabedoria proverbial dos povos é expressão disso. Não se apoia em nenhuma prova, visto que são sínteses de experiências, hábitos, tradições, costumes etc., muitas vezes antiquíssimos. E exatamente essa forma costuma transformá-la em diretriz imediata da ação; a forma já reflete a conexão imediata, tão típica do pensamento cotidiano, entre teoria e prática.

Ora, é justamente nisso que se manifesta a contraditoriedade anteriormente citada, a saber, no fato de essa sabedoria apodítico-lacônica subsistir com ou sem razão diante da objetivação mais complexa da ciência e da arte. Embora não possamos abordar aqui os problemas concretos de ordem histórico-social, é fácil ver que a função positiva ou negativa do senso comum, bem como da sabedoria popular, está estreitamente relacionada à luta entre o velho e o novo. Sempre que aquilo que está morrendo se defende do que está nascendo por meio de construções intelectuais, convenções sentimentais etc. artificialmente mediadas, estranhadas da vida, o senso comum assume a função do menino do conto de Andersen que grita: "O rei está nu!". O grande mérito da estética de Tchernichévski é enunciar as autênticas necessidades do povo contra as exigências artificialmente exageradas da classe culta[44]. A criada de Molière é a crítica suprema do grande comediante, e a estética e a filosofia da arte do Tolstói tardio colocam o simples camponês como juiz supremo da autenticidade ou da falsidade dos produtos da arte e da ciência.

Não há dúvida de que, em muitos casos, tais vereditos são confirmados pela história. Porém é certo dizer também que não raro se resumem a queixumes tacanhos pequeno-burgueses diante de grandes inovações. Assim como é acertada a zombaria camponesa de Tolstói, sobre a moda espiritualista em *Frutos do Iluminismo**, são completamente equivocados seus juízos – em nome dos camponeses simples – sobre a Renascença ou Shakespeare. Schiller já apontou os limites da competência julgadora da criada de Molière e eu próprio tentei, partindo do que ele escreveu, trazer à superfície toda a problemática da avaliação da cultura pelo Tolstói tardio[45].

---

44 Nikolai Gavrilovitch Tchernichévski, *Ausgewählte philosophische Schriften* (Moscou, [Verlag für fremdsprachige Literatur,] 1953), p. 408-10.

* Liev Nikolaievitch Tolstói, *Die Früchte der Aufklärung: Lustspiel in vier Aufzügen* (trad. J. Nikolajew, Berlim, S. Fischer, 1891). (N. T.)

45 György Lukács, *Der russische Realismus in der Weltliteratur* (Berlim, [Aufbau,] 1952), p. 257 e seg.

Esse caráter histórico-social da explicação de casos singulares desse tipo não muda em nada o fato de que aqui também se manifestam legalidades mais gerais. Por um lado, a oposição entre uma generalização idealista abstrata e o materialismo espontâneo do pensamento cotidiano que se impõe a esse pensamento. Por outro, pode haver uma oposição do reflexo dialético e do mecanicista. E, mais precisamente, de tal modo que a dialética espontânea da cotidianidade se afirma contra as teorias metafísicas, e as "sabedorias" metafísicas tradicionais da cotidianidade são refutadas por novas explicações dialéticas. Já nesse ponto se vê que essas reações do pensamento cotidiano à ciência e à arte não são de modo algum inequívocas; não se pode simplesmente classificá-las nem como vanguardistas nem como retrógradas, ou associar as primeiras sempre com o novo e as últimas sempre com o velho. Por exemplo, em Tolstói, como Lênin mostrou de modo bastante convincente, ressoam tanto vozes que expressam o ser do campesinato primitivo, condenado a desaparecer, quanto aquelas que proclamam – entretanto, no nível da cotidianidade – a vindoura revolta camponesa contra os resquícios feudais[46]. Portanto, só é possível trazer à tona o papel real do senso comum, da sabedoria popular, com a ajuda do materialismo histórico, mediante a investigação da situação histórico-social concreta.

Aqui só podemos aludir brevemente às bases dialéticas objetiva e subjetivamente gerais de cunho gnosiológico dessa ambiguidade irrevogável do pensamento cotidiano, do reflexo da realidade nela. A fonte dessa ambiguidade irrevogável é novamente a relação imediata da teoria com a prática que já ressaltamos. Pois, por um lado, tanto a teoria quanto a prática têm de partir sempre da relação imediata com a realidade, não podem jamais passar ao largo dela, não podem jamais deixar de apelar a ela. Mas, no momento em que as objetivações mais elevadas, mais complexas, da realidade, ou seja, as que passaram por mais mediações, caem na endogamia intelectual, elas correm o mesmo perigo a que sucumbiu o rei do conto de Andersen. Por outro lado, a real fecundidade do reflexo correto da realidade e da prática que decorre dele só estará assegurada quando essa imediaticidade for superada (no triplo sentido do termo *aufgehoben* hegeliano de revogar, preservar e elevar a um nível superior). Desse modo, basta aludir aqui à análise leniniana da prática política e,

---

[46] Vladímir Ilitch Lênin e Gueórgui Plekhánov, *L. N. Tolstoi im Spiegel des Marxismus* (coletânea de ensaios, intr. W. M. Fritsche, Viena, [Literatur und Politik,] 1928, Marxistische Bibliothek 18), S. 57-8; ver LV, v. 15, p. 201-2.

como contraexemplo, às consequências da espontaneidade capitalista do lucro investigada por Bernal, que muitas vezes inibe o desenvolvimento da ciência e da indústria. O fato de essa contraditoriedade só poder ser resolvida concretamente, isto é, no plano histórico-social, constitui a exata expressão – sob uma forma abstratamente geral – de que as objetivações mais elevadas foram produzidas pelo desenvolvimento da humanidade em vista de uma resolução mais rica e mais profunda dos problemas concretos da vida cotidiana, de que sua autonomia, sua legalidade própria, seu alçar-se qualitativo acima das formas de reflexo da vida cotidiana estão a serviço dessa mesma cotidianidade, de que elas, portanto, também perdem seu direito de existir quando esse vínculo se perde – no entanto, não em escala diária, mas em escala histórica –, como quando renunciam ao seu caráter de mediação e se adaptam acriticamente à unidade imediata de teoria e prática na cotidianidade. Essa contraditoriedade sublinha, portanto, que o fluir ininterrupto para cima e para baixo da cotidianidade, para a ciência e para a arte e de volta para a cotidianidade, é necessário, constitui uma condição de funcionamento, do movimento para diante de todas as três esferas da vida. Em segundo lugar, essa contraditoriedade também expressa que os critérios para a exatidão do reflexo são, antes de tudo, de conteúdo, isto é, a exatidão, a profundidade, a riqueza etc. consistem na correspondência com o original, com a própria realidade objetiva. Nesse processo, os fatores formais (tradição etc. na cotidianidade, execução metodológica imanente plena na ciência e na arte) só podem desempenhar um papel secundário; dissociados de critérios reais, adere-lhes uma problemática irrevogável. Isso não significa uma subestimação ou mesmo uma anulação dos problemas formais; estes, contudo, só poderão ser corretamente postos e resolvidos em seu âmbito de interação se for mantida a prioridade do conteúdo.

II. Princípios e primórdios da diferenciação

Os resultados que nossa análise alcançou até o momento são bastante gerais; se os analisarmos do ponto de vista do desenvolvimento, veremos que, na vida e no pensamento cotidianos, aparecem mediações em número cada vez maior, cada vez mais ricas, cada vez mais complexas e de alcance cada vez maior, e, não obstante, sob a forma de sua imediaticidade característica. Pois constatamos igualmente que o movimento progressivo da sociedade forma gradativamente sistemas de objetivação que, embora enfaticamente independentes da vida cotidiana, se encontram em inter-relações ininterruptas e cada vez mais ricas com ela, de modo que nem conseguiríamos mais imaginar nossa vida cotidiana sem tais objetivações. (No que tange à finalidade destas investigações, ocupamo-nos somente com a ciência e a arte e deixamos conscientemente de lado as objetivações de caráter institucional, como Estado, sistema de direito, partidos, organizações sociais etc. Levá-las em consideração teria tornado nossas análises demasiado complexas, sem alterar decisivamente o resultado final indicado anteriormente.)

Se nos aproximamos mais um passo do nosso objetivo propriamente dito, dos fatores fundamentais da separação entre as objetivações que nos interessam aqui e do terreno da realidade da cotidianidade, do processo de sua autonomização, deparamo-nos – no que se refere ao material factual – com dificuldades insuperáveis. Não apenas o estado originário da humanidade, no qual ainda não podia haver objetivações, é desconhecido, como necessariamente permanecerá desconhecido para sempre no sentido do conhecimento científico obtido por investigação documental. Todos os fatos que a etnografia, a arqueologia etc. podem nos oferecer dizem respeito a estados incomparavelmente mais desenvolvidos. E justamente o caráter do estado mais primitivo torna praticamente impossível que, no futuro, se encontre material suficiente desse estágio do desenvolvimento. Pois também em estágios bem mais elevados devem nos faltar fatos diretos; ao buscar a origem da linguagem, da dança, da música, das tradições mágicas religiosas, dos costumes e usos sociais, não conseguiremos ir concretamente além dos povos mais primitivos conhecidos, que, como dissemos, há muito deixaram os primórdios para trás.

Sob essas circunstâncias, a ciência precisa se contentar com hipóteses de reconstrução e com o socorro delas. À filosofia, que se restringe aos princípios mais gerais do curso do desenvolvimento, também não resta outro método. Já delineamos o método a ser seguido: a anatomia do homem é, como diz Marx, uma chave para a anatomia do macaco; do estado mais elevado da sociedade é preciso reconstruir por inferência o estado mais baixo do qual ele surgiu *realiter* [de fato]. O método da reconstrução, por sua vez, é determinado pelas tendências de desenvolvimento que sobressaíram na história que conhecemos de fato. Nas análises que fizemos até agora, ressaltamos algumas dessas tendências, já indicando, por exemplo, que a cotidianidade da vida capitalista se diferencia de formações anteriores etc. Assim, aflora naturalmente uma nova dificuldade, que consiste em que com muita frequência a ciência burguesa se detém na simples coleta de fatos pouco ordenados, ou em parte os "ordena" mediante hipóteses místico-aventureiras, romântico-anticapitalistas (por exemplo, o "pensamento pré-lógico" de Lévy-Bruhl), ou em parte, em conexão com a filosofia idealista, se nega a admitir que as formas mais elevadas de objetivações, como a ciência, a arte ou a religião, não só têm uma história, como têm uma história de seu surgimento e, portanto, que houve estágios da humanidade em que elas ainda não tinham se dissociado da base geral da vida cotidiana nem alcançado uma forma própria de objetivação. Quando a religião ou a arte são concebidas como atividades inatas ao homem, inseparáveis de sua essência, a questão de sua gênese, por sua própria natureza, não pode nem mesmo ser posta. Acreditamos, porém, que essa questão não pode ser separada do conhecimento de sua essência; a essência da arte não pode ser dissociada de suas funções na sociedade e só pode ser tratada em estreita conexão com sua gênese, seus pressupostos e suas condições.

O objetivo de nossa reconstrução, portanto, é uma situação social sem objetivações. No entanto, devemos fazer desde já uma ressalva: trata-se de uma situação social com um mínimo de objetivações. Pois as exteriorizações mais primitivas de vida social dos homens, sobretudo as características mais importantes que os distinguem do animal, como linguagem e trabalho, já possuem, como mostramos, determinados traços de objetivação. A gênese real das objetivações deveria abranger, portanto, o devir homem do homem, o gradativo surgimento da linguagem e do trabalho. Prescindindo do fato de que esse é justamente o campo em que nossos conhecimentos estão irremediavelmente reduzidos ao mínimo, sua investigação não é decisiva para os nossos fins. Pois este trabalho não levanta a questão – que em si é sumamente importante do ponto de vista filosófico – referente ao que significam de modo geral as objetivações para o devir e o ser homem do homem; ele se restringe sobretudo ao seguinte problema: como daquele terreno comum de atividades humanas, relações, exteriorizações etc. se desprenderam as formas superiores das objetivações, antes de tudo a ciência e a arte, alcançando uma autonomia relativa; como sua forma de objetivação adquiriu a peculiaridade qualitativa, cuja existência e funcionamento se tornaram fatos óbvios da vida para nós. Já mostramos que isso só pôde suceder na inter-relação de mão dupla com a realidade do cotidiano. Por essa razão, não buscamos como ponto de partida a gênese das objetivações como tais, mas apenas um estágio do desenvolvimento com um mínimo de objetivações.

(Já enfatizamos que não nos ocuparemos aqui com objetivações de caráter institucional; porém está claro que nesse estágio de desenvolvimento ainda não havia formações como Estado, direito etc. Costumes, hábitos e outras formas da vida cotidiana cumpriam com exclusividade as funções que mais tarde competiriam a eles.)

Essa formulação mais precisa do problema significa, portanto, que os problemas do devir homem se situam fora do escopo de nossas análises. É fato bem conhecido que o homem originário, no processo de se tornar ele mesmo, fora menos dotado pela natureza para a defesa e o ataque do que a maioria dos animais. Criando para si uma cultura do trabalho, das ferramentas, até esse pouco com que fora dotado pela natureza regrediu. Gordon Childe diz: "Alguns 'homens' muito antigos tinham de fato caninos bastante salientes, em maxilares fortíssimos, os quais constituíam armas perigosas; mas no homem moderno eles desapareceram e sua dentição não consegue infligir ferimentos mortais"[47]. Esses fatos significam para nós que, no estágio que nos interessa, o devir biológico-antropológico do homem já está encerrado. As linhas de desenvolvimento que entram em conta são essencialmente de caráter social. Naturalmente essas linhas deixam marcas na constituição físico-intelectual do homem. Nesse caso, porém, trata-se do desenvolvimento do sistema nervoso central mais do que de uma mudança na constituição corporal em sentido próprio. Retornaremos mais adiante às perguntas que surgem em relação a esse tema. Aqui apenas indicaremos brevemente que trabalho e linguagem desenvolvem os sentidos humanos de tal modo que estes, mesmo sem mudança ou aprimoramento fisiológico, sem superar sua inferioridade em relação a certas espécies animais, são muito mais aproveitáveis para os fins humanos do que eram originalmente. Engels já havia constatado:

> A águia vê muito mais longe do que o homem, mas o olho humano vê nas coisas muito mais do que o da águia. O cão possui um faro muito mais apurado do que o do homem, mas não distingue nem um centésimo dos aromas que para este constituem características determinadas de coisas diversas. E o tato, que no macaco está presente apenas em seus rudimentos mais toscos, desenvolveu-se com a mão humana, por meio do trabalho.[48]

---

[47] Vere Gordon Childe, *Stufen der Kultur*, cit., p. 11.

[48] Friedrich Engels, *Dialektik der Natur*, cit., p. 697; MEW, v. 20, p. 448-449 [ed. bras.: *Dialética da natureza*, cit., p. 342].

Engels aponta desse modo para uma das questões mais importantes da teoria do reflexo: seu caráter não mecânico. Pois não precisamos nos preocupar aqui em saber se e até que ponto o reflexo constitui fisiologicamente, de fato, uma fotocópia, uma cópia mecânica do mundo exterior {ver cap. 5, I}. Contudo, do fato de que a exatidão do reflexo é condição da existência de todo ser vivo, e a incapacidade de conseguir um reflexo fiel o levaria necessariamente a perecer, não se deve inferir que todo reflexo tenha ou possa ficar necessariamente no nível da simples fotocópia. Tampouco que a diferenciação, o ultrapassar desse reflexo imediato da realidade caiba exclusivamente ao pensamento, que a elaboração dos nexos essenciais, das determinações etc. toque exclusivamente à interpretação, à análise etc. do que é percebido na forma de cópia. Na realidade, esse processo é muito mais complexo. Quando Engels diz que o homem percebe mais nas coisas do que a águia, ele está indicando que o olho humano se habituou a captar pela visão imediata, no mundo fenomênico extensiva e intensivamente infinito, certas características dos objetos, suas interconexões etc. Portanto, já na percepção visual acontece uma triagem, uma seleção do mundo exterior refletido: um sentido aguçado para determinadas características, uma negligência mais ou menos resoluta de outras, a tal ponto que nem de modo imediato elas são percebidas. O modo, o grau etc. dessa seleção são histórica-socialmente condicionados. A formação de novas capacidades de percepção com frequência está vinculada à atrofia de outras. De fato, os sentidos do homem de certo modo fazem perguntas ao mundo exterior; pense-se em atos como olhar para algo, escutar determinada coisa etc. Todavia, mesmo rejeitando aqui uma "divisão do trabalho" mecanicista entre sensibilidade e entendimento, isso não significa que negamos que essa constituição dos sentidos humanos só possa existir pela acumulação e pela ordenação de experiências (e, portanto, também por meio do pensamento). Porém isso não muda em nada o resultado: a capacidade dos sentidos descrita por Engels, a capacidade mais rica e mais precisa – no que se refere ao essencial – de recepção. A concretização dessa questão nos ocupará repetidamente no que se segue. (Parece-nos relativamente seguro que o desenvolvimento animal serviu de preparação para isso. Contudo o tratamento dessa questão nada tem a ver com os nossos problemas.)

O papel concreto do trabalho nesse processo consiste justamente em que ocorre uma divisão do trabalho entre os sentidos humanos. O olho assume as mais diversas funções de percepção do tato, das mãos, o que libera estas últimas para o trabalho propriamente dito e para se desenvolverem e continuarem a se diferenciar. Nessa linha, Gehlen diz:

> O resultado mais importante da cooperação sumamente intricada da percepção tátil e da percepção visual é primeiramente que a percepção visual assume também – e exclusivamente no homem – as experiências da percepção tátil. A consequência decisiva é dupla: nossa mão é desobrigada de efetuar experiências e, portanto, fica livre para realizar trabalhos propriamente ditos e aproveitar as experiências desenvolvidas. E o controle global do mundo e das nossas ações é assumido ou substituído, em primeiro lugar, pela percepção visual.[49]

O olho só pode assumir essa função, aprendendo – no sentido de Engels – a perceber na realidade objetiva visualmente acessível as características que se situam imediata e habitualmente fora do âmbito do ver "natural". Gehlen afirma com razão que, nesse processo, qualidades como duro ou mole, peso etc. são percebidas visualmente, e que, para aquilatá-las, não é mais preciso apelar para o tato. E o mesmo sucede no contexto do acúmulo de experiências de trabalho, no decorrer da fixação dessas experiências, de seu devir como costumes sob a forma de reflexos [*Reflexen*] condicionados em outros sentidos[50].

Em geral, conseguimos acompanhar com poucos detalhes concretos os estágios específicos desse desenvolvimento; ainda assim, da relação dos homens mais primitivos com suas ferramentas inferimos claramente três etapas. Primeiro, são escolhidas pedras de determinado feitio para determinadas operações; essas pedras são descartadas depois do uso. Mais tarde, quando encontradas, pedras apropriadas para o uso (cunhas de mão) já são guardadas. Foi preciso um longo desenvolvimento até que essas ferramentas de pedra começassem a ser confeccionadas, primeiro como imitações dos originais encontrados já prontos e, num processo lento e gradativo, chega-se à diferenciação das ferramentas[51].

Esse processo, que é ao mesmo tempo o da cooperação dos homens no trabalho, o da origem do trabalho coletivo, mostra, antes de tudo, o aumento do número de mediações. Naturalmente, já no estágio mais primitivo do trabalho, ocorre a intercalação de uma mediação entre a necessidade e a satisfação da

49 Arnold Gehlen, *Der Mensch. Seine Natur und seine Stellung in der Welt* (4. ed., Bonn, [Junker und Dünnhaupt,] 1950), p. 201.

50 Ibidem, p. 67-8. O fato de Gehlen falar, nesse contexto, de símbolos etc. não muda em nada a exatidão de suas observações.

51 Vere Gordon Childe, *Stufen der Kultur*, cit., p. 38-9.

necessidade. Essa mediação, contudo, tem ainda um caráter mais ou menos casual. No entanto, a retração da casualidade começa nesse ponto, pois a simples escolha das ferramentas apropriadas – mesmo que provisória, pois logo depois elas são descartadas – já tem por base objetiva – pouco consciente de início – a suplantação da casualidade, ainda que esta seja absolutamente primitiva, deficiente e sujeita à contingência do achado. Naturalmente, a exemplo do que acontece em um nível sumamente desenvolvido, isso não suprime de modo algum a contingência objetiva das interconexões da natureza. Pelo contrário, mostra que o conhecimento humano, pelo trabalho e pelo discernimento gradual de faticidades importantes, avança gradativamente até tomar ciência das legalidades e das necessidades objetivas. A barreira natural da legalidade desconhecida, que se manifesta para o sujeito como uma selva impenetrável de indiferenciação entre necessidade e contingência, começa – muito lentamente – a clarear. Contudo, na ferramenta propriamente confeccionada, na diferenciação das ferramentas, dependendo da finalidade do trabalho, aparece claramente pela primeira vez na história da humanidade a tendência a superar a contingência; aparece pela primeira vez a liberdade como necessidade conhecida[52]. No entanto, somente no nível do pensamento cotidiano, isto é, de tal maneira que a tendência à suplantação factual da casualidade se concretize na prática, mas sem que essa conexão precise se tornar consciente como tal – justamente por causa da vinculação imediata de pensamento e prática na cotidianidade. Também para isso é imprescindível um nível mais elevado de generalização das experiências, um alçar-se acima do pensamento cotidiano. De todos os modos, essas generalizações já estão presentes, pelo menos embrionariamente. Seria possível dizer: a generalização está presente em si, como necessidade que se manteve inconsciente; ela "só" precisa se transformar numa necessidade conhecida por nós. Porém, muitas vezes esse "só" designa desenvolvimentos de séculos, de milênios. Mais adiante detalharemos as complexas consequências ideológicas para a necessidade desses desenvolvimentos da casualidade que se repetem em nível mais elevado.

Nesse ponto, devemos ressaltar, em primeiro lugar, a conexão entre as mediações e esse processo de conhecimento da realidade objetiva. Pois somente

[52] Friedrich Engels, *Antidühring*, cit., p. 117-118; MEW, v. 20, p. 106 [ed. bras.: *Anti--Dühring*, cit., p. 145-6]; Georg Wilhelm Friedrich Hegel, *Enzyclopädie*, t. 1, cit.; HWF, v. 6, p. 293-8 (§47 adendo).

desse modo surge a imediaticidade particular da vida cotidiana humana, uma imediaticidade cuja base representa, já no estágio mais primitivo do desenvolvimento da humanidade, o sistema de mediações descoberto e reproduzido pelos próprios homens. Ernst Fischer mostrou muito corretamente que uma correlação tão importante como a relação sujeito-objeto, que parece tão elementar, surgiu nesse processo de desenvolvimento do trabalho. Suas exposições nos parecem tão importantes que as citamos extensamente:

> Mediante o uso de ferramentas, mediante o processo coletivo do trabalho, um ser vivo se separou da natureza, no sentido pleno da palavra, ele se trabalhou para fora dela; pela primeira vez, um ser vivo, o homem, se confronta com a natureza inteira como sujeito ativo. Antes de o homem se tornar sujeito de si mesmo, a natureza se torna objeto dele. Um objeto da natureza só se torna objeto quando se torna objeto de trabalho ou meio de trabalho; somente por meio do trabalho surge uma relação sujeito-objeto. Mesmo que se tenha em conta todo o metabolismo direto e imediato, dificilmente se poderá falar de uma relação como essa; o oxigênio e o carbono não são de nenhum modo objetos da planta no processo de assimilação e dissimilação, e mesmo na união do animal com sua presa, com o pedaço de mundo que ele devora, constata-se, quando muito, o despontar fugaz de uma relação sujeito-objeto; na essência, esse metabolismo não se diferencia de nenhum outro. Só no metabolismo mediado, no processo do trabalho, surge uma autêntica relação sujeito-objeto, que é o pressuposto de todo consciente. A separação da natureza, o estranhamento e a subjetivação do homem só se efetuam gradativamente em um desenvolvimento contraditório e demorado. O homem em devir ou então o homem primitivo estão amplamente vinculados à natureza; por muito tempo a fronteira entre sujeito e objeto, entre homem e ambiente, era fluida, indeterminada, não demarcada, e a dissociação de "eu" e "não eu" constitui uma forma extraordinariamente tardia da consciência humana.[53]

Tudo isso se reflete no desenvolvimento da linguagem, embora devamos observar ao mesmo tempo que de modo algum se trata de passividade de um mero ser refletido, pois o desenvolvimento da linguagem desempenha, ao contrário, um papel ativo nesse processo. Essa atividade se funda na indissociabilidade de linguagem e pensamento; a fixação linguística das generalizações das experiências no processo do trabalho é um veículo importante não só para sua conservação mas também – justamente em razão dessa fixação clara – para

---

[53] Ernst Fischer, ["Von der Notwendigkeit der Kunst", em] *Kunst und Menschheit: Essays* (Viena, [Globus,] 1949), p. 119-20.

seu desenvolvimento a um patamar superior e seu desdobramento continuado. O passo mais importante nessa direção é o que vai da representação para o conceito. Pois, inquestionavelmente, os animais superiores já têm representações mais ou menos claras de seu ambiente. Porém somente com a expressão da linguagem a refiguração expressa, fixada do objeto, dos processos etc. do mundo exterior é alçada acima do pretexto objetivo que o provocou de modo imediato e o tornou utilizável de modo geral. Na palavra mais simples e mais concreta já está contida uma abstração; ela expressa uma característica do objeto mediante a qual todo um complexo de fenômenos [*Erscheinungen*] é sintetizado numa unidade ou até mesmo subsumido em uma unidade mais elevada (o que sempre pressupõe um processo prévio de análise). Assim, a palavra mais simples, a palavra mais concreta, se distancia da objetividade imediata de um modo completamente diferente do que é possível no caso da mais desenvolvida das representações dos animais superiores. Pois só por meio dessa elevação da representação ao nível do conceito o pensamento (a linguagem) pode se alçar acima da reação imediata ao mundo exterior, acima do reconhecimento meramente representacional de objetos e complexos de objetos associados. A liberdade – ainda que relativa – do agir ou, melhor dizendo, a seleção racional entre diversas possibilidades significa um domínio cada vez mais rico das mediações objetivamente existentes. Mediante a criação do conceito no pensamento e na linguagem, a reação ao mundo exterior perde cada vez mais sua imediaticidade original, puramente espontânea, ligada ao momento que a enseja. Acrescente-se a isso que somente pelo conceito os processos da vida interior do sujeito que reage dessa maneira ao ambiente podem ser identificados em sua peculiaridade, em sua particularidade e diferenciação; somente pelo conceito eles podem tornar-se conscientes para o sujeito, e somente assim ocorre a relação sujeito-objeto que descrevemos anteriormente.

A gênese da autoconsciência já pressupõe determinado nível de consciência acerca da realidade objetiva e só se pode desdobrar em processo, em interação com ela. Porém, se queremos compreender a verdadeira constituição desse processo, jamais podemos esquecer que a vida cotidiana, o exercício e o hábito no trabalho, a tradição e o costume na convivência e a atuação conjunta dos homens, bem como a fixação dessas experiências na linguagem, atuam concomitantemente para transformar o mundo conquistado das mediações em um novo mundo da imediaticidade. Essa tendência, por um lado, representa a abertura do caminho para a continuidade da conquista da realidade. Pois, na medida em que o já conquistado se converte em posse óbvia, na medida em que os esforços necessários para isso adquirem esse caráter de imediaticidade por meio da habituação etc., acontecem novos choques com a realidade objetiva ainda não aclarada, com as concepções, as representações e os conceitos subjetivos dos homens, tendendo para um nível cada vez mais elevado; esses choques estimulam a revelação de nexos, de legalidades que até aquele momento permaneciam desconhecidas. Nesse ponto se produz a satisfação de necessidades que, por sua vez, desperta novas necessidades não só de expansão mas também de aprofundamento e generalização. Mas, por outro lado – e nisso a linguagem desempenha um papel decisivo, como no complexo anteriormente citado –, toda fixação que chega ao ponto de se tornar um costume pode assumir uma função conservadora, que inibe o avanço; voltamos a lembrar a observação de Pavlov de que o segundo sistema de sinais da linguagem também pode produzir um afastamento nocivo do homem em relação à realidade objetiva, a saber, não só o distanciamento imprescindível do pretexto que o provocou mas também uma imobilização no mundo da linguagem que se converteu em uma nova imediaticidade, relativamente desvinculada das relações com o objeto {p. 174 e seg.}. Essa dialética está na base de todo conflito entre o velho e o novo, tanto na ciência e na arte quanto na cotidianidade.

A linguagem é, portanto, ao mesmo tempo, imagem especular e veículo dessas tendências complexas, contraditórias, desiguais do desenvolvimento do domínio humano sobre a realidade objetiva. Não obstante o caráter ziguezagueante dessas linhas de movimento, as que levam para a frente são indubitavelmente as predominantes, mas é claro que somente do ponto de vista histórico-universal. Pois o predomínio do segundo sistema de sinais no trabalho e na linguagem faz com que a simples adaptação a um meio natural dado, como no caso dos animais, se torne uma transformação ininterrupta, socialmente determinada, desse ambiente e, com ele, da estrutura e dos membros da sociedade que causa as mudanças. Nesse mesmo movimento e na reprodução condicionada por ele da sociedade e de sua estrutura em uma escala mais elevada, está contido implicitamente o princípio da tendência ao desenvolvimento para um nível superior (em contraposição à reprodução estacionária essencial das espécies animais). Naturalmente aqui somente podemos falar de uma tendência. Na realidade histórica, há repetidos casos de enrijecimento, de decadência ou até mesmo de desaparecimento. A única coisa que decorre daí, contudo, é a diversidade e desigualdade do desenvolvimento histórico-social, mas de modo algum uma exclusão da tendência ao desenvolvimento para um nível superior, mais precisamente na direção de algo qualitativamente superior às condições do ponto de partida.

Embora não possamos entrar, nem mesmo alusivamente, nos detalhes do desenvolvimento da linguagem, temos de observar que o desenvolvimento da linguagem é a expressão exata do movimento duplo descrito anteriormente, ou seja, da suplantação das barreiras da respectiva imediaticidade por meio da generalização e da reconversão do que foi alcançado em uma nova imediaticidade de potência mais elevada, de caráter mais abrangente, mais diferenciado. Já indicamos que as línguas primitivas, por um lado, não possuem designações de gênero e, por outro, têm expressões próprias para cada diferença nos objetos e nos processos. Lévy-Bruhl cita numerosos exemplos disso; citaremos apenas um:

> Na América do Norte, os índios têm certa quantidade de expressões – cuja exatidão se poderia chamar de quase científica – para as diversas formações de nuvens, para as feições características da fisionomia do céu, que não há como traduzir. Nas línguas europeias procurar-se-ia em vão algo correspondente. Os gibbeways, por exemplo, têm uma designação específica para o sol que brilha entre duas nuvens. [...] E também para as pequenas manchas azuis que às vezes se vislumbram entre duas nuvens escuras no céu. – Os índios klamaths não têm palavra genérica para raposa, esquilo, borboleta, rã; mas cada espécie de raposas etc. tem seu nome específico. Os substantivos da língua são inconfundíveis.[54]

Assim, o dual, o trial, o quatrial foram gradativamente desaparecendo das línguas mais desenvolvidas; e assim também – ainda segundo Lévy-Bruhl – os papuas da ilha Kiwai têm toda uma série de sufixos para a ideia de ação, de maneira a expressar diferenças como ela ser praticada por dois sobre muitos, por dois sobre três, por três sobre dois no presente ou no passado etc.[55]

Para nós, é digno de nota nesse desenvolvimento que formas linguísticas que refletem tal concretude estão desaparecendo cada vez mais da linguagem e dando lugar a palavras genéricas, muito mais universais. Porém, será que isso necessariamente põe a perder a capacidade da linguagem de designar concretamente cada objeto concreto, de torná-lo inequivocamente identificável? Acreditamos que essas representações românticas, ainda muito encontradas,

[54] Lucien Lévy-Bruhl, *Das Denken der Naturvölker*, cit., p. 147.

[55] Ibidem, p. 119.

são essencialmente errôneas. É óbvio que toda palavra perde concretude imediata e próxima dos sentidos quanto mais se aproxima de um conceito genérico. Porém não se deve esquecer que, em nossa relação linguística com a realidade, a frase adquire uma importância cada vez maior, as complexas ligações sintáticas das palavras determinam cada vez mais intensamente seu sentido no contexto concreto de aplicação, e meios linguísticos cada vez mais sofisticados se formam para dar sentido a relações objetais concretas por meio da relação entre as palavras na frase. Nesse desenvolvimento da linguagem reflete-se, portanto, o processo que já analisamos filosoficamente de ultrapassagem da imediaticidade mais primitiva e, ao mesmo tempo, de fixação do resultado em uma nova imediaticidade mais complexa. Nesse processo, a crescente generalização nas palavras singulares e a complexidade das ligações e relações na construção da frase contêm inquestionavelmente uma tendência – inconsciente – de alçar-se acima da imediaticidade do pensamento cotidiano.

Esta última tendência se manifesta também no fato de o desenvolvimento da linguagem, descrito aqui em seus traços mais gerais, ser inconsciente. Nas circunstâncias atuais, a expressão "inconsciente" necessita de um esclarecimento terminológico. Não se trata de por meio dessas análises polemizar contra as mistificações caóticas da assim chamada "psicologia profunda". Estas obscurecem a essência do inconsciente, mesmo quando ele está presente e ativo. Pois é certo que uma longa série de processos do pensamento, de desenvolvimentos das sensações etc. ocorre fora da consciência desperta dos homens, e com extraordinária frequência o que aparece mais ou menos repentinamente na consciência é apenas o resultado de movimentos não conscientes. Basta pensarmos em fenômenos como as ideias repentinas, as inspirações etc., para termos claramente diante de nós a faticidade imediata. Muitos psicólogos e filósofos modernos também tentam tirar consequências excessivamente amplas e inadmissíveis, por exemplo, da assim chamada intuição, sobretudo por uma oposição rígida entre a intuição e o pensamento consciente, na qual a intuição tem sempre preponderância gnosiológica. Nesse procedimento, porém, a íntima conexão entre ambos é desconsiderada. O fato de que a intuição tende a encerrar uma operação de pensamento iniciada conscientemente de acordo com seu conteúdo é apresentado de tal forma que a pessoa em questão não se torne consciente dos elos intermediários de seu próprio pensamento; no entanto, no que diz respeito aos conteúdos do pensamento, estes sempre podem ser posteriormente tornados conscientes.

Esses e outros fenômenos [*Erscheinungen*] psíquicos semelhantes indicam claramente que o curso da vida psíquica consiste em uma interação ininterrupta de processos conscientes e não conscientes. Quando dizemos que algo se encontra armazenado na memória, não se trata de uma conservação mecânica de ideias anteriores. Ao contrário, essas ideias estão sujeitas a constantes transformações, deslocamentos, matizes etc.; por outro lado, com muita frequência elas não estão automaticamente à disposição do homem, a seu bel-prazer; às vezes nos esquecemos de coisas há muito adquiridas, justamente quando mais precisamos delas, às vezes memórias das quais não nos lembrávamos mais emergem sem querermos, até perturbando o momento presente etc. Tudo isso mostra claramente que, no cérebro do homem e, consequentemente, em seus pensamentos, sentimentos etc., se desenrolam processos nos quais elementos e tendências conscientes e não conscientes se transformam ininterruptamente uns nos outros; somente a sua unidade dinâmica perfaz a totalidade da vida psíquica. Grande parte da legalidade desses processos ainda está por ser investigada, sobretudo porque conhecemos apenas muito parcialmente os fatos fisiológicos que estão em sua base. Os mitos daí resultantes de que momentos parciais eventualmente importantes, como a sexualidade, são fetichizados como energias que movem tudo e são metafisicamente contrapostas à vida consciente, não nos interessam aqui, porque têm pouco a ver com nossas análises. (As conclusões estéticas que são tiradas, por exemplo, da psicologia de Freud ou Jung são tão excêntricas, infundadas e absurdas que uma discussão com elas seria completamente infrutífera.) Aludimos a esse complexo de problemas somente porque sua importância objetiva para a psicologia em geral é muito grande. Mais adiante abordaremos mais em detalhes certos fundamentos especificamente psicológicos do comportamento estético, mas estes têm pouco a ver com a oposição "consciente-inconsciente".

Ora, quando analisamos essa oposição um pouco mais detidamente do ponto de vista do nosso problema, é evidente que o conceito do inconsciente tem pouco a ver com o que discutimos até agora: para nós, trata-se, antes de tudo, de uma categoria social e não psicológica em sentido próprio. Por produção consciente entendemos, antes de tudo, um problema de conteúdo: se e em que medida o conteúdo da consciência (e, em consequência, suas formas) corresponde à realidade objetiva, se e em que medida o objeto e o comportamento referente a ele foram reproduzidos adequadamente pela consciência. Ou seja, a oposição propriamente dita não é tanto a de consciente e inconsciente, mas a de consciência correta e consciência errada. (Obviamente essa oposição é relativa, ou melhor, é uma oposição histórica-socialmente relativizada, como Hegel reconheceu em sua *Fenomenologia*.) Engels deu uma definição muito precisa desse ponto em uma carta a Franz Mehring: "A ideologia é um processo que até é efetuado com consciência pelo assim chamado pensador, mas com uma falsa consciência. As verdadeiras forças motrizes que o movem permanecem desconhecidas dele. [...] Portanto, ele imagina forças motrizes erradas ou aparentes"[56]. Aquilo que hoje é designado muito frequentemente – e em "sentido profundo" – como inconsciente ocorre, na maioria das vezes, justamente do ponto de vista psicológico, de modo consciente, mas com uma falsa consciência, isto é, o estado consciente subjetivo que se tem do processo imediato corresponde a uma consciência objetivamente falsa da faticidade real, do alcance verdadeiro do que foi efetuado na prática imediata. De modo correspondente, o caráter inconsciente do pensamento é, para nós, um fenômeno histórico-social. São motivações histórico-sociais que decidem se e em que medida surge uma consciência correta ou falsa, isto é, uma atividade social consciente ou inconsciente. Desse modo, alude-se simultaneamente ao caráter de processo desse fenômeno. Em princípio, do ponto de vista histórico-social, em toda falsa consciência pode haver a tendência a uma consciência que apenas não é ainda correta; naturalmente há casos também em que uma falsa consciência desemboca necessariamente em um beco sem saída. O desenvolvimento da humanidade reiteradamente transforma, no decorrer da conquista da realidade, falsidades em coisas corretas [*Richtigkeiten*]. Às vezes, porém, coisas certas também são transformadas em falsidades – e nisso se manifesta o desenvolvimento desigual, que não se desenvolve em linha reta, mas é contraditório –, ainda que em geral não no sentido de uma simples reconstituição da falsidade antiga, mas de tal maneira que o progresso desigual produza novos erros no reflexo da realidade (Alta Idade Média e Antiguidade).

A característica essencial secular desse processo é o ainda-não da exatidão [*Richtigkeit*] da consciência, no qual se tem em mente e é intencionado o – re-

---

[56] Carta de Friedrich Engels a Franz Mehring de 14 de julho de 1893, em Karl Marx e Friedrich Engels, *Ausgewählte Briefe* (Moscou-Leningrado, [Verlagsgenossenschaft ausländischer Arbeiter in der UdSSR,] 1934), p. 405; MEW, v. 39, p. 97.

lativamente – correto, mesmo que este jamais venha a ser realmente alcançado; esse processo corre paralelamente à fixação das experiências – já várias vezes ressaltada aqui – que converte ininterruptamente atos conscientes em atos espontaneamente inconscientes. O que era consciente de início transforma-se em um não mais consciente (o segundo significado real do inconsciente) justamente por se tornar parte integrante da prática social cotidiana. Também aqui se trata de fatos reais, constatáveis, do desenvolvimento histórico-social, e não de uma "opinião" dos marxistas. A psicologia burguesa moderna, no entanto, tende a depreciar o papel do estado consciente na prática humana e povoar o vácuo que surge desse modo com um "inconsciente" mistificado. Contudo, toda antropologia moderna fundamentada nos fatos autênticos e em sua análise imparcial protesta contra isso. Por exemplo, Gehlen. Ele critica as teses de Dewey referentes "ao caráter meramente episódico da consciência" e descreve corretamente o real estado de coisas:

> Penso, ao contrário, que não há existência inconsciente no caso dos homens, mas apenas coisas que se tornaram inconscientes: costumes que se desenvolveram penosamente contra as resistências e agora passam a ter a nova e decisiva função de servir de base para um comportamento descarregado, mais elevado, porém novamente consciente.[57]

A respeito disso é preciso observar ainda que esse tipo de inconsciência que costumamos designar com o termo "habituação" não é de modo algum inato, mas produto de uma prática social longa e muitas vezes sistemática. O exercício (o treinamento), por exemplo, não é senão um procedimento para exercitar tão intensamente certos movimentos, comportamentos etc. que, caso a realidade objetiva exija tal tipo de reação, possam ser executados sem uma atitude ou esforço consciente. As brincadeiras dos animais superiores, as lições de voo e os exercícios das aves jovens mostram essa forma de comportamento. As brincadeiras das crianças se distinguem pelo fato de se orientarem para uma variação tão ampla dos movimentos, comportamentos etc. que dá lugar, sem mais, a uma diferença qualitativa. Pense-se, por exemplo, nas múltiplas reações que se tornam costume e perfazem o complexo das assim chamadas boas maneiras, embora o objetivo seja alcançar um funcionamento "inconsciente" em conformidade com os costumes da vida social.

---

[57] Arnold Gehlen, *Der Mensch*, cit., p. 154.

O pressuposto de um treinamento como esse é que seu sujeito se encontre em uma "condição assegurada e tranquila"[58]. No caso do animal, isso só acontece na mais tenra idade. A maior diferenciação e mobilidade da habituação, sua potencial adaptação a situações diversas e cambiantes é o que mais diferencia o desenvolvimento inicial da criança do desenvolvimento do animal jovem. Desse modo também toma forma, no sistema nervoso central, a capacidade de continuar aprendendo. Os costumes que se formam depois são gerados pelo processo do trabalho, pelas diversas formas de convivência humana, pela escola etc. Uma parte desses processos apenas fixa os costumes que servem de base não mais consciente do agir para modos de reação que já são um bem comum do gênero humano. (No caso dos animais que vivem em liberdade, essa é a regra; não é nem mais preciso falar da diferença de nível.) Porém, trata-se em parte de transformar em costume capacidades novas, ou pelo menos intensificadas, do homem. O processo do trabalho transforma em habituação não só um nível já alcançado, mas cria simultaneamente no homem que trabalha as condições para elevar esse nível; o treinamento no esporte, o exercitar-se nas diversas artes seguem tendência semelhante. (Estes últimos não têm analogia entre os animais; somente em circunstâncias especiais pode ocorrer algo remotamente parecido com os animais domésticos superiores, mas esses rudimentos apresentam limitações tão nítidas que a diferença permanece necessariamente mais decisiva do que a convergência.) Não podendo detalhar aqui essa forma do "inconsciente", apenas observamos sucintamente que, via de regra, um comportamento se torna inconsciente por meio da habituação, do exercício etc., com o fim de proporcionar à consciência um espaço de manobra mais amplo em complexos de questões decisivas; assim, a habituação por meio do treinamento no esporte serve para que, na competição, o homem em questão possa concentrar sua consciência exclusivamente na tática correta para obter êxito. Portanto, o "tornar inconsciente" não estreita, mas amplia o espaço de manobra da consciência. (É óbvio que também aqui está em ação aquela contraditoriedade dialética geral, segundo a qual a habituação – quando se converte, por exemplo, em uma rotina rígida – inibe o desenvolvimento consciente, ao invés de promovê-lo.) Ora, para retornar à questão da consciência correta e da falsa consciência nesse segundo tipo do "inconsciente", é preciso dizer que a dialética do correto e do falso, aludida anteriormente,

[58] Ibidem, p. 220.

obviamente se refere também a esse segundo processo. A fixação do que outrora foi conquistado conscientemente por meio de exercício, habituação, tradição etc. pode, de um ponto de vista abstrato, fixar constatações e fundamentações tanto falsas quanto corretas. Para esse propósito, no entanto, é preciso ter sempre em vista a relatividade dos processos individuais e a linha principal da progressividade do todo; se uma comunidade humana tivesse exclusivamente representações falsas sobre a realidade, ela regrediria rápida e infalivelmente. Logo, toda falsa consciência deve conter também certos elementos corretos, o que no estágio mais primitivo ocorre mais no reflexo de objetos, processos e vinculações do que na tentativa de explicá-los, conceituá-los, apreender sua legalidade.

Tudo isso deixa claro que o fator da inconsciência costuma ser tendencialmente mais forte na vida cotidiana do que, por exemplo, na ciência. (Embora, do ponto de vista ideológico, nenhum trabalho científico desenvolvido seja possível sem que toda uma série de medidas técnicas auxiliares se "torne inconsciente".) A "inconsciência" espontaneamente imediata da vida cotidiana – que predomina no segundo processo aqui descrito – constitui, portanto, como tal, um fenômeno social. O pretexto que o desencadeia pode ser constituído em incontáveis casos de atos individuais claramente conscientes no plano psicológico, mas, quando se tornam posse comum da sociedade, tornam-se inconscientes no sentido social acima aludido, e isso não só do ponto de vista da prática social em geral mas também do ponto de vista de cada indivíduo que dali por diante realiza esses atos. Essas constatações se referem sobretudo à linguagem, precisamente por seu caráter social global. A maneira mais evidente de manifestação da inconsciência do desenvolvimento da linguagem (nos dois significados aqui indicados) ocorre quando se compara a linguagem coloquial, a linguagem em sentido próprio, com modos específicos de seu uso, por exemplo, a terminologia científica. Esta, a rigor, naturalmente não constitui uma linguagem própria; funda-se na sintaxe e no vocabulário gerais e é sustentada por eles; o neologismo consciente se refere a estreitos intermúndios dentro da linguagem propriamente dita. Contudo, o modo de desenvolvimento desse recorte parcial também é apropriado para lançarmos luz sobre a imediaticidade e a espontaneidade do desenvolvimento propriamente dito da linguagem. Por exemplo, sua fecundidade criada por poetas individuais nada prova contra isso, pois, na medida em que ocorre uma apropriação geral, esta não se diferencia em nada da linguagem normal e cotidiana. O que se evidencia é tão somente aquilo que já indicamos em outras áreas, ou seja, que as esferas das objetivações expressas na fala não só se diferenciam das do cotidiano também em seu modo de surgimento e de ação como superam sua espontaneidade. Assim, também aqui permanece em vigor – com certas modificações – a conexão e a oposição entre consciência correta e falsa consciência.

Contudo, como tentamos mostrar, isso não anula de modo algum o terreno comum. Podemos ver isso claramente, uma vez mais, na função principal da linguagem, a saber, no ato de nomear os objetos internos e externos. Aqui também necessidade e satisfação emergem originalmente do processo do trabalho. Quando Engels diz corretamente sobre a origem da linguagem que "os homens em formação chegaram ao ponto de terem algo a dizer uns aos outros"[59], esse conteúdo a ser dito brotou inquestionavelmente, e em primeiro lugar, do processo do trabalho; neste, pela primeira vez, a simples representação tanto do objeto quanto do modo de agir se torna conceito e este só se pode fixar na consciência quando recebe um nome. Ao dar nomes às intuições e às representações, a linguagem as leva a um nível mais elevado de determinidade e univocidade do que elas podem alcançar nos animais superiores. A intuição e a representação em constante relação dialética com o conceito, em constante ascenso e descenso dele, têm de se converter em algo qualitativamente diferente do que eram originalmente sem esse movimento. Por isso, não há como superestimar a importância da nominação para a vida intelectual dos homens: ela arranca o novo com veemência da obscuridade em que se encontrava e o arrasta para o estado consciente. E, mesmo quando a palavra que dá nome é fixada pela habituação, quando seu uso perde o impacto da tomada de consciência em razão da sua fixação, quando a gradativa conquista da realidade pelo consciente social – que se tornou inconscientemente ativo, no nosso sentido – já avançou muito, ainda se preserva, contudo, algo desse choque anterior, muito impactante, da nominação, ainda que com a acentuação sentimental muito modificada e atenuada. Mais adiante, em contextos mais concretos {cap. 9, IV}, trataremos mais extensamente do fato de a poesia operar ininterruptamente abalando a nominação correta. Nesse ponto, somente indicamos que, quanto mais desenvolvidas forem as condições, tanto mais raramente se tratará da simples

---

[59] Friedrich Engels, *Dialektik der Natur*, cit., p. 696; MEW, v. 20, p. 446 [ed. bras.: *Dialética da natureza*, cit., p. 341].

nominação de objetos ou nexos objetivos desconhecidos, mas, na maioria das vezes, de que as relações dos homens com os objetos etc. do seu ambiente, que por meio do costume se tornaram óbvias, ficaram imperceptíveis ao consciente, "repentinamente" aparecem por meio da poesia sob nova luz, em nova relação objetiva com o homem. A nominação aumenta e, muitas vezes, sem que se note, converte-se em determinação. Essa estrutura já está contida implicitamente como tal na nominação primitiva, mas adquire nuances qualitativamente novas com a conquista cada vez mais consciente da realidade. Por meio da linguagem poética, esse "repentinamente" adquire um efeito com frequência impactante, mas por trás dele há quase sempre uma luta do antigo contra o novo, um inesperado tornar-se consciente de novas relações dos homens com seu ambiente histórico-social transformado, relações que se desenvolveram capilarmente até aquele momento. Portanto, por trás de todo efeito formal desse tipo, há um fator de modificação do conteúdo como substância sua decisiva. Consequentemente, por sua natureza, esses efeitos têm de emergir também na vida cotidiana; eles formam a base para o conteúdo desses modos poéticos de expressão. Tolstói faz uma bela descrição disso em *Anna Kariênina**. Num diálogo com sua parceira Anna, Konstantin Liévin dá uma definição da pintura francesa mais recente que a surpreende. Anna ri e diz: "Estou rindo como ri alguém ao ver um retrato muito parecido".

Aqui se pode ver tanto o perdurar da importância da nominação quanto a atenuação prática e, portanto, também sentimental de seu efeito. Entre os gregos, essa conexão era muito mais intensa (pense-se no *Crátilo* de Platão). Entre os povos primitivos, para os quais esse ato não só acompanha e expressa a primeira conquista da realidade, mas também a contém de modo imediato, as acentuações sentimentais necessariamente se tornam qualitativamente mais fortes. E, para além disso – visto que, quanto mais primitiva for uma sociedade, tanto menos desenvolvidas poderão ser as objetivações presentes nela –, o novo conhecimento da realidade obtido com a nominação não tem como se enquadrar organicamente em um sistema de objetivação há muito tempo formado e comprovado. Diante da necessidade social vital de não se deter na nomeação de complexos individuais, mas de colocá-los em conexão uns com

* Ed. bras.: *Anna Kariênina* (trad. Rubens Figueiredo, 2. ed., São Paulo, Cosac Naify, 2005). (N. E.)

os outros, certos sistemas de objetivação que também cumprem essa função devem surgir desde os estágios iniciais. Estes se caracterizam negativamente pela exiguidade interna e pela fundamentação absolutamente insuficiente no reflexo da realidade. Positivamente, caracterizam-se por acolher dentro de si, com todas as suas consequências intelectuais, a acentuação sentimental do impacto provocado pela nominação. Disso advém o papel tão acentuado que a atribuição de nomes desempenha no estágio mágico do desenvolvimento da humanidade. Gordon Childe a descreve como se segue:

> Tanto entre os povos semicivilizados de hoje quanto entre os povos civilizados da Antiguidade, uma ideia básica universalmente válida da magia é que o nome de uma coisa é misteriosamente equivalente à coisa mesma; na mitologia suméria, os deuses "criam" uma coisa pronunciando seu nome. Por conseguinte, saber o nome de uma coisa significa para o mago ter poder sobre essa coisa – com outras palavras, é o mesmo que "conhecer sua natureza". [...] Por isso, é possível que os dicionários sumérios não servissem de modo mediato apenas a um propósito útil e necessário, enquanto dicionários, mas fossem também de modo imediato uma instituição cuja finalidade era dominar o que continham dentro deles; quanto mais completo fosse tal catálogo, tanto maior a parte da natureza que poderia ser controlada por meio do conhecimento e da aplicação desse catálogo.[60]

Gordon Childe mostra aqui a sobrevivência dessas representações também em formações mais desenvolvidas e relativamente civilizadas. Como mostram diversas histórias da criação, diversos usos mágicos etc., originalmente a atribuição de nomes estava inseparavelmente ligada à representação do domínio (produção, destruição, transformação etc.) sobre o objeto. Isso tem também grande influência sobre a vida pessoal dos homens. Frazer diz:

> Incapazes de distinguir claramente entre palavras e coisas, os selvagens em geral imaginam que uma ligação entre um nome e a pessoa ou coisa que ele designa não seria uma associação puramente arbitrária e ideal, mas um vínculo factual e essencial que abarca ambos, e que a magia poderia ser aplicada a alguém por meio tanto de seu nome quanto de seus cabelos, unhas ou qualquer outra parte importante de seu corpo. De fato, o homem primitivo considera seu nome uma parte sumamente importante de sua pessoa e o protege por isso.[61]

---

[60] Vere Gordon Childe, *Stufen der Kultur*, cit., p. 165-6.

[61] Sir James George Frazer, *Der goldene Zweig (The Golden Bough): Das Geheimnis von Glauben und Sitten der Völker* (ed. resumida, Leipzig, [Hirschfeld,] 1928), p. 355.

Daí decorre a dupla atribuição de nomes, por ocultação do nome verdadeiro, mudança de nome na velhice etc., como descrita por Frazer, Lévy-Bruhl e outros[62].

Por mais estranhas que pareçam, tais representações são muito apropriadas para lançarmos luz sobre a estrutura do pensamento cotidiano e a gênese da consciência cotidiana, pois elas brotaram e se tornaram efetivas em um ambiente que quase não conhecia objetivações no sentido que damos a elas e no qual, portanto, praticamente não existiam ainda interações complexas do pensamento cotidiano com elas, interações essas que tanto dificultam a elaboração da "forma pura" desse pensamento. É preciso enfatizar, todavia, as palavras "quase" e "praticamente", pois a própria palavra, o próprio ato de nominar possui um caráter embrionário de objetivação. Entretanto, nem a linguagem mais desenvolvida jamais poderá representar a objetivação no mesmo sentido que a ciência, a arte ou a religião, por exemplo; jamais se tornará, como elas, uma "esfera" própria do comportamento humano. Justamente a indissociabilidade da linguagem e do pensamento tem como consequência o fato de ela englobar e fundamentar todos os modos humanos de comportamento e ação, expandir sua universalidade para a totalidade da vida, mas não constituir dentro dela uma "esfera" especial. Entretanto, também se pode dizer que os "sistemas" da magia, suas concepções, ritos etc. estão muito mais entremeados com a vida cotidiana do que os das religiões posteriores e que eles a "envolvem" com mais força, em vez de se separar e depois interagir com ela como objetivação autônoma. A forte acentuação emocional da atribuição de nomes é de fato um dos meios de consolidar o poder dos magos, de formar a doutrina e o comportamento mágicos como fatores da incipiente divisão social do trabalho. Sua adequação a tal uso repousa, contudo, sobre essa representação absolutamente elementar e irresistível do homem primitivo de que nome e coisa (ou pessoa) propiciam uma unidade indissociável, e dessa unidade podem resultar as mais felizes e as mais fatais consequências para o indivíduo.

Mais uma vez é o método marxiano para explicar a anatomia do macaco a partir da anatomia do homem que nos auxilia a apreender o fenômeno da magia de modo mais ou menos correto do ponto de vista histórico, reconhecendo precisamente o caminho que a conduziu até nós. Também aqui o conhecimento correto precisa superar dois falsos extremos. Por um lado,

---

[62] Ibidem, p. 356-7; Lucien Lévy-Bruhl, *Das Denken der Naturvölker*, cit., p. 34-5.

ainda está muito em moda idealizar a "origem" e pregar um retorno a ela – como saída da problemática do presente, que de resto parece não ter solução. Se isso se dá na forma de uma demagogia brutal, como nos casos de Hitler e de Rosenberg, ou de raciocínios filosóficos "engenhosos", como nos casos de Klages ou de Heidegger, do nosso ponto de vista é quase completamente indiferente, dado que, em todos esses casos, o desenvolvimento histórico real foi intelectualmente anulado da mesma maneira. (Veremos mais adiante {p. 407} que tais formulações específicas fizeram muitos estragos, mesmo entre autores progressistas e perspicazes, como aconteceu com Caudwell quando aproximou o lirismo da magia.) Em contrapartida, numerosos positivistas ainda interpretam desse modo fatos de épocas passadas, na medida em que simplesmente lhes imputam ideias e sentimentos de hoje. É o que faz o etnólogo Boas, de resto muito erudito e engenhoso, quando tenta explicar a magia da seguinte maneira: "E a magia? Acredito que, se um rapaz visse alguém cuspindo em sua fotografia e rasgando-a, ele ficaria profundamente indignado. Sei que, se isso tivesse acontecido em meu tempo de estudante, o resultado teria sido um duelo..."[63]. Boas "simplesmente" ignora que nenhum homem atual acredita que seu destino pessoal dependa de tal ação; ele até pode se sentir ofendido, mas não sentirá que sua existência física está ameaçada, em perigo, como o homem do período mágico.

Os pesquisadores mais antigos da era primitiva foram muito mais históricos e realistas em relação a essa questão. Frazer e Taylor consideram que a personificação das forças da natureza por analogia corresponde a um estágio relativamente tardio. Como ressaltamos, mesmo a relação sujeito-objeto vivencialmente fixada é produto do trabalho, das experiências do processo do trabalho, pois pressupõe tanto a concepção do ambiente quanto um campo de ação – relativamente dominado – da atividade humana, bem como a pessoa que – até certo ponto – está consciente de suas capacidades e limitações para a ação, a adaptação etc. Por essa razão, para que haja a explicitação de inferências analógicas personificadoras, é preciso que as experiências de trabalho convertidas em costume já tenham chegado a um nível considerável. Naturalmente a parte mais geral de tais vivências é comum a todos os estágios relativamente baixos de desenvolvimento, a saber, encontrar um obstáculo que não pode ser superado com a força e o conhecimento disponíveis. Dada a imediaticidade

---

[63] Franz Boas, *Primitive Art* (Nova York, [Capitol,] 1951), p. 3.

dos sentimentos e das formas de pensamento nesses estágios, intui-se que, por trás desse obstáculo, haja uma força desconhecida e, assim, tenta-se submeter essa força à atividade humana ou, pelo menos, influenciá-la em um sentido favorável a esta. (As diversas formas de superstição que se abrigam nos intermúndios de nossa cotidianidade nascem, sem dúvida alguma, também dessa incapacidade de dar conta do mundo exterior: é claro que há uma diferença qualitativa em se tratando de intermúndios episódicos ou de amplitude e profundidade da vida como um todo.) No que se refere aos estágios das analogias ou inferências analógicas impregnadas de imaginações [*phantasiedurchtränkten*], sentimentalmente espontâneas, que surgem aqui, o motivo decisivo é sua imediaticidade. Frazer ressalta com razão "que o mago primitivo conhece a magia somente por seu lado prático". Disso decorre a seguinte caracterização: "Ele não implora a um poder superior. Não procura obter o favor de um ser volúvel e temperamental. Não se humilha diante de uma divindade temível"[64]. A única coisa que lhe interessa é aplicar com precisão e correção as "regras" que sua prática utiliza diante da força desconhecida; o não cumprimento dessas regras, por mínimo que seja, acarretaria não só o insucesso mas também um perigo extremo. Portanto, o mago trata essas "forças" como "coisas sem vida", de certo modo em termos tecnológicos (mágico-rituais), e não religiosamente. Certos etnólogos (como Read) veem nisso uma espécie de materialismo, em oposição ao idealismo do animismo. Isso, no entanto, é um grande exagero, pois se trata, como mostramos {p. 189}, de um período anterior à separação e à contraposição claras entre materialismo e idealismo. Seria preferível dizer que a peculiaridade da magia, em contraposição à religião, consiste em um grau menor de generalização e em um domínio maior da imediaticidade; as fronteiras cognoscíveis entre o mundo exterior e o mundo interior são mais difusas, fluem mais umas para dentro das outras, do que o eram no período religioso animista. A ausência de uma relação ético-religiosa com o mundo exterior não é ainda, na magia, um embrião da posterior concepção materialista do mundo, mas simplesmente uma manifestação primitiva do materialismo espontâneo da vida cotidiana que conhecemos; em contrapartida, Read tem razão quando vê no animismo os rudimentos ideológicos do idealismo. Na magia, as tendências posteriores da contraditoriedade ainda não se diferenciavam. Todos os elementos da concepção de mundo estão concentrados na prática mágica imediata –

---

[64] Sir James George Frazer, *Der goldene Zweig*, cit., p. 16 e 70.

de tipo cotidiano, não objetivada. Portanto, quando Frazer chama a magia de "sistema inautêntico" de "leis da natureza", "uma falsa ciência e uma arte infecunda", essas expressões de valoração negativa contêm certa modernização, pois no estágio mágico do desenvolvimento também falta o alçar-se acima da realidade do cotidiano, a tendência a uma objetividade própria (científica ou artística). Esses termos só são relativamente admissíveis, e lançam luz sobre estados de coisas reais, porque nessa etapa aparecem rudimentos incertos e inconscientes que, em seu desdobramento posterior, rumam para a ciência ou então para a arte. Na medida em que nesse ponto eles já receberam certa objetivação, esta tem mais afinidade – precisamente pelo caráter eminentemente prático da magia – com aquele mínimo tendencial da realidade do cotidiano enquanto {objetivação} da realidade da ciência ou arte que se tornou autônoma. Na medida em que contêm elementos de objetivações posteriores, mais elevadas, o que inquestionavelmente é o caso, eles são completamente subordinados às tendências principais da prática mágica, particularmente no início, e sua peculiaridade só consegue prevalecer esporadicamente, episodicamente, e sempre de modo inconsciente, embora não casual.

Dizemos "não casual" porque a intenção de obter um reflexo correto, um conhecimento da realidade objetiva como ela é em si, já está contida, naturalmente de modo inconsciente, no ato mais primitivo de trabalho e inclusive já no ato da coleta, pois o desconhecimento completo da realidade, um total passar ao largo de suas interconexões objetivas, levaria forçosamente à ruína imediata. O trabalho representa aqui um salto qualitativo na direção do aparecimento das tendências ao conhecimento. Mas é preciso atingir um nível relativo de generalização das experiências para poder dar os primeiros passos nessa direção, para se libertar das tendências mágicas predominantes, cujo fundamento é justamente o desconhecimento da realidade objetiva. Apesar dessa unidade indissociável imediata, é preciso registrar a divergência objetiva entre a generalização das experiências do trabalho e a generalização das experiências da prática mágica. As experiências do trabalho levam posteriormente à ciência, as experiências da prática costumam inibir esse desenvolvimento, como Gordon Childe mostrou corretamente. Todavia essa contraposição – por mais correta que seja para a linha tendencial do desenvolvimento – não é absoluta. Interações ocorrem repetidamente, de modo que, em relação a esse ponto, Pareto pôde constatar com certa razão, como já mostramos {p. 180-1}, a existência de interações. (Falaremos extensamente de tendências semelhantes na arte mais adiante.) Há em tudo isso uma semelhança absolutamente geral com a estrutura do pensamento cotidiano. Todavia, não nos podemos esquecer de uma diferença fundamental: a cotidianidade da civilização tem sempre à sua disposição, consciente ou inconscientemente, os resultados de uma ciência e de uma arte desenvolvidas. A subordinação de sua peculiaridade a interesses próprios, com frequência de caráter prático e momentâneo, pode provocar graves deformações em sua essência específica, mas o grau de domínio da realidade objetiva já se encontra em um nível incomparavelmente mais elevado e qualitativamente diferente. Portanto, a semelhança estrutural que ressaltamos aqui deve ser entendida apenas no sentido mais geral possível e não deve ser aplicada a detalhes por analogia.

Esse modo de ser primitivo do período mágico tem como consequência que um aperfeiçoamento de seu comportamento em relação à realidade objetiva – caoticamente mesclado, imediato em termos práticos – toma um rumo idealista. G. Thomson oferece uma caracterização do estado mágico mais exata do que as que fazem Frazer ou Taylor. Ele diz:

> A magia primitiva se baseia na representação de que, ao criar a ilusão de que controlamos a realidade, de fato a controlamos. Trata-se de uma técnica ilusória, complementar das insuficiências da técnica real. Em correspondência com o baixo estágio da produção, o sujeito tem uma consciência incompleta do mundo exterior, logo a execução de um rito prévio aparece como causa do êxito do empreendimento real; ao mesmo tempo, contudo, como diretiva para a ação, a magia corporifica a valiosa verdade de que o mundo exterior realmente pode ser modificado por meio do comportamento subjetivo dos homens.[65]

No caso de um conhecimento mais do que lacunar da realidade, cujas partes objetivamente valiosas se baseiam em experiências de trabalho, é plausível que o lado subjetivo do processo do trabalho, a prioridade temporal da fixação do pôr do fim como causa e os resultados objetivos como consequência sejam generalizados e sistematizados antes dos elementos da própria realidade objetiva, dos quais se tinha um conhecimento tão fragmentário. E, dado que, como ressaltamos {p. 193}, nesse estágio a analogia é o principal veículo que leva

[65] George Thomson, *Aeschylus and Athens: A Study in the Social Origins of Drama* (2. ed., Londres, [Lawrence & Wishart,] 1946), p. 13-4; ed. alemã: *Aischylos und Athen: Eine Untersuchung der gesellschaftlichen Ursprünge des Dramas* (Berlim, [Henschel,] 1957), p. 14.

o pensamento à generalização e à sistematização, parece natural que o passo para além da magia seja dado na direção do idealismo, da personificação das forças desconhecidas, segundo o modelo do processo do trabalho: em suma, na direção do animismo e da religião. O decisivo não é admissão da existência de "espíritos". Essa admissão, como mostra Frazer, pode estar presente já na magia, o que é perfeitamente compreensível, dado que se trata de uma generalização elementar do lado subjetivo do processo do trabalho. Contudo, esse operar com analogias na magia se move no mesmo plano de todas as demais observações; só quando a personificação é dotada de todos os traços da concepção de si mesmo surgem as novas relações com os espíritos; naturalmente há nesse ponto incontáveis transições que não precisamos abordar aqui. Frazer indica corretamente a diferença decisiva:

> É bem verdade que a magia frequentemente se ocupa de espíritos na condição de seres que agem como pessoas, que é como a religião os concebe. Porém, sempre que faz isso na forma habitual, ela trata esses seres do mesmo modo que lida com as coisas inanimadas, isto é, força-os e prende-os, ao invés de reconciliá-los e incliná-los a seu favor, como faria a religião.[66]

Por conseguinte, a ausência de relações ético-religiosas com o mundo exterior não caracteriza um estágio superior, "mais materialista", em comparação com as representações idealistas que se eticizam no decorrer do desenvolvimento, mas é a marca essencial do estágio primitivo. O idealismo tem de ser concebido aqui como progresso, à semelhança da escravidão enquanto desenvolvimento superior em comparação com o canibalismo.

É um mérito real de Frazer ter enfatizado em sua análise da teoria e prática da magia a grande importância da imitação como fato elementar da relação do homem com a realidade objetiva. É verdade que ele só a vincula explicitamente com o que ele chama, na esfera de representação da magia, de "lei da semelhança", ou seja, o igual sempre produz o igual a si. Uma análise mais detida de outra espécie de magia que ele reconhece, ou seja, "coisas que uma vez estiveram inter-relacionadas continuam a exercer influência umas sobre as outras a distância, mesmo depois que o contato físico tiver sido suprimido"[67], mostra, contudo, o papel decisivo da imitação. É compreensível, pois a

---

[66] Sir James George Frazer, *Der goldene Zweig*, cit., p. 74.

[67] Ibidem, p. 15.

reação primitiva, prática, imediata, ao reflexo – relativamente – imediato da realidade expressa-se justamente na imitação. É preciso que tenha havido um desenvolvimento relativamente longo, que tenha ocorrido um distanciamento bastante grande em relação à imediaticidade, que o pensamento analógico já tenha passado para a consideração causal, mesmo que ainda não explicitada, para que os homens compreendam que também se pode intervir na natureza com métodos que não têm mais nenhuma semelhança exterior imediata com o fenômeno refletido (tendo semelhança, porém, com sua essência e legalidade). Pense-se em como as ferramentas mais primitivas eram simples imitações de pedras encontradas por acaso e mais tarde recolhidas e armazenadas. Em descobertas dos estágios iniciais, nem sempre é fácil distinguir o original da imitação. Só muito mais tarde aparecem ferramentas que alcançam o essencial, o efeito útil do trabalho, pelo fato de a forma resultar do conhecimento da relação entre fim e meio. Quanto mais diferenciado se torna o trabalho, mais as ferramentas recebem uma forma autônoma – tecnologicamente determinada – e mais desaparece nesse campo a imitação dos objetos encontrados de modo imediato. Essencialmente diferente é a imitação do lado subjetivo: a dos movimentos que se comprovaram na prática do trabalho etc. Aqui a imitação continua sendo – com muitas variações e crescente racionalização – um princípio permanente do trabalho, da continuidade das experiências de trabalho. Portanto, quanto mais a imitação estiver relacionada com o homem, tanto mais fecunda pode manter-se sua ação também em estágios mais elevados.

A imitação como conversão imediata do reflexo em prática é um fato tão elementar da vida mais desenvolvida que é possível encontrá-la também entre os animais superiores, o que é aceito de modo geral. Wallace observou, por exemplo, que pássaros que nunca ouviram o canto de sua própria espécie adotam o canto daqueles com os quais convivem. Muitos pesquisadores burgueses, contudo, sentem aqui o perigo de assumir um fato fundamental na relação entre os seres vivos e seu entorno; receiam com razão que isso leve ao reconhecimento do reflexo como base da ciência e da arte. Por essa razão, Groos, que cita a observação de Wallace, nega que os jogos dos animais tenham algo a ver com imitação: seriam sobretudo "modos de reação que têm origem na natureza inata do organismo"[68]. A intenção dessa afirmação inatista é eliminar dogmaticamente o problema da gênese. É assim que se mistificam

[68] Karl Groos, *Die Spiele der Tiere* (Jena, [Fischer,] 1907), p. 13.

fatos simples e se bloqueia o conhecimento do desenvolvimento do complexo a partir do simples. Polemizando com outro autor, Gehlen observa corretamente: "É claro que a suposição de um 'instinto de jogo' constitui uma mera explicação retórica, que nada diz"[69].

Naturalmente o homem mais primitivo se encontra em um nível qualitativamente superior ao do animal mais evoluído, até porque o conteúdo do reflexo e da imitação é sustentado por meio da linguagem e do trabalho, mesmo que este último não passe ainda de um ato de coleta. Portanto, mesmo no caso do homem mais primitivo, a imitação não é completamente espontânea; com frequência é dirigida conscientemente a um objetivo e, de certo modo, vai além da imediaticidade. A imitação, em sua forma humana, já pressupõe uma relação sujeito-objeto relativamente formada, pois claramente já está direcionada para determinado objeto, como parte, como fator do ambiente em que vive o homem, havendo nele, portanto, certo grau de consciência de que esse objeto se defronta com o sujeito, de que ele existe independentemente dele, mas que, sob certas circunstâncias, pode ser modificado pela atividade do sujeito. Essa independência, no entanto, encontra-se mais no plano do sentimento, da vivência, por exemplo, na forma de medo etc. Trata-se originariamente do que chamamos de materialismo espontâneo da vida cotidiana. Quanto mais indefinida, sentimental e fluida parece ser a ideia de objetividade do mundo exterior, tanto mais exata, "prescrita", tem de ser sua reprodução mágica imitativa. Por natureza, ela não apreende mais do que traços exteriores, fenomênicos do objeto, da "legalidade" de sua mudança (primavera depois de inverno). Porém, em decorrência do caráter difuso da estrutura, em decorrência da escassez dos conhecimentos, esses tipos de fenômenos [*Erscheinungsarten*] e de traços são fixados como essenciais e, em sua fixação exata, vislumbram-se os meios mágicos para produzir, mediante a imitação, o efeito desejado (por exemplo, o retorno da primavera, boas colheitas etc.). Quanto mais essas imitações exigem a cooperação de muitas pessoas (danças coletivas etc.), tanto mais se dá atenção à exatidão ritual. Essa situação levou Frazer a vislumbrar, na "teoria da magia", uma "pseudociência" e, em sua prática, ou seja, na imitação, uma "pseudoarte"[70]. Desse modo, por um lado, a unidade imediata de teoria e prática se afrouxa e, por outro, toda a situação

---

[69] Arnold Gehlen, *Der Mensch*, cit., p. 222.

[70] Sir James George Frazer, *Der goldene Zweig*, cit., p. 29.

se moderniza pela aplicação de um parâmetro posterior. Os tipos de comportamento perante a realidade que mais tarde adquirem métodos autônomos, como a ciência e a arte, ainda se encontram aqui, com os embriões do que será depois a religião, em uma mistura inextricável, tanto na teoria quanto na prática. Sua separação e confrontação é tanto mais equivocada quanto, por exemplo, os elementos da prática (dança, canto etc.) constituem um ponto de partida para a arte e ajudam a dar forma a tendências peculiares desta, embora, como veremos, costumem inibir e até reprimir sua autonomização, a constituição de sua verdadeira peculiaridade. Naturalmente isso não muda em nada o fato de que no reflexo concreto da realidade, nas tentativas de fixar o que foi refletido por imitação, estão <objetivamente> presentes os embriões que geram o reflexo estético da realidade, mas, repetimos, indissociavelmente mesclados com outros tipos de comportamento. Por mais importante que seja essa constatação como ponto de partida para compreendermos as diferenciações posteriores, o quadro se torna muito confuso quando tentamos interpretar a ciência e a arte, mesmo sob formas distorcidas, já nesse estágio inicial anterior à diferenciação. Desse modo, não só esse estágio inicial se moderniza indevidamente, como mostramos, mas também a peculiaridade do reflexo científico e artístico é distorcida. O reflexo artístico, em alguns momentos fundamentais (não todos), até parte da fixação imitativa do que foi refletido, mas tem de aprimorar e reconfigurar qualitativamente essa fixação para poder estabelecer sua própria autonomia. E o reflexo científico, como já indicamos {p. 244} e detalharemos mais adiante {p. cap. 5, I}, tem de ultrapassar todo "método" imitativo imediato e buscar novas vias de decomposição e síntese, segundo critérios objetivos, para poder encontrar um método próprio na elaboração do que foi refletido. Nos dois casos, a conquista crescente da realidade objetiva e do domínio superior da própria subjetividade, das capacidades físicas e mentais humanas, obtido no decorrer do processo, torna possível e necessário deixar para trás a imitação imediata.

Somente quando se eliminam, por meio de um experimento ideal, todas essas conquistas e capacidades resultantes de um desenvolvimento milenar é que se pode obter uma compreensão reconstrutiva da estrutura do período mágico, das formas e dos conteúdos de seu tipo de reflexo da realidade. A maior dificuldade é criada pelas modernizações que projetam algum anseio "profundo" do homem atual como "visão de mundo" nos períodos iniciais e, a partir daí, pretendem entender o presente, contrastando-o com o passado.

Em contrapartida, é preciso registrar que, por natureza, exatamente o aspecto "ideológico" da imagem de mundo primitiva era o menos desenvolvido de todos e que mesmo as percepções singulares, em si corretas, adquirem nessas interpretações um caráter caótico, fantasmagórico. Por essa razão, é bastante justificada a expressão jocosa de Engels, que chamou de "estupidez originária" a "visão de mundo" desse estágio e sua continuidade parcial em estágios mais elevados, e ele tem toda a razão quando rejeita como pedante a busca de causas econômicas para todas as suas formas individuais etc., embora constate que naturalmente também naquele tempo "a necessidade econômica foi a principal mola propulsora do conhecimento progressista da natureza"[71]. Para nós, a única coisa que importa nesse ponto é que, por mais "imbecis" que tenham sido as sínteses e fundamentações desses conhecimentos, estes certamente abrangem um campo muito maior do que se poderia imaginar no plano puramente teórico. É especialmente grande a possibilidade de que os conhecimentos, que certamente eram muito escassos no início, tenham sido ampliados também sem revolução dos fundamentos. Max Schmidt chama a atenção, por exemplo, para o conhecimento surpreendentemente vasto sobre botânica de povos muito primitivos que há muito tempo deixaram para trás seu estado originário, o que transparece claramente na diferenciação da nomenclatura[72]. Naturalmente se pode constatar algo parecido nos mais diversos campos da prática imediatamente necessária à vida, e constantemente em crescimento, ainda que desigual, na medida em que a atividade da coleta se converte, depois de muitas transições, em uma preparação do solo, em um cultivo de plantas; na medida em que caçadores e pescadores confeccionam instrumentos cada vez melhores e mais complexos (projéteis, arco e flecha, arpões etc.). Todavia tudo isso acontece sem modificação essencial, visível, da "visão de mundo", da generalização dos conhecimentos e das experiências sobre o mundo exterior e sobre o próprio homem. Aqui comprovamos novamente a verdade do nosso *motto*: os homens "não sabem disso, mas o fazem". Não obstante todo o reconhecimento da validade geral do agir inconsciente dos homens (no sentido indicado por nós), que, em nossos exemplos, tem como

---

[71] Carta de Engels a Conrad Schmidt de 27 de outubro de 1890, em Karl Marx e Friedrich Engels, *Ausgewählte Briefe*, cit., p. 381; MEW, v. 37, p. 492.

[72] Max Schmidt, *Die materielle Wirtschaft bei den Naturvölkern* (Leipzig, [Quelle & Meyer,] 1923), p. 33.

tendência geral um efeito determinante sobre a estrutura, não se pode ignorar a diferença qualitativa ou até o antagonismo: a inconsciência do agir é apenas uma semelhança formal estrutural. O conhecimento real do mundo externo e a formação das capacidades humanas, sobretudo por meio do surgimento e do desdobramento dos grandes sistemas de objetivação da ciência e da arte, criam diferenças qualitativas de tal ordem que a comparação só se torna possível com a ajuda de generalizações extremas.

Assim, o estágio mágico mais primitivo do desenvolvimento se caracteriza por essa combinação de conhecimentos individuais cada vez mais corretos sobre o mundo externo, pelo crescimento constante da capacidade humana para dominá-lo e por essas tentativas "estúpidas" de explicá-lo que não se fundam objetivamente em nada. Essa discrepância se intensificou forçosamente quando magia, curandeirismo, xamanismo etc. se converteram em "profissões" particulares em consequência da divisão social do trabalho. Por um lado, essa diferenciação social ocorreu, pelo menos originalmente, sobre a base da seleção dos que possuíam mais conhecimento e mais experiência e, por mais que a origem de uma casta costume levar ao enrijecimento, à inibição da formação continuada dos conhecimentos, é interesse elementar dessa camada proteger e consolidar sua existência privilegiada por meio de bom desempenho. Em contrapartida, essa condição privilegiada, que se expressa acima de tudo pela liberação do trabalho braçal, tem necessariamente como efeito o fortalecimento constante daquelas tendências idealistas na observação da natureza que partem do pôr subjetivo de fim para o trabalho e explicam os fenômenos da natureza [*Naturerscheinungen*] segundo o "modelo" do trabalho assim concebido, tanto mais porque a omissão do controle material imediato das experiências de trabalho necessariamente reforça essas tendências. Estas têm efeito muito prolongado no desenvolvimento social, mesmo que as mais diversas objetivações se tenham desdobrado muito tempo antes. Portanto, a discrepância entre os conhecimentos singulares, cada vez mais elevados, e sua generalização ideológica irreal aumenta necessariamente por certo tempo, mesmo depois de o estágio da "estupidez originária" ter sido deixado para trás, mesmo depois de o pensamento ter passado de um uso meramente imediato de analogias para uma consideração causal mais ou menos desenvolvida, que mostra cada vez mais nitidamente, por trás dos envoltórios idealistas, antropomorfizadores e hipostasiadores, uma obtenção real de conhecimentos sobre o mundo externo e o homem. Vico tem razão quando caracteriza esse pensamento como um pensamento que opera com "universais fantásticos" ou conceitos de gênero[73]. Os conhecimentos humanos precisam, portanto, alcançar um grau relativamente alto de amplidão e profundidade para que possa ter início uma crítica materialista dos mitos, dos "universais fantásticos" etc. Engels faz uma excelente síntese desse desenvolvimento, da dificuldade de superar esse "assentar sobre o cabeça" idealista dos fatos e nexos conquistados no plano do conhecimento. Mesmo que se refira sobretudo a estados já altamente desenvolvidos, essa síntese ao mesmo tempo lança uma luz clara sobre uma linha de desenvolvimento importante para nós. Ele diz:

> Diante de todas essas formações, que de início se apresentavam como produtos da mente e pareciam dominar as sociedades humanas, as produções mais modestas da mão trabalhadora passaram para segundo plano; e isso tanto mais porque a mente que planejava o trabalho, já em um estágio bem precoce de desenvolvimento da sociedade (por exemplo, já na família simples), pôde fazer com que o trabalho planejado fosse executado por outras mãos diferentes das suas. À mente, à evolução e à atividade do cérebro foi atribuído todo o mérito pela civilização em progresso acelerado; os humanos se habituaram a explicar o que faziam a partir do que pensavam, em vez de fazê-lo a partir de suas necessidades (que nesse processo, no entanto, se refletem na mente, vêm à consciência) – e assim, com o passar do tempo, surgiu aquela cosmovisão idealista que dominou as mentes, principalmente após o declínio do mundo antigo. Ela ainda as domina, a ponto de mesmo os pesquisadores da natureza materialistas da escola darwiniana ainda não conseguirem chegar a uma representação clara da gênese do homem porque, sob a sua influência ideológica, não reconhecem o papel que o trabalho desempenhou nela.[74]

Aqui aparece com nitidez o papel do fator subjetivo do trabalho na gênese e na consolidação da visão de mundo idealista.

As etapas iniciais desse desenvolvimento ainda são cientificamente muito controvertidas. Para os nossos fins, porém, não é decisivo sabermos quando nem como as imagens de mundo "animistas" ultrapassaram o caos da magia, a esfera de representação das "forças" (para usar uma palavra bastante determinada para designar ideias e sentimentos tão difusos) e passaram a constituir

[73] Giambattista Vico, *Die neue Wissenschaft [über die gemeinschaftliche Natur der Völker]* (Munique, [Allgemeine Verlagsanstalt/W. de Gruyter,] 1924), p. 170 [ed. bras.: *A ciência nova*, trad. Marco Lucchesi, 19. ed., Rio de Janeiro, Record, 1999].

[74] Friedrich Engels, *Dialektik der Natur*, cit., p. 700; MEW, v. 20, p. 450-451 [ed. bras.: *Dialética da natureza*, cit., p. 345-6].

mitos, religiões. Para nós é suficiente ver com clareza que as formas de divisão intelectual do trabalho da humanidade são tão óbvias para o homem civilizado que ele mal consegue visualizá-las como algo que teve um devir histórico, e que as mais importantes filosofias que elencaram os comportamentos e as objetivações supratemporais como partes da essência humana (basta mencionarmos Kant) adquiriram gradativamente essa sua essência no decorrer de um demorado desenvolvimento histórico. Desse ponto de vista, é digno de nota quão pouco os estágios mais antigos do desenvolvimento tomaram ciência dos comportamentos éticos e propriamente religiosos do homem em relação ao mundo (e o além) e a si mesmo. Já aludimos a uma afirmação de Frazer nesse sentido. Linton e Wingert dizem o seguinte sobre a concepção de mundo dos polinésios: "Toda a concepção era mecanicista e impessoal e não implicava nenhuma ideia de pecado ou punição deliberada"; os deuses eram "manipulados" e os sacerdotes eram "artífices treinados" nessa técnica[75]. Tylor também acredita que cerimônia e rito são "meios de relacionar-se com seres espirituais e exercer influência sobre eles [...] e, como tais, atendem a uma finalidade prática tão direta quanto qualquer processo químico ou mecânico [...]"[76]. E, em relação à ética: "O animismo selvagem carece [...] quase totalmente daquele elemento ético" que mais tarde desempenharia um papel tão importante nas religiões. A ética surge "no seu próprio chão, no chão da tradição e da opinião pública, e é relativamente independente dos credos e ritos animistas, que existem paralelamente a ela". Ele diz que esse estado "não é imoral", mas "sem moral"[77].

Tylor não só confirma aqui as linhas de desenvolvimento traçadas por nós mas também aponta outra questão extremamente importante, a saber, que as formas do reflexo da realidade e das reações humanas a ela, que costumamos designar com o termo "ética", também são produtos de um longo desenvolvimento histórico (não são, portanto, qualidades inatas ou ontológicas do ser-homem) que se desenvolveram independentemente das representações mágicas, animistas e religiosas e só relativamente tarde se transformaram

---

[75] Ralph Linton, Paul S. Wingert e René D'Harnoncourt, *Arts of the South Seas* (Nova York, [Museum of Modern Art,] 1946), p. 12-3.

[76] Edward Burnett Tylor, *Die Anfänge der Cultur: Untersuchungen über die Entwicklung der Mythologie, Philosophie, Religion, Kunst und Sitte*, v. 2 (Leipzig, [C. F. Winter,] 1873), p. 363-4.

[77] Ibidem, p. 360.

naquela união – extremamente contraditória – com a religião, cuja abordagem extrapolaria em muito o escopo deste trabalho. Basta tão somente observar aqui que a necessidade de uma ética, por mais primitiva que seja, só aflora com o desenvolvimento das classes – ao passo que Tylor, a exemplo da maioria dos pesquisadores burgueses, ignora o comunismo primitivo e sua dissolução. Pois é desse chão que brotam, pela primeira vez, as obrigações sociais que já não coincidem diretamente com as necessidades e os interesses imediatos dos indivíduos e são até mesmo contrárias a eles. Portanto, o dever, tanto no sentido jurídico quanto no sentido ético, surge somente após a dissolução do comunismo primitivo e o surgimento das classes. Engels pinta um quadro bastante marcante do estado mais antigo, justamente em relação ao nosso problema: "Internamente, não há diferença entre direitos e deveres; para os índios, não existe a pergunta se a participação nos assuntos públicos, a vingança de sangue ou sua expiação são um direito ou um dever; ela lhe pareceria tão absurda quanto perguntar se comer, dormir e caçar são direitos ou deveres"[78]. Tratar das formas concretas com que esse desenvolvimento se processou não faz parte de nosso problema. O que devemos registrar aqui limita-se ao seguinte: os "universais fantásticos" de Vico, por meio dos quais por muito tempo ainda se expressaria o nexo do mundo para os homens, não são somente reflexos da natureza, mas também – e até crescentemente – da sociedade. A cooperação e a convivência dos homens deixaram de ser uma obviedade "natural", cujo regramento é suprido a contento pela tradição, pelo costume, pela opinião pública espontânea cotidianamente efetivos, inclusive em eventuais casos de conflito. Elas se tornaram um problema para cuja solução, preservação e reprodução contraditórias de uma sociedade em si mesma contraditória, os homens tiveram de criar novas objetivações, novas modalidades de comportamento, entre as quais a ética.

A contraditoriedade desse desenvolvimento se evidencia em todos os pontos. Um ponto muito interessante é apontado por Frazer, quando vislumbra no crescente conhecimento humano uma das razões da transição do modo mágico para o modo religioso de representação, o que não se deu por uma via direta, mas, ao contrário, de tal maneira que, com o aumento do conhecimento, o

[78] Friedrich Engels, *Der Ursprung der Familie, des Privateigentums und des Staates* (Moscou, 1934), p. 153; MEW, v. 21, p. 152-153 [ed. bras.: *A origem da família*, trad. Nélio Schneider, São Paulo, Boitempo, 2019, p. 147].

homem aprende "a enxergar mais nitidamente a infinitude da natureza e sua própria pequenez e impotência diante dela". Paralelamente, aumenta a fé no poder daquelas forças que, segundo as representações humanas, dominam a natureza e que, como vimos, adquirem uma figura cada vez mais antropomórfica, cada vez mais personificada. Desse modo,

> ele renuncia simultaneamente à esperança de dirigir o curso da natureza por meio de recursos próprios e autônomos, isto é, com o auxílio da magia, e cada vez mais passa a erguer os olhos para os deuses, como os únicos mantenedores daquelas forças sobrenaturais que ele outrora afirmava ter em comum com eles. Por conseguinte, como o conhecimento progressivo, orações e sacrifícios assumiram lugar de destaque no rito religioso, e a magia, cuja existência era tida outrora como justificada, é gradativamente posta em segundo plano e rebaixada à condição de magia negra.[79]

Frazer ressalta corretamente a oposição entre magia e religião. Contudo, devemos observar a esse respeito – e sobre isso ele e outros reuniram grande quantidade de material – que as religiões, na maioria das vezes, acolheram e preservaram em seu âmbito a magia como um elemento superado. Por exemplo, assim que, na relação entre o homem e Deus, são introduzidas com função mediadora cerimônias a serem escrupulosamente observadas, palavras e gestos prescritos rigorosamente etc., para obter o favor da divindade, torná-la propícia ao suplicante, fica claro que, nesse processo, aparecem tendências mágicas como parte organicamente integrada da religião. Quanto mais bem constituída for uma religião, quanto mais profundamente ela intervier nos problemas éticos, quanto mais interiorizado se pretender que seja o comportamento determinado pelos ritos, tanto maior a nitidez com que ela se mostrará profundamente imersa em representações mágicas. Naturalmente essas duas tendências contrárias nem sempre conseguem conviver pacificamente; com frequência – e cada vez mais no decorrer da história – há lutas extremamente acirradas entre os detentores de representações mágicas e de representações "puramente" religiosas. Tentativas de liberar totalmente uma religião de suas tradições mágicas levam com frequência a profundas crises na própria religião. Não nos cabe examinar aqui as formas extraordinariamente diversificadas que essas crises assumiram no decorrer da história, algumas das quais, como as lutas iconoclastas, abalaram as bases mágicas da relação entre religião e arte. O que

---

[79] Sir James George Frazer, *Der goldene Zweig*, cit., p. 132-3.

é relevante para nós é que – apesar das contradições que se podem converter em crises – há entre magia, animismo e religião uma continuidade histórica cuja principal linha de desenvolvimento é a constante intensificação e formação do subjetivismo na visão de mundo, bem como a crescente antropomorfização das forças atuantes na natureza e na sociedade e a tendência a aplicar essa visão e os mandamentos dela decorrentes à vida em sua totalidade.

Ao mesmo tempo, é claro que o materialismo primigênio do trabalho, apenas como tal, e não como visão de mundo consciente, igualmente se foi aperfeiçoando constantemente. Pois esse é justamente um dos maiores períodos de expansão do domínio do homem sobre a natureza. (Basta pensar no papel do uso do bronze e do ferro.) Quanto mais se desenvolvem as duas tendências, tanto mais inevitável parece ser sua colisão, seu conflito. Porém isso é só aparência; na realidade histórica, em geral o conflito se atenua, raramente se torna sério e é travado de modo coerente. De novo, não é nossa tarefa aqui examinar os detalhes. Devemos apenas ressaltar um traço de grande importância para nossa investigação, cujo alcance só se explicitará mais adiante. Trata-se do caráter imediato, que possui grande afinidade com o pensamento cotidiano, da elaboração mental-sentimental do reflexo da realidade na religião. Ressaltamos essa semelhança estrutural com a cotidianidade quando tratamos da magia {p. 245 e seg.} e dissemos, para complementar e ampliar essa ideia, que os estágios primitivos que antecedem a religiosidade, a magia e o animismo não foram suplantados pela religião na forma da aniquilação, mas no sentido da superação [*Aufhebung*] hegeliana, ou seja, da conservação em um plano superior.

Naturalmente não dizemos isso no sentido de uma simples identificação estrutural da cotidianidade com a religião. Desde muito cedo, a religião cria objetivações institucionais específicas; estas se estendem das funções fixadas do curandeiro até as Igrejas universalistas. Em algumas religiões, forma-se com o tempo um nexo objetivo dos dogmas, precisamente determinado, que é depois racionalizado e sistematizado pela teologia. Desse modo, surgem objetivações que apresentam traços formalmente afins, em parte, com os das organizações sociais e, em parte, com os da ciência. Aqui é importante enunciar brevemente, pelo menos em seus traços principais, a peculiaridade específica das objetivações religiosas, sua afinidade estrutural com a cotidianidade. O fator decisivo é constituído novamente pela vinculação imediata entre teoria e prática. Essa é precisamente a característica essencial de toda "verdade" religiosa. As verdades das ciências têm naturalmente consequências práticas extraordinárias; a maioria esmagadora surgiu de necessidades práticas. Contudo, tornar prática uma verdade científica implica um processo muito complexo de mediações. Quanto mais elevado for o desenvolvimento dos meios científicos e, por conseguinte, quanto mais intensa for sua incidência na prática da vida cotidiana, tanto mais ramificado, tanto mais complexo se tornará esse sistema de mediação. Prova clara disso é que, com a formação das modernas ciências da natureza, se constituem ciências técnicas próprias para concretizar teoricamente resultados puramente científicos e torná-los aproveitáveis na prática. Naturalmente, na aplicação prática decisiva (por exemplo, no caso dos próprios trabalhadores), pode surgir um comportamento imediato em relação a esses resultados – objetivamente bastante mediados – da ciência. E, com toda a certeza, ocorre o mesmo com quem consome esses resultados; o homem comum que toma remédios, voa de avião etc., na maioria dos casos não tem a mínima noção dos nexos reais daquilo que ele está utilizando. Ele os utiliza pura e simplesmente por ter "fé" no que dizem os especialistas, por acreditar nas experiências empíricas acerca da comprovação imediata do dispositivo concreto. Naturalmente, no caso de quem o aplica ativamente (piloto etc.), há um conhecimento incomparavelmente mais elevado desses nexos. Porém é da essência da coisa que ele não precise recorrer sempre aos seus fundamentos e princípios científicos, e de fato ele só o faz em casos muito raros. Para a prática média, basta o empirismo que consiste em reunir experiências, apoiado na "fé" nas autoridades. Nesse ponto, vê-se claramente que o fato de a ciência dominar campos cada vez mais vastos da vida não elimina de modo algum o pensamento cotidiano, não o substitui pelo pensamento científico, mas, ao contrário, ele reproduz-se em áreas nas quais havia antes uma relação bem menos imediata com os objetos etc. da vida cotidiana. Não há dúvida, por exemplo, de que a porcentagem de pessoas que têm uma compreensão bem fundamentada da constituição dos meios de transporte por elas utilizados é hoje bem menor do que era em períodos anteriores. Naturalmente isso não exclui uma disseminação em massa, até então inimaginável, dos conhecimentos científicos. Pelo contrário: é justamente a dialética viva dessas tendências contraditórias entre si que compõe a base da reprodução constante do pensamento cotidiano.

Não foi por acaso que usamos o termo "fé" há pouco. Pois em geral – e isso vale para a esmagadora maioria das ações na vida cotidiana –, quando podem e devem ser tiradas consequências práticas imediatas de alguma constatação teórica, a prova científica é necessariamente substituída pela fé. Thomas Mann, por exemplo, narra com boa dose de humor que, na clínica onde foi operado em Chicago, considerava-se falta de educação o paciente pedir informações sobre o remédio que lhe era administrado; mesmo quando se tratava de remédios caseiros conhecidos de longa data, como o bicarbonato de sódio. Isso é o mesmo que cultivar a "fé". Para não falar de certas correntes da psiquiatria, nas quais se estabelecem intencionalmente relações quase religiosas. E nem é necessário apresentar prova específica de que todo o moderno sistema de publicidade está voltado para o cultivo desse princípio, dessa "fé". O fato de a ciência figurar aqui com tanta frequência como suscitadora dessa "fé" torna ainda mais evidente o nexo que mencionamos. Todavia o termo "fé" não é exato para as relações que acabamos de descrever. De fato, ela contém a oposição ao saber e ao conhecer e, sobretudo, a falta de vontade, de possibilidade concreta etc. para a verificação. Desse modo, esses atos se aproximam daquilo que, na terminologia lógica, se costuma designar como opinar [*Meinen*] em oposição a saber. Na distinção entre opinião e fé, Kant dá grande importância a esse fator de desenvolvimento na direção do saber, da verificação: "Quando com razões objetivas, mas insuficientes para a consciência, se considera algo verdadeiro, ou seja, quando meramente se opina sobre algo, esse opinar ainda pode, por complementação gradativa com o mesmo tipo de razões, acabar se tornando um saber". Em contrapartida, a fé surge, segundo Kant, onde uma progressão dessa ordem é objetivamente impossível: "Ora, toda fé é um ter como verdadeiro subjetivamente suficiente, mas objetivamente insuficiente para a consciência; portanto, ela é contraposta ao saber"[80]. Uma contraposição tão brusca entre fé e opinião é perfeitamente compreensível do ponto de vista da axiomática de seu sistema filosófico; a interconexão e a imbricação sistemática de conhecimento, ética e religião só podem ser formuladas desse modo para esse sistema. No pensamento cotidiano, porém, desempenham um importante papel não só a possibilidade objetiva de passar do opinar para o saber mas também a vontade de fazê-lo. Não importa que razões sociais estejam em ação aqui – já enumeramos algumas delas –, sua manifestação concreta transforma subjetivamente, ou seja, sociopsicologicamente, em uma variante da fé a formação cognitiva do opinar, que objetivamente representa um possível estágio anterior ao saber. Por exemplo, hoje, com o auxílio do cálculo probabilístico, é possível constatar que, no jogo da loteria, qualquer

---

[80] Immanuel Kant, "Was heißt sich im Denken orientiren?", KGSA, v. 18, p. 141.

combinação de cinco números tem a mesma chance de ganhar que outra qualquer, mas o jogador individual "acreditará" – com base em um sonho etc. – que certamente os seus números serão sorteados. A possibilidade objetiva de fazer o opinar avançar até o saber não tem absolutamente nenhuma influência sobre essa "fé". O exemplo que demos, no entanto, constitui um extremo. Porém, com toda a certeza seria possível demonstrar uma estrutura semelhante em grande quantidade de fatos da vida cotidiana e, em razão da essência do ato subjetivo, "fé" é o termo mais preciso para caracterizar essa estrutura, apesar das ressalvas gnosiológicas que acabamos de mencionar.

Inquestionavelmente, vê-se com nitidez aqui a afinidade estrutural já tratada entre o período mágico e a cotidianidade, particularmente se considerarmos que, de certo modo, os magos trataram "tecnologicamente" os poderes transcendentes, de modo que a mistura, constatada para a cotidianidade, de essência desconhecida (subjetivamente vivenciada como transcendente) e comportamento inconsciente (tornado costume no caso concreto) tem aqui seu modelo estrutural. Não há como enfatizar o suficiente que essa afinidade entre magia e cotidiano é apenas estrutural, pois toda aproximação no plano do conteúdo constitui uma mistificação, um uso inadmissível de analogias. Mesmo que um homem contemporâneo siga "ritos" supersticiosos (pisar primeiro com o pé direito no chão etc.), o conteúdo de seus sentimentos, de suas representações etc. não tem nada a ver com os conteúdos do período mágico. Nem que tivéssemos um conhecimento muito preciso de todas as circunstâncias, coisa que naturalmente não temos na vida cotidiana, seríamos capazes de reproduzir seu mundo de emoções e pensamentos. Somente as formas mais gerais da superstição podem ser transmitidas pela tradição; a concretização, o conteúdo vivido é fornecido sempre pelo presente. O problema real da fé só aparece quando o período mágico é superado pelo animismo e, mais tarde, pela religião. O problema se apresenta logo de saída com certa acentuação emocional presente no comportamento subjetivo. A ênfase emocional presente na fé religiosa dificilmente pode ser comparada com o que designamos com esse termo na vida cotidiana. Quando "creio" que meu avião chegará ao seu destino sem acidentes, ou quando "creio" que Cristo ressuscitou, efetuo dois atos de pensamento e sentimento muito diferentes entre si. De fato, a ênfase na fé religiosa confere também ao elemento mental uma acentuação que de resto só excepcionalmente aparece na prática cotidiana, a saber, que tanto seu conteúdo quanto suas consequências práticas dizem respeito ao homem inteiro, que tanto o modo de recepção desse conteúdo quanto a reação a ele determinam todo seu destino. Portanto, em contraposição às ações particulares da vida cotidiana baseadas na "fé", trata-se de algo universal tanto no sentido subjetivo quanto no sentido objetivo da intenção. Essa universalidade, a esfera de comprometimento contida nela produzem a forte ênfase da fé religiosa que a distingue com tanta nitidez de atos semelhantes do pensamento cotidiano.

A constatação da ênfase – e da relação que está em sua base – no destino essencial do homem inteiro parece escancarar um abismo entre cotidiano e religião. Mas isso, como veremos, não elimina a afinidade estrutural essencial entre essas duas esferas da vida. Nesse ponto, voltamos a apontar brevemente a afinidade entre a prática mágica e a da cotidianidade, até porque nela se expressa claramente o que talvez seja a mais importante marca distintiva da vida cotidiana, a saber, a vinculação imediata entre teoria e prática. Quando pensamos na concepção mágica dos poderes ou das forças representadas como transcendentes, vemos claramente que, nesse caso, transcendência significa simplesmente algo desconhecido, e sua "profundidade" constitui simplesmente uma modernização, na qual são projetados nos primórdios todos os pensamentos e emoções que surgiram muito mais tarde e formam a base do conceito de fé no sentido próprio definido por Kant (em contraposição à opinião), mediante o qual o faticamente desconhecido é transformado em um incognoscível por princípio sem nenhuma razão de ser histórica. Mesmo quando bem mais tarde surgem antropomorfizações animistas, quando a relação entre os homens e seus poderes vitais adquire acentos éticos, a ideia da transcendência – a emoção que a acompanha e a fundamenta – no sentido moderno só ganha forma muito gradativamente. (Pense-se nas representações dos deuses nos poemas homéricos.) O caráter enfático do comportamento religioso só pode surgir e florescer quando abrange o homem inteiro, de tal maneira que compreenda pelo menos um componente ético, um subtom ético. Pois no período mágico (e isso não é raro na vida cotidiana posterior) também se trata de ações, resoluções etc. que decidem sobre o bem e o mal e, de fato, sobre a existência pura e simples do homem. Nesses casos, surge por sua natureza uma acentuação emocional considerável; porém, na medida em que o êxito ou o fracasso dependem da aplicação de regras práticas externas, as emoções carecem inteiramente de um voltar-se para dentro, de toda a reflexão [*Reflexion*] sobre os fundamentos interiores da personalidade própria, que perfaz um fator essencial da ênfase religiosa. (Para não complicar demais nossas análises, abstrairemos, por um lado, dos eventos da vida cotidiana em que concorre o componente ético e, por outro, dos eventos do comportamento religioso, nos quais predominam resquícios mágicos.) A ênfase religiosa volta-se, portanto, para algo fundamentalmente transcendente, para um além que se confronta com a vida terrena real; mesmo quando os temas concretos não são a morte, a preservação e o destino do eu após a morte, mesmo quando o ponto de partida e o destino do ato religioso não é diretamente imanente, interpõe-se uma transcendência fundamental entre o homem concreto inteiro e o objeto de sua intenção religiosa; não se trata de algo simplesmente desconhecido, mas de algo por princípio incognoscível – com os meios normais da vida – que pode, no entanto, passar a integrar a posse mais íntima do homem mediante um comportamento religioso correto. A tensão que se gera dessa forma, e cujos tipos extremamente diversos naturalmente não podemos nem sequer indicar aqui, está na base do caráter enfático da fé religiosa. Pois, por mais que em muitas religiões a observação de ritos, cerimônias etc. seja considerada inevitável para alcançar tais objetivos (ou seja, determinadas formas estruturais da magia são preservadas, embora com frequência modificadas e rigidamente espiritualizadas), essa referência subjetiva ao sujeito, ao homem inteiro permanece não suprimida; a confissão de pecados, por exemplo, tem um marco ritual, mas a sinceridade subjetiva é vista como condição imprescindível de seu efeito transcendente, o que na magia evidentemente não é o caso.

Apesar desse claro distanciamento entre magia a cotidianidade, sua estrutura básica, a conexão imediata entre teoria e prática, fica preservada. Todavia, devemos concretizar ainda mais o conceito de teoria como conteúdo e objeto da fé. Decompusemos um pouco {p. 255 e seg.} o papel da "fé" na vida cotidiana e no pensamento e chegamos ao resultado de que se trata de uma modificação do opinar, na medida em que as mais diversas razões sociais, bem como os modos de comportamento subjetivo condicionados por elas, em íntima conexão com o vínculo imediato entre teoria e prática, impedem a continuidade da formação na direção do conhecimento verificável. Contudo, essa possibilidade existe objetivamente em muitos casos, mas com frequência ela se realiza de tal modo que um avanço do opinar para o saber acaba não acontecendo, por exemplo, quando alguém perde a "fé" em seu médico e a transfere para outro médico. Naturalmente na cotidianidade há igualmente muitos casos em que o efeito é o contrário, especialmente no campo do trabalho. Porém as duas tendências se diferenciam pelo fato de que, na segunda, algo da massa do desconhecido é conquistado e convertido em saber, enquanto na primeira o mundo do desconhecido é concebido essencialmente como inalterado. A vinculação imediata entre teoria e prática na vida cotidiana é a base mais importante para que o teórico chegue a essa formulação. Mas é preciso constatar, em relação a isso, que justamente por essa via – a partir de baixo, do processo do trabalho – se tornam atuantes tendências que direcionam o opinar para o conhecimento, o saber e a ciência, e que essas [tendências], mesmo onde várias forças sociais se referem à "fé" nessa opinião, raramente permitem uma certa verificação das ideias como resultado da inevitabilidade vital da intenção original da opinião de desaparecer completamente.

O comportamento religioso também está baseado em uma relação imediata entre teoria e prática. Isso é evidente onde quer que predominem os resquícios mágicos. Porém, essa estrutura ainda é mantida onde surgem vivências genuinamente religiosas, pois se trata de salvação ou ruína do homem inteiro ou então daquilo em que se vislumbra o centro de sua existência última. Essa formulação sumamente genérica abrange tanto céu e inferno quanto nirvana e samsara. Com essa composição surgem importantes modificações tanto na concepção da transcendência quanto na formulação do conceito de teoria para essa esfera. Iniciemos com a aclaração do conceito de transcendência. Vimos que a ciência, enquanto permanecer ciência real e não se desdobrar em reflexão [*Reflexion*] filosófica idealista ou teológica religiosa sobre os resultados e limites da ciência, sobre sua posição na vida do homem, sobre seu significado para a totalidade da existência humana, será obrigada a tratar o desconhecido simplesmente como um ainda não conhecido. Em Kant é que se vê isso com mais clareza. Na condição de filósofo idealista, ele considera o mundo das coisas em-si absolutamente transcendente; na condição de teórico da teoria científica, também para ele a conquista concreta do ainda desconhecido não tem limites. (Para estas análises, não é importante que Kant qualifique esse âmbito – metafisicamente – como o mundo das aparências, já que sua metodologia justamente visa a fundamentar filosoficamente a incontestável objetividade dos conhecimentos que nele se podem alcançar.) Contudo, a pergunta não é nem de longe tão formal quanto a exposta na *Crítica da razão pura**. A fé autêntica – não a fé kantiana destilada da ética pura – não admite tal bipartição

* Ed. bras.: *Crítica da razão pura* (trad. J. Rodrigues de Merege, Rio de Janeiro, Nova Fronteira, 2017) (N. E.)

do mundo; onde há essa divisão, e ela ocorre em muitas religiões, ela não se restringe a uma justaposição não patética de aparência e coisa-em-si, ambas objetos do conhecimento, mas intensifica-se enfaticamente na contraposição entre criatura e divindade, samsara e nirvana etc. Aparência e essência são referidas de modo imediato ao sujeito que busca sua salvação e, por meio dessa referência, adquirem sua objetividade propriamente religiosa. Esse primado das necessidades subjetivas na origem da objetividade específica é o que une a religião à magia, observando-se, no entanto, a diferença significativa de que, no caso da magia, os afetos subjetivos causadores, como medo, esperança etc., são determinados pelas necessidades do homem cotidiano, pela fome, por perigos físicos etc., ao passo que, no caso da religião, se processa, por sua tendência básica, uma sublimação de matiz ético que pode ser circunscrita em termos muito gerais como salvação da alma. Esse modo assim condicionado de estabelecer a objetividade de aparência e essência proporciona, pela primeira vez, a base para o caráter específico tanto da transcendência quanto da teoria, a qual também se encontra aqui em relação imediata com a prática.

A partir do momento em que a generalização antropomorfizadora estabeleceu um demiurgo do mundo, a absolutização da transcendência consumou-se. O mundo pode ser cognoscível de um modo ou de outro, até este ou aquele grau, e a partir dali ser incognoscível, mas o Criador é apresentado em termos gerais como transcendente; entre Criador e criação desdobra-se gradativamente uma hierarquia, na qual é atribuída ao primeiro uma superioridade qualitativa absoluta sobre a segunda. Isso é perfeitamente compreensível a partir da generalização patética do processo do trabalho iniciada pelo sujeito. Na filosofia grega, especialmente em Platão e Plotino, essa relação é qualificada assim: o Criador se encontra em posição incondicionalmente superior à posição daquilo que ele criou. Foi necessário um processo milenar, um grande desenvolvimento de ferramentas, utensílios e até máquinas para fazer a filosofia idealista promover uma inversão realista dessa relação falsa em todos os sentidos; é o que acontece na dialética hegeliana[81]. Essa correção das proporções, por sua natureza, resvala na concepção religiosa do mundo, pois toda ruptura definitiva com a condição de criatura meramente mundana do homem real significa rejeição da visão religiosa de mundo. A filosofia hegeliana é extremamente

[81] Georg Wilhelm Friedrich Hegel, *Wissenschaft der Logik*, t. 2: *Die subjektive Logik oder Lehre vom Begriff*, em HSWG, v. 5, p. 226.

ambígua também em relação a essa questão. Pois está claro que a concepção dialética hegeliana da relação entre o sujeito do trabalho e o processo objetivo do trabalho privaria necessariamente de sua base teórica e emocional aquela antropomorfização do comportamento subjetivo sobre a qual se sustentam todas as concepções de um demiurgo. Sem a suposição de um demiurgo, não há como efetuar a separação religiosa de aparência e essência, enquanto oposição de criatura e divindade, nem mesmo quando a concepção religiosa almeja ultrapassar a ideia de um deus criador onipotente (como ocorre em algumas seitas gnósticas ou no budismo). Do mesmo modo, é impossível coadunar essa visão de mundo com a concepção de um mundo sem origem e indestrutível, movido, na natureza e na sociedade, puramente por leis imanentes.

O conceito religioso de transcendência assim produzido possui a face de Jano. Por um lado, a transcendência é fundamental e absolutamente inapreensível para o "entendimento terreno", sobretudo para a ciência e seu autodesenvolvimento imanente. Por outro, contudo, a maioria das religiões dispõe de uma "via régia" (ou de mais de uma) que converte a transcendência em posse familiar do sujeito humano sem revogar seu caráter. É essa coexistência dos dois extremos, a qual assumiu os mais diversos formatos no decurso da história, que deve ser vista como a razão objetiva das tensões religiosas, a causadora daquela ênfase, de cuja importância para o comportamento religioso já falamos. Trata-se de uma tensão subjetiva que, permanecendo subjetiva, estabelece objetos que correspondem aos afetos subjetivos (medo, esperança etc.), justamente nesse contexto de transcendência irrevogável e íntima proximidade emocional, de plenitude emocional; mas esta só pode realizar sua intensidade específica quando os dois fatores se interpenetram até a indissociabilidade. Desse modo, unem-se nesses afetos (e nos objetos postos a partir deles) as contradições mais essenciais da vida humana, sobretudo uma emoção, na qual a nulidade do homem, da essência humana, diante da infinitude do cosmo humano e extra-humano é associada à singularidade indestrutível de sua essência, conservando a contraditoriedade. E a unidade antagônica de impotência e onipotência, de contrição e exaltação, concretiza-se nas mais diversificadas variações diante dos problemas da vida, como a morte e o amor, a solidão e a comunhão fraternal, a obstinação na culpa e a pureza interior da alma etc. Em tudo isso vê-se claramente a vinculação imediata da fé com suas consequências práticas (teoria e prática da cotidianidade em enfática intensificação): o conteúdo da fé, as emoções, os pensamentos, as ações etc. daí decorrentes têm – segundo a concepção religiosa – consequências imensuráveis para o homem que toma uma decisão, a saber, para a salvação de sua alma. E assim simultaneamente estão circunscritos com nitidez a objetividade e o âmbito da transcendência: o transcendente deixa de ser um desconhecido factual e passa a ser um incognoscível por princípio: logo, a transcendência é uma coisa absoluta. Da essência que constitui a esfera religiosa faz parte reivindicar para si mesma, para seus próprios modos de comportamento, cuja multiplicidade não podemos abordar aqui, a possibilidade de uma suplantação mais ou menos completa da transcendência e, não obstante, estabelecer entre o homem inteiro e a transcendência religiosa um vínculo imediato e íntimo – às vezes até uma unidade. É dessa maneira que a fé adquire seu caráter marcadamente peculiar; ela se livra daquela afinidade cintilante com o opinar abortado que caracteriza a vida cotidiana e torna-se um tipo de comportamento decisivo e central, ao romper radicalmente com todo desejo de verificabilidade objetiva que, em última análise, está na base de todo o opinar e, correspondendo à essência antropomorfizadora da esfera religiosa criadora de objetos a partir do sujeito, transfere a satisfação decididamente para o plano subjetivo, ou então para um campo pseudo-objetivo criado de modo objetivo-antropomorfizador. Portanto, enquanto o opinar, mesmo em sua forma cotidiana desfigurada em "fé", forçosamente continua sendo uma forma originária do conhecimento, a fé reivindica, em seu sentido originariamente religioso, o domínio sobre o conhecimento e o saber, pretendendo ser uma forma superior de dar conta da realidade essencial.

Por essa razão, a fórmula de Anselmo, o "credo ut intelligam [creio para entender]", é a forma clássica dessa relação. Obviamente, para estas análises, é impossível considerar os modos extraordinariamente variados de manifestação da relação entre fé e saber. Em todo caso, é evidente que, historicamente, a forma clássica só pode ser exceção e não a expressão de uma regra. Pois com frequência o avanço da ciência dificulta extraordinariamente interpretar a realidade conhecida no sentido da fé, no sentido de seus conteúdos concretos e axiomas implícitos, tanto quanto atribuir conteúdos e limites da transcendência como tal, determinada em termos religiosos, ao âmbito do que é apenas provisoriamente incognoscível. É certo que a religião que se constitui como Igreja reiteradamente forma para si uma ciência própria, a teologia, para sistematizar de modo científico sua imagem de mundo baseada na fé e defendê-la das pretensões universalistas da ciência e da filosofia científica. Não podemos assumir aqui a tarefa de aludir à grande quantidade de problemas que isso suscita. Devemos apenas indicar que, em oposição à própria ciência, cujos pontos de partida e inferências precisam sempre ser verificáveis, a teologia toma necessariamente por base, de modo fundamental e acrítico, aqueles objetos e nexos estabelecidos pela fé antropomorfizadora e os generaliza intelectualmente, fixando-os, por essa via, como dogmas – sem suprimir a vontade e a capacidade de seu modo de ser antropomorfizador. Por mais que o tratamento formal ou, por assim dizer, tecnológico-intelectual se oriente na teologia segundo uma lógica ou metodologia científica, o fato de a evidência decisiva dos dogmas se basear na fé, apelar para a fé, e, sem a ativação de sua função, necessariamente ter de ruir como construção intelectual mostra que a teologia não representa uma ciência peculiar, mas é apenas parte integrante da vida religiosa, que se sustenta ou cai com ela e não pode reivindicar nenhuma validade independentemente dela. A teologia não anula o fato de que a religião se tenha originado da magia, que tenha preservado resquícios desta e – acima de tudo – que a estrutura da esfera religiosa tenha afinidade com a cotidianidade (e não com a ciência e a arte).

Nicolai Hartmann descreveu corretamente a problemática insolúvel que surge neste ponto. O fato de não a ter restringido à teologia, mas ter incluído toda uma série de filosofias e até o pragmatismo, não tem importância decisiva para nós, já pelo fato de nossas análises apontarem repetidamente o caráter criptoteológico de muitas filosofias. Hartmann parte muito radicalmente da diferença entre a consciência animal e a consciência humana e – em contraposição benfazeja a muitos glorificadores modernos do "originário" – considera a apercepção do mundo centrada de modo imediato e inseparável no "sujeito" uma "consciência sem espírito", cuja "profundidade" permanece amarrada nas "planícies". E ele indica com razão que é nesses campos espirituais mais sublimes que menos acontece a desvinculação dessa "consciência sem espírito". Hartmann propõe o seguinte: "No pensamento mítico predomina a representação do homem como objetivo da criação. Na visão de mundo religiosa e filosófica, a concepção antropocêntrica de mundo – geralmente associada à depreciação do mundo real – é recorrente"[82]. À finalidade de suas exposições

[82] Nicolai Hartmann, *Das Problem des geistigen Seins. Untersuchungen zur Grundlegung der Geschichtsphilosophie und der Geisteswissenschaften* (Berlim, [Walter de Gruyter,] 1933), p. 97.

se deve o fato de não visarem à teologia como ponto alto. Nossas explanações mostram que precisamente nela se encontra a culminância suprema da antropomorfização, da "consciência sem espírito".

Dado que o objetivo aqui não é formular uma crítica ou uma filosofia da religião, mas simplesmente elaborar a relação entre a religião e vida cotidiana, é suficiente para nossos propósitos registrar esse primado da fé sobre a credibilidade ou sobre a comprovação de seus objetos, o primado da subjetividade sobre toda objetividade – factual, científica ou artística. Desse modo, a religião é parte integrante da vida cotidiana dos homens, com uma grande variabilidade histórico-social que vai desde o domínio de todos os conhecimentos ou da maioria deles por meio da fé teologicamente dogmatizada até a retirada desta na pura interioridade, totalmente esvaziada, pela relegação de todo saber objetivo à ciência. O mais essencial, ou seja, a vinculação imediata da finalidade (isto é, a salvação da alma) com a "teoria" determinada pela fé e suas consequências práticas imediatas, permanece inalterado, apesar de todas essas transformações. Apesar dessa constância interior, as referidas transformações são muito importantes para a influência concreta da fé sobre a ciência e a arte. No próximo capítulo, no qual analisaremos o desdobramento da consideração desantropomorfizadora de mundo da ciência, pouca referência precisará ser feita à mudança estrutural concreta, visto que a oposição excludente entre antropomorfizar e desantropomorfizar é evidente. O que se requererá, contudo, é uma análise minuciosa da separação fundamental e prática das duas esferas antropomorfizadoras da vida, arte e religião; nosso último capítulo será dedicado a essa investigação. Limitamo-nos aqui a apontar ainda um aspecto: a estreita relação entre a fé religiosa e a objetividade concreta dos objetos que ela criou pela via da antropomorfização; criou-se uma relação tão íntima que o esmaecimento da concretude dos objetos costuma acarretar um esmaecimento da fé. Portanto, o caráter dogmático de generalização conceitual (teologia) não é uma degeneração, como no caso do dogmatismo na ciência e na filosofia, mas a consequência necessária dessa concretude. Um homem realmente religioso não crê em um Deus em geral, mas em um Deus sumamente concreto, com qualidades, feitos etc. precisamente determinados (mesmo que se trate de um *Deus absconditus* [Deus oculto]). O dogma fixa intelectualmente, e com precisão, essa concretude e, enquanto permanecer válido, o faz com uma exclusividade necessariamente intolerante. Retirar de tais questões a intolerância indica um enfraquecimento da fé, isto é, mostra que a salvação da alma não aparece mais para a fé como inseparavelmente vinculada a essa objetividade determinada. Pois, enquanto a fé permanecer viva e ardente, não poderá haver nenhum acordo, nenhum compromisso em relação ao "ser propriamente assim" dos objetos religiosos. Hegel reconheceu isso corretamente em seu período de Iena:

> Só existe um partido quando este se desagrega em si mesmo. É o caso do protestantismo, cujas diferenças agora se pretende fazer confluir em tentativas de união; – prova de que ele não existe mais. Pois no desagregar se constitui a diferença interior como realidade. Por ocasião do surgimento do protestantismo haviam cessado todos os cismas do catolicismo. – Agora se está sempre provando a verdade da religião cristã, mas não se sabe para quem, pois decerto não estamos lidando com turcos.[83]

A necessidade da religião naturalmente não cessa nem depois dessas mudanças; ela está – como nós, marxistas, sabemos – ancorada demasiado profundamente no modo de existência dos homens nas sociedades de classes e nos resquícios desse modo de existência para extinguir-se em decorrência da intensidade decrescente e da corrosão crescente da concretude objetiva. De fato, a mudança que ocorre, a prioridade em parte exclusiva da pura interioridade e subjetividade (Kierkegaard), às vezes expressa sua verdadeira essência mais fortemente do que era o caso em seus tempos áureos. Trata-se, entretanto, de casos excepcionais. Pois uma subjetividade que perde totalmente a capacidade de objetivação pode facilmente adquirir o caráter de uma impropriedade sem fisionomia. Isto é, dado que a necessidade universal da religião continua efetiva, o comportamento religioso em parte se retrai completamente para dentro de uma subjetividade esvaziada e em parte se dispersa pelos mais diversos campos da vida cotidiana e ali se expressa, emprestando a eles uma "coloração" religiosa, sendo que, nesse caso, manifesta de modo especialmente nítido, por sua própria natureza, a proximidade com a estrutura da vida cotidiana que tantas vezes ressaltamos. Simmel faz uma boa descrição – sem nenhuma intenção pejorativa – dessa situação:

> A relação da criança piedosa com seus pais, do patriota entusiástico com sua pátria ou do cosmopolita igualmente determinado com a humanidade; a relação

---

83 Georg Wilhelm Friedrich Hegel, "Aphorismen aus der Jenenser und Berliner Periode", em Johann Karl Friedrich Rosenkranz, *Georg Wilhelm Friedrich Hegel's Leben. Supplement zu Hegel's Werken* (Berlim, [Duncker & Humblot,] 1844), p. 537-8.

> do trabalhador com sua classe ascendente ou do senhor feudal orgulhoso de sua nobreza com seu estamento; a relação do subjugado com seu dominador, sob cujo sugestionamento ele se encontra, ou do bom soldado com seu exército – todas essas relações com um conteúdo tão infinitamente multiforme podem, não obstante, quando consideradas segundo a forma de seu aspecto psíquico, ter um tom comum que deve ser designado de religioso.[84]

Detalharemos todas essas questões no último capítulo.

Ora, se resumirmos brevemente o que foi exposto até aqui em relação à afinidade e à diversidade entre religião e vida cotidiana, chegaremos ao seguinte resultado: à primeira vista, o comportamento religioso se distingue da cotidianidade habitual pela enfática acentuação da fé. Nesse caso, fé não é um opinar, um estágio prévio do saber, um saber incompleto, ainda não verificado, mas, pelo contrário, o único comportamento que dá acesso aos fatos e às verdades da religião e que contém, ao mesmo tempo, a disposição de transformar o que foi conquistado desse modo em diretriz para a vida, para a prática imediata que se estende ao homem inteiro e o preenche universalmente. Nem os "fatos" nem as inferências extraídas deles exigem ou toleram uma verificação de sua verdade ou aplicabilidade. Os fatos são credenciados por uma revelação superior e esta também prescreve o modo de reagir a ela. A fé é o meio pelo qual o sujeito está em relação com esse seu objeto autocriado, como objeto que existe independentemente dele; esse meio igualmente estabelece a imediaticidade do ato de tirar as consequências práticas: a vida de Cristo e o seguimento dessa vida são vinculados de modo imediato pela fé.

A proximidade estrutural com o pensamento cotidiano também se expressa no caráter revelado da verdade religiosa. Pois o que foi revelado é para o não crente (e para o adepto de outra revelação) simplesmente um fato empírico que, como qualquer outro, necessita de uma credibilidade; é pela fé e não por seu conteúdo em si nem por sua relação com a realidade que ele é enfaticamente alçado a essa posição especial a partir da quantidade infinita de fatos muitas vezes similares. Exatamente por essa via ganha relevo a concretude, já mencionada por nós, do ser propriamente assim, a faticidade peculiar no conteúdo da revelação. Quer esta seja "racionalmente" "deduzida" por meio de dogmática, de teologia, quer, pelo contrário, essa sua faticidade crua seja deslocada para o centro como paradoxo e, assim, justamente a "loucura" e o

[84] Georg Simmel, *Die Religion*, cit., p. 28-9.

"escândalo" apareçam como consequência necessária aos olhos dos descrentes, ambas as coisas apontam igualmente para o fato de que a revelação só se diferencia de qualquer fato empírico por essa ênfase na fé. A exemplo do que acontece com a pura subjetividade da fé, o modo empirista de ser se aclara exatamente nas épocas em que a contraposição entre a religião e a ciência se intensifica até a religião entrar em crise. Numa época de crise como essa, por ocasião da tentativa de racionalizar os conteúdos da religião e, desse modo, compatibilizá-los com a ciência e a filosofia, o Schelling tardio buscou refúgio em um empirismo filosófico, na esperança de assim encontrar uma armadura intelectual correspondente para a mitologia e a revelação. Justifica-se em sua tentativa o seguinte ponto: a justaposição de empirismo e revelação, em oposição a uma elaboração intelectual racional sistemática da realidade. Quer se diga isso abertamente, como no caso de Schelling ou Kierkegaard, quer se tente encobrir essa faticidade por um nexo aparentemente sólido em termos conceituais, como os sistemas teológicos mais antigos de unificação do saber e da fé (por exemplo, o de Tomás de Aquino), não é possível eliminar do mundo a pura faticidade de forma e conteúdo da revelação. E, desse modo, o empirismo em última instância do comportamento religioso persiste (por mais refinado que seja seu encobrimento pela dogmática teológica). Nesse contexto, é muito interessante que também no outro lado, no campo da ciência, é justamente o empirismo que torna os homens receptivos a um compromisso com a religião. Em sua crítica às tendências espiritualistas entre os cientistas da natureza, Engels diz o seguinte: "Evidencia-se aqui de modo palpável qual é o caminho mais seguro da ciência natural até o misticismo. Não é a teoria exuberante da filosofia da natureza, mas o empirismo mais rasteiro, que despreza toda e qualquer teoria e suspeita de todo ato de pensar"[85]. Também aí, uma vez mais, se expressa claramente a ampla afinidade estrutural entre religião e cotidiano.

O exame dessa estrutura foi necessário para se entender o fato à primeira vista surpreendente da coexistência pacífica de uma ciência, às vezes altamente desenvolvida, com representações mágico-religiosas, uma coexistência que pode durar longos períodos. É por si só evidente que enquanto se tratar de experiências acumuladas de modo puramente empírico na caça, na agricultura etc., a insegurança da vida como um todo, insuperável nesse estágio, levará à fé

[85] Friedrich Engels, *Dialektik der Natur*, cit., p. 715; MEW, v. 20, p. 345 [ed. bras.: *Dialética da natureza*, cit., p. 92-3].

mágica, a ritos mágicos etc. Porém essa situação se repete em estágios muito mais elevados. Assim diz Ruben: "A astronomia indiana foi de fato uma mistura curiosa de superstição e ciência. Os astrônomos eram também astrólogos e brâmanes e, como tais, arrastavam o peso de superstição herdada de tempos antigos, sem nem sequer terem a intenção de se livrar dela"[86]. Em outra passagem, o mesmo autor ressalta o alto desenvolvimento da matemática indiana, que superou muitas realizações dos gregos. Ele diz o seguinte sobre a maneira como resolvem equações de segundo grau incompletas:

> Chamou-se isso de a coisa mais sofisticada que a teoria dos números realizou antes de Lagrange; esse matemático foi o primeiro a redescobrir e aprimorar esse método. Porém os matemáticos indianos foram estimulados a resolver tais problemas por exigência de sua astrologia, com a qual estiveram sempre estreitamente ligados. Isso permite compreender por que a filosofia indiana não podia ser estimulada nem pela matemática nem pela astronomia.[87]

No próximo capítulo, falaremos extensamente sobre o papel da filosofia, ao qual apenas se aludiu negativamente aqui. Neste ponto, é preciso ainda acrescentar ao que já foi exposto que o caráter empirista do desenvolvimento técnico inicial, sem dúvida, favoreceu esses compromissos. Por um lado, porque os resultados científicos obtidos a partir de necessidades empírico-técnicas apresentam uma espécie de isolamento inerente; esses desenvolvimentos podem muito facilmente estacionar ou serem levados a isso. Uma produção que visa à racionalidade por meio da concorrência muitas vezes só consegue realizar sua tendência básica passando por longos desvios de rota, como mostrou Bernal. Por outro lado, o caráter social da manufatura primitiva (e também da ciência em seus primórdios) é configurar os métodos e resultados de modo tradicional, em conformidade com o hábito, e até tratá-los como "segredo" de família, de corporação etc. Esta última tendência, por natureza, é predominante entre magos, curandeiros etc., mas consolida-se onde quer que se formem castas sacerdotais e se encontra em interação reciprocamente fortalecedora com as tendências recém-citadas na manufatura. Tudo isso explica suficientemente o fato histórico de que o antagonismo existente por si só entre ciência e religião só em casos raros se tenha declarado abertamente. O pensamento científico –

---

[86] Walter Ruben, *Einführung in die Indienkunde: Ein Überblick über die historische Entwicklung Indiens* (Berlim, [Deutscher Verlag der Wissenschaften,] 1954), p. 263.

[87] Ibidem, p. 272.

apesar de realizações individuais significativas – é rebaixado ao nível do pensamento cotidiano e, considerado em sua totalidade, é paralisado; isto é, só produz aquilo que é absolutamente necessário à existência da sociedade.

O uso social do número talvez seja a maneira mais plástica possível em que se manifesta a tendência que examinamos aqui, a saber, a de que as necessidades sociais impelem os homens a abstrações que, formuladas de acordo com sua dialética interna, apontam para além do pensamento cotidiano, mas que, no decorrer da história, ficam estacionadas no âmbito dos hábitos cotidianos e só dão plena forma a suas possibilidades de modo muito limitado – e, de fato, voltam a formar suas generalizações na cotidianidade. No âmbito de sociedades pequenas e primitivas, a vida não gera nenhuma necessidade de números ou manipulações que possam ser efetuadas com a ajuda deles. Aliás, quando se trata de conjuntos, nós os expressamos, de acordo com os costumes de nosso desenvolvimento social, de maneira muito espontânea e incondicional com números, mantendo-os plenamente no âmbito do pensamento cotidiano, ao passo que os primitivos os tratam como individualidades qualitativamente conhecidas e, portanto, diferenciadas e relacionadas umas com as outras. Recorrendo a Dobrizhoffer*, Lévy-Bruhl cita um exemplo característico, tomado da vida dos abipões:

> Quando estão prontos para sair à caça, já sentados na sela, eles olham em volta e, se dão por falta de um dos numerosos cães que mantêm, começam a chamá-lo. [...] Muitas vezes fiquei admirado com o fato de que, sem saber contar e apesar do tamanho considerável da matilha, eles podiam dizer imediatamente que um dos cães não havia atendido ao chamado.[88]

Max Schmidt decerto tem razão quando vislumbra no escambo, na troca primordial de mercadorias, a necessidade social que impôs ao homem o número, a contagem e a medição. Também ressalta que, na vida econômica material dos povos primitivos, a contagem não constitui uma necessidade. Esta só surgiria em certo estágio do intercâmbio, da troca de mercadorias. Sua expansão faz com que determinados bens sejam trocados uns pelos outros em proporções (numericamente) determinadas.

---

* Trata-se de Martin Dobrizhoffer, *Historia de Abiponibus equestri: bellicosaque Paraquariae natione* (Viena, Kurzbeck, 1784). (N. T.)

[88] Lucien Lévy-Bruhl, *Das Denken der Naturvölker*, cit., p. 57.

> Somente quando uma espécie de objetos desejada por todos ou, inversamente, disponível em abundância entra ao mesmo tempo nessa relação de troca com diversas outras espécies, ela passa a servir de meio para estabelecer uma relação de valor também entre estas últimas. Em consequência, ela se torna uma medida de valor primeiramente para essas outras espécies determinadas de objetos.[89]

Uma vez descoberto, o número – bem como a geometria, que surgiu pela medição – abriga possibilidades ilimitadas de desenvolvimento científico. Isso, porém, nada muda no fato de que ele tenha sido inserido durante séculos e até milênios, sem oferecer resistência, no contexto religioso cotidiano que apresentamos. Quando a magia ou a religião acolhem e incorporam os números em seu sistema, esse retorno provocado pela visão qualitativa do cotidiano se torna ainda mais evidente. Toda mística numérica, todo uso religioso de números, toda ênfase mágica nos efeitos de certos números que trazem felicidade ou desgraça etc. arranca o número em cada caso (por exemplo, o 3 ou o 7) da série numérica em que ele tem seu sentido quantitativo normal e o transforma em uma qualidade determinada, singular, acentuadamente emotiva, isto é, confere-lhe uma posição dentro da estrutura de pensamento da vida cotidiana.

Talvez pareça que, com a aproximação estrutural entre magia, animismo e religião, feita por nós até agora, tenhamos cometido uma abstração inadmissível do pensar e do sentir da cotidianidade. Chegamos a ressaltar o caráter enfático das formações representacionais que aqui surgem, mas não abordamos a questão de nelas haver ou não o propósito de alcançar uma elevação acima da cotidianidade e, em caso afirmativo, em que medida isso acontece. De início essa tendência pouco tem de intelectual, mas adquire pouco a pouco esse caráter, na medida em que as religiões também desenvolvem imagens de mundo (cosmologias, filosofias da história, éticas etc.) para expressar seus conteúdos na linguagem da ciência e da filosofia. Com essas doutrinas, mas também com os mais diversos métodos (ascese, êxtase artificialmente provocado etc.), elas querem elevar o homem acima do pensar e do sentir da cotidianidade. Trata-se, no sentido mais geral possível, de tornar vivenciável uma transcendência absoluta. Nessa locução, todas as três palavras devem receber a mesma ênfase. A prática da ciência só conhece uma transcendência relativa, isto é, o ainda não sabido, a realidade ainda não dominada por ideias científicas, que existe objetiva

---

[89] Max Schmidt, *Grundriß der ethnologischen Volkswirtschaftslehre*, v. 1: *Die soziale Organisation der menschlichen Wirtschaft* (Stuttgart, [Ferdinand Enke,] 1920), p. 119.

e independentemente da consciência. (Outra questão é que a filosofia idealista explica de modo similar ao da teologia a metodologia das ciências e suas bases gnosiológicas, no sentido da absolutização da transcendência; discutir as diversas nuances dessas concepções não faz parte deste contexto, dado que, como vimos em Kant, a doutrina da ciência opera – na prática – com uma transcendência relativa.) Dado que o pensamento humano só consegue dar conta da realidade de modo aproximado, tanto em termos quantitativos quanto em termos qualitativos, há constantemente um campo do desconhecido no horizonte da vida; no início isso se deu sobretudo na forma da natureza circundante; após a dissolução do comunismo primitivo e com a origem da sociedade de classes, apresenta-se também na própria existência social, e cada vez mais. Pois, enquanto o desenvolvimento da civilização transforma cada vez mais as transcendências da natureza em saber apreensível, legalmente conhecido, a própria existência se torna cada vez menos transparente, cada vez mais "transcendente" para o homem da cotidianidade nas sociedades de classes. Essa situação só se modifica na teoria com o surgimento do marxismo e na prática – também para a cotidianidade – com a formação concreta de uma sociedade socialista.

Religião e cotidiano têm afinidade também na medida em que ambos absolutizam a transcendência. Na cotidianidade, isso acontece de modo espontâneo e ingênuo, do mesmo modo como sucede na magia original com o ainda não sabido – ou, mais precisamente, aquilo que, em condições concretas dadas, parece incompreensível é considerado "eternamente" transcendente. A magia só se destaca da cotidianidade na medida em que busca, encontra ou alega encontrar meios e caminhos que aparentemente dominam essa transcendência na prática. Ela introduz certa cisão no pensamento cotidiano, na medida em que trata como "segredos" os instrumentos do domínio prático da transcendência, cujo conhecimento é privilégio dos magos etc. Contudo, essa cisão leva o homem da vida cotidiana de volta à transcendência, à fé, à vinculação imediata da teoria – transcendente – com a prática da cotidianidade. Essa estrutura de mediação da transcendência por uma casta de "especialistas" se mantém também na transição da magia para a religião, com a diferença de que a transcendência e o comportamento em relação a ela adquirem um conteúdo cada vez mais enriquecido, cada vez mais concreto, relacionado com toda a vida humana. Porém essa esfera historicamente em intensa mutação retém como ponto comum e permanente o fato de a transcendência, por um lado, estar estritamente separada da realidade que é e pode ser adquirida na vida cotidiana e na ciência, mas, por outro, simultaneamente pretender atuar como resposta imediata às perguntas imediatas do homem da cotidianidade.

De Xenófanes a Feuerbach a filosofia materialista é unânime sobre o caráter antropomorfizador de todo comportamento religioso, desde o animismo mais primitivo até o mais moderno ateísmo religioso. Por isso, não é preciso entrarmos em detalhes a respeito da tese principal dessa visão, a saber, que o homem cria seus deuses à sua imagem, pois aqui não examinamos a pretensão da religião de proclamar a verdade, mas a estrutura do comportamento religioso em relação ao científico (e artístico), visando a lançar uma luz mais clara sobre a gênese e o rumo do desenvolvimento destes últimos. Os fatores essenciais podem ser assim resumidos: antes de tudo, o homem está no centro de todo comportamento religioso. Independentemente de a religião em questão projetar uma visão de mundo cosmológica, histórico-filosófica etc., a projeção sempre tem como referência o homem. Contudo essa relação possui sempre um caráter subjetivista e antropomórfico, na medida em que a imagem de mundo construída desse modo está centrada teleologicamente no homem (seu destino, sua salvação), na medida em que se refere de modo imediato ao seu comportamento para consigo mesmo, para com seu semelhante, para com o mundo. Mesmo quando a imagem de mundo religiosa proclama – como no caso do ateísmo religioso – que o curso cósmico e histórico do mundo é sem sentido, mesmo quando assume o ponto de vista de um agnosticismo radical, essa atitude básica antropomorfizadora, teleologicamente centrada no homem, ainda se mantém. Aqui o vazio, o abandono do mundo por Deus, não é uma constatação objetiva dos fatos, como o é na teologia a obra de redenção de Cristo ou Buda, mas uma exigência imediata e enfática, um apelo ao homem para que busque sua salvação desta ou daquela maneira em um mundo constituído deste ou daquele modo.

Aqui está justamente o ponto decisivo que separa ciência de religião; mesmo que a teologia sistematizadora se apresente com pretensão de cientificidade e almeje aproximar-se da ciência nos detalhes da metodologia, do reconhecimento dos fatos etc., essa semelhança é superficial. Pois da imagem de mundo objetiva da ciência não decorre – diretamente – nenhuma conclamação imediata para um agir predeterminado, para um comportamento previamente estipulado. Naturalmente o conhecimento do mundo exterior constitui a base teórica para agir. Este igualmente se origina (quanto a suas motivações objetivas) das leis e tendências da realidade, mas, quando essas motivações são aclaradas cientificamente, sua essência reconhecida não pode culminar de imediato no agir do indivíduo. Por mais decisivo que seja o conhecimento científico para o ser e o como ser de toda prática, o agir humano é determinado tanto no plano imediato quanto, em última instância, pelo ser social. O conhecimento científico serve justamente para anular todas essas inferências subjetivas imediatas e determinadas *a priori*, levando os homens a agir com base em uma ponderação imparcial e objetiva dos fatos e dos nexos. Naturalmente essa tendência também tem efeito sobre a vida cotidiana: o choque dessas duas posturas na consciência humana ocorre muitas vezes não como um choque entre a postura científica e a postura religiosa, mas como uma divergência real do pensamento cotidiano, mesmo em um estágio desenvolvido, e isso nos seguintes termos: se o domínio humano da realidade pode efetuar-se sobre uma base antropomorfizadora, que culmina teleologicamente no homem, ou se um distanciamento intelectual em relação a esses fatores é necessário para sua efetuação adequada.

Em tudo isso se afirma novamente o caráter da religião que a aproxima do pensamento cotidiano. Por mais vigorosa que seja sua pretensão de ter deixado para trás a aparência enganadora e desencaminhadora, de ter encontrado o fundamento de uma incontestável absolutidade (revelação), cuja consecução proporciona diretivas indubitáveis para o agir e o comportamento, a estrutura da relação imediata entre teoria e prática que surge como conclusão desse processo tem, como mostramos, a mais estreita afinidade possível com a da vida cotidiana. Isso decorre necessariamente do caráter antropomorfizador do modo de reflexo da realidade elaborado em termos religiosos. Tentamos demonstrar que, no reflexo e na prática cotidianos, já está contida uma tendência para o conhecimento da essência. Porém, só no comportamento científico essa tendência se converte em método consciente: visando à clara separação entre aparência e essência, para possibilitar um retorno à legalidade do mundo fenomênico a partir de uma essência claramente conhecida. Quanto mais energicamente se constitui esse método, mais nitidamente a realidade refletida na ciência é separada dos reflexos diretos da vida cotidiana, em termos tanto de conteúdo quanto de forma. Por essa via, o reflexo científico da realidade, visto do ponto de vista da cotidianidade, aparece com frequência como paradoxal. Após demonstrar que só é possível explicar o lucro a partir da tese de que as mercadorias são vendidas em média por seus valores reais, Marx generalizou com plasticidade esse importante resultado para a metodologia geral da ciência em seu comportamento em relação ao cotidiano:

> Isso parece paradoxal e em contradição com as observações cotidianas. Também é paradoxal que a Terra gire em torno do Sol e que a água seja composta de dois gases facilmente inflamáveis. Verdades científicas serão sempre paradoxais, se consideradas pelos parâmetros da experiência cotidiana, que só apreende a aparência enganadora das coisas.[90]

Já falamos de que muitos resultados do reflexo científico voltaram a ser transformados em prática cotidiana imediata. Essa transformação se torna possível pelo fato de, em seu processo, as relações paradoxais do mundo cientificamente refletido voltarem a esmaecer na imediaticidade, as categorias que lhe são próprias desaparecerem, procedimentos e resultados serem incorporados na vida cotidiana por meio de habituação, tradição etc., de modo que os resultados da ciência podem ser usados na prática sem provocar uma mudança fundamental imediata do pensamento cotidiano. É óbvio que o acúmulo histórico-social dessas apropriações dos resultados da ciência também modifica a imagem de mundo geral do cotidiano. Mas isso acontece em geral por meio de mudanças capilares quase imperceptíveis na superfície, que pouco a pouco modificam amplamente o horizonte, os conteúdos de vida e pensamento cotidianos etc., mas num primeiro momento não transformam fundamentalmente sua estrutura essencial. (É claro que também há transformações revolucionárias; basta pensar na derrocada da astronomia geocêntrica.)

Dissemos que, no reflexo religioso da realidade, também há um caminho que leva da aparência até a essência. Contudo, sua peculiaridade consiste justamente em seu caráter antropomorfizador: em nenhum momento aquilo que é concebido como essência perde os traços humanos. Isto é, quer se trate da constituição da natureza, quer se trate de problemas humanos (sociais, éticos etc.), o essencial é sintetizado em caracteres e destinos humanos típicos, e a tipificação (pôr em relevo o essencial) é consumada na forma de mitos que apresentam esse essencial como um evento que ocorreu no passado remoto, no além e eventualmente na história, como no caso dos Evangelhos, o que leva ao surgimento de uma ilha isolada do mito. Também na medida em que se trata da natureza, esses mitos operam com meios personificadores, antropomorfizadores.

---

90 Karl Marx, *Lohn, Preis und Profit* (palestra proferida em 1865 diante do Conselho Geral da "International", trad. Bertha Braunthal, ed. Hermann Duncker, 3. ed., Berlim, [Internationale Arbeiter,] 1928, Elementarbücher des Kommunismus 3), p. 41; MEW, v. 16, p. 129 [ed. bras.: *Salário, preço e lucro*, trad. Eduardo Saló, São Paulo, Edipro, 2004].

Por essa via surge também aqui certa relação paradoxal entre o reflexo normal do mundo na cotidianidade e seus reflexos religiosos. A diferença fundamental em relação ao recém-aludido paradoxo do reflexo científico consiste em que a realidade objetiva (que é sempre apreendida de modo apenas aproximado) não se contrapõe ao que é vivenciado de modo imediato na cotidianidade, mas é contrastada com outro reflexo igualmente vivenciável e a ser vivenciado de modo imediato, dominado por antropomorfismos. A melhor maneira de estudar os problemas que surgem disso é analisar os diversos mitos do homem-deus. Naturalmente as teologias usam de muita perspicácia para aclarar também intelectualmente esses paradoxos. Contudo a relação genuinamente religiosa pode, quando muito, ser reforçada, mas jamais fundamentada desse modo. Trata-se de uma relação imediata e enfática com um homem-deus de uma ou outra índole. A origem dessa relação genuinamente religiosa dependerá de saber até que ponto cada homem singular identifica, nesses mitos, a imagem idealizada ou imediatamente sensível de seus problemas vitais mais próprios, mais pessoais (desejo, medo, anseio etc.). As mudanças histórico-sociais dos mitos, assim como as ideias e os sentimentos que as provocam e são provocados por elas, não fazem parte desse contexto. Desde os tempos do predomínio da magia, elas costumam ter uma característica conservadora da condição dada de uma sociedade, e são conscientemente configuradas nesse sentido por interpretações teológicas. Porém às vezes elas também podem articular o desejo, o medo, o anseio etc. dos oprimidos; Vico identificou isso em alguns mitos gregos, e não há dúvida, por exemplo, de que a religiosidade herética da Idade Média, desde Joaquim de Fiore até Tomás Münzer e os puritanos ingleses, se move nessa direção. Porém, no caso das variantes histórico-sociais que aqui surgem, fortemente antagônicas, persiste a mesma estrutura básica: uma "explicação" antropomorfizadora da realidade, mais ou menos figurada, como apreensão de sua "essência", dirigida direta e enfaticamente à alma dos homens singulares para converter-se neles de modo imediato em prática religiosa. Portanto, o processo em que a ciência se dissocia da vida cotidiana, por sua essência, colide também com o modo religioso de conceber as coisas, abstraindo totalmente dos antagonismos de conteúdo no reflexo da realidade e em suas interpretações. O fato de, em certas condições sociais, esses antagonismos se embotarem – até por longo tempo – não muda em nada a insolubilidade de princípios dessa oposição.

O segundo ponto de vista essencial é saber se o predicado da realidade pode ser atribuído aos objetos desse modo antropomorfizador e antropocêntrico de reflexo da realidade. Como se sabe, toda religião ergue-se ou cai com a afirmação desse dilema. No passado, a maioria dos conflitos com a ciência afirmavam que, pela via da religião, é possível alcançar uma realidade superior à que se pode alcançar pela via da ciência (ou que é possível alcançar um saber superior da realidade). Se, em épocas tardias de dissolução ou retração das religiões, a oposição é atenuada no sentido de tratar-se de uma "outra" realidade (de "outro" aspecto da realidade), não de um "acima", mas de um "ao lado" do reflexo científico, os compromissos ideológicos visados ou alcançados com tais expedientes não mudaram em nada o fato fundamental, pois o reflexo religioso conscientemente antropomorfizador deve ter a pretensão de fazer com que os produtos de seu reflexo vigorem como realidades absolutas. No momento em que essa pretensão cessa, a religião deixa de existir como religião.

Antecipemos sucintamente o que será tratado em detalhes mais adiante: esse é o campo do contato íntimo, da fecundação recíproca e, ao mesmo tempo, da contradição irrevogável entre religião e arte. Feuerbach também contesta o caráter de realidade das religiões, dizendo que as reconhece somente como meros produtos da fantasia humana; ele afirma o seguinte sobre essa questão: "Religião é poesia. De fato, ela é isso mesmo; ela, porém, difere da poesia, e da arte em geral, no seguinte: a arte não alega que suas criações são algo diferente do que de fato são, ou seja, criações da arte; porém a religião alega que seus entes imaginários são entes reais"[91]. Lênin resume essa ideia em seus conspectos {do livro} de Feuerbach nos seguintes termos: "A arte não exige o reconhecimento de suas obras como realidade"[92]. Enquanto a pretensão de refletir de maneira adequada a realidade é o campo em que religião e ciência acabam colidindo, o método antropomorfizador comum do reflexo é o terreno em que se dá o contato e a concorrência de religião e arte. Aparentemente a oposição já citada em relação à pretensão de realidade das formações invalida o embate. E, de fato, há longos e importantes períodos nos quais foi possível uma cooperação relativamente pacífica. Porém, mesmo nesses períodos, a ausência de conflitos foi apenas relativa. O aspecto comum do reflexo antropomorfizador denuncia que, para ambos, se trata da satisfação social de

---

[91] Ludwig Feuerbach, *Gesammelte Werke*, v. 6: *Vorlesungen über das Wesen der Religion. Nebst Zusätzen und Anmerkungen* (ed. Werner Schuffenhauer, Berlim, [Akademie,] 1967), p. 204-5.

[92] Vladímir Ilitch Lênin, *Aus dem philosophischer Nachlaß*, cit., p. 316.

necessidades similares, mas nos dois casos de modo diametralmente oposto, e assim os conteúdos e as formas, de resto muito próximos, adquirem uma tendência antagônica. Trata-se de muito mais do que a simples necessidade de personificação que surge, no estágio primitivo, no início do domínio cognitivo da realidade, no que consiste, como vimos, a base do antagonismo entre ciência e religião. Mais adiante mostraremos em detalhes como as necessidades humanas básicas despertaram o reflexo antropomorfizador da realidade por meio da arte. No estágio primitivo, essas necessidades são muito semelhantes às que a religião satisfaz: a criação do retrato de um mundo adequado – tanto subjetiva quanto objetivamente – ao homem no sentido mais elevado do termo.

A diferença anteriormente aludida de que a arte – em oposição à religião – não confere caráter de realidade objetiva às formações criadas desse modo, que sua mais profunda intenção objetiva está voltada para a simples retratabilidade antropomorfizadora, antropocêntrica da terrenalidade [*Diesseits*], não constitui de modo algum um contentar-se com pouco em comparação com a religião. Pelo contrário. Essa intenção objetiva engloba a rejeição de toda transcendência – independentemente do que artistas e apreciadores da arte pensem sobre isso. Em sua intenção objetiva, a arte é tão hostil à religião quanto a ciência. O contentar-se com a retratabilidade imanente implica, por um lado, o direito soberano de quem cria de modelar realidade e mitos segundo suas necessidades. (Constatar que essa necessidade é socialmente condicionada e determinada nada muda nessa faticidade.) Por outro lado, a arte transforma – artisticamente – toda transcendência em imanência, colocando-a como algo a ser representado no mesmo nível da imanência propriamente dita. Mais adiante veremos que essas tendências provocam o surgimento de diversas teorias contra a arte (mendacidade etc.). O conflito entre religião e arte que se origina desses antagonismos está bem menos presente na consciência em geral do que o conflito entre ciência e religião, embora com frequência este seja dissimulado – por ambos os lados. Por essa razão, deveremos ocupar-nos, em capítulo próprio {cap. 16}, desse tema, no qual é claro que ocasionalmente também falaremos dos constantes antagonismos históricos entre a ciência e a arte que ocorrem com frequência, mas que não são decorrentes da essência objetiva desses dois campos.

Evidentemente é impossível que todos esses antagonismos objetivos tenham podido manifestar-se no estágio inicial da humanidade. Na magia, os embriões indiferenciados dos comportamentos científico, artístico e religioso estão inteiramente mesclados em uma unidade, e as tendências da ciência que brotam do trabalho não tinham ainda como assomar à consciência. A dissociação ocorre relativamente tarde e, dependendo das relações sociais específicas, de modo extremamente desigual. Já indicamos que, em determinadas culturas, pode haver um desenvolvimento relativamente grande de certos ramos e problemas das ciências, sem que nem ao menos se possa falar de um espírito artístico ou científico, de uma conscientização subjetiva das intenções objetivas desses campos. No que se segue, examinaremos sucintamente os princípios da autonomização da ciência e, em seguida, concluiremos as análises subsequentes sobre um processo semelhante na arte com a exposição de sua luta para libertar-se.

2
A desantropomorfização do reflexo na ciência

I. A importância e os limites das tendências desantropomorfizadoras na Antiguidade

Vimos como a necessidade de um conhecimento da realidade que se alça acima do nível da cotidianidade não só de modo fático, e em alguns casos até mesmo casual, mas também de modo fundamental, metódico, qualitativo, brota das demandas vitais da vida cotidiana e sobretudo do trabalho. Também pudemos ver, em contrapartida, que essa mesma vida cotidiana produz ininterruptamente tendências que inibem e impedem uma generalização abrangente das experiências de trabalho em forma de ciência. Os progressos do gênero humano em estágios primitivos (e, como veremos, não só neles, embora mais tarde a resistência não seja tão forte) produzem formas de reflexo e pensamento que, em vez de superar radicalmente as personificações espontâneas e ingênuas e as formas de antropomorfização da cotidianidade, as reproduzem em um estágio mais elevado e, precisamente com isso, levantam barreiras ao desenvolvimento do pensamento científico. Engels faz uma breve caracterização dessa situação:

> Já o reflexo correto da natureza é extremamente difícil, produto de uma longa história de experiências. As forças da natureza são percebidas como algo estranho, misterioso, superior ao homem originário. Em certo estágio pelo qual todos os povos civilizados passam, ele assimila essas forças por meio da personificação. Esse impulso personificador justamente criou deuses em toda parte e o *consensus gentium* da demonstração da existência de Deus prova justamente a universalidade desse

> impulso personificador como estágio necessário de transição e, portanto, também a universalidade da religião. Só o real conhecimento das forças da natureza expulsa os deuses ou o deus de uma trincheira após a outra. [...] Esse processo avançou a tal ponto que pode ser considerado teoricamente concluído.[1]

Nos primórdios do desenvolvimento da humanidade, esse conflito entre as formas personificadoras mais elevadas do pensamento e o pensamento científico só se explicita realmente na Grécia; só ali alcança uma altura fundamental e, assim, produz uma metodologia do pensamento científico, pressuposto necessário para que esse tipo de reflexo da realidade se tornasse, por meio do exercício, do costume, da tradição etc., um comportamento humano universal, constantemente operante, de modo que não só seus resultados imediatos incidiram sobre a vida cotidiana, enriquecendo-a, mas também seu método influenciou a prática cotidiana e em parte até a reconfigurou.

Decisivo é justamente esse caráter consciente, universal e de princípio do antagonismo. Pois, como pudemos ver, a expansão das experiências de trabalho faz com que surjam ciências altamente desenvolvidas (matemática, geometria, astronomia etc.); contudo, se o método científico não for generalizado filosoficamente e contraposto às visões de mundo antropomorfizadoras, seus resultados individuais serão adequados às mais diversas visões de mundo mágicas e religiosas, podendo inclusive ser incorporados a elas, e, assim, o efeito do progresso científico das áreas especializadas sobre a vida cotidiana será nulo. Essa possibilidade aumenta ainda pelo fato de que, nesses casos, a ciência costuma ser uma possessão monopolizada, o "segredo" de uma casta coesa (em geral de sacerdotes) que impede artificial e institucionalmente uma generalização do método científico em visão de mundo.

A posição específica assumida pela Grécia nesse desenvolvimento, a corporificação da "infância normal" do gênero humano (Marx), possui bases sociais bem determinadas. Sobretudo a forma particular de dissolução da sociedade gentílica. Marx faz uma análise profunda e detalhada disso, da qual só poderemos destacar aqui os pontos mais essenciais. E o que nos parece mais essencial é que o indivíduo se torna proprietário privado (e não só possuidor) de sua parcela, mas, ao mesmo tempo, essa propriedade privada está vinculada ao fato de ele ser membro da comunidade: "Ser membro da comunidade continua sendo aqui pressuposto para a apropriação de terras, mas, como membro da

[1] Friedrich Engels, *Materialien zum "Anti-Dühring"*, em MEW, v. 20, p. 582-3.

comunidade, o indivíduo singular é proprietário privado"[2]. A consequência natural disso para as relações de produção é que não surge uma escravidão de Estado (como no Oriente), mas os escravos pertencem sempre aos proprietários privados. Está claro que esse ser social tem de refletir também no plano da consciência no sentido de uma configuração mais intensificada e mais diferenciada da relação sujeito-objeto, em comparação com formações nas quais são mantidas as formas comunitárias da vida social provenientes do comunismo primitivo e, ao mesmo tempo, em vez da liberdade e autonomia das comunidades individuais que despontaram na Grécia, essas formas se encontram sob um domínio centralista e tirânico (Oriente). Essa tendência do desenvolvimento ainda é intensificada e acelerada pelo fato de estar muito estreitamente ligada ao surgimento e ao rápido crescimento das cidades, da cultura citadina. Essa forma constituída na Grécia "não presume a terra como a base, mas a cidade como a sede já constituída das pessoas do campo. (Proprietários de terra.) O campo aparece como território da cidade; e não o povoado, como simples apêndice do campo"[3]. Não é nossa tarefa examinar a problemática insolúvel de tal formação. Apenas para complementar, devemos dizer que Marx considera a permanente igualdade dos patrimônios a base do florescimento dessa sociedade: "O pressuposto da continuidade desse sistema comunitário é a preservação da igualdade entre seus camponeses autossuficientes livres e o trabalho próprio como condição da continuidade de sua propriedade"[4].

Esses traços básicos do desenvolvimento econômico trazem uma consequência sumamente importante para o nosso problema: a democracia política que surge a partir dessa base (obviamente uma democracia de escravagistas) também se estende ao campo da religião, o que possibilita uma emancipação precoce e de amplo alcance do desdobramento da ciência em relação às necessidades sociais e ideológicas da religião. Jacob Burckhardt coloca essa nova situação e suas consequências mais importantes no centro de suas análises: "Acima de tudo, nesse caso, não houve um sacerdócio para fazer da religião e da filosofia uma coisa só, e especialmente, como já foi dito, a religião não

[2] Karl Marx, *Grundrisse der Kritik der politischen Ökonomie (Rohentwurf) – 1857-1858* (ed. Marx-Engels-Lenin-Institut Moskau, Moscou, 1939), v. 1, p. 378 [ed. bras.: Karl Marx, *Grundrisse: manuscritos econômicos de 1857-1858: esboços da crítica da economia política*, trad. Mario Duayer e Nélio Schneider, São Paulo, Boitempo, 2011, p. 391].

[3] Ibidem, p. 378 [ed. bras.: ibidem, p. 390].

[4] Ibidem, p. 379 [ed. bras.: ibidem, p. 392].

condicionou nenhuma casta que, como guardiã constituída do saber e da fé, tivesse podido ser também proprietária do pensamento"[5]. Isso, contudo, é apenas o lado negativo libertador para o desenvolvimento de um método científico e uma visão de mundo. As mesmas tendências de desenvolvimento da sociedade grega que descrevemos brevemente produzem, em contrapartida, um desprezo social pelo trabalho, cujas consequências se podem observar no decorrer da história da ciência e da filosofia gregas. Marx zomba de Nassau Senior porque este chama Moisés de "trabalhador produtivo". Ao fazer isso, ressalta o nítido antagonismo entre a relação com o trabalho na Antiguidade e o capitalismo.

> Trata-se de Moisés do Egito ou de Moisés Mendelssohn? Moisés teria manifestado a Mr. Senior seu repúdio à qualificação de "trabalhador produtivo" [*travailleur productif*] no sentido smithiano. Essa gente está tão submetida a suas ideias fixas burguesas, que acreditaria ofender Aristóteles ou Júlio César se os chamasse de "trabalhadores improdutivos" [*travailleurs improductifs*]. Estes já considerariam uma ofensa o título de "trabalhadores" [*travailleurs*].[6]

Só assim estão lançadas as bases sociais para a primeira separação clara entre o reflexo científico da realidade e o reflexo da cotidianidade e da religião. Somente a autonomia da ciência conseguida desse modo possibilita formar aos poucos uma metodologia científica unitária e uma visão de mundo, conhecer as categorias em sua peculiaridade e pureza científicas, generalizar e sistematizar etc. os resultados específicos da prática e da pesquisa.

Naturalmente a liberdade de automovimento da ciência, conquistada dessa maneira, não significa uma evolução sem conflitos. Pelo contrário. É exatamente essa liberdade que torna possível a articulação clara, a formulação científica de seu caráter antagônico, em termos de conteúdo e metodologia, em relação à religião (e ao pensamento cotidiano). Justamente por isso seria errado absolutizar essa liberdade. Da constatação que fizemos anteriormente, de que era impossível para a religião e o sacerdócio gregos subjugar a ciência,

---

[5] Jacob Burckhardt, *Griechische Kulturgeschichte*, v. 2 (Leipzig, Kröner, [s.d.,] Kröners Taschenausgaben), p. 358. Na mesma linha: Julius Beloch, *Griechische Geschichte*, v. 1: *Bis auf die sophistische Bewegung und den Peloponnesischen Krieg* (Straßburg, [K. J. Trübner,] 1893, p. 127-8.

[6] Karl Marx, *Theorien über den Mehrwert. Aus dem nachgelassenen Manuskript "Zur Kritik der politischen Oekonomie" von Karl Marx* (ed. Karl Kautsky, Stuttgart, [Dietz,] 1905), v. 1, p. 387 [ed. bras.: *Teorias da mais-valia: história crítica do pensamento econômico*, v. 1, trad. Reginaldo de Sant'Anna, São Paulo, Difel, 1980, p. 270].

não resulta de modo algum uma relação pacífica entre uma e outra. A elaboração de categorias e métodos específicos da ciência significou forçosamente um embate cada vez mais resoluto contra todo tipo de personificação e, desse modo, contra os mitos em que a religiosidade grega se objetivava. (Da situação histórica que indicamos decorre de modo igualmente necessário que a arte, em especial a poesia, assumiu um papel sem precedentes por meio da composição e da interpretação desses mitos; e a partir disso deve-se explicar também o clima notadamente hostil que imperava entre a filosofia e a poesia como uma das características do desenvolvimento grego.) No que se refere à religião, não se deve conceber a ausência de uma casta sacerdotal simplesmente como impotência social da religião. Toda a estrutura da pólis, a posição dominante da vida pública que se expressa já na propriedade fundiária, na medida em que só como cidadão da pólis se podia ser proprietário privado de uma parcela, contradiz isso. O culto religioso, os templos etc. gozavam de proteção legal desde o início da legislação (e, antes disso, pelo costume). E, no decurso dos ataques cada vez mais incisivos ao reflexo personificador, antropomorfizador, da realidade, essas leis foram estendidas também para os ataques teóricos à religião. Desse modo, surgiu em Atenas a lei contra a *asébeia*: "Devem ser trazidas perante o tribunal as pessoas que não creem na religião ou as que dão aulas de astronomia"[7]. Com base nisso, foram acusados, por exemplo, Anaxágoras, Protágoras etc. É sintomático que, na própria lei, como ocorreu na acusação contra Anaxágoras, a astronomia tenha um papel decisivo. Ela foi e por muito tempo continuou sendo o campo de batalha em que se digladiavam sobretudo reflexos antropomorfizadores e desantropomorfizadores da realidade. Porém, ao mesmo tempo, era evidente que a pesquisa científica detalhada, fundada na observação exata e na matemática, não era suficiente para sustentar o antagonismo de princípio. A astronomia do Oriente, altamente desenvolvida em muitos aspectos, pôde ser integrada a muitos sistemas conceituais personificadores. A generalização metodológica e ideológica que ocorreu entre os gregos mostra pela primeira vez que, nessa questão, os caminhos podem e devem se separar. Os processos por *asébeia* na Grécia são um prenúncio dos processos que a Inquisição promoveu contra Giordano Bruno e Galileu.

---

[7] Citado em Wilhelm Nestle, *Vom Mythos zum Logos: Die Selbstentfaltung des griechischen Denkens von Homer bis auf die Sophistik und Sokrates* (Stuttgart, [A. Kröner,] 1940), p. 479-80.

O desenvolvimento grego cria assim as bases do pensamento científico. Entretanto, é preciso acrescentar de imediato que as mesmas leis do modo de produção grego que proporcionaram essa possibilidade ergueram ao mesmo tempo obstáculos intransponíveis no caminho de seu desdobramento completo, de sua finalização coerente: o desprezo pelo trabalho produtivo, fruto da economia escravista – que Jacob Burckhardt chama de antiapedeutismo. Não podemos tratar detidamente dessa questão, mesmo que nos restringíssemos à questão essencial que é a fecundação recíproca entre produção e teoria. É suficiente uma breve alusão a essa situação, a partir da biografia de Marcelo, de autoria de Plutarco. Plutarco conta que as tentativas de aplicar as leis da geometria à construção de máquinas provocaram a mais veemente resistência de Platão, que considerava uma desonra para a geometria ser aplicada a problemas práticos de ordem mecânica, sendo rebaixada ao nível do mundo físico-sensível. Sob tais influências, a mecânica se dissociou da geometria e se converteu em manufatura, aplicada sobretudo no exército. E, no caso de Arquimedes, Plutarco ressalta que ele desprezava a aplicação da mecânica como trabalho manual e só por patriotismo participou com seus inventos da defesa de Siracusa. O desprezo pelo trabalho produtivo é, naturalmente, apenas o reverso ideológico da situação em que a aplicação de máquinas (a racionalização científica do trabalho) é economicamente impossível em uma economia escravista. A consequência disso é que, no desenvolvimento grego, nem os resultados da pesquisa teórica tiveram uma influência decisiva sobre a técnica da produção nem os problemas da produção tiveram um efeito fecundo e estimulante sobre a ciência. É sintomático que a maioria das invenções geniais de Heron na Antiguidade não passou de brincadeiras curiosas e coube à ciência renascentista extrair as consequências realmente práticas delas e, portanto, teóricas[8]. Essa barreira é perceptível em toda a ciência e filosofia gregas; ela impede a construção plena e coerente, até os mínimos detalhes, do princípio científico, do método científico, na composição do reflexo da realidade, a formação unitária de conceitos na ciência e na filosofia justamente em contraposição ao pensamento cotidiano e à religião, e, ao mesmo tempo, a construção plena de uma interconexão multifacetada de ciência e prática do cotidiano.

No interior dessas barreiras, contudo, a filosofia grega não só levantou os problemas decisivos da peculiaridade do reflexo científico da realidade mas

[8] Pavel S. Kudrjavcev, *História da física* (em húngaro) (Budapeste, 1951), p. 71.

também os aclarou completamente de muitos modos. Ela elaborou tanto as formas de separação e antagonismo do pensamento científico e do pensamento cotidiano (inclusive o religioso) quanto a função do reflexo científico a serviço da vida, a sua aplicação fecunda na vida – e assim levou a composição da dialética a um alto nível num contexto sumamente estrito. A consequência dessas barreiras é que as inter-relações entre a ciência e a vida são muito mais concretas no campo do conhecimento social – por exemplo, na ética – do que na metodologia das ciências da natureza, nas quais as categorias antropomorfizadoras voltaram a preponderar, especialmente nas etapas tardias do desenvolvimento da filosofia da natureza. A linha principal é, apesar de tudo, a fundamentação de uma objetividade real do conhecimento, sua desvinculação daquele subjetivismo que permanece insuperável no âmbito da vida cotidiana: no centro está a crítica das ilusões dos sentidos, dos paralogismos produzidos pela imediaticidade do pensamento cotidiano. A partir desse ponto de vista, a filosofia dos pré-socráticos representa um ponto de inflexão na história do pensamento humano. Quer o fogo ou a água sejam determinados como a substância mais universal a partir da qual se devem derivar e explicar todos os fenômenos [*Erscheinungen*] da realidade, quer seja trazida à luz uma contraditoriedade dialética do repouso ou do movimento que impele para a objetividade: em todos esses casos a aspiração filosófica visa a deixar para trás a subjetividade humana com seus limites e preconceitos e refletir com extrema fidelidade a realidade objetiva como ela é em-si – turvada o menos possível pelos ingredientes da consciência humana. Esse movimento alcança seu ponto culminante no atomismo de Demócrito e Epicuro, no qual todo o mundo fenomênico humano é concebido como produto das relações e dos movimentos das partículas elementares da matéria em conformidade com uma lei. Mesmo que aqui volte a emergir o tempo todo e em toda parte – e em especial nessa culminância intelectual – a debilidade descrita por nós, a impossibilidade de converter o princípio captado corretamente no plano filosófico em método real de pesquisa da ciência até no nível das investigações singulares, é indubitável que a filosofia grega encontrou o modelo metodológico definitivo – é claro que, nos detalhes, ele seria corrigido em muitos aspectos – para o reflexo da natureza.

Quando se analisam as bases metodológicas do que se alcançou de Tales até Demócrito-Epicuro, é possível fazer duas constatações fundamentais. Em primeiro lugar, a de que uma apreensão verdadeiramente científica da realidade objetiva só é possível por meio de uma ruptura radical com o modo de concepção personificadora, antropomorfizadora. O modo científico de reflexo da realidade constitui um ato desantropomorfizador tanto do objeto quanto do sujeito do conhecimento. Do objeto, na medida em que seu em-si é depurado (na medida do possível) de todos os ingredientes do antropomorfismo; do sujeito, na medida em que seu comportamento em relação à realidade o dispõe a controlar ininterruptamente as próprias intuições, representações, conceituações, no sentido de verificar onde e como deformações antropomorfizadoras da objetividade podem imiscuir-se na recepção da realidade. A plena construção concreta será o resultado de um desenvolvimento posterior, mas as bases metodológicas já foram lançadas ali: no fato de o sujeito do conhecimento inventar instrumentos e procedimentos próprios, com a ajuda dos quais ele, por um lado, torna a recepção da realidade independente das barreiras da sensibilidade humana, mas, por outro, automatiza o autocontrole, por assim dizer.

Porém, sobre essa questão da desantropomorfização, devemos observar – em segundo lugar – que sua execução anda de par com a tomada de consciência do materialismo filosófico. Vimos que o materialismo primigênio, espontâneo, da vida cotidiana, não era capaz de oferecer proteção contra o avanço, contra o domínio da personificação religiosa idealista {p. 187}. Por isso, o materialismo filosófico que entra em cena em um ponto relativamente elevado da cultura não é de modo algum sua continuidade direta e seu aprimoramento. Naturalmente ele pode apoiar-se nessas vivências, mas sempre de modo absolutamente crítico-dialético, na medida em que, por um lado, as impressões imediatas dos sentidos são tomadas como base e defendidas contra reinterpretações idealistas, mas, por outro, efetua-se sua verificação crítica, que se torna cada vez mais aguçada. A convicção espontânea da existência de um mundo exterior, independente da consciência humana, experimenta, portanto, uma mudança qualitativa, uma elevação qualitativa, por meio de sua tomada de consciência filosófica, por meio de sua generalização ideológica. Por essa via, o embate consciente entre materialismo e idealismo estreia na filosofia, tornando-se sua questão central. E a altura dessa generalização materialista, a amplitude e a profundidade simultânea da compenetração da ciência com o reflexo e a formação conceitual desantropomorfizadores condiciona e delimita concomitantemente o terreno do embate entre materialismo e idealismo. Por sua natureza, não pode ser tarefa nossa esboçar ou mesmo aludir a esse conflito. A única coisa que precisa ser dita é que, no decorrer da história, o materialismo desantropomorfizador conquistou áreas cada vez maiores do saber humano que o idealismo como tal – *nolens volens* [querendo ou não] – foi obrigado a desocupar, de modo que, em relação ao campo de batalha, as possibilidades do idealismo se estreitaram cada vez mais, o que obviamente não representa uma capitulação, mas o acirramento dos entrechoques, mas sob condições modificadas. Porém é característico das debilidades do materialismo grego decorrentes da economia escravista, é característico do modo grego de desantropomorfização, que essas formas modificadas, em sua maioria, só tenham emergido após a Renascença. E mesmo nesta ainda houve disputas violentas em torno do modo de ser antropomorfizador da totalidade do conhecimento (Fludd *versus* Kepler e Gassendi).

Corresponde à situação da cultura grega que a tendência desantropomorfizadora dos pré-socráticos culminasse necessariamente em uma crítica dos mitos, que determinavam o conteúdo e a forma da imagem de mundo religiosa daquele tempo. E, dado que a poesia desempenhava um papel mais decisivo na formação, no desenvolvimento, na reinterpretação etc. dos mitos do que em qualquer época posterior da história, também foi atingida por essa crítica da religião. A assim chamada hostilidade da filosofia grega à arte, desde os pré-socráticos até Platão, tem aqui suas raízes intelectuais. Na retomada das tendências desantropomorfizadoras a partir da Renascença, esse ataque à arte desapareceu ou, pelo menos, desempenhou um papel extremamente episódico. Isso tem a ver, por um lado, com o desenvolvimento das ciências exatas da natureza e a maior concreção das categorias desantropomorfizadoras, o que torna possível identificar na arte uma forma diferente, uma forma específica de reflexo da realidade (pense-se no posicionamento de Galileu, Bacon etc. em relação à arte); e, por outro lado, tem a ver com o fato de que a formação do mito e sua interpretação na Idade Média estavam a cargo da Igreja; a arte foi forçada a travar uma luta por sua liberdade contra ela.

Essa luta contra toda antropomorfização aparece de forma muito clara e fundamental nos conhecidos ditos de Xenófanes:

> Mas os mortais acreditam que os deuses são gerados, que como eles se vestem e têm voz e corpo.
> Mas, se mãos tivessem os bois, os cavalos e os leões e pudessem com suas mãos desenhar e criar obras como os homens, os cavalos semelhantes aos cavalos, os bois semelhantes aos bois desenhariam as formas dos deuses e os corpos fariam tais quais eles próprios os têm.

> Os etíopes dizem que seus deuses têm nariz chato e são negros, os trácios, que eles têm olhos verdes e cabelos ruivos.[9]

Isso deu origem a uma inversão extremamente importante no pensamento humano: aquilo que até então havia atuado como fundamento explicativo dos fenômenos da natureza e da sociedade, como o princípio central da realidade verdadeiramente objetiva, desde a magia primitiva até a religião evoluída, apareceu dali por diante como um fenômeno subjetivo da sociedade humana, ele próprio carente de explicação. Por mais importante que seja para o desenvolvimento geral da cultura, não é decisivo para nossa problemática que o surgimento de tal inversão do problema leve a uma negação radical da existência do mundo dos deuses, à real desdivinização (desantropomorfização) do universo, ou que se reconheça a necessidade social da religião, diante da constatação de que sua fonte são as necessidades humanas, as atividades da fantasia humana. Tanto mais porque essa defesa da religião com base no "*consensus gentium*" tem pouca serventia como apologia da religião que se pretende proteger. Justamente por essa via Protágoras chega a um relativismo histórico total – se é que se pode usar essa expressão para a Grécia –, segundo o qual cada povo possui e adora os deuses que lhe correspondem[10]. Porém essa tendência pode ir além; por exemplo, em Crítias ela adquire uma forma completamente cínico-niilista: a religião é justificada ideologicamente como polícia espiritual para estabelecer a ordem:

> Ora, de violência já protegia o poder das leis,
> Mas o que a céu aberto o mau intuito não se atreve
> A fazer, ele busca secretamente, e amiúde consegue.
> Penso que então um homem sensato idealizou
> Sabiamente um temor para o gênero humano,
> Um pânico para os maus, se na surdina praticassem,
> Dissessem ou sequer pensassem coisas ruins:
> Assim introduziu entre eles a crença nos deuses!
> Apresentou-lhes um ser acima do gênero humano,
> Florescente em seu viço juvenil e inexaurível,

---

[9] *Die Fragmente der Vorsokratiker*, v. 1 (ed. Hermann Diels. 3. ed., Berlim, [Weidmann,] 1912), p. 60-1; ver também ed. Walther Kranz. 7. ed., Berlim, [Weidmann,] 1954, p. 132-3. [ed. bras.: *Os pré-socráticos: fragmentos, doxografia e comentários*, ed. José Cavalcante de Souza, São Paulo, Nova Cultural, 1996, p. 70-1].

[10] Wilhelm Nestle, *Vom Mythos zum Logos*, cit., p. 280.

> Que ouve e enxerga com senso espiritual interior,
> E zela pelo direito! Não há palavra humana nem ato
> Que ele não possa ver, que não possa ouvir. "Portanto",
> adverte, "se intentares algo ruim, por mais secreto,
> Os deuses veem. Pois toda sua essência é Razão!"[11]

Paralelamente a essa crítica da antropomorfização religiosa, explicita-se na filosofia grega também a crítica do pensamento cotidiano. Ela é um motivo que atravessa todo o seu desenvolvimento, estando presente já na dialética do ser e do devir, nos eleatas e em Heráclito, adquirindo formas cada vez mais desenvolvidas na filosofia posterior, sendo que aqui a crítica dos limites subjetivos e antropomorfísticos do pensamento cotidiano se converte em um idealismo semirreligioso ou inteiramente religioso – o que parece inevitável nesse estágio –: o desenvolvimento social, no qual a necessária situação sem saída de economia escravista ganha expressão cada vez mais clara, põe em relevo, no que se refere ao nosso problema, o fato de que o saber objetivo sobre a natureza – que nesse período atinge sua culminância nas ciências particulares – possui bem menos condições de influenciar o comportamento gnosiológico geral da antropomorfização do que os conhecimentos muito mais lacunares dos primórdios decididamente filosóficos. Hegel visualizou com clareza a situação que surgiu daí. Ele vê a diferença entre o ceticismo antigo e o moderno (e também a diferença entre o período mais antigo e o período tardio da própria Antiguidade) no fato de que o primeiro é uma crítica do pensamento cotidiano, ao passo que o segundo se volta, antes de tudo, contra a objetividade do pensamento filosófico. Está claro que, para nós, o que importa é precisamente o primeiro período, como complemento do que até agora foi exposto, ao passo que o segundo período, enquanto momento do revés anteriormente indicado, por enquanto se situa fora do quadro de nossa investigação. Sobre o primeiro período, Hegel diz o seguinte:

> O conteúdo desses tropos comprova ademais [...] como eles enfrentam sozinhos o dogmatismo do senso comum; nenhum diz respeito à razão e seu conhecimento, mas todos se referem apenas ao finito e ao conhecimento do finito, ao entendimento. [...] Logo, esse ceticismo está voltado [...] contra o senso comum ou a consciência comum, que apreende o dado, o fato, o finito (quer esse finito se chame aparência, quer se chame conceito) e adere a ele como a algo assegurado, seguro,

[11] Crítias, "Sisyphos-Fragment", citado em *Sokrates, geschildert von seinen Schülern*, v. 2 (trad. e coment. Emil Müller, Leipzig, [Insel,] 1911), p. 394-5.

eterno; aqueles tropos céticos lhe mostram o inconstante de tais certezas de um modo que se aproxima da consciência comum.[12]

Basta fazer uma leitura rápida das explanações de Sexto Empírico sobre seus primeiros tropos para ver que ele analisa as possibilidades de erro dos sentidos humanos – oriundas da subjetividade –, chamando a atenção para as contradições que necessariamente advêm disso. A concepção hegeliana desse tipo de ceticismo se concentra no fato de que ele pode "ser visto como o primeiro estágio rumo à filosofia", pois as antinomias que assim surgem lançam luz sobre a inverdade do simples pensamento cotidiano. Nesse contexto, Hegel fala do finito e ressalta expressamente que tanto faz se, nesse caso, se fala de aparência ou conceito. Portanto, para ele, o decisivo é a dialética, que, pela via das antinomias que daí surgem, dissolve o dogmatismo (a imediaticidade antropomorfizadora, presa ao sujeito) e, em decorrência dessa libertação, leva à objetividade, ao conhecimento do mundo em-si. Assim, ele mostra – quanto ao mesmo problema, mas em um nível essencialmente mais elevado – as antinomias da geometria em relação ao pensamento cotidiano:

> Assim, por exemplo, validamos o ponto e o espaço sem mais nem menos. O ponto é um espaço e algo simples no espaço, não tendo dimensão; mas, por não ter dimensão, não está no espaço. Na medida em que o Uno é espacial, nós o chamamos de ponto; porém, para que faça sentido, é preciso que ele seja espacial e, como algo espacial, precisa ter dimensão – mas assim ele já não será mais um ponto. Ele é a negação do espaço, na medida em que é o limite do espaço, como tal ele toca o espaço; portanto, essa negação possui uma parcela no espaço, sendo ela própria espacial – assim, ela é uma nulidade em si, mas, desse modo, também é algo dialético em si.[13]

Aqui apenas seja observado de passagem que esse problema já aparece em Protágoras e foi tratado também por Platão em sua sétima carta, bem como por Aristóteles na *Metafísica*. A oposição entre a geometria no pensamento cotidiano e sua verdade objetiva, que só chega a ter validade quando é libertada dos fatores da nossa sensibilidade, do nosso modo de proceder etc., pertence, portanto, ao patrimônio do pensamento grego.

---

[12] Georg Wilhelm Friedrich Hegel, "Verhältnis des Skeptizismus zur Philosophie. Darstellung seiner Modifikationen und Vergleichung des neuesten mit dem alten", em HSWL, v. 1, p. 184 (PhB 62).

[13] Idem, "Vorlesungen über die Geschichte der Philosophie", v. 2, em HSWG, v. 18, p. 579.

Com frequência a grandeza inovadora e a problemática insolúvel das tendências desantropomorfizadoras da filosofia grega se apresentam inseparavelmente entrelaçadas com o destino da teoria do reflexo. Que o conhecimento se baseie no reflexo correto da realidade objetiva é uma obviedade para o pensamento grego. Justamente por isso, essa questão praticamente não é tematizada pelos pré-socráticos, nem mesmo quando se efetua a transição para o reflexo dialético, em decorrência do problema da objetividade da essência. Porém a transição da interpretação filosófica da realidade objetiva para a preponderância dos questionamentos gnosiológicos não desloca a teoria do reflexo; pelo contrário, ela reforça sua posição. Por mais que Platão e Aristóteles divirjam quanto ao reflexo da realidade, nem um nem outro – ao contrário da filosofia moderna – nega sua importância central. Como, porém, o desenvolvimento precedente, na linha da explicação do ser-em-si, já levantara a questão do conhecimento da essência e não só a do mundo externo imediatamente sensível, a inflexão para a teoria do conhecimento tem de buscar uma resposta exatamente nesse ponto: em Platão, essa resposta reside sobretudo na questão da formação dos conceitos, que para essa teoria constitui o reflexo mais exato possível da realidade, sob a forma de uma aclaração da intuição e da representação.

Porém, com essa inflexão para a teoria do conhecimento é trilhado o caminho rumo ao idealismo. A problemática que daí resulta, a da oposição de Aristóteles a Platão e, mais ainda, ao neoplatonismo posterior, sobretudo a Plotino, extrapola a moldura de nossas análises. A única questão importante aqui é que a duplicação idealista do reflexo (em vez de ser simplesmente o da realidade, é o do mundo das ideias e o do mundo da empiria) põe necessariamente em perigo as conquistas obtidas até então no que se refere à desantropomorfização do conhecimento. Toda uma série de resultados fundamentais desse processo permanece inalterada, como a posição de Platão em relação à matemática e à geometria. Contudo, a separação entre o mundo das ideias e a realidade, a realidade – metafísica – que Platão atribui ao primeiro – reconduz o pensamento humano, como Aristóteles vê claramente desde o começo e critica com veemência, ao nível do antropomorfismo que já ficara para trás. Aristóteles critica, por exemplo, a extravagância e a contraditoriedade da afirmação da teoria platônica das ideias:

> quando, por um lado, se diz que existem ao lado das coisas do mundo ainda outras essências determinadas, mas, por outro, atribui-se a elas a mesma constituição

> que possuem as coisas perceptíveis pelos sentidos, com a diferença de que aquelas seriam eternas, ao passo que estas são passageiras.[14]

Ele acrescenta que, no entanto, para além dessa antinomia, essa maneira de ver as coisas leva necessariamente de volta ao antropomorfismo e, portanto, à religião. Continua o raciocínio nessa linha:

> Assim se fala do homem em si, do cavalo em si e da saúde em si, sem que com isso haja qualquer outra modificação no objeto; algo similar se dá quando se afirma a existência de deuses, mas imagina-se que sejam totalmente semelhantes aos homens. Pois nesse caso nada se fez além de dotar os humanos do predicado da eternidade, e naquele caso nada além de pensar ideias como se fossem objetos sensíveis, mas com o predicado da eternidade.[15]

Vê-se que a antropomorfização do mundo das ideias se origina diretamente do fato de a filosofia idealista atribuir existência própria à essência, ao lado, ou melhor, acima do mundo fenomênico. Essa existência própria precisa ser dotada de traços próprios e, dado que estes não são cópias do mundo material, da união inseparável e simultaneamente da contraditoriedade dialética – o que podem ser senão proporções da essência humana? Esta naturalmente é apenas a base mais geral da complexa faticidade com que nos deparamos aqui. Pois a tendência idealista tem aqui consequências bem mais concretas, que, contudo, provêm todas sem exceção da mesma fonte. Anteriormente já apontamos – de modo muito abstrato – o fato de que a psicologia do processo do trabalho isolada como tal provê o modelo para as imagens de mundo idealistas, do mesmo modo que o trabalho – compreendido em sua verdadeira totalidade concreta – constitui o ponto de partida para o reflexo correto da realidade e, desse modo, para a eliminação do modo antropomorfizador de ver as coisas. O lugar em que essa oposição mais claramente se mostra é na relação entre subjetividade (atividade) e matéria. Talvez seja suficiente aclará-la com base nas concepções de Aristóteles e Plotino. Aristóteles estabelece, antes de tudo, uma diferença precisa entre o produzir pela natureza e o produzir pelo trabalho humano:

[14] Aristóteles, *Metaphysik*, livro III, 2 (trad. Adolf Lasson, 2. ed., Jena, [Eugen Diederichs,] 1924), p. 43 [ed. bras.: *Metafísica*, trad. Giovanni Reale e Marcelo Perine, 4. ed., São Paulo, Loyola, 2017].

[15] Idem.

> Porém, por meio da arte surge tudo o que antes toma forma no espírito. [...] Assim a ideia avança sem parar até que chega a uma condição última em que somos capazes de produzir por nós mesmos. O movimento que parte desse ponto e que leva à saúde é chamado, então, de produzir. Daí resulta que, em certo sentido, a saúde provém da saúde, a casa da casa, a casa material de uma casa imaterial. Pois a arte do médico é a forma da saúde e a arte do construtor é a forma da casa.[16]

A separação clara entre a gênese natural e a gênese artificial não só possibilita um conhecimento da essência do trabalho mas também impede sua generalização equivocada, a aplicação acrítica de suas categorias à realidade extra-humana. Contudo, é exatamente isso o que acontece em Plotino. É da essência do trabalho que nele as qualidades da matéria apareçam para o trabalhador como possibilidades em relação à finalidade concreta posta por ele. Ora, Plotino generaliza essa possibilidade, que é concreta e determinada em cada caso, numa possibilidade abstrata e absoluta, e a contrasta com a participação intelectual no trabalho, que nesse contexto aparece – também generalizado de modo abstrato – como atualidade em contraposição à potencialidade. Ele explica:

> Pois é impossível que o potencial passe a ser atualidade se o potencial assumir a posição suprema no reino do existente. {Polêmica contra o materialismo. (G. L.)} Pois ele não se porá em movimento por si mesmo, mas o atual precisa ser antes dele. [...] Pois com certeza não é a matéria que gera a forma, ela não gera a que é sem qualidades, o quale, nem a potencialidade produz atualidade.[17]

Desse modo, tudo o que foi produzido pela realidade objetiva, sobretudo pela natureza, é reduzido ao esquema da produção pelo trabalho. A consequência necessária disso é que agora o produtor pode ser concebido também como dotado de traços antropomorfizadores. Aristóteles já vislumbrou claramente em Platão a obrigatoriedade dessa distorção provocada pela autonomização das ideias em relação aos objetos. Ele polemiza contra a concepção de "que as ideias são as causas do ser e do surgimento. Porém, posto que as ideias existam, ainda assim aquilo que faz parte delas não pode passar a existir se não houver uma causa motriz. [...] Não faz nenhuma diferença para a causalidade que aquelas

---

[16] Ibidem, livro VII, 7, cit., p. 105.

[17] Plotino, *Enneaden VI*, livro I, 26 (trad. Hermann Friedrich Müller, Berlim, [Eugen Diederichs,] 1878), p. 253 [ed. bras.: *Tratado das Enéadas*, trad. Américo Sommerman, São Paulo, Polar, 2007].

sejam eternas e estas não"[18]. Para o idealismo objetivo da Antiguidade, que em seu mundo das ideias, transformou a essência autonomizada e dissociada do mundo fenomênico em fundamento real da realidade, não restou saída a não ser conceber a causação assim estabelecida de modo antropomorfizador, mitologizador, como "processo de trabalho" do surgimento, do ser e do devir do mundo e, desse modo, tirar a eficácia de tudo o que a filosofia precedente havia feito no sentido da desantropologização do conhecimento, de sua fundamentação como ciência.

Esse papel de modelo que o processo do trabalho desempenhou como base da antropomorfização mais recente é condicionado mais estreitamente pelo fator histórico do que parece nesta breve e abstrata exposição. Pois não se trata apenas da projeção da abstração do trabalho de modo geral sobre os nexos causais reais da realidade objetiva; trata-se também, e concretamente, de sua concepção antiga específica. Esta tende – tanto mais quanto maior a intensidade com que se revelam as contradições da economia escravista – a um desprezo do trabalho, sobretudo do trabalho braçal. A consequência filosófica disso é que a relação mitológico-antropomorfizadora entre o mundo das ideias e a realidade material que descrevemos acima precisa ser hierárquica e, nessa hierarquia, o princípio criativo, por uma necessidade ontológica, tem de estar em uma posição superior à do que foi produzido por ele. Plotino diz: "Tudo o que já é perfeito também gera e produz algo que é inferior a si próprio"[19]. Essa hierarquia, em que o criado, o produzido, ocupa necessariamente uma posição inferior à do criador, é consequência da valorização grega do trabalho. Não é de modo algum necessariamente decorrente da essência do idealismo filosófico, embora implique um retorno à visão de mundo religiosa. Porém, sob a influência da economia capitalista e de sua concepção do trabalho, Hegel, que também é idealista objetivo, define essa inter-relação de modo diametralmente oposto. Ele diz sobre o processo do trabalho e seu produto:

> Assim sendo, o meio é algo superior aos fins finitos da finalidade exterior; – o arado é mais honroso que as fruições imediatas proporcionadas por ele e que são fins. A ferramenta se conserva, ao passo que as fruições imediatas passam e são esque-

---

[18] Aristóteles, *Metaphysik*, livro I, 9, cit., p. 31.

[19] Plotino, *Enneaden V*, livro I, 6, cit., p. 147.

cidas. Por meio de suas ferramentas o homem tem poder sobre a natureza exterior, mesmo que, de acordo com seus fins, ele esteja sujeito a ela.[20]

Não faz parte deste contexto tratarmos onde Hegel introduz o mito antropomorfizador do demiurgo.

A hierarquia que surge desse modo na Antiguidade adquire um significado decisivo para o pensamento posterior. De modo geral, ela retorna, em termos de conteúdo, às representações religiosas primitivas; contudo, ao efetuar essa inflexão sobre uma base filosófica mais desenvolvida, ao incorporar em parte os resultados do progresso científico-metodológico, ela lança as bases ideais para a conservação da religião em um patamar altamente desenvolvido da civilização, da ciência. Não é preciso detalhar quanto essa tendência é importante: ela manteve os resultados científicos específicos e até o método da investigação científica necessário na prática (inclusive a desantropomorfização) e tirou proveito deles e, em pontos específicos, até os aperfeiçoou, mas, ao mesmo tempo, privou-os radicalmente de sua eficácia ideológica, pois fez com que a investigação científica que tomou o rumo da desantropologização revertesse para uma nova antropomorfização ao tratar das "questões últimas". A teoria platônica das ideias é um exemplo clássico disso; naturalmente no Oriente também houve tentativas semelhantes de salvar o método científico para uso na prática, mas foi impedido, ao mesmo tempo, que ele tivesse qualquer influência em questões (religiosas) relativas à visão de mundo. Porém, dado que aqui, em geral, o sacerdócio domina muito mais fortemente a vida intelectual do que jamais aconteceu na Grécia, essa implantação das ciências particulares dentro de uma mística antropomorfizadora pôde ser efetuada muito mais cedo, de modo mais radical e menos carregado de conflitos do que na Antiguidade clássica, na qual esse revés foi precedido de um período inteiro de desantropomorfização fundamental em que a tendência à cientificidade não se entregou sem lutar. Em contrapartida, a recondução da visão de mundo à antropomorfização, que começou com Platão, define o destino do pensamento científico na Europa por quase um milênio e faz com que as reais conquistas da Antiguidade sejam quase totalmente esquecidas por certo tempo.

Dado que esse revés tem início a uma altura avançada do pensamento desantropomorfizador, podendo ele próprio apresentar conquistas filosóficas

[20] Georg Wilhelm Friedrich Hegel, *Wissenschaft der Logik*, t. 2: *Die subjektive Logik oder Lehre vom Begriff*, em HSWG, v. 5, p. 226.

importantes (o aperfeiçoamento da dialética por Platão), não podemos nos restringir à simples constatação de que o mundo das ideias tem de portar traços antropomórficos nem basta revelar suas razões sociais; é preciso, antes, aclarar melhor o antagonismo que surge disso. A profunda ambiguidade do mundo das ideias platônico se deve a que ele pretende ser simultânea e inseparavelmente a suprema abstração, a pura suprassensibilidade e a mais vívida concretude. A essência dissociada das coisas e autonomizada e uma força eficaz e criativa que produz o mundo fenomênico tomam corpo em formas míticas sensíveis no mundo ideal. No próprio Platão, essa ambiguidade com frequência ainda se encontra em estado latente, mas no neoplatonismo ela já explicita todas as suas contradições abertamente. Por essa razão, vinculamos nossas análises a Plotino. Ele fala o seguinte do mundo das ideias: "Quando se fala da substância inteligível, de seus gêneros e princípios, deve-se pressupor uma hipóstase inteligível, e esta como verdadeiramente existente e una em grau ainda mais elevado, a saber, descontando o devir nos corpos e a percepção e as grandezas sensíveis [...]"[21]. Em poucas palavras: a realidade mesma, que se presume como refiguração e produto do mundo das ideias, menos o devir e a quantidade. Essas duas abstrações seriam – enquanto abstrações, como puras operações do pensamento – inteligíveis em si, embora justamente a investigação das relações quantitativas se tenha mostrado imprescindível para um conhecimento racional do mundo dos objetos. Mas como deve ser constituída a relação com esse mundo exigida por Plotino, se ela não é concebida – o que de fato é pressuposto – como pura abstração, obtida a partir do dado sensível? Trata-se de um mundo existente que, como sabemos, se pretende que seja a suprema atualidade em oposição à mera potencialidade da matéria e que, ao mesmo tempo, é recebido na imediaticidade sensível-insensível-suprassensível e formulado como pura essência, como substância exclusiva e força motriz da realidade propriamente dita. Como se pode formular o método de sua recepção?

Para isso foi preciso cogitar a concepção da "intuição intelectual". (O que importa é o conceito, não quando e como o termo foi formulado.) Essa concepção toma da ciência elementos – todavia distorcidos – de desantropomorfização. Pois está claro que tal realidade – que corresponda de modo imediato à realidade sensível, mas sem devir nem quantidade – não pode ser compreendida com os meios normais do pensamento. Porém é impossível que, nesse caso,

[21] Plotino, *Enneaden VI*, livro II, 4, cit., p. 263.

ir além do pensamento cotidiano represente simplesmente a continuidade da desantropologização científica. Não só porque para esta é decisiva justamente a abstração quantificadora, a apreensão das leis do devir, mas também porque nela deve predominar a tendência de apreender o puro em-si das aparências, eliminando tanto quanto possível as qualidades da receptividade humana, ao passo que uma "realidade inteligível" platônica está inseparavelmente ligada à essência do homem enquanto homem. Surge, portanto, a exigência de alçar-se simultaneamente acima do nível antropológico do homem e, não obstante, preservá-lo de modo depurado e, justamente por meio dessa depuração, conduzi-lo a si mesmo. Nisso está fundamentada, como já dissemos, a profunda afinidade com o comportamento religioso: manter a imediaticidade na vinculação entre sujeito e objeto da vida cotidiana e, ao mesmo tempo, promover uma enfática elevação acima dessa esfera, abandonando-a e negando-a pateticamente. Portanto, o ato executado com essa simultaneidade, por um lado, preserva a relação imediata do cotidiano entre teoria e prática, com todas as limitações nele contidas da penetração na verdadeira objetividade, e, por outro lado, postula o abandono do comportamento humano normal em relação à realidade: dado que o objeto (a realidade inteligível, o mundo das ideias) é mais que humano, o sujeito também tem de alçar-se acima de seu nível para se tornar capaz de recebê-lo em si mesmo.

Aparentemente trata-se de um ato de hominização propriamente dito: tanto a teoria das ideias quanto a religião concordam que somente nesse nível a alma humana consegue se encontrar, em contraposição ao comportamento científico, no qual – supostamente – o existir humano é abandonado, violentado, esvaziado e desfigurado. (Todavia, esse antagonismo abrupto é o produto de um desenvolvimento bem mais tardio. Em Platão, a matemática e a geometria são ainda pressupostos indispensáveis da "iniciação", do ingresso no caminho que conduz ao mundo das ideias; nos neoplatônicos, a oposição já é mais clara, mas ainda está presente de modo latente em muitos aspectos; somente na Era Moderna é que ele se mostra abertamente, na medida em que a "desdivinização" do mundo é concebida como um risco para o ser homem do homem, como um risco para sua integridade humana; assim, por exemplo, em Pascal). Na realidade, a situação é diametralmente oposta. A desantropomorfização da ciência é um instrumento de dominação do mundo pelo homem: ela é uma conscientização, é um alçar à condição de método o comportamento que, como vimos, começa com o trabalho, que alça o homem para fora do ser animal, ajudando-o a fazer de si um homem. Logo, o trabalho e a forma suprema de consciência que dele brota, o comportamento científico, são não só um instrumento de dominação do mundo dos objetos mas também, e inseparavelmente dessa função, um desvio que, em consequência de um descobrimento mais rico da realidade, enriquece o próprio homem, tornando-o mais completo, mais humano do que poderia ser de outro modo. Em contrapartida, esse alçar-se acima do cotidiano, exigido pela concepção intelectual e pela religião, parte da ideia de que o núcleo do homem é, para ele próprio, tão transcendente quanto o mundo das ideias ou a "realidade" religiosa do ponto de vista do mundo objetivo, do mundo terreno. Todos os métodos aqui propostos, desde a teoria do Eros até a ascese, o êxtase etc., servem para despertar no homem a busca por essa essência transcendente e contrapô-lo de modo rispidamente excludente, na forma de uma rejeição hostil, ao homem real.

Assim surge aqui uma pseudodesantropomorfização. E esta é dupla: tanto objetiva quanto subjetivamente. Objetivamente porque estabelece um mundo "sobre-humano", "mais-além do humano", que não só existe independentemente da consciência humana, como o mundo real, mas também representa um além em sentido literal, algo qualitativamente diferente de – e superior a – tudo o que se pode perceber e pensar; contudo, a totalidade dos momentos desse mundo tem os traços de uma antropomorfização projetada nesse mais-além do homem. E subjetivamente porque o sujeito tem de romper radicalmente os laços com seu modo próprio de ser homem e também com sua personalidade moralmente formada, para poder estabelecer um contato produtivo com esse mundo. Embora na teoria do Eros o próprio Platão mostre mais transições do que rupturas na ascensão da ética humana para a intuição intelectual do mundo das ideias, justifica-se apontarmos dessa maneira abrupta a oposição subjetiva à ética intra-humana como fator subjetivo dessa ascensão. Pois também nesse ponto os sucessores {de Platão} não titubearam em desenvolver um antagonismo manifesto a partir do latente.

É característico de toda ética real que – por maior que seja a distância entre o mandamento ético e o nível médio da prática no mundo cotidiano – ela apela para aquela essência contida em cada homem na forma de personalidade; por maiores que sejam os conflitos interiores, por maiores que sejam as crises provocadas por seu desdobramento, a esfera imanente da personalidade humana como tal não chega a ser rompida; a essência exigida pela ética, por mais difícil que seja conquistá-la, constitui, não obstante, a essência de todo homem singular enquanto homem. Porém, o fator subjetivo da ascensão ao mundo das ideias implica uma ruptura justamente nesse ponto: também a essência humana eticamente realizada é apenas terrena, material, é criatura em comparação com aquele sujeito que é digno e capaz de participar da intuição intelectual do mundo das ideias. Trata-se, portanto, exatamente na esfera cuja essência constitui o vínculo com a condição humana, de uma desantropomorfização, porém, aqui também, com o selo da pseudodesantropomorfização. Pois a real suplantação concreta daqueles fatores no homem que o prendem à superfície da cotidianidade e o impedem de elaborar o essencial de si mesmo por suas próprias forças é substituída por uma transcendência abstrata de exigências para ultrapassar os limites do humano em geral. E reside na essência da coisa que as correntes da ética que visam a elaborar e determinar o núcleo humano do homem – profundamente ligado ao desenvolvimento social e enraizado nele – possam se concentrar, também em termos de concepção e exposição, em uma formação científica realmente objetiva de conceitos. Em contraposição, a ultrapassagem transcendente-abstrata do humano, generalizada em teoria e prática, leva forçosamente à aproximação ou mesmo à realização de usos, ritos etc. mágico-religiosos. Isso já aconteceu na Antiguidade, a saber, no neoplatonismo, neopitagorismo etc., muito antes de a doutrina da religião cristã ter incorporado essas filosofias. Portanto, uma pseudodesantropologização surge também subjetivamente nesse ponto.

Observemos apenas de passagem aqui, pois essa questão só poderá ser tratada extensamente mais adiante, que a reversão da concepção de um mundo das ideias além do humano em antropomorfismo implica necessariamente uma recepção ampla de princípios estéticos, ainda que com frequência inconsciente. É compreensível, pois o caráter suprassensível-sensível de um mundo ideal empresta necessariamente a este certos traços importantes da arte, melhor dito, uma pseudorrealização – igualmente projetada para o transcendente – dos princípios da criação artística; o demiurgo perfeito ou, em todo caso, supra-humano também deve ser, por sua natureza, um supra-artista. A rejeição resoluta da arte por Platão e a atitude reticente de Plotino são apenas consequência dessa posição. (O teor dessa hostilidade à arte é, portanto, exatamente o oposto do que foi constatado nos pré-socráticos.) Citaremos agora uma passagem mais extensa das exposições de Plotino sobre a "beleza inteligível", para que o leitor tenha clareza dos traços gerais dessa problemática. Poderemos então, em um estágio mais avançado de nossa análise, tirar as consequências para a própria estética. Plotino diz:

> Pois cada coisa tem todas as coisas nela mesma e, por outro lado, vê todas as coisas no outro, de modo que todas as coisas estão em toda parte e tudo é tudo e cada coisa é tudo, e o esplendor é infinito. [...] E em cada uma é proeminente um traço particular, mas manifesta também todas as coisas. E também o movimento é puro; pois o que move não perturba no seu proceder um movimento diferente; também a imobilidade não é perturbada, porque não é misturada ao que não é imóvel. E o belo é belo porque não está no belo. E cada um não avança como numa terra estrangeira, mas o lugar em que cada um está e o que ele é são o mesmo e, dado que ele ruma para o alto, seu ponto de partida vai com ele, e o que ele é não é algo diferente do seu lugar. [...] Aqui {no mundo sensível (G. L.)} cada parte nasce de outra parte e cada parte fica para si; lá, ao contrário, cada parte deriva sempre do todo, mas existe ao mesmo tempo a parte e o todo. Na verdade, ela aparece como parte, mas o todo é observado por quem tem acuidade visual [...]. A contemplação lá no alto não experimenta cansaço, nem saciedade, nem cessação; pois não havia falta cuja satisfação definitiva trouxesse saciedade. Nem há multiformidade e diversidade em que a um pudesse não agradar o que é do outro: tudo é incansável, inexaurível.[22]

É evidente que aqui todas as categorias e relações categoriais são hipostasiadas a partir da estética – porém de modo extasiadamente exagerado.

Tivemos de nos ocupar um pouco mais extensamente desse movimento retrógrado das tendências de desantropomorfização na filosofia grega porque ele tem uma importância extraordinariamente grande para o destino do reflexo científico da realidade no plano dos princípios. Especialmente porque a regressividade não veio de fora, procedeu não diretamente da esfera mágico-religiosa de representação que a filosofia grega se dispôs originalmente a suplantar e para cuja suplantação ela deu passos significativos na história universal, senão da própria filosofia. Como já pudemos depreender do que foi exposto, isso significa que, em todas as questões da formulação e da interpretação da teoria do reflexo, o embate entre tendências antropomorfizadoras e desantropomorfizadoras deve dar-se em um nível essencialmente mais elevado do que o anterior. Dali por diante não se trata mais só de tentativas de suplantar uma maneira primitivamente antropomorfizadora de conceber as coisas, mas, desde que aconteceu essa inflexão, também se trata de levar até as últimas consequências o conflito entre essas tendências no âmbito de uma filosofia e de uma ciência altamente desenvolvidas. Tanto mais porque esse embate nunca cessou, nem mesmo no pensamento grego tardio. Aludimos brevemente

---

[22] Plotino, *Enneaden V*, livro VIII, 4, cit., p. 204-5.

à resistência de Aristóteles contra o espírito antropomorfizador da teoria das ideias, objetivamente hostil à ciência, e basta mencionar o nome de Epicuro para aclarar essa situação a partir de outro ângulo. Em Epicuro, o espírito voltado rispidamente contra a fé religiosa é manifesto; Lucrécio ressalta a importância universal desse núcleo de sua filosofia e até Hegel, cuja rejeição de Epicuro chega com frequência às raias da completa incompreensão, ainda destaca, em relação à sua física, "que ele se contrapôs à superstição dos gregos e romanos e alçou os homens acima dela"[23].

II. O crescimento contraditório da desantropomorfização na Era Moderna

É preciso constatar que, apesar da resistência aludida, no fim da Antiguidade as tendências antropomorfizadoras obtiveram a supremacia, e que, no essencial, dominaram o pensamento medieval. O novo ataque ao princípio antropomorfizador só tem início em grande estilo com a Renascença e confere a todos os problemas aquele caráter fundamental que mantiveram até os nossos dias – mas com muitas variações que não deixam de ser importantes. O fato de esse desenvolvimento mais recente apresentar traços essencialmente diferentes se explica por causas históricas. Com referência ao nosso problema, essas causas se mostram duas correntes principais.

Em primeiro lugar, a amplitude, a profundidade, a intensidade etc. do avanço da tendência desantropomorfizadora dependem do ponto até o qual o trabalho e a ciência de um período são capazes de dominar a realidade objetiva. Aludimos aos limites da economia escravista na Antiguidade: por causa deles, a base científica do reflexo desantropologizador da realidade foi forçosamente estreita desde o começo, sem que houvesse a possibilidade social de uma expansão resoluta. Isso, por sua vez, levou necessariamente a que as geniais generalizações dos estágios iniciais não tivessem condições de penetrar nos detalhes da realidade objetiva e de fecundar-se ali com fatos e conexões particulares, legalidades particulares etc. e, por essa via, alçar-se ao patamar de uma universalidade concreta, de uma metodologia abrangente. Isso muda após o desmoronamento da economia escravista na Idade Média. Engels mostrou como esses "séculos

[23] Georg Wilhelm Friedrich Hegel, *Vorlesungen über die Geschichte der Philosophie*, em HSWG, v. 18, p. 498.

sombrios" levaram a uma profusão de descobertas científicas e técnicas, cuja existência possibilitou a nova inflexão para a cientificidade na Renascença[24]. Todavia, isoladas e de imediato, essas descobertas exerceram pouca influência sobre o pensamento de sua época, dominado pela teologia. Certo acúmulo e uma reversão do crescimento lento da quantidade para a nova qualidade de uma nova atitude científica foram necessários para produzir essa guinada.

Em segundo lugar, essa tendência originária do metabolismo da sociedade com a natureza se cruza com outra tendência, igualmente importante: o que importa não é só o tamanho do material de conhecimento e a profundidade – determinada por ele – dos questionamentos que uma sociedade oferece à ciência e à filosofia; importa também que condições ela tem para tolerar ideologicamente as generalizações, as verdades que podem ser obtidas cientificamente do respectivo âmbito material. Não é tarefa nossa examinar concretamente esse complexo de problemas na Antiguidade, na Idade Média e na Era Moderna. Temos aqui, novamente, um problema em que as perguntas e as respostas do materialismo dialético passam a ser as do materialismo histórico. A este cabe pesquisar e trazer à tona as legalidades sociais concretas que determinam por que uma formação social em determinada fase de seu desenvolvimento já não pode mais tolerar o tipo de reflexo da realidade objetiva possibilitado pela dimensão de suas forças produtivas, por que em determinadas fases de determinadas formações ela não desperta nenhuma necessidade de generalização das experiências conquistadas isoladamente, necessárias e úteis e, finalmente, por que, sob determinadas condições sociais, essa necessidade adquire um ímpeto irresistível etc. etc. Para nós, que estamos tratando do problema dialeticamente materialista de como os fatores desantropomorfizadores do reflexo científico da realidade tomam forma, ter ciência de modo geral dessas conexões é de suma importância na medida em que nos faz voltar a atenção para os motivos sociais do desenvolvimento desigual também nesse âmbito e na medida em que aponta determinadas correlações concretas que são sintomáticas dos avanços e retrocessos também nesse ponto. Para nós, contudo, todas essas questões se apresentam, em primeiro lugar, do ponto de vista dos problemas dialeticamente materialistas do próprio reflexo.

---

[24] Friedrich Engels, *Herrn Eugen Dührings Umwälzung der Wissenschaft. Dialektik der Natur. 1873-1882* (ed. V. Adoratski, Moscou-Leningrado, 1935), p. 696; MEW, v. 20, p. 446 [ed. bras.: *Dialética da natureza*, trad. Nélio Schneider, São Paulo, Boitempo, 2020, p. 62-3].

Portanto, ao iniciar agora a análise do desenvolvimento moderno, temos de ressaltar, antes de tudo, os fatores principais que o diferenciam da Antiguidade, os traços específicos desse período – no entanto, apenas nos termos mais genéricos possíveis –, por meio dos quais eles acarretam uma nova e, em certo sentido, definitiva inflexão no processo de desantropomorfização do reflexo científico. O fator primário e preponderante nesse processo é origem do modo de produção capitalista. Não é por acaso que essa formação econômica é a última sociedade de classes; ao contrário, ela o é em decorrência da natureza de sua legalidade e, portanto, por uma necessidade histórico-sistemática. Por um lado, o capitalismo produz as condições materiais de uma sociedade sem espoliação e, por outro, ele próprio produz seu "coveiro", o proletariado, uma classe cuja "condição de libertação [...] é a eliminação de toda classe"[25]. Surge daí, muito antes que essa contraditoriedade do capitalismo pudesse se manifestar abertamente, sua peculiaridade como formação econômica, sua diferença fundamental em relação a todas as formações precedentes. Marx determina essa diferença da seguinte maneira:

> Todas as formas de sociedade anteriores morreram do desenvolvimento da riqueza – ou, o que é a mesma coisa, do desenvolvimento das forças produtivas sociais. Por essa razão, entre os antigos, que disso tinham consciência, a riqueza era denunciada diretamente como desintegração da comunidade. A constituição feudal, por sua vez, pereceu da indústria urbana, do comércio, da agricultura moderna. (Até mesmo em razão de invenções isoladas, como a pólvora e a máquina impressora.) Com o desenvolvimento da riqueza – e, em consequência, também de novas forças e do intercâmbio ampliado dos indivíduos –, dissolveram-se as condições econômicas sobre as quais se baseava a comunidade, bem como as relações políticas das diferentes partes constitutivas da comunidade que lhes correspondiam: a religião, em que a comunidade era vista de modo idealizado (e ambas se baseavam, por sua vez, em uma relação dada com a natureza, na qual se resolve toda força produtiva); o caráter, a concepção etc. dos indivíduos. [...] Certamente teve lugar não só desenvolvimento sobre a antiga base, mas desenvolvimento dessa própria base. O máximo desenvolvimento dessa própria base (a floração em que se transforma; mas é sempre essa base, essa planta como floração; por isso, murcha depois da floração e como consequência da floração) é o ponto em que ela própria é elaborada na forma em que é compatível com o máximo desenvolvimento das forças

25 Karl Marx, *Das Elend der Philosophie* (trad. alemã de Eduard Bernstein e Karl Kautsky, Stuttgart, [Dietz,] 1919, p. 163; MEGA, v. 16, p. 227; MEW, v. 4, p. 181 [ed. bras.: *A miséria da filosofia*, trad. José Paulo Netto, São Paulo, Boitempo, 2017, p. 147].

produtivas e também, portanto, com o desenvolvimento mais rico dos indivíduos. Tão logo esse ponto é alcançado, o desenvolvimento seguinte aparece como ruína e o novo desenvolvimento começa sobre uma nova base.[26]

O capitalismo, em contraposição, não conhece nenhuma dessas limitações. Naturalmente ele tem certas limitações e as produz e reproduz ininterruptamente, mas, como diz Marx, trata-se de limites constantemente superados, não de um "limite sagrado":

> O limite do capital é que todo esse desenvolvimento procede de modo contraditório, e o aprimoramento das forças produtivas, da riqueza universal etc., do conhecimento etc. aparece de tal forma que o próprio indivíduo que trabalha se aliena [*entäussert*]; se relaciona às condições elaboradas a partir dele não como condições da sua própria riqueza, mas da riqueza alheia e de sua própria pobreza. Todavia, essa própria forma contraditória é evanescente e produz as condições reais de sua própria superação [*Aufhebung*].[27]

Não faz parte deste estudo examinar como essa peculiaridade do desenvolvimento capitalista está ligada à necessidade e à peculiaridade da revolução proletária.

Para nós, dois aspectos são importantes nesse processo. O primeiro é que a expansão das forças produtivas não tem um "limite sagrado" no sentido das formações anteriores, mas, considerada em si mesma, possui a tendência imanente para a ausência de limites. O segundo é que a ampliação ilimitada das forças produtivas em constante interação com o aperfeiçoamento igualmente ilimitado do método científico acontece em intercâmbio e por influências reciprocamente fecundas. Com a queda do limite imposto à produção das formações anteriores caem também todos os limites impostos à difusão e ao aprofundamento do método científico. Só então o desenvolvimento da ciência adquire, na teoria e na prática, o caráter de um progresso infinito. Em estreita conexão com isso, os resultados da ciência, sobretudo pela reconfiguração do processo do trabalho, impregnam cada vez mais intensamente a vida cotidiana, modificando essencialmente seus modos de manifestação e exteriorização, sem, no entanto, conseguir revolucionar sua estrutura básica. Disso faz parte, por exemplo, o desgarramento cada vez mais extenso do vínculo milenar que

---

[26] Idem, *Grundrisse*, cit., p. 438-9 [ed. bras.: idem, *Grundrisse*, cit., p. 446].

[27] Ibidem, p. 440 [ed. bras.: ibidem, p. 447, trad. modif.].

unia a manufatura à arte, a cientificização de esferas da vida e do trabalho que até aquele momento estavam distantes dessas influências etc.

Essa situação radicalmente nova influencia também o caráter do segundo motivo de inibição social no desenvolvimento do espírito científico examinado por nós. Quanto às tendências de desantropomorfização: a rejeição dos resultados generalizados da ciência em razão de sua insustentabilidade em termos de classe. O fenômeno é em si mesmo muito geral: essa insustentabilidade sempre é expressão de que a situação de uma classe dominante está se tornando problemática; quando os resultados da ciência que surgiu com a ajuda das forças produtivas desencadeadas por essa classe são pensados até as últimas consequências em termos metodológicos e ideológicos, ela entra em contradição com os pressupostos ideológicos de sua dominação de classe. A nova situação consiste, no capitalismo, em uma cisão dos interesses da classe dominante: esta, por um lado não quer tolerar nenhuma brecha na visão de mundo que embasa sua dominação, mas, por outro, é forçada, sob pena de perecer, a continuar desenvolvendo as forças produtivas e, por isso, também a promover, consequentemente, a ciência. Essa dupla função histórico-social da classe dominante em relação ao nosso problema da desantropomorfização do reflexo científico confere um caráter novo aos reveses ideológicos.

Naturalmente a classe dominante tenta, sobretudo no início, reagir à moda antiga às renovações do método científico e aos seus novos resultados. Onde se vê isso com mais clareza é nos grandes embates em torno da inflexão copernicana na astronomia. Embora não se possa entrar aqui nos detalhes, é preciso constatar que as forças ideológicas da reação daquela época foram forçadas a aceitar gradativamente os novos resultados ou, pelo menos, a tolerar que se continuasse operando com base no novo método, mesmo que tivessem de rejeitar e até mesmo perseguir suas consequências ideológicas. (Pense-se na posição do cardeal Belarmino.) Os choques posteriores entre a ciência e a ideologia reacionária mostram ainda mais claramente o mesmo quadro.

Contudo, disso não decorre de modo nenhum que o método e o resultado da ciência – na qual, como logo veremos, o princípio da desantropomorfização passou a reinar de modo cada vez mais consciente e enérgico – se tenham tornado ideologicamente sustentáveis para a classe dominante. Pelo contrário. Ela intensificou o combate a tais resultados, mas foi forçada a recorrer a novos meios. Estes deveriam ser constituídos de tal modo que não perturbassem o andamento normal da ciência, efetivo na prática (naturalmente incluindo a desantropomorfização), e apenas tornassem ineficazes as generalizações ideológicas dos resultados da ciência, tirando deles conclusões que correspondessem às tendências conservadoras do respectivo estado da sociedade. Isso representa de imediato um estreitamento do campo de batalha. Enquanto o idealismo objetivo da Antiguidade tardia contrapôs à imagem de mundo concreta – desantropomorfizadora – da filosofia científica outra imagem de mundo, igualmente concreta, mas antropomorfizadora (pense-se em antagonismos como Demócrito-Platão, Epicuro-Plotino), as tendências regressivas modernas recolhem-se, em sua maioria, a um idealismo subjetivo de orientação gnosiológica. O sentido dessas regressividades – diante da impossibilidade de contrapor à visão de mundo desantropomorfizadora da ciência uma imagem de mundo antropomorfizadora concreta, sem pôr em risco o desenvolvimento ulterior da ciência – consiste em rejeitar "criticamente" a pretensão do conhecimento humano de conhecer a realidade objetiva. A ciência passa a ter luz verde para fazer o que quiser no mundo dos fenômenos, pois dele não é possível tirar nenhum tipo de conclusão para o mundo como ele é em si, para a realidade objetiva. O idealismo filosófico que se tornou subjetivo retrocede à posição da proibição meramente gnosiológica de uma imagem objetiva de mundo.

Não é nossa tarefa aqui nem sequer aludir à grande variabilidade dos posicionamentos possíveis decorrentes disso. O espaço de manobra que surge dessa maneira se estende desde a reconstituição "gnosiológica" simples das religiões até o ateísmo religioso, desde o agnosticismo consumado dos positivistas até a livre composição de mitos etc. Podemos renunciar aqui a um detalhamento dessa pluralidade de formas, tanto mais que, da perspectiva do nosso problema, essas formas apresentam a mesma fisionomia: a da antropomorfização. Por natureza, essa tendência aparece com mais clareza quando se trata do resgate filosófico de antigas representações religiosas ou da nova criação de mitos. Todavia, também nesses casos, a velha fé ilusória na objetividade de tais formações humanamente criadas está cada vez mais vacilante. Em Schleiermacher ou em Kierkegaard a tomada de consciência da subjetividade já se converteu em princípio da nova religiosidade, mas em outros casos não tão evidentes também é possível comprovar essa orientação. Pois toda a tendência de conservação e recriação da religião, exatamente em oposição pronunciada à ciência, adquiriu uma nova ênfase. Já em Pascal, o mundo "abandonado por Deus", em consequência do avanço da ciência desantropomorfizadora, aparece como um quadro aterrorizante, contra o qual devem ser mobilizadas enfaticamente todas as forças "humanas" (isto é, antropomorfizadoras) da religião, da fé. Essa conclamação se intensifica com o tempo. Quanto menos a classe dominante consegue suportar a refiguração verdadeira da realidade em si, tanto mais a ciência adquire o traço essencial do inumano, do anti-humano, nessa ideologia. Ora, como a ênfase dessa polêmica ideológica contra a cientificidade é difamar como inumano o método da ciência, sua aproximação à realidade objetiva, a realidade existente em si, seu reflexo desantropomorfizador, fica claro que, nesse processo, o primeiro plano só pode ser ocupado filosoficamente por um método – aberta ou dissimuladamente – antropomorfizador.

A importância crescente do subjetivismo nesse processo deve fortalecer concomitantemente as tendências antropomorfizadoras – não importando se o faz de modo consciente ou não. Na filosofia pura da Era Moderna, talvez isso seja ainda mais evidente do que nas religiões ou nas visões de mundo que visam a fundamentar uma religiosidade; essas tendências precisam atuar com alguma pretensão de objetividade – ainda que muitas vezes bastante atenuada –, por menos que esta última possa realmente ser fundamentada filosoficamente. Em contraposição, quando se pensa na subjetivação do tempo de Bergson até Heidegger ou na do espaço desde Scheler até Ortega y Gasset, fica claro que aqui se contrapõe, com consciência filosófica, à objetividade "morta" do conhecimento científico a vivência, o vivenciado enquanto realidade "verdadeira" da objetividade, o aporte do sujeito, seu modo de receber a realidade de modo imediato, como objetividade "autêntica". Assim, para Scheler, em decorrência das vivências do intercâmbio moderno, "o mundo dos corpos extensos se torna menos real e substancial"[28]. Ortega y Gasset vê nisso um grande progresso filosófico: "De fato, a partir do lugar em que me encontro em cada momento organizam-se os demais lugares do mundo numa perspectiva viva, dinâmica em suas tensões emocionantes: a perspectiva 'perto-longe'"[29]. Aqui se lança abertamente em relação ao espaço, do mesmo modo que Bergson lançou anteriormente em relação ao tempo, a subjetividade antropomorfizadora como princípio superior contra a ciência desantropomorfizadora.

---

[28] Max Scheler, "Probleme einer Soziologie des Wissens", em *Versuche zu einer Soziologie des Wissens* (Munique, [Duncker & Humblot,] 1924, Schriften des Forschungsinstituts für Sozialwissenschaften in Köln, 2), p. 115.

[29] José Ortega y Gasset, "Der Mensch und das Maß dieser Erde", *Frankfurter Allgemeine Zeitung*, out. 1954, edição especial "Der Weltverkehr", p. 1.

Vê-se que a regressividade ideológica não é menos nítida aqui do que fora na Antiguidade. A diferença essencial consiste em que o abalo sofrido pelo espírito científico, que, de modo geral, aconteceu do mesmo jeito, teve uma incidência muito diferente, bem mais fraca, sobre a metodologia e a prática da própria ciência. Em grande medida, é preciso dizer que, não obstante, a progressão do conhecimento acerca da realidade, sua influência sobre a vida cotidiana, prossegue irrefreável. Mas só em seus grandes traços, pois é inquestionável que não se pode erigir uma muralha da China entre a visão de mundo, a teoria do conhecimento etc. e a metodologia prática das ciências. Ademais, a antropomorfização moderna se tornou tão pálida e abstrata, foi sublimada de tal modo que facilmente consegue infiltrar-se na metodologia das ciências sem provocar na superfície qualquer impressão [*Schein*] de uma inflexão de método. (Pense-se no princípio da incerteza de Heisenberg.) Em contrapartida, exatamente nessa mudança de função da visão de mundo antropomorfizadora ganha expressão clara a mudança dos tempos: a desantropomorfização obteve uma vitória definitiva no reflexo científico da realidade e – apesar dessas regressividades ideológicas – seus efeitos se difundem sem cessar na prática das ciências e do cotidiano.

Mais adiante poderemos mostrar em detalhes, com base nos fatos irrecusavelmente necessários do processo do trabalho, que a desantropomorfização das atividades humanas mais importantes na era do capitalismo constitui um processo necessário, que se intensifica com o desenvolvimento das forças produtivas e abrange cada vez mais relações da prática humana, crescendo constantemente em termos tanto extensivos quanto intensivos. Essa faticidade determina a peculiaridade da resistência ideológica, de seu modo de ser, de sua amplitude e limites; ela faz com que, apesar de todos os esforços, o retorno de uma regressividade do tipo da que aconteceu no fim da Antiguidade não seja mais possível. Dado que um âmbito crescente da prática humana tem de operar cada vez mais intensamente com categorias desantropomorfizadoras, dado que mesmo os ideólogos do antropomorfismo nas questões ideológicas não só não podem como nem querem deter o avanço da desantropomorfização prática, dado que justamente essa desantropomorfização se tornou fundamento do poder da classe, cuja ideologia é sustentada pelos protagonistas da antropomorfização, sua luta ideológica – em oposição à Antiguidade tardia e à Idade Média – está restrita, como vimos, a interpretar de maneira diferente as consequências ideológicas da desantropomorfização progressiva da ciência, sem poder modificar com isso nem minimamente a essência desse processo.

A "vontade livre" da partícula atômica pode até causar certa confusão em alguns problemas da física, inibir de várias formas seu progresso na direção de uma unidade racional na explicação dos fenômenos – no entanto, o aparato intelectual com que se opera na metodologia prática, apesar da mitologia antropomorfizadora embutida nele, tem de permanecer tão desantropomorfizador quanto o dos adversários combatidos. Portanto, como vimos, a regressividade antropomorfizadora desferida contra o novo espírito científico não é uma reconquista do território perdido, como foi de Platão até os escolásticos, mas sobretudo um "lírico" canto de consolação de cunho subjetivo-religioso. A situação peculiar do pensamento moderno, a saber, o fato de o princípio da cientificidade ter adquirido uma universalidade desconhecida até então e simultaneamente o antagonismo entre ela e a visão de mundo da filosofia nunca ter sido tão drástico, explica-se exatamente pelo que expusemos até aqui: aquela imagem de mundo que impõe o reflexo desantropomorfizador da realidade ao homem mostra-se imprescindível no plano da prática econômica, mas cada vez menos sustentável para a burguesia e sua intelectualidade no plano ideológico.

Como manifestação [*Erscheinung*] generalizada, esse fenômeno está inquestionavelmente vinculado ao estado cada vez mais crítico da existência burguesa e à sua crescente falta de perspectiva. Naturalmente, desde muito cedo começa – de modo isolado – o sobressalto diante do esfacelamento da religião, diante do "mundo abandonado por Deus", diante da realidade objetiva apreendida de modo puramente científico. Pascal é o primeiro grande exemplo de que alguém na condição de matemático e físico pode ser um pioneiro não só na consecução de resultados específicos mas também na metodologia e, no entanto, não estar imune ao choque espiritual provocado pelo pensamento elaborado por ele próprio para dar conta do mundo. A razão última de tal comportamento é de cunho social. Esvaziar a imagem de mundo de representações religiosas antropomorfizadoras pode – como ensina a história do pensamento – provocar nos homens singulares uma reação tanto de entusiasmo quanto de depressão e até mesmo desespero. Esse efeito tem uma base profunda na vida do homem em questão, em sua existência como um todo, como homem vivo da cotidianidade; por isso, em geral não se pode demonstrá-lo com razões científicas, lógico-metodológicas ou empíricas, mas trata-se de um sentimento vital do homem inteiro, fundado em suas vivências, emoções, experiências etc.; contudo, essa existência é determinada objetivamente – de modo que, na maioria dos casos, não é transparente para o indivíduo – pelo ser social do respectivo homem, pela estrutura geral, pelo estágio de desenvolvimento etc. da sociedade em que ele vive, pela posição que ele ocupa nessa sociedade. Em *A montanha mágica*, Thomas Mann descreve magistralmente essa base do sentimento vital na cotidianidade capitalista, uma base que, na maioria das vezes, permanece totalmente inconsciente e que é decisiva para o problema aqui tratado. Ele diz o seguinte de Hans Castorp, que, aliás, é engenheiro:

> O homem não vive somente a sua vida individual; consciente ou inconscientemente participa também da vida da sua época e dos seus contemporâneos. Até mesmo uma pessoa inclinada a julgar absolutas e naturais as bases gerais e ultrapessoais da sua existência, e que da ideia de criticá-las permaneça tão distante quanto o bom Hans Castorp – até uma pessoa assim pode facilmente sentir o seu bem-estar moral um tanto diminuído pelos defeitos inerentes a essas bases. O indivíduo pode visar a numerosos objetivos pessoais, finalidades, esperanças, perspectivas, que lhe deem o impulso para grandes esforços e elevadas atividades; mas, quando o elemento impessoal que o rodeia, quando o próprio tempo, não obstante toda a agitação exterior, carece no fundo de esperanças e perspectivas, quando se lhe revela como desesperador, desorientado e falto de saída, e responde com um silêncio vazio à pergunta que se faz consciente ou inconscientemente, mas em todo caso se faz, a pergunta pelo sentido supremo, ultrapessoal e absoluto, de toda atividade e de todo esforço – então se tornará inevitável, justamente entre as naturezas mais retas, o efeito paralisador desse estado de coisas, e esse efeito será capaz de ir além do domínio da alma e da moral, e de afetar a própria parte física e orgânica do indivíduo. Para um homem se dispor a empreender uma obra que ultrapassa a medida das absolutas necessidades, sem que a época saiba uma resposta satisfatória à pergunta "Para quê?", é indispensável ou um isolamento moral e uma independência, como raras vezes se encontram e têm um quê de heroico, ou então uma vitalidade muito robusta.[30]

Ora, esse ser social produz, sob as condições do capitalismo, especialmente sob as condições de seu declínio, uma crescente falta de transparência da vida (social) como um todo, em abrupto contraste com a crescente clareza nos resultados específicos e na metodologia da ciência. Diante disso, até um cientista da natureza como Planck, que enfaticamente mantém a metodologia de suas pesquisas isenta de todas as modernas tentativas de mitificação, pode proclamar uma concordância entre religião e ciência (mesmo tendo uma

---

[30] Thomas Mann, "Der Zauberberg", em *Gesammelte Werke in zwölf Bänden*, v. 2 (Berlim, [Fischer,] 1955), p. 47-48 [ed. bras.: *A montanha mágica*, trad. Herbert Caro, 2. ed., Rio de Janeiro, Nova Fronteira, 2000, p. 48-9].

compreensão clara da tendência desantropomorfizadora desta e do modo de ser antropomorfizador daquela). É característico que ele trace aqui a linha divisória entre o conhecer (ciência) e o agir (religião), partindo, nessa última questão, da impossibilidade do conhecimento pleno,

> porque não podemos esperar para tomar nossas decisões volitivas até que nosso conhecimento esteja completo ou até que nos tenhamos tornado oniscientes. Pois não só nos encontramos em meio à vida como frequentemente também temos de tomar decisões imediatas diante de suas exigências e necessidades ou ativar disposições para cuja configuração correta não contamos com a ajuda de uma demorada reflexão, mas tão somente da orientação clara e determinada que obtemos da conexão direta com Deus.[31]

Está claro que Planck entende aqui por agir {a ação dentro d}as condições de vida do cotidiano. O fato de ele não tomar consciência do caráter social, socioeconomicamente condicionado, desse ambiente e das formas de ação possíveis dentro dele não muda nada em seu posicionamento. Ele apenas torna a evidenciar nossa constatação anterior sobre como é estreita a ligação entre a estrutura da religião e a prática cotidiana. Por essa razão, sua postura confirma a tese fundante de Marx sobre as condições da existência e da extinção da religião:

> O reflexo [*Reflex*] religioso do mundo real só pode desaparecer quando as relações cotidianas da vida prática se apresentam diariamente para os próprios homens como relações transparentes e racionais que eles estabelecem entre si e com a natureza. A figura do processo social de vida, isto é, do processo material de produção, só se livra de seu místico véu de névoa quando, como produto de homens livremente socializados, se encontra sob seu controle consciente e planejado. Para isso, requer-se uma base material da sociedade ou uma série de condições materiais de existência que, por sua vez, são elas próprias o produto natural-espontâneo de uma longa e excruciante história de desenvolvimento.[32]

Escolhemos Planck como exemplo porque ele trata do método desantropomorfizador nas ciências com naturalidade e de modo espontaneamente

---

[31] Max Planck, "Religion und Naturwissenschaft" (palestra proferida no Báltico em maio de 1937), em *Vorträge und Erinnerungen* (Stuttgart, [Hirzel,] 1949), p. 332.

[32] Karl Marx, *Das Kapital. Kritik der politischen Ökonomie*, Livro I, v. 1 (ed. Karl Kautsky. Stuttgart, [J. H. W. Dietz,] 1914), p. 46; MEW, v. 23, p. 94 [ed. bras.: *O capital: crítica da economia política*, Livro I: *O processo de produção do capital*, trad. Rubens Enderle, São Paulo, Boitempo, 2013, p. 154].

materialista, encarando como uma obviedade a crescente autonomização do reflexo da realidade em relação aos órgãos dos sentidos:

> À eliminação da impressão específica dos sentidos do âmbito dos conceitos básicos seguiu-se, por sua natureza, a substituição dos órgãos dos sentidos por instrumentos adequados de medição. O olho deu lugar à chapa fotográfica; o ouvido, à membrana vibratória; a pele termossensível, ao termômetro. A introdução de aparelhos autorregistradores tornou tudo ainda mais independente de fontes subjetivas de erros.[33]

O que está completamente ausente dessas suas análises é aquele medo de que a desantropomorfização do conhecimento científico, enquanto reflexo [*Reflex*] de um mundo "abandonado por Deus", possa se converter subjetivamente em um princípio de inumanidade. Pelo contrário, ele vê claramente que o processo daí decorrente de infinita aproximação com o mundo existente em si, independentemente de nossa consciência, é o único meio real de conferir aos homens o conhecimento e, desse modo, o domínio sobre a realidade objetivamente existente. Por essa razão, é tão sintomático seu "apesar disso", ou seja, a ideia da coexistência ideológica de uma desantropomorfização levada ao extremo no reflexo científico da realidade com a religião (como princípio do agir, não mais do conhecimento do mundo, como elemento da vida cotidiana e não como guia da ciência).

Concepções como a de Planck conseguem levantar apenas um dique precário contra a infiltração das tendências antropomorfizadoras e místicas na visão de mundo e, por intermédio desta, com frequência na ciência. Para superar os obstáculos e avançar rumo a um novo princípio no reflexo da realidade, para efetivar uma separação precisa e fundamentada entre a antropomorfização do pensamento cotidiano e a da religião, como fizeram a Renascença e seus sucessores diretos, continuando e concretizando as grandes iniciativas do desenvolvimento grego antigo, foi necessário o páthos de uma convicção ideológica muito diferente. Não só para lançar um pouco de luz sobre essa convicção mas também para deixar mais claro o lado subjetivo desse tipo de reflexo, é preciso fazer uma breve incursão na antropologia e na ética desse período. Como não é possível tratar extensamente esses problemas aqui, já por questões de espaço, vamo-nos limitar a um só, que, no entanto, é central. Nesse procedimento,

---

[33] Max Planck, "Die Physik im Kampf um die Weltanschauung" (palestra proferida na Casa de Harnack, em Berlim-Dahlem, no dia 6 de março de 1935), em *Vorträge und Erinnerungen*, cit., p. 288-9.

expressaremos com clareza – desta vez a partir da perspectiva positiva – o caráter histórico-social do comportamento tão espontâneo quanto consciente do pensamento cotidiano em sua inter-relação com as objetivações diferenciadas, criadas por ele próprio, mas que se tornaram autônomas; isso se dá também e justamente quando os pensadores individuais, como nos casos que trataremos, não têm nenhuma consciência dessa determinidade histórico-social e acreditam – implícita ou explicitamente – que estão acima dessas determinações.

A expressão mais clara dessa aplicação do ponto de vista científico desantropomorfizador, com ênfase em uma fundamentação filosófica, obtida a partir daí, do domínio do homem sobre a própria vida em sociedade, encontra-se em Hobbes e, sobretudo, em Espinosa. Ambos procuram tirar proveito do método "geométrico", talhado para o conhecimento da natureza, visando à estruturação da antropologia, da psicologia e da ética[34]. Este não é lugar para criticarmos as ilusões metodológicas existentes e efetivas nesse ponto; mais adiante retornaremos brevemente aos motivos que as determinaram. A única coisa que importa ressaltar aqui é que, quanto a isso, a rejeição de todo poder transcendente (ou seja, religioso) desempenha um papel decisivo para o domínio fecundo do homem sobre os próprios afetos, para a sua liberdade, no sentido de Hobbes e Espinosa. Como facilmente se poderia mostrar por meio de uma análise precisa, a grande ideia de Espinosa – "Uma paixão não pode ser inibida ou anulada senão por uma paixão contrária e mais forte"[35] – tem como modelo a observação do processo do trabalho. Porém, enquanto no pensamento cotidiano e no religioso o modelo da teleologia planejadora é projetado na realidade objetiva, nesse caso, a legalidade causal teleologicamente aplicada do próprio processo do trabalho (que mais tarde Hegel formularia dizendo que, com a ajuda da ferramenta, a natureza a si mesma "se desgasta trabalhando" em si mesma) é usada para aclarar o comportamento interior do homem, suas relações com seus semelhantes. O conhecimento das leis da realidade existentes em si, independentes da consciência humana, torna-se aqui, portanto, um veículo para alcançar a liberdade

---

[34] Thomas Hobbes, "Lehre vom Bürger", em *Grundzüge der Philosophie*, v. 2, Parte II (2. ed., Leipzig, [Felix Meiner,] 1949), p. 60-2 (PhB 158) [ed. bras.: *Elementos da filosofia*, trad. Marsely de Marco Martins Dantas, São Paulo, Ícone, 2012]; Baruch de Espinosa, *Ethik nach geometrischer Methode dargestellt*, Parte III (Leipzig, [Dürr,] 1950) [ed. bras.: *Ética*, trad. Grupo de Estudos Espinosanos, São Paulo, Edusp, 2015].

[35] Baruch de Espinosa, *Ethik nach geometrischer Methode dargestellt*, Parte IV, proposição VII, cit., p. 180.

do homem, sua liberdade enquanto discernimento das reais forças objetivas, que ele só pode tornar aproveitáveis pelo conhecimento adequado, como desmascaramento das forças imaginárias, inconscientemente autocriadas, que ele só terá condições de suplantar pela aclaração de sua essência.

Tudo isso, naturalmente, é o resultado de um desenvolvimento milenar. De modo geral, analisamos a eficácia do princípio desantropomorfizador do ponto de vista da modificação da imagem objetiva que o homem tem do mundo, do ponto de vista da racionalização de sua prática. Com razão, pois esse processo de transformação e suas consequências representam de fato o principal e decisivo efeito exercido pela desantropomorfização científica. Porém não se pode negligenciar inteiramente seu reflexo [*Reflex*] subjetivo, sua influência sobre visões de mundo pessoais, sobre a ética, sobre a atitude na vida etc. Até porque, como vimos e ainda veremos repetidamente, a resistência ideológica a esse princípio da cientificidade autêntica sempre se concentra em torno deste ponto: desantropomorfização equivaleria a inumanidade, desumanização (desdivinização do mundo), transformação do homem em um autômato, supressão de sua personalidade, do sentido de sua atividade etc. Essas argumentações afloraram em tempos mais recentes até em pessoas que aceitam essa metodologia não só no plano puramente prático mas também no campo do saber. Assim, por exemplo, Gehlen, cujos importantes resultados específicos já apreciamos e ainda apreciaremos, diz o seguinte sobre a relação do homem no período "arcaico" (segundo Gehlen: pré-mágico):

> O homem é essencialmente um ser cultural, até no nível mais profundo e íntimo de sua natureza ele é uma "*nature artificielle* [natureza artificial]" e, na teoria e na prática, ele tem uma compreensão unilateral até da própria natureza objetiva, na medida em que consegue de fato alcançá-la, de modo que toda "imagem da natureza" não passa de um recorte tendencioso; por tudo isso, um elemento artificial e até mesmo fictício é pura e simplesmente apriorístico. Por conseguinte, a realidade "em si" é absolutamente transcendente nele e fora dele; quando e na medida em que, não obstante, se consegue alcançá-la de algum modo aproximado, como nas ciências naturais, ela atesta sua inumanidade, de modo que o homem moderno foi privado da possibilidade arcaica de compreender-se na natureza.[36]

Assim também o hoje muito lido e citado autor Robert Musil:

---

[36] Arnold Gehlen, *Urmensch und Spätkultur. Philosophische Ergebnisse und Aussagen* (Bonn, [Athenäum,] 1956), p. 238.

Temo que a ideia a seguir (à tarde no sofá) não faça parte dos meus ensaios, mas da minha biografia: Deus, segundo a representação habitual da relação de elétron em rotação dentro da totalidade do corpo; o que importa, então, para ele se construímos em estilo gótico ou de outra maneira? No plano da lei da natureza, as diferenças espirituais não vigoram; portanto, caso o homem não seja mais supérfluo do que um pêndulo, a totalidade superior é espiritual. E esse provavelmente é o caso também do todo superior subsequente.[37]

Manifestações desse tipo poderiam ser citadas em massa.

Em contraposição, deve ser ressaltado que, desde a Antiguidade grega, desde o primeiro emergir consciente do princípio desantropomorfizador, explicitou-se de modo ininterrupto, sucessivo, apesar das regressividades, das frequentes incoerências e zigue-zagues, uma ética correspondente a esse princípio, que brotou dele, embora ela própria não fosse desantropomorfizadora, um comportamento humano que, em abrupta oposição aos posicionamentos anteriormente citados, vislumbrou exatamente nessa posição o ponto arquimédico de uma visão de mundo verdadeiramente humanista, correspondente ao homem e sua dignidade. Portanto, essa ética começa no homem e culmina nele, pressupondo, justamente por isso, um mundo exterior considerado de modo desantropomorfizador. Já aludimos a essas tendências na filosofia grega {p. 300 e seg.}. Marx resumiu nos seguintes termos as consequências que nos interessam aqui quanto ao ideal do comportamento humano:

o sábio, o *sophos*, não é senão a idealização do estoico, não sendo este, portanto, a realização do sábio; ele [o homem que deseja realizar a si mesmo] descobrirá que o *sophos* não é de modo algum apenas o estoico, mas pode ser igualmente encontrado entre os epicuristas, os neoacadêmicos e os céticos. Além disso, o *sophos* é a primeira forma do filósofo grego com a qual nos defrontamos; ele aparece de forma mítica nos sete sábios, de forma prática em Sócrates e, como uma idealização, nos estoicos, epicuristas, neoacadêmicos e céticos. Cada uma dessas escolas tem, evidentemente, seu σοφός [*sophos*] particular [...]. De fato, São Max {referência a Max Stirner (G. L.)} pode reencontrar "*le sage* [o sábio]" no século XVIII, na filosofia iluminista, até mesmo em Jean Paul, nos "homens sábios" como Emanuel etc.[38]

---

[37] Robert Musil, *Tagebücher, Aphorismen, Essays und Reden* (Hamburgo, [Rowohlt,] 1955), p. 319.

[38] Karl Marx e Friedrich Engels, *Die deutsche Ideologie: Kritik der neuesten deutschen Philosophie in ihren Repräsentanten, Feuerbach, B. Bauer und Stirner und des deutschen Sozialismus in seinen verschiedenen Propheten 1845-1846*, em MEGA, v. I/5, p. 119;

Apesar de todas as diferenças entre esses tipos por razões históricas, sociais e pessoais, neles expressa-se um traço comum da história universal, a saber, que exatamente o comportamento científico em relação à realidade constitui a base do comportamento ético de uma humanidade de ordem superior. Aristóteles pode até ter criticado a extrapolação da identificação socrática do saber com a moral, porém a rejeição enunciada só se refere ao que ele considera exagerado, não ao próprio princípio.

O ponto comum formulado desse modo – apesar de todas as divergências nos detalhes e por mais importantes que sejam – se concentra em dois complexos de problemas. Em primeiro lugar, na imanência ideológica do comportamento ético, isto é, na conexão da liberdade com o conhecimento correto (científico, desantropomorfizador) da realidade objetiva, do qual acabamos de falar. Ela implica uma rejeição de todos os vínculos e referencialidades transcendentes também para o comportamento moral humanista do homem. Portanto, esse mesmo homem, vivendo em um mundo que ele busca conhecer da maneira mais adequada possível como realmente é, livre de toda introjeção humana, tem a tarefa de estruturar por si mesmo sua vida – acomodada no leito do desenvolvimento histórico-social da humanidade –, de encontrar o sentido de sua vida na vida, em sua própria vida. Disso decorre, em segundo lugar, que o homem, enquanto "microcosmo", também deve ser considerado imanente, dotado de legalidade própria, despido de toda mitificação de seus pontos fortes e fracos como derivados de transcendências. A teoria ética dos afetos, de autoria de Espinosa, que citamos anteriormente, mostra de maneira muito clara aonde leva esse caminho. Naturalmente essas teorias variam muito, dependendo de como está constituída a sociedade em que o homem tem de atuar como "microcosmo". Pois já pudemos observar como, em nossos dias, precisamente da essência do capitalismo contemporâneo, de sua hipóstase, brotam teoremas da transcendência cósmica, da incognoscibilidade "eterna" do homem. Porém esse tipo de deformação não é obrigatório. Os estoicos e os epicuristas também viveram em uma sociedade que rejeitavam; contudo, essa rejeição não fez com que eles suprimissem o depender de si mesmo imanente do homem como "microcosmo"; pelo contrário, ela o reforçou e aprofundou: a ausência de realizabilidade do autêntico humanismo na sociedade constitui

MEW, v. 3, p. 122 [ed. bras.: *A ideologia alemã*, trad. Rubens Enderle, Nélio Schneider e Luciano Cavini Martorano, São Paulo, Boitempo, 2007, p. 142].

justamente o motivo decisivo para conferir uma forma ainda mais resoluta, ainda mais humanamente imanente ao tipo humano do sábio. A reconfiguração intelectual e emocional do mundo, visto como desantropomorfizado, não constitui, portanto, uma desumanização niilista ou relativista da realidade humana nem resulta em uma desesperada falta de direção do agir humano. Quando isso acontece, estamos lidando, ao contrário, com algum mito reacionário.

Para os nossos propósitos basta expor alusivamente essa problemática com base na análise dos afetos "medo" e "esperança". (Naturalmente nossa exposição se limita aqui aos afetos. Quando, em um nível psíquico mais elevado, se fala de medo e esperança, quando, por exemplo, diante de uma resolução importante, "se teme" não ter força e determinação suficientes para fazer a coisa certa, trata-se de um reflexo [*Reflex*] emocional de ponderações morais e não de um afeto.) Descartes já identificou sua interconexão polar, sua vinculação a uma simples fé[39]. Hobbes enfatiza, em relação a isso, que o seu objeto é um mero bem ou mal "aparentes", tendo, portanto, um caráter meramente subjetivo, sendo mais ensejo do que causa, ou seja, podem ser desencadeados também por "algo irrepresentável", bastando que esse algo "possa ser pronunciado". Hobbes aponta, nesse contexto, para o "terror pânico" que, "sem que se saiba a razão", provoca o medo e a fuga[40]. Muito parecida é a análise desses afetos em Espinosa. Ele também acentua seu caráter subjetivista. Seu objeto surge "da representação imagética de uma coisa duvidosa"; eles são caracterizados, portanto, por uma "alegria efêmera" ou "tristeza efêmera". Por essa razão, ele enfatiza que esses afetos "não são bons em si"; denotam "falta de conhecimento e impotência da alma": "Por conseguinte, quanto mais procuramos viver guiados pela razão, tanto mais procuramos nos tornar independentes da esperança e nos libertar do medo, governar o destino no que estiver em nosso poder e regrar nossas ações de acordo com as recomendações da razão"[41].

O efeito dessa postura é extraordinariamente grande. Como não podemos entrar aqui em detalhes históricos, bastará fazer menção a Goethe. Na "Mascarada carnavalesca no Palatinado imperial", ele faz com que o medo

---

[39] René Descartes, *Les passions de l'âme*, Parte III, art. 165-6 (Paris, Pléiade, [s.d.]), p. 636. Ver também René Descartes, *Philosophische Werke*, v. 4: *Über die Leidenschaften der Seele* (trad. e coment. A. Buchenau, Leipzig, 1911), p. 89 (PhB 29).

[40] Thomas Hobbes, "Lehre vom Menschen", em *Grundzüge der Philosophie*, v. 2, Parte II, cit., p. 30.

[41] Baruch de Espinosa, *Ethik*, Parte IV, proposição 44, nota, cit., p. 213-4.

e a esperança sejam acorrentados e trazidos, e a inteligência fala assim a respeito deles:

De inimigos do homem, dois,
Agrilhoei medo e esperança,
São dos piores: folgai, pois
Já estais em segurança.*

E, com uma formulação muito característica, Goethe generaliza ainda mais o problema; depois de apontar a periculosidade social do medo e da esperança, ele encara essas duas paixões, em seus "Ditos rimados", como caracterização decisiva do filisteu:

O que é um filisteu?
Um intestino oco,
Cheio de medo e esperança,
Deus tenha piedade.[42]

Aqui só podemos indicar sucintamente a conexão entre a redescoberta, a elaboração metodologicamente clara, do reflexo desantropomorfizador e o humanismo, a defesa da liberdade e da integridade do homem, e além disso lançar um facho de luz sobre o feitio antiascético de todas essas tendências. É uma obviedade dizer que as formas fenomênicas de uma tendência que almeja resgatar a liberdade e a integridade do homem são historicamente condicionadas. É igualmente óbvio dizer que esse condicionamento histórico-social das perguntas e respostas na antropologia, ética etc. não permanece somente na superfície, mas refere-se intimamente aos problemas decisivos de conteúdo e estrutura. Portanto, o reconhecimento da tendência humanista básica nos enunciados que expusemos acima não implica de modo algum sua "validade perpétua". O "método geométrico" de Hobbes ou Espinosa é tão temporalmente condicionado quanto a

---

* Johann Wolfgang von Goethe, *Fausto: uma tragédia, segunda parte* (trad. Jenny Klabin Segall, São Paulo, Editora 34, 2011), p. 93, linhas 5.441-4. (N. T.)

42 Talvez seja interessante observar de passagem que a definição goethiana se tornou muito popular entre os clássicos do marxismo. Engels se vale dela para caracterizar os pequeno-burgueses, sendo que o conteúdo da esperança é concretizado na ascensão à alta burguesia e o do medo é o de ser empurrado e descambar no proletariado. Sobre o uso específico que Goethe faz do conceito de "filisteu", divergente do uso romântico posterior, confira meu livro *Goethe und seine Zeit* (Berlim, [Luchterhand,] 1953), p. 33 [ed. bras.: *Goethe e seu tempo*, trad. Nélio Schneider, São Paulo, Boitempo, 2021, p. 52-3].

atmosfera de matiz estoico-epicurista de sua ética. As duas formas podem mostrar-se concretamente ultrapassadas pelo desenvolvimento histórico da sociedade e, dentro dela, da ciência, sem com isso perder sua importância fundamental: {assim,} por exemplo, no imperialismo pós-guerra, quando o afeto "medo" se dissocia de toda e qualquer esperança e – em conexão com Kierkegaard – se amplia em forma de angústia como base universalista da ideologia burguesa, como base das visões de mundo religiosas (incluindo o ateísmo religioso); porém, quando acontece o que já aconteceu na época da grande Revolução Francesa e, em um nível qualitativamente mais elevado, desde o avanço do socialismo, ou seja, quando a esperança adquire um substrato científico, a união com uma fundamentabilidade e concreção gnosiológicas, tudo isso já é uma nova etapa de desenvolvimento da humanidade, e não se fala mais do mero afeto "esperança", mas dos reflexos emocionais [*Gefühlsreflexen*] de uma perspectiva fundamentada cientificamente – em termos filosóficos, econômicos etc.

Se, para finalizar, ainda abordarmos, em algumas observações, o fundamento dessas conexões entre a desantropomorfização coerente do reflexo científico da realidade e o comportamento do homem na vida cotidiana, isso implicará, ao mesmo tempo, uma rejeição abrupta de todas as tendências que, por um lado, vislumbram algo de "inumano" no comportamento científico e, mais ainda, na visão de mundo científica levada às últimas consequências, e, por outro lado, consideram hostil à essência do homem o mundo apreendido de maneira científica. Para termos uma visão clara e abrangente dessa situação, não só não nos devemos esquecer de que o reflexo desantropomorfizador da realidade constitui um instrumento do gênero humano visando ao seu desenvolvimento, ao domínio do seu mundo, mas também devemos ter sempre em mente que esse processo é, ao mesmo tempo, o do desdobramento do próprio homem a um nível superior, um alargamento e aprofundamento, uma concentração de todas as suas capacidades, cujos efeitos sobre a totalidade de sua personalidade são imensuráveis. Já indicamos brevemente que, na relação com os sistemas de objetivação superiores autocriados – ciência e arte –, o homem inteiro da cotidianidade se transforma no "homem inteiramente" (direcionado para o respectivo sistema concreto de objetivação) {p. 213-4}. Essa questão e sua relação com a arte nos ocuparão de muitas formas e extensamente mais adiante {cap. 8, I}; de acordo com o plano desta obra, o lado do problema voltado para a ciência só poderá ser tratado de modo abreviado e em termos muito gerais.

Somente poderá surgir uma objetivação superior quando todos os seus objetos obtidos e elaborados por meio do reflexo, bem como suas relações, experimentarem uma homogeneização correspondente à função do tipo de reflexo em questão. Sem poder detalhar aqui a importância estética desse ato, que será analisada em pormenores mais adiante, fica evidente que uma homogeneização correspondente à estipulação da finalidade científica ocorre sempre que tal apreensão da realidade é almejada. A matemática é a forma mais pura desse tipo de homogeneização de conteúdo e forma da realidade refletida; ela também constitui a expressão mais clara da tendência desantropomorfizadora nessa transformação do comportamento subjetivo. Seria um erro não perceber que todas as ciências, inclusive as ciências sociais, sempre criam um meio homogêneo para melhor apreender e aclarar propriedades, relações, legalidades da parte da<s> realidade<s> existentes em si que são examinadas com determinado objetivo do conhecimento. O ponto essencial em comum é que sempre se trata do em-si da realidade que existe independentemente do homem; e, quando o próprio homem é examinado em termos biológicos ou histórico-sociais, trata-se, em última análise, dessas objetividades ou processos objetivos. A tendência desantropomorfizadora básica aparece também – antes de tudo, em contraposição ao reflexo artístico – no fato de que o caráter coeso, total e infinito do objeto, da realidade existente em si, é tendencialmente preservado do modo mais fidedigno possível também quando se está tratando conscientemente apenas de uma parte metodologicamente isolada. Tal parte, tanto como objeto quanto como aspecto, nunca adquire autonomia absoluta, um hermético depender de si mesmo, como ocorre no reflexo artístico, nunca se torna, como no caso deste último, um "mundo" próprio, mas preserva seu caráter parcial – em termos tanto de objeto quanto de metodologia. Daí decorre que todo reflexo científico da realidade pode e até deve assumir diretamente e sem modificações os resultados de muitos outros experimentos e processá-los; enquanto na mimese estética é exatamente o meio homogêneo de cada obra que representa algo singular e definitivo, de modo que a aceitação de elementos estranhos quanto à forma e ao conteúdo – até mesmo de suas próprias obras – pode representar um perigo para o artista. Em contraposição, o fundamento do meio homogêneo no reflexo científico é – em última análise, e somente em última análise – algo unitário para todos os ramos do saber. Com isso não pretendemos negar as diferenças entre as ciências específicas, e também entre cientistas específicos, mas, quando comparadas com a esfera estética, elas possuem um caráter relativo. Pois, por mais próprios que sejam os caminhos que as diferentes ciências e, dentro delas, as pesquisas singulares trilham, a tendência é haver apenas uma ciência, uma aproximação global convergente ao em-si unitário do mundo dos objetos, e nenhuma reprodução individual poderia chegar à verdade e, portanto, ter consistência, se essa tendência não lhe fosse inerente – não importando se consciente ou inconscientemente. Isso não anula o caráter individual de muitas realizações, mas confere à individualidade um *cachet* [sinal característico] bem diferente do que ela tem no âmbito do estético.

Teremos de ter presente essa diferença estrutural da objetividade – dentro da unidade objetiva do mundo refletido – se quisermos compreender corretamente a peculiaridade do "homem inteiramente" como comportamento subjetivo que efetua a desantropomorfização no homem. As exposições feitas até aqui já mostram como é equivocado descobrir princípios inumanos em uma imagem de mundo surgida de modo desantropomorfizador e no comportamento que lhe corresponde. Como pudemos ver ao tratar do trabalho, a própria desantropomorfização está profundamente ancorada na vida cotidiana do homem inteiro, e mesmo seu instrumental frequentemente apresenta transições tão fluidas que muitas vezes é difícil constatar a fronteira. Pois todas as ferramentas contêm bases objetivamente desantropomorfizadoras: para que se possam realizar com elas operações úteis para o homem, primeiro é preciso revelar seu modo de ser, sua possibilidade de ação etc., prescindindo da perspectiva habitual, cotidiano-humana do homem inteiro. Contudo, na medida em que serve apenas para reforçar as faculdades humanas inatas ou socialmente adquiridas, ou para compensar suas deficiências, o uso desses instrumentos remonta à vida cotidiana do homem inteiro. Assim, nesse ponto, apesar da fluidez das transições, ocorre um salto para a autêntica desantropomorfização da ciência; os óculos não desantropomorfizam, mas o telescópio ou o microscópio, sim, o fazem, pois aqueles apenas reparam uma relação na vida cotidiana do homem inteiro que se encontrava avariada, enquanto estes descortinam um mundo que do contrário seria inacessível aos sentidos humanos. A fronteira, que, na prática, é sempre indistinta devido a estágios intermediários, é traçada conforme o instrumento reconduz à vida cotidiana do homem inteiro ou torna perceptível um mundo qualitativamente diferente, o mundo do ser-em-si, do que existe independentemente do homem. Esse salto faz surgir o comportamento do "homem inteiramente". Quando se usa tal instrumento, a transição parece extremamente simples; ela é mais complexa quando o instrumental é preponderantemente intelectual, por exemplo, o uso da matemática, quando se apresentam ao pensamento humano tarefas – de resto desconhecidas – que têm de ser resolvidas com um método qualitativamente diferente do pensamento cotidiano. Seu mundo de relações puramente quantitativas é, sem dúvida, um reflexo da realidade objetiva, mas, na medida em que se efetuou a abstração da quantificação e surgiu o meio homogêneo da pura quantidade exclusivamente cogitada, brotam e florescem formações e vinculações de conceitos que não têm analogia na vida cotidiana do homem inteiro, embora possam ser aplicadas de maneira extremamente fecunda para o conhecimento da realidade existente em si.

O pensamento desantropomorfizador também apresenta às ciências que tratam do homem e das relações humanas demandas totalmente novas em relação à vida cotidiana. Também nesse caso, trata-se de tomar e homogeneizar adequadamente fenômenos de determinada qualidade, destacados de dentro do complexo imediato e aparentemente desordenado da realidade diretamente dada, visando a aclarar seus nexos existentes em si, que do contrário teriam de permanecer despercebidos, visando a poder analisar objetivamente esses nexos em suas legalidades imanentes, bem como na inter-relação com grupos de objetos de outro tipo. A economia pode ser considerada, de certo modo, o exemplo clássico desse processo de homogeneização. É claro que esse processo só muito raramente consegue atingir a coesão e a exatidão da matemática pura; naturalmente houve e há nas ciências sociais vários exemplos de destaque e homogeneização cientificamente errados, mas isso não muda nada essencial na inevitabilidade e na fecundidade desse procedimento. (Na análise das possibilidades de conflito que surgem aqui, não podemos esquecer que, na aplicação da matemática pura a fenômenos físicos, por exemplo, problemas desse tipo podem aflorar e de fato afloram.)

O modo de ser do "homem inteiramente" no reflexo desantropomorfizador da realidade resulta da junção dialética de transição gradativa e salto na relação com esse meio homogêneo, por um lado, e com o homem inteiro da cotidianidade, por outro. Pois é da natureza desse salto que ocorra certa dessubjetivação, mas esta não suprime as propriedades e qualidades decisivas do homem inteiro que o efetua, senão na medida em que estas obstaculizam a reprodução do meio homogêneo pelo sujeito em questão. As demais capacidades do homem, inclusive obviamente as morais, continuam em ação e tendem a desempenhar um papel importante na construção do reflexo desantropomorfizador (ou seja, não só perspicácia, talento observador, capacidade combinatória etc. mas também perseverança, coragem, resistência etc.). O salto se manifesta de modo bem nítido pelo fato de que a magnitude e a intensidade de dons individuais não adquirem importância tão decisiva para alcançar o resultado quanto o modo como sua combinação e proporção se comportam em relação ao meio homogêneo correspondente e, no âmbito deste, em relação às tarefas concretas. Essa dialética se evidencia de modo especialmente claro nas ciências sociais. O partidarismo fervoroso em conflitos de um período histórico pode levar à descoberta de nexos inteiramente novos e à sua correta e objetiva exposição desantropomorfizadora, como se pode estudar facilmente em Maquiavel, Gibbon, Thierry, Marx etc. E com igual facilidade se pode observar que conteúdo, orientação, modo etc. de certas posturas e posicionamentos podem impedir a apreensão dos nexos existentes em si na realidade histórico-social e ter um efeito que atrapalha ou pode até mesmo anular o reflexo desantropomorfizador. Thomas Mann descreveu esse comportamento com fina ironia na figura do professor Cornélio, personagem do conto "Desordem e sofrimento precoce", fazendo com que o próprio professor intuísse a problemática insolúvel nele contida; ele pondera a questão em um monólogo solitário:

> Porém, tomar partido, pensa ele, também não é histórico; somente a justiça é histórica. É claro que, justamente por isso e pensando bem... justiça não é ardor juvenil nem determinação piedosa e jovial; é melancolia. Contudo, sendo por natureza melancolia, simpatiza, também por natureza e secretamente, mais com o partido e a potência histórica melancólicos e sem perspectiva do que com o partido piedoso e jovial. E, no fim, consiste nessa simpatia e não existiria sem ela? Em última instância, portanto, nem existe justiça? – pergunta-se o professor...[43]

O caráter de salto dessa passagem do homem inteiro para o "homem inteiramente" aparece também quando acompanhamos o percurso de volta da desantropomorfização científica para a vida em eruditos de renome. Ocorre com muita frequência que eles não tirem as conclusões concretas de suas teorias ou mesmo descobertas importantes, de forma que seus posicionamentos no cotidiano e em outros campos do saber – não só naqueles em

[43] Thomas Mann, "Unordnung und frühes Leid", em *Gesammelte Werke in zwölf Bänden*, v. 9 (Berlim, [Aufbau,] 1955), p. 702 [ed. bras.: *Contos*, trad. Claudia Abeling e Herbert Caro, São Paulo, Companhia das Letras, 2020].

que não participaram pessoalmente com pesquisas mas também naqueles em que reivindicaram resultados próprios – contradigam diametralmente esses resultados. Naturalmente essas reflexões não podem assumir a tarefa de analisar tais contradições nem no plano sistemático nem no plano histórico; só apontamos os tipos principais da problemática que emergem aqui para indicar, em traços os mais gerais possíveis, a relação, no reflexo desantropomorfizador, entre o "homem inteiramente" e o homem inteiro da cotidianidade. Porém esse quadro extremamente rápido e sucinto já mostra que seria um prejulgamento ver algo de anti-humano no ato desantropomorfizador, em sua culminância universal produzida sobretudo pela nossa era. Tendências anti-humanas sempre brotam do chão da vida histórico-social, das estruturas sociais, de condições de classe dentro de uma formação; elas podem tornar-se efetivas também nas ciências, mas – consideradas de modo geral – nem mais nem menos do que na vida ou na arte; a exposição concreta dessas questões é um problema do materialismo histórico e situa-se fora do âmbito das tarefas a que se propôs esta obra.

Foi preciso ao menos aludir a tudo isso para que a segunda grande e, na realidade, decisiva batalha intelectual em torno da desantropomorfização do reflexo científico possa ser corretamente entendida. Dado que também aqui nosso principal interesse são os problemas metodológico-filosóficos, não os puramente históricos, novamente nos restringiremos à análise de alguns posicionamentos fundamentalmente típicos. A articulação mais clara desse programa se encontra em Galileu:

> A filosofia está inscrita nesse grande livro sempre aberto diante dos nossos olhos (refiro-me ao universo), que, porém, não se pode entender sem primeiro aprender a falar sua língua e identificar as letras com que foi escrito. Ele foi escrito em linguagem matemática e suas letras são triângulos, círculos e outras figuras geométricas, sem as quais é humanamente impossível entender uma palavra sequer; sem ela, perambulamos inutilmente como se estivéssemos em um labirinto escuro.[44]

Do nosso ponto de vista, o aspecto mais importante nesse trecho é a proclamação de uma nova linguagem com novas letras, o que constitui uma imagem clara e nítida das novas formas do reflexo da realidade, de sua delimitação clara e consciente, elevada à condição de método, em relação aos

---

[44] Citado em Leonard Olschki, *Geschichte der neusprachlichen wissenschaftlichen Literatur*, v. 3: *Galilei und seine Zeit* (Halle-Saale, [M. Niemeyer,] 1927), p. 465.

modos de manifestação imediatos da realidade cotidiana e vinculados à sensibilidade humana. Não é por acaso que esse método se tenha desenvolvido na luta em torno da astronomia copernicana, pois esta representa o primeiro rompimento decisivo com a visão geocêntrica e, em estreita relação com ela, com a visão antropomorfizadora do cosmo. É desnecessário abordar, mesmo que com breves observações, o choque entre a nova imagem de mundo e a imagem de mundo religiosa predominante até aquele momento. Contudo, justamente pelo estreito entrelaçamento que há, como já constatamos, entre a vida cotidiana e a recepção religiosa da realidade, talvez não seja desprovido de interesse apontar brevemente que a nova concepção de Galileu se encontra conscientemente em abrupta oposição às formas de reflexo do pensamento cotidiano, que a separação nítida em relação a este está no centro de suas reflexões metodológicas: "As intuições de grande e pequeno, de em cima e embaixo, de útil e adequado, são impressões e hábitos transpostos para a natureza a partir de um cotidiano humano e irrefletido". Por essa razão, também deve ser superada a "capacidade limitada de representação, que encontra seu limite nos números grandes"; o tamanho do cosmo também transcende a capacidade de apreensão do pensamento cotidiano[45].

Do ponto de vista da filosofia e da metodologia da ciência, a ruptura aqui efetuada abrange um campo muito mais amplo do que o espaço de que dispomos para descrevê-la. Porém, quaisquer que fossem as questões que incluíssemos nesta investigação, seja a da rejeição do modo teleológico de análise (vinculado aos problemas da "utilidade"), seja a da metodologia dos experimentos etc., sempre acabaríamos retornando ao modo desantropomorfizador do reflexo, ao abandono da imediaticidade do pensamento cotidiano. Para terminar, tomo a liberdade de fazer ainda uma indicação em relação à estética. Ao tratar da filosofia grega, pudemos ver que, naquela época, as tendências de desantropomorfização estabeleceram com muita frequência uma relação de concorrência entre filosofia (ciência) e arte e levaram à condenação desta última; com o nível mais alto de antropomorfização na filosofia, essa relação se torna ainda mais aguda em Platão. Também quanto a esse ponto, Galileu representa uma inflexão. Justamente por ter identificado com mais clareza do que qualquer um antes dele a peculiaridade do reflexo científico, ele superou em muito seus predecessores no que se refere à compreensão correta

---

[45] Ibidem, p. 384.

da essência especificamente estética da arte[46]. Isso não é uma peculiaridade meramente individual de Galileu; podemos perceber uma tendência similar também em Bacon. Não podemos abordar aqui as causas das posteriores recaídas no antigo comportamento.

A descrição e a fundamentação mais multifacetada e universal dos novos métodos desantropomorfizadores encontram-se em Bacon. Se quisermos apreender corretamente seu feitio e importância no processo do vir-a-si [*Zu-sich-Kommens*] do pensamento como reflexo mais ou menos adequado da realidade objetiva, é preciso sobretudo romper com o equívoco que já circulava antes de Hegel, mas foi "aprofundado" filosoficamente por este: Bacon seria um puro empirista, pai intelectual do empirismo posterior. Naturalmente a prática, a transformação do mundo pelo conhecimento correto está no centro de sua filosofia. Contudo, essa finalidade não é em si de modo algum idêntica ao empirismo e, como veremos, em Bacon ele não o é. Um de seus biógrafos mais recentes, o marxista inglês Farrington, formula a questão da seguinte maneira: "Sua busca específica consistia em determinar o lugar da ciência na vida humana"[47]. Porém isso significa somente que Bacon, a exemplo de todos os mais importantes pensadores da época, não queria tratar ciência e filosofia como algo dissociado da vida humana, mas buscava investigar sua essência específica justamente em conexão com a vida. Sua classificação dos experimentos mostra que ele foi bem pouco empirista. Ele delimita sua esfera nitidamente em relação à prática – realmente empirista – da manufatura de seu tempo e acrescenta: "Por isso, a esperança de um ulterior progresso das ciências estará bem fundamentada quando se recolherem e reunirem na história mundial muitos experimentos que em si não encerram nenhuma utilidade, mas que são necessários na descoberta das causas e dos axiomas. A esses experimentos costumamos designar por lucíferos, para diferenciá-los dos que chamamos de frutíferos"[48]. Portanto, o objetivo dos experimentos corretos é romper com a ligação direta entre teoria e prática do cotidiano (nesse caso, a manufatura), superar sua imediaticidade pela descoberta e intercalação de

---

[46] Ibidem, p. 170-4.

[47] Benjamin Farrington, *Francis Bacon: Philosopher of industrial science* (Londres, [Lawrence and Wishart,] 1951), p. 4.

[48] Francis Bacon, *Novum Organum* (Berlim, [L. Heimann,] 1870), livro I, artigo 99, p. 152-3 [ed. bras.: *Novum organum*, trad. José Aluysio Reis de Andrade, São Paulo, Abril Cultural, 1984, p. 78-9].

mediações da maior importância. Todavia Bacon não visa com isso a levantar uma muralha chinesa entre ciência e prática cotidiana (trabalho, manufatura etc.). Reportando-se a Celsius, ou melhor, a uma citação de Celsius, ele indica que com extraordinária frequência a prática do cotidiano produz resultados significativos, no entanto "mais por acaso e pela variação", ou, em todo caso, sem ser influenciada nem impulsionada pela teoria, pela filosofia[49].

A ironia que aflora aqui, contra a filosofia, não constitui, todavia, uma glorificação de um empirismo ateórico, e sim uma polêmica contra a filosofia de seus predecessores e contemporâneos, entre os quais não encontrou o que procurava, a saber, a ação conjunta de reflexo desantropomorfizador e a intenção de uma prática generalizada, sistematizada, não mais imediata. Portanto, a polêmica está voltada tanto contra o praticismo meramente manufatureiro quanto contra a teoria alheia à prática. Ambos resultam em uma falta de regularidade e planejamento das pesquisas, sobretudo dos experimentos, em mera analogia no que se refere às interconexões. Em ambos é preciso superar, ao mesmo tempo, a casualidade e a superficialidade do pensamento cotidiano (Bacon fala do pensamento da multidão), pois, segundo ele, ambos se confrontam com um labirinto indevassável – como em Galileu.

> Com sua estrutura, o edifício deste universo, para o intelecto humano que o contempla, é equivalente a um labirinto. E nele se mostram, em todas as direções, tantas incertezas de caminhos, semelhanças tão falazes de coisas e sinais, tão oblíquas e entrelaçadas espirais e nós das naturezas! Deve-se percorrer um caminho pelas florestas da experiência e das coisas particulares sob a luz incerta dos sentidos, luz que às vezes brilha, às vezes se esconde. E, como já foi dito, até mesmo os guias que se oferecem para o caminho, também eles se embaraçam e aumentam o número de erros e de pessoas que erram.[50]

Nem de longe Bacon enfatiza a importância metodológica da matemática e da geometria tão resolutamente quanto Galileu, Descartes ou Espinosa; porém, mais veemente é seu combate ao esquematismo do pensamento que surgiu das tradições escolásticas do aristotelismo, mais ardente é seu empenho pela criação

---

[49] Ibidem, artigo 73, p. 123-4 [ed. bras.: ibidem, p. 58].

[50] Idem, *Vorrede zur Instauration* [Prólogo à *Instauratio magna*] (Berlim, [L. Heimann,] 1870), p. 43 [ed. bras.: *A grande restauração (Textos introdutórios e A escada do entendimento)*, trad. Alessandro Rolim de Moura e Luiz A. A. Eva, Curitiba, Segesta, 2015, p. 27].

de um aparato investigativo e conceitual desantropomorfizador, determinado pelo em-si do objeto (e não pelo sujeito humano). Essa firmeza está fundada sobretudo no fato de Bacon ter sido, entre seus grandes contemporâneos que se digladiavam com os mesmos problemas, aquele que viu com mais clareza a conexão dialética entre o conhecimento objetivo correto e a prática produtiva, o domínio real da natureza.

A delimitação entre pensamento cotidiano e reflexo cientificamente objetivo da realidade existente em si foi efetuada por Bacon de modo bem mais abrangente e sistemático do que por qualquer outro nessa grande época de fundação do pensamento desantropomorfizador. Sua teoria dos *idola* contém uma tipificação sistematizada dos modos de comportamento da vida e do pensamento cotidianos que impedem e desfiguram um reflexo adequado do mundo em si. É uma teoria peculiar do conhecimento. Enquanto, no desenvolvimento burguês, os pensadores de orientação pronunciadamente gnosiológica tentaram fixar os limites da apreensibilidade adequada do existente em si e, assim, subjetivaram o pensamento; enquanto as filosofias persuadidas da possibilidade de conhecimento da realidade objetiva ignoravam tais ressalvas gnosiológicas ou as rejeitavam expressamente (Hegel a propósito de Kant), Bacon estava empenhado em fundamentar, mediante a crítica do reflexo imediato do cotidiano, de suas debilidades e limitações, o conhecimento que se vai aproximando sem limitações da realidade em si. De modo correspondente, sua teoria do conhecimento diverge da filosofia acadêmica especializada posterior pelo fato de atribuir um peso decisivo às razões antropológicas e sociais das limitações e desfigurações do pensamento cotidiano por ele criticadas. Portanto, os "limites" do conhecimento não são, nesse caso, relações estruturais "supratemporais" na relação sujeito-objeto em geral, mas inibições e descaminhos produzidos pelo desenvolvimento antropológico, ou social, que o pensamento humano pode perfeitamente superar quando se alça resolutamente acima do pensamento cotidiano – antropomorfizador –, o que Bacon considera possível e necessário. Portanto, a modalidade de sua crítica do conhecimento está bem mais próxima do ceticismo grego mais antigo – embora tire conclusões que apontam em uma direção diferente – do que do moderno e burguês idealismo subjetivo gnoseológico.

Uma breve visão geral dos *idola* pode lançar luz sobre esse modo de ser da teoria do conhecimento baconiana. Bacon diferencia quatro grandes tipos. O primeiro é constituído pelos *idola tribus* [ídolos da tribo], que têm um caráter preponderantemente antropológico. Na crítica a eles, Bacon rejeita o "senso comum", o pensamento imediato do cotidiano, considerando-o insuficiente e antropomorfizador: "é falsa a asserção de que os sentidos humanos são a medida das coisas. [...] O intelecto humano é semelhante a um espelho que reflete irregularmente os raios dos objetos e, dessa forma, os distorce e corrompe"[51]. O segundo tipo (*idola specus* [ídolos da caverna], em alusão ao mito da caverna de Platão, mas com tendência oposta) visa a determinar as falhas no pensamento do indivíduo humano, e a crítica antropológica se converte em crítica social.

> Pois, cada um – além das aberrações próprias da natureza humana em geral – tem uma caverna ou uma cova que intercepta e corrompe a luz da natureza: seja devido à natureza própria e singular de cada um; seja devido à educação ou conversação com os outros; seja pela leitura dos livros ou pela autoridade daqueles que se respeitam e admiram; seja pela diferença de impressões, segundo ocorram em ânimo preocupado e predisposto ou em ânimo equânime e tranquilo; de tal forma que o espírito humano – tal como se acha disposto em cada um – é coisa vária, sujeita a múltiplas perturbações, e até certo ponto sujeita ao acaso.[52]

O terceiro tipo (*idola fori* [ídolos do foro]) surge já "do intercurso e da associação recíproca dos indivíduos do gênero humano". Bacon enfatiza aqui a importância social da linguagem, mas rejeita sua forma cotidiana imediata e o modo de pensar que se expressa por meio dela, porque os considera insuficientes para um conhecimento objetivo: "E as palavras, impostas de maneira imprópria e inepta, bloqueiam espantosamente o intelecto. Nem as definições nem as explicações com que os homens doutos se munem e se defendem, em certos domínios, restituem as coisas ao seu lugar"[53]. Bacon detalha o perigo das palavras do cotidiano (da multidão) para a terminologia das ciências, unívoca e adequada à realidade objetiva. Os homens pensam estar no domínio de seu modo de expressão, "mas sucede também que as palavras volvem e refletem suas forças sobre o intelecto". Pois:

> As palavras, tomando quase sempre o sentido que lhes inculca o vulgo, seguem a linha de divisão das coisas que são mais potentes ao intelecto vulgar. Contudo, quando o intelecto mais agudo e a observação mais diligente querem transferir

---

[51] Francis Bacon, *Neues Organum*, cit., livro I, artigo 41, p. 95 [ed. bras.: *Novum organum*, cit., p. 40].

[52] Ibidem, livro I, artigo 42, p. 95 [ed. bras.: ibidem, p. 40].

[53] Ibidem, livro I, artigo 43, p. 95 [ed. bras.: ibidem, p. 41].

essas linhas para que coincidam mais adequadamente com a natureza, as palavras se opõem.[54]

Assim surgem dois "ídolos" perigosos, pois a linguagem do cotidiano faz com que surja uma nomenclatura duplamente errada:

> Ou são nomes de coisas que não existem (pois do mesmo modo que há coisas sem nome, por serem despercebidas, assim também há nomes por mera suposição fantástica, a que não correspondem coisas), ou são nomes de coisas que existem, mas confusos e mal determinados e abstraídos das coisas, de forma temerária e inadequada.[55]

Aqui a crítica da palavra já passa a ser a do pensamento cotidiano imediato – na maioria das vezes analógico. Bacon adverte em outra passagem:

> O intelecto humano, mercê de suas peculiares propriedades, facilmente supõe maior ordem e regularidade nas coisas que de fato nelas se encontram. Desse modo, como na natureza existem muitas coisas singulares e cheias de disparidades, aquele imagina paralelismos, correspondências e relações que não existem.[56]

A isso corresponde, no pensamento cotidiano, um passar ao largo do habitual sem lhe dar atenção, já que ninguém costuma se preocupar com as razões do que acontece com frequência[57]. Com a mesma tenacidade mantém-se no pensamento cotidiano o que é considerado verdadeiro desde os tempos antigos, o que se coaduna com isso, e, mesmo que a quantidade de casos contrários seja muito grande, estes não são levados em consideração etc.

Por fim, a apresentação do quarto tipo (*idola theatri* [ídolos do teatro]) dirige-se contra as filosofias existentes até então, e Bacon as critica justamente pela antropomorfização: "figuram [nelas] mundos fictícios e teatrais"[58]. Ao fazer isso, ele enfatiza expressamente que sua crítica se refere não só à filosofia em sentido estrito mas também aos princípios da prática das ciências particulares.

A crítica baconiana do pensamento cotidiano se dirige também contra as possíveis falhas [*Fehler*] antropomorfizadoras da sensibilidade e do entendimento. Ele explica:

---

[54] Ibidem, livro I, artigo 59, p. 105 [ed. bras.: ibidem, p. 46].

[55] Ibidem, livro I, artigo 60, p. 105-6 [ed. bras.: ibidem, p. 47].

[56] Ibidem, livro I, artigo 45, p. 96 [ed. bras.: ibidem, p. 41].

[57] Ibidem, livro I, artigo 119, p. 167 [ed. bras.: ibidem, p. 89].

[58] Idem [ed. bras.: idem].

> É dupla a culpa [*Fehler*] dos sentidos, pois ou nos abandonam ou nos enganam. Porque, em primeiro lugar, muitas são as coisas que fogem aos sentidos, mesmo quando corretamente dispostos e sem nenhum obstáculo; o que decorre da sutileza de um corpo em sua totalidade, da pequenez das partes, da distância do lugar, da lentidão e também da velocidade de um movimento, da familiaridade com o objeto, ou de outras causas. Ademais, mesmo quando os sentidos captam a coisa, sua apreensão não é muito firme. Pois o testemunho e as informações dos sentidos têm sempre referência ao homem, não ao universo: assim, é com grande erro que se sustenta que os sentidos são a medida das coisas.[59]

Os meios para superar essas barreiras são os instrumentos e, sobretudo, os experimentos:

> Pois a sutileza dos experimentos é muito maior que a dos próprios sentidos, ainda que ajudados por instrumentos excelentes [...]. Assim, não atribuímos muito valor à percepção própria e imediata dos sentidos; e levamos isso a tal ponto que os sentidos julguem apenas sobre o experimento e o experimento julgue sobre a coisa.[60]

Já aludimos à crítica baconiana do intelecto (do pensamento cotidiano). A consideração da mera simplicidade do mundo exterior inibe e debilita o entendimento, a consideração de seu caráter composto o atordoa e desagrega. Portanto, aqui Bacon declara guerra a todas as unilateralidades e rigidezes metafísicas do pensamento cotidiano. Exige a mudança para modos de consideração que tornem o entendimento penetrante e receptivo. Porém a verdadeira estocada de sua polêmica foi dirigida contra o problema das mediações. Ele critica a filosofia – com destaque para Pitágoras, Platão e sua escola – porque ela introduz "formas abstratas, causas finais e causas primeiras, omitindo-se quase sempre as causas intermediárias"[61]. Aqui também acontece uma batalha em duas frentes, contra a abstração e contra a imediaticidade, que se encontram exatamente quando as mediações são omitidas e negligenciadas, sendo que ambas apelam para as reações espontâneas do sujeito humano à realidade e negligenciam a dedicação ao mundo das mediações mais ocultas – que contradizem a impressão [*Schein*] imediata. Segundo Bacon, surge nesse processo uma vinculação inadmissível do singular com os "princípios remotos e mais

---

[59] Idem, *Einteilung des Werks*, p. 58 [ed. bras.: *A grande restauração*, cit., p. 38].

[60] Ibidem, p. 58-9 [ed. bras.: idem].

[61] Ibidem, livro I, artigo 65, p. 112 [ed. bras.: *Novum organum*, cit., p. 51].

gerais", não só na silogística transmitida pela escolástica etc. mas também no pensamento cotidiano, que, com o auxílio de analogias e inferências analógicas, preserva desde tempos primordiais o hábito de tirar conclusões gerais a partir singularidades. Em contraposição, Bacon exige uma elevação gradual da observação de singularidades até os princípios mais gerais. Ela considera que as singularidades estão mescladas com as experiências imediatas da vida cotidiana (deve-se pensar agora em sua correção por meio de experimentos) e os princípios mais gerais são "meramente conceituais ou abstratos e nada têm de sólido".

> Os médios são os axiomas verdadeiros, os sólidos e como que vivos, e sobre os quais repousam os assuntos e a fortuna do gênero humano. Também sobre eles se apoiam os axiomas generalíssimos, que são os mais gerais. Estes entendemos não simplesmente como abstratos, mas como realmente limitados pelos axiomas intermediários.[62]

Em resumo, pode-se dizer que o sentido central mais geral da teoria do conhecimento de Bacon se situa, apesar de todas as demais divergências, na mesma linha das aspirações metodológicas de Galileu: remodelar o sujeito humano e suplantar seus limites imediatamente dados, de tal maneira que ele seja capaz de ler corretamente o livro da realidade em si.

Pode-se depreender facilmente da obra da fase inicial de Espinosa, intitulada *Tratado do melhoramento do intelecto**, que se trata aqui de uma tendência que se expressa de várias formas, mas que, por essência, é comum à época. Muitas de suas passagens mostram paralelismos notórios com Bacon, embora a posição filosófica fundamental do autor e, em consequência, seu método sejam essencialmente diferentes. Porém, também aqui o sentido de "melhoramento" é o de distanciamento do pensamento cotidiano, de sua imediaticidade e antropomorfismo, reforma, reeducação do sujeito no sentido de acolher em si, sem distorções humanas subjetivas, as legalidades da realidade em si, estabelecer a conexão com elas e pensar profundamente sobre elas em conformidade com a natureza que lhes é própria, não de acordo com os afetos humanos. Espinosa acentua com a mesma firmeza que a ordem (corretamente concebida) das ideias é idêntica à ordem das coisas, e do mesmo modo é preciso evitar a ilusão de

[62] Ibidem, livro I, artigo 104, p. 155 [ed. bras.: ibidem, p. 80-1].

* Várias traduções foram sugeridas para o termo original "*emendatio*": reforma, correção, cura, emenda. Lukács traduz *emendatio* por *Verbesserung* [melhoramento], sentido que foi mantido aqui por ter certa importância na exposição a seguir. (N. T.)

misturar com a realidade aquilo que se encontra meramente no entendimento humano[63]. Espinosa parte da constatação de que o homem se apropria do que necessita na vida de várias maneiras diferentes, como pelo ouvir dizer, pela experiência indefinida etc. Trata-se, portanto, como em Bacon, de uma crítica do pensamento cotidiano. E é interessante que, já nesse ponto, Espinosa começa a combater as abstrações dessa esfera. Tais abstrações partem de inferências fundadas meramente nas sensações, não encontram a essência verdadeira e objetiva das coisas, e suas conclusões são "imediatamente confundidas pela imaginação"[64]; desse modo é possível apreender, quando muito, os acidentes, mas jamais a essência[65]. O grande perigo desse tipo de pensamento abstrato, que se mantém no nível do cotidiano, é, portanto, o de se orientar para ideias fictícias[66]; quanto mais geral se fizer o pensamento nessa abstração, tanto mais confuso se tornará o resultado[67]. Por essa razão, Espinosa considera de importância decisiva distinguir com precisão a faculdade de representação da faculdade de conhecimento. Pois o conhecimento correto é obtido de tal maneira que os efeitos objetivos da ideia verdadeira "se dão na alma segundo a relação de formalidade do próprio objeto". Só então – portanto, após efetuada a desantropomorfização – não há mais perigo "de se misturar o verdadeiro com o falso ou o inventado"; só então se torna claro por que "entendemos algumas coisas que de modo algum se enquadram na faculdade de representação", e por que "há coisas nessa faculdade que conflitam diretamente com o entendimento..."[68].

O paralelismo das tendências básicas relativas ao nosso problema é claramente visível aqui, justamente porque muitas das principais posições filosóficas de Bacon e Espinosa são diferentes e até mesmo completamente opostas. Trata-se aqui da essência de uma grande corrente da época que parte da produção e revoluciona tanto a vida quanto o pensamento dos homens. Colocamos em primeiro plano a polêmica contra o pensamento cotidiano, sobretudo porque

[63] Baruch de Espinosa, *Sämtliche Werke*, v. 2: *Abhandlung über die Verbesserung des Verstandes* (trad. e intr. Carl Gebhardt, 4. ed., Leipzig, [Felix Meiner,] 1922), p. 44 (PhB95) [ed. bras.: *Tratado da emenda do intelecto*, trad. Cristiano Novaes de Rezende, Campinas, Ed. Unicamp, 2015].

[64] Ibidem, p. 11.

[65] Ibidem, p. 13.

[66] Ibidem, p. 22.

[67] Ibidem, p. 24.

[68] Ibidem, p. 41.

esses grandes vultos do pensamento frequentemente se posicionaram de modo muito diplomático em relação à religião (Gassendi ainda mais do que Bacon); todos ainda tinham muito presentes na memória as fogueiras em que foram queimados Lucilio Vanini e Giordano Bruno e o interrogatório de Galileu diante da Inquisição. Em suas análises ainda há resquícios das antigas visões metafísicas idealistas, que, no entanto, aparecem rebaixadas a mera terminologia, como no "*deus sive natura* [deus ou natureza]" de Espinosa. Contudo, a nítida delimitação do reflexo científico da realidade objetiva em relação à imediaticidade e à confusão sensível-intelectual da vida cotidiana já contém, implicitamente, todos os princípios de uma delimitação em relação a toda concepção religiosa do mundo, bem como a rejeição de sua validade. Em princípio, o que importa é, acima de tudo, o contraste elaborado com nitidez entre o reflexo antropomorfizador e o reflexo desantropomorfizador. Desse modo, o homem se alça acima de suas faticidades psíquicas imediatas, vinculadas à imediaticidade da tradição e das coisas santificadas pelo costume, e tenta submeter o imanente ao seu poder, dedicando-se ao em-si da objetividade, independentemente do homem, mediante aprimoramento de suas forças puramente humanas, as quais descartam toda transcendência. Ele dá assim um passo decisivo em termos ideológicos. A obra de libertação do pensamento humano, iniciada revolucionariamente pelos gregos, repete-se agora em um nível mais elevado.

Desse modo foi verbalizada *de facto* a oposição ao idealismo e à religião. Também é possível formulá-la da seguinte maneira: o reflexo desantropomorfizador da realidade não conhece transcendência alguma no sentido próprio do termo. Naturalmente o conhecimento obtido dessa maneira chega apenas até certo ponto da realidade objetiva. Porém, é da essência dessa relação com o ser-em-si que, por um lado, o respectivo limite seja concebido como provisório; a possibilidade de que seja ultrapassado, sob condições favoráveis e mediante os necessários esforços etc., permanece – por princípio – sempre aberta. Por outro lado, justamente por isso, o que se situa do outro lado desse limite não é uma transcendência. Por mais diferente que seja do que é qualitativamente conhecido até aquele momento (o "mundo" da física quântica, em contraposição ao mundo clássico), essa diferença se refere à investigação concreta do novo campo, mas não possui caráter gnosiológico: o respectivo limite do saber não representa nenhuma barreira para a cognoscibilidade. Em contraposição, quando o sujeito determina – de modo antropomorfizador – o método do conhecimento, esse limite necessariamente adquire uma acentuação emocional específica, pois se trata do limite de sua capacidade atual em relação ao seu comportamento para com o mundo, ao seu domínio da realidade objetiva. Ora, se o comportamento do homem tiver como referência o sujeito, como na cotidianidade, na religião, no idealismo subjetivo, torna-se inevitável absolutizar seu limite em relação à transcendência, concebida segundo sua imediaticidade, não segundo sua posição em relação ao processo histórico do conhecimento. A acentuação emocional que costuma acompanhar esses pores – humildade, angústia, resignação etc. – constitui a consequência natural do comportamento imediato para com um fato vital que, em si, passou por longas mediações e requer mais mediações. Essa situação se reflete na relação entre o comportamento intelectual e o modo de vida do homem inteiro. Já citamos algumas amostras tiradas da antropologia e da ética desse período {p. 317 e seg.}. Esses poucos exemplos mostraram que o processo de desantropomorfização do pensamento é diametralmente oposto ao da desumanização. A finalidade é exatamente o desdobramento e a consolidação das faculdades do gênero humano, sua elevação a um nível superior. A imanência do pensamento – consequência necessária da desantropomorfização – é a elevação do poder humano a um mundo conquistado de modo cada vez mais rico, cada vez mais intenso, não a um vácuo, a um abismo, como foi vivenciado e expresso por Pascal e por muitos depois dele.

A irresistibilidade, a irrevogabilidade e a irreversibilidade desse movimento – em contraposição ao desenvolvimento grego – se devem ao fato de ele estar fundado em um ser social de natureza totalmente diferente daquele da economia escravista antiga. Indicamos anteriormente que a escravidão não permitiu uma reconfiguração racional da produção nem mesmo onde o desenvolvimento da ciência por si só a teria possibilitado; o desprezo pelo trabalho, o barbarismo – como disse Jacob Burckhardt –, inseparavelmente associado à escravidão, impediu uma interação fecunda entre produção material e ciência, razão pela qual as mais grandiosas conquistas do pensamento em processo de libertação tiveram de permanecer gerais, abstratas e filosóficas sob muitos aspectos, e não puderam penetrar na vida e no pensamento cotidianos dos homens a ponto de revolucioná-los. A Idade Média mostrou como avanços significativos, de início isolados, da ciência nesse sentido se tornaram possíveis em consequência da extinção da escravidão. Sobre essa base, e mediante o aproveitamento e o aprimoramento desse legado, a economia capitalista pôde iniciar sua marcha triunfal.

Aqui tampouco pode ser tarefa nossa descrever esse processo, nem mesmo em rápidos traços. A única coisa que importa, neste ponto, é demonstrar as tendências desantropomorfizadoras nesse desenvolvimento. Por isso, falaremos aqui apenas dos pontos de inflexão decisivos, mas não das transições preparatórias que levaram até eles: falaremos da máquina e, mais precisamente, como ressalta Marx muito resolutamente, da máquina-ferramenta. Marx cita a frase de John Wyatt sobre a máquina de fiar, cujo programa tinha o seguinte teor: uma máquina "para fiar sem os dedos"[69]. Partindo desse ponto de vista, Marx descreve toda a diferença de princípio entre manufatura (também aquela com divisão de trabalho altamente desenvolvida) e indústria mecanizada:

> Na manufatura, os trabalhadores, individualmente ou em grupos, têm de executar cada processo parcial específico com sua ferramenta manual. Se o trabalhador é adaptado ao processo, este último também foi previamente adaptado ao trabalhador. Esse princípio subjetivo da divisão deixa de existir na produção mecanizada. O processo total é aqui considerado objetivamente, por si mesmo, e analisado em suas fases constitutivas, e o problema de executar cada processo parcial e de combinar os diversos processos parciais é solucionado mediante a aplicação técnica da mecânica, da química etc.[70]

É evidente que a força motriz não mais humana acelera extraordinariamente esse processo. Porém o essencial é que o processo do trabalho se desvincula cada vez mais das disposições subjetivas etc. dos trabalhadores, passando a ser regulado segundo os princípios e as necessidades de um em-si objetivo. "A atividade do trabalhador, limitada a uma mera abstração da atividade, é determinada e regulada em todos os aspectos pelo movimento da maquinaria, e não o inverso"[71]. Só a partir daí está dada a base material para o desenvolvimento ilimitado da ciência: a fecundação e a promoção recíprocas, fundamentalmente ilimitadas, de ciência e produção, porque ambas – pela primeira vez na história – passam a se fundar no mesmo princípio, a saber, o da desantropomorfização.

Naturalmente esse novo princípio se impôs de modo extremamente contraditório. A descrição dessas contradições, tanto internas quanto externas,

---

[69] Karl Marx, *Das Kapital*, v. I, cit., p. 335; MEW, v. 23, p. 39 [ed. bras.: O *capital*, Livro I, cit., p. 446].

[70] Ibidem, p. 343; MEW, v. 23, p. 400-401 [ed. bras.: ibidem, p. 454].

[71] Idem, *Grundrisse*, cit., p. 584 [ed. bras.: *Grundrisse*, cit., p. 581].

não pode ser tarefa nossa neste contexto. Já indicamos que a inter-relação entre vantagem econômica (no capitalismo: lucro) e aperfeiçoamento técnico-científico impele ininterruptamente para antagonismos, que muitas vezes inibem e impedem a imposição da tendência principal. Apontamos aqui somente mais uma contradição fundamental. Diante da crítica romântica e retrógrada ao desenvolvimento que surge daí, mostramos repetidas vezes que o princípio da desantropomorfização é essencialmente um princípio do progresso e da humanização. Contudo, dado que a força motriz, a busca do lucro, é contraditória em sua essência, ela tem de externar ininterruptamente esse seu caráter também nos problemas fundamentais, isto é, o princípio da humanização também se manifesta como princípio da desumanidade extrema e até da anti-humanidade. Polemizando contra os apologistas burgueses, que tentavam eliminar essa contraditoriedade do mundo, Marx ressaltou com muita nitidez a duplicidade da caracterização que ambos fazem da máquina:

> As contradições e os antagonismos inseparáveis da utilização capitalista da maquinaria inexistem, porquanto têm origem não na própria maquinaria, mas em sua utilização capitalista! Como, portanto, considerada em si mesma, a maquinaria encurta o tempo de trabalho, ao passo que, utilizada de modo capitalista, ela aumenta a jornada de trabalho; como, por si mesma, ela facilita o trabalho, ao passo que, utilizada de modo capitalista, ela aumenta sua intensidade; como, por si mesma, ela é uma vitória do homem sobre as forças da natureza, ao passo que, utilizada de modo capitalista, ela subjuga o homem por intermédio das forças da natureza; como, por si mesma, ela aumenta a riqueza do produtor, ao passo que, utilizada de modo capitalista, ela o empobrece etc. – o economista burguês declara simplesmente que a observação da maquinaria, considerada em si mesma, demonstra com absoluta precisão que essas contradições palpáveis não são mais do que a aparência [*Schein*] da realidade comum, não existindo por si mesmas e, portanto, tampouco na teoria.[72]

Porém destacar simplesmente esse modo de manifestação hostil ao humano do progresso econômico no capitalismo leva a um quadro unilateral. Já citamos a crítica marxiana a isso {p. 207}. Trata-se aqui de uma contradição interna fundamental da sociedade capitalista; nela, expressa-se a peculiaridade específica

---

72 Idem, *Das Kapital*, v. I, cit., p. 406-407; MEW, v. 23, p. 465 [ed. bras.: O *capital*, Livro I, cit., p. 513-4] [grifos de G. L.]. Uma abordagem mais detalhada dessa anti-humanidade da aplicação capitalista do princípio da desantropomorfização no processo do trabalho encontra-se nos *Manuscritos econômico-filosóficos* [ed. bras.: trad. Jesus Ranieri, São Paulo, Boitempo, 2010].

dessa formação, a saber, que ela é a forma suprema de todas as sociedades de classes, na qual produção e ciência podem expandir ao máximo as possibilidades objetivas de desenvolvimento nela dadas sob "relações antagônicas de distribuição", mas simultânea e inseparavelmente também a última sociedade de classes, que produz os próprios "coveiros". A dupla função da desantropomorfização do trabalho e do pensamento em sua forma capitalista mostra, em seu estágio desenvolvido, essa indissociabilidade do impulso econômico-prático para a frente e da reação ideológica, da derrubada dos fundamentos objetivos de um humanismo desenvolvido e do espezinhamento do caráter humanitário na prática econômica. Em um estágio mais primitivo, por exemplo, em Sismondi, essa contradição podia aparecer sob formas honestas e críticas; quanto mais desenvolvido for o capitalismo, tanto menos uma crença objetivamente boa consegue se expressar na crítica romântica. Porém a consciência burguesa não encontra solução para o dilema em nenhum estágio, como Marx verbaliza claramente em uma passagem já citada por nós {p. 208}. Todos os exemplos que mencionamos em análises precedentes sobre as renovações modernas da religião {p. 308 e seg.} refletem essa contradição, mas agora sobre a base da inevitabilidade do desenvolvimento capitalista com todas as suas consequências, até mesmo para a ciência, combinado com uma tentativa de renovar de forma estilizada o comportamento psíquico de estágios primitivos, jogando esse trunfo como contrapeso para as consequências ideológicas da desantropomorfização geral na prática do trabalho e da ciência. As ideologias do desespero generalizado, dos horrores em um mundo "abandonado por Deus", da angústia diante da tecnicização da alma, da vida e do pensamento, da técnica "que se tornou autônoma" e se agigantou como tirania sobre a humanidade, da "massificação" etc. não passam de variações apologéticas do tema, caracterizado em seus traços gerais por Marx, sob as condições do capitalismo atual.

Essa contraditoriedade do ser social dificulta ao pensamento burguês uma aplicação concreta e fecunda da teoria desantropomorfizadora do reflexo às ciências sociais. Os primeiros ensaios significativos dos filósofos dos séculos XVII e XVIII, da economia clássica, permaneceram necessariamente tomados por abstrações insuperáveis, sobretudo pelo fato de suas generalizações não conseguirem captar o desenvolvimento histórico dinamicamente progressivo, contraditório e desigual – o que igualmente decorre do dilema anteriormente aludido. Por conseguinte, era-lhes impossível aplicar uma metodologia absolutamente coerente do princípio da desantropomorfização às ciências que tratam do homem. Isso vale sobretudo para os séculos XIX e XX, no decorrer dos quais foi tomando forma com força cada vez maior um dualismo metodológico: ou permitir que o processo histórico-social se petrificasse em um formalismo sem vida, com o auxílio de abstrações superficiais e equivocadas (sociologia, economia subjetivista etc.), ou buscar "salvar" a "vida" histórica de tal maneira que as exteriorizações da vida humana fossem irracionalizadas, o que, na mitificação burguesa tardia da história, se converteu em proclamação de um antropomorfismo religioso. Naturalmente isso não exclui a aplicação de métodos desantropomorfizadores a questões específicas das ciências sociais: por exemplo, da estatística na economia e na sociologia e, até mesmo, da matemática superior na economia subjetivista etc. Isso, porém, não muda em nada os fundamentos metodológicos e ideológicos, e a reversão para um irracionalismo antropomorfizador ocorreu de modo tanto mais crasso e sem mediação quanto mais complexo e imanente foi o desdobramento desse aparato matemático. Não podemos tratar aqui do modo como esse dualismo equivocado foi suplantado pelo materialismo histórico e dialético, como nele a teoria do reflexo desantropomorfizador se tornou fundamento e método também do ser-em-si da realidade histórico-social. Nosso objetivo não é nem mesmo esboçar uma teoria do conhecimento e uma metodologia do pensamento científico, mas apenas delinear as etapas mais importantes da separação entre reflexo desantropomorfizador e vida e pensamento cotidianos. Mas nem isso constituiu um fim em si, sendo apenas um pressuposto para formular corretamente e resolver nosso problema propriamente dito: separar o reflexo estético dessa base. O significado da desigualdade e da contraditoriedade desse processo de separação, de um lado, e seu caráter definitivo, de outro, desempenharão um papel importante em nossas análises futuras.

Para preparar adequadamente esse problema, devemos acrescentar duas observações. Em primeiro lugar, lançar um olhar sobre como a vitória do reflexo desantropomorfizador retroage na ciência sobre o pensamento da vida cotidiana. Pois no início já dissemos que a diferenciação e a autonomização de esferas como a ciência ou a arte não interrompem nem empobrecem sua inter-relação com a cotidianidade, mas, ao contrário, intensificam-na. E mais precisamente, como já sabemos, em sentido duplo: tanto mediante influenciação dos questionamentos dirigidos à ciência em decorrência de demandas que se originam da prática cotidiana quanto mediante a retroação das conquistas das ciências sobre a prática diária. Já fizemos alusão à complexa desigualdade na primeira interação ao tratar de economia capitalista e progresso técnico. Essa relação adquire um caráter fundamentalmente novo no socialismo, em parte porque os estímulos de "baixo" não surgem mais de modo puramente espontâneo, não estão mais subordinados a interesses momentâneos por lucro, mas podem ser promovidos de modo organizado; em parte pela democratização da educação, que se impõe fundamental e tendencialmente e procura aproximar camadas cada vez maiores da classe trabalhadora ao nível dos construtores e engenheiros. O fato de que esse desenvolvimento pode às vezes ser detido, inibido e até distorcido por tendências contrárias nada tem a ver com as linhas básicas de nossa análise. Devemos rejeitar qualquer comparação com fenômenos [*Erscheinungen*] aparentemente análogos no capitalismo pela seguinte razão: porque no capitalismo se trata de contraditoriedades antagônicas fundadas na essência da formação, ao passo que no socialismo lidamos apenas com uma deformação dos verdadeiros princípios de seu crescimento, que, por isso mesmo, pode ser corrigida – mesmo que nem sempre de maneira rápida e fácil.

A retroação das conquistas da ciência na direção da metodologia objetiva e do comportamento subjetivo também é um processo muito complexo. Não resta dúvida de que, nesse aspecto, o capitalismo representa algo qualitativamente novo em comparação com todas as formações anteriores. Não só porque o progresso técnico-científico dos últimos séculos (e, dentro destes, especialmente nas últimas décadas) se tornou incomparavelmente mais rápido e revolucionário do que fora antes em milênios mas também porque a revolução da produção e da ciência assim efetuada teve uma incidência igualmente revolucionária sobre a vida cotidiana. Não pode ser tarefa nossa descrever esse processo aqui nem mesmo alusivamente. Devemos apenas lembrar que nem mesmo essa tempestuosa transformação conseguiu mudar os fundamentos da estrutura básica da prática e do pensamento cotidianos, anteriormente descrita por nós. É certo que ciência e técnica deixaram de ser o "segredo" de uma casta, e seus resultados se tornaram em grande medida, tanto na prática quanto na propaganda, um bem comum das mais amplas camadas. Contudo, em decorrência dos mais diversos modos de manifestação dessa situação (desde a "bricolagem" até a leitura de popularizações científicas etc.), a atitude fundamental do homem cotidiano – e todo homem é, em certas relações, um homem da vida cotidiana – realmente foi posta de cabeça para baixo? Essa atitude se transformou em atitude científica? Max Weber faz uma descrição bastante acertada da nova situação:

Tenhamos claro, em primeiro lugar, o que na prática significa propriamente essa racionalização intelectualista advinda da ciência e da técnica cientificamente orientada. Seria que hoje, por exemplo, todos os que estão sentados neste auditório têm mais conhecimento das condições de vida sob as quais existimos do que um índio ou um hotentote? Dificilmente. Quem viaja de trem – não sendo um físico profissional – não tem noção de como ele faz para se pôr em movimento. E nem precisa saber. Basta-lhe poder "confiar" no comportamento do trem para orientar seu comportamento por ele, sem fazer ideia de como se produz um tranvia e como ele se locomove. O selvagem conhece bem melhor seus instrumentos nesse aspecto.[73]

A exatidão geral dessa descrição – naturalmente apenas com referência à média, pois individualmente há muitas exceções, e a grande quantidade de exceções também representa um dado novo – é corroborada pela tendência principal do moderno desenvolvimento técnico, a saber, que, quanto mais complexas certas máquinas se tornam, tanto mais fácil é seu manejo, tanto menos exige um conhecimento real do dispositivo em si. Em relação aos aparelhos de uso diário, os ingleses empregam a expressão "*fools proof* [à prova de tolos]" como critério do automatismo que regula a si próprio, que controla o manejo autonomamente sem necessidade de reflexão ou conhecimento. Desse modo, extingue-se, na prática subjetiva da vida cotidiana, aquele colossal trabalho desantropomorfizador de mediação que produziu tais dispositivos, sendo subsumido à conexão imediata de teoria e prática, de pores de fins e imposição da vida cotidiana. Naturalmente, apesar de representar uma mudança profunda na vida cotidiana, o desenvolvimento técnico de nossa época não revoluciona radicalmente sua estrutura essencial. Não cabe discutirmos aqui em que medida essa situação será modificada por uma formação politécnica universal, pela revogação do antagonismo entre trabalho braçal e intelectual, a ser proporcionada pelo comunismo. Com certeza, por esse meio, todo indivíduo incrementará extraordinariamente seu comportamento científico também para com os objetos e dispositivos da vida cotidiana, mas ainda não se pode prever se esse comportamento terá um efeito geral, completo e universal, tampouco se transformará a prática da vida cotidiana em uma ciência aplicada conscientemente.

Visto o problema de outro ângulo, contudo, surgirá no socialismo algo fundamentalmente novo em comparação com o capitalismo. Já apontamos os

[73] Max Weber, "Wissenschaft als Beruf", em *Gesammelte Aufsätze zur Wissenschaftslehre* (Tübingen, [J. C. B. Mohr,] 1922), p. 535.

limites da aplicação dos métodos desantropomorfizadores às ciências sociais na sociedade burguesa. Esses limites se manifestam sobretudo no fato de que dificilmente se consegue uma generalização ideológica das experiências científicas na vida cotidiana, de que teorias como o copernicanismo em astronomia ou o darwinismo em biologia não conseguem destruir o poder das representações puramente supersticiosas, de que a maior parte dos homens assume uma postura inteiramente acrítica em relação ao seu entorno social, imediata no sentido da prática cotidiana descrita por nós. Nesse ponto, o socialismo possibilita uma mudança fundamental; já apontamos suas consequências para a fé religiosa (que naturalmente só podem ter um efeito tendencial). Porém a aclaração das relações sociais dos homens também não significa uma absorção do comportamento cotidiano pelo reflexo científico da realidade. (Não é preciso um exame profundo para dizer que esse processo pode ser detido e inibido, por exemplo, por teorias erradas, como as do período stalinista.) Os dois tipos de reflexo especializado e aperfeiçoado (ciência e arte) podem impregnar e influenciar muito mais fortemente o mundo da prática cotidiana do homem do que ocorreu em qualquer período anterior, mas sempre restará um mundo da reação imediata a uma realidade ainda não elaborada. Em termos concretos, isso se dá por causa da infinitude extensiva e intensiva da realidade objetiva, cujo conteúdo jamais poderá ser esgotado nem mesmo pela ciência e pela arte mais perfeitas. A existência desse terreno não aclarado constitui, ao mesmo tempo, a base para a continuidade do desenvolvimento da ciência e da arte: em termos subjetivos, em parte como reação necessária ao estado de coisas que descrevemos acima e em parte porque essa infinitude tão extensiva quanto intensiva da realidade objetiva também produz a correspondente inesgotabilidade dos problemas vitais de todo indivíduo humano – em um estágio cada vez mais elevado. A ordem livre da vida na fase mais elevada, na fase comunista do socialismo, do mesmo modo que não pode significar o retorno ao comunismo primitivo, não pode constituir – no campo ideológico – um "*ricorso*" no estilo de Vico ao amálgama indiferenciado de reflexo científico e artístico da realidade com o da prática cotidiana imediata (ou seja, uma renovação de seu amálgama na magia em um estágio superior). O progresso não é possível sem diferenciação e especialização. Porém a superação socialista dos antagonismos desse desenvolvimento não suprime essas condições de progressão continuada. A nosso ver, é ocioso perguntar – por ora – como se parecerão as interações que surgirem então.

A segunda observação se refere ao desenvolvimento histórico do próprio comportamento desantropomorfizador, à descoberta de novas categorias da realidade objetiva nesse percurso e à relação dessas categorias com os demais tipos de reflexo da realidade. Até aqui já nos ocupamos repetidamente da unidade e da diversidade dessas formas de refiguração. Está claro, sem dúvida, que certas categorias fundamentais da objetividade, da inter-relação entre objetos, da legalidade dos seus movimentos etc. têm de constituir o fundamento de todo reflexo da realidade fiel à verdade. Em contrapartida, tivemos de constatar que, no modo de aplicação das categorias, as finalidades concretas, típicas, postas pelos homens e pela sociedade, desempenham um papel extraordinário, o que faz surgir – também subjetivamente – uma história das categorias {p. 195 e seg.}. Nesse desenvolvimento, o crescimento qualitativo do princípio desantropomorfizador na Era Moderna e os resultados teóricos logrados com seu auxílio adquirem especial importância. Uma contraposição meramente abstrata da arte antropomorfizadora e da ciência desantropomorfizadora faria esse antagonismo se petrificar em um antagonismo metafísico. A importância que a descoberta da geometria, por exemplo, teve para a arte – adiante abordaremos em detalhes essa questão – por si só já constituiria uma refutação drástica dessas contraposições esquemáticas; porém a colaboração da ciência e da arte na elaboração das leis da perspectiva na Renascença corrobora a advertência contra essas construções precipitadas.

Apesar de todas essas ressalvas, é preciso considerar a peculiaridade específica da inversão qualitativa realizada pela desantropomorfização no reflexo científico da realidade nos últimos séculos. Por exemplo, a geometria euclidiana, sem dúvida, já representa um estágio superior do reflexo desantropomorfizador. Mesmo assim, sua perceptibilidade ainda mantém um contato indissolúvel com a apreensão humana visual da realidade. Contudo, o desenvolvimento ascendente das ciências rompeu esses vínculos. O processo em que o reflexo científico se liberta da sensibilidade humana é por demais conhecido para que seja necessário descrevê-lo aqui. Tampouco é necessário enumerar as novas categorias e os novos nexos categoriais que surgiram nesse processo e se tornaram significativos para a formação científica de conceitos que nada mais têm a ver com a imediaticidade da vida cotidiana nem com o reflexo estético que dela emerge. Basta lembrar a eficácia recém-descoberta da causalidade na teoria da probabilidade estatística. Com categorias e nexos desse tipo e similares, os campos da ciência e da arte passam a separar-se também em termos categoriais.

Para a ciência, agora é possível, por exemplo, calcular exatamente o risco de perdas humanas em uma batalha etc. Para a arte, o homem singular no contexto de guerra – naturalmente alçado aos píncaros da tipificação – continua sendo, do começo ao fim, objeto e meio da configuração. As tentativas de "embutir" o aspecto estatístico na poesia {necessariamente} falharam de forma clamorosa em termos estéticos, tanto quanto as tentativas de alguns artistas surrealistas ou abstratos de aproveitar na pintura os resultados das mais recentes pesquisas físicas sobre a estrutura interna do mundo atômico.

Essa nova situação gerou confusões nos dois campos – além dos descaminhos da arte a que aludimos, houve um avanço temporário de concepções idealistas subjetivas nas ciências (negação da causalidade no cálculo estatístico das probabilidades, superestimação formalista fetichista da matemática etc.) –, mas nada que afete a importância de época da separação que assim se instaura. Nesse processo, é decisivo para nós que, quanto mais a ciência avança com êxito na desantropomorfização de seu reflexo e na elaboração conceitual deste, tanto mais intransponível se torna o abismo entre reflexo científico e reflexo estético. Após estes se desvincularem {da} unidade indiferenciada do período mágico, seguem-se longos períodos de desenvolvimento paralelo, de fecundação recíproca imediata, de manifestação diretamente visível de que os dois campos refletem a mesma realidade. Naturalmente essa afirmação é válida ainda hoje; porém a ciência avançou por campos que não podem mais ser apreendidos pelo antropomorfismo da arte de nenhuma maneira. Desse modo, terminam a participação da arte nas descobertas científicas, como ocorreu na Renascença, e a passagem direta dos resultados científicos para a imagem de mundo da arte. (Esta já se tinha tornado problemática na segunda metade do século XIX; pense-se na hereditariedade em Ibsen e Zola.) Porém seria rigidez metafísica inferir disso uma cessação completa das inter-relações entre ciência e arte. Pelo contrário. Há muitas tendências em ação que as intensificam; a cessação de uma inter-relação imediata – que em geral, ao ser examinada mais de perto, é mais mediada do que se mostra à primeira vista – pode ser substituída por inter-relações mais fecundas, se bem que mais mediadas, ou seja, inter-relações que entram em vigor mediante a fecundação da imagem de mundo universal da arte pela ciência e vice-versa. O tratamento detalhado dessa questão extrapola os limites deste trabalho; nossa intenção era apenas indicar brevemente o lugar metodológico da nova situação.

3
Questões prévias de princípio sobre a separação entre arte e vida cotidiana

Ao voltarmo-nos agora para o reflexo estético da realidade, constatamos que o princípio mais geral da diferenciação é parecido com o da diferenciação científica: ambos se separam de maneira muito lenta, contraditória e desigual da vida, do pensamento, das emoções etc. próprios do cotidiano. Foi necessário um desenvolvimento muito longo até que cada um desses reflexos se constituísse como esfera particular da atividade humana, até que se tornasse autônomo (obviamente, no quadro da divisão social do trabalho correspondente), até que a peculiaridade do respectivo reflexo específico da realidade objetiva adquirisse forma, até que suas legalidades se tornassem conscientes como tais, primeiro na prática e mais tarde na teoria. É claro que também se deve considerar o processo inverso, o refluir para o interior da cotidianidade das experiências reunidas no reflexo que se tornou diferenciado. Porém, durante a análise do reflexo científico, pudemos observar que essa incidência na vida cotidiana em geral é extensiva e intensivamente tanto mais forte quanto mais energicamente a respectiva esfera especializada tenha podido desenvolver a sua peculiaridade particular.

Apesar dessa similaridade sumamente geral, os dois processos de diferenciação também apresentam diferenças muito grandes. Naturalmente, as razões disso só poderão ser aclaradas no decorrer das investigações concretas que apresentaremos a seguir sobre a peculiaridade do reflexo estético. Neste ponto, antecipamos somente um elemento: a plenitude precoce que às vezes emerge, de forma surpreendente ou até impressionante, em certas atividades artísticas de estágios muito primitivos (pintura rupestre no sul da França, certos ornamentos primitivos etc.). Esses fatos são tanto mais significativos porque estão inseparavelmente ligados às tendências essencialmente dominantes do desenvolvimento, ou seja, a atividade artística como um todo se constitui como unidade muito depois da ciência, desvinculando-se de modo bem mais lento e hesitante do fundo comum da prática cotidiana, mágica (religiosa), do que a ciência.

Essa diferença tem razões de ser muito tangíveis e materiais. A aquisição de conhecimentos sobre o mundo externo circundante e o conhecimento incipiente de seus nexos integram de tal modo a prática cotidiana que nem mesmo os homens mais primitivos puderam esquivar-se de tomar esse caminho, sob pena de perecerem. Por mais profundamente que essa ciência incipiente esteja inserida na cotidianidade da era da magia, por mais lentamente que se expanda a consciência dos homens do seu fazer objetivo, o movimento, ainda assim, é irresistível, pois está profundamente ancorado na proteção e na reprodução da pura existência. A necessidade social da arte não tem raízes tão tangíveis e óbvias. O aspecto decisivo não é que todo exercício da arte pressupõe certo ócio, certa liberdade – por mais relativa que seja – em relação às preocupações cotidianas, às reações imediatas obrigatórias da cotidianidade às necessidades elementares. Esse tipo de ócio pressupõe também os primeiríssimos primórdios da ciência, em absoluto reconhecidos conscientemente. Contudo, a conexão mais estreita e mais evidente desta com as demandas do dia a dia torna forçoso em dois sentidos o ócio necessário a ela. Em primeiro lugar, na medida em que a força imperativa desses postulados cotidianos incide sobre a comunidade e impõe uma divisão do trabalho, por mais primitiva que seja (dotada de ócio para refletir sobre tais problemas); em segundo lugar, na medida em que o conhecimento que se origina daí viabiliza o início de um domínio sobre o entorno, sobre as coisas etc. e, sobretudo, sobre o próprio homem. Com isso, surge certa técnica do trabalho e com ela certa elevação do próprio homem trabalhador acima de seu nível anterior de domínio de suas capacidades físicas e intelectuais.

Tudo isso – certo patamar, por mais modesto que seja, da técnica e da reeducação dos homens que a manejam – é igualmente pressuposto para os primeiríssimos primórdios de uma atividade artística, por mais inconsciente que seja esteticamente. Pense-se na Idade da Pedra. A fase em que pedras apropriadas eram encontradas e guardadas já implica pontos de partida para esse reflexo da realidade que, mais tarde, resulta na ciência. Pois já é preciso haver certo grau de capacidade de abstração, de generalização das experiências de trabalho, uma ultrapassagem das impressões puramente subjetivas, pouco organizadas, para que se possa enxergar com clareza o nexo entre a forma de determinada pedra e sua adequação para certas operações. Nesse estágio, contudo, ainda é impossível haver um ponto de partida para a arte. Para isso, não só a pedra deve ser talhada ou polida, transformada em ferramenta pela mão humana, como também a técnica usada para isso deve permitir o acolhimento – mesmo que inconsciente – de motivos artísticos em um nível relativamente alto. Boas demonstra que é necessária uma técnica relativamente desenvolvida de talhadura ou polimento para que a pedra adquira a forma correta, para que sua superfície polida apresente partes não em desordem, mas que tenham homogeneidade, paralelismo etc.[1] No início, isso ainda não implica nenhum tipo de intenção estética; não é nada mais do que a melhor adaptação técnico-artesanal à finalidade prática imediata do trabalho. Porém, está perfeitamente claro que, antes que o olho humano fosse capaz de perceber com precisão formas e estruturas, antes que a mão pudesse arrancar com presteza da pedra os paralelismos necessários, as distâncias iguais etc., deveriam estar ausentes todos os pressupostos para uma ornamentística, mesmo que fosse a mais primitiva delas.

Portanto, o nível objetivo da técnica é, ao mesmo tempo, um nível de desenvolvimento do homem trabalhador. Engels pinta um quadro muito nítido dos traços decisivos desse desenvolvimento:

> Até que o primeiro cascalho foi processado pela mão humana para se tornar uma faca podem ter transcorrido períodos em comparação com os quais o tempo histórico que conhecemos parece insignificante. Porém o passo decisivo fora dado: a mão foi liberada e pôde adquirir habilidades sempre novas, e ao mesmo tempo a maior flexibilidade adquirida foi legada e multiplicada de geração em geração. Assim a mão não é só o órgão do trabalho, ela também é produto dele.[2]

Engels demonstra, além disso, que o aprimoramento da mão teve repercussões importantes sobre o restante do organismo. Já falamos sobre o contexto do

---

[1] Franz Boas, *Primitive Art* (Nova York, [Capitol,] 1951), p. 21.

[2] Friedrich Engels, *Herrn Eugen Dührings Umwälzung der Wissenschaft. Dialektik der Natur. 1873-1882* (ed. V. Adoratskij, Moscou-Leningrado, 1935), p. 694-695; MEW, v. 20, p. 445 [ed. bras.: *Dialética da natureza*, trad. Nélio Schneider, São Paulo, Boitempo, 2020, p. 340].

trabalho, a habilidade adquirida com ele, a comunhão mais elevada que surgiu com a linguagem {p. 198-9, 226 e seg.}. Aqui devemos acrescentar que Engels ressalta enfaticamente o refinamento e a diferenciação especificamente humanos dos sentidos. Nesse caso, não se trata, em primeira linha, de um aperfeiçoamento fisiológico. Pelo contrário. Nesse aspecto, muitos animais são muito superiores ao homem. O que importa é que a capacidade de perceber as coisas se modifica, amplia, aprofunda e refina qualitativamente por meio das experiências do trabalho. Já aludimos a essa questão em outros contextos {p. 221 e seg.}. Engels enfatiza também nesse ponto as interações desse desenvolvimento com o trabalho, a linguagem, a capacidade de abstração e inferência etc.

Na antropologia de Gehlen, encontramos menção a outra concretização do processo de diferenciação dos sentidos em andamento nesse período. A análise correta desse autor de certos fatos e nexos é muito valiosa para nós, na medida em que suas pressuposições e inferências filosóficas com frequência são diametralmente opostas às nossas. Porém, como aqui o que importa para nós é exclusivamente a constatação de uma tendência concreta de desenvolvimento, evitaremos toda polêmica ou crítica detalhada. O leitor depreenderá já da terminologia de Gehlen em que ponto residem os antagonismos entre uma antropologia idealista moderna e uma antropologia materialista dialética, tanto em termos fundamentais quanto no detalhe. Gehlen fala sobre a divisão de trabalho dos sentidos que foi surgindo gradativamente, e é indiferente para nós que ele observe esse processo no curso do desenvolvimento da criança, ao passo que, em nossa opinião, o processo essencial transcorreu na infância da humanidade; pois consideramos – como Hegel e Engels – o "desenvolvimento da consciência individual por seus diversos estágios [...] a reprodução abreviada dos estágios percorridos historicamente pela consciência humana"[3]. Gehlen diz o seguinte:

> O êxito desses processos, nos quais movimentos de todo tipo, especialmente os das mãos, atuam em combinação com todos os sentidos, especialmente o da visão, é a "reelaboração" do mundo circundante, precisamente no sentido de sua disponibilidade e execução: uma após a outra, as coisas são postas em uso e depois postas de lado, mas no decurso desse procedimento são imperceptivelmente enriqueci-

[3] Idem, *Ludwig Feuerbach und der Ausgang der klassischen Philosophie* (ed., pref. e notas Hermann Duncker, Viena, [Literatur und Politik,] 1927, Marxistische Bibliothek 3), p. 20; MEW, v. 21, p. 269.

das com um simbolismo de alto quilate, de modo que, por fim, a visão sozinha, um sentido que atua sem esforço, as percorre e acaba vendo ao mesmo tempo os valores de uso e manejo que antes haviam sido experimentados penosamente com a própria atividade.[4]

Sem nem sequer esboçar uma crítica à concepção e à terminologia idealistas, apenas observamos que, por trás do que Gehlen entende por simbolismo, se encontra um problema essencial da origem da visualidade especificamente humana e de sua continuação até a arte visual. A respeito disso, basta observar que conceito e expressão do "simbolismo" de modo nenhum constituem um "acréscimo" do sujeito ao modo objetivo de manifestação dos objetos, mas são uma continuação, um aprimoramento, um refino de seu reflexo. Quando se diz, por exemplo, que a visão humana aprimorada é capaz de captar visualmente, por exemplo, o peso, a estrutura material etc., sem precisar recorrer ao tato, é porque as marcas visuais que distinguem tais propriedades não eram diretamente notadas e, por isso, não eram perceptíveis à visão em um estágio primitivo, devendo, por isso, ser apreendidas primeiro e de modo geral pelo tato; ainda assim, objetivamente, elas são componentes de uma apreensibilidade visual dos objetos. O idealismo expressa pela palavra "simbolismo" essas descobertas levadas a cabo pelo processo do trabalho, pela divisão de trabalho dos sentidos decorrente desse processo e, por essa via, estreita o campo do reflexo visual, a base objetiva dessa divisão do trabalho. As possibilidades de conquista no campo mais estreito da estética naturalmente vão muito além disso. Mais adiante, ao tratar de teorias influentes como a de Konrad Fiedler, veremos que o idealismo filosófico estreita o campo da percepção sensível para poder criar espaço para suas formulações subjetivistas {p. 370 e seg.}.

O mais importante nas exposições de Gehlen é que ele ressalta energicamente a divisão de trabalho entre a visão e o tato no trabalho. Já citamos suas exposições a esse respeito {p. 224-5}. O valor dessa análise reside tanto no princípio quanto no detalhe. No princípio, porque assim se expressa com clareza a distância entre o homem, que trabalha e aprimora as experiências de trabalho, e os animais mais evoluídos, precisamente quanto a essa divisão do trabalho e cooperação dos sentidos. Gehlen faz boas descrições acerca disso, mas elas precisam ser complementadas, sobretudo no que diz respeito à

[4] Arnold Gehlen, *Der Mensch. Seine Natur und seine Stellung in der Welt* (4. ed., Bonn, [Junker und Dünnhaupt,] 1950), p. 43.

diferença {entre o homem e o animal}, que aparece como um abismo metafísico que existe desde a eternidade, e à essência antropológica do homem em contraposição à do animal, que não aparece como produto do trabalho, isto é, os resultados do trabalho – do devir homem do homem – não são apresentados como resultados, mas como pressupostos desse processo.

Dentro dos limites acima apontados, Gehlen faz observações e descrições excelentes e extraordinariamente fecundas sobre o caráter da visualidade humana. Mais tarde retornaremos à sua importância para a arte. Aqui citamos apenas um trecho para lançar luz sobre a divisão de trabalho dos sentidos por meio do trabalho, na qual a visão assume as funções do tato. Gehlen diz o seguinte:

> Em parte, costumamos não perceber em um objeto como uma xícara, por exemplo, as cintilações nem os sombreados, as ornamentações, mas, em parte, o olho os toma como auxílios indicativos da concepção de espaço e forma, e assim são "tidas", portanto, indiretamente, as partes posteriores e as áreas viradas para o lado oposto ao que nos encontramos. Sobreposições são avaliadas da mesma forma. Em contrapartida, a estrutura material ("porcelana fina") e o peso são vistos integralmente no mesmo momento, mas de um modo diferente e, por assim dizer, mais "predicativo" do que o caráter que se evidencia em primeiro plano, que é o de "recipiente", isto é, o aspecto oco e arredondado, e de um outro modo ainda são vistos certos dados ópticos, por exemplo, a asa ou o ponto de "manuseio" da forma em seu conjunto, que dão sugestões de movimentos para o uso. Porém o olho abrange todos esses dados com um só olhar. Deve-se dizer até mesmo que o nosso olho é extraordinariamente indiferente ao objeto real da sensibilidade e ao que é sentido em segundo plano em cada caso, mas, em contraposição, é extremamente sensível às indicações altamente complexas.[5]

Gehlen também reconhece, muito corretamente, o papel da habituação nesse processo, porém, uma vez mais, sem levar em consideração o trabalho (nem a arte, em um estágio posterior).

Adiantamo-nos muito ao desenvolvimento real e temos de aprofundar essa antecipação dos resultados finais, feita para aclarar os estados iniciais da diferenciação – que desconhecemos e, previsivelmente, jamais conseguiremos conhecer de fato –, a desvinculação gradativa do reflexo artístico em relação ao {reflexo} da vida cotidiana, sua autonomização não só em relação a este mas também em relação ao da ciência (e ao da magia e ao da religião). Também aqui

---

[5] Ibidem, p. 67-8.

se trata do método marxista, segundo o qual a anatomia do homem fornece uma chave para a anatomia do macaco, ou seja, os estágios iniciais, em si desconhecidos e não passíveis de investigação científica, podem ser reconstruídos em termos de qualidade, direção, tendência etc. por meio das consequências identificáveis e com o auxílio dos impulsos por eles desencadeados, que só se tornam visíveis em estágios mais desenvolvidos. Trata-se de percorrer na direção inversa o desenvolvimento alcançado até agora, levando em consideração as etapas intermediárias que conhecemos e tirando conclusões a partir dos modos de diferenciação, hipóteses a respeito do estado primitivo indiferenciado, sua dissolução, embriões futuros contidos nele.

O processo de diferenciação do reflexo artístico que assim pode ser acompanhado – de modo muito problemático – oferece dificuldades muito especiais em comparação com o da ciência. Isso se deve sobretudo à conscientização ocorrida bem mais tardiamente. No desenvolvimento grego, pudemos ver que a forma ideológica mais consciente do comportamento científico, a filosofia, chega a desempenhar um papel pioneiro em vista das ciências particulares propriamente ditas. Naturalmente é necessário um estágio bem determinado de desenvolvimento das forças produtivas e, portanto, da técnica das ciências particulares para que possa haver algo como uma reflexão e conscientização desse tipo. Contudo, uma vez existindo como generalização das experiências, ela vai muito além, sobretudo na Grécia, do grau que fora atingido naquela época pela técnica e pelas ciências particulares. Essa função da filosofia não cessa nem mesmo no período de crescimento durante e após a Renascença. Engels diz o seguinte sobre o papel da filosofia no desenvolvimento das ciências da natureza:

> À filosofia daquela época cabe a suprema honra de não se ter deixado demover de seu propósito pelo estado limitado dos conhecimentos sobre a natureza de seu tempo, de ter insistido – de Espinosa até os grandes materialistas franceses – em explicar o mundo a partir de si mesmo e deixar a cargo da ciência natural do futuro apresentar a justificativa detalhada disso.[6]

A filosofia da arte, a estética, não poderia nunca desempenhar tal papel para a tomada de consciência da arte. Ela sempre entrou em cena *post festum*,

---

[6] Friedrich Engels, *Dialektik der Natur*, cit., p. 486; MEW, v. 20, p. 315 [ed. bras.: *Dialética da natureza*, cit., p. 44].

inclusive em figuras da grandeza de Aristóteles, e seus resultados mais significativos foram, como se vê justamente em Aristóteles, fixações conceituais de um estágio já alcançado de desenvolvimento da arte. Isso não aconteceu por acaso. Pois, apesar de toda a gradualidade e contraditoriedade do processo de separação entre o reflexo científico e o reflexo cotidiano (e os reflexos da magia e da religião), o abismo entre eles é suficientemente manifesto, para que – sob condições sociais favoráveis – seja passível de generalização filosófica de modo célere e essencialmente correto. Contudo, a peculiaridade do reflexo artístico – quando examinada de modo imediato – destaca-se muito menos nitidamente dessa base comum, produz fenômenos de transição [*Übergangserscheinungen*] de duração muito longa, podendo manter, até em um estágio altamente desenvolvido, uma ligação muito estreita com o cotidiano, a magia e a religião e amalgamar-se inteiramente com eles em termos de aparência externa e imediata.

Novamente é muito instrutivo estudar essa constelação em um estágio mais desenvolvido. Pensemos no desenvolvimento grego. Vemos, por um lado, que literatura e arte (em comparação com o Oriente) puderam expandir-se de modo relativamente autônomo, livre de prescrições teocráticas. Porém, justamente desse modo se torna visível como foi tardia a separação entre arte e religião, o processo em que a arte se coloca sobre os próprios pés. Em uma datação bem antiga, pode-se remontar a Sófocles, mas uma consciência real da separação só viria a existir em Eurípides. Em outros contextos {p. 287-8}, já indicamos que aqui foram lançadas as bases intelectuais do comportamento crítico reprovador da filosofia, que buscava libertar a ciência e libertar a si mesma (Heráclito etc.), em relação à arte e ao artista. Esses filósofos veem no princípio estético – com razão – um princípio antropomorfizador e, dado que encaram o antropomorfismo da religião, do mito etc. como seu principal inimigo intelectual, o estético é estigmatizado nesse contexto – sem razão – como aliado e instrumento da superstição antropomorfizadora. Pois a dificuldade {para} uma autonomização tão resoluta como {a} que foi obtida pela filosofia e pela ciência reside em que o princípio estético possui de fato um caráter antropomorfizador – como detalharemos a seguir. Se não foi fácil separar de todo antropomorfismo o princípio desantropomorfizador do reflexo científico da realidade, tendo sido necessário para isso um processo que se estendeu por muitos milênios, imaginamos o esforço necessário para se compreender que o reflexo artístico, embora antropomorfizador em essência, representa uma particularidade tal desse princípio que se diferencia – em termos temáticos e metodológicos, quanto ao conteúdo e à forma – nitidamente tanto do reflexo da vida cotidiana quanto do reflexo da magia ou da religião!

Permitimo-nos, neste ponto, uma observação atinente à aclaração dos conceitos. Para nós, como ressaltamos repetidas vezes, o antagonismo entre o princípio desantropomorfizador e o princípio antropomorfizador do reflexo desempenha um papel decisivo. A essência do primeiro já foi claramente determinada; e também já falamos sobre a dialética das questões atinentes à visão de mundo. No caso da antropomorfização, pode haver uma quantidade muito maior de ambiguidades. Por exemplo, alguns pesquisadores só reconhecem uma antropomorfização quando o homem projeta direta e expressamente suas próprias formas e qualidades no cosmo. Foi o que Gehlen fez recentemente, ao dizer o seguinte sobre essa questão:

> A magia é fundamentalmente egoísmo grupal, ou até egocentrismo, e não necessita, para sua técnica, de entidades humanizadas, antropomorfas. Justamente os presságios quase nunca são humanos; para fins de feitiçaria, recorre-se com predileção a espíritos animais, lança-se mão da chuva, nuvens e animais caçados, os símbolos dos xamãs são o pássaro, o cavalo, a árvore da vida etc. Isso muda somente no estágio do politeísmo – quando os deuses assumem figura humana e realmente se tornam deuses, isto é, torna-se certo e seguro que eles governam. [...] O Deus antropomorfo é exatamente aquele que deixou de atuar antropocentricamente...[7]

Gehlen confunde o objeto da antropomorfização com o método desta. (Não podemos abordar aqui as razões dessa confusão, que têm origem na totalidade de sua filosofia da história.) Não resta dúvida de que as religiões dos deuses, em especial o monoteísmo, representam formas mais desenvolvidas, mais elevadas do antropomorfismo do que as da magia. O fato de o mundo ser governado por Deus ou por deuses significa que a influenciação imediata imaginária do curso do mundo pela magia foi repelida e seu funcionamento independente do homem foi fixado ideologicamente. Mas isso resultou realmente na superação da "visão de mundo" mágica? O próprio Gehlen é forçado a admitir o oposto, como Eduard Meyer e Jacob Burckhardt: "Em toda parte, o aprofundamento ético anda de mãos dadas com recaídas nas formas mais primitivas da religião, que pareciam já ter sido completamente suplantadas"[8]. Essa preservação de

---

[7] Arnold Gehlen, *Urmensch und Spätkultur. Philosophische Ergebnisse und Aussagen* (Bonn, [Athenäum,] 1956), p. 274-5.

[8] Idem.

elementos importantes da magia nas religiões não é nenhum acaso. E vale não só para o politeísmo antigo e o oriental, mas também para as religiões monoteístas; o calvinismo foi o primeiro a fazer uma tentativa séria de liquidar radicalmente os resquícios da magia na religião. Assim, as "recaídas" a que se referem Meyer e Burckhardt o são apenas em termos quantitativos; também em períodos anteriores, muitos resquícios da magia, na maior parte, continuaram a conviver pacificamente com as novas representações de deuses. É evidente, portanto, que Gehlen não só superestima o antagonismo entre magia e religião mas também introduz neles um antagonismo inexistente no que se refere ao princípio antropomorfizador. Se os objetos da magia se concentram nos fenômenos naturais [*Naturerscheinungen*] (animais, energias etc.), de onde a magia tira sua concepção a respeito da essência deles? Sem dúvida, das experiências que o homem fez sobre si mesmo naquele tempo, sobre suas relações com a natureza à sua volta. A razão por que esses objetos são menos abertamente "personificados" do que os das religiões posteriores é simples: a personalidade humana ainda estava bem menos desenvolvida, bem menos consciente de si mesma. Por exemplo, o fato de a figura do demiurgo só aparecer mais tarde explica-se com naturalidade a partir disto: na época da simples coleta, do predomínio da caça, da pesca etc., atribuía-se, em termos ideais, necessariamente aos "poderes impessoais" um papel muito maior na autopreservação dos homens do que em estágios posteriores, quando coube ao trabalho um papel muito mais importante. Contudo, isso modifica apenas os objetos que são projetados como causas no mundo exterior, em sua constituição, modo de ser etc., mas não o ato de projetar a partir das experiências interiores do homem na realidade objetiva. Antropomorfização e desantropomorfização seguem caminhos distintos precisamente neste ponto: se partem da realidade objetiva, se seus conteúdos, suas categorias etc. existentes em si são alçados à consciência ou se ocorre uma projeção deles de dentro para fora, do homem para a natureza. A partir desse ponto de vista, o culto de animais ou de forças da natureza é tão antropomorfizador quanto a criação de deuses semelhantes a humanos.

Essa questão da antropomorfização desempenhará um papel central em nossas considerações posteriores, em conformidade com sua importância. Aqui ela é apenas mencionada, de modo forçosamente abstrato e antecipado, porque assim já se pode dar visibilidade, em traços bastante gerais, a certas propriedades desse processo de separação: em primeiro lugar, a dificuldade e a complexidade do processo objetivo de separação, a saber, o modo como surge – não importando que tipo de consciência o acompanha –, na prática artística, uma objetividade estética específica, que, embora seja igualmente antropomorfizadora, se diferencia qualitativamente por sua essência das formas de objetividade do cotidiano, da magia e da religião; em segundo lugar, o que dissemos a respeito do caráter *post festum* da tomada de consciência desse tipo de reflexo {p. 354} torna-se um pouco mais sólido nesse nível tão abstrato da análise. Torna-se compreensível que apareça aqui, em escala particularmente extrema, o princípio geral da prática incipiente, o "eles não sabem disso, mas o fazem". O modo específico da objetividade estética e o comportamento especificamente estético em relação a ela já estavam definitivamente formados na prática muito antes que se pudesse observar um avanço razoavelmente sério do pensamento no sentido de uma distinção conceitualmente precisa e teoricamente fundamentada entre as diferentes formas do reflexo antropomorfizador da realidade, como aconteceu com as contradições desantropomorfizadoras na filosofia. De fato, foi necessário – com poucas exceções, entre as quais, todavia, figura Aristóteles – um desenvolvimento que durou milênios para eliminar do meio dos critérios das "verdades" estéticas os elementos das "verdades" científicas, para deixar de valorar a "verdade" do reflexo estético – tanto positiva quanto negativamente – segundo esses critérios.

A dificuldade aumenta ainda mais pelo fato de que as primeiras formas de expressão dos reflexos científico e filosófico da realidade aparecem intensamente mescladas a elementos estéticos. Estes provêm inquestionavelmente do período mágico, no qual as tendências que mais tarde se diferenciariam ainda se apresentam entrelaçadas umas com as outras. Pense-se na poesia oriental antiga, na qual essa tendência – inorgânica por sua essência objetiva – se conservou ainda por muito tempo. Porém, até na Grécia, onde a separação do conteúdo, e até mesmo da objetividade, se constituíram relativamente cedo, é comum encontrarmos obras científicas ou filosóficas escritas em linguagem poética e às vezes até com intuição poética; é o caso dos poemas filosóficos dos pré-socráticos e dos primeiros diálogos de Platão. É inquestionável que se inicia aí um desenvolvimento duplo, uma diferenciação muito lenta e desigual: por um lado, a poesia filosófica como gênero específico dentro do lirismo (Schiller) e, por outro, a eliminação da expressão poética na ciência e na filosofia. Contudo, nem mesmo obras tão portentosas quanto *De rerum natura* de Lucrécio efetuaram essa separação claramente diferenciadora, e até em Dante ainda encontramos vestígios da imbricação dos reflexos científico e poético da realidade.

Em vários modos de exteriorização das ciências sociais e da vida pública, essa inseparabilidade original se conserva ainda mais tenazmente. Quanto a esta última, basta apontar a retórica antiga. Não há dúvida nenhuma de que a Antiguidade a considerava uma arte. Aqui não é o lugar para expor em detalhes todas as contradições que resultam disso. Talvez seja suficiente indicar que, por um lado, a retórica adquire, por meio dessa concepção básica, um caráter formalista que às vezes descamba para o maneirismo; pois falta na retórica, forçosamente, um tratamento formal que parta do conteúdo que está objetivamente presente na poesia, embora nem sempre de modo consciente, o qual assegurava a determinidade evidente dos problemas formais concretos por meio da determinidade do conteúdo concreto em conformidade com o gênero. Por outro lado, a concepção "estética" puramente formalista da retórica que decorre disso faz necessariamente com que seus elementos "científicos" argumentativos adquiram um caráter sofista, porque são considerados unilateralmente a partir de sua eficácia imediata (emocional), e seu teor propriamente dito de verdade e sua exata concordância com os fatos são postos em segundo plano e às vezes até desaparecem totalmente.

Nessa questão não é difícil ver que até hoje não foi efetuada uma diferenciação teórica cabal nesse campo. Isso representa uma dificuldade para toda estética que queira delimitar seu campo nitidamente, sem transições – portanto metafisicamente – em relação às manifestações vitais situadas fora do seu âmbito. Em contraposição, essas contradições se dissolvem sem maiores problemas na nossa concepção – expressa até agora em termos ainda bastante abstratos, mas que se concretizará gradativamente –, a qual presume um vaivém constante das interações entre a cotidianidade e a arte, no qual os problemas da vida são convertidos em formas especificamente estéticas e resolvidos artisticamente, de um modo que lhes corresponde, fazendo com que as realizações da conquista estética da realidade fluam ininterruptamente para a vida cotidiana, enriquecendo-a tanto objetiva quanto subjetivamente. Desse modo fica claro que o discurso forense, a publicística, a reportagem etc. são componentes importantes da vida prática cotidiana. Seu pertencimento à vida cotidiana e sua incapacidade de se cristalizar nas legalidades fixas, embora em constante mudança, de um gênero estético baseiam-se no fato de que aqui a coesão imediata entre teoria e prática é obtida pelo pôr decisivo da finalidade da estruturação do todo e da configuração dos detalhes. Um discurso visa a alcançar, antes de tudo, um fim determinado, concreto, singular: levar os ouvintes a condenar ou a inocentar X, a aceitar ou a rejeitar o projeto de lei Y etc. Isso se opõe, por exemplo, tanto à jurisprudência científica, que examina as regras gerais, às quais se pretende subsumir tal caso particular, quanto ao drama ou romance, que, na configuração de determinado caso individual, buscam elaborar artisticamente a tipicidade de personagens e situações nele envolvidas. Esse abismo que separa os dois lados não pode ser transposto nem por uma aplicação de meios artísticos nem pela aplicação de meios científicos. O princípio ordenador determinante da essência do todo continua sendo a finalidade: a mobilização imediata dos meios mais diversos e heterogêneos entre si em função de um fim imediato, prático.

Quanto a essa questão, desde sempre gerou confusão o fato de que a arte também visa um efeito imediato. Contudo, podemos perceber sem nenhuma dificuldade que o sentido da imediaticidade é absolutamente distinto nos dois casos. Na retórica, o fim supremo é alcançar algo imediatamente prático; não vem ao caso se os meios sempre apelam diretamente para a imediaticidade. Na arte, em contraposição, a ênfase está posta justamente no efeito imediato pretendido pelos meios de configuração; em contrapartida, sua utilização no campo prático – o efeito educativo da arte, sobre o qual falaremos extensamente mais adiante – é algo que passa por uma mediação muito complexa e desigual. Naturalmente essas delimitações não excluem casos de transição. Por um lado, em um discurso ou artigo publicístico, o método científico e o material por ele apreendido e agrupado cientificamente podem preponderar de tal maneira, ser tão avassaladores e pioneiros no sentido científico, que a realização é científica e sua forma retórica ou publicística aparece como acessório secundário. Por outro lado, um desempenho retórico ou um escrito publicístico podem elaborar a tipicidade do caso de que estão tratando com tal força que – tornando-se amplamente independentes daquilo que os ensejou – desencadeiem um efeito artístico. Está claro que se trata aqui de casos-limite, nos quais – e isto é o essencial aqui – o critério é extraído da metodologia da ciência ou da estética; tais resultados não são alcançados mediante o cumprimento das regras da retórica, mas mediante a ultrapassagem dos seus limites. Por isso, eles não anulam o antagonismo mencionado, mas voltam a apontar – justamente por serem casos-limite – o fato fundamental enfatizado por nós de que entre cotidianidade e ciência/arte prevalece ininterruptamente uma interação dupla.

Com lentidão semelhante se deu a formação do modo propriamente científico do reflexo na historiografia. Durante todo o desenvolvimento antigo, os limites em relação a uma configuração estética permaneceram fluidos e até reiteradamente se evidencia certa prevalência do estético. O modo anedótico-novelístico de agrupar e narrar os eventos que predominavam no início (por exemplo, em Heródoto) diminuem cada vez mais, porém especialmente a incidência de elementos retóricos pseudoestéticos continua sendo extremamente importante, como vimos. A constituição definitiva da história como ciência só acontece tardiamente, na Era Moderna. Ela se baseia no fato de que a tendência cada vez mais fortalecida de reflexo científico da realidade se voltava com energia redobrada não só para a reprodução fiel dos fatos do curso da história em seus contornos gerais mas também para apreender como necessário o seu ser-propriamente-assim histórico, não afetado pela subjetividade do respectivo historiador[9]. Nisso se expressa, como facilmente se pode perceber, a vitória do princípio desantropomorfizador no reflexo da realidade: a busca por reproduzir os fatos da realidade, na medida do possível, em seu ser-em-si [*Ansichsein*] objetivo, excluindo a subjetividade humana tanto quanto possível da investigação, da seleção e do arranjo dos fatos. Essa tendência se baseia na noção cada vez mais clara de que, justamente por trás da modificação qualitativa dos fatos da vida, das relações dos homens entre si, das condições de seu agir, de sua psicologia, de sua moral, atuam forças sociais objetivas que podem ser cientificamente descobertas e explicadas, a saber, a estrutura das respectivas formações sociais, suas transformações e as causas destas. Portanto, o-ser-exatamente-assim qualitativo desses fatos não aparece mais como simples fato dado imediato, como ser-assim [*Sosein*] abstrato, mas como ponto nodal, como inter-relação entre legalidades objetivas. Esses dois aspectos eram pouco conhecidos pela historiografia antiga e, por isso, quase não foram observados por ela. É por isso que, na exposição do ser-propriamente-assim dos fatos e eventos, elementos artísticos desempenharam um papel tão importante. A licença artística para "inventar" discursos de personalidades históricas é apenas um sintoma notório dessa situação. A comparação que Aristóteles faz a propósito da generalização entre poesia e história, em detrimento da história, lança luz sobre o estágio antigo de desenvolvimento da

---

[9] Naturalmente, na Antiguidade também há ensaios nessa direção. Tucídides, com sua história da guerra do Peloponeso, foi quem mais se antecipou ao desenvolvimento posterior.

diferenciação. Não trataremos aqui dos problemas da relação entre filosofia da história e história, que desempenham um papel importante como transição, já que constituem essencialmente um problema do âmbito do reflexo científico da realidade. A historiografia só viria a se constituir como ciência coerente, como indicamos acima, quando os fatos não só foram respeitados como tais – portanto, não foram mais tipificados ou estilizados esteticamente – mas passaram a ser refletidos e expostos como modos de manifestação, pontos nodais, cruzamentos, inter-relações etc. das legalidades do desenvolvimento histórico. O fato de a expressão literária desses nexos frequentemente também lançar mão de meios artísticos confirma, a partir de um novo aspecto, o princípio das interações recíprocas, já ressaltado por nós. (Quando tratarmos da obra de arte e dos tipos de comportamento criativo, detalharemos o papel dos elementos científicos na arte.)

Essas interações, porém, não anulam o descolamento estruturalmente decisivo das esferas. A ciência histórica pôde preservar sua pureza científica (isto é, manter-se desantropomorfizadora) não obstante o amplo aproveitamento de meios estéticos de expressão na exposição literária, tanto quanto a arte como tal de modo nenhum precisa ser afetada na pureza de seus efeitos quando sua apropriação do material vital se apoia também no método e nos resultados da ciência. A primeira possibilidade pode ser vista nas obras históricas – e até nas obras econômicas – de Karl Marx, que fez a maior parte do trabalho em sua teoria sobre o método, para justificar teoricamente o princípio objetivo desantropomorfizador nas ciências sociais e implementá-lo na prática. Quanto à segunda possibilidade, a obra tardia de Thomas Mann oferece um exemplo característico. Foi preciso ao menos tangenciar indicativamente a complexidade dessa situação para que se manifestasse com clareza a dificuldade com que a esfera estética se separa do cotidiano, da religião e da ciência.

Intencionalmente tentamos aclarar as análises de tais inter-relações e transições, recorrendo a exemplos da expressão verbal de um estágio relativamente desenvolvido. Também aqui a dificuldade da separação conceitual das diferentes esferas se mostra bem grande, mas a crescente consciência, em especial sobre a ciência e a prática cientificamente conduzida por ela, torna possível destrinçar a questão. Contudo, justamente essa constatação aponta muito claramente a dificuldade dessa tarefa em estágios primitivos de desenvolvimento. Obviamente as compreensões de princípios que obtivemos aqui devem conduzir-nos, sobretudo para percebermos as separações efetuadas (ou iniciadas) objetivamente, *de facto*, também onde a consciência da diferença ainda está totalmente ausente. Nesse ponto, é preciso fazer uma observação que remonta a alusões anteriores, a saber, que é bem mais fácil efetuar as separações, ao menos conceitualmente, no caso das mesclagens dos princípios científicos com os artísticos produzidas pela vida social do que no caso da coalescência de arte e magia ou religião. Pois, no primeiro caso, como já mostramos {p. 354}, os tipos desantropomorfizador e antropomorfizador do reflexo da realidade se confrontam, ao passo que, no segundo caso, se trata de variedades de antropomorfização que se opõem em seus princípios últimos, mas que na prática permaneceram fundidas durante milênios e cuja separação gradativa constituiu não só um processo lento, contraditório e desigual mas também um processo que não transcorreu sem problemas e crises internas para a própria arte.

Antes de passar dessas observações introdutórias para a análise filosófica do processo de separação entre arte e prática humana original, indiferenciada, precisamos fazer mais uma observação preliminar fundamental. Como ressaltamos, utilizamos a título de exemplo somente formas de expressão verbal, mesmo sabendo que, com isso, não delimitaríamos nem de longe todo o campo do estético. Porém, já nesse terreno artificialmente estreitado, torna-se visível o tamanho do obstáculo que representa para a compreensão filosófica da essência e da origem da arte o princípio que perpassa a maioria das estéticas, a saber, conceber da essência do estético como algo originário e unitário desde o primeiro momento; tanto mais, se pensarmos também na ornamentística e na arte visual, na música e na arquitetura.

Com essas ressalvas não pretendemos de modo algum negar a unidade última e fundamental do estético. Pelo contrário. O resultado final de nossas análises visa justamente fundamentar essa unidade de princípio de modo correto, mais seguro do que pela suposição apriorística e supra-histórica de uma faculdade estética "originária" dos homens. Essa suposição, por sua natureza, predomina forçosamente em todas as concepções idealistas do estético. Todo idealismo parte necessária e acriticamente do estado atual de consciência do homem, estabelecendo-o como "eterno", e, mesmo que admita sua gênese fática e histórica, o desenvolvimento histórico assim reconstruído é apenas aparente. Por um lado, é apenas exterior: na melhor das hipóteses, o processo histórico existe para "realizar" no plano empírico aquilo que já foi constatado *a priori* na análise da consciência; em confronto com a dedução apriorística, ele é superficial e contingente. Como o idealismo subjetivo – qualquer que seja sua terminologia – parte do antagonismo entre ser e validade e considera esse antagonismo intangível pelo desenvolvimento histórico no plano do ser, não pode haver interações entre um e outro no sentido da constituição e da modificação da validade. Por outro lado, o idealismo objetivo – mesmo que coloque no centro da metodologia, como em Hegel, o devir histórico, o devir homem do homem – também tem de partir, ao analisar a ciência e a arte, do conceito pronto de homem (no sentido atual ou, pelo menos, no sentido do homem histórica e socialmente já formado). Em Hegel, o assim chamado período simbólico é anteposto como prólogo ao desenvolvimento propriamente dito da arte. Porém, também aqui, todas as categorias da arte consumada posteriormente já estão postas implicitamente como existentes, o desenvolvimento consiste simplesmente em sua explicitação e, portanto – justamente de acordo com o conceito hegeliano dialético e geral de desenvolvimento –, mero movimento aparente, incapaz de produzir algo essencial e qualitativamente novo. E o materialismo mecanicista opera com um conceito de homem tão supra-histórico que esses problemas da gênese não podem nem mesmo emergir. Essa situação não muda em absoluto com a ideia de Darwin, segundo a qual as categorias do estético já se encontram dispostas nos animais superiores, de tal modo que são para o homem herança de uma passado pré-humano. Como vimos, esse dogma está tão firmemente arraigado no pensamento estético precedente que, embora exatamente o marxismo tenha rompido com ele, como logo veremos, ninguém menos que Franz Mehring encara como "primeira exigência de uma estética científica demonstrar que a arte é uma faculdade própria e original da humanidade"[10]. Certamente não é por acaso que, para isso, Mehring tenha se reportado a Kant.

A razão dessas concepções residiu por muito tempo na falta de conhecimento do devir homem do homem e, em conexão com isso, na estilização da idade primitiva, dos primórdios do desenvolvimento da humanidade, como uma "idade de ouro". Aqui não é o lugar apropriado para tratar das diferentes bases sociais dessas visões – distintas e até mesmo opostas entre si. Para nós, o importante é sobretudo lançar um olhar sobre aquelas concepções que, com bastante frequência, surgiram da oposição ao caráter hostil à arte próprio das

---

[10] Franz Mehring, *Gesammelte Schriften und Aufsätze*, v. 2: *Zur Literaturgeschichte von Hebbel bis Gorki* (ed. Eduard Fuchs, Berlim, [Dietz,] 1929), p. 260; *Gesammelte Schriften*, v. 11 (Berlim, [Dietz,] 1961), p. 175.

sociedades capitalistas, razão pela qual projetaram nos primórdios da humanidade uma "idade de ouro" originariamente estética. Por isso, a civilização que surgiu da dissolução dessa era dourada tem, no tempo presente, a tarefa de realizar conscientemente os princípios que outrora brotaram de forma espontânea e inconsciente. Como ilustração, basta nos reportarmos ao famoso aforismo da *Aesthetica in nuce*, de Hamann:

> A poesia é a língua materna do gênero humano; do mesmo modo que a horticultura é mais antiga que a agricultura; a pintura é mais antiga que a escrita; o canto é mais antigo que a declamação; as metáforas são mais antigas que as inferências; a troca é mais antiga que o comércio. Um sono mais profundo era o descanso de nossos ancestrais; e seu movimento era uma dança arrebatada. Eles se retiravam por sete dias em silêncio para refletir ou admirar-se; e então abriam a boca para proferir provérbios alados.[11]

Não é muito difícil demonstrar a autoilusão de Hamann. Mesmo que fosse verdade, por exemplo, que a horticultura e a jardinagem são mais antigas que a agricultura, ainda assim seriam apenas modos diferentes de cultivo da terra; essa horta ou jardim não têm nada a ver com o jardim em sentido estético. A pintura de Hamann (hieróglifos etc.) é expressão figurada de ideias, complexo mágico de signos e, portanto, muito distante de ser a ancestral da pintura posterior etc. Mesmo que certas analogias na linguagem e no pensamento pareçam figuradas, elas contêm os embriões tanto das metáforas quanto das inferências, mas não são de modo algum a "poesia" como modo predominante de expressão de um período "pré-lógico", de um período estético. Já falamos sobre o caráter figurativo aparentemente espontâneo das linguagens primitivas (embora conheçamos todas elas em um estágio relativamente desenvolvido). Vislumbrar nelas uma língua materna poética da humanidade equivale a projetar nas palavras antigas nossas sensações tardias sobre expressões pitorescas; essas palavras são, por essência, tão abstrativas quanto as posteriores, sem estarem aptas, contudo, para uma síntese realmente generalizante. A significativa beleza singela de antigas canções populares, que com razão admiramos como exemplares, está domiciliada em uma etapa bem mais desenvolvida, em que a sentença e o nexo já regem a palavra individual – aperfeiçoada em uma ge-

---

[11] Johann Georg Hamann, "Aesthetica in nuce. Eine Rhapsodie in kabbalistischer Prose", em *Sämtliche Werke*, v. 2: *Schriften über Philosophie/Philologie/Kritik (1758-1763)* (Viena, [Herder,] 1950), p. 197.

neralização conceitual – e, em virtude de uma atmosfera envolvente, produz efeitos poéticos, pitorescos etc.

Nas exposições de Hamann, percebe-se uma reverberação distante de Vico[12]. Este, porém, faz uma estilização estética bem mais crítica da era primitiva. De fato, Vico também fala de uma era "poética" no desenvolvimento da humanidade; sua concepção oscila entre um reconhecimento realista de seu primitivismo real, sua indiferenciação em comparação com estágios posteriores e uma identificação desse primitivismo sensivelmente expressa com a poesia e a arte já desdobradas. Ele pede que filósofos e filólogos partam do autêntico "primeiro homem", ou seja, de "bestas estúpidas, imbecis e terríveis"; como ponto de comparação com a Antiguidade primitiva, ele recorre aos relatos de viagem sobre os índios e os relatos de Tácito sobre os antigos germanos[13]. Em tudo isso há ensaios muito sérios de apreensão verídica dos pontos de partida da cultura humana. Vico também vê que as formas posteriores de atividade já estavam contidas nos períodos iniciais, ainda que apenas embrionariamente. Assim surge a concepção de Vico a respeito da era primitiva:

> assim somos forçados a deduzir a sabedoria poética de uma metafísica bruta, a partir da qual, como de um só tronco, se desenvolveram, em um ramo, a lógica, a moral, a economia e a política, todas de cunho poético; em outro ramo, a física igualmente poética; ela é a mãe da cosmografia e, mais tarde, da astronomia, a qual dá a ordem certa a suas duas filhas, a cronologia e a geografia.[14]

Contudo, também para Vico, há como obstáculo intransponível o fato de ele ser obrigado a derivar da mudança estrutural da subjetividade a dialética do desenvolvimento da atividade humana. Assim chega ao seu contraste exageradamente enfatizado entre as reações abstratas, racionais, de tempos posteriores e as reações dos primeiros humanos, "que não possuíam capacidade reflexiva, mas sentidos muito aguçados e uma poderosa fantasia"[15]. Facilmente se pode perceber que esse antagonismo fundado na mera subjetividade também leva

---

[12] Que eu saiba, não há como provar filologicamente uma conexão entre Vico e Hamann. Porém Hamann facilmente pode ter recebido estímulos de Vico, por exemplo, pela pesquisa histórica inglesa sobre a Antiguidade.

[13] Giambattista Vico, *Die neue Wissenschaft* [*über die gemeinschaftliche Natur der Völker*] (Munique, [Allgemeine Verlagsanstalt/W. de Gruyter,] 1924), p. 151-2.

[14] Ibidem, p. 148.

[15] Ibidem, p. 151.

a uma idealização do estado primitivo; contudo, Vico – diga-se em sua honra – jamais chegou a levar a termo essa teoria de modo tão coerente quanto mais tarde, por exemplo, Hamann, que rebaixou à condição de mitificação, de método subjetivista, aquilo que para Vico era uma ideia genial, visando à periodização da história da cultura humana. É o que Hamann faz nas *Memoráveis socráticas*: "Mas talvez a historiografia inteira seja, como pensa esse filósofo {Bolingbroke (G. L.)} e a exemplo da natureza, um livro selado, um testemunho encoberto, um enigma, que não se consegue resolver a não ser que se lavre a terra com outro boi que não seja nossa razão"[16]. A declaração do estético como "faculdade originária da humanidade" não contém, em uma quantidade muito grande de filósofos, nenhum pensamento mitificador; isso, porém, nada muda no fato de toda a tese ser – objetivamente – um mito.

Somente a descoberta do trabalho como veículo do devir homem do homem é capaz de suscitar uma inflexão essencial rumo à realidade. Como se sabe, Hegel foi o primeiro que veio a público com essa concepção, na *Fenomenologia do espírito**[17]. No caso dele, porém, essa concepção não pôde desenvolver toda a sua fecundidade devido a sua parcialidade e limites idealistas. Marx diz o seguinte dessa teoria hegeliana, na qual, todavia, ele vislumbra uma das razões da grandeza da *Fenomenologia do espírito*: "O trabalho que Hegel unicamente conhece e reconhece é o abstratamente espiritual"[18]. As deturpações de Hegel nesse complexo de questões podem ser deduzidas, em sua maioria, dessa parcialidade fundamentalmente idealista de seu posicionamento. A origem, a formação plena e o desdobramento das atividades humanas só podem ser entendidos em inter-relação com o desenvolvimento do trabalho, com a conquista do ambiente pelo homem, com a reconfiguração do próprio homem por

---

[16] Johann Georg Hamann, "Sokratische Denkwürdigkeiten", em *Sämtliche Werke*, v. 2, cit., p. 65 [ed. port.: *Memoráveis socráticas*, trad., notas, cronol. e posf. José Miranda Justo, 2a ed. rev. e aum., Lisboa, Centro de Filosofia da Universidade de Lisboa, 2017].

* Ed. bras.: *Fenomenologia do espírito* (trad. Paulo Meneses, Karl-Heinz Efken e José Nogueira Machado, 8. ed., Petrópolis/Bragança Paulista, Ed. Vozes/Universitária São Francisco, 2013). (N. E.)

[17] Ver meu livro *Der junge Hegel und die Probleme der kapitalistischen Gesellschaft* (Berlim, [Aufbau,] 1954), p. 389 e seg. [ed. bras.: *O jovem Hegel e os problemas da sociedade capitalista*, trad. Nélio Schneider, São Paulo, Boitempo, 2018, p. 453 e seg.].

[18] Karl Marx, *Ökonomisch-philosophische Manuskripte*, MEGA, v. I/3, p. 157; MEW, v. 1, p. 574. [ed. bras.: *Manuscritos econômico-filosóficos*, trad. Jesus Ranieri, São Paulo, Boitempo, 2010, p. 124].

meio dela. Já delineamos sucintamente os princípios das inter-relações que se originam daí, observando que hoje até mesmo antropólogos e psicólogos que não se deixaram influenciar pelo marxismo ou que até o rejeitaram têm cada vez mais de reconhecer essa função transformadora do homem própria do trabalho, mesmo que não sejam capazes – justamente por seu posicionamento em relação ao marxismo – de apreender completamente esse complexo em sua totalidade historicamente dinâmica. Portanto, basta indicarmos aqui que, também em relação ao estético, Marx enfatiza expressamente essa concepção do devir homem, da formação ascendente do homem até o presente estágio. Em relação à música, por exemplo, ele diz o seguinte:

> Por outro lado, subjetivamente apreendido: assim como a música desperta primeiramente o sentido musical do homem, assim como para o ouvido não musical a mais bela música não tem nenhum sentido, é nenhum objeto, porque o meu objeto só pode ser a confirmação de uma das minhas forças essenciais, portanto só pode ser para mim da maneira como a minha força essencial é para si como capacidade subjetiva, porque o sentido de um objeto para mim (só tem sentido para um sentido que lhe corresponda) vai precisamente tão longe quanto vai o meu sentido, por causa disso é que os sentidos do homem social são sentidos outros que não os do não social; é apenas pela riqueza objetivamente desdobrada da essência humana que a riqueza da sensibilidade humana subjetiva, que um ouvido musical, um olho para a beleza da forma, em suma as fruições humanas todas se tornam sentidos capazes, sentidos que se confirmam como forças essenciais humanas, em parte recém-cultivados, em parte recém-engendrados. Pois não só os cinco sentidos, mas também os assim chamados sentidos espirituais, os sentidos práticos (vontade, amor etc.), numa palavra o sentido humano, a humanidade dos sentidos, vem a ser primeiramente pela existência do seu objeto, pela natureza humanizada.
> A formação dos cinco sentidos é um trabalho de toda a história do mundo até aqui. O sentido constrangido à carência prática rude também tem apenas um sentido tacanho. Para o homem faminto não existe a forma humana da comida, mas somente a sua existência abstrata como alimento; poderia ela justamente existir muito bem na forma mais rudimentar, e não há como dizer em que esta atividade de se alimentar se distingue da atividade animal de alimentar-se. [...] portanto, a objetivação da essência humana, tanto do ponto de vista teórico quanto do prático, é necessária tanto para fazer humanos os sentidos do homem quanto para criar sentido humano correspondente à riqueza inteira do homem e natural.[19]

[19] MEGA, v. I/3, p. 120; MEW, v. 1, p. 541-2. [ed. bras.: ibidem, p. 110].

Citamos tão extensamente as explicações de Marx sobretudo porque contêm um posicionamento claro e inequívoco a respeito do nosso problema, a respeito do desenvolvimento histórico-social dos sentidos e das atividades mentais humanas e, desse modo, assumem uma posição clara contra toda concepção de um sentido artístico "originário", "eterno" etc. do homem. Elas mostram que todas essas faculdades e os objetos que lhes correspondem surgiram gradativa e historicamente. Mais precisamente – e esta é uma diferença muito importante em relação ao reflexo científico –, deve-se sublinhar em especial que não só a receptividade, mas também seus objetos constituem produtos do desenvolvimento social. Os objetos da natureza existem em si, independentemente da consciência humana, de seu desenvolvimento social; no entanto, a atividade enformadora da consciência desses objetos é necessária para que, no reflexo científico, sejam conhecidos e convertidos de objetos enquanto entes-em-si em objetos enquanto entes-para-nós. Porém, música, arquitetura etc. surgem apenas – inclusive objetivamente – no decorrer desse processo. Portanto, sua inter-relação com a consciência produtora e receptora tem de mostrar outros traços, diferentes daqueles que são destinados meramente ao ente-em-si que se faz para-nós. O conhecimento científico da sociedade possui também um objeto de origem social, mas, depois de originado, possui um caráter em-si, como os objetos da natureza. Por mais distinta que seja sua estrutura objetiva, por mais distintas que possam ser as legalidades de sua ação daquelas da natureza, seu reflexo científico trilha igualmente o caminho que leva direto do em-si ao para-nós. Nada essencial se modifica nessa situação, ainda que nela seja bem mais difícil alcançar uma forma pura da objetividade e que qualquer desvio em relação a esta seja igualmente determinado pelo desenvolvimento social. O marxismo ressalta com a mesma ênfase os dois lados, tanto o idêntico quanto o diferente. De um lado, está toda a metodologia dos escritos sociocientíficos de Marx, que concebe seus objetos como processos que funcionam de modo completamente independente da consciência humana. De outro, Marx indica – reportando-se a Vico – que "a história dos homens se diferencia da história natural pelo fato de fazermos uma e não a outra"[20]. Na medida em que os produtos da atividade artística sejam encarados puramente

[20] Idem, *Das Kapital. Kritik der politischen Ökonomie.* Livro I, v. 1 (ed. Karl Kautsky. Stuttgart, [J. H. W. Dietz,] 1914), p. 336; MEW, v. 23, p. 393, nota 89 [ed. bras.: *O capital: crítica da economia política*, Livro I: *O processo de produção do capital*, trad. Rubens Enderle, São Paulo, Boitempo, 2013, nota 89, p. 446].

como produtos desse desenvolvimento, o que, sem dúvida, corresponde aos fatos, isto é, na medida em que sejam encarados exclusivamente como partes do ser social dos homens, as mesmas legalidades a que aludimos antes vigoram para o reflexo científico desse ser.

Contudo, no âmbito desse ser social considerado em si, eles mostram traços totalmente novos e peculiares, cuja elaboração será justamente a tarefa principal destas análises. Enumerá-los agora equivaleria a antecipar abstratamente raciocínios que só podem ser apreendidos em seu pleno sentido se considerados concretamente, no contexto teórico e histórico correto. Aqui só podemos antecipar que as inter-relações entre objetividade e subjetividade fazem parte da essência objetiva das obras de arte. O que importa não é o efeito sobre X ou Y, mas a estrutura objetiva da obra de arte que atua dessa ou daquela maneira. O que em qualquer outro campo da vida humana seria um idealismo filosófico – ou seja, que nenhum objeto pode existir sem sujeito – é no estético um traço essencial de sua objetividade específica. (Naturalmente o bloco de mármore processado na escultura existe, como pedaço de mármore, tão independentemente de toda consciência quanto de sua elaboração – como qualquer objeto na natureza ou na sociedade. A relação sujeito-objeto que indicamos, da qual trataremos extensamente adiante, só existe graças ao trabalho do escultor e exclusivamente em relação com ele.)

Os trechos que citamos de Marx aclaram justamente essa objetividade específica do campo estético, sua interação específica com o surgimento de uma subjetividade estética. Em oposição ao historicismo burguês, que no máximo reconhece um desenvolvimento histórico da inteligência humana, Marx ressalta com muita ênfase que justamente o desenvolvimento de nossos cinco sentidos seria resultado de toda a história universal até aqui. Esse desenvolvimento abrange naturalmente – e isso é nitidamente visível como fundamento das análises marxistas – bem mais do que o desdobramento de uma receptividade para a arte. Exatamente o exemplo do comer mostra que se trata, num primeiro momento, de exteriorizações elementares da vida, cujo aprimoramento objetivo e subjetivo é produto do desenvolvimento do trabalho. Esse progresso não é retilíneo; os exemplos de Marx mostram que as relações de produção e a divisão social do trabalho podem ser, mesmo em estágios mais elevados, um empecilho às relações subjetivas corretas com os objetos. Portanto, a história do surgimento da arte, tanto no sentido da produção quanto no da receptividade artística, só pode ser tratada nesse quadro, isto é, no quadro da história universal dos cinco sentidos. Desse modo, porém, todo o princípio estético se torna resultado do desenvolvimento histórico-social da humanidade.

Vê-se, a partir de tudo isso, que não há como falar de uma capacidade originária da humanidade para a arte. Essa capacidade – como todas as outras faculdades do homem – se formou gradativamente na história. Hoje, após um longo desenvolvimento cultural, é impossível não pensá-la como imagem antropológica do homem. Contudo, a ruptura com o idealismo filosófico consiste, entre outras coisas, em não exagerar em entidades abstratas, supra-históricas, propriedades do homem que hoje se tornaram óbvias e "como que naturais".

O ensinamento que tiramos dessas exposições de Marx vai muito além, portanto, do reconhecimento simples da historicidade radical da arte, da receptividade artística etc. Ao elaborar essa inter-relação entre os sentidos humanos e seus objetos, Marx não se esquece de nos chamar atenção para o fato de que os sentidos, qualitativamente diferentes entre si, terão necessariamente relações (e, por essa razão, também inter-relações) qualitativamente diferentes com o mundo dos objetos. Marx diz: "Ao olho um objeto se torna diferente do que ao ouvido, e o objeto do olho é um outro que o do ouvido"[21]. Ninguém negará o fato em si. Mas é preciso tirar dele as consequências necessárias. E estas se concentram em torno do problema de que os pontos e as fontes de surgimento da arte têm de ser necessariamente diferentes. Também nesse ponto o idealismo filosófico coloca na estética todos os nexos assentados na cabeça. Para ele, parece que o princípio estético unitário, "originário" (apriorístico), poderia ser diferenciado conceitualmente em um sistema das artes e assim sistematizado, ao passo que na realidade, de relações qualitativamente diferentes com ela, em cuja base estão, por um lado, uma realidade objetiva unitária e, por outro, órgãos qualitativamente diferentes de recepção e seu desenvolvimento histórico-social, se originam diferentes atividades, objetividades, receptividades etc. artísticas. O fato de estas, em consequência do caráter unitário da realidade objetiva e em decorrência de suas bases, funções etc. sociais, convergirem historicamente com tanta força que seus princípios decisivamente comuns podem ser apreendidos como universalmente estéticos não muda em nada a situação. Se não partirmos desses fatos, ficaremos impotentes diante da apreensibilidade filosófica da gênese da arte.

[21] Idem, *Ökonomisch-philosophische Manuskripte*, cit., p. 119 [ed. bras.: *Manuscritos econômico-filosóficos*, cit., p. 110].

Essa questão às vezes aflorou também na filosofia idealista da arte, mas ali igualmente com as deturpações típicas que fazem de um problema dialético uma questão metafísica. Konrad Fiedler, que foi bastante influente na estética alemã por certo tempo, escreveu o seguinte na observação preliminar à sua obra principal, intitulada *Über den Ursprung der künstlerischen Tätigkeit* [Sobre a origem da atividade artística]: "Dado que não existe uma arte em geral, mas apenas artes, a questão da origem das capacidades artísticas só pode ser levantada no campo específico de uma determinada arte"[22]. Fiedler deixa em aberto a questão sobre os resultados de sua pesquisa permitirem conclusões acerca de outros campos; porém o modo como ele trata essa questão indica que ele nega essa possibilidade. Ele efetua aqui duas abstrações que, devido ao seu cunho idealista e antidialético, tornam o problema confuso e insolúvel, ou melhor, empurram-no na direção de uma pseudossolução. Em primeiro lugar, ele contesta o reflexo da realidade objetiva por meio de nossos sentidos e pensamento; ele vê aí um preconceito que deve ser superado: "Na vida comum e não só nela mas também em numerosos campos da atividade intelectual superior, as pessoas se tranquilizam, dizendo que às relações objetivas justamente correspondem objetos na realidade..."[23]. O que importa para Fiedler, portanto, não é o mundo exterior, não é a interação deste com nossos órgãos sensoriais, mas exclusivamente a pura subjetividade: "Porém, assim que alguém percebe o contrassenso que consiste em pretender buscar no mundo exterior algo que não se achou primeiro em si mesmo..."[24]. A polêmica concreta de Fiedler se volta aqui contra a necessária insuficiência da expressão linguística para o concreto nas aparências. Embora sua crítica a aspectos parciais não esteja totalmente errada, ele ignora completamente o processo infinito de aproximação da linguagem ao reflexo cada vez mais adequado da realidade e, desse modo, a complexa interação dialética entre o mundo objetivo e a subjetividade que almeja apreendê-lo e dominá-lo. Desse modo, a expressão não só é subjetivada, mas também fetichizada. Fiedler diz que a linguagem não significa um ser (ela não reflete o ser), mas um sentido: "E, como aquilo que chega a surgir na forma linguística não tem nenhuma existência fora dessa

---

22 Konrad Fiedler, ["Über den Ursprung der künstlerischen Tätigkeit (1887)", em] *Schriften über Kunst*, v. 1 (Munique, [Piper,] 1913), p. 185.

23 Ibidem, p. 201.

24 Ibidem, p. 201.

forma, a linguagem só pode significar sempre a si própria"[25]. Dado que Fiedler usa essas análises para contrapor de modo drástico, estanque e excludente a expressão linguística à expressão visual, o isolamento e a fetichização daquela implica também o isolamento e a fetichização desta.

Em segundo lugar – e em estreita conexão com o que expusemos até aqui –, Fiedler tenta delimitar com o maior rigor possível a visualidade como fundamento das artes plásticas em relação ao reflexo da realidade pelos outros sentidos, bem como pelo pensamento, pelo sentimento etc., e encontrar para as artes plásticas (que, em Fiedler, significam menos a arte que a atividade artística, também isolada) um mundo isolado da pura visualidade. Essa separação e esse isolamento são levados a cabo sobretudo em relação ao tato. Fiedler exige um descarte brusco de tudo o que supostamente poderia tornar-se consciente para o homem por meio dessas mediações. Fiedler acredita que, quando esse isolamento do homem é efetuado:

> Ele se encontra em uma posição bastante alterada diante do que está habituado a denominar realidade; é privado de tudo o que é corporalmente sólido, pois nada disso é visível, e a única matéria na qual sua consciência da realidade pode tomar forma são as sensações de luz e cor que ele deve a seus olhos. Todo o gigantesco reino do mundo visível passa a se revelar a ele, dependendo, em sua consistência, da mais tenra, da mais incorpórea das matérias e, em suas formas, das formações tecidas pelo indivíduo com aquela matéria.[26]

Aqui tanto vemos o subjetivismo extremo de Fiedler, no qual a imagem visual que assim surge não é elaboração, síntese etc., efetuadas pelo sujeito, da realidade objetiva refletida pelos sentidos, mas, no espírito da teoria kantiana do conhecimento, o produto de uma atividade "pura" do sujeito, quanto [vemos] a redução do reflexo visual ao que Fiedler concebe justamente como visualidade pura (depurada). Em relação ao último ponto, é suficiente remeter o leitor às nossas exposições anteriores sobre a divisão de trabalho dos sentidos – surgida por meio do trabalho {p. 223} – para evidenciar o ponto de vista extremamente antidialético de Fiedler. Pois a visualidade e o tato só estão separados metafisicamente do ponto de vista de uma "psicologia racional" pré-kantiana e kantiana. A importância do trabalho consiste, nesse

---

[25] Ibidem, p. 205.

[26] Ibidem, p. 255-6.

aspecto – já em um nível cotidiano, que nem de longe já é estético, justamente no fato de que em grande medida o olho assume funções do tato. Assim, propriedades como peso, materialidade etc. são de fato percebidas visualmente e tornam-se componentes orgânicos do modo visual do reflexo da realidade. É óbvio que a atividade artística intensifica e aprimora qualitativamente essas tendências surgidas no trabalho. Por essa via surge a universalidade, o caráter global do ver e do figurar artísticos, enquanto Fiedler se torna o arauto teórico do empobrecimento objetivo e ideal das artes plásticas. Pois está claro que, nesse ponto, Fiedler traça ainda mais radicalmente os limites; ele exige "que desistamos de toda consciência de algo abrangente e universal" para podermos vivenciar, "mesmo que só aproximadamente", o modo puramente visual de intuição do artístico[27].

A concepção dialético-materialista tem de romper igualmente com os dois extremos metafísicos – tanto com a derivação apriorística das artes individuais a partir de uma fonte supostamente original, a partir da "essência" do homem, quanto com o isolamento rígido uma da outra – para apreender corretamente o fenômeno real do estético em seu devir e essência. Portanto, se, ao tratar filosoficamente da gênese da arte, partirmos de uma pluralidade de origens reais e considerarmos a unidade do estético, o elemento comum dessa pluralidade, como resultado do desenvolvimento sócio-histórico, chegaremos a uma concepção totalmente diferente da concepção da filosofia idealista, tanto em relação à unidade do estético quanto em relação à diferenciação, à autonomia das artes individuais (e dentro da esfera do gênero de cada uma).

Sobretudo no que se refere à unidade, já declaramos nossa rejeição resoluta de todo e qualquer princípio apriorístico. Engels enfatiza corretamente esse princípio do materialismo dialético: "Os resultados gerais da investigação do mundo saem ao final dessa investigação, não sendo, portanto, princípios, pontos de partida, mas resultados, finalizações"[28]. No nosso caso, esse princípio vale ainda mais intensamente. Pois, na passagem citada, Engels pensa acima de tudo nos problemas gerais das ciências da natureza, nas quais os princípios que devem ser descobertos pela consciência humana há muito já existiam e atuavam como tais, antes mesmo que o pensamento tivesse condições de refletir, explicar, sistematizar seus nexos, sua unidade etc. No nosso caso,

---

27 Ibidem, p. 307. Ver também p. 361-2 e seg.

28 Friedrich Engels, *Materialien zum "Anti-Dühring"*, em MEW, v. 20, p. 574.

porém, a posterioridade do princípio reside não somente no para-nós mas também no próprio em-si: no estético, o caráter unitário do princípio surge gradativamente, sócio-historicamente e, por natureza, portanto, só pode ser conhecido como tal posteriormente, de acordo com os estágios da unidade realmente alcançados.

Esse próprio fato já indica alguns problemas de conteúdo. Se também os sentidos, as formas de receptividade etc. parecem ser heterogêneos entre si e o são também em sua imediaticidade, eles não podem ser isolados hermeticamente uns dos outros, como imaginam Kant e os kantianos, como Fiedler. Eles são sempre sentidos etc. de um homem inteiro, que vive com seus semelhantes em uma sociedade e cujas exteriorizações vitais mais elementares se desenrolam nessa sociedade, e, por isso, devem ter elementos e tendências profundamente comuns a esses outros homens. A divisão de trabalho dos sentidos, a facilitação e o aperfeiçoamento do trabalho por meio deles, a relação recíproca de cada sentido com os demais por meio da cooperação cada vez mais diferenciada por essa relação, a crescente conquista do mundo exterior e interior dos homens em consequência dessas sutis cooperações, tendo a disseminação e o aprofundamento da imagem do mundo como consequência – tudo isso cria, por um lado, os pressupostos materiais e psíquicos para o surgimento e o desenvolvimento das diversas artes; cria em cada uma, por outro lado, assim que nascem, a tendência de conferir uma forma cada vez mais peculiar às suas propriedades imanentes, bem como de emprestar-lhes universalidade e capacidade de apreensão tais que – sem prejuízo à autonomia de cada arte individual – gradativamente toma forma o comum a todas, o meio do estético.

As duas tendências são ligadas por uma unidade contraditória, pela unidade de uma contradição: a unidade e a diferenciação simultâneas do homem inteiro e atuante em uma sociedade, que refina e especializa de modo cada vez mais enérgico suas reações à natureza e à sociedade no interior de sua própria subjetividade e que, no entanto, remete constantemente a divisão de trabalho assim especializada à própria personalidade global, tornando-a, por essa via, mais abrangente e mais rica. Também é necessário que essa determinação seja um tanto circunstanciada para delimitar nossa concepção do modo mais nítido possível em relação a todas as teorias que consideram a personalidade plenamente formada do homem meramente uma marca de estágios primitivos e a encaram como ameaçada e até mesmo aniquilada pela divisão de trabalho irrefreavelmente progressiva. Naturalmente é fato que a divisão do trabalho, em especial a capitalista, também provoca com frequência atrofias da personalidade por meio de diferenciações demasiado fortes. Porém também mostramos em outra passagem, apoiando-nos nas argumentações de Marx sobre Ricardo {p. 207}, que, na escala do desenvolvimento da humanidade, impõe-se a tendência apontada por nós.

Tudo o que foi exposto até agora ainda não se refere diretamente à arte como tal. Todos esses fenômenos [*Erscheinungen*] apareceram claramente na história do desenvolvimento da humanidade muito antes de o princípio estético ter revelado sua autonomia. (No desenvolvimento do indivíduo singular, com frequência essas tendências gerais aparecem antes de ele se dar conta do estético. Contudo, a repetição do desenvolvimento do gênero humano no desenvolvimento do indivíduo não constitui uma cópia ou abreviatura mecânica. O fato da existência e do efeito geral das obras de arte significa bem mais do que a mera abreviatura desse processo.) Como já foi demonstrado, o especificamente estético, por um lado, pressupõe objetiva e subjetivamente uma altura relativa de desdobramento dessa tendência, mas, por outro, desvincula-se lentamente do pano de fundo geral aqui descrito como um modo de expressão humano-social autônoma, dado que possui tanto objetiva quanto subjetivamente em cada uma de suas exteriorizações um caráter total – ainda que relativo, tendencial –, uma intenção em direção à totalidade.

O fundamento da unidade dessas tendências só pode residir na materialidade, no substrato de seu ser. Essa é naturalmente a lei universal suprema de toda unidade real (e não apenas subjetivamente eslaborada). O que Engels diz sobre a unidade do mundo[29] vale também para suas partes, para todos os diferentes modos de dominá-las mediante o reflexo efetuado pela consciência humana. E vale também para a arte. Seu modo particular se eleva acima das formas gerais de domínio da realidade na vida cotidiana, na medida em que o substrato material da existência e da atividade humanas é a sociedade em seu "metabolismo com a natureza" (Marx), que – em última análise – é refletido de modo não dissociado e, não obstante, significativo, fazendo referência real ao homem inteiro. A expressão "em última análise" deve ser especialmente ressaltada. Pois, por um lado, a

[29] Friedrich Engels, *Herrn Eugen Dührings Umwälzung der Wissenschaft. Dialektik der Natur. 1873-1882* (ed. V. Adoratski, Moscou-Leningrado, 1935), p. 48; MEW, v. 20, p. 41 [ed. bras.: *Anti-Dühring: a revolução da ciência segundo o senhor Eugen Dühring*, trad. Nélio Schneider, São Paulo, Boitempo, 2014, p. 74-5].

reprodução artística da realidade em geral, na maioria das vezes, reflete de modo imediato as relações de produção correspondentes a determinada sociedade e, de modo mais imediato ainda, as relações sociais dos homens entre si que emergem daquelas relações de produção. O reflexo do metabolismo da sociedade com a natureza aparece apenas como seu fundamento – portanto, em última análise. Quanto mais forte se torna extensiva e intensivamente esse metabolismo, tanto maior a nitidez com que a própria natureza é refletida na arte. Esse reflexo não é o início, mas, ao contrário, o produto de um dos estágios mais desenvolvidos desse metabolismo. Em contrapartida, porém, o reflexo do metabolismo da sociedade com a natureza constitui o objeto de última instância, conclusivo, real do reflexo estético. Em si, está contida nesse metabolismo justamente a relação de cada indivíduo com o gênero humano e com seu desenvolvimento. Esse conteúdo implícito passa a ser explícito na arte, o em-si frequentemente oculto adquire a plasticidade de um ser-para-si.

Naturalmente esse também é o caso – até certo grau de modo elementar, espontâneo – na vida cotidiana, sobretudo no trabalho. Este último é inconcebível sem tal unidade na referência dupla à natureza, que existe independentemente do homem, e, ao mesmo tempo, ao homem com suas finalidades socialmente surgidas, com suas faculdades socialmente formadas etc. Aqui surge materialmente esse metabolismo. No próprio trabalho, contudo, essa unidade é, ao mesmo tempo, permanentemente atuante e ininterruptamente cancelada; isto é, o componente subjetivo e o componente objetivo adquirem, cada qual, uma efetividade – relativamente – autônoma, são aperfeiçoados de modo – relativamente – autônomo, ainda que em interações ininterruptas. O aperfeiçoamento do componente subjetivo parece compreensível, sem necessidade de mais esclarecimentos; o do componente objetivo da natureza em seu metabolismo com a sociedade consiste em que esse metabolismo revela sempre novas facetas, novas propriedades, novas legalidades etc. da natureza para o homem e, assim, inclui cada vez mais intensamente a natureza tanto extensiva quanto intensivamente nesse metabolismo com a sociedade. O cancelamento da unidade significa, portanto, que a unidade de determinado estágio de desenvolvimento é abandonada para ser substituída por outra, mais complexa, ainda mais mediada, mais bem organizada. No entanto, esse processo interage muito intimamente com o desenvolvimento do componente subjetivo, que é direta e aparentemente movido de dentro. A relação dos homens entre si, sua cooperação social imediata no trabalho e na vida, frequentemente mediada de longa data, também tem de se reconstituir no decorrer do crescimento extensivo e intensivo do metabolismo da sociedade com a natureza, de acordo com as necessidades desse crescimento. Portanto, o cancelamento da – respectiva – unidade é sempre um aspecto, mais precisamente, um aspecto motor dessa mesma unidade.

O reflexo científico da realidade constitui evidentemente um fator importante desse movimento dialético; na medida em que visa apreender intelectualmente esse processo mesmo, ele precisa procurar captar as categorias atuantes nele em suas proporções objetivas reais, em sua verdadeira dinamicidade. O reflexo estético tem de trilhar outros caminhos nesse ponto. Em primeiro lugar, o reflexo científico nem de longe e nem sempre visa – no plano imediato – o próprio processo do metabolismo. Por mais que este – em última análise – determine o desenvolvimento do reflexo científico da realidade, quanto mais desenvolvido for esse reflexo, mais ele trilhará caminhos próprios, que frequentemente só voltam a desembocar nesse ponto após mediações muito extensas. O reflexo artístico, em contraposição, tem por base constantemente a sociedade em seu metabolismo com a natureza e somente sobre essa base consegue apreender e afigurar a natureza com os meios que lhe são próprios. Na mesma proporção em que parece ser imediata, a relação entre o artista (e o receptor que desfruta de sua obra) e a natureza também é distante e complexa em sua mediação objetiva. Todavia essa imediaticidade, sobre a qual ainda teremos de falar mais detidamente em contextos mais concretos, não é mera aparência ou, ao menos, não uma aparência enganosa. Essa imediaticidade é um componente intensivo do reflexo estético feito figura, um componente da obra de arte: é uma imediaticidade estética *sui generis*. Porém isso não nega nem anula o caráter mediado objetivo anteriormente constatado. Trata-se de uma das contraditoriedades internas essenciais, fundamentais e artisticamente fecundas do reflexo estético da realidade. Em segundo lugar, porém, essa conexão imediatamente indissociável do reflexo estético com a base de seu ser resulta em um conteúdo e em uma estrutura peculiar do objeto refletido e figurado. Por mais que tenha frequentemente de se restringir a problemas específicos, o reflexo científico também deve almejar constantemente acercar-se tanto quanto possível da totalidade extensiva e intensiva das determinações universais de seu respectivo objeto. O reflexo estético, em contraposição, visa imediatamente sempre só um objeto particular [*partikulares Objekt*].

Essa particularidade [*Partikularität*]* imediata ainda se intensifica pelo fato de que cada arte – e, na realidade estética imediata, existem apenas artes singulares, ou até mesmo apenas obras de arte singulares, e o que elas têm esteticamente de comum só pode ser apreendido em termos conceituais e não imediatamente artísticos – somente está apta a refletir a realidade objetiva no meio que lhe é próprio (visualidade, palavra etc.). Naturalmente conteúdos de toda a realidade fluem para esse meio e nele são processados artisticamente, em conformidade com a legalidade que lhe é própria; já tangenciamos o modo desse problema quando tratamos da divisão de trabalho dos sentidos e ainda retornaremos a ele mais extensamente. Porém, também em outro sentido, o objeto do reflexo estético não pode ser um objeto geral: a generalização estética constitui a elevação da singularidade à tipicidade, e não, como no reflexo científico, a revelação do nexo entre o caso singular e a legalidade geral. Para o nosso problema, isso significa que, na obra de arte, a totalidade extensiva de seu objeto último nunca pode aparecer diretamente; ela só se expressará em sua totalidade intensiva por meio de mediações – e estas são postas em movimento pela imediaticidade estética evocativa. Disso decorre, ademais, que a base real, a sociedade em seu metabolismo com a natureza, que está na base de todo o reflexo, só poderá manifestar-se no modo mediato-imediato que acabamos de indicar. Nesse caso, seja o objeto concreto da configuração a imediaticidade de um recorte da natureza (como na pintura de paisagem) ou um evento puramente intra-humano (como no drama), essa essência se mostra do mesmo modo, pois, nos dois casos, o fundamento último é o mesmo; o que muda ou o que se inverte é apenas a relação entre o primeiro plano e o pano de fundo, entre o enunciado claro e a mera alusão etc.

---

* Tanto o termo alemão *Partikularität* quanto *Besonderheit* correspondem ao termo "particularidade" no português. Porém Lukács usa esses termos em sentidos distintos. *Besonderheit* corresponde à categoria da tríade frequente na tradição filosófica "universalidade, particularidade e singularidade", enquanto por sua vez *Partikularität* possui o sentido de parte, de delimitado, ou mesmo de interesses particulares. Nesta última acepção, por exemplo, a *Partikularität* dos indivíduos corresponde ao indivíduo isolado, preso a si mesmo, na própria cotidianidade. Conforme se poderá observar em suas formulações posteriores, há o contraponto formulado pelo autor, segundo o qual, por meio da arte o indivíduo pode elevar-se de sua *Partikularität* à *Besonderheit* do gênero. Nesse sentido, o primeiro termo se distingue de *Besonderheit* tal como analisa Lukács no capítulo 12 – A categoria da particularidade (*Die Kategorie der Besonderheit*). Para indicar ao leitor o uso específico das categorias, indicaremos no próprio corpo do texto sempre que o termo utilizado for *Partikularität*. (N. R. T.)

Tudo isso mostra que, exatamente em relação à base de seu princípio de unidade, à sociedade em metabolismo com a natureza, o reflexo estético desenvolvido já se encontra muito longe do modo de manifestação dessa base na cotidianidade, sobretudo no trabalho. Falta neste, em primeiro lugar, a dispensa e a restauração da unidade fundamental que mencionamos. E isso, sobretudo, porque esse modo de ser do trabalho está fundado muito estreitamente em sua inter-relação com o reflexo científico[30]. Todavia, essa tendência do trabalho só aparece com toda a clareza em seus estágios mais avançados, quando a ciência que se desenvolve a partir dele já conquistou uma figura totalmente autônoma e retroage sobre ele. Então as forças desantropomorfizadoras do reflexo científico da realidade passam a atuar sobre os dois componentes do trabalho: tanto a análise científica isolada como a análise relativa à inter-relação, visam a otimizar o efeito que se pode alcançar objetivamente em cada caso, à otimização da validação do objeto em si, que na medida do possível é tornado independente das propriedades, faculdades etc. particulares dos homens que participam do trabalho. O metabolismo entre a sociedade e a natureza está na base de todas essas análises do trabalho em si, determinando seu grau de desenvolvimento e seu direcionamento, seu método e resultados, mas essa referencialidade é sempre menos visível de imediato em seus reflexos [*Reflexen*] subjetivos. O recuo da barreira natural necessariamente tem esse efeito. Essa estrutura aparece com total nitidez somente em estágios altamente desenvolvidos, embora a tendência a essa desantropomorfização se inicie espontânea e inconscientemente com o próprio trabalho. Contudo, em longos trechos do percurso, ela é atravessada e encoberta por outras tendências. Entre estas, a tendência artística por vezes desempenha um papel proeminente. Quando se pretende separar intelectualmente de maneira muito precisa essas duas tendências, frequentemente se topa com dificuldades consideráveis. Assim, as tendências artísticas atuantes no trabalho revelam muitas vezes propriedades do em-si que eram desconhecidas até aquele momento, promovem as faculdades do trabalho (domínio do material,

---

[30] Aqui se evidencia algo que já apontamos, a saber, que o único antagonismo agudo propriamente dito entre a arte e o trabalho só ganha expressão claramente na própria obra de arte. O processo de criação artística tem múltiplos pontos de contato tanto com o próprio trabalho quanto com o reflexo científico da realidade. Este último é um aspecto irrevogável desse processo. Os problemas que emergem aqui só poderão ser examinados concretamente na segunda parte desta obra, quando analisarmos os comportamentos estéticos.

sofisticação dos instrumentos e de seu manuseio etc.), bem como as faculdades direcionadas para a cientificidade. De fato, ambas podem estar em uma relação de aliança consciente, como aconteceu, por exemplo, na Renascença.

Apesar disso, a distinção entre trabalho e arte permanece conceitualmente possível e necessária, mas só se pode depreendê-la das objetivações mesmas, não de seus reflexos [*Reflexen*] no plano da consciência. A linha divisória passa – nos estágios primitivos, por exemplo, no adorno usado pelo próprio homem, {na} ornamentação das ferramentas etc. – onde cessa a utilidade imediata. Ao passo que a evolução do reflexo desantropomorfizador introduz utilidades cada vez mais mediadas e, desse modo, aumenta o efeito útil imediato do trabalho, os elementos estéticos representam um excedente que não contribui com nada para a utilidade efetiva, fática do trabalho. (Mais adiante falaremos de como foi grande o papel desempenhado pela utilidade imaginária, advinda das representações mágicas, para o surgimento e o desenvolvimento das formações artísticas; porém, justamente isso encobre o caráter estético objetivo dos objetos ou operações.) Isso já basta para explicar o aparecimento relativamente tardio do estético, em comparação com o do trabalho: ele pressupõe objetivamente não só certo patamar da técnica mas também certo ócio para a criação do "supérfluo", acarretado pelo aumento das forças produtivas do trabalho.

Se concebermos o primeiro aparecimento – esteticamente de modo nenhum inequívoco – de um princípio aparentado com o artístico como a confecção de um produto do trabalho que, em sua totalidade ou sob certo aspecto, não foi determinado pela utilidade material, já nesse estágio torna-se clara a impossibilidade de que isso possa ter se baseado em um reflexo desantropomorfizador da realidade. O efeito útil mais primitivo já põe em movimento um sistema de mediações que suspende a referencialidade no homem para poder realizar mais efetivamente suas finalidades. Aqui não ocorre uma suspensão desse tipo. Naturalmente também essa constatação deve ser entendida dialeticamente. A atividade artística preserva, não só na arquitetura, nas artes plásticas ou no ofício da arte, certos traços do próprio trabalho simples e da pesquisa da realidade objetiva ligada a ele e, na medida em que esse fator atue, há necessariamente suspensão. E, para além desse fator na produção subjetiva das obras de arte, um fator de utilidade permanece como base irremovível de algumas artes, de modo que não podem chegar à plenitude no plano puramente estético caso não realizem concomitantemente o pôr finalidades da utilidade prática. Contudo, quanto mais a atividade artística se constitui como tal, tanto mais esses fatores desantropomorfizadores se tornam fatores suspensos, tanto mais se tornam simples meios para realizar fins de um tipo fundamentalmente diferente.

A maneira mais simples de expressar – de modo bem geral – esse antagonismo no processo de produção e no comportamento subjetivo dos envolvidos é como o antagonismo entre "consciência de" e "autoconsciência de". A palavra "autoconsciência" tem dois sentidos no uso cotidiano, mas, curiosamente, exatamente esse duplo sentido é apropriado para esclarecer o que queremos dizer aqui. Por um lado, "autoconsciência" significa a firmeza, o pisar seguro com os próprios pés por parte do homem em seu ambiente concreto e, por outro, a iluminação de uma consciência (e do ser que está em sua base) por sua força intelectual dirigida para ela mesma. A concepção da autoconsciência como algo puramente interior, que abstrai do mundo e se refere apenas ao sujeito, é bastante tardia e obscurece completamente a essência do fenômeno. O primeiro significado que indicamos, que certamente é o mais antigo, é totalmente impensável sem relação com um ambiente concreto. E está igualmente claro que a "autoconsciência", no segundo sentido, só se pode desenvolver realmente quando o reflexo subjetivo, referente a si mesmo, abrange tão completamente quanto possível os conteúdos de um ambiente concreto. Goethe se posicionou repetidamente contra o conceito de autoconsciência no sentido do "conhece a ti mesmo". Suas observações no diálogo com Eckermann ilustram bem nossa compreensão de autoconsciência:

> Em todos os tempos disse-se e repetiu-se que devemos procurar conhecer a nós mesmos. É uma estranha exigência, à qual ninguém atendeu até agora e à qual na verdade ninguém pode atender. Todos os sentidos e todas as aspirações do homem o dirigem para o exterior, para o mundo que o rodeia, e ele tem de esforçar-se por conhecê-lo e pô-lo a seu serviço na medida em que isso seja necessário para alcançar seus objetivos. De si mesmo ele sabe somente quando goza ou sofre, e é somente pelo sofrimento ou pela alegria que ele aprende sobre si, sobre o que deve buscar ou evitar.[31]

Nessa polêmica, o ponto de partida de Goethe não é, naturalmente, em primeiro lugar, o comportamento artístico, que, no caso dele, é um comportamento voltado de forma muito espontânea para o mundo, mas a vida cotidiana. Ele expressa isso com muita clareza em outra passagem:

---

[31] Carta de Goethe a Eckermann de 10 de abril de 1829 [em Johann Peter Eckermann, *Gespräche mit Goethe in den letzten Jahren seines Lebens. Zweiter Teil* (2. ed. Leipzig, Brockhaus, 1837), p. 131-2] [ed. bras.: *Conversações com Goethe nos últimos anos de sua vida 1823-1832*, trad. Mario Luiz Frungillo, São Paulo, Ed. Unesp, 2017].

Se agora tomarmos a significativa expressão "conhece a ti mesmo", não precisamos interpretá-la no sentido ascético. De modo nenhum ela se refere à heautognosia de nossos modernos hipocondríacos, humoristas e heautontimorumenos, mas seu sentido é bem simples: dá alguma atenção a ti mesmo, nota a ti mesmo, para que te dês conta de tua condição perante teus semelhantes e o mundo. Para isso não é preciso passar por torturas psicológicas; todo homem capaz sabe e experimenta o que isso quer dizer; trata-se de um bom conselho que, na prática, resulta em enorme benefício para cada um.[32]

Apesar dessa rejeição brusca da orientação unilateral de voltar-se para dentro, na descrição de Goethe desse comportamento na vida cotidiana fica claramente visível a referencialidade ao sujeito, ao homem real e inteiro. Porém, na vida cotidiana, essa autoconsciência se refere tanto à prática imediata quanto à consciência sobre o mundo exterior – que se desantropomorfiza gradativamente. Ora, vimos em grandes traços como essa consciência se desvincula da prática imediata, assume figura própria, configura métodos próprios, com o intuito, é claro, de influenciar, por meio de mediações amplas e ramificadas, a prática imediata, reconfigurá-la, alçá-la a um nível mais elevado.

O estético surge quando a autoconsciência se desvincula da prática cotidiana, de modo semelhante ao que aconteceu na "consciência de" da autonomização do reflexo científico da realidade. Depois de tudo o que foi exposto, está claro que essa desvinculação não representa uma anulação do reflexo antropomorfizador, mas apenas uma variedade peculiar, autônoma, qualitativamente diferente em seu âmbito. No entanto – e nisto reside tanto objetiva quanto subjetivamente (também para a compreensão posterior) uma das maiores dificuldades de desvincular o estético do pano de fundo da vida cotidiana –, a tendência antropomorfizadora é tão geral que o reflexo científico da realidade é o único que efetua uma ruptura radical com ela. "O homem jamais compreende quanto ele é antropomórfico", diz Goethe[33].

Antropomorfizadora é a espontaneidade da vida cotidiana e também, como já mostramos, a religião. A exposição filosófica desse processo de desvinculação bastante complexo será o objeto principal de nossas exposições posteriores. Por isso, é impossível anteciparmos agora sua concretude e siste-

---

32 Johann Wolfgang von Goethe, *Maximen und Reflexionen*, JA, v. 4, p. 236-7; Hoyer, p. 657 [ed. bras.: *Máximas e reflexões: filosofia*, trad. Marco Antônio Casanova, Rio de Janeiro, Forense Universitária, 2003].

33 Ibidem, JA, v. 4, p. 210; Hoyer, p. 253.

mática; por essa razão, um sumário enxuto dos pontos de vista, fatores, etapas etc. essenciais nesse estágio de nossa compreensão geraria mais confusão do que esclarecimento. Queremos tratar agora do recém-definido conceito de autoconsciência – antecipando, na medida do possível, o que mais adiante será concretizado. Seu objeto é, como já indicamos, o ambiente concreto do homem, a sociedade (o homem na sociedade), o metabolismo da sociedade com a natureza, mediado obviamente pelas relações de produção; porém tudo isso é vivenciado do ponto de vista do homem inteiro. Isso quer dizer que, por trás de toda atividade artística, encontra-se a questão: em que medida este mundo é realmente um mundo do homem, um mundo que ele pode aceitar como seu, adequado à sua humanidade? (Análises posteriores, mais concretas, mostrarão que nem o adorno, a ornamentística, nem a crítica dura, acerba, ao ambiente contradizem essa determinação, mas, antes, aprofundam-na e concretizam-na dialeticamente.)

Tendências até certo ponto parecidas naturalmente podem ser encontradas tanto no cotidiano quanto na religião. No cotidiano, aparecem como necessidades espontâneas que a vida satisfaz ou se nega a satisfazer, o que é compreensível, pois a contingência irrevogável de toda vida cotidiana, a contingência dos desejos originados da própria particularidade [*Partikularität*] etc., só pode admitir satisfações casuais, embora – em termos objetivamente sociais para a média dos casos – não seja por acaso o tipo de necessidade subjetiva que pode ser satisfeito ou deve permanecer sem ser satisfeito em dada situação social concreta e determinada condição de classe. (O conhecimento objetivo de tais possibilidades gerais, de tal margem de manobra da satisfação dos desejos não anula obviamente a contingência que se torna efetiva no caso de cada indivíduo particular [*partikularen Individuum*].) No que tange à cotidianidade, desejos e satisfações estão centrados no indivíduo: por um lado, eles surgem da existência individual real e particular [*partikularen*] do indivíduo e, por outro, são direcionados para uma satisfação real e prática de desejos pessoais concretos. Inquestionavelmente a configuração artística se origina dessa base. O adorno do homem – seja um objeto independente, seja a pintura do próprio corpo –, a dança primitiva, o canto etc. do período mágico se fundam, por sua intenção real, no anseio pessoal de um homem concreto ou de uma coletividade igualmente determinado, cujo êxito interessa a todo homem de modo pessoal e imediato. O antropomorfismo mágico, religioso, apenas registra esse vínculo entre a satisfação – real ou imaginária – e o anseio do indivíduo como indivíduo ou membro de uma coletividade concreta. O fato de a satisfação adquirir um caráter transcendente – às vezes, e particularmente no estágio primitivo – não altera essencialmente essa estrutura; pois até a finalidade muito posterior, a salvação da alma no além, está vinculada à pessoa particular [*partikulare*], justamente em sua particularidade [*Partikularität*].

Ora, dessa estrutura decorre de modo natural que o devir arte dos objetos, operações, ações etc. só pode ocorrer de modo inconsciente (no sentido já indicado por nós {p. 232-3}). Nesse processo, surge um tipo específico de generalização e, ao mesmo tempo, um tipo particular de objetividade que alçam objetivamente tais produtos acima da cotidianidade, da magia e da religião, mesmo nos casos em que tanto os criadores quanto os receptores nutrem subjetivamente, e sinceramente, a profunda convicção de pisar o chão da cotidianidade, da magia ou da religião. O modo abstrato e antecipador como abordamos essa questão, que detalharemos concretamente mais adiante, permite apenas alusões gerais. A generalização consiste – em estrita oposição à desantropomorfização da ciência – em que aquilo que foi artisticamente formado liberta-se da individualidade meramente particular [*partikularen*] e, portanto, da satisfação prático-fática da necessidade, seja ela imanente ou transcendente, mas não perde seu caráter de vivencialidade individual e imediata. Essa generalização tem tendência a reforçar e aprofundar justamente esse modo de ser, pois enfatiza – preservando a individualidade no objeto e em sua recepção – a generidade e, desse modo, supera a simples particularidade [*Partikularität*]. Por essa via, a referencialidade do objeto à sociedade e ao metabolismo desta com a natureza torna-se ao mesmo tempo muito mais nítida – embora não receba uma versão conceitual – do que é possível na vida cotidiana. Ao mesmo tempo, a determinação da autoconsciência é alçada a um nível superior: na medida em que o homem que se encontra na esfera do estético – tanto o criador quanto o receptor – reflete sobre a generidade, mais precisamente em relação tanto ao objeto quanto ao sujeito, a autoconsciência se alça para fora da esfera estreita e particular [*partikularen*] do meramente cotidiano e adquire uma universalidade que, no entanto, é muito diferente da científica desantropomorfizadora. Trata-se de uma generalização sensível e evidente do homem inteiro, em cuja base se encontra um princípio antropomorfizador consciente.

A contraditoriedade presente nessa generalização, da qual falaremos extensamente mais adiante, tem como consequência necessária que a satisfação das necessidades, dos desejos, do anseio etc. perderá seu caráter fático-prático. Do ponto de vista da faticidade imediata da cotidianidade, há uma satisfação puramente fictícia, ou melhor, há uma vivência de satisfação em um caso típico, desvinculado da realidade fática que lhe corresponde na própria vida. Nesse ponto surge a (aparente) proximidade entre arte e religião. Pois a satisfação proclamada e descrita por esta pode ser, quando muito, no sentido da realidade da vida, a demonstração prévia, sugestiva, suscitadora de vivências, de uma satisfação futura (transcendente). (A diferença entre magia e religião reside em que aquela empreende a satisfação de desejos práticos cotidianos, ao passo que, nesta, pelo menos em regra, a satisfação é transcendente, não orientada em finalidades isoladas, mas no destino do homem inteiro; como imanente aparece só o reflexo [*Reflex*] subjetivo da satisfação transcendente, como, por exemplo, a certeza da salvação no calvinismo. Naturalmente muitas religiões ainda conservam resquícios mágicos na forma de crença em satisfações imanentes de necessidades particulares [*partikulare*].) A afinidade parece ser ainda mais estreita porque o princípio básico só pode ser antropomorfizador. Não é de se admirar que, durante milênios, obras de arte surgiram e foram apreciadas com a crença de que serviam apenas para a elucidação sensível de conteúdos de satisfação religiosa.

Contudo, a diferença e até mesmo o antagonismo no interior da antropomorfização são tão acentuados quanto aqueles que constatamos anteriormente entre a antropomorfização da religião e a desantropomorfização da ciência {p. 273 e seg.}. Aqui o antagonismo se concentra na determinação do caráter "fictício" dos objetos de satisfação na arte ou na religião. Já tratamos brevemente do antagonismo geral relativo à realidade dos objetos, e isto tendo em vista justamente que o caráter "fictício" da arte sempre se consuma radicalmente até o fim, ao passo que, na religião, esse "caráter fictício" aparece sempre com a pretensão de constituir uma realidade transcendente, mais verdadeira do que a da vida cotidiana {p. 276}. Os problemas concretos que se originam dessa situação só poderão ser discutidos mais adiante, em um estágio mais avançado de nossa exposição.

Mas já aqui, também como antecipação, devemos apontar a seguinte questão: a imanência do princípio da arte, seu caráter essencial, axiológico, terreno-humano. Naturalmente isso é pensado no sentido da objetividade, como sentido objetivo da realidade esteticamente configurada. Subjetivamente o criador pode até ter uma transcendência em mente e o receptor pode até acolhê-la nesses termos, e é perfeitamente possível que o sentido objetivo – fundamentado na essência humano-social da arte – do artista só venha a se impor séculos ou até mesmo milênios depois. Pois a renúncia da imagem artística a ser realidade implica objetivamente uma rejeição da transcendência, do além; ela cria formas específicas do reflexo elaborado da realidade, formas que se originam da realidade e retornam ativamente sobre ela. Até quando parecem ultrapassar a faticidade da realidade imediatamente dada na prática cotidiana, elas o fazem – nesse aspecto, do mesmo modo que o reflexo científico – para voltar a captá-la e dominá-la em correspondência com sua peculiaridade específica e de uma maneira melhor do que podem fazer a prática cotidiana e sua subjetividade imediata. Portanto, a arte é tão imanente quanto a ciência; ela constitui o reflexo da mesma realidade do reflexo científico. O que forçosamente afirmamos aqui em termos muito gerais será exposto e demonstrado extensamente mais adiante. Naturalmente isso não impede que, de resto, arte e ciência tomem rumos opostos nas questões decisivas do reflexo. Já traçamos o caminho da desantropomorfização no reflexo científico. A tarefa das análises seguintes será elaborar a peculiaridade específica do reflexo estético, antropomorfizador, tanto em relação à realidade esteticamente refletida nas obras de arte (a sociedade em seu metabolismo com a natureza) quanto em relação às novas faculdades que tomam forma no homem em virtude desse tipo de reflexo, que, como tentaremos mostrar, se agrupam em torno da formação da autoconsciência no sentido que indicamos.

Ora, se por meio dessas determinações foram elucidados os contornos mais gerais possíveis do estético, é preciso acrescentar que o reflexo estético antropomorfizador, por natureza, não deve jamais perder o contato imediato com a apercepção sensível do mundo, caso queira manter-se estético; suas generalizações se realizam no âmbito da sensibilidade humana e veremos que elas devem de certo modo acarretar uma intensificação da imediaticidade sensível para poder executar com êxito o processo da generalização. Uma analogia com o papel da matemática nas ciências não pode existir no estético. Daí decorre um tipo de diferenciação em gêneros [*Gattungen*] e espécies fundamentalmente diferente daquele que existe na ciência. Nesta, a constituição existente em si do objeto determina a diferenciação em várias ciências (física, biologia etc.). A consequência do tipo antropomorfizador do reflexo estético, por sua vez, é que a diferenciação em espécies e subespécies (artes, gêneros [*Genre*]*)

* Para diferenciar de *Gattung*, também traduzido aqui por "gênero", passamos a inserir no corpo do texto o termo original do alemão, *Genre*. *Gattung* possui a acepção de gênero no sentido de gênero humano, enquanto *Genre* corresponde ao gênero específico de uma arte. É preciso advertir que em certas ocasiões Lukács usa a expressão *Kunstgattungen*,

está vinculada à possibilidade de formação dos sentidos humanos – o que deve ser entendido no sentido mais amplo possível. Por mais que nos tenhamos posicionado contra a autonomização mecanicista dos sentidos singulares, como fez Fiedler, por mais que demonstremos adiante que a formação estética de cada um dos sentidos tende para o reflexo universal da realidade, temos de enfatizar aqui de modo igualmente resoluto que esse domínio da realidade pelo reflexo formado esteticamente se desdobra em cada sentido de modo autônomo e relativamente independente dos demais. O princípio universal na subjetividade estética, que nos parece óbvio como resultado de um processo milenar de desenvolvimento, não deixa de ser, por sua essência, um resultado. Ele se enriquece e aprofunda mediante a interação entre os sentidos, emoções e pensamentos enriquecidos e aprofundados pelas diversas artes. Porém o pressuposto para essa inter-relação fecunda foi e continua sendo a autonomia das artes e dos gêneros [*Genre*] individuais, a autonomia na formação dos sentidos individuais rumo à universalidade. Portanto, o princípio estético, a unidade estética dos diversos tipos de reflexo estético, é resultado final de um longo processo de desenvolvimento, e a gênese autônoma das diversas espécies e subespécies da arte e da subjetividade estética que lhes corresponde na produção e na recepção é muito mais do que um mero fato histórico: ela está profundamente enraizada, como veremos adiante {cap. 7, III}, na essência do reflexo estético da realidade e, quando não é levada em conta, a própria essência do estético é deformada.

Para chegar a uma clareza inicial, tivemos de expor essa diferenciação de maneira mais simples do que ela é na realidade. Pois seria uma simplificação pensar que, para cada sentido humano, só poderia corresponder uma arte. Basta mencionar a ampla heterogeneidade interna das artes visuais, da arquitetura, da escultura, da pintura etc. Naturalmente, desde o início e no decorrer do desenvolvimento, ocorrem também aqui inter-relações que interferem cada vez mais intimamente e atuam de modo cada vez mais profundo e essencial. Basta pensar na penetração das impostações pictóricas na escultura e na arquitetura sob determinadas circunstâncias históricas.

A situação daí decorrente torna-se ainda mais complexa pelo fato de que o reflexo estético da realidade está vinculado à história, ao lugar e ao tempo de

para designar também um gênero de arte. Nos casos em que isso ocorre, o termo em alemão não será acrescentado. (N. R. T.)

um modo qualitativamente diferente do reflexo científico. Dizer que toda subjetividade possui caráter histórico-social é uma obviedade e tem consequências essenciais na história da ciência. Contudo, a verdade objetiva de um enunciado científico depende exclusivamente de sua concordância – aproximada – com aquele em-si que ele transforma em para-nós. Assim, a questão da verdade aqui não tem nada a ver com os problemas da gênese. Esta, todavia, pode oferecer uma explicação de como e por que as tentativas de aproximação do reflexo científico com a realidade objetiva sob certas circunstâncias histórico-sociais foram necessariamente incompletas ou mais ou menos completas. Bem diferente é a situação da arte. Reiteradamente indicamos que o objeto fundamental do reflexo estético é a sociedade em seu metabolismo com a natureza. Há aqui uma realidade que existe independentemente da consciência do indivíduo e da sociedade, tanto quanto do em-si da natureza, porém, nesse caso, trata-se de uma realidade em que o homem está necessariamente sempre presente. E tanto como objeto quanto como sujeito. Como já enfatizamos, o reflexo estético está constantemente efetuando uma generalização. Contudo, o estágio supremo dessa generalização é o gênero humano, é a tipicidade para seu desenvolvimento ascendente. Porém ela nunca aparece como abstração. A profunda verdade vital do reflexo estético não consiste, em primeiro lugar, no fato de mirar sempre o destino do gênero humano, mas em nunca o separar dos indivíduos que o compõem, jamais querer fazer dele uma entidade que existe independentemente. O reflexo estético mostra a humanidade constantemente na forma de indivíduos e destinos individuais. Sua peculiaridade, da qual falaremos extensamente mais adiante, expressa-se justamente no modo como esses indivíduos, por um lado, possuem uma imediaticidade sensível que se diferencia da imediaticidade da vida cotidiana pela intensificação dos dois fatores e, por outro, no modo como é inerente a eles a tipicidade do gênero humano – sem que isso anule sua imediaticidade. Disso decorre já que o reflexo estético jamais poderá ser uma simples reprodução da realidade imediatamente dada. Mas a elaboração que ele leva a cabo não se limita à indispensável seleção do essencial nos fenômenos (que o reflexo científico da natureza também tem de providenciar): no próprio ato do reflexo já está contido, de modo indissociável, o aspecto do posicionamento positivo ou negativo em relação ao objeto esteticamente refletido.

Porém seria equivocado vislumbrar nessa elementar e inevitável tomada de partido da arte, que se tornaria consciente somente em estágios relativamente tardios, um elemento do subjetivismo ou mesmo um ingrediente subjetivista da reprodução objetiva da realidade. Nos demais reflexos da realidade, também está contido esse dualismo, que precisa ser superado na prática correta. Somente no estético o objeto fundamental (a sociedade em metabolismo com a natureza) implica a simultaneidade indissociável de reprodução e posicionamento, objetividade e tomada de partido, tendo como referência um sujeito que elabora sua autoconsciência. O estabelecimento simultâneo desses dois fatores perfaz a historicidade indissolúvel de toda obra de arte. Ele não fixa simplesmente situações de fato existentes em si, como faz a ciência, mas eterniza um momento do desenvolvimento histórico do gênero humano. A preservação da individualidade na tipicidade, da tomada de partido no fato objetivo etc., representa os momentos dessa historicidade. Portanto a verdade artística, enquanto verdade, é histórica; sua gênese correta converge com sua validade verdadeira, dado que esta não é senão o ato de desocultar e tornar evidente, alçar à vivenciabilidade um dos momentos do desenvolvimento do gênero humano que merece ser registrado, em termos tanto de conteúdo quanto de forma.

Nas análises a seguir, mostraremos concretamente que esse estreito entrelaçamento de subjetividade e objetividade que decorre da essência antropomorfizadora, do objeto e do sujeito do reflexo estético não destrói a objetividade das obras de arte; pelo contrário, é ela que fundamenta sua peculiaridade específica. Do mesmo modo, mostraremos que a gênese do estético a partir de fontes diversas e até mesmo diretamente heterogêneas leva não a um esfacelamento de sua unidade de princípio, mas à sua constituição gradativa como unidade concreta.

Também nesse caso, naturalmente, a unidade tem de ser concebida de maneira dialética. Hegel chama a unidade das ciências de "círculo de círculos":

> pois cada membro singular, como animado pelo método, é a reflexão dentro de si que, ao retornar ao início, é, simultaneamente, o início de um novo membro. Fragmentos dessa cadeia são as ciências singulares, das quais cada um tem um antes e um depois, ou, falando mais precisamente, tem apenas o antes e, em sua própria conclusão, mostra seu depois.[34]

Essa estrutura do círculo de círculos está demarcada com nitidez ainda maior no âmbito do estético. O objeto do estético, já de antemão, e antes de se tornar

[34] Georg Wilhelm Friedrich Hegel, *Wissenschaft der Logik*, t. 2: *Die subjektive Logik oder Lehre vom Begriff*, em HSWG 5, p. 351 [ed. bras: *Ciência da lógica*, v. 3: *A doutrina do conceito*, Petrópolis, Vozes, 2021, p. 332].

objeto da arte, apresenta em si uma elaboração da parte do gênero humano e, em consequência, de seu sujeito, cuja função vai muito além de refletir o em-si independente da consciência da maneira mais aproximada possível como um para-nós em conformidade com a consciência, um sujeito que imprime em cada elemento do objeto (para não falar de sua totalidade) uma referencialidade a si e, tanto no todo quanto nas partes, afirma seu posicionamento em relação a ele: consequentemente, todo gênero [*Genre*] de arte e, em última análise, toda obra de arte adquirem uma existência – relativamente – autônoma, à qual só é possível aplicar o "antes" e o "depois" hegelianos por mediações e transposições muito complexas. (Sobre os problemas daí decorrentes falaremos com frequência e em detalhes mais adiante.)

Portanto, enquanto a diferenciação do reflexo científico da realidade nas diversas ciências individuais é determinada em sua essência pelo objeto, no surgimento das artes específicas e dos gêneros [*Genre*] específicos, o fator subjetivo também desempenha um papel decisivo. É claro que não a arbitrariedade meramente particular [*partikulare*] de cada sujeito. A arte é, em todas as suas fases, um fenômeno social. Seu objeto é o fundamento da existência social dos homens: a sociedade em metabolismo {com} a natureza, naturalmente mediada pelas relações de produção e condicionada por estas, mediada pelas relações dos homens entre si. É impossível que um objeto tão geral em termos sociais possa ser refletido de modo adequado por uma subjetividade que persevera na mera particularidade [*Partikularität*]; para atingir, nesse ponto, um nível de adequação aproximada, o sujeito estético precisa formar em si os fatores de uma generalização na escala da humanidade, da generidade. Em termos estéticos, contudo, não há como tratar do conceito abstrato do gênero, mas {somente} de homens concretos, sensíveis, individuais, em cujo caráter e destino estão contidas, de modo concreto e sensível, individual e imanente, as propriedades de cada um e o patamar atingido pelo desenvolvimento do gênero. Disso se origina o problema da tipicidade como uma das questões centrais da estética, da qual nos ocuparemos com frequência e em detalhes mais adiante. A diferenciação do estético em artes e gêneros específicos, ou melhor, a síntese no estético de tais artes e gêneros só pode tomar forma, portanto, a partir da dialética dessa relação sujeito-objeto: só quando um determinado tipo de comportamento do gênero humano em relação à sociedade e, nela, em relação ao metabolismo com a natureza tiver ou obtiver um caráter permanente e essencialmente típico, uma arte (ou gênero [*Genre*]) poderá tomar forma e manter-se como tal.

Como decorre claramente do que expusemos até aqui, esse problema é, em primeiro lugar, uma questão de conteúdo, de teor estético. Contudo – como também decorre de nossas análises – a forma estética não possui uma universalidade como a da ciência, que igualmente pudesse ou devesse abranger uma pluralidade de conteúdos, na qual a forma singular, estreitamente vinculada ao conteúdo particular [*partikularen*], é tida como a imediaticidade a ser superada, mas torna-se estética justamente pelo fato de aparecer constantemente como a forma específica de um conteúdo bem determinado; por isso, a peculiaridade das diversas artes e dos diversos gêneros [*Genre*] tem de ser tratada também como uma questão de forma. A tarefa será revelar como do reflexo estético de relações sujeito-objeto essencialmente parecidas no sentido anteriormente indicado surgem formas que, como tais, mostram certa constância – precisamente como formas essenciais – em toda a sua variedade histórica e individual. Por isso mesmo, essa questão é, ao mesmo tempo, fundamentalmente estética e insuperavelmente histórica. Não só porque, em consequência de nossa determinação da forma, toda autêntica obra de arte recria – como que pela primeira vez – a forma geral; não só porque os grandes pontos de inflexão do desenvolvimento social produzem qualitativamente novos tipos também no interior de um mesmo gênero [*Genre*] (os dramas grego, inglês, francês, espanhol etc.); não só porque o desenvolvimento histórico-social transforma radicalmente os gêneros [*Genre*] específicos (o romance como epopeia burguesa) – se fosse só por isso, a consequência seria um mero relativismo histórico radical; mas ela o é porque os efeitos dos problemas da mutação histórica sobre a arte permaneceriam incompreendidos se o elemento constante nas formas não tivesse de ser compreendido e derivado da essência do reflexo estético e, portanto, do princípio fundamental do estético. Logo, a solução correta dessa questão, que nas estéticas costuma emergir como sistema das artes, só pode ser aclarada de modo satisfatório sobre a base simultânea da especificação dialético-materialista do estético em geral e das leis histórico-materialistas de suas transformações históricas.

Essas observações de cunho geral, que por enquanto permanecerão bastante abstratas, já mostram que uma nova luz é lançada sobre o problema de um "sistema das artes". Não pode tratar-se de uma dedução a partir do princípio do estético, tampouco de um sequenciamento empirista das artes existentes; trata-se, ao contrário, de um modo histórico-sistemático de análise que renuncia a toda classificação "simétrica" das artes e dos gêneros [*Genre*], sem contudo desistir de sua fundamentação teórica. Esse modo de análise deixa aberta a possibilidade do definhamento histórico de gêneros [*Genres*] específicos, bem como de surgimento histórico de novos gêneros [*Genres*]; e, uma vez mais, em ambos os casos, sem se restringir meramente ao histórico-social e sem renunciar à dedução teórica. Pois as análises que fizemos até aqui mostram que não se trata simplesmente de uma síntese posterior de dois pontos de vista em si separados; ao contrário, toda análise dialético-materialista se depara com problemas do materialismo histórico e vice-versa. Em cada análise específica, trata-se apenas da preponderância de um ou de outro ponto de vista.

Assim, aqui pudemos indicar somente o lugar metodológico e o método de solução dessas questões. Lênin foi o primeiro a formular a dedução das formas a partir de fatores recorrentes, constantes e relativamente estáveis do reflexo. Em conexão com a profunda constatação de Hegel de que às formas lógicas de dedução corresponde uma realidade objetiva, ele escreve o seguinte:

> Para Hegel, o agir, a prática, é uma "conclusão" lógica, uma figura da lógica. E isso é verdade! Não, naturalmente, no sentido de que a figura da lógica teria seu ser diferente na prática do homem (= idealismo absoluto), mas no sentido inverso de que a prática do homem se impregna na consciência do homem na forma de figuras lógicas por se repetir milhões de vezes. Precisamente (e só) em virtude desses milhões de repetições essas figuras adquirem a solidez de um preconceito e um caráter axiomático.[35]

Esse é o modelo metodológico para toda teoria das artes e dos gêneros na estética. Naturalmente essa formulação leniniana – em correspondência com nossas determinações referentes à essência da forma estética – não pode simplesmente ser assumida e "traduzida" para o estético. O tamanho das variações possíveis e necessárias no interior de uma forma significa algo qualitativamente novo diante da lógica. A grande ideia de Lênin de que as formas científicas (lógicas) constituem reflexos do permanente e recorrente nas aparências tem de ser minuciosamente concretizada em sua aplicação à estética, em correspondência com a peculiaridade desse modo do reflexo da realidade[36].

---

[35] Vladímir Ilitch Lênin, *Philosophischer Nachlaß: Exzerpte und Randglossen* (ed. Marx-Engels-Lenin-Institut Moskau, Moscou, 1932; 3. ed., Berlim, 1954), p. 139; ver LV, v. 38, p. 207-8.

[36] Ver sobre isso o capítulo 2 do meu livro *Der historische Roman* (Berlim, 1955) [ed. bras.: O *romance histórico*, trad. Rubens Enderle, São Paulo, Boitempo, 2011].

4

As formas abstratas do reflexo estético da realidade

Devemos enfatizar sempre o seguinte: não sabemos praticamente nada sobre a origem histórica real da arte. Em muitas artes importantes, como poesia, música, dança etc., a busca de documentos "originários", desde o início, não tem perspectiva de êxito. O que a etnografia tem a nos oferecer quanto a isso – mesmo no caso dos povos mais primitivos – provém de um estado que há muito abandonou os primórdios para trás. E, mesmo quando a arqueologia e a etnografia dispõem de monumentos da cultura material, não há como traçar, ainda que com precisão histórica apenas aproximada, a fronteira entre as formações pré-artísticas e as obras de arte. Portanto, também e precisamente aqui, o processo de separação entre o estético e a cotidianidade mágica só pode ser acompanhado – filosoficamente – recuando a partir do que já está esteticamente formado.

Aqui também é evidente a dificuldade que anteriormente apontamos: ela consiste nas fontes heterogêneas da gênese das formas singulares que temos agora de analisar, ressaltando, como fizemos em análises anteriores {p. 387}, que essa heterogeneidade da gênese não representa de modo algum um isolamento hermético de um fator em relação a outros nem é capaz de impedir a unidade estética que mais tarde viria a surgir historicamente. Essa dificuldade geral ainda se agrava na medida em que não trataremos mais da gênese das diferentes artes ou dos diferentes gêneros [*Genres*], mas dos princípios, dos elementos de construção da produção artística, que, nas diferentes artes, desempenham papéis diferentes, dos quais só dispomos nessas funções extremamente variadas em estágios de desenvolvimento bem mais avançados (ritmo, proporção etc.), que só excepcionalmente preservaram sua autonomia originária (ornamentística), sem que, todavia, jamais voltassem a adquirir na cultura global a importância que tiveram em determinados estágios iniciais.

I. Ritmo

Apesar dessas dificuldades, o quadro da separação entre o estético e a realidade cotidiana pode ser filosoficamente reconstituído em sua essência de acordo com a verdade se elegermos como ponto de partida o centro da vida cotidiana, a saber, o trabalho. Por essa razão, consideramos que a tentativa de [Karl] Bücher de deduzir o ritmo a partir do trabalho, assim como a grande e convincente quantidade de material ilustrativo que ele reuniu para comprovar sua tese, é uma contribuição importante para a elucidação desses nexos. Naturalmente ainda hoje não são poucos os que desejam remontar a fontes "mais profundas", "mais naturais"[1]. Não há dúvida de que são numerosos os fenômenos rítmicos na existência biológica dos homens (e dos animais), bem como nos dados de seu ambiente. No caso desses fenômenos, porém, é necessário distinguir com precisão entre duas séries diferentes. Por um lado, aqueles elementos da rítmica da natureza que envolvem os homens (dia, noite, estações do ano etc.), que estariam destinados a desempenhar um papel importante tanto na cotidianidade quanto na atividade artística em um estágio muito posterior, muito mais desenvolvido, ou seja, depois de o ritmo se tornar um fator importante na existência humana em consequência do trabalho. Em contraposição, os mitos pré-históricos indicam que, em épocas primitivas, essa sequência rítmica não foi vivenciada e concebida com a mesma naturalidade de tempos posteriores. Lévy-Bruhl fala de "cerimônias cuja finalidade é assegurar a regularidade das estações do ano, a produção normal das colheitas, a abundância habitual de frutas, insetos, animais comestíveis etc."[2]. E Frazer diz:

> Se eu estiver correto, a história do fim trágico de Balder compõe, por assim dizer, o texto do drama espiritual que, ano após ano, foi encenado como rito mágico para fazer com que o sol brilhasse, as árvores crescessem, a colheita medrasse e o homem

---

[1] Obviamente não segue essa linha a afirmação de Aristóteles de que o ritmo e a harmonia (assim como a imitação) são talentos naturais dos homens (*Poética* IV, 1 e 3).

[2] Lucien Lévy-Bruhl, *Das Denken der Naturvölker* (ed., trad. e introd. W. Jerusalem. Viena, [Braumüller,] 1921), p. 216.

e o animal fossem protegidos dos artifícios maléficos das fadas e dos monstros, das bruxas e dos feiticeiros.[3]

É muito provável que originalmente mitos como os de Ísis e Osíris, Perséfone e Deméter etc. tivessem um teor similar. E é óbvio que o ritmo desse tipo de fenômeno [*Erscheinungen*] só pode ser percebido como tal quando sequência, alternância etc. são consideradas objetivamente inquestionáveis, absolutamente independentes de nossa interferência. Portanto, a vivência dessa rítmica na natureza exterior pressupõe a sensação, a convicção de certa "segurança" acerca de seu funcionamento regular.

Por outro lado, estamos falando de certos fenômenos [*Erscheinungen*] rítmicos na existência corporal do homem (respiração, batimento cardíaco etc.). Embora durante muito tempo tenham sido pouco conscientes, esses fenômenos têm necessariamente uma grande influência sobre todo o comportamento humano. E isso não pode ser limitado ao homem. Por exemplo, Pavlov, em seus experimentos com cães, ressalta repetidamente a função facilitadora do ritmo. Diz: "Como se sabe, o ritmo é usado para simplificar todos os movimentos e, de modo geral, para simplificar toda a vida"[4]. E prossegue: "Porém, além disso, havia nesse cão um reflexo [*Reflex*] condicionado rítmico esplendidamente configurado, isto é, pela sequência constante de estímulos positivos e estímulos inibidores, o sistema logo tomou forma"[5]. Para a questão que nos interessa, pouco importa que Pavlov tenha produzido artificialmente essa rítmica em seu experimento. No máximo, isso mostra que a aptidão para a facilitação rítmica está presente no animal apenas como predisposição que só pode se expressar em contato com o homem, que já conhece o trabalho e aplica conscientemente seus resultados. O fator decisivo é que determinadas operações são facilitadas quando são ritmadas, e essa ritmização pode ocorrer tanto no caso do homem quanto no do animal – sem chegar a se tornar consciente. Portanto, o ritmo é um elemento presente na existência fisiológica do ser vivo. Já apontamos o fato de que as funções individuais só operam normalmente quando mantêm um determinado ritmo; a arritmia é um sintoma de distúrbio e até mesmo de

---

[3] Sir James George Frazer, *Der goldene Zweig: Das Geheimnis von Glauben und Sitten der Völker* (ed. resumida, Leipzig, [Hirschfeld,] 1928), p. 964-5.

[4] Pawlowsche Mittwochskolloquien, *Protokolle und Stenogramme physiologischer Kolloquien*, v. 2: *Stenogramme der Jahre 1933 und 1934* (Berlim, [s.l.,] 1955), p. 53.

[5] Ibidem, p. 500.

doença. Na vida, além disso, surgem hábitos no movimento que, no decorrer de um longo período, conferem a esses fundamentos a forma de reflexos [*Reflexen*] não condicionados que fazem aparecer quase automaticamente esse modo mais cômodo e menos cansativo de se mover: é o ritmo no voo dos pássaros, no andar dos animais e dos homens. Naturalmente tudo isso ainda não tem nada a ver com o ritmo enquanto elemento da arte. Scheltema diz com razão e espírito: "Nós caminhamos ritmicamente, porque um andar irregular exigiria demasiado esforço, consequentemente nossas pegadas na areia molhada também formam um padrão regular, sem que ocorra a ninguém falar a seu respeito como se fosse um ornamento"[6].

Por isso, o reconhecimento desses fatores oriundos da fisiologia não deve obscurecer a questão central da gênese, sobretudo não o caráter especificamente humano, condicionado pela cultura material do ritmo proveniente do trabalho. O homem em si vive na natureza, assim como o animal; sua inter-relação é de potências da mesma espécie e, por isso, os ritmos que surgem eventualmente daí não se distinguem dos do mundo natural. No trabalho, contudo, o homem arranca uma porção da natureza – o objeto do trabalho – de suas conexões naturais e submete-a a um tratamento em que as leis da natureza são aproveitadas teleologicamente por um pôr de fim humano. Isso se intensifica ainda mais quando essa "natureza" teleologicamente transformada aparece como ferramenta. Origina-se, desse modo, um processo que está ainda sujeito às leis da natureza, mas que, como tal, não faz mais parte da natureza, um processo em que todas as interações são naturais apenas na medida em que partem do objeto do trabalho, mas são sociais na medida em que partem da ferramenta, do processo do trabalho. Esse caráter ontológico imprime seu selo no ritmo que surge daí. Enquanto, no caso do animal, a adaptação fisiológica ao entorno, dependendo das circunstâncias, produz algo rítmico, no trabalho o ritmo surge do metabolismo da sociedade com a natureza. Contudo, não nos devemos esquecer de que a conexão geral de facilitação e ritmo provém da natureza e que, no trabalho, ela é "apenas" aproveitada conscientemente. Esse "apenas", todavia, caracteriza um salto de dimensão histórico-universal. Essa diferença é apontada de modo muito nítido no fato de que os movimentos do homem que trabalha – fator decisivo do ritmo do trabalho – são tanto mais

---

6 Frederik Adama van Scheltema, *Die Kunst der Vorzeit* (Stuttgart, [W. Kohlhammer,] 1950), p. 41.

"artificiais" quanto menos forem decorrentes da espontaneidade fisiológica, quanto mais desenvolvido for o trabalho. Goethe viu essa diferença com clareza: "O animal é instruído por seus órgãos; o homem instrui os seus e os controla"[7]. Mas, inquestionavelmente, homem também significa para Goethe o homem que trabalha, aquele que se forma e se formou como homem pelo trabalho.

Portanto, é preciso ressaltar uma vez mais o mérito de Bücher, que não partiu simplesmente do trabalho, mas concretamente do processo do trabalho, e analisou também os fatores subjetivos referentes ao ritmo. O fator mais importante para nós é o da facilitação do trabalho em consequência de sua ritmização. Bücher supõe que o cansaço advenha sobretudo da constante tensão intelectual durante o trabalho. Esta só pode ser minorada pela automatização, quando os movimentos se tornam mecânicos e involuntários. Essa é precisamente a função da ritmização. O alívio da tensão:

> acontece quando se consegue regular o dispêndio de forças no trabalho de tal maneira que disso resulte certa regularidade e que o início e o fim de um movimento sempre se situem entre os mesmos limites espaciais e temporais. Pelo movimento de um mesmo músculo realizado a intervalos iguais e com a mesma força é produzido o que denominamos exercício; a função corporal, uma vez em atividade e em determinadas proporções temporais e dinâmicas, prossegue mecanicamente, sem exigir um novo acionamento pela vontade, até que, dependendo das circunstâncias, é acelerada ou retardada pela interferência de uma decisão voluntária.[8]

Não é necessário examinarmos mais detidamente esse problema do exercício. Ele é importante para nós na medida em que o controle dos próprios movimentos, do próprio corpo, constitui um pressuposto técnico para um grupo de artistas (artes cênicas, dança), do mesmo modo que, para outros, é o domínio do material a ser trabalhado. Vemos uma vez mais que só se pode falar sensatamente de gênese da arte em geral em certo nível do trabalho humano. Porém o raciocínio de Bücher vai mais fundo no problema. O exercício só pode surgir e ganhar forma plena quando o trabalho se torna regular, e Bücher faz aqui uma observação correta:

> é tanto mais fácil compor um movimento regular quanto mais breve é a sua duração. Sua mediação é consideravelmente facilitada pelo fato de que todo movimento de

[7] Johann Wolfgang von Goethe, *Maximen und Reflexionen*, JA, v. 4, p. 242; Hoyer, p. 1.223.

[8] Karl Bücher, *Arbeit und Rhythmus* (4. ed., Leipzig, [B. G. Teubner,] 1909), p. 22.

trabalho é composto de pelo menos dois elementos, um mais forte e outro mais fraco: levantar e baixar, empurrar e puxar, esticar e encolher etc. Isso faz com que ele pareça impedido em si mesmo e tem como consequência que o retorno regular de movimentos igualmente fortes, que ocorrem dentro dos mesmos intervalos de tempo, sempre se apresentará necessariamente como ritmo.[9]

Estaria demonstrada assim a necessária conexão entre o trabalho e o fato elementar do ritmo, que, nesse estágio, naturalmente é apenas um fenômeno da prática cotidiana e, em si, não contém uma intenção inconsciente visando ao estético. E Bücher indica com razão que o ritmo diverso de trabalhos diversos assoma à nossa consciência como som sempre que "o contato da ferramenta com o material emite um som"[10]. De grande importância é a diversidade dos ritmos, que não é determinada somente pela constituição corporal do homem, mas por sua interação com uma potência social, com as exigências materiais dos modos concretos de trabalho, como Bücher comprova com uma série de exemplos. Pois, por essa via, o caráter social do fenômeno se revela sob uma luz mais clara. Não é nem mesmo necessário tratar extensamente dos problemas da cooperação entre dois ou mais trabalhadores, embora Bücher mostre com base em casos muito ilustrativos – por exemplo, o do trabalho conjunto de dois ferreiros – que o processo do trabalho gera não só um ritmo determinado de movimentos concatenados mas também um ritmo de tons audíveis. O mais importante, contudo, é que esse ritmo não é algo fixado pela natureza, como no caso de certos movimentos do reino animal, em que nossos sentidos treinados pelo ritmo do trabalho constatam algo desse tipo, mas trata-se de um componente constantemente variado, constantemente aperfeiçoável, da prática especificamente humana. Por isso, o fundamento não é um "instinto", um reflexo [*Reflex*] involuntário, incondicionado, mas um reflexo [*Reflex*] condicionado, adquirido por meio de exercício, no sentido de Pavlov. E precisamente a multiplicidade de ritmos que se formam já em estágios relativamente pouco desenvolvidos faz com que o fenômeno básico comum se torne um componente adquirido da vida cotidiana humana, aplicado em diferentes formas a diferentes objetos.

A ênfase na distância entre essa ritmização pelo trabalho e a ritmização "natural" que se encontra na vida dos animais (e também dos homens) significa,

---

[9] Ibidem, p. 23.

[10] Ibidem, p. 24.

subjetivamente, que a ritmização "natural" se desenrola de modo totalmente espontâneo, sem que haja uma consciência refletindo sobre ela, pois constitui um componente orgânico, inato, da existência animal (ou humana), ao passo que a ritmização pelo trabalho constitui em cada indivíduo o resultado de um processo de treinamento. A retroação sobre a autoconsciência surge quando algo aprendido se torna involuntário, porém jamais no mesmo sentido e com a mesma naturalidade que no caso que acabamos de mencionar, isto é, o que foi seguramente adquirido por experiência, exercício, hábito etc. preserva constantemente o acento emocional de ter sido adquirido. Naturalmente há numerosas transições. Por exemplo, após uma longa doença, temos de reaprender a andar etc. Porém a relação íntima com o andar será sempre distinta da relação com a atividade de remar ou de jogar tênis.

Objetivamente trata-se, por um lado, de ritmos muito mais variados e, por outro, de ritmos muito mais complexos e, como tais, muito mais acentuados, produzidos pela inter-relação entre o processo do trabalho e o objeto do trabalho. Essa constituição da situação objetiva determina os fatores subjetivos anteriormente descritos. Naturalmente, é bem provável que o ritmo de vida fisiologicamente determinado produza predisposições para essa formação, que, no decurso do trabalho em desdobramento, se elevam da potencialidade adormecida à condição de realidade efetiva. Contudo, ainda falta muito para que essa questão seja esclarecida. Os exemplos apresentados por Darwin de fenômenos "estéticos" no reino animal não são convincentes. Mais recentemente, Bernhard Rensch[11] procurou demonstrar por meio de experimentos que os macacos possuem "senso estético", mas tratou as condições concretas de modo muito acrítico. E nem estou me referindo ao fato de ele ver reações muito díspares como um fenômeno análogo à "moda", embora se saiba que, também entre os homens, a moda só ocorre em estágios muito desenvolvidos e as reações estéticas de homens primitivos permaneceram inalteradas por séculos. Ele também não leva em conta as condições específicas dos experimentos. Os animais de cativeiro gozam de uma "segurança" (no que diz respeito tanto ao alimento quanto à ameaça à vida) que não existe na natureza; portanto, sua atenção se explicita de modo bem diferente do que ocorreria em condições normais de vida. Além disso, eles reagem a objetos que lhes são

---

[11] Bernhard Rensch, "Ästhetische Faktoren bei Farb- und Formbevorzugungen von Affen", *Zeitschrift für Tierpsychologie*, v. 14, n. 1, ago. 1957, p. 71-99.

apresentados prontos e que eles próprios jamais conseguiriam produzir. O experimento mais interessante de Rensch trata da reação a padrões regulares e irregulares. Todavia, a preferência pelos padrões regulares prova, no máximo, a {existência?} de uma {das} potencialidades mencionadas por nós, mas jamais a existência real de um "senso estético" em um animal que vive em liberdade, sob condições normais. Sem dúvida, essa potencialidade constitui um problema interessante (também em relação aos homens primitivos) e mereceria ser detidamente pesquisada, mas, para isso, as condições dos experimentos teriam de ser trazidas à consciência de maneira muito mais crítica do que fazem não só Rensch como muitos outros; e referimo-nos não só às condições de vida do cativeiro mas também ao modo de existência dos animais domésticos, a partir do qual também é metodologicamente inadmissível tirar conclusões diretas para o animal em geral.

Fizemos esse excurso com o propósito de formular claramente, desde o início, as questões metodológicas sumamente importantes para o nosso problema. Ao retornarmos agora ao problema do ritmo e do trabalho, fica claro que essa etapa do desenvolvimento em si ainda não tem nada a ver com arte. No cotidiano do homem primitivo, o caráter estético do ritmo só existe em si na medida em que o tipo de trabalho – que exige um dispêndio de energia relativamente menor e tem melhores resultados – desencadeia sensações prazerosas de alívio, de exercer o domínio sobre si mesmo e sobre o objeto do trabalho e o processo do trabalho, de ter uma autoconsciência no primeiro sentido de nossa determinação anterior {p. 382}. Enquanto tais sentimentos aparecem somente como acompanhamento imediato do respectivo processo de trabalho, esse em-si embrionário do estético permanece objetiva e subjetivamente latente e, para se desenvolver, necessita de outros fatores diferenciadores, que extraiam o ritmo dessa conexão original inseparável com os respectivos processos concretos de trabalho, que confiram a ele uma função autônoma na vida dos homens e, por essas vias, possibilitem sua generalização e aplicação aos mais diferentes campos – fora do âmbito do próprio trabalho.

O primeiro desses fatores mediadores foi certamente a alegria pela intensificação e facilitação do trabalho e, sobretudo, a autoconsciência dos homens trabalhadores que surge dessas vivências e experiências. Esse sentimento, que, como nos primórdios do trabalho, também emerge repetidamente em estágios muito superiores sempre que o processo de trabalho é melhorado e facilitado no desempenho dos trabalhadores[12], manifesta-se envolto em magia, como todos os fatos importantes da vida nesse período. Para os nossos propósitos, é completamente indiferente como essa conexão com a magia se constitui interiormente, em que medida ela própria – de modo mediado – determina as próprias ações ou constitui apenas, no verdadeiro sentido da palavra, um envoltório mágico de conteúdos em si estranhos à magia. A nosso ver, Gordon Childe tem razão, em termos gerais, ao apontar repetidamente a exterioridade dessas conexões: por exemplo, quando em um estágio bem mais desenvolvido sacerdotes sumérios inventaram de fato a escrita, não na condição de sacerdotes ou magos, mas em consequência de suas funções administrativas mundanas, o que também aconteceu no Egito e na cultura cretense[13]. Em certo sentido, isso vale também para os estágios mais primitivos, embora nesse caso o véu da magia certamente seja mais espesso e a interação real entre as experiências reais de trabalho e o estabelecimento de analogias mágicas como sua generalização possa ter sido bem mais íntima. Porém esse entrelaçamento subjetivo não suprime a divergência existente em si entre atos e intenções. Aqui, a separação se deu certamente muito mais cedo e foi muito mais radical do que no período em que surgiu a arte. E, para finalizar, Gordon Childe indica – também com razão – que a ciência não pôde originar-se diretamente da magia e da religião e que a medicina e a astronomia, quando foram anexadas pela religião, se tornaram forçosamente estéreis[14]. Como quer que seja, a ciência só conseguiria se tornar ciência quando desenvolvesse o seu específico método – desantropomorfizante – na luta contra a magia e a religião. Como também mostramos, a mesma afirmação vale para o estético, em relação ao qual, no entanto, esse processo de descolamento – por motivos já apontados – é mais complexo e difícil do que na ciência. No que se refere ao trabalho e ao ritmo, é preciso insistir que o surgimento do movimento que imprime ritmo é resultado do melhoramento do próprio processo de trabalho, do desenvolvimento das forças produtivas do trabalho e, portanto, não pode ser determinado de modo direto e imediato pela magia. Contudo, quando passarmos a refletir em

---

[12] Não precisamos mencionar aqui as complexas experiências da era das máquinas, pois nela o trabalhador acaba se tornando um anexo da máquina.

[13] Vere Gordon Childe, *Man Makes Himself* (Londres, [Watts and Co.], 1937), p. 209; ed. alemã: *Der Mensch schafft sich selbst* (Dresden, [Verlag der Kunst,] 1959, Fundus-Bücher 2), p. 187.

[14] Ibidem, p. 255-6; ed. alemã: p. 226.

seguida sobre os fatores que desencadearam a autonomização do estético, o objeto primário de nosso interesse não será tanto o próprio processo objetivo, mas bem mais seu reflexo subjetivo na consciência, a formação incipiente de um reflexo peculiar da realidade.

Falamos há pouco de uma primeira origem da autoconsciência em consequência do maior desempenho no trabalho logrado com menor esforço; pois nela está contida implicitamente uma tendência do ritmo de se desvincular de seu papel concreto em determinado processo de trabalho. Quanto mais variados os ritmos que surgem da diferença concreta de múltiplos trabalhos, tanto mais fácil é essa desvinculação, tanto mais decidida é a conversão do ritmo em um componente da vida cotidiana relativamente independente das circunstâncias que originalmente o suscitaram. O processo que produz essas desvinculações e generalizações é algo perfeitamente habitual na vida cotidiana. Gehlen descreve detalhadamente tais processos. A seu ver, as abstrações aí efetuadas consistem em que determinada característica sensível de coisas, processos, figura, cor,

> que constitui um indicativo de toda uma massa concreta [...] {é} "abstraída" de maneira muito própria, isto é, ela é "puxada para fora" mediante a negligência de impressões adjacentes, igualmente possíveis, e, ao tratar do mesmo modo uma coisa bem diferente que contém essa mesma marca distintiva, abstraímos novamente, dessa vez do conjunto das diferenças de ambas as coisas que tratamos do mesmo modo.[15]

E ele considera esse abstrair menos como um ato, menos como uma ação positiva, e mais como "tão só uma *inibição* central de outros aspectos".[16] Ora, se tais abstrações analogizadoras podem ocorrer em um estágio relativamente inferior, muito mais fácil é, pela própria natureza da coisa, sua difusão quando de antemão se trata de reflexos [*Reflexe*] condicionados fixados pelo próprio indivíduo.

Retornaremos repetidamente ao modo como são produzidas as transposições extremamente multifacetadas do ritmo original de trabalho para os mais diferentes modos de exteriorização da atividade humana. Aqui seja apenas sucintamente mencionado – o que logo desempenhará um papel importante

[15] Arnold Gehlen, *Der Mensch. Seine Natur und seine Stellung in der Welt* (4. ed., Bonn, [Junker und Dünnhaupt,] 1950), p. 230.

[16] Ibidem, p. 230-1. O fato de Gehlen falar em toda parte de "símbolos" e não tomar conhecimento do aspecto analógico desses atos não anula a exatidão da descrição.

no tratamento da ornamentística – que, a certa altura da formação da técnica, o ritmo de trabalho originalmente espaçotemporal pode estabelecer-se como ritmo puramente espacial no produto do trabalho. Boas descreve esse processo da seguinte maneira: "Outro elemento fundamental da forma decorativa é a repetição rítmica. As atividades técnicas, nas quais são utilizados movimentos repetidos regulares, levam a repetições rítmicas na direção conduzida pelo movimento"[17]. Naturalmente isso só explica o vínculo técnico entre o ritmo espaçotemporal original e o ritmo puramente espacial; outra questão é sua conversão em elemento da estética. Aqui seja antecipado apenas que, na espontaneidade da vida cotidiana, não há a separação e a confrontação rígidas e fetichistas de espaço e tempo que encontramos usualmente no pensamento burguês. Isso não é casual. Pois justamente em consequência da imediaticidade da prática cotidiana, toda objetividade, todo processo é concebido por ela espontaneamente como algo inseparavelmente espaçotemporal. Diante dessa dialética originária da vida cotidiana, a separação – com tanta frequência – metafisicamente rígida de espaço e tempo apresenta-se como um retrocesso do pensamento, como um refletir mais deficiente do em-si da realidade objetiva. A tenacidade com que tais visões metafísicas se apegam à vida deve-se, em parte, ao fato de haver casos em que uma separação metodológica entre espaço e tempo é necessária e cientificamente fecunda; basta pensar na geometria, uma ciência que se desenvolveu extraordinariamente cedo. No que se refere ao ritmo, do qual estamos tratando concretamente, está claro que sua forma fenomênica original no trabalho era forçosamente uma forma espaçotemporal. Se já é assim no ritmo do movimento do animal e do homem primitivo, é tanto mais – e já de modo bem mais consciente – em todo ritmo de trabalho. E, uma vez que a tendência universal do estético é superar, por uma nova imediaticidade, tanto as fetichizações espontâneas da cotidianidade quanto os preconceitos metafísicos que penetraram nelas, essa função se cumprirá também no campo do ritmo. As complexas questões associadas a esse fato só poderão ser tratadas mais adiante. As exposições de Boas são instrutivas, na medida em que comprovam por meio de exemplos essa transição espontânea para o ritmo puramente espacial já em um estágio relativamente primitivo. Em um nível bem superior, já mimético, ocorre uma restauração consciente da espaçotemporalidade originária do ritmo na dança, porque nesta a música

[17] Franz Boas, *Primitive Art* (Nova York, [Capitol,] 1951), p. 40.

e, eventualmente, o canto são associados ao ritmo do movimento. Gehlen descreve com muito acerto esse processo:

> Na dança livremente executada, o movimento comunga com a música, que, no caso da boa dança, não é mero "acompanhamento", mas a música parece tão somente estender para o audível a musicalidade interior dos movimentos, ao passo que o movimento parece atrair para dentro de si a música em si não espacial e condensá-la em um lugar visível.[18]

Acompanhando Bücher, já chamamos a atenção para os sons ritmizados – e frequentemente diferenciados entre si pela intensidade do som – que surgem em certos trabalhos. E resquícios de tradições mais antigas apontam que a essência rítmica do trabalho em um estágio ainda bastante primitivo costumava manifestar-se por meio de gritos – não articulados, mas inseridos com precisão no ritmo. Bücher diz o seguinte:

> O primeiro passo que o homem primitivo deu na direção do canto, durante o trabalho, provavelmente não consistiu em sequenciar palavras com significado, segundo determinada lei silábica, para conferir a ideias e sentimentos uma expressão que fosse agradável a ele e compreensível aos outros, mas utilizar uma variação daqueles sons semianimalescos e dispô-los em uma sequência bem determinada, adequada ao andamento do trabalho, com o intuito de reforçar a sensação de alívio que proporcionavam em si e por si aqueles sons e talvez até intensificar as sensações positivas de prazer. Ele compôs seus primeiros cantos de trabalho com o mesmo material originário com o qual a linguagem formou as palavras, ou seja, os sons simples da natureza. Assim surgiram cantos, como mencionamos várias vezes, que consistem meramente em sequências de sons sem sentido e em cuja apresentação entra em consideração exclusivamente o efeito musical, o ritmo tonal, como recurso de apoio ao ritmo do movimento. A necessidade de estruturar as duas espécies de ritmos em consonância entre si foi dada pela dependência comum da respiração.[19]

Essas análises voltam a mostrar como os elementos "naturais" se tornam efetivos. Bücher tem toda a razão ao chamar a atenção para o papel de ligação desempenhado pela respiração.

Naturalmente não possuímos nenhum documento autêntico dessa etapa inicial, nem daquela em que sons não articulados se transformaram em palavras

[18] Arnold Gehlen, *Der Mensch*, cit., p. 154.

[19] Karl Bücher, *Arbeit und Rhythmus*, cit., p. 359.

de acentuação emocional e, ainda mais tarde, em canções de conteúdos coerentes. O que temos são canções de trabalho, mais precisamente canções cuja estrutura parte do ritmo do trabalho e se baseia nele. Contudo, a esmagadora maioria dessas canções de trabalho provém de um período em que o comunismo primitivo já estava dissolvido; portanto, o trabalhador que canta era já um explorado e, muito frequentemente, um escravo. Por essa razão, o teor emocional dessas canções já possui uma complexidade (trabalho como coerção, trabalho como exploração, temor diante do senhor ou do capataz, queixa, revolta etc.) que jamais teriam as simples canções de trabalho de uma sociedade ainda não classista. No entanto, o caráter mais primitivo dessas canções de trabalho iniciais se deve não somente a um teor qualitativamente menos diferenciado mas também ao fato de que a maneira de trabalhar de uma sociedade não desenvolvida só podia mesmo fornecer uma variação relativamente menor de ritmos.

Ora, se tentarmos preencher a lacuna que aqui se escancara, teremos de recorrer à magia – apesar de todas as ressalvas que fizemos anteriormente. Bücher mostrou com exemplos que há uma conexão entre as canções que surgiram dos ritmos do trabalho e a esfera da representação mágica[20]. Certamente não é por acaso que um de seus exemplos é uma canção de mulheres brandindo uma foice, pois tanto entre as mulheres quanto na área rural a persistência de tais tradições é mais adequada do que em outras circunstâncias. No entanto, também nesse caso não se trata de uma canção de trabalho propriamente dita, mas de um acompanhamento cantado de um jogo que se originou no trabalho. Porém a persistência desses conteúdos, reforçada pelas cerimônias mágicas que também foram introduzidas, executadas por meio de cantos prescritos em ritmos prescritos, mostra que o desenvolvimento dos cantos de trabalho propriamente ditos a partir do ritmo do trabalho devia ter um contato estreito com os conteúdos mágicos. Esse contato teve de ser em termos de conteúdo, porque de incontáveis fatos de diferentes tipos de exteriorizações de vida mostra claramente que os homens primitivos vivenciaram de modo mágico seu domínio sobre o mundo exterior e sobre suas próprias capacidades, e que eles, portanto, estavam acostumados a atribuir o rendimento mais elevado do trabalho e as sensações de prazer despertadas por ele ao efeito de poderes mágicos. Esse contato entre o conteúdo da rítmica e o da magia ainda é aprofundado e

[20] Ibidem, p. 331-4.

reforçado, quanto à forma, pelo efeito edificante, intensificador da vitalidade e da autoconsciência de todo ritmo rigorosamente sustentado.

Uma vez estabelecida a conexão aqui indicada, a transmissão do ritmo de um âmbito para o outro se apresenta como totalmente natural. O papel do ritmo nas cerimônias diretamente mágicas está documentado de múltiplas formas. Porém essas cerimônias eram um meio universal de regulação dos mais variados âmbitos da vida. Portanto, uma vez que o modo de transmissão se estabeleceu, uma vez que, por essa via, o ritmo se separou do trabalho concreto no qual ele surgiu originariamente, já não havia mais impedimento para uma generalização ulterior, para uma aplicação ainda mais ampla. Todavia, para que isso acontecesse, era necessária a imitação – determinada primeiro pela magia – dos processos reais da vida, para que precisamente desse modo se chegasse pela magia mais perto da realização da finalidade desejada. O simples fato de haver um ato de imitar não vinculado de modo imediatamente prático a um fim, ou melhor, orientado para um fim fantasmagórico, já dissocia o ritmo do trabalho real, conferindo-lhe uma versão sensivelmente generalizada. Aqui só podemos fazer alusão à questão, pois todo o intricado complexo da mimese será tratado nos capítulos seguintes. A dança alcançou máxima importância em tudo isso. Sobre isso, seja observado muito brevemente que, não só entre os povos primitivos mas também na Antiguidade, a dança não havia perdido de modo algum o vínculo original com o trabalho, com o exercício e com o jogo, enfim com os costumes da vida cotidiana. Em todo caso, ao lado de uma série de casos extraídos da vida de povos primitivos, Bücher cita os mais variados exemplos da Antiguidade, por exemplo, o do *Banquete* de Xenofonte[21].

Como quer que se tenha desenrolado esse processo pelo qual o ritmo ultrapassou o trabalho concreto, o processo de sua separação relativa deste, de sua generalização sensível para as mais multiformes exteriorizações da vida, o que é filosoficamente essencial em tudo isso é que ele se converteu de um fator da vida real em reflexo desse fator. Não há como enfatizar o suficiente esse caráter de reflexo dos fatores do estético, por mais abstratos que sejam. Pois a estética burguesa moderna, que, em toda teoria do reflexo, rastreia o odiado materialismo, busca sempre confrontar de modo excludente as formas simples e abstratas – sobretudo as passíveis de matematização ou geometrização – com {os} elementos formais da reprodução artística da realidade. A reprodução

---

[21] Ibidem, p. 325-6.

simples é interpretada, na maioria das vezes, como mero naturalismo e, como tal, deve ser difamada ou, pelo menos, rebaixada a algo secundário; em contrapartida, as formas abstratas recebem uma luz artificial que vem "de cima" e são consideradas revelações de um poder transcendente ou, na maioria das vezes, objetivações da fuga do mundo de uma alma condenada em essência à solidão eterna. Diante de tais concepções, é preciso ressaltar o fato sensato de que todo uso do ritmo fora de sua forma fenomênica diretamente concreta em determinado trabalho já é o reflexo do que ele efetua de modo real na própria realidade.

Aqui se vê que as duas constatações que fizemos, a saber, o ritmo como reflexo da realidade objetiva e sua gênese a partir do trabalho, estão estreitamente interligadas. A derivação direta do ritmo a partir das peculiaridades fisiológicas do homem não só deixa difusos seus traços humano-sociais específicos, como aconteceu com frequência a seu tempo entre os darwinistas, mas também tem criado – especialmente nas últimas décadas – uma separação mecânica entre o homem e seu entorno social. Caudwell talvez seja quem formulou isso da maneira mais contundente. Ele diz:

> A poesia é rítmica. O ritmo previne a exaltação da consciência fisiológica para isolar nossa percepção sensorial em relação ao entorno. No ritmo da dança, da música, do canto, tornamo-nos *auto*conscientes, em vez de ter um caráter consciente. O ritmo do batimento cardíaco, da respiração, da periodicidade fisiológica nega o ritmo físico de nosso entorno. Nesse sentido, o sono também é rítmico. A pessoa que dorme se recolhe à fortaleza do corpo e tranca as portas.[22]

Assim, aqui, certamente sob a influência de Freud, a poesia é trazida até a linha do sonho e, do mesmo modo como em Freud o sonhar é a sentinela do sono, o ritmo se torna a sentinela do enclausuramento solipsista do eu; e tudo isso é projetado na era primitiva como um fenômeno "cósmico". Aqui seja mencionado apenas de passagem que Caudwell, o qual de resto em toda parte ressalta energicamente o caráter social da arte e até vislumbra no ritmo um equilíbrio entre o teor emocional da poesia e as relações sociais nas quais ele se realiza em cada caso, incorre, na questão em pauta, em contradição com suas próprias visões a ponto de, para ele, o lirismo constituir um antagonismo

---

[22] Christopher Caudwell, *Illusion and Reality: A Study of the Sources of Poetry* (4. ed., Londres, [Macmillan,] 1950), p. 199; ed. alemã: *Illusion und Wirklichkeit* (Dresden, [Verlag der Kunst,] 1966, Fundus-Bücher 12/13), p. 201-2.

metafísico à épica e à dramática. Mais importante no caso dele é que, em razão disso, desaparece da autoconsciência toda relação com o mundo, com o ambiente do homem, de modo que não se trata mais de relacionar os reflexos [*Reflexe*] da realidade com o homem, isto é, de um ato fundado na prática, mas da fuga do mundo, do fundamentar teórico de um encerramento hermético do homem em relação ao mundo exterior. Isso, sem dúvida, é expressão do comportamento de grande parte da inteligência burguesa do período imperialista, mas ela é radicalmente anti-histórica quando é introduzida de maneira interpretativa no desenvolvimento da humanidade como princípio "eterno". A mistificação que surge dessa maneira é intensificada ainda pelo fato de Caudwell querer calçar sua tese fisiologicamente. Indicamos que o papel dos fatores fisiológicos não pode ser subestimado, pois o ritmo que surge no trabalho é produto de uma interação entre as faticidades fisiológicas do homem e as exigências de um desempenho otimizado do trabalho, e a referência constante ao fisiológico ganha validade justamente na busca pela facilitação do trabalho. Ademais, como também enfatizamos, em fases posteriores do desenvolvimento, a influência do ritmo fisiologicamente determinado (respiração na poesia, no canto etc.) constitui um fator importante em seu aperfeiçoamento e sofisticação. Porém é preciso refutar resolutamente que esses fatores, por si sós e precisamente como negação de todo ritmo "exterior", teriam podido levar à poesia, à música. Para dar conta dos fenômenos [*Erscheinungen*] rítmicos da natureza, por exemplo, a mudança das estações do ano, já se exige uma cultura relativamente elevada. Quanto a isso, Gordon Childe aponta com razão as dificuldades causadas pelo calendário lunar original[23]. O próprio Caudwell, numa polêmica justificada contra a teoria do "indizível" de Wittgenstein, na qual é formulado o dilema metafísico entre a expressabilidade (semântica) e a intuição mística, mostra o importante papel que a arte desempenha na enunciação do indizível. Porém, como aqui ele só pode apelar para uma autoconsciência solipsista, sua confrontação – "o músico é um matemático introvertido"[24] – é tão metafísica e mística quanto a teoria de Wittgenstein, que é criticada com razão.

No entanto, tal constatação implica um posicionamento não só contra a gênese mística a partir do eu isolado mas também, ao mesmo tempo, contra as concepções que querem reduzir o reflexo à respectiva fotocópia da realidade

---

[23] Vere Gordon Childe, *Man Makes Himself*, cit., p. 243; ed. alemã: p. 215.

[24] Christopher Caudwell, *Illusion and Reality*, cit., p. 247; ed. alemã: p. 252.

imediatamente dada. Aqui topamos, na estética, com as limitações gerais do pensamento burguês atual, que não reconhece a existência do materialismo dialético e dirige sua polêmica constantemente contra a variedade mecanicista e metafísica mais primitiva do materialismo. Porém o materialismo dialético precisa lutar pela formulação de um método próprio não só contra o idealismo filosófico mas também contra seus predecessores mecanicistas. Lênin efetua da seguinte maneira a delimitação em relação ao materialismo metafísico, "cujo *mal* principal consiste na incapacidade de aplicar a dialética à teoria das imagens [*Bildertheorie*], ao processo e ao desenvolvimento do conhecimento"[25].

Todavia, é interessante notar que, quando não se fala mais da teoria filosófica do reflexo, mas da interpretação de certos fatos da vida, não são poucos os pesquisadores que aplicam na prática a teoria dialética do reflexo (valendo-se de outra terminologia). Pense-se nas exposições antropológicas de Gehlen, nas quais ele reconhece na prática abstrações e acentuações no reflexo da realidade, concebendo-as, portanto, dialeticamente no caso concreto, mesmo que – preso nos preconceitos burgueses gerais do período imperialista – cole no fenômeno corretamente descrito a etiqueta equivocada do símbolo {p. 402}. A aplicação do ritmo ocorre de maneira semelhante fora do trabalho concreto. Na reflexão da totalidade sensivelmente dada, um dos momentos importantes, precisamente o ritmo, é particularmente enfatizado, inicialmente como é imediatamente, e precisamente por meio disso ele é destacado de seu mundo fenomênico [*Erscheinungswelt*] concreto e original, incorporado ao tesouro da experiência como uma parte da realidade independentemente apreendida (refletida), armazenada para ser utilizada novamente em novos contextos. Esse processo é bastante frequente na vida cotidiana; na maioria das vezes, ocorre com base em analogias ou conclusões baseadas em analogias. Se estas tiverem um embrião radicado na realidade objetiva, isto é, se forem reflexos relativamente fidedignos, podem tornar-se possessão permanente da vida cotidiana e até ensejar generalizações científicas; se não, elas se extinguem ou sobrevivem como preconceitos, superstições etc. (Pense-se no preconceito popular contra pessoas de cabelo ruivo.) As "semifabricações" estéticas da cotidianidade também vivem e agem desse modo, por exemplo, como

[25] Vladímir Ilitch Lênin, *Philosophischer Nachlaß: Exzerpte und Randglossen* (ed. Marx-Engels-Lenin-Institut Moskau, Moscou, 1932; 3. ed., Berlim, 1954), p. 288; ver LV, v. 38, p. 344.

conquistas autênticas ou falsas do conhecimento humano prático. Ocorre que, na maioria das vezes, não se enfatiza ou não se enfatiza o suficiente que o reflexo da realidade constitui a mediação indispensável para qualquer passo adiante em tal expansão da prática.

Por isso, para nós, o problema propriamente dito não é esse fenômeno cotidiano da prática humana, mas sobretudo como, nesse caso, o reflexo normal se converte em um reflexo estético. O caráter dialético, não mecânico-fotográfico, do reflexo só aparecerá em toda a sua complexidade quando tratarmos da reprodução mimética imediata da realidade, na qual emergem, por exemplo, problemas como a transformação da infinitude tanto extensiva quanto intensiva da realidade em uma refiguração delimitada, que, no entanto, é capaz de fazer surgir sua infinitude intensiva. Nesse ponto, as dificuldades brotam precisamente da simplicidade – relativa – da situação. Pois, de fato, trata-se apenas de refletir isoladamente um dos muitos fatores de um complexo para que possa ser usado em um complexo novo e diferente. Como sublinhamos, esse é um fenômeno completamente normal na prática cotidiana, que não suscitará objeções específicas quando a função mediadora do reflexo dialético tiver sido compreendida. As dificuldades com que agora nos deparamos têm duas raízes: em primeiro lugar, trata-se de um simples fator da unidade estética, cuja peculiaridade, porém, consiste justamente em poder ser analisado também isoladamente – de certo modo – em termos estéticos. Em relação à maioria dos fatores, praticamente não se consegue efetuar esse isolamento – no sentido estético – ou, pelo menos, é muito mais difícil efetuá-lo. Por exemplo, quando tentamos analisar isoladamente uma personagem de uma obra poética, em geral isso só é possível em um grau extremamente relativo. Ela é determinada, em sua essência mais profunda, por seu destino, pelas situações que vivencia, pelas demais personagens com que se inter-relaciona etc., mesmo nas qualidades que lhe são mais próprias. A análise isoladora também pressupõe esses vínculos, mesmo que às vezes de modo inconsciente, e sempre desemboca, quer queira quer não, na análise da totalidade concreta da obra. Naturalmente há uma bibliografia imensa, infindável, sobre personagens isolados de Hamlet ou Fausto, sobre o dom-quixotismo ou o bovarismo. Porém ela só permanece esteticamente relevante na medida em que não arranca a personagem do ambiente que lhe foi atribuído. Quando isso acontece, trata-se de um fenômeno em que a configuração artística flui para dentro da vida cotidiana, ou seja, um fenômeno que nada tem a ver com o que está sendo tratado agora. Porém, como vimos, esse não é o caso do ritmo. Isso se deve a que, no caso recém-aludido, lidávamos com um complexo conteúdo-forma, ao passo que no caso do ritmo – e isso nos leva ao segundo aspecto de nossa questão –, trata-se de um fator puramente formal em si, que não é preenchido por nenhum conteúdo concreto. A diferenciação que decorre disso refere-se não só aos complexos conteúdo-forma mas também aos nexos forma-conteúdo. Pois também as categorias em si formais, como composição, intensificação etc., não se deixam separar sem mais nem menos analiticamente das totalidades concretas em que figuram. Na segunda parte desta obra, vamo-nos ocupar extensamente do fato de essas categorias poderem ser formuladas como conceitos importantes e fecundos para a estética. Aqui, porém, não estamos falando do conceito, mas da coisa mesma, de seu reflexo imediato, concreto, sensível, e de sua aplicação do mesmo tipo.

Essa diferenciação entre a coisa mesma e seu conceito se reveste de grande importância para toda a estética – sobretudo quando se trata, como aqui, de um fator passível de autonomização que, já por essa via, adquire certo caráter abstrato em vista da totalidade concreta. Na totalidade concreta da obra de arte, o ritmo permanece submetido à legalidade formal da estética em geral, isto é, também ele é a forma de um conteúdo bem determinado (particular [*besonderen*]). Ao mesmo tempo, contudo, seu caráter abstrato se mantém – apesar de sua constante superação concreta. Por essa razão, aqui é perfeitamente possível que esses dois aspectos sejam refletidos isoladamente, ressalvada, no entanto, sua unidade contraditória no contexto concreto da obra. Essa unidade da unidade e da duplicação é um fenômeno que já aflora na vida cotidiana assim que o acompanhamento cantado (a acentuação) do ritmo do trabalho assume uma forma concreta. Em *Sinngedicht* [Epigrama], Gottfried Keller descreve com fino humor um caso desse tipo: um mestre sapateiro, enquanto confecciona fio encerado, canta como acompanhamento musical ao seu trabalho a canção *Kleine Blumen, kleine Blätter* [Pequenas flores, pequenas folhas], de Goethe: "Ele cantava seguindo uma melodia sentimental e antiquada com floreios ao estilo popular, os quais naturalmente tinham de se aconchegar ritmicamente à sua passada para a frente e para trás, sendo muitas vezes retardados ou acelerados pelos movimentos do trabalho"*. A situação pode tornar-se mais clara caso lancemos um olhar para a prosódia, na qual os elementos do ritmo da fala são

* Gottfried Keller, *Das Sinngedicht. Novellen* (Berlim, Hertz, 1882), p. 411. (N. T.)

tratados como conceitos. Sua utilidade como ciência – inclusive para a teoria e a prática estéticas – naturalmente é inquestionável. Porém, quando problemas referentes ao ritmo concreto do verso emergem em um estágio mais avançado, na maioria dos casos há um antagonismo dialético entre as demandas abstratas da prosódia – na qual o ritmo original, surgido do trabalho, aparece em sua forma pura – e as exigências do ritmo do verso – doravante complexo, autêntico, brotado do sentido e da tônica das palavras, em cuja base se encontram, todavia, as leis prosódicas como fundamento universal. Klopstock descreveu plasticamente pelo menos uma parte dos problemas que emergem daí:

> Portanto, se elaborarmos corretamente nossos hexâmetros, segundo a prosódia de nossa língua e de acordo com suas demais regras; se formos cuidadosos na escolha de palavras harmônicas; se, além disso, entendermos a relação que um verso assume diante do outro no período; se, por fim, não só conhecermos a multiplicidade de períodos diferenciados uns dos outros em muitas espécies, mas também soubermos ordenar esses períodos alternados, segundo as intenções: só então poderemos acreditar que alcançamos um alto grau de harmonia poética. Porém as ideias do poema ainda existem para si; e a eufonia também existe para si. Elas não têm ainda nenhuma relação umas com as outras, senão a de que a alma se entretém com as sensações do ouvido, ao mesmo tempo que se ocupa com a ideia do poeta. Quando a harmonia dos versos agrada dessa maneira ao ouvido, já logramos muita coisa, mas não logramos tudo o que podíamos. Ainda resta certa eufonia conectada às ideias que ajuda a expressá-las. Porém não há nada mais difícil de determinar do que esse refinamento máximo da harmonia.[26]

Com frequência o antagonismo parece ser abstratamente irrevogável, mas a grande poesia consiste sempre em uma resolução concretamente dialética precisamente das contradições mais drásticas. Para lançar luz sobre essa situação – mas não para indicar uma solução, visto que esta só é possível numa teoria dos gêneros [*Genre*] do lirismo –, citaremos algumas expressões particularmente marcantes de grandes líricos que também se ocuparam teoricamente dessa questão. Assim, Goethe sempre rejeitou a prática poética dos rigorosos adeptos da métrica e dos dogmáticos da prosódia e, pondo de lado os conselhos desses críticos, manteve em muitas passagens de *Hermann und Dorothea* seus hexâmetros negligentes e com frequência francamente defeituosos, para preservar a integridade do

---

[26] Friedrich Gottlieb Klopstock, "Von der Nachahmung des griechischen Sylbenmaßes im Deutschen", em *Sämmtliche Werke*, v. 15 (Leipzig, [Göschen,] 1830), p. 10.

ritmo autenticamente poético. Nesse sentido, ele escreve a Zelter sobre, ou melhor, contra os sonetos de Voss: "De tanta prosódia escapuliu-lhe completamente a poesia"[27]. E Edgar Allan Poe, um autor tão fundamentalmente distinto dele em importantes questões, considera que o escandir, isto é, a leitura dos poemas em ritmo prosódico, é a morte da poesia: "o verso é uma coisa e o escandir é bem outra, muito diferente. O verso antigo, quando lido em voz alta, em geral é musical e ocasionalmente muito musical. Quando escandido segundo as regras prosódicas, na maioria das vezes não se consegue mais aproveitá-lo para nada"[28]. Seja dito aqui apenas de passagem que contradições similares entre ritmo e métrica (aqui prosódia) também ocorrem em outras artes. Wölfflin, por exemplo, aponta as que se encontram na arquitetura barroca[29].

Seria um enorme equívoco inferir desses antagonismos que a rítmica prosódica das poesias é algo puramente arbitrário, algo apenas academicamente convencional. Atendo-se à métrica antiga, Bücher demonstrou sobretudo que suas formas principais não são de modo algum "invenções" arbitrárias dos poetas, não constituem de modo algum regras petrificadas de sua prática, mas converteram-se gradativamente em elementos da poesia a partir da rítmica do trabalho. Para isso, ele parte do ritmo da pisada e da batida, que apenas tinha de seguir e acompanhar a voz humana no canto de trabalho original. Ele diz concretamente:

> O jambo e o troqueu são metros de pisada: um pé que pisa de leve e outro que pisa com força; o espondeu é um metro de batida, fácil de identificar sempre que duas pessoas batucam em ritmo alternado; o dátilo e o anapesto são metros de martelada, que ainda hoje podem ser observados em qualquer ferraria de povoado onde o trabalhador golpeia o ferro em brasa precedido e seguido de dois golpes breves na bigorna. O ferreiro chama isso de "fazer o martelo cantar".[30]

E assim por diante. Bücher ressalta, então, para prevenir uma interpretação demasiado literal e mecânica de seus resultados, que "a arte do verso, uma vez

---

[27] Carta de Goethe a Carl Friedrich Zelter, 22 de junho de 1808 [em *Werke. Weimarer Ausgabe*, Seção IV, v. 20, p. 84].

[28] Edgar Allan Poe, *The Works of Edgar Allan Poe in Eight Volumes*, v. 5: *The Rational of Verse* (New York, [Croscup,] 1896), p. 167.

[29] Heinrich Wölfflin, *Renaissance und Barock: Eine Untersuchung über Wesen und Entstehung des Barockstils in Italien* (4. ed., Munique, [F. Bruckmann,] 1926), p. 64-5, p. 123-4 e seg.

[30] Karl Bücher, *Arbeit und Rhythmus*, cit., p. 369.

existente, segue seus próprios caminhos, assim que a poesia se desvincula da música e do movimento corporal e se torna suficientemente autônoma para levar uma existência à parte"[31]. Essa precaução está fundada, ademais, no fato de que a poesia antiga, como se sabe, foi construída a partir desses elementos do ritmo de trabalho, mas em lugar nenhum preservou o ritmo de um trabalho determinado; pelo contrário, fez uma combinatória desses elementos condicionada por toda uma série de pontos de vista fundamentalmente diferentes; já as canções de trabalho propriamente ditas – segundo mostra Bücher, baseando-se nos poucos restos de uma canção de moinho preservados em Plutarco – apresentam ritmos muito diferentes, determinados pelo movimento da mó[32]. Ritmos similares podem ser constatados em canções de trabalho provenientes das mais diversas épocas e regiões do mundo.

Portanto, a separação do ritmo de trabalho originário é bastante ampla. Não conhecemos e provavelmente jamais venhamos a conhecer com precisão as etapas de seu percurso exato. O que nos parece indubitável é que, nesse percurso, o mundo das ideias e dos sentimentos do período mágico desempenhou um papel importante como fator inicial e que, em um estágio posterior, a desagregação da comunidade primitiva, o surgimento das classes, a confrontação de opressores e oprimidos, de exploradores e explorados, tudo isso forneceu material para a diferenciação do conteúdo ideal e emocional. Contudo, o que quer que tenha ocorrido nas etapas do seu desenvolvimento, permanece o fato de que o ritmo, por um lado, se torna não só cada vez mais nuançado e multifacetado mas também ininterruptamente mais rico em conteúdo e, por outro, também preserva nesse processo seu modo de ser originalmente simples e formal – relativamente aos conteúdos ideais e emocionais. Esse formalismo relativamente simples e puro é, ao mesmo tempo, forte e tem uma acentuação direta na emoção. Aristóteles já viu isso com clareza. Para ele, os ritmos e as melodias são retratos das diferentes paixões humanas, da ira e da mansidão, da coragem e da temperança, bem como de seus opostos. É por isso que, a seu ver, eles têm grande afinidade com as propriedades e os sentimentos éticos[33].

---

[31] Ibidem, p. 370.

[32] Ibidem, p. 58-60. Ver também Jacob Burckhardt, *Griechische Kulturgeschichte*, v. 2 (Leipzig, Kröner, [s.d.,] Kröners Taschenausgaben), p. 204-5.

[33] Aristóteles, *Politik*, VIII, 5 (trad. Eugen Rolfes [3. ed., Leipzig, 1922]), p. 285-6 [ed. bras.: *Política*, trad. Mário da Gama Kury, São Paulo, Madamu, 2021].

Já falamos sobre o despertar da alegria e da autoconsciência em consequência da facilitação dos esforços físicos por meio do ritmo originário no trabalho {p. 400-1}; e os fatos mais simples da vida – por exemplo, o prazer proporcionado pelos ritmos da marcha ao caminhar, que pode se intensificar até o entusiasmo, especialmente quando se trata de massas – corroboram esse fato de modo convincente. Como certamente houve um período inicial, no qual todas as vitórias do homem sobre a natureza e, em conexão com elas, todo o incremento de suas faculdades foram explicados como efeitos de poderes mágicos, não há razão para rejeitar essa ideologia da transição no caso do ritmo do trabalho. E tanto menos porque suas consequências espontâneas, quase só ou preponderantemente corporais – cujas razões reais naturalmente não podiam ainda ser discernidas na época –, evidentemente tinham uma tendência, uma ênfase, um matiz etc. imanentes, que corriam paralelamente às tendências mágicas de interpretação e pareciam promovê-las, a saber, o domínio sobre uma força da natureza ou o incremento do êxito em uma atividade humana por meio de outra atividade que imita aquela primeira, mas não possui nenhuma relação causal com ela. Essa situação está dada na relação entre o trabalho e o ritmo, no caso dos homens primitivos, e oferece o que se poderia denominar manejo natural para a interpretação mágica. O fato de que a rítmica, como indicamos, desempenhou um papel importante em toda uma série de cerimônias mágicas aponta ainda mais claramente para esse contexto.

Mais tarde naturalmente sucede um desenvolvimento que se despe cada vez mais nitidamente dessa vinculação. O fato de que – como veremos – o ritmo, sua formação, sua diferenciação etc. se tenham tornado sumamente importantes para as danças inicialmente mágicas etc. não contradiz de modo algum o que foi dito, mas torna-o ainda mais provável. Em todo caso, também para o homem da alta cultura persiste o fato de que a rítmica exerce uma espécie de "magia", isto é, de que, por um lado, ela produz uma intensificação de nossa autoconsciência, de nossa capacidade de dominar o ambiente e a nós mesmos, sem que, por outro lado, tenhamos clareza sobre de onde provém esse seu poder, por quais meios ele atua. – Platão ainda considera a rítmica e a harmonia "dádivas dos deuses" que os homens devem a seus primeiros companheiros de festas, isto é, as musas e seus senhores Apolo e Dionísio[34]. Goethe já expressa

[34] Platão, *Gesetze* II, 1 (trad. Otto Apelt, 2. ed., Leipzig, 1945), p. 41 (PhB 159) [ed. bras.: *As leis*, trad., notas e intr. Edson Bini, São Paulo, Edipro, 1999].

essa base emocional do ritmo de modo totalmente não mitológico: "O ritmo possui algo mágico e até nos faz crer que o sublime nos pertence"[35].

Não surpreende que, em nossos dias, esses fatos às vezes sejam retrovertidos para o mítico. Caudwell, de cujas opiniões já nos ocupamos criticamente, considera as artes visivelmente dominadas pelo ritmo, ou seja, o lirismo e a música, como retrocessos para o período mágico. "Por isso a poesia é mais instintiva, mais bárbara e mais primitiva do que o romance"[36]. Essa frase não foi citada por ser especialmente acertada. Ela, inclusive, está totalmente errada, pois a tendência ao bárbaro e primitivo, que no período imperialista domina, sem dúvida, grande parte da arte e da teoria da arte burguesas, com certeza não culmina no lirismo, em contraposição às formas épicas ou às artes visuais, mas em um fenômeno [*Erscheinung*] ideológico generalizado. Em relação a isso, é preciso observar ainda que o que percebemos – frequentemente com razão – como bárbaro na cultura atual não tem nada a ver com um retorno a épocas há muito passadas, mas constitui um fenômeno específico e bem próprio de nosso tempo. Assim, citamos como exemplo crasso disso todo o sistema de Hitler, que certamente é bárbaro. Por mais enviesada que seja essa opinião de Caudwell, ela, contudo, é bastante sintomática do poder desse tipo de ideia em nosso tempo, particularmente porque a aspiração principal de Caudwell estava voltada para uma análise marxista dos fenômenos estéticos. O perigo dessas tendências se manifesta sobretudo na interpretação dos problemas gerais da arte e de sua situação atual, na medida em que um modo de emotividade que brotou da situação social dos intelectuais no período imperialista é interpretado como "mágico", "primitivo", e convertido em fundamento da essência e da gênese da arte. Todavia, não é menor o perigo de deformar e obscurecer os problemas da gênese por meio dessas "introjeções", que são sentimentos sumamente modernos camuflados de primitivos. Justamente por atribuirmos – historicamente – ao período mágico uma importância considerável na gênese do estético, temos de nos precaver reiteradamente contra essas teorias. Quando tratarmos da ornamentística, retornaremos em detalhes ao principal representante desse método, Wilhelm Worringer {p. 484 e seg.}.

As considerações que fizemos até agora mostraram que esses recursos ao "primitivo", além de anti-históricos, não trazem uma contribuição essencial

[35] Johann Wolfgang von Goethe, *Maximen und Reflexionen*; JA, v. 38, p. 257; Hoyer, p. 298.

[36] Christopher Caudwell, *Illusion and Reality*, cit., p. 246; ed. alemã: p. 250.

para a solução dos problemas estéticos. Ao retomarmos agora o enunciado profundo de Goethe sobre o ritmo, somos capazes de depreender claramente das aspirações que ele teve em comum com Schiller como questões estéticas desse tipo realmente podem ser concretizadas. Enquanto trabalhava no *Wallenstein*, Schiller se deparou com o problema da prosa e do verso; com sua considerável capacidade de abstração, em especial no campo do estético, ele generalizou suas dificuldades de produção até a altura da ação retroativa exercida pelo ritmo sobre o teor poético. Nesse sentido, ele escreve a Goethe:

> Jamais tive uma convicção tão firme quanto na minha atual atividade de como exatamente se inter-relacionam, na poesia, conteúdo e forma (mesmo a exterior). Desde que transformo minha linguagem prosaica numa linguagem poético-rítmica, encontro-me sob uma jurisdição inteiramente diferente da de antes e não posso mais me valer de muitos motivos que na realização prosaica pareciam estar bem acomodados; eles existiam tão somente para o habitual entendimento doméstico, cuja voz parece ser a prosa, mas o verso exige simplesmente relações com o poder da imaginação, e assim precisarei ser mais poético também em vários de meus motivos. Pelo menos a princípio, dever-se-ia realmente esboçar em versos tudo o que precisa erguer-se acima do comum, pois o trivial não vem à luz em parte alguma assim, a não ser expressando-se numa forma escrita concatenada.[37]

Portanto, estamos lidando aqui – em forma concreta – com a mesma função do ritmo que eleva e intensifica tudo do aforismo anteriormente citado de Goethe. Com a diferença de que este apenas sintetiza plasticamente o efeito, o reflexo [*Reflex*] subjetivo, ao passo que a análise de Schiller está voltada para a interação de forma e conteúdo; ele parte da função formal do ritmo como algo dado e passa a examinar, em termos de princípio, de que modo todo conteúdo tem de ser modificado (intensificado) para que seja obtida sua unidade correta, orgânica, com a forma rítmica, com as demandas dessa forma. É impossível citar aqui por extenso todas as interessantes ideias de Schiller: elas mostram como essas interações se tornam ricas, complexas e plenas de conteúdo em cada caso concreto. No entanto, devemos citar suas conclusões finais, dado que fazem uma síntese profunda e correta da relação entre o ritmo e o conteúdo global da obra de arte literária, embora Schiller tenha em

[37] Carta de Schiller a Goethe, 24 de novembro de 1797, em *Der Briefwechsel zwischen Schiller und Goethe*, v. 1 (ed. Hans Gerhard Graf e Albert Leitzmann, de acordo com os manuscritos do Arquivo de Goethe e Schiller, Leipzig, 1955), p. 431 [ed. bras.: *Correspondência*, trad. Claudia Cavalcanti, São Paulo, Hedra, 2010, p. 154-5].

vista aqui concretamente apenas o drama. Isso é significativo para compreendermos tão precisamente quanto possível o "lugar" estético do ritmo. Além disso, essas séries de ideias apontam questões importantes, que só poderemos abordar no próximo capítulo: o papel que desempenham os elementos e fatos abstratos da forma estética na constituição das formas artísticas concretas e mais próprias que asseguram esteticamente o reflexo da realidade objetiva. Nesse estágio abstrato, a aclaração de sua essência é, como veremos, apenas um trabalho preparatório, uma limpeza do terreno para podermos formular adequadamente essa questão mais adiante. De acordo com a natureza de nosso trabalho, não se trata ainda da solução concreta dos próprios problemas estéticos. Sua aclaração inevitável {?} serve, neste estágio, apenas para esclarecer ao modo filosófico a gênese da arte, sua desvinculação da vida cotidiana e de suas outras objetivações.

Schiller conclui da seguinte maneira sua correspondência com Goethe sobre esse tema:

> O ritmo ainda realiza, numa produção dramática, esta coisa grande e importante: na medida em que todas as personagens e situações são tratadas sob *uma* regra e a realizam de *uma só* forma, apesar de sua diferença interior – ele obriga o autor e seu leitor a exigir de tudo, por mais caracteristicamente diverso que seja, algo universal, puramente humano. Tudo deve reunir-se no conceito do gênero poético, e a essa lei serve o ritmo, tanto como representante quanto como instrumento, pois ele compreende tudo sob *sua* regra. Dessa maneira, ele forma a atmosfera para a criação poética, o aspecto mais rude fica para trás e só o espiritual pode ser transportado por esse tênue elemento.[38]

Nessas considerações, Schiller aponta sobretudo três importantes efeitos do ritmo em formações artísticas complexas e plenas de conteúdo. Em primeiro lugar, a função unificadora, homogeneizadora de conteúdos heterogêneos; em segundo lugar, a importância para a seleção do que tem mais peso, a exclusão do detalhe secundário; em terceiro lugar, a capacidade de criar uma atmosfera estética unitária para a totalidade de uma obra concreta. A simples enumeração desses pontos de vista basta para ver quanto o ritmo, na condição de fator concreto de uma totalidade formadora concreta, se afastou de suas origens abstratas simples e foi chamado a cumprir funções que, na época em que surgiu, por sua natureza, não estavam nem embrionariamente contidas nele.

---

[38] Ibidem, p. 432. [ed. bras.: ibidem, p. 155-6, trad. modif; itálicos do autor].

Apesar disso, sua continuidade em relação aos primórdios não é de modo algum casual ou arbitrária, tampouco pode ser compreendida meramente a partir de seu modo formal de ser. Se, em relação a isso, pensarmos nas exposições de Schiller que acabamos de analisar, ficará claro que as tarefas que ele atribui à atividade ordenadora do ritmo só podem ser cumpridas se, em determinadas relações, o ritmo for homogêneo com os demais elementos por ele ordenados do gênero artístico [*Kunstart*] em questão. Não resta dúvida de que esses gêneros artísticos, no caso em questão (e também de modo geral), são reflexos da realidade objetiva. Pois, mediante o ritmo aplicado conscientemente, Schiller quer conseguir justamente que surja, nas imagens do reflexo a que recorre, um movimento mais forte de ênfase do essencial, que elas se dispam de sua autonomia original umas em relação às outras como peças individuais e heterogêneas do reflexo e conquistem a homogeneidade de uma corrente dramática unitária. Está claro que só o reflexo da realidade é capaz de cumprir tal função de ordenar os elementos do reflexo em uma refiguração unificada da realidade na obra de arte.

A transformação do fator real de reação do ritmo em reflexo enquanto fator do processo do trabalho já era, como vimos, o pressuposto imprescindível de sua aplicação em diversos âmbitos da vida cotidiana; porém, ali, como também ressaltamos, ele recebeu primeiro, em termos de pensamento, um envoltório mágico. Neste, porém, já estavam objetivamente contidos os embriões de sua função estética, aliás justamente aí se destaca cada vez mais claramente seu caráter específico como categoria estética. Em primeiro lugar, seu caráter formal. O ritmo até passa a ser um reflexo da realidade, mas não o de seus conteúdos concretos; ele é muito mais, e em contraposição a isso, o reflexo de determinadas formas essenciais que classificam e ordenam objetivamente esses conteúdos, que os tornam aproveitáveis e úteis para o homem. Também nessa difusão e generalização a magia desempenha certo papel. Ela afasta cada vez mais de sua origem real os ritmos refletidos, aplica-os a novas formas de movimento, canto etc., criando desse modo novas variações e combinações, mas nem por isso renuncia ou minimiza sua função ordenadora. Pelo contrário, justamente o vínculo com a magia, seu aspecto cerimonial, enfatiza ainda com mais força – dessa vez não por razões concretas, mas com acentuação emocional, despertando sentimentos, evocativamente – o ritmo como princípio de uma ordem aprovada pelo homem, que despertou e elevou sua autoconsciência. Em relação a isso, devemos enfatizar ainda que esse aparecimento cada vez mais enérgico do ritmo como forma constitui uma forma de finalidades determinadas pelo conteúdo (pelo conteúdo mágico); quanto mais concretamente essas finalidades sejam determinadas como tais, tanto mais nitidamente aflora o caráter formal do ritmo. É inquestionável que esse vínculo com a magia leva com muita frequência a um enrijecimento do caráter cerimonial rigorosamente prescrito. Porém isso não altera em nada sua importância como passagem, como transição, exceto que esta não pode ser retilínea, mas será cheia de contrastes. Um movimento similar que vai do conteúdo artístico particular até a clara consolidação do caráter formal aparece – com todas as contradições que analisamos anteriormente – quando o desenvolvimento social elabora a figura particular do estético. Trata-se, portanto, de um processo demorado, com alguns pontos nodais e até mesmo saltos, até a realidade do ritmo no processo do trabalho se transformar em um importante elemento formal abstrato do reflexo artístico da realidade.

Quando algo que se repete incontáveis vezes na realidade é fixado em seus momentos duradouros pelo reflexo e aplicado renovadamente a novos fatos e complexos, acontece algo parecido com o que Lênin enunciou de modo genial sobre as formas de dedução como reflexos da realidade {p. 392}. Contudo, esse caráter de reflexo de uma forma, de um princípio que pode ser aplicado múltiplas vezes, é aqui de um tipo qualitativamente diferente do fenômeno descrito – em termos lógicos – por Lênin. Uma analogia mais autêntica a isso é constituída pelo conceito de ritmo da prosódia; contudo, pudemos ver que o que entra em cogitação para a prática estética não é o ritmo em sua pura essencialidade, mas o próprio ritmo concretamente particular, penetrado de conteúdo {p. 412-3}. Porém nossas análises anteriores mostraram que o “conceito” prosódico do ritmo não é simplesmente uma abstração exterior à estética. O ritmo definitivo de uma obra é resultado de uma unidade cheia de contradições e contrastes entre os dois fatores.

Essa diferença conduz ao segundo ponto de vista. O conceito de ritmo da prosódia (ou da teoria da música etc.) possui em sua essência conceitual algo do modo de ser de outros conceitos e, nesse aspecto, integra os nexos de uma ciência, contendo, portanto, tendências que igualmente têm um efeito desantropomorfizador. Em contraposição, o ritmo concreto e particular mesmo – como categoria estética – é puramente antropomorfizador. Surge da inter-relação entre o homem que trabalha e a natureza, mediada pelas relações sociais entre os homens; e na medida em que são descobertas no desenvolvimento da arte relações rítmicas que existem independentemente do homem e de sua consciência, essas relações são antropomorfizadas de modo correspondente – como objetos ou meios de expressão da arte –, postas em relação com o homem, com o gênero humano (dia e noite, estações do ano etc.). E, se no decurso do desenvolvimento o homem toma consciência de ritmos de caráter fisiológico em si mesmos e os explora esteticamente (respiração, pulsação etc.), eles servem à sofisticação, à diferenciação e ao aperfeiçoamento dos ritmos já surgidos, sem alterar decisivamente seu caráter fundamental, sobretudo porque há muito eles já participavam – de modo inconsciente – da configuração do rítmico.

Por essa razão, todo ritmo que entra esteticamente em cogitação possui um caráter emocional, evocativo. Esse caráter já estava embrionariamente presente na realidade, no processo do trabalho, mas só como produto secundário espontâneo. Só quando esse ritmo é aplicado de modo consciente – como reflexo de uma forma, de um processo de formação no sentido anteriormente indicado – essa evocação se transforma em finalidade e sua causação original pura se converte em teleologia. Naturalmente o próprio trabalho é teleológico, mas nele o produto real do trabalho é a finalidade de um processo real de trabalho, no qual o ritmo é apenas um meio auxiliar; no reflexo, em contraposição (mesmo que o próprio trabalho seja imitado, por exemplo, na dança), a evocação se torna o *télos*. Essa transição começa a se efetuar já na magia; todavia, o que em nossa análise apareceu como finalidade ali é posto apenas como trampolim, como finalidade intermediária a serviço de uma finalidade superior. Aqui, portanto, o estético já existe em si; para conquistar seu ser-para-si autêntico, ele precisa romper o cerco transcendente e pôr a evocação da autoconsciência humana como única finalidade verdadeira, como finalidade "última" – nesses contextos. Portanto, também aqui o surgimento do estético constitui um secularizar, um tornar terreno, um deslocar do homem para o centro. Aqui o princípio antropomorfizador não constitui uma limitação do horizonte, não é uma deficiência, não é uma projeção falsa para o interior de um mundo de objetos mágico-fictício, mas a descoberta de um novo mundo, o do homem para o homem.

Nas últimas observações, novamente tivemos de nos antecipar. E em sentido duplo. Por um lado, foi preciso apontar, ao menos abstratamente, a essência geral do estético, mas por enquanto sem poder nem sequer fazer alusão ao processo inteiro do surgimento da arte a partir da profundidade e da plenitude da cotidianidade e ao seu refluir para dentro desta; portanto, foi preciso formular o conceito do estético de modo demasiado estreito e, ao mesmo tempo, demasiado geral. Por outro lado, também foi preciso tomá-lo em sentido demasiado amplo. Pois falávamos justamente da arte em geral e não especificamente da essência estética do ritmo na condição de fator parcial abstrato, formal do estético. Podemos resumir o que foi exposto até agora da seguinte maneira: o ritmo – como fator parcial, formal abstrato – é objetivamente sem mundo, mesmo que, por sua possibilidade, esteja relacionado com o mundo, seja ordenador do mundo; considerado subjetivamente, é sem sujeito, mesmo que, por sua intenção, esteja sempre direcionado evocativamente para o sujeito. Só assim conseguimos delinear de certo modo a essência desses elementos abstratos do estético. A falta de mundo e a falta de sujeito são as características de uma formação do tipo formal. (Fala-se aqui de falta de mundo no sentido estético geral, como característica de fatores abstratos de formação. Naturalmente há casos no desenvolvimento da arte nos quais formas de arte que, por sua essência figurar um "mundo" – epopeia, drama, pintura etc. – se tornam sem mundo em consequência de certas tendências abstrativas de seu período. Foi preciso mencionar aqui brevemente essa possibilidade para evitar uma confusão entre a falta de mundo do ritmo e essas outras.)

É por isso que esses elementos do estético são mais diretamente acessíveis à análise desantropomorfizadora científica. E, também por isso, é mais fácil que fiquem petrificados no formalismo. Isso pode acontecer já no período mágico de seu surgimento, antes da autonomização do estético, na medida em que o formalismo cerimonial abafa o espontaneamente evocativo, transformando-o em rotina, inibindo seu desdobramento. Contudo, também a história posterior da arte mostra com que facilidade a generalização e a sistematização do ponto de partida rítmico – que não precisam necessariamente advir da prática artística imediata – podem transformar-se em um enrijecimento academicista, em um virtuosismo meramente formal e antiartístico, no sentido mais profundo do termo. As razões de ser desses fenômenos são bastante apropriadas para se aclarar a essência do ritmo como forma estética abstrata específica. Dissemos repetidamente – e isso desempenhará um papel decisivo nas exposições posteriores mais concretas – que a característica mais decisiva da peculiaridade da forma estética consiste precisamente em ser sempre forma de um conteúdo determinado. E, em última análise, não podem constituir exceção a esse princípio nem mesmo os elementos abstratos dessa forma. No momento em que lhes falta esse vínculo com o teor artístico – sempre único e concreto – instaura-se infalivelmente o referido enrijecimento. E aqui seja mencionado apenas de passagem que nisso se expressa, ao mesmo tempo, a continuidade no desenvolvimento do ritmo a partir do trabalho, a partir da prática dos homens. Também ali o ritmo surge de uma interação concreta entre as capacidades concretas do homem e as peculiaridades concretas de certos processos naturais. Quando o trabalho deixa de ser determinado concretamente pelo homem – como vimos, com o predomínio da máquina –, o ritmo deixa de existir e atuar nesse sentido, embora – de uma perspectiva puramente objetiva, conceitualmente considerada – a máquina igualmente possa ter um ritmo de movimento. (Não se pretende negar que este, dependendo das circunstâncias, igualmente pode ser figurado artisticamente. Nesse caso, porém, ele foi transformado de uma forma determinante do objeto em objeto da formação artística como base no desenvolvimento antropomorfizador do ritmo.)

Contudo, a acentuação do aspecto universalmente estético do ritmo não é suficiente para sua determinação completa. Tivemos de ressaltar energicamente a faceta estética de sua falta de mundo e de sujeito. Isso, porém, não anula suas determinações estéticas, apenas as determina com mais exatidão. Portanto, feitas essas ressalvas, a falta de mundo significa que o ritmo como reflexo de um elemento formal do mundo não consegue compreender em si o conteúdo desse mundo. Em certo sentido, ele é sem conteúdo: considerado abstratamente, ele pode ser relacionado formalmente com qualquer conteúdo. Contudo, por um lado, essa possibilidade de relação com um conteúdo é, ao mesmo tempo, um imperativo: sem essa relação, o ritmo não existe esteticamente. Por outro lado, a determinação abstrata da relacionabilidade com qualquer conteúdo tem de se concretizar no sentido de que jamais se poderá inferir da análise de um ritmo a que conteúdos ele é aplicável, mas, em cada caso concreto, o conteúdo possui uma afinidade nítida e unívoca com um ritmo determinado. Portanto, falta de mundo significa falta de conteúdo no sentido aqui exposto, associada a uma intenção determinada e irrevogável, embora passiva e indeterminável *a priori*, que parte do conteúdo e, em cada caso, se dirige para um ritmo concretamente determinado.

Algo muito similar acontece com a falta de sujeito do ritmo. Esse tipo de reflexo de uma forma também é, em si, independente do sujeito criador e receptor. Porém, também nesse caso essa independência não é de tipo gnosiológico, como na ciência, mas implica certa intenção voltada para a subjetividade:

a evocação de certos sentimentos concretos, de certas sensações concretas etc., mais precisamente, tanto para o sujeito criador quanto para o sujeito receptor. Contudo, não se trata de uma intenção direta, e sim de uma intenção mediada pelos conteúdos a que se dá forma, e de tal maneira que a forma não se funde inteiramente com o conteúdo enformado por ela no mesmo sentido em que isso ocorre nas formas miméticas propriamente ditas; porém, não obstante a necessidade de uma unidade concreta e orgânica, não obstante a obrigação de vivenciar uma forma que brota do conteúdo, ela preserva como fator certa autonomia – de efeito evocativo. Logo, a unidade de forma e conteúdo, decisiva para a estética, aparece de um modo modificado e mais limitado. Essa é uma característica essencial de todas as formas abstratas como reflexos de aspectos da realidade bem determinados, isoláveis e formais. Porém poderemos detalhar a importância extraordinariamente grande desse modo de ser das formas abstratas para a estética somente na análise da ornamentística, na qual essas formas abstratas não mais entram em cena como simples elementos de um complexo – não abstrato –, mas têm condições de se organizar como formas artísticas autônomas.

II. Simetria e proporção

Do ponto de vista filosófico, os problemas de simetria e proporção oferecem bem menos dificuldades do que os do ritmo, sobretudo porque uma e outra são reflexos abstratos e formais de elementos bem determinados, essenciais e recorrentes da realidade objetiva, mas que, na prática humana e, em particular, na prática artística, jamais podem ocorrer com aquela autonomia – relativa – que fomos levados a constatar no ritmo. Elas são sempre simples elementos de um complexo cujos princípios constitutivos decisivos não possuem um modo de ser abstrato. Não há lugar nelas para toda aquela complexa dialética do elemento de ação – relativamente – autônoma e devem ser examinadas apenas como elementos. Em certo sentido, e em um estágio superior, esses problemas retornam quando a simetria e a proporção entram em cena como elementos de uma forma de totalidade abstrata alçada à condição de obra na ornamentística. Nesse caso, porém, elas também são só elementos parciais da contraditoriedade dialética que caracteriza a essência da ornamentística na estética.

A diversidade dessas categorias abstratas em face do ritmo anteriormente tratado também se evidencia no fato de que elas estão presentes de forma bem mais evidente na natureza que existe independentemente do homem do que nele. Seria até bastante plausível vislumbrar nelas exclusivamente um reflexo dessas relações existentes na natureza, produzidas pelas leis da natureza, a exemplo de como também ocorrem no reflexo científico da realidade. O perigo que emerge de tal apreensão demasiado imediata da teoria do reflexo em relação a essa espécie de objeto parece dizer respeito primeiramente apenas ao problema da gênese: sentimentos estéticos que só podem surgir em estágios mais desenvolvidos da cultura são projetados desse modo nos primórdios. Só na análise da ornamentística poderemos tratar mais detidamente dos perigos concretos que decorrem disso.

Aqui precisa ser admitida – igualmente por antecipação – apenas uma observação metodológica, que talvez seja permitida também porque esteve contida, pelo menos implicitamente, em nossas análises feitas até aqui, a saber, que no reflexo artístico da realidade o peso teórico da gênese é qualitativamente diferente de seu peso no reflexo científico. A diferença tem a ver com a historicidade estrutural já indicada das formações criadas pelo reflexo artístico: se a obra de arte, por sua essência objetiva, é histórica, isto é, se sua gênese concreta é um componente objetivo, que não pode ser pensado à parte da sua essência estética como obra de arte, então não é possível separar gênese e peculiaridade estética com a precisão com que isso é feito na ciência, na qual o teor de verdade de uma proposição, de uma teoria etc. não tem nada a ver com as circunstâncias de seu surgimento. Se for necessário, pode-se até recorrer ao ponto de vista histórico para explicar sua aproximação incompleta com o reflexo correto da realidade objetiva. Isso, contudo, não atinge a questão central da verdade científica. Nisso, porém, manifesta-se, como vimos, muito mais do que uma proporcionalidade meramente distinta na relação entre teoria e história; a diferença tem, muito antes, um significado importante para todos os problemas das duas espécies do reflexo da realidade. Só poderemos tratar das questões que aqui são decisivas mais adiante, quando falarmos da relação entre o em-si e o para-nós nas duas espécies de reflexo. Por ora, deve bastar essa nova alusão ao caráter antropomorfizador do reflexo estético. Já vimos – e vemos tanto mais nitidamente quanto mais avançamos na concretização de seu modo de ser – que o princípio antropomorfizador na estética, e apenas nela, não significa uma subjetivação – nem mesmo uma subjetivação socialmente necessária, como na religião –, mas uma objetividade peculiar, que, no entanto, está inseparavelmente ligada ao gênero humano enquanto objeto e sujeito do estético.

Essa antropomorfização é um fenômeno fundamental para a simetria, na medida em que esta tem interesse para a estética. Hegel já constatou que, considerando as coisas objetivamente, não há em si nenhuma diferença entre as coordenadas espaciais que designamos como "altura", "comprimento" e "largura". Ele explica: "A *altura* tem sua determinação mais próxima na direção para o centro da Terra; mas essa determinação mais concreta em nada se refere à natureza do espaço em si"[39]. Em si, trata-se de uma constelação de modo geral geocêntrica e não especificamente relacionada ao homem. Ela somente adquire sua particularidade com o andar ereto do homem, no que se manifesta, como mostram Darwin e Engels, "*o passo decisivo para a transição do macaco para o homem*"[40]. Quanto são transformadas por essa via todas as relações com a realidade, com a natureza, já se evidencia no fato de que, sempre que a simetria aparece na produção humana, se observa um predomínio do eixo vertical em relação ao horizontal. Boas diz a esse respeito: "Na grande maioria dos casos de disposições simétricas, encontramos estes à direita e à esquerda do eixo vertical, muito mais raramente acima e abaixo de um eixo horizontal"[41].

Aqui já foi indicado outro fator importante, o de direita e esquerda. Em um interessante livro sobre a simetria, Weyl ressalta com razão que, do ponto de vista científico, como é natural, não pode haver nenhuma diferença entre direita e esquerda. Em contraposição, na sociedade humana surge uma diferença incisiva entre as duas e um antagonismo que se desenvolve até se tornarem símbolos do bem e do mal[42]. Porém, elas não só recebem uma acentuação simbólica valorativa; o simbolismo indicado até agora poderia ser em si e por si apenas uma alegoria associada à direita e à esquerda (como sucede em muitos casos), e, como tal, pode até ser invertido. Pense-se no exemplo – decerto

---

[39] Georg Wilhelm Friedrich Hegel, *Vorlesungen über die Naturphilosophie als der Encyklopädie der philosophischen Wissenschaften im Grundrisse*, Parte II (ed. D. Carl Ludwig Michelet); HWF, v. 7/1, p. 48 (§255) [ed. bras.: *Enciclopédia das ciências filosóficas em compêndio*, v. 2: *Filosofia da natureza*, trad. Paulo Meneses e Pe. José Machado, São Paulo, Loyola, 1997, p. 50].

[40] Friedrich Engels, *Herrn Eugen Dührings Umwälzung der Wissenschaft. Dialektik der Natur. 1873-1882* (ed. V. Adoratskij, Moscou-Leningrado, 1935), p. 693-4; MEW 20, p. 444-5 [ed. bras.: *Dialética da natureza*, trad. Nélio Schneider, São Paulo, Boitempo, 2020, p. 339]; itálicos do autor.

[41] Franz Boas, *Primitive Art*, cit., p. 33.

[42] Hermann Weyl, *Symmetry* (Princeton, [Princeton Unversity Press,] 1952), p. 16-7 e 22.

moderno – de direita e esquerda na política, no qual desde o jacobinismo na Revolução Francesa a esquerda adquire em ampla medida a valoração do certo, do progressista etc. Aqui, todavia, direita e esquerda já se tornaram conceitos de cunho geral, fortemente destituídos do sensível, nos quais se preservaram apenas memórias extremamente desbotadas de vivências originárias, diretamente sensíveis, de direita e esquerda.

Contudo, os ensaios extraordinariamente interessantes de Wölfflin sobre essa questão mostram que, no caso de direita e esquerda, não se trata de simples associações de caráter alegórico. Wölfflin levanta o problema da direita e da esquerda na composição da pintura, mas mesmo aqui somente a partir de certo estágio de desenvolvimento. Nela, o movimento do olho de quem contempla, isto é, o efeito estético da composição, adquire uma importância decisiva, mesmo quando o quadro é composto essencialmente de modo simétrico. Wölfflin ilustra essas ideias com a *Madona Sistina* e a *Madona de Darmstadt*, de Hans Holbein. A importância é ainda maior quando a composição não é simétrica. Wölfflin descreve da seguinte maneira a vivência essencial que resulta da composição:

> No decorrer dessas observações, resulta, então, que, do começo ao fim, temos motivo para falar de linhas diagonais ascendentes e descendentes. O que corre no sentido da diagonal esquerda-direita é percebido como ascenso, e o oposto como descenso. No primeiro caso, dizemos (se de resto não houver nada que fale contra isso): a escada leva para cima; no segundo, dizemos: a escada leva para baixo. O mesmo traçado de montanhas se estenderá para cima quando o cume se situa à direita e baixará quando o cume se situa à esquerda (por isso, em paisagens do entardecer, o declive da montanha pende frequentemente da esquerda para a direita).[43]

Não nos importa aqui se Wölfflin foi bem-sucedido em enunciar uma lei universal de composição da pintura; ele próprio se expressa sobre isso com muita cautela, ressaltando, enfaticamente, "se de resto não houver nada que fale contra isso"; e não perde a oportunidade de acrescentar que sua observação é limitada a determinados gêneros artísticos: "Para a arquitetura, o problema da direita e da esquerda no sentido que expusemos não tem importância; para a arte visual [tem importância] somente a partir de certo estágio do desenvolvimento e, mesmo então, não de modo uniforme"[44]. Porém a análise de

---

[43] Heinrich Wölfflin, *Gedanken zur Kunstgeschichte* (Basileia, [Benno Schwabe,] 1941), p. 83.

[44] Ibidem, p. 90.

obras de arte de resto muito diferentes – remeto apenas a uma paisagem de Rembrandt, à relação entre os esboços de Rafael e as tapeçarias prontas – mostra que aqui se trata pelo menos de um fenômeno parcial nada negligenciável da composição de um quadro, a saber, "que o lado direito do quadro possui um valor emotivo diferente do valor emotivo do lado esquerdo"[45].

Para os nossos fins isso é totalmente suficiente. Pois nossa intenção aqui era apenas indicar que a simetria objetiva da natureza, assim que ela é incorporada pela prática ao reflexo humano (que não precisa de modo algum ser sempre um reflexo artístico), está sujeita a tendências muito variáveis. O efeito destas não chega a revogar a simetria de modo geral. Esta subsiste, mas seu reflexo estético assume o caráter de uma aproximação modificadora – e isso tanto mais fortemente quanto mais desenvolvida a arte se torna. Nessa determinação, os dois termos são igualmente importantes. Pois aqui a aproximação não é, como na ciência, uma tentativa de acercar-se cada vez mais do objeto; ao contrário, ela se detém com intenção artística em determinado estágio, a saber, no estágio que torna visível e vivenciável para o espectador a simetria enquanto tal, mas que insere modificações e variações tão importantes que ela própria jamais se afirma em sua essência real e coerentemente expressa, tornando-se um simples componente – embora importante – da totalidade concreta do quadro.

Naturalmente há, sobretudo na ornamentística, exemplos de uma simetria executada de modo consequente, por exemplo, no assim chamado estilo heráldico, no qual animais, plantas e até mesmo homens são retratados em plena correspondência de modo puramente decorativo e sem sequer tangenciar o problema de "direita-esquerda" de que estamos tratando aqui. Está claro que daí só poderia originar-se uma tendência de configuração previsivelmente abstrata, a qual permite somente variações e possibilidades de desenvolvimento muito pequenas. Por isso, ela desempenhou um papel considerável nos primórdios, sobretudo da arte oriental. Mais tarde, o estilo heráldico passou a ser sinal de enrijecimento, de declínio. Riegl, uma testemunha insuspeita no que se refere a eventuais subestimações dessas tendências, diz o seguinte:

> O princípio do *estilo heráldico*, a simetria absoluta, desempenhou um papel norteador na Antiguidade tardia de modo geral, o que talvez esteja relacionado com a diminuição da capacidade criativa na vida artística dessa época, dado que a arte

---

[45] Ibidem, p. 83.

helenística ainda observava a simetria relativa na decoração e evitou a monotonia da simetria absoluta tanto quanto possível.[46]

Em contraposição ao ritmo, porém, praticamente não se podem tirar de tudo isso conclusões com algum grau de segurança referentes ao problema da gênese. À primeira vista, parece bastante plausível que a preferência pelo lado direito tenha algo a ver com o trabalho e o papel da mão direita nele. A favor dessa hipótese, Paul Sarasin diz que as pedrinhas em forma de cunha e os machados de pedra da Idade da Pedra ainda eram polidos, em alguns casos, para serem usados com a mão direita e, em outros, com a mão esquerda, e não se pode comprovar que houvesse uma preferência pela mão direita na Idade da Pedra. Essa preferência teria surgido apenas na Idade do Bronze. Contudo, ainda hoje, tanto quanto sei como não especialista, a questão é tão controvertida que seria muito ousado de nossa parte tirar alguma conclusão. Sobretudo porque, ao que parece, a hipótese de Wölfflin, que é bastante plausível para a arte europeia, é posta enfaticamente em dúvida no que se refere à arte oriental. Portanto, não podemos dizer nada que tenha algum grau de probabilidade sobre, nesse caso, tratar-se de uma tendência puramente fisiológica ou de uma tendência social, que modifica a disposição fisiológica pelo trabalho.

Em todo caso, tornou-se visível aqui a contradição fundamental entre as categorias geométricas abstratas, como a simetria, e as leis estruturais da vida orgânica. Em seu livro, Weyl mostra com razão a tendência para a assimetria na existência do organismo[47]. Trata-se de uma autêntica contradição. Pois, do mesmo modo que no mundo inorgânico as leis da matéria produzem formações simétricas, como é o caso sobretudo dos cristais – sobre os quais Ernst Fischer, polemizando corretamente contra as concepções idealistas, explica que, também nesse caso, o conteúdo (a estrutura e as leis do movimento dos átomos) determina a forma, não o contrário[48] –, as questões morfológicas precisam ser avaliadas no nível orgânico, segundo as leis objetivas da matéria. Ora, aqui aflora uma contradição autêntica, a saber, que o organismo é simultânea e indissociavelmente simétrico e assimétrico. Em virtude da natureza dessa questão, aqui não é o lugar próprio para tratar dela. Abordamos determinadas consequências dela quando tratamos da questão de "direita-esquerda".

---

[46] Alois Riegl, *Stilfragen* (Berlim, [R. C. Schmidt,] 1923), p. 37.

[47] Hermann Weyl, *Symmetry*, cit., p. 30.

[48] Ernst Fischer, *Kunst und Menschheit: Essays* (Viena, [Globus,] 1949), cit., p. 170-1.

Limitamo-nos, portanto, a recordar apenas um exemplo de suma importância para a arte posterior, ou seja, a natureza ao mesmo tempo simétrica e assimétrica do rosto humano. O fato é do conhecimento de todos. E quem se tiver dado o trabalho de comparar a fisionomia autêntica de um homem com as imagens que se conseguem mediante duplicação e igualação de cada uma das duas metades de um rosto não terá dificuldade para ver que, por um lado, essas imagens adquirem uma insuprimível rigidez fisionômica em contraposição à vivacidade do rosto real e, por outro lado, as duas combinações são totalmente diferentes tanto entre si quanto em comparação com o rosto original no que se refere à expressão. Sem tentar uma análise das questões possíveis e das que de fato emergem aqui, consideramos suficiente a fatualidade abstratamente tangenciada para se perceber que todo rosto humano (e, por isso, naturalmente, também seu reflexo artístico), tanto em seu conjunto quanto em todos os detalhes, contém em si a unidade dialética da contradição entre simetria e assimetria como fator que a põe em movimento, e que a solução artística não consiste em uma superação dessa contradição, mas na execução que fundamenta toda obra de arte, que tem de ser a mais multifacetada possível e completa, abrangendo todos os detalhes; sendo que, por sua natureza, o reflexo artístico enfatiza mais fortemente os dois lados da contradição do que o faz a própria realidade. Nesta, a simetria não é nem poderia ser simplesmente suprimida; ela aparece em toda parte como uma faceta, um fator da contradição fundamental; ela só é superada no sentido da contemplação superficial do caráter puramente simétrico do rosto humano. Em outras palavras, surge aqui uma autêntica contradição no sentido de Marx, a saber, que as contradições não são superadas, mas seu conjunto cria a forma "em que elas podem se mover"[49].

Uma contraditoriedade similar rege o problema da proporcionalidade. Na prática, as transições de um problema para outro são, com frequência, totalmente imperceptíveis. E isso é compreensível, pois, assim que aparece a recém-descrita dialética da simetria, assim que esta deixa de ser um cânone absoluto – e isso acontece muito cedo, não só na reprodução direta dos objetos do mundo exterior mas também na própria ornamentística –, devem ser encontradas outras regras complementares que possibilitem um ordenamento do mundo fenomê-

[49] Karl Marx, *Das Kapital. Kritik der politischen Ökonomie*. Livro I, v. 1 (ed. Karl Kautsky. Stuttgart, [J. H. W. Dietz,] 1914), p. 68; MEW, v. 23, p. 118 [ed. bras.: O *capital: crítica da economia política*, Livro I: O *processo de produção do capital*, trad. Rubens Enderle, São Paulo, Boitempo, 2013, p. 178].

nico, uma diferenciação entre o certo e o errado em seu meio. É o que ocorre também com a proporcionalidade. Porém, é preciso observar que o problema da proporcionalidade se origina justamente do fato de que o ato de ordenar o reflexo da realidade ultrapassa a mera e em si muito simples simetria e busca princípios racionalmente apreensíveis que tornem compreensível a legalidade objetiva e manifesta de fenômenos e grupos de fenômenos que ocorrem como imediatamente incomensuráveis. Além disso, está claro – falaremos disso em seguida – que as questões da proporcionalidade brotam, como necessidade imediata, já da produção mais primitiva. Portanto, com certeza não é por acaso que, da Antiguidade até a Renascença, o problema das proporções corretas é muito importante para toda a arte e a teoria da arte. Isso vale sobretudo para a teoria e a prática da configuração da vida orgânica, do homem na pintura e na escultura (sobre a arquitetura logo falaremos separadamente). Com todos os meios teóricos possíveis, medição, geometria, Euclides etc., tentou-se revelar as proporções cuja representação pictórica poderia garantir a beleza do que foi configurado desse modo. Nem neste nem nos casos tratados até agora poderá ser nossa tarefa tratar extensamente dessa problemática. Basta aludirmos à assim chamada proporção áurea e observarmos de passagem que os estudos sobre a proporcionalidade feitos por importantes artistas como Leonardo ou Dürer buscavam dar conta de um conjunto de problemas bem mais abrangente.

Inquestionavelmente a proporção reflete a realidade objetiva. Se nossa existência não se desenrolasse em um mundo repleto de coisas e seres vivos proporcionais às suas condições objetivas de existência, se a mais simples prática do trabalho não mostrasse que não há como confeccionar um objeto aproveitável sem que ele esteja corretamente proporcionado em conexão íntima com sua utilidade, com a finalidade de sua produção, decerto nem teria surgido a representação da proporção. É provável que nunca venhamos a ter plena certeza quanto à intensidade do papel de mediação do trabalho na descoberta da proporcionalidade do mundo não criado pelo homem. Nesse caso – como no da simetria –, a conexão é menos apreensível do que no caso do ritmo. Soma-se a isso o fato de que tanto a simetria quanto a proporção constituem fatores tão importantes da morfologia dos seres vivos, inclusive também do homem, que é de se supor que sua influência sobre o interesse pelo conhecimento e pela criação tenha sido direta, sem necessidade de mediações. Essas explicações são muito frequentes. Sua fonte na moderna teoria burguesa da arte é o temor de reconhecer o fator essencial do trabalho no reflexo da realidade. Essa visão é formulada de modo particularmente radical por Worringer. A esse respeito, não é metodologicamente decisivo que, na passagem citada, sua polêmica se volte contra a refiguração das formas geométricas da matéria inorgânica cristalina. Diz: "Muito antes podemos supor que a criação da abstração geométrica tenha sido uma autocriação pura a partir das condições do organismo humano. [...] Ela nos parece, como foi dito, pura criação do instinto"[50].

Nossas ressalvas partem de pressupostos diametralmente opostos. Já ressaltamos que consideramos a proporcionalidade um reflexo de relações reais da realidade objetiva. Nossa pergunta visa apenas às maneiras como os homens tomaram consciência desse reflexo. Se partiram ou podiam partir imediatamente da observação direta dessas fatualidades no mundo exterior, ou se tiveram de fazer um desvio pela prática, pelo trabalho, para tornar perceptíveis essas relações material-objetivas das coisas. Porém a questão da gênese posta dessa maneira aponta ao, mesmo tempo, para os nexos estéticos: ela revela a essência antropomorfizadora do reflexo estético da realidade. Ora, parece pouco provável que o homem, ainda no processo de vir a ser, não tendo ainda constituído sua cultura de ferramentas e instrumentos, fosse capaz de observar ou compreender em si mesmo ou em outros seres vivos determinações tão complexas como a simetria ou a proporção sem uma generalização relativamente forte. Em contraposição, mesmo a confecção das ferramentas e instrumentos mais primitivos já exige que se dê atenção prática à simetria e à proporção. A experiência mostrou obrigatoriamente que, mesmo no caso do machado de pedra, a melhor condição de uso pressupõe a observância – ainda que aproximada – das proporções entre comprimento, largura e espessura. E, tanto mais no caso de objetos mais complexos – como a flecha, que exige uma simetria, ou a cerâmica, na qual a observância de proporções exatas é indispensável para a usabilidade –, deve ter surgido aos poucos um grau relativamente alto de "sensibilidade" para a simetria e a proporção no trabalho. Contudo, isso não significa de modo algum que tais artífices tivessem consciência clara dos conceitos gerais que se encontravam objetivamente na base de seu fazer. Lembramos que o número se impôs tardiamente no pensamento dos homens {p. 270}. Estes já eram perfeitamente capazes de dominar "na prática" quantidades relativamente grandes, por exemplo, dando-se conta da falta de um

---

[50] Wilhelm Worringer, *Abstraktion und Einfühlung* (1. ed., Munique, [R. Piper,] 1908), p. 46 e (3. ed., 1911) p. 38-9.

animal em um rebanho de tamanho considerável. Porém isso acontecia mediante a distinção qualitativa de cada um dos animais como individualidades, não por meio de sua contagem e da comparação dos números. Esta última é comprovadamente o resultado de um desenvolvimento muito posterior. Por isso, acreditamos que na experiência concreta do trabalho muita coisa já havia sido adquirida e fixada na prática muito antes de ocorrer a generalização que permitiria aplicar a representação da proporção, por exemplo, em outros campos além do trabalho. Só depois que tais experiências se tornaram hábitos estáveis, só depois que o crescimento e a formação plena da produção passaram a suscitar problemas cada vez mais complexos atinentes à proporcionalidade, puderam ser levantadas problemáticas mais generalizadas em relação à proporcionalidade como tal, sobretudo depois que a prática social produziu o manejo de uma aritmética e uma geometria, mesmo que sobre a base empirista mais primitiva. Disso certamente não decorre que a aplicação artística prática das proporções corretas tenha esperado até a teoria levantar abstratamente a questão da proporcionalidade. Pelo contrário. Indicamos repetidamente que a prática artística costuma preceder em muito as reflexões estéticas. Também aqui é altamente provável que um longo tempo de experimentação bem-sucedida das proporções nos diferentes ramos da produção tenha voltado sua atenção para a proporcionalidade também na vida orgânica e possibilitado a formulação racional de questões sobre ela. Estas possuem um caráter preponderantemente científico – mesmo que atuem como fundamentação teórica da prática artística, como foi o caso na Antiguidade do tratado perdido de Policleto. Não há nada de admirável nisso. Em primeiro lugar, é frequente que a prática artística busque o apoio da ciência no processo de autolibertação em relação à magia e à religião, o que, no plano social, ainda é reforçado pelo fato de que, naqueles tempos, o prestígio social dos eruditos costumava ser maior do que o dos artistas e, por essa e outras razões, estes atuavam também como cientistas, buscando um fundamento científico para sua atividade; essa mentalidade ainda é encontrada na Renascença e depois dela. Em segundo lugar – e aqui reside a razão teoricamente mais profunda dessa interconexão –, na obra de arte objetiva o reflexo estético aparece em sua forma pura e mais própria e desencadeia vivências correspondentes no receptor. Portanto, esse reflexo é autônomo em relação ao reflexo científico e equivalente a ele. Porém o domínio artístico da realidade objetiva no processo de criação jamais poderá prescindir inteiramente dos resultados do reflexo científico do mundo. Dependendo das épocas, do gênero artístico [*Kunstart*] e até da personalidade do artista, essa parcela do reflexo científico no processo de criação será tanto objetiva quanto subjetivamente muito diferente; em determinadas artes, por exemplo, a arquitetura, não há como abstrair do reflexo científico como componente integrado do processo de criação. Pode tratar-se, desse modo, tanto da ajuda para conquistar o mundo, para aprofundar seu conhecimento, ou seja, tanto de problemas de conteúdo quanto de questões de forma (também no caso da proporção). Parcela significativa da prática criativa consiste justamente em preservar tanto quanto possível ou mesmo aprofundar o reflexo correto da realidade objetiva, mas, ao mesmo tempo, alçar todo o teor assim obtido ao nível das formas do reflexo estético, converter modos desantropomorfizadores do reflexo – transitoriamente – apropriados e aplicados em modos esteticamente antropomorfizadores ou voltar a transformar estes naqueles quando a origem e o ponto de partida do processo de criação for do tipo antropomorfizador – como ocorre em geral no caso dos artistas autênticos.

Portanto, a problemática autenticamente estética da proporcionalidade tem início em estágios relativamente mais desenvolvidos; suas leis são procuradas tendo em vista uma base sólida para a essência estética do mundo orgânico. A proporcionalidade dos produtos imediatos do trabalho (ferramentas etc.) não conhece nenhuma problemática nesse sentido: ela se origina da experiência do trabalho, da capacidade cada vez mais desenvolvida nesta de apreender corretamente as proporções indispensáveis à utilização e comprovar seu valor no respectivo material. No entanto, emerge aqui igualmente um problema importante do estético e de sua gênese, a saber, a questão de como tal trabalho, originalmente voltado apenas para a prática cotidiana, se transforma em estética. A transição certamente não se dá de modo consciente. O entrelaçamento interno de arte com artesanato é tão estreito em todas as formações pré-capitalistas que muitos ramos da atividade artística, mesmo da objetivamente mais indubitável, continuaram a existir por muito tempo, na consciência dos criadores e dos receptores imediatos, como um trabalho prático artesanal. Por isso, se quisermos abordar filosoficamente a questão da gênese do estético, toparemos com o problema da relação, da diferença (ou antagonismo) entre o agradável (útil) e o belo.

Foi Kant, em especial, quem formulou essa pergunta, ainda que em um sentido muito mais amplo; ele não o fez, contudo, em um sentido genético, mas em termos atemporalmente fundamentais. Sua resposta, extremamente idealista-subjetiva e, por isso, rigidamente formalista, provocou vários protestos, como o de Herder, quase imediatamente após a publicação da *Crítica da faculdade do juízo*. A determinação kantiana levanta questões extraordinariamente importantes; porém sua fecundidade é bastante prejudicada pela rigidez metafísica com que confronta o agradável ao belo. Kant tem a intuição correta de que o limite que separa os dois deve ser procurado nas relações reais que estão em sua base. Certamente tem razão quando diz que, no caso do agradável, o papel decisivo é desempenhado pela existência concreta (pela utilidade concreta) de determinado objeto, ao passo que a transição para o estético implica uma desvinculação – relativa – dessa ligação prática com a vida cotidiana, com sua prática. Porém o idealismo subjetivo de Kant, que não reconhece nem pode reconhecer o reflexo de uma realidade que existe independentemente da consciência, só pode desembocar em um antagonismo rígido. Ele considera o essencial do estético da seguinte maneira: "essa simples representação do objeto em mim é acompanhada de prazer, por mais indiferente que eu seja à existência do objeto dessa representação"[51].

A rigidez metafísica ganha expressão drástica na completa indiferença à existência do objeto. Na realidade, quando a representação de que fala Kant constitui justamente o reflexo desse objeto, a diferença claramente existente entre a coisa mesma e seu reflexo não equivale de modo algum a um antagonismo tão rígido. A vida cotidiana às vezes já traz, como pudemos ver em outro contexto, certos distanciamentos em relação à "existência" do objeto; contudo, em contrapartida e acima de tudo, em nenhuma concentração da consciência na imagem fixada na refiguração do objeto está contida uma indiferença total à sua existência. Já o fato de todas as determinações percebidas nele terem de concordar com o original real e só nele poderem ser verificadas como corretas exclui uma indiferença no sentido kantiano. Naturalmente – e nisso reside a exatidão importante, ainda que relativa, da constatação de Kant – um comportamento estético para com o objeto só surge quando o interesse se concentra na imagem do reflexo como tal. Isso, porém, nunca leva ao rompimento total do laço que une o objeto existente à sua refiguração. Só poderemos estudar a fundo essa ligação nos casos complexos de reflexo, nos quais essas ligações

---

[51] Immanuel Kant, *Kritik der Urteilskraft*, em KGSA, v. I/5, p. 205 (§2) [ed. bras.: *Crítica da faculdade de juízo*, trad. Valerio Rohden e António Marques, 2. ed., Rio de Janeiro, Forense Universitária, 2005, p. 50, trad. modif.].

também são correspondentemente mais complexas; seja antecipado apenas que, também no caso da fantasia mais extrema da configuração e, portanto, no maior distanciamento possível entre a arte e a realidade faticamente dada, sempre se mantém essa referencialidade à existência daquilo que é refigurado. A vivência de toda "realidade artística" contém necessariamente um momento de alusão à realidade "real". Por maior que seja a distância entre as duas "realidades", essa duplicação nunca desaparece por completo; na aceitação por parte do receptor sempre está contida uma afirmação da correção do reflexo – correção no sentido mais amplo possível, não como similaridade fotográfica[52].

Isso se manifesta com muita nitidez no efeito produzido pela obra de arte. Naturalmente esse efeito é constituído – de modo imediato – por uma entrega total ao reflexo artisticamente configurado, de modo que parece que a indiferença kantiana à existência do original tenha de fato surgido. E essa imediaticidade é – como veremos na segunda parte, quando tratarmos do comportamento receptivo – um fator integrador da recepção das obras de arte. Sem que esta ocorra, não se pode nem sequer falar de impressão estética. Mas nem mesmo o comportamento da receptividade simples (para não falar do comportamento do crítico, do filósofo da arte etc.) se restringe a isso. Mesmo o receptor mais simples se apropria da obra de arte na condição de homem inteiro: as vivências, experiências de vida etc. que ele tem antes que uma dada obra de arte exerça efeito sobre ele constituem um pressuposto indispensável desse efeito e a impressão realmente profunda, autenticamente estética da obra, torna-se dali por diante uma posse imprescindível desse homem inteiro. Ela não só influenciará sua futura receptividade estética, mas também atuará de modo mais ou menos decisivo sobre seu pensamento, agir etc. posteriores. Ora, dado que o teor da obra perfaz justamente o reflexo de um mundo existente, e só mediante uma abstração violentadora é possível fazer a dissociação entre o "como" artístico da dação de forma e o posicionamento do conteúdo configurado, a impressão processada no receptor também modifica o seu posicionamento diante dessa própria realidade. Que alcance e complexidade de mediação esse efeito posterior terá, quão longe ele irá numa direção afirmativa ou numa direção negativa etc., isso não mudará o fato de

[52] A consequência de tudo isso é uma correção dialético-materialista da teoria kantiana da "ausência de interesse"; porém somente poderemos discuti-la criticamente em um estágio mais avançado de nossas exposições {ver v. 2, cap. 8, I e v. 4, cap. 14, VI}.

que, com isso, é revogada a "ausência de interesse" kantiana sem que o âmbito do estético seja abandonado.

Tivemos de pelo menos indicar essa crítica ao antagonismo kantiano entre o agradável e o belo, embora o problema que agora nos ocupa seja bem mais estreito e primitivo. A descoberta das proporções corretas no processo do trabalho e, desse modo, o surgimento de objetos bem proporcionados e, consequentemente, úteis não é ainda em si e por si um fenômeno estético. Portanto, nossa pergunta é como esses objetos, enquanto tais, podem converter-se em objetos da estética. A fecundidade da percepção relativamente correta de Kant sobre desse fenômeno se evidencia no fato de ocorrer a desvinculação entre a utilidade prática real e o produto resultante do trabalho. Contudo, em primeiro lugar, aqui o portador da vivência estética continua sendo o próprio objeto real; ou melhor, trata-se naturalmente, e em toda parte, da refiguração surgida no reflexo; mas há uma grande diferença entre essa consciência (que tem a ver com o reflexo da realidade) referir-se à realidade em geral (é claro que com a respectiva concretização histórica), como, por exemplo, em *Amor sagrado e amor profano*, de Ticiano, ou em *Anna Kariênina*, de Tolstói, e, por exemplo, determinado jarro postado diante de nós, cuja imagem refletida permanece indissociavelmente ligada ao objeto concreto realmente existente, nos evocar vivências estéticas. Embora em ambos os casos a vivência estética tenha como ponto de partida imediato a imagem do reflexo, no primeiro caso mencionado o reflexo configurado representa o objeto direto (a obra de arte) e, no segundo caso, o objeto da configuração permanece ligado ao um objeto real[53].

Em segundo lugar, justamente por isso a generalização estética se encontra em um estágio muito inferior, é muito mais abstrata do que nos tipos de configuração do mundo que acabamos de sublinhar. Aqui também vale o que expusemos anteriormente sobre a falta de mundo das formações baseadas em formas abstratas de reflexo: há de fato uma generalização estético-sensível, mas trata-se de uma generalização direcionada para um recorte estreito, um aspecto exíguo do mundo do homem, não – pelo menos quanto à tendência básica – para a totalidade intensiva de suas determinações, como ocorre na arte em geral. E dessa fatualidade decorre automaticamente que, dada a estreita relação entre subjetividade e objetividade na estética, essa falta de mundo

[53] Trata-se aqui de um tipo especial de reflexo estético, cujo tratamento teórico detalhado só será possível em um capítulo posterior {ver v. 4, cap. 14, III}.

acarreta um encolhimento da subjetividade, uma falta – relativa – de sujeito. Ora, se analisarmos sua conexão necessária com os dois pontos de vista, a saber, a ligação indissolúvel entre a imagem do reflexo e determinado objeto real, bem como a falta de mundo e de sujeito da vivência subjetiva possível aqui, poderemos descrever filosoficamente, com alguma exatidão, o problema da desvinculação entre o estético e a realidade cotidiana.

Já chamamos a atenção para o papel prático decisivo da correta proporcionalidade para a produção e a utilização dos objetos da vida cotidiana. Inquestionavelmente, manifesta-se na determinação correta dessas proporcionalidades um princípio essencial de construção desses objetos, razão pela qual a investigação sobre elas necessariamente se torna uma tarefa central da generalização das experiências de trabalho, da reflexão sobre elas (dependendo das circunstâncias, mediante utilização dos resultados dos primórdios da ciência), do aperfeiçoamento da técnica de produção etc. A conversão em estético só pode acontecer pela via de que esses resultados da construção prática formem um sistema fechado, puramente visual e, como tal, se tornem objeto da percepção imediata. Esta, porém, ainda não precisa ser estética; ela ainda pode representar uma simples verificação visual do êxito técnico. Essa percepção somente se tornará estética quando se converter em evocadora, isto é, quando o sistema visualmente realizado das proporções for capaz de provocar esse efeito. Naturalmente, a história que antecedeu a isso é longa: a alegria pelo trabalho bem-sucedido, pelo objeto útil e fácil de manejar etc. necessariamente já desencadeia sensações de prazer, nas quais inquestionavelmente já está contido o embrião de uma intensificação da autoconsciência no sentido estético por nós indicado {p. 381}. Aqui as transições são extraordinariamente fluidas, os mesmos objetos podem desencadear nos mesmos homens uma escala de vivências que vai da alegria pela utilidade até a evocação estética; isso não só mostra – contra Kant – que o agradável e o estético não formam antagonismos metafisicamente rígidos mas também constitui uma característica essencial do caráter estético de toda essa esfera[54].

---

[54] Somente poderemos nos ocupar detalhadamente de todo esse complexo de questões em capítulo posterior. Nele também se dispensará a abstração necessária aqui para analisar tais objetos exclusivamente do ponto de vista da proporcionalidade e se dará a devida importância a outros pontos de vista, como materialidade, cor, adereço etc. {ver v. 4, cap. 14, VI}.

Ora, no que se refere ao caráter evocativo de um sistema visual de proporcionalidade – realizado no objeto concreto –, sua peculiaridade se baseia em que a construção estreitamente relacionada à utilidade fica evidenciada de modo sensível imediato de um só golpe. No fim do século XVIII, Hemsterhuis já vislumbrava a essência da alegria estética com que a alma humana busca acolher em si a maior quantidade possível de ideias no menor tempo possível[55]. A exatidão da constatação de Hemsterhuis não é decisivamente afetada pelo fato de que ele considera – de modo idealista – que é impossível satisfazer esse desejo dos homens porque sua constituição sensível, seus órgãos e meios só conseguem aperceber-se das coisas no decorrer do tempo e na sequência das partes. Mesmo porque, em outra passagem, ele avalia que foi um grande progresso no desenvolvimento da humanidade podermos diferenciar os objetos em essência uns dos outros usando apenas um de nossos sentidos, o que antecipa o problema, já abordado por nós, da divisão do trabalho entre os sentidos. Essa síntese sensível e imediata de fatos e nexos concretos e materiais provoca uma sensação de prazer que é qualitativamente diferente da simples alegria suscitada pelo trabalho, pelo desempenho, pelo uso, pela posse etc. Como sensação de prazer, ela é análoga de certo modo àquela que costuma acompanhar a percepção cognitiva de nexos desconhecidos e complexos. Nesse caso, porém, não se trata de um efeito colateral, mas da coisa mesma. Ela abrange a unidade sensível imediata sobretudo de interior e exterior, pois justamente a construção interior, "oculta", do objeto passa a aparecer – visualmente – na visualidade das proporções que se encaixam para compor um sistema. Desse modo, a essência de um objeto se torna, ao mesmo tempo, um fenômeno [*Erscheinung*] imediatamente perceptível. Em suma – embora estejamos lidando aqui apenas com elementos formais extremamente abstratos –, a estrutura essencial das formações estéticas, a contraditoriedade específica que está em sua base, já aflora claramente aqui. Ademais, a peculiaridade das vivências estéticas ressaltada por Hemsterhuis expressa um lado complementar desse nexo: a unidade do múltiplo, mais exatamente, não em uma síntese idealmente elaborada, mas como coincidência imediata, motora e movida dos elementos que se contradizem.

Esse conteúdo material e estrutural, que fundamenta e provoca tais vivências estéticas a partir do objeto, determina que essas vivências não sejam pontos

---

[55] François Hemsterhuis, *Œuvres philosophiques*, v. 1 (Leuwarde, [W. Eekhoff,] 1840), p. 17.

de partida para a reflexão continuada, mas tornem-se evocações imediatas e conclusivas, faz com que o estético se separe das ideias e dos sentimentos da cotidianidade e, ao mesmo tempo, delimita-os em relação ao reflexo científico e à investigação da realidade. Tanto o conteúdo quanto a forma apontam claramente para o desdobramento da autoconsciência, no duplo sentido com que a definimos. Essa autoconsciência só consegue se expandir na medida em que cria um mundo de objetos no qual o mundo aparece como mundo dos homens, como mundo no qual o homem não é um estranho, como mundo que, muito antes, enuncia a essência da realidade existente independentemente dele e, ao mesmo tempo, como um cosmo criado pelo próprio homem, adequado à sua essência. Para trazer à tona com mais clareza a essência [*Essenz*] desse nexo, tivemos de formular com nitidez um pouco excessiva as categorias que operam aqui. Para apresentar a relação correta, precisamos remeter a coisas expostas anteriormente {p. 437-8}: por um lado, à impossibilidade de separar o reflexo que aqui se torna efetivo dos objetos reais que o desencadearam e constituir o reflexo sistematizado como objeto estético propriamente dito; por outro lado, e em íntima conexão com o anterior, à falta de mundo de tais objetos e das vivências por eles evocadas. Somente com essas ressalvas pode ficar claro como e em que medida o estético começa de fato a se separar da vida cotidiana e a se constituir em sua autonomia peculiar, bem como em que consistem os limites – intransponíveis – da desvinculação nesse campo e por que ainda estamos na antessala do estético, mesmo depois de ocorrida a separação em relação à prática cotidiana.

Esse problema da "antessala" só poderá ser suficientemente determinado na análise da ornamentística que faremos em seguida, em que os princípios ordenadores abstratos do estético, como o ritmo, a simetria e a proporção, se tornam categorias decisivas, ordenadoras e edificadoras de obras estéticas fechadas em si mesmas. Contudo, antes de passar a elas, devemos visualizar o problema da proporcionalidade ainda de um outro ponto de vista, a saber, enquanto categoria abstrata, princípio ordenador abstrato da vida orgânica artisticamente refletida. Sabemos que essa questão já emergiu na Antiguidade; seu tratamento teórico e sua aplicação artística prática chegaram ao auge na Renascença, em um período em que a conquista científica da realidade estava intimamente vinculada, tanto objetiva quanto pessoalmente, ao seu domínio artístico. Essa tendência naturalmente é muito mais abrangente, não podendo, por isso, limitar-se à mera questão da justa proporcionalidade. Contudo, a maioria dos estudos que daí surgem (anatomia, perspectiva etc.) desembocam – ainda que façam um desvio pela ciência – de modo tão exclusivo em puros problemas de configuração das artes visuais, resultam em problemas tão puramente atinentes à configuração, que podemos tranquilamente nos restringir às questões da proporcionalidade que apareceram e entraram em sintonia simultaneamente com eles naquela época, nas quais se apresentam as contradições específicas dos elementos abstratos da forma.

Um dos problemas mais populares e influentes que apareceram na época é o da assim chamada proporção áurea. Porém, justamente do ponto de vista de nossa formulação, seria inútil levar adiante a discussão sobre sua essência correta ou equivocada – quando demasiado generalizada. Sobretudo porque os grandes teóricos da arte desse complexo, como Leonardo da Vinci e Dürer, foram além e tentaram investigar a fundo a importância da proporcionalidade em geral para toda a arte. A proporção áurea está intimamente ligada ao problema do belo, à bela representação do homem belo, ao passo que as investigações desses grandes artistas se interessavam pela questão da proporcionalidade, que é importante para a arte, também para os mais diferentes tipos dos homens a serem representados. Só desse modo se torna filosoficamente significativa a seguinte questão: o essencial a ser representado de um homem pode ser corretamente expresso mediante a apreensão das proporções de sua manifestação física? Todas as medições, comparações etc. desses importantes artistas e pensadores giram em torno desse problema. O mais interessante quanto a isso são as contradições irrevogáveis que emergem dos escritos teóricos de Albrecht Dürer. Por um lado, ele mostra profundo desprezo pelos meros artífices que não aprendem nem recorrem à arte da mensuração, que empreendem a representação do homem caso a caso e de modo puramente empirista. Sem investigar a fundo a justa proporção de um tipo humano, sua representação autenticamente artística jamais poderia ser bem-sucedida. Por outro lado, contudo, a arte real também não poderia resultar apenas disso. Dürer diz: "Porém o que acho impossível é alguém afirmar que sabe como indicar a melhor medida de uma figura humana"[56]. E em outra passagem: "Porém, não sei indicar uma medida especial que possa transformar algo no que há de mais belo"[57].

---

[56] Albrecht Dürer, *Schriftlicher Nachlaß* (Halle, [Niemeyer,] 1893), p. 222.

[57] Ibidem, p. 359.

Portanto, encontrar a proporcionalidade correta é indispensável para o artista, mas caracteriza apenas o início do caminho que ele deve percorrer para chegar à obra real; e os critérios autênticos desta última encontram-se além da proporcionalidade – mesmo da que já é perfeita em si –, sem, contudo, revogar sua importância. Esse posicionamento de Dürer, que à primeira vista parece contraditório, revela um nexo importante entre a forma artística aprofundada e a verdadeira estrutura da realidade objetiva. Pois simetria e proporcionalidade exatas, precisamente mensuráveis, predominam onde as leis da física podem atuar puramente como tais; e o lugar mais evidente é o mundo dos cristais. Quando a vida emerge na realidade como forma de organização da matéria – e tanto mais quanto mais elevada é a sua organização –, as leis da física não perdem sua validade, mas tornam-se meros elementos de complexos intricados, nos quais têm apenas um efeito aproximado. É exatamente essa fatualidade que se manifesta nos raciocínios de Dürer sob a forma fenomênica de contradição insuperável: a proporcionalidade atua como fator ativo de uma contradição idealmente insuperável, que como contradição – no sentido da determinação anteriormente citada de Marx {p. 430} – possibilita a mobilidade artística do organismo vivo visualmente composto.

Porém a verdade vital aqui revelada de tais reflexos artísticos indica, ao mesmo tempo, seu caráter antropomorfizador. Para deixar claro esse seu aspecto, parece apropriado fazer mais algumas observações breves sobre o modo como a contraditoriedade recém-evidenciada se manifesta na arquitetura. A situação da arquitetura mostra certa afinidade com os problemas de proporcionalidade, anteriormente tratados, dos objetos confeccionados pelo homem para uso diário: na medida em que aqui se trata não da criação de uma imagem peculiar do reflexo, mas do próprio objeto de uso que – o qual é inseparável prática e teoricamente de sua utilidade – também tem vocação para produzir reflexos artisticamente evocativos. Todavia, há aqui a grande diferença – cujas razões só poderemos tratar em capítulo ulterior – de que os reflexos evocados pelos produtos da arquitetura são muito mais concretos e multifacetados, {e} de modo algum podem ser caracterizados como destituídos de mundo. Sobre isso acrescentamos de passagem que a problemática que nos ocupará aqui é exclusivamente a da proporcionalidade. A arquitetura – considerada em seus traços gerais – não conhece uma problemática da simetria, da questão atinente a direita e esquerda; já citamos as visões de Wölfflin referentes a isso {p. 427}. Para nós, essa exclusão de uma problemática da simetria significa tão somente que as contradições da proporcionalidade se manifestam em toda a sua pureza. Porém isso mostra também que essa contraditoriedade não está ancorada apenas na dialética do reflexo da vida orgânica, e seu âmbito de validade precisa ser estendido também ao mundo inorgânico, pressupondo-se que este se encontre em relação íntima e enredado com a existência social dos homens. O que apareceu até agora como contradição entre o mundo orgânico e o mundo inorgânico amplia-se para uma contraditoriedade da configuração artística em geral, não importando que seu objeto, material etc., seja orgânico ou inorgânico, pressupondo-se que seu objeto seja um "mundo" do homem, isto é, que a obra não seja destituída de mundo.

A questão que nos ocupa agora foi esclarecida por Jacob Burckhardt há cerca de cem anos, quando descreveu o templo de Paestum. Ele diz:

> Talvez um olhar aguçado examine cada um dos lados de perfil e descubra que não há uma única linha reta matemática em todo o edifício. A primeira coisa que vem à mente é medição inábil, efeito de terremotos e coisas desse tipo. Mas quem, por exemplo, se postar no canto direito do lado frontal, de tal modo que consiga ter uma visão condensada da cornija superior da fachada lateral, descobrirá ali uma saliência de várias polegadas, que só pode ter sido aplicada intencionalmente. E coisas similares também podem ser encontradas. Trata-se de manifestações de um mesmo sentimento que demandou o abaulamento das colunas e ainda procurou revelar em todas as partes, com formas aparentemente matemáticas, uma pulsação da vida interior.[58]

Com razão Burckhardt chama a atenção para a intenção artística que há por trás da divergência em relação à exata proporcionalidade matemática. Isso é tanto mais importante porque a rejeição da proporcionalidade ocorre com bastante frequência na Era Moderna. Já a encontramos na polêmica de Bacon contra Dürer[59]; por outro lado, os empiristas psicologizantes querem derivar da imprecisão de nossas percepções visuais a inexatidão das proporções[60]. O primeiro posicionamento redireciona tudo a questões de gosto cujos fundamentos

---

[58] Jacob Burckhardt, *Der Cicerone* (Leipzig, [Kröner,] s/d), p. 7 (Kröners Taschenausgaben).

[59] Francis Bacon, *Essays* (Londres, [Blackie & Son,] 1907), p. 177 [ed. bras.: *Ensaios*, trad. Alan Neil Ditchfield, Petópolis, Vozes, 2007].

[60] Assim, por exemplo, Heinrich Home, *Grundsätze der Kritik*, v. 2 (trad. Johannes Nikolaus Meinhard, de acordo com a 4. ed. ingl. corrig., Leipzig, [Dyckshe Buchhandlung,] 1772), p. 518.

são puramente históricos. Naturalmente é fato que a explicitação de concepções puramente pictóricas pode acarretar uma tendência de dissolução ou empurrar a proporcionalidade para o segundo plano. O segundo posicionamento restringe a questão a peculiaridades psicológicas, cujo valor universal é muito problemático. Só a escolha do ponto de partida correto, como em Burckhardt, é apropriada para generalizar o problema na direção do caráter antropomorfizador do reflexo estético, porque ele se atém à unidade da proporcionalidade e sua superação; e é irrelevante que em Burckhardt essas conclusões não apareçam de modo consciente. Essa questão aparecerá mais tarde, no mesmo sentido, no próprio Burckhardt e em muitos outros (Woermann etc.). Cito somente mais uma passagem de *Griechische Kulturgeschichte* [História da cultura grega], porque nela Burckhardt formula o problema de modo ainda mais geral em termos estéticos. Depois de analisar extensamente a grande variação de proporções do templo grego – aprofundando com muita energia a rigorosa proporcionalidade, seus paralelismos e repetições –, ele diz o seguinte:

> Além disso, pode ficar em aberto até que ponto é possível demonstrar que os refinamentos descobertos por Penrose foram conscientes e intencionais. Se, por razões ópticas, as colunas do períptero têm de fato uma leve inclinação para dentro, se as colunas dos cantos são um pouco mais reforçadas e seus intervalos são mais estreitos, se os degraus e também a grande horizontal do vigamento são levemente mais grossas no alto, haveria aqui uma analogia com as artes mais refinadas da métrica grega e se comprovaria quase literalmente a palavra do astrólogo na segunda parte do *Fausto* de Goethe: "A colunata, o tríglifo ressoa./ Cantares, creio, o templo inteiro entoa". Nos edifícios profanos, evidencia-se uma aplicação simplificada das referidas formas.[61]

Para nós, nesse caso, é especialmente importante a última indicação para os refinamentos da métrica, pois desse modo Burckhardt estabelece uma conexão única entre os problemas que estamos examinando e os da proporcionalidade e também, como vimos, os da simetria. Todas essas formas abstratas teriam de comum que, em sua realização artística, elas somente são capazes de organizar seu objeto de modo artisticamente completo quando seu caráter absoluto é superado, quando se convertem em meros fatores da contradição que está

[61] Jacob Burckhardt, *Griechische Kulturgeschichte*, cit., v. 2, p. 134-5. [Os versos de Goethe são de *Fausto: uma tragédia, segunda parte* (trad. Jenny Klabin Segall, São Paulo, Editora 34, 2011), p. 168, linhas 6.447-8. (N. T.)]

na base da obra de arte – uma contradição que é diferente em cada tipo de arte ou gênero [*Genre*] artístico. Essa generalização acontece exatamente na linha da característica mais essencial do reflexo estético da realidade: a linha da antropomorfização necessária. No plano estético, o que se reflete e figura de fato é o mundo como ele é, mas o ser em si refere-se irrevogavelmente ao homem, às suas necessidades genéricas, socialmente surgidas e que se desdobram socialmente.

Por essa razão, a questão generalizada da proporcionalidade tem o seguinte teor: o conjunto de importância inalienável e, ainda assim, a natureza meramente aproximativa da proporcionalidade, de certo modo oculta, secreta, agindo abaixo da superfície, são não só o reflexo correto de nexos essenciais da realidade objetiva mas também uma necessidade vital elementar do homem. A reprodução artística de um mundo bem proporcionado (ou um mundo no qual o que destoa é apresentado como uma deformação) possui, além de sua verdade como reprodução e inseparavelmente dela, a ênfase no ser configuração de um mundo do homem, um mundo que ele pode vivenciar como adequado a si mesmo, um mundo que ele se esforça para reconfigurar com a finalidade de alcançar essa adequação. Trata-se, bem entendido, de um mundo do homem, do gênero humano, e não do indivíduo X ou Y. O princípio fundamental antropomorfizador do reflexo estético nada tem a ver com um simples subjetivismo. Naturalmente a subjetividade do artista constitui o meio imprescindível desse tipo de reflexo, mas é impossível que o que faz parte apenas do âmbito da sensibilidade de uma subjetividade particular [*partikularen*] possa avolumar-se em generalidade artístico-evocadora, podendo apenas criar uma forma artisticamente miserável. Em contrapartida, o humano, o genérico desse meio refletido da arte, não pode ser abstratamente generalizado. O princípio da humanidade só pode tornar-se fecundo para a arte em concreticidade histórica, social e individual: ele constantemente é o rebento que toma partido em um povo e em uma classe desse povo, que em certo estágio do desenvolvimento desse ambiente que o determina pode tornar-se o porta-voz da humanidade.

Novamente tivemos de entrar antes do tempo no campo do reflexo concretamente artístico da realidade para poder evidenciar o caráter antropomorfizador de todo reflexo [*Reflexes*] estético do mundo exterior e do mundo interior do homem. Porém o caminho de volta para o reflexo da proporcionalidade no sentido anteriormente indicado não é demasiado longo. Ele conduz ao problema fundamental do estético, ao surgimento de um mundo, do nosso mundo, que somos capazes de relacionar tanto em sua totalidade quanto em seus detalhes, ininterruptamente com nós mesmos e que, justamente por se basear nesse princípio – refletindo a realidade ou elementos dela –, pode e deve ter um caráter evocativo. O dilema de Dürer, irresolúvel do ponto de vista de um estabelecimento de leis da pintura, expressa – de modo muito fecundo para a prática artística – um fato elementar da vida humana, a saber, que se trata da unidade contraditória do ordenado e do espontâneo, que sua legalidade só pode atuar como suporte, como força promotora e ordenadora da espontaneidade que desce até o nível do meramente individual, que essa só pode realmente obter validade efetiva como tendência modificadora, concretizadora, que provoca aperfeiçoamentos no âmbito daquela legalidade. Portanto, essa ação recíproca contraditória e, ao mesmo tempo, íntima de tendências que, compreendidas em termos metafísicos, parecem formar antagonismos rigidamente excludentes é um princípio fundamental da arte justamente porque é um princípio fundamental da vida (social) humana. Mas, enquanto o pensamento metafísico, que repetidamente aflorou com vigor e frequentemente predominou por razões historicamente necessárias de desenvolvimento, deslocou esse antagonismo para o centro, enquanto o pensar e o sentir da cotidianidade com frequência protestaram impotentes diante de tal violência contra a vida e com frequência até são forçados a se submeter a ela, surge no reflexo estético da realidade uma imagem da verdadeira vida na qual o domínio sobre o mundo exterior parece adequado às exigências internas da existência humana.

Seria um erro acreditar que a proporcionalidade é uma categoria de certo modo local, especial, das artes visuais. Nestas ela aparece sob a sua forma própria, originária, na medida em que o mensurável com precisão é posto em uma relação dialética com a organicidade, sobretudo a do corpo humano. No sentido figurado – mas de modo nenhum no sentido casualmente figurado –, esse problema desempenha um papel importante em todos os gêneros artísticos. Em sua *Poética*, Aristóteles dedica um capítulo a essa questão[62]. Naturalmente é característico da diversidade das artes que a construção do drama exija determinadas proporções, que só podem ser reguladas de acordo com seu entorno geral (Aristóteles ocasionalmente se refere ao fato de que a duração das tragédias era medida com um relógio), enquanto sua configuração

---

[62] Aristóteles, *Poética*, VII [trad., introd. e notas Paulo Pinheiro, São Paulo, Editora 34, 2015].

concreta – nesse quadro – deve ser deixada a cargo do poeta individual. (A essência da coisa é que, na arte do filme, essa mensurabilidade das proporções do todo e das partes é bem mais exata do que na pura arte verbal do drama.) A questão da proporção, que naturalmente diz respeito não só ao todo das obras mas também à relação entre suas partes, aparece à primeira vista mais difusa do que na arte visual; todavia, a análise concreta revela que, também nesse caso, a solução artística do dilema de Dürer é uma das tarefas essenciais da composição. Porém, dado que todas as formas são reflexos da realidade, por trás de todas as questões de proporcionalidades da composição escondem-se problemas de visão de mundo: os de quem cria e os da sociedade na qual e para a qual são criadas suas obras.

Assim sendo, não mais nos surpreenderá o fato de o próprio Aristóteles colocar problemas de proporção no centro de sua ética. É certo que também para ele há ações e comportamentos absolutamente condenáveis; contudo, onde se fala da reversão da virtude em seu oposto, emerge o problema do meio-termo, que, nesse contexto, é considerado um "extremo" por Aristóteles e, portanto, de modo algum uma média morta. E o malogro, por sua vez, é um "não atingir" a "conformidade com o dever" ou um "ir além" dela. O centro metodológico de sua ética se revela como um problema da justa proporcionalidade[63].

Seria superficial objetar a isso que, nesse caso, a proporção é uma simples metáfora. Na verdade, ela é muito mais que isso. Onde a beleza é uma categoria central da vida e da arte, há obrigatoriamente essa ligação: nem na vida nem na arte, a beleza pode basear-se em valores estéticos ou éticos passageiros, relativos; é necessário que ela determine essencialmente a estrutura do homem. Ora, se essa determinação não for do tipo transcendente (como, por exemplo, em Plotino), ou seja, se ela não for meramente o reflexo emprestado de algum além, então estrutura terá de significar aqui uma harmonia de relações terrenas, mundanas, imanentes ao homem e pertencentes a ele por sua humanidade; quer represente uma visualização da harmonia de sua estrutura física, quer represente a revelação da harmonia de suas faculdades mentais e morais. O princípio essencialmente determinante é o mesmo e é – em última análise – o da proporcionalidade. Desse modo, essa questão ultrapassa em muito a dos

---

[63] Idem, *Werke*, v. 6: *Nikomachische Ethik*, II, 6-7 (trad. Franz Dirlmeier, 6. ed., Berlim, 1974), p. 37-40 [ed. bras.: *Ética a Nicômaco*, trad. António de Castro Caiero, 2. ed. rev. e atual., São Paulo, Forense, 2017].

elementos formais abstratos e toca – exatamente no plano filosófico – problemas tão decisivos quanto os pontos de contato fundamentais entre ética e estética.

A estruturação de nossas exposições deixa claro que ainda não é possível fazer um tratamento profundo e detalhado desse problema, que pressupõe a visualização concreta da contraditoriedade que dele resulta e, antes de tudo, uma visão geral de muitos e decisivos campos da estética, sobretudo dos campos do reflexo propriamente dito da realidade objetiva. Antecipe-se apenas que a posição ocupada pela beleza na estética é muito controvertida e a resposta à pergunta formulada anteriormente está estreitamente relacionada, por sua natureza, à determinação de sua posição no sistema. A maioria dos sistemas que chegaram a ter algum significado histórico posicionam a beleza no centro de toda a estética; pouca coisa se altera quando uma "ciência da arte" propriamente dita se junta à estética no sentido tradicional, como ocorre em muitos modernistas. O autor destas análises – em concordância com Tchernichevski – vê a beleza como um caso específico da estética e, mais precisamente, uma forma peculiar do reflexo e da configuração estéticos que só é possível em circunstâncias histórico-sociais concretas especialmente favoráveis[64].

Independentemente de como se responda a essa questão em um estágio superior das considerações estéticas, está claro que nela se confirma – consciente ou inconscientemente – o modo de ser antropomorfizador do reflexo estético. Trata-se de uma tendência que se efetua de modo elementar. Como vimos, também em seu modo de manifestação abstrato, ele é a reprodução mais fiel possível da realidade objetiva. Contudo, por mais que o objetivo consciente da atividade artística saudável seja a máxima aproximação possível a esta, o critério da verdade estética não necessariamente coincide sem mais nem menos com o grau dessa aproximação. Ainda não é possível falar aqui do complexo problema do estilo vinculado à aproximação. Somente podemos e devemos indicar, mais uma vez, que o reflexo antropomorfizador no estético não é simplesmente um comportamento subjetivo, mas é antes determinado nesse sentido por seu objeto: pelo metabolismo da sociedade com a natureza, mediado pela peculiaridade das relações de produção determinadas por ele. De fato, seu reflexo pressupõe a referida fidedignidade à realidade também da natureza em si, que é o critério estético último da verdade, não obstante

---

[64] Ver sobre isso meu ensaio sobre Pushkin em *Der russische Realismus in der Weltliteratur* (Berlim, [Aufbau,] 1952), p. 25 e seg.

estar fundado na inter-relação socialmente determinada com ela. Uma análise precisa de todas as contradições anteriormente analisadas poderia ser derivada dessa base. Como, porém, esse problema agora só pode ser indicado em seus contornos mais gerais e não poderá ser esgotado em todos os seus aspectos, cito um exemplo mais complexo quanto ao conteúdo, no qual o aspecto da questão que nos interessa aparece de modo imediatamente evidente. Em uma análise de Jonathan Swift, o historiador da literatura polonês Jan Kott se refere a uma convicção que aquele autor "tem de comum com toda a sua época, a saber, que se pode conservar inalteradas todas as propriedades de um corpo desde que se modifique proporcionalmente o seu tamanho"[65]. Reportando-se a Émile Meyerson, Kott mostra que isso é um erro, que, por exemplo, as vespas não conseguiriam voar na terra dos gigantes, mesmo que seu tamanho fosse modificado de acordo com as proporções anteriores, que os liliputianos teriam dificuldades para beber por causa da capilaridade dos vasos etc. etc. Porém, o reconhecimento desse fato, que mostra que Swift, sob a influência dos preconceitos científicos de sua época, errou objetivamente a tentativa de aproximação com a realidade objetivamente existente, muda alguma coisa na verdade artística de *Gulliver*? A resposta negativa é óbvia. Contudo, para nós, bem mais interessante e importante do que a resposta é sua causa: a verdade social da sátira de Swift, na qual justamente a conservação da essência (e, portanto, também da proporção como seu modo de manifestação sensível) sob um formato contrastante constitui a razão da profunda comicidade. Portanto, essa antropomorfização de Swift no reflexo da realidade, que não é subjetivamente arbitrária, mas retém uma situação de mundo, uma época decisiva do desenvolvimento da humanidade, não erra a verdade artística – apesar das deficiências condicionadas pelo tempo na concepção das leis do ser-em-si –, mas, pelo contrário, proporciona-lhe um fundamento sólido e universal no plano sensível e intelectual. Kott cita com razão uma carta de Swift, na qual este ressalta o estado consciente de sua busca pela verdade artística:

> As mesmas tibiezas e maluquices reinam em toda parte, ou pelo menos em todos os países civilizados da Europa. Um autor que escrevesse apenas para uma cidade, uma província, um reino, ou apenas para um século, não mereceria ser comentado, do mesmo modo que não valeria a pena lê-lo.[66]

---

[65] Jan Kott, *Die Schule der Klassiker* (Berlim, [Henschel,] 1954), p. 100.

[66] Ibidem, p. 102.

Todavia, seria arriscado aplicar sem mais nem menos o resultado dessa análise às artes visuais, pois a forma visual de manifestação tem na literatura uma indefinição muito maior do que nesse caso. (Maior na épica e na lírica do que no drama.) Por essa razão, Swift conseguiu – é claro que com base em uma intenção satírico-fantástica da configuração – alterar formatos sem tocar nas proporções. Já apontamos as razões sociais dessa possibilidade (fundadas no antropomorfismo da arte). Naturalmente se tornam efetivas também nas artes visuais, porém o espaço de manobra para divergir da ligação entre formato e proporções que existe na objetividade da realidade objetiva é bem mais reduzido. Quanto mais simples for a estrutura de um objeto estético, tanto maior será esse espaço de manobra (a pirâmide em comparação com a arquitetura grega posterior, mais articulada). Não é difícil perceber a razão disso: já em uma ornamentação puramente geométrica, a ampliação do formato equivale à ampliação simultânea dos interstícios, mediante os quais estes podem oferecer, por essa ampliação, superfícies mortas ou vazias ou se tornar imperceptíveis, destruir o ritmo etc. A mudança do formato pode, portanto, exigir imperativamente uma mudança do padrão e, desse modo, das proporções. Obviamente essas consequências se tornam tanto mais palpáveis quanto menos carente de mundo for uma configuração artística. Mas também é óbvio que se trata apenas de um espaço de manobra, não de uma coordenação rígida. Esse espaço de manobra já é indicado pela existência de uma plástica monumental, que excede em muito o formato humano, ao lado de uma plástica pronunciadamente pequena. Em relação a isso, deve-se ponderar, no entanto, que certos motivos dinâmicos exigem ou ao menos preferem de antemão esse ou aquele formato. Na pintura, a possibilidade de aumentar ou diminuir o formato do quadro é muito mais elástica, porque o espectador – dentro de certos limites – percebe instintivamente em cada quadro um formato humano normal. É claro que, desse modo, não delineamos nem sequer os contornos mais gerais dos diversos espaços de manobra. Seja observado aqui somente que, entre as tendências dadas por gêneros e tipos artísticos, está condicionada histórico-socialmente a questão de saber se tal espaço de manobra é concebido em termos de estreitamento ou de alargamento (eventualmente ultrapassando os limites do estético). Nos tempos em que a tendência antropomorfizadora básica da arte é muito forte, em que a beleza se torna a categoria central predominante da prática artística – no sentido anteriormente indicado –, a ligação entre formato e proporção é muito estreita; foi assim no helenismo clássico e na Renascença.

Em contraposição, nos tempos em que – por razões muito diversas e com frequência diametralmente opostas – surgem tendências que transcendem o homem na referencialidade da arte, essa relação pode tornar-se totalmente solta; é o caso de muitos períodos da arte oriental, em que os motivos de cunho religioso e teológico foram efetivos nessa direção, e é o caso também da arquitetura moderna, na qual sobretudo o problema da renda fundiária das grandes cidades exerce uma pressão irresistível.

III. Ornamentística

Até agora consideramos as formas abstratas do reflexo (ritmo, simetria, proporção) como fatores isolados em suas relações dialéticas com as diferentes artes que afiguram a realidade, visando fazer com que apareçam do modo mais claro possível tanto o caráter abstrato dessas formas quanto sua essência como reflexos da realidade. Nessas considerações, a origem das contradições dialéticas se mostra no fato de que cada uma dessas formas abstratas abriga dentro de si a tendência de ser não só um princípio ordenador do reflexo da realidade como também e até sobretudo do reflexo estético. Nos próximos capítulos, vamo-nos ocupar detalhadamente do fato de que as leis que ordenam o reflexo concreto e total, o reflexo configurador da realidade, não só são mais ricas e abrangentes do que as abstratas mas também, em consequência da essência da realidade refletida, buscam fazer valer tendências opostas, razão pela qual surgem as contradições que apontamos em determinados casos isolados. Contudo, já indicamos algumas vezes que essas contradições são modos dialéticos de ser, isto é, justamente a contraditoriedade se torna uma lei dinâmica fecunda da configuração artística.

Temos agora de ir além, e em duplo sentido. Em primeiro lugar, devemos mostrar que as formas abstratas de reflexo possuem a capacidade de constituir por si sós formações estéticas de tipo especial; daí resulta o problema da ornamentística, que nos ocupará nas exposições a seguir. Em segundo lugar, as legalidades estéticas que se tornaram patentes na ornamentística retroagem sobre o reflexo da realidade concreta e efetiva. Nesse processo, surgem nexos dialéticos que ultrapassam as contradições referentes às relações isoladas, já parcialmente analisadas; esses nexos dialéticos necessariamente se tornam componentes insuperáveis de toda formação estética. Com a análise desses fatos concluiremos nossas investigações sobre a ornamentística e poderemos passar a tratar da configuração artística mimética da realidade. Veremos que certos fatos históricos que parecem em contradição com essa concepção, na verdade, a corroboram fortemente.

Assim, a própria ornamentística pode ser determinada nos seguintes termos: é uma formação estética encerrada em si mesma que se orienta para a evocação e cujos elementos são as formas abstratas de reflexo (ritmo, simetria, proporção etc.), enquanto as formas de reflexo dotadas de conteúdo concreto parecem estar excluídas da configuração do complexo ornamental. É claro que essa determinação tampouco pode ser entendida em sentido rigidamente metafísico. Todos sabem que a ornamentística, precisamente em seus modos clássicos de manifestação, reiteradamente recorre ao reflexo de objetos reais da realidade objetiva (lótus, acanto etc.); isso sem falar dos motivos vegetais e animais, por exemplo, dos tapetes orientais ou da decoração dos templos góticos. Naturalmente isso significa, e falaremos extensamente a esse respeito em seguida, que as fronteiras entre a arte puramente ornamental e a arte figurativa (que refletem a realidade de modo concreto e de acordo com seu conteúdo) se tornam difusas em muitos pontos, e formas de transição de todo tipo aparecem por necessidade não só histórica mas também estética.

Por mais que isso muitas vezes dificulte, em casos isolados, uma determinação exata do local estético, os limites teóricos devem ser traçados de maneira muito certeira. Esses limites surgem justamente da predominância do reflexo abstrato. Pois, quando os objetos do mundo exterior concreto e real são enquadrados em sistemas estéticos, é importante ver, em primeiro lugar, se tais objetos estão reproduzidos em primeira linha de acordo com sua estrutura interna autônoma ou se foram transformados em ornamento, no sentido das formas abstratas, e, portanto, se rompem a bidimensionalidade ornamental mediante a profundidade de sua existência ou se sua objetividade originária é reduzida a uma alusão à essência, que nesse caso é necessariamente abstrata. Em segundo lugar, é importante ver se os objetos reais – que na realidade e, portanto, também em seu reflexo concreto existem inseparavelmente de seu entorno real – são representados em sua configuração artística como partes de tais interligações ou se são arrancados de dentro dessas relações para serem transformados em elementos decorativos abstratos de interconexões abstratas. Esses dois pontos de vista são apenas dois lados da mesma coisa: a ornamentística é sem mundo precisamente porque ignora de forma consciente a objetividade e as interconexões do mundo real, substituídas por interligações abstratas preponderantemente do tipo geométrico. A seguir trataremos em detalhes das bases e consequências estéticas e ideológicas dessas fatualidades; neste ponto, foi imprescindível apenas lançarmos luz brevemente sobre a estrutura fundamental para obtermos um fundamento para estas exposições. Para ilustrar essa questão de modo vívido, citamos aqui o início do poema "O tapete", de Stefan George, no qual é descrito com sensibilidade poética esse tipo de criação de conexões abstratas:

> Homens, plantas, animais aqui se entrelaçam
> Estranhos entre si, por sedosas fímbrias emoldurados
> Meias-luas azuis brancas estrelas adornam
> E se atravessam na dança paralisada.
>
> Linhas nuas se fazem ricamente bordadas
> Cada parte em desordem e oposta às demais
> E ninguém intui o enigma dessas linhas emaranhadas...*

Ao passar agora para a gênese da ornamentística – como sempre, é óbvio que exclusivamente do ponto de vista filosófico –, mostra-se nisso novamente a exatidão de nossa constatação anterior, isto é, que é impossível derivar a prática estética da humanidade de uma só fonte e, menos ainda, de uma fonte estética, e que o estético é antes de tudo o resultado de uma síntese posterior, que se foi desdobrando historicamente de modo gradativo. Dentre as tendências em ação nesse caso, é preciso ressaltar uma muito elementar, talvez proveniente já do mundo animal e em si totalmente independente da arte: a alegria de estar adornado. Se a tomamos no sentido mais amplo possível, ela abrange o adorno tanto do corpo quanto dos instrumentos e, no caso da arquitetura, tanto interior quanto exterior. Como logo veremos, essa síntese envolve um âmbito no qual as diferenças são no mínimo tão importantes quanto os traços comuns. De comum permanece a ligação inseparável com um objeto real, seja o próprio homem, seja um objeto útil usado por ele, em contraposição às artes propriamente figurativas, nas quais os substratos materiais não possuem nenhum tipo de relação com a vida humana, além de sua função estético-evocadora (o quadro como tela pintada etc.). No âmbito desses traços comuns, porém, a diversidade qualitativa e funcional de tais objetos na vida social dos

* Stefan George, "Der Teppich des Lebens und die Lieder von Traum und Tod", em *Gesamt-Ausgabe der Werke*, v. 5 (Berlim, Georg Bondi, 1932), p. 40. (N. T.)

homens produz diferenças qualitativas nas possibilidades estéticas, na capacidade para o desenvolvimento etc.

Se analisamos em primeiro lugar o adorno do próprio homem, não é para nos envolver, pela natureza de nosso tema, em uma discussão arqueológica ou etnográfica para constatar se ele realmente e em todos os casos precedeu temporalmente o adorno dos instrumentos. Admitimos com Hoernes[67] e outros que em geral foi o que aconteceu. Com isso emerge, agora em nível superior, um problema que já nos ocupou no caso do ritmo, a saber, se estamos lidando com uma herança da condição animal e, em caso afirmativo, em que medida. Exatamente nesse ponto, Darwin apresenta um material extraordinariamente variado e fascinante em seus detalhes para corroborar uma resposta afirmativa a essa pergunta. No entanto, após um exame mais preciso, os argumentos de Darwin e dos darwinistas não nos convencem. Ninguém negará que o impulso de se adornar está ativo também no homem como fator de caráter sexual secundário. Contudo, o modo de ser do animal e do homem se tornaram qualitativamente tão diferentes em consequência do surgimento do trabalho e da sociedade que, também nessas formas de atividade extremamente primitivas, emergem determinações novas, qualitativamente tão diferentes que, no que se refere a essa questão, não parece ser admissível derivar geneticamente o homem do animal, sobretudo no que se refere ao estético. Em termos gerais, trata-se da relação do indivíduo – no nosso caso, do indivíduo adornado – com o gênero. Marx descreveu com precisão essa relação, naturalmente sem fazer referência ao nosso problema específico. Ele disse:

> O animal é imediatamente um com a sua atividade vital. Não se distingue dela. É *ela*. O homem faz da sua atividade vital mesma um objeto da sua vontade e da sua consciência. Ele tem atividade vital consciente. Esta não é uma determinidade (*Bestimmtheit*) com a qual ele coincide imediatamente. A atividade vital consciente distingue o homem imediatamente da atividade vital animal. Justamente, [e] só por isso, ele é um ser genérico. [...]
> O engendrar prático *de um mundo objetivo*, a *elaboração* da natureza inorgânica, é a prova do homem enquanto um ser genérico consciente, isto é, um ser que se relaciona com o gênero enquanto sua própria essência ou [se relaciona] consigo enquanto ser genérico. É verdade que também o animal produz. Constrói para si um ninho, habitações, como a abelha, castor, formiga etc. No entanto, produz

[67] Moritz Hoernes, *Urgeschichte der bildenden Kunst in Europa von den Anfängen bis um 500 vor Christi* (ed. Oswald Menghin, 3. ed., Viena, [A. Schroll,] 1925), p. 18.

apenas aquilo de que necessita imediatamente para si ou sua cria; produz unilateral [mente], enquanto o homem produz universal[mente]; o animal produz apenas sob o domínio da carência física imediata, enquanto o homem produz mesmo livre da carência física, e só produz, primeira e verdadeiramente, na [sua] liberdade [com relação] a ela; o animal só produz a si mesmo, enquanto o homem reproduz a natureza inteira; [no animal,] o seu produto pertence imediatamente ao seu corpo físico, enquanto o homem se defronta livre[mente] com o seu produto. O animal forma apenas segundo a medida e a carência da *species* à qual pertence, enquanto o homem sabe produzir segundo a medida de qualquer *species*, e sabe considerar, por toda a parte, a medida inerente ao objeto; o homem também forma, por isso, segundo as leis da beleza.[68]

Não é muito difícil tirar, a partir dessa base, as consequências para a nossa questão. Em primeiro lugar, o adorno é inato ao animal; portanto, este não pode mais melhorá-lo nem piorá-lo. O homem, em contraposição, não é adornado por natureza; é ele que se adorna, e o adornar-se é uma atividade própria dele, resultado de seu trabalho. O aspecto acrítico de Darwin é não levar em conta esse fator decisivo. E é por isso que o material tão rico reunido por ele é tão pouco convincente no que se refere à gênese do adorno. Isso também se manifesta no fato de que seres vivos belos em termos ornamentais – para o gosto humano – pertencem em geral a gêneros inferiores (plantas, animais marinhos, borboletas e, no máximo, aves); a "linha ancestral" se interrompe justamente onde teria de começar com relação à gênese. Disso decorre, em segundo lugar, que o modo como um homem singular se adorna, seja com uma tatuagem, seja com um adorno pendurado, não é de maneira alguma consequência de sua constituição fisiológica inata, mas produto de relações e atividades sociais. Quer se trate de o homem portar como adorno os emblemas da comunidade à qual pertence mais estreitamente, quer se trate de o adorno expressar seu lugar hierárquico em comunidade etc., de todo modo o tipo de seu adorno não é inato, mas surgiu socialmente. Em terceiro lugar, a relação direta do adorno com a sexualidade se torna relativizada ou, pelo menos, se mostra muito mais mediada. Darwin demonstrou de modo convincente essa conexão – a do "adorno" como caráter sexual secundário – no caso dos animais. No entanto, certos psicólogos modernos, mesmo não

68 Karl Marx, *Ökonomisch-philosophische Manuskripte*, em MEGA, v. I/3, p. 88; MEW } v. 1, p. 516-7 [ed. bras.: *Manuscritos econômico-filosóficos*, trad. Jesus Ranieri, São Paulo, Boitempo, 2010, p. 84-5].

sendo darwinistas, tendem a conceber a era primitiva como um período canônico da sexualidade que governa tudo e a projetar nessa era problemas sexuais dos homens de formações muito mais desenvolvidas. Diante disso, é suficiente citar as análises de Engels, que demonstram, justamente a partir da observação de hordas animais e de sua dissolução – ou pelo menos de seu enfraquecimento – devido ao ciúme dos machos, ou seja, justamente pelo realce dado ao antagonismo entre hordas humanas e hordas animais que "os homens primitivos que se empenhavam em alçar-se acima da animalidade ou não conheciam nenhuma família ou conheciam, quando muito, uma que não ocorre entre os animais"[69]. Portanto, os homens em formação não podiam, por exemplo, ter ciúme, senão suas primeiras comunidades jamais se teriam tornado permanentes e sólidas e "um animal tão desarmado quanto o homem em formação" jamais se teria preservado.

Ao dizer isso, não pretendemos negar que há conexões próximas e íntimas entre o impulso humano de se adornar e sua vida sexual. Mas o que importa é que Darwin, ao traçar seus paralelos, não leva em consideração que, em consequência da vida social, no homem se convertem em característica sexual secundária muitas coisas que não só são produto do trabalho (e, portanto, não são inatas no homem) mas também surgem das relações sociais entre homens; é o caso do poder e da hierarquia, da reputação e da riqueza etc. É fato histórico que esses fatores, em especial depois que são fixados por um longo período de habituação, possuem um efeito maior ou menor no plano sexual secundário; também é fato que, com o desenvolvimento da sociedade, esse campo se expande e se ramifica cada vez mais. Portanto, não devemos buscar a gênese do adorno na relação direta com a vida sexual. O ponto de partida é certamente constituído pela utilidade social – verdadeira ou imaginária. No essencial, Plekhánov tem toda a razão, mesmo que parte de seu material etnográfico esteja ultrapassada, quando diz o seguinte a respeito da tatuagem: "O selvagem visualizou originalmente a utilidade da tatuagem e só depois – muito mais tarde – sentiu prazer estético ao contemplar a pele tatuada"[70]. Desse

[69] Friedrich Engels, *Der Ursprung der Familie, des Privateigentums und des Staates* (Moscou, 1934), p. 18; MEW, v. 21, p. 41 [ed. bras.: *A origem da família, da propriedade privada e do Estado*, trad. Nélio Schneider, São Paulo, Boitempo, 2019, p. 42].

[70] Gueórgui Plekhánov, "Briefe ohne Adresse. 5. Brief: Über die Kunst", em *Kunst und Literatur* (pref. M. Rosenthal, ed. e coment. Nikolai Fedorowitch Beltschikow, trad. Joseph Harhammer, Berlim, [Dietz,] 1955), p. 135.

modo, não é essencial saber em que nível de consciência e com que grau de falsa consciência acontece essa percepção da utilidade.

A aclaração conceitual desses nexos bastante intricados ainda é dificultada pelo fato de a palavra "beleza", com a qual com muita frequência se quer caracterizar o estético, estar entre as expressões mais polissêmicas da linguagem e da terminologia. Thomas Mann analisa ironicamente esse conceito na lenda de José e descobre que seu significado abrange desde o academicismo enfadonho até a atração sexual. "Quanta fraude, quanta farsa, quanto embuste existe no campo do belo! E por quê? Porque é ao mesmo tempo e de uma só vez o campo do amor e do desejo; porque o sexo se imiscui e determina o conceito de beleza."[71] Assim, Thomas Mann desmembra esse conceito, sem fazer referência à sua polissemia espaçotemporal. Porém, esta varia extraordinariamente em termos biológicos entre os animais e em termos biológicos e sociais entre os humanos. Por mais que quisesse demonstrar a afinidade entre o senso animal e o senso humano para o belo, Darwin, como o pesquisador honesto e consciencioso que foi, cita exemplos em massa que provam exatamente o oposto. Chega a ser comovente ler como ele ocasionalmente fica indignado com o "mau gosto" de certos pássaros para os sons e as cores que têm efeito sexualmente atrativo entre eles[72]. Ou como fala de determinados odores, que na época do cio exercem efeitos parecidos. E acrescenta em tom de desculpa: "Quanto a esse ponto, não devemos julgar por nosso gosto"[73]. Portanto, aplicar categorias estéticas ao que, na vida sexual dos animais, se converte em característica sexual secundária certamente é de fato algo mais ou menos contingente.

Porém, não é possível erradicar esse fator de contingência do desenvolvimento, determinado histórica e socialmente da humanidade. Por essa razão, não há como tratar aqui de antemão – descartando arbitrariamente todos os acasos socialmente necessários para o estético – o adornar-se como categoria estética. Isso seria, antes, uma recaída na concepção do estético como um princípio apriorístico ou antropológico que pertence "eternamente" ao homem. É o que

---

[71] Thomas Mann, *Gesammelte Werke in zwölf Bänden*. v. 3: *Joseph und seine Brüder. Der junge Joseph* (Berlim, [Aufbau,] 1955), p. 392 [ed. bras.: *José e seus irmãos*, trad. Agenor Soares de Moura, 2.ed., Rio de Janeiro, Nova Fronteira, 2000, 3 v.].

[72] Charles Darwin, *Gesammelte Werke*, v. 4 (Stuttgart, [Schweizerbart,] 1881), p. 55.

[73] Ibidem, p. 261.

faz, por exemplo, Scheltema, que parte de pressupostos ideológicos diametralmente opostos aos de Darwin e, de antemão, concebe o adorno corporal como estético e até mesmo como esteticamente bastante complexo e de alto nível:

> Não pode haver dúvida de que essas formas de adorno são, ao mesmo tempo, puras formas de arte. Pois esse adorno, por exemplo, um colar de conchas, não só foi percebido com plena consciência como "belo" como a sequência de elementos do mesmo tamanho, que não se encontram assim na natureza, não só é puro produto da fantasia, mas justamente como adorno do pescoço esse colar de conchas só se torna compreensível pelo fato de indicar uma forma dada, objetiva, mais precisamente a do corpo humano, como pura forma, isto é, pelo fato de interpretá-la artisticamente. O colar só adquire sua beleza significativa como adorno pelo fato de o rodado dos elementos que o compõem destacar a base do pescoço e simultaneamente acompanhar a forma regularmente arredondada do pescoço.[74]

Certamente trata-se aí de uma modernização ou, pelo menos, de uma projeção dos sentimentos e das compreensões de estágios muito posteriores do desenvolvimento para dentro do estágio inicial. E isso para não mencionar o fato de que Scheltema omite a tatuagem, que com certeza é mais antiga, e começa logo com um adorno que, em consequência da autonomia do objeto, permite certo distanciamento em relação à existência biologicamente dada do homem e, portanto, contém possibilidades bem mais pronunciadas de separação entre o estético e o meramente útil e agradável, o que não é possível para a tatuagem e outras formas originárias de adorno feito no corpo. Por isso, nesse caso, a contingência de que algo possa ser visto como estético em nosso sentido é quase tão efetiva quanto na beleza natural dos animais. Sem entrar em detalhes etnográficos, basta apontar aqui os dentes limados e os pés artificialmente atrofiados para obter clareza quanto à contingência do "belo" reinante nesse caso.

A polissemia desse conceito mostra-se aqui com toda a nitidez. Pois, de acordo com seu sentido imediato, e extremamente difuso, teríamos sem dúvida de designar como "belo" tudo o que foi enumerado há pouco. Tal imediaticidade não nos dá nenhum direito de contrapor valorativamente nosso conceito de "beleza" ao do selvagem e descartar com desdém a concepção própria deste sobre o que ele produziu. Pelo contrário, deveríamos dizer: cada "beleza" é determinada pelo estado dado do desenvolvimento social e é, portanto, para

---

[74] Frederik Adama van Scheltema, *Die Kunst der Vorzeit*, cit., p. 54-5.

usarmos a expressão de Ranke, tão imediata a Deus quanto qualquer outra; e não haveria critério segundo o qual ela pudesse ser avaliada como positiva ou negativa. O fato de, no decorrer da história, as estéticas baseadas no conceito de "beleza" terem incorrido não em um relativismo histórico ilimitado, mas, pelo contrário, em um dogmatismo supra-histórico, constitui um indício renovado da polissemia insuperável desse conceito, caso se queira preservar sua abrangência na vida cotidiana e, ainda assim, identificá-lo com o princípio do estético.

Essa duplicidade, esse caráter difuso do conceito de beleza, que é capaz de fomentar tanto um relativismo quanto um dogmatismo, constitui um obstáculo sério para um desvelar filosófico da gênese histórica do estético também nesses campos específicos. Por essa razão, devemos também nesse ponto recorrer ao nosso método marxiano, já comprovado em casos anteriores, segundo o qual a anatomia do homem fornece uma chave para a anatomia do macaco; portanto, também nesse caso, a gênese deverá ser encontrada mediante um tatear retroativo a partir de desenvolvimentos posteriores. Analisando desse modo o processo em que o estético se desvincula da prática cotidiana, vemos também aqui uma linha que conduz do mero imediatamente útil ao agradável mediado ou produzido por ele; quase tudo o que é designado "beleza" desde Darwin até Scheltema figura nessa rubrica. Só nesse estágio o estético começa a se desenvolver como princípio autônomo; só a partir daí a descomunal quantidade de produtos úteis e agradáveis do início pode ser verificada segundo os fatores nos quais se torna perceptível uma intenção para o estético mais ou menos clara, mais ou menos nítida. Nenhuma hipótese unitária – antropológica, psicológica ou biológica – possibilita tais constatações em casos concretos, que, aliás, escapam à tarefa que nos propusemos aqui. Essas intenções podem ter concretamente os mais diferentes ensejos para se desencadearem. Elas trazem em si irrevogavelmente o selo de certa contingência, como vimos anteriormente no caso do surgimento das ferramentas a partir do ato de juntar e mais tarde guardar pedras apropriadas, e também em Marx, a propósito do surgimento do valor a partir dos atos de troca, que no início eram contingentes. Desse ponto de vista, surge a seguinte sequência: adorno corporal "cosmético" – objetos de adorno (encontrados prontos ou confeccionados) aplicados ao corpo humano – adorno de instrumentos. Está claro que, nessa sequência, é forçoso que aumentem constantemente as chances de transformação daquilo que casualmente tem intenção estética em verdadeira intenção de arte e em sua consumação. Em relação a isso, naturalmente devemos observar que, como já dissemos, a ligação do estético com o útil e o agradável nesse campo só poderá ser desfeita em casos-limite (sendo o caso mais claro o da ornamentística aplicado arquitetonicamente) {p. 434 e seg.}.

Portanto, assim que o adorno, por mais primitivo que seja, passa a ser confeccionado pelo próprio homem, cessa toda a analogia com o animal e assume seu lugar de direito o elemento especificamente humano, o trabalho. Carecemos de dados confiáveis sobre o modo como esse novo tipo de adorno surge do trabalho, e devem necessariamente faltar esses dados porque a documentação dos primórdios e das transições se perdeu quase inteiramente. Porém, parece-nos indubitável que, em termos causais e genéticos, ele surja do desenvolvimento da técnica do trabalho. Anteriormente, em outro contexto {p. 349}, apontamos, recorrendo a Boas, que, no caso dos trabalhos muito primitivos de talhar e polir da Idade da Pedra, o desenvolvimento da própria técnica produz paralelismos, regularidades etc. Semper aponta fenômenos [*Erscheinungen*] semelhantes no que se refere à técnica têxtil primitiva. Está claro, portanto, que, em tais casos, só se pode falar dos pressupostos técnicos da ornamentística, não dela mesma. Por isso, a polêmica de Riegl contra a escola de Semper, que a seu tempo levantou muita poeira, é em grande parte ociosa e escolástica. É ociosa porque o grande progresso técnico jamais poderá produzir mais do que pressupostos objetivos e subjetivos do artístico. (Não precisamos retornar aqui extensamente aos seus fatores, como a conquista do ócio, o domínio do material e das ferramentas, a capacidade de realizar cabalmente o planejado etc.) É escolástica porque a "vontade artística" disparada por Riegl nada explica, mas apenas acrescenta um substantivo hipostasiador ao fato de que, no decorrer do tempo, surgiu uma ornamentística artística.

Reiteramos: no plano histórico, o processo de surgimento certamente é mediado pelas mais variadas contingências. Nossos exemplos mostraram como relações contingentes produziram por aumento quantitativo uma forma qualitativamente nova. Porém, mesmo que possamos supor com grande probabilidade um processo semelhante para a gênese histórica da ornamentística, isso não responde satisfatoriamente a nossa pergunta filosófica sobre como e por que esse processo se converteu em um tipo especial de atividade estética. É fato que as contingências possuem uma dialética peculiar no desenvolvimento social. Há contingências e contingências; há as que estão objetivamente vinculadas às tendências objetivas de crescimento de determinada etapa, cuja "contingência" sinaliza já em sua primeira ocorrência o início de algo novo, na maioria das vezes sem despertar no homem uma consciência concomitante do novo, e esta se desenvolve de modo lento, gradativo e com frequência muito heterogêneo; paralelamente à conversão dessa contingência em uma realidade ou até mesmo em uma necessidade que se torna socialmente universal, ela se desdobra em uma consciência mais ou menos adequada. Porém, ao lado disso, há, em todo desenvolvimento social, contingências em sentido mais estrito: elas permanecem forçosamente esporádicas, extinguem-se e raramente alcançam uma disseminação social, mesmo que efêmera. Está claro que, sem tal concepção da contingência, todo desenvolvimento social teria de adquirir um caráter mistificador. Está claro igualmente que só podemos falar do primeiro tipo de contingência; porém, também nesse caso, vale a ressalva de que nem mesmo a mais correta gênese histórica é capaz de fornecer uma explicação filosófica para o modo estético de ser de seus produtos, necessariamente reconhecidos como tais.

Desse modo, retornamos ao problema já tangenciado da desvinculação do estético em relação ao útil e agradável, na medida em que ele não está totalmente integrado à realidade cotidiana. Já indicamos que essa desvinculação exibe as mais variadas transições entre as diferenças de grau que já se consolidam em diferenças qualitativas. Agora que não estamos mais lidando meramente com um elemento formal abstrato, mas com a cristalização desses elementos em uma unidade estética, já podemos apontar a importância estética dessas diversidades. O que importa a esse respeito é que papel o objeto ornamentalmente decorado adquire na vida dos homens. Ocorre nesse ponto um distanciamento da qualidade, dependendo de o ornamento adornar um objeto individual de uso cotidiano ou converter-se em elemento decorativo da arquitetura, isto é, da vida pública. Essa diferenciação estética igualmente tem uma base histórica. O adornar de instrumentos é incomparavelmente mais antigo do que o adornar na arquitetura, cujos primórdios, de acordo com Engels, só podem ser constatados no estágio superior da barbárie; no início a arquitetura não passava de uma construção com utilidade[75]. Hoernes, que faz essa última constatação, adverte com razão para o perigo de projetar na própria coisa o efeito emocional que certos resquícios dessa arquitetura exercem sobre nós agora, dependendo de circunstâncias que nada têm a ver com as antigas[76]. Essa tendência aparece

[75] Friedrich Engels, *Der Ursprung der Familie*, cit., p. 9; MEW, v. 21, p. 34 [ed. bras.: *A origem da família, da propriedade privada e do Estado*, cit., p. 35].

[76] Moritz Hoernes, *Urgeschichte der bildenden Kunst*, cit., p. 83.

com especial nitidez em Scheltema[77]. Ele tenta transformar o princípio estético em algo "eterno" com a ajuda de uma modernização dos estados de ânimo.

No entanto, por trás desse fato oculta-se um problema estético real que escapa a Hoernes, qual seja – e isso se refere muito mais ao adorno dos instrumentos do que à própria arquitetura –, nos ornamentos que chegaram até nós, o processo de desvinculação da utilidade já se consumou pelo tempo entrementes decorrido, pelo fato de tais instrumentos terem sido arrancados do contexto vital real ao qual pertenciam no período de seu surgimento e uso. Portanto, a impressão que surge no receptor atual contém uma exata inversão do originário. Neste, a apropriação para o uso imediato constituía o principal, enquanto o efeito estético era algo contingente ou acessório; naquele, a utilidade passa para o segundo plano – com frequência ela tem de ser penosamente reconstruída a partir de figurações da forma – ou desempenha um papel de suporte ou reforço da evocação estética, na medida em que a utilidade prática atua como algo que se converteu em forma de efeito visual, como elemento do estético. Dificilmente os instrumentos antigos conseguiriam provocar esse efeito em sua origem.

Entretanto, essa confrontação é instrutiva não apenas como exortação para se evitar tomar impressões atuais como base de uma "vontade artística" de épocas passadas, mas o é também direta e positivamente. Pois, quando usada com as necessárias precauções, ela indica algo da direção que o processo originário tomou no decorrer da desvinculação entre o esteticamente evocador e o sentimento de conforto do emprego útil. A utilidade nunca desaparece totalmente da vivência evocada, mas apenas desvanece em uma utilidade geral e, com isso, em um pano de fundo e uma base[78]. O grau na proporção desses dois componentes da vivência tende, por sua natureza, a ser mais forte para o útil no período de seu uso imediato, enquanto o oposto pressupõe um ócio relativamente bem constituído e, por meio dele, uma distância relativamente grande até a própria atividade real, de modo que talvez não tenham ocorrido vivências estéticas reais nos estágios iniciais ou, em todo caso, o tenham apenas escassamente, excepcionalmente, "contingencialmente" (no sentido anteriormente determinado). A contradição que surge aqui, a saber, que atividades que não são feitas com intenção estética consciente, e cujo efeito

[77] Frederik Adama van Scheltema, *Die Kunst der Vorzeit*, cit., p. 54-5.

[78] Está claro que esse tipo de distanciamento não pode ocorrer no caso do adorno corporal imediato, mas apenas no caso daquele que existe independentemente do corpo humano.

originariamente não era preponderantemente de caráter estético, podem, não obstante, produzir formações estéticas, mostra-se, após um exame mais detido, uma contradição apenas aparente. Ou, melhor dizendo, como modo fenomênico da contradição fundamental da prática humana em geral, a saber, como manifestação da estrutura do agir humano que designamos no mote deste livro, com as seguintes palavras de Marx: "Eles não sabem disso, mas o fazem". A desvinculação objetiva do estético em relação ao meramente útil e, por isso, agradável pode efetuar-se, portanto, sem despertar imediatamente vivências estéticas no produtor e no receptor.

Precisamente nesse sentido a diferenciação que fizemos entre o adorno de instrumentos e o emprego decorativo da ornamentística na arquitetura {p. 462} adquire grande importância, pois nesta o processo de separação já está fundamentalmente consumado. É que, como explicitaremos mais adiante, a arquitetura já não é algo carente de mundo. A configuração, decisiva para ela, de um espaço próprio interno e externo, que não está dado desse modo na natureza, ou seja, um espaço que o homem cria de acordo com as suas necessidades materiais e psíquicas surgidas histórica e socialmente, em cuja intenção criativa e em cujo efeito pretendido já está contida de modo imanente a evocação da vivência, tem, em seu modo específico, a tendência de produzir um "mundo" adequado ao homem. Desse modo, efetuou-se objetivamente a desvinculação e o distanciamento em relação à cotidianidade, mesmo que a ideologia consciente da produção e da recepção ainda seja mágica ou religiosa. Pois nesse ponto a arquitetura também visa à evocação, embora não obviamente com orientação estética; ela também se distancia da cotidianidade, e de modo até mais notório e flagrante do que as demais artes; portanto, ela pode efetuar essa desvinculação em relação à cotidianidade de um modo objetivamente muito diferente do adorno de instrumentos sem mundo. Dessas poucas observações já se depreende que, desse modo, o estético ainda não se encontra constituído de modo autônomo. Trataremos em detalhes de sua desvinculação dessa comunhão com a magia e a religião no último capítulo da Parte I {cap. 16}. Ali se mostrará que essa desvinculação até exige uma luta ideológica – mais ou menos consciente –, no entanto é de um caráter qualitativamente diferente do que está inserido na prática cotidiana.

Aqui deslocamos o surgimento da arquitetura para o período mágico-religioso, talvez simplificando um pouco as coisas. Essa simplificação tem sua razão de ser, na medida em que as primeiras realizações estéticas autênticas da arquitetura serviram aos propósitos da magia ou da religião. Embora existissem também edifícios seculares (castelos, palácios etc.), no início, por um lado, também o poder esteve solidamente fundado na magia e na religião, o que tinha forçosamente de influenciar de maneira correspondente o modo de ser de suas exteriorizações artísticas e, por outro lado, tratou-se também nesse caso de edifícios públicos, cuja forma – também como elemento de "uso" – de antemão igualmente implicou fatores importantes do ideologicamente atuante, do evocativo (expressão do poder irresistível, imponência pela monumentalidade). Do ponto de vista estético, a transição da edificação para fins privados de moradia é resultado de um desenvolvimento muito posterior.

O emprego da ornamentística na arquitetura e, portanto, em uma arte que, por sua essência, não é sem mundo, não anula sua falta de mundo, quando a analisamos em seu ser-em-si-para-si; pelo contrário, justamente essa combinação põe em evidência a sua peculiaridade. Nela, o princípio do adorno adquire a mais adequada de suas figuras: ele não é mais um ingrediente do emprego útil na vida cotidiana; pelo contrário, nesse contexto, pode vigorar, sem nenhuma distração, o puro prazer causado pelo adorno, sua função embelezadora da vida humana, suscitadora de alegria. Há, portanto, uma sequência estética que sai do adorno corporal, passa pelo adorno da ferramenta e chega ao ponto em que agora estamos, justamente como distanciamento em relação à prática cotidiana. Essa fatualidade não é modificada pelo fato de que o papel desempenhado pela ornamentística é também de serviço, isto é, dar suporte à organização do espaço feita pela arquitetura, destacar ainda mais a distribuição das superfícies por meio de configurações decorativas das partes, acentuar e tornar mais vívidos pontos nodais da estrutura etc. Pode-se até dizer que precisamente a falta de mundo da ornamentística exige de dentro para fora uma subsunção desse tipo a uma arte figurativa para poder desdobrar de modo límpido e completo a essência estética que lhe é própria.

Portanto, acreditamos que não é inapropriado analisar exatamente nesse ponto os princípios estéticos da ornamentística; quando se faz isso, a aplicação aos demais campos aludidos anteriormente resulta sem mais por si mesma, com a divergência, que não é decisiva nesse ponto, de que ornamentos sem mundo também podem ornar objetos que são em si mesmos sem mundo. Como já mencionado, partimos das formas geométricas e as incluímos tão amplamente que os ornamentos vegetais e animais, que aparecem principalmente mais tarde, permanecem atribuídos ao conceito geral de geométrico.

Pois, também nesses casos, o elemento dominante permanece – em última análise – um sistema geometricamente regulado de linhas, não importando se é composto apenas de retas ou se contém também ângulos e curvas, nas quais plantas, animais e até mesmo homens não são figurados em suas condições próprias da existência, mas são inseridos em um contexto linear (ou linear matizado) de ritmos, proporções, simetrias, correspondências etc., no qual sua figura, seus movimentos etc. se convertem em simples componente, em simples fator da unidade que surge da disposição geométrica. Nesse caso, não é determinante que, quanto ao surgimento histórico em particular, a figura [*Figur*] geométrica constitua uma "abreviatura" de um objeto da vida ou que a ela seja anexado posteriormente esse significado alegórico; as duas coisas podem ocorrer cada uma em um caso, mas não atingem a questão básica, para a qual nos voltamos agora: por que proporções geométricas geram uma fruição estética? Por que possuem um poder de evocar sentimentos? (Ao final dessas análises, retomaremos em especial a necessária relação entre alegoria e ornamentística {p. 472 e seg.}.)

É compreensível que se tenha procurado no aspecto geométrico a resposta a essa pergunta, embora, como veremos, as forças estéticas aqui atuantes bem cedo ultrapassem o meramente geométrico e ultrapassem o antagonismo aparentemente rígido entre inorgânico e orgânico, na medida em que a simples ornamentística, que como tal é a forma mais pura do adornar isento de mundo, se converte no universalmente decorativo, em um dos princípios de construção do estético em geral. Nesse caso, contudo, o geométrico ornamental é muito mais do que um simples estágio histórico prévio. As bases teóricas dos estágios posteriores, mais desenvolvidos, manifestam sua essência fundamental já aqui, de modo que o abandono do geométrico se torna não só imediatamente compreensível mas também esteticamente correto. Ernst Fischer formula o problema no sentido adequado ao constatar que:

> no *ornamento*, nós refletimos a legalidade do inorgânico e, desse modo, a *beleza do inorgânico*. O ornamento é aquela forma admirável em que só se opera com vetores, com distanciamentos uniformes. [...] Essa ornamentística evidentemente precedeu a *matemática visual* e as cifras, do mesmo modo que a escrita pictórica precedeu as letras; em certo sentido, ela parece matemática que se tornou arte.[79]

[79] Ernst Fischer, *Kunst und Menschheit*, cit., p. 179.

Fischer busca aqui – com uma justificativa ampla, ainda que relativa – um reflexo da "ordem" da natureza em nossa consciência, que em geral aspira a refletir a ordem na sociedade[80]. Ele elege aqui, a nosso ver corretamente, o princípio da ordem como o essencial da sensação estética de prazer provocada pela ornamentística e, em total consonância com nossas exposições anteriores, aponta o papel que o ritmo desempenha para os homens "promovendo o trabalho e promovendo a vida". O que torna um tanto abstratas suas exposições extremamente interessantes é a confrontação um tanto brusca demais entre o orgânico e o inorgânico, de um lado, e a natureza e a sociedade, de outro. O domínio do inorgânico, da natureza, pelo homem não só é um processo social – Fischer enuncia isso de modo tão resoluto como o fazemos nestas análises – mas também está inseparavelmente ligado ao desenvolvimento do homem dessa sociedade, ao metabolismo entre sociedade e natureza. O jovem Marx expressa essa fatualidade de modo extraordinariamente plástico:

> Assim como plantas, animais, pedras, ar, luz etc. formam teoricamente uma parte da consciência humana, em parte como objetos da ciência natural, em parte como objetos da arte – sua natureza inorgânica, meios de vida espirituais, que ele tem de preparar prioritariamente para a fruição e para a digestão –, formam também praticamente uma parte da vida humana e da atividade humana. [...] A natureza é o *corpo inorgânico* do homem, a saber, a natureza enquanto ela mesma não é corpo humano.[81]

Em que se baseiam, então, o modo de ser e o efeito precoces, prematuros, ricos e, não obstante, sem mundo da ornamentística? Acreditamos que esse fenômeno advenha de {uma} lei básica do desenvolvimento sociocultural, da particularidade condicionada por ele do reflexo da realidade, mais precisamente tanto na ciência quanto na arte. No prefácio à *Fenomenologia do espírito*, Hegel foi o primeiro a fazer uma descrição filosoficamente exata desse fenômeno. Seu ponto de partida é que essa obra sua deve prover a expressão conceitual para um novo estado de mundo e, em conexão com isso, ele quer determinar precisamente, em termos tanto objetivos quanto subjetivos, as marcas específicas da essência do aparecimento do novo na história. Ora, seu ponto de partida é que esse novo, do mesmo modo que "a criança recém-nascida",

---

[80] Ibidem, p. 179-80.

[81] Karl Marx, *Ökonomisch-philosophische Manuskripte*, em MEGA, v. I/3, p. 87; MEW v. 1, p. 515-6 [ed. bras.: *Manuscritos econômico-filosóficos*, cit., p. 84].

não pode ter "uma efetividade acabada". Naturalmente o novo é produto de múltiplas determinações e tendências que, muito antes de seu aparecimento claro, estiveram em ação no seio do velho mundo, mas, quando passa a advir figura, ele "é o todo, que retornou a si mesmo de sua sucessão e de sua extensão; é o conceito que-veio-a-ser *conceito simples* do todo"[82]. Por isso, o reflexo dessa fatualidade histórica na consciência humana possui necessariamente um caráter abstrato, esotérico.

Na *Lógica*, Hegel retorna ao mesmo problema – desta vez puramente do ponto de vista do conhecimento –, mas já não visa tanto a forma do historicamente novo quanto o início do domínio da realidade pelo pensamento. Esse início é o universal. Hegel detalha:

> Quando na realidade, seja a da natureza, seja a do espírito, a particularidade concreta é dada como primeira coisa ao conhecer subjetivo, natural, é preciso que, em contrapartida, no conhecer – que é um compreender pelo menos na medida em que tem por base a forma do conceito –, o *simples*, o *expelido* do concreto, seja a primeira coisa, porque só nessa forma o objeto possui a forma do universal que a ele se refere e a forma do imediato correspondente ao conceito.[83]

Ele polemiza contra aqueles que, nesse ponto, apelam para a intuição, pois o processo que ele descreve já incorporou seu ponto de vista e o ultrapassou em termos de pensamento. E do ponto de vista subjetivo resulta a mesma situação: "Quando se pergunta apenas pela *facilidade*, de qualquer modo fica automaticamente claro que, para o conhecer, é mais fácil captar a determinação abstrata simples do pensamento do que o concreto, que consiste numa vinculação múltipla de tais determinações do pensamento e de suas relações"[84]. Hegel também chama a atenção para o fato – o que já tem relação imediata com nosso problema – de que a geometria não começa com a forma concreta do espaço, mas com os elementos e as formas mais simples, com o ponto, a linha, o triângulo, o círculo etc.

Ora, é igualmente um fato bem conhecido que, por um lado, a geometria foi a primeira atividade científica do homem primitivo, a primeira aplicação da ciência à prática (muito antes de sua constituição como conhecimento sis-

---

[82] Georg Wilhelm Friedrich Hegel, *Phänomenologie des Geistes*, em HSWG, v. 2, p. 18-9 [ed. bras.: *Fenomenologia do espírito*, cit., p. 30.]

[83] Idem, *Wissenschaft der Logik*, Parte II, em HSWG, v. 5, p. 297.

[84] Ibidem, p. 298.

tematizado) e, por outro lado, a ornamentística geométrica teve seu primeiro florescimento no mesmo período em que surgiu e se disseminou a agricultura. Naturalmente as duas tendências estão interligadas da maneira mais estreita possível. Hambidge mostra, por exemplo, que o ângulo reto aparece pela primeira vez na agrimensura e depois é transposto para a construção de templos etc.[85] Esperamos que não seja necessário provar em particular que esse primeiro domínio mental consciente da realidade, que, do ponto de vista do desenvolvimento da humanidade, tem uma importância mais duradoura do que todas as conquistas artísticas bem mais deslumbrantes da era da caça (inclusive sob condições especialmente favoráveis, como no sul da França), possui um caráter abstrato, no sentido hegeliano anteriormente indicado. Contudo, essa abstratividade adquire um *páthos* especial sob as condições de sua apreensão inicial: o homem primitivo vivia em um ambiente que, em grande medida, não era dominado por ele; apenas um minúsculo cantinho era iluminado pela luz de um conhecimento verdadeiro. O fato de, no início, esse conhecimento ter sido interpretado em termos mágicos e, mais tarde, também em termos religiosos ou míticos não o coloca no mesmo nível de um pseudoconhecimento mágico.

Também nesse ponto só podemos tirar conclusões a respeito do desenvolvimento anterior a partir do desenvolvimento posterior; tenhamos presente o *páthos* do verdadeiro conhecimento que durante milênios se vinculou quase exclusivamente à matemática ou à geometria: essa linha se estende de Pitágoras e Platão até o novo alfabeto da natureza de Galileu e o "*more geometrico*" de Espinosa. Trata-se do ponto de partida – primeiro – abstrato para o verdadeiro conhecimento, bem no sentido de Hegel, em um estágio ainda absolutamente não desenvolvido, não concreto. Contudo, exatamente nesse caráter abstrato ele unifica a exatidão absoluta – de outro modo inatingível – do conhecimento da realidade objetiva com uma intuitividade visual evidente para os sentidos, de fácil apreensão. É nisso que devemos buscar a causa de, na atividade artística incipiente – que, como vimos, ainda não se havia constituído com autonomia –, o *páthos* estético-ideológico, ansiando irresistivelmente por expressar-se, ter avançado na direção da ornamentística geométrica. Essa unidade de um conhecimento seguro e exato – que pôde ser alcançado já em um estágio primitivo – com uma intuitividade sensível – que faz sentido de modo imediato – conecta o que aqui foi conquistado, com base em toda a ciência e a arte, com

[85] Jay Hambidge, *Dynamic Symmetry* (Yale, [The University Press,] 1920), p. 7-8.

o trabalho, e esse duplo caráter indivisível de exatidão conceitual abstrata e evidência sensível imediata cria, justamente nesse caráter abstrato e em consequência dele, a possibilidade de alçar as formações criadas desse modo acima da multiplicidade heterogênea da prática cotidiana e, em relação a esta última, conferir-lhes a distância e a peculiaridade que lhes permitem tornar-se obras de arte autônomas. (Já indicamos que se trata de um largo processo.)

Recordemos agora o que Hegel disse, por ocasião da análise lógica desse complexo, sobre a facilidade de apercepção da abstração. Aqui a abstração analisada por Hegel se transporta para o plano do sensivelmente intuitivo, mais precisamente não como retorno a uma imediaticidade sensível pré-conceitual da simples percepção – Hegel se precaveu contra isso na mesma passagem –, mas de tal modo que as determinações do pensamento estejam inteiramente contidas nessa imediaticidade sensível. A possibilidade de que o construir possa valer como prova geométrico-científica mostra que aqui a aparência sensível imediata expressa adequadamente a essência (aquilo que Hegel chama de conceito) e, de certo modo, aproxima-se tanto dele que se pode falar de sua unidade imediata, da expressão imediata da essência pela aparência. Só em um estágio bem mais desenvolvido se analisa filosoficamente o caráter sensível, só então a atenção se volta para a "adimensionalidade" dos elementos da geometria (ponto etc.); assim já o faz Platão. Nesse momento, o caráter desantropomorfizador da intuitividade geométrica torna-se consciente, e a separação entre reflexo científico e reflexo artístico consuma-se também nesse campo. É claro que, em si mesma, essa dualidade está presente desde o início, mas isso não muda em nada aquela vinculação originária que se conservou por muito tempo em termos de sentimento e da qual falamos até agora.

A facilidade da apercepção, da visão geral da totalidade e da captação dos detalhes já tem, portanto, um caráter puramente estético: o de um reflexo da realidade objetiva, cuja intenção, no entanto, vai além da transformação mais adequada possível do em-si em para-nós. Essa transformação precisa estar contida no reflexo; não há como repetir de modo suficientemente resoluto que ciência e arte refletem a mesma realidade. Porém, como já expusemos, surge no reflexo estético uma imagem do mundo na qual a referência ao homem forma o princípio irrevogavelmente fundante e que, justamente por isso, torna essa referencialidade diretamente vivenciável mediante um efeito evocativo. Esse aspecto comum com o trabalho e a ciência e, concomitantemente, a distinção clara em relação a eles estão presentes na ornamentística geométrica de forma quase palpável. A peculiaridade daquele aspecto da realidade que determina o método da geometria e possibilita seu surgimento precoce como ciência e como arte está na base tanto do aspecto comum quanto da diversidade. A autonomia da arte na investigação e no domínio da realidade pelo homem manifesta-se aqui de modo muito plástico. Por um lado, a ligação com a ciência em consequência do mesmo objeto do reflexo se ratifica no fato de que a ornamentística geométrica antecipa praticamente em milênios, na sua forma acabada real, sobretudo no Egito, os resultados da ciência posterior, baseada na matemática altamente desenvolvida. Weyl demonstra que todos os tipos da variabilidade das relações que daí resultam, que só puderam ser pesquisados e sondados de modo cientificamente exato pela matemática do século XX, já haviam sido representados e realizados <em todos os seus tipos> pela ornamentística egípcia[86]. Por outro lado, porém, essa consonância constitui um conhecimento posterior extraordinariamente importante – em si particularmente para a filosofia da arte –, que revela de modo irrefutavelmente claro a essência do objeto necessariamente comum do reflexo. Contudo, do ponto de vista da arte como arte, ela não passa de um conhecimento posterior, na medida em que não consegue acrescentar nada de imediatamente decisivo à essência estética da ornamentística geométrica. Sua inesgotável variabilidade é a fonte de seu efeito estético e o dito conhecimento não era nem necessário nem historicamente possível naquele tempo para provocar ou vivenciar esse efeito. No entanto, o efeito real contém – no sentido que indicamos repetidamente {p. 391} – a aspiração inconsciente, o sentimento inconsciente de que nela se estabelecia uma ligação de cunho geral com a realidade. Ela tem como base como motor impulsionador da criação e da fruição, a vivência do incipiente domínio do homem sobre a natureza, da ordem incipiente trazida pelo conhecimento prático humano. Porém essa ligação de cunho geral é inteiramente suficiente para explicar a gênese e o modo de ser, justamente porque nele a consonância entre arte e ciência no reflexo correto da realidade aparece de forma tão clara, e porque ela pode ser comprovada de modo objetivamente exato, podendo, todavia, subjetivamente ter apenas fontes "inconscientes", o que igualmente pode ser comprovado de modo exato. Disso resulta o paradigma do "marchar separadas, atacar juntas", próprio da arte e da ciência: no caso do reflexo mais direto e mais total da

---

[86] Hermann Weyl, *Symmetry*, cit., p. 103-4; ver também p. 49-52.

realidade, um reflexo que não é mais sem mundo, essas inter-relações são bem mais complexas. Contudo, sua base é a mesma e, por isso, essa instrutiva relação teve de ser particularmente enfatizada mediante esse caso simples e abstrato. Como vimos, a consequência do caráter simples e abstrato da ornamentística é que aparência e essência parecem coincidir completamente. Essa convergência, que de resto ocorre com extrema raridade de modo tão imediato no objeto do estético, deve-se ao caráter simultaneamente abstrato e sensível da aparência e à abstratividade da essência. Porém esse caráter da essência não pode ser confundido com ausência de conteúdo, como ocorreu em Kant. Com a genialidade do seu olhar filosófico para problemas estéticos, Kant identificou claramente a profunda dualidade da formação estética que estamos estudando aqui, diferenciando a "beleza livre" (*pulchritudo vaga*) da "beleza simplesmente aderente" (*pulchritudo adhaerens*). Contudo o olhar genial é ofuscado pelo idealismo subjetivo, pela incapacidade resultante desse idealismo de reconhecer o papel do reflexo da realidade na estética. Kant tem o propósito justificado de libertar a essência do estético daquela dependência imediata do conhecimento científico-filosófico, como era o caso em Leibniz e sua escola, e de fundamentar filosoficamente sua autonomia. Porém, dado que passa ao largo do fenômeno do reflexo, sem lhe dar atenção, ele só pode fundamentar a essência da "beleza livre" dizendo que ela "não pressupõe um conceito do que... deva ser o objeto"[87]. Por essa razão, enreda-se em contradições insolúveis ao explicar concretamente sua teoria. Por um lado, com frequência ele explica os fenômenos naturais [*Naturerscheinungen*] (flores, pássaros etc.) – que nem sempre emprega corretamente – de um modo quase sofístico; Ernst Fischer, em seu tratado sobre os cristais, derivou com razão o formato destes de leis naturais objetivas e, no âmbito destas, da determinação da forma pelo conteúdo. Por outro lado, quando fala da ornamentística mesma, Kant não só cita exemplos modernos subalternos (papéis de parede, guirlandas etc.) mas também vislumbra neles a pura ausência de conteúdo, em vez dos conteúdos abstratos apontados por nós. (Mais adiante veremos que, pelas mesmas razões, a concepção de "beleza aderente" é ainda mais contraditória.) Portanto a essência abstrata da ornamentística geométrica não é de modo algum sem conteúdo, como pensa Kant; ela não é "sem conceito", mesmo que o conceito tenha sido completamente absorvido pela intuitividade sensível

[87] Immanuel Kant, *Kritik der Urteilskraft*, em KGSA, v. I/5, p. 229 e 225 (§16).

imediata. O fato de não haver um conteúdo objetivo concreto, mas apenas um conteúdo abstrato geral, não produz uma ausência total de conteúdo, mas apenas lhe atribui um caráter extremamente especializado.

Ora, esse tipo particular de conteúdo se expressa sobretudo no fato de formar-se, em torno dessa generalidade abstrata, uma aura de alegoria e esoterismo. O *páthos* que impregna esse modo de exposição como refiguração, elemento ou parte da conquista do mundo pela geometria impõe-se no forte ímpeto de interpretar concretamente o abstrato geral, de reconduzi-lo de sua longinquidade para a realidade concreta. As formas geométricas não estão organicamente vinculadas a nenhuma objetividade concreta da vida real; e, quando na ornamentística aparecem tais formas de objetividade (plantas, animais, homens), elas não podem possuir um ser-assim particular, concreto-sensível, mas têm de representar simples hieróglifos de seu sentido, abreviaturas abstratas de sua existência. Tanto mais porque constitui parte da essência da ornamentística extrair todo objeto trabalhado por ela do nexo de inter-relações de seu ambiente natural e transportá-lo para um contexto que, a partir desse ponto de vista, é artificial. Por essa razão, o teor intelectual de uma formação puramente ornamental só pode ser alegórico, um sentido totalmente transcendente diante das formas concretas sensíveis de manifestação. Uma reconstrução verídica das interpretações esotéricas da ornamentística geométrica que surgem desse modo e que frequentemente são de cunho mágico ou religioso constitui, na maioria dos casos, uma tarefa difícil de resolver para a etnologia, a história da arte etc. Riegl já chamou enfaticamente a atenção para essa dificuldade[88]. Mas, ao fazer isso, escapou-lhe que a verdadeira causa dessa dificuldade reside na essência da própria alegoria, particularmente quando sua interpretação é privilégio de uma casta sacerdotal fechada que protege o mistério. Pois o alegórico se baseia justamente no fato de que, entre o modo de ser sensível e visível dos objetos figurados e seu sentido composicional, que revela a totalidade da obra de arte, não existe nenhum nexo fundado na essência dos próprios objetos. Vista a partir dessa objetividade, toda interpretação alegórica é mais ou menos arbitrária e, com frequência, completamente arbitrária. Por outro lado, em sua forma mágica ou religiosa originária, a interpretação alegórica parte precisamente de que fundamentalmente o conjunto dos fenômenos [*Erscheinungen*] da realidade só consegue expressar a verdade sublime do mágico ou do religioso

[88] Alois Riegl, *Stilfragen*, cit., p. 31.

de modo inadequado; por essa via, a arbitrariedade da interpretação a partir do objeto e, portanto, a partir de "baixo" recebe uma confirmação a partir de "cima". Essa dupla tendência convergente na alegoria é tão forte que se impõe integralmente, inclusive em períodos muito posteriores, quando não existem mais relações abstratas entre aparência e essência. Assim, no cristianismo do primeiro século, narrativas sensíveis tão marcantes quanto as do Antigo e as do Novo Testamento são interpretadas de modo puramente alegórico por Clemente de Alexandria, Orígenes e outros[89].

Naturalmente existe uma diferença qualitativa entre esses dois tipos de alegoria. Enquanto a variedade mencionada por último violenta com sua interpretação alegórica a essência da figuração artística do objeto ou ignora o sentido que lhe é próprio, a essência alegórica da ornamentística geométrica brota organicamente da peculiaridade estética que lhe é própria. O efeito evocador da ornamentística geométrica, associado à sua essência como generalidade abstrata, produz – com base no *páthos* ideológico que move todo esse complexo – a necessidade da interpretação alegórica a partir da vivência imediata. Como decorre sem mais dessa fatualidade, essa interpretação de fato só pode ser arbitrária quanto ao conteúdo, mas justamente por isso ela não acarreta nenhuma violação da essência artística, da prática artística. Boas cita uma grande quantidade de exemplos que mostram como uma mesma figura [*Figur*] geométrica foi interpretada das maneiras o mais diversas e contrárias possível em seu conteúdo alegórico[90]. Pela natureza do objeto, hoje não se podem mais reconstruir os efeitos que essas interpretações tiveram sobre seus contemporâneos. E, no caso de dados etnográficos sobre a vida dos povos primitivos, há dúvidas justificadas sobre serem as interpretações atuais formas muito atenuadas ou até mesmo deformadas das antigas tradições. Scheltema também se expressa em termos inequivocamente claros sobre fatualidades muito similares: "Perdemos tão completamente a compreensão do valor simbólico das formas geométricas simples que com certeza dificilmente poderemos chegar a uma noção correta do significado que o esquema do círculo com centro ressaltado aqui em pauta teve para nossos antepassados mais antigos"[91].

---

[89] Hugo Ball na introdução a Dionísio Areopagita, *Die Hierarchie der Engel und der Kirche* (Munique, [Otto Wilhelm Barth,] 1955), p. 23.

[90] Franz Boas, *Primitive Art*, cit., p. 88 e seg.

[91] Frederik Adama van Scheltema, *Die Kunst der Vorzeit*, cit., p. 59.

Menos ainda se pode derivar e tornar compreensível o atual efeito vívido da ornamentística a partir da mais correta reconstrução da intenção originária. Contudo, isso não exclui de modo algum uma explicação mediada. Pois, como tentamos mostrar, na base dessas tendências originárias de criação encontra-se determinada estrutura objetiva das obras surgidas; e essa estrutura pode continuar determinando por milênios a qualidade dos efeitos duradouros. A relação realmente existente entre aparência e essência, o caráter da essência como uma generalidade abstrata constituem essas bases formais estruturais. Talvez pareça que essa interpretação do efeito artístico de ornamentos – concebidos como alegoria – esteja em contradição com nossa afirmação anterior segundo a qual, na ornamentística, aparência e essência coincidem totalmente. Entretanto, antecipando aspectos que serão expostos concretamente mais adiante, é preciso ponderar que toda alegoria sempre e necessariamente duplica a essência que vem à tona na obra de arte. Pois há, por um lado, uma essência transcendente, alegórica, com conteúdo, que pode ser conceitualmente formulada e para a qual tende a totalidade do que foi artisticamente configurado. Por outro lado – quando realmente se trata de uma obra de arte –, isso não afeta em absoluto a dialética de essência e aparência que ali aparece de modo sensível. Ela pode estar normalmente presente, como no exemplo das narrativas do Antigo e do Novo Testamento, mas também é possível que essa dialética se afirme na configuração sensível concreta de ornamentos geométricos como coincidência completa. Mas nem por isso a ornamentística geométrica – mesmo que seu significado alegórico se tenha perdido irremediavelmente – está despida de todo conteúdo artisticamente relevante. Permanece um teor significativo, que extrai sua riqueza e profundidade das fontes do *páthos* do domínio humano sobre o mundo exterior, da facilidade e da intelectualidade sensíveis da ordem visível igualmente sensível que descrevemos anteriormente. Nisso se expressa uma lei estética geral dos efeitos duradouros. Aqui é preciso antecipar que, também no caso da ornamentística geométrica, na qual a evidência inicial parece indicar convincentemente que o efeito estético possui fundamentos puramente formais, o fundamento real do efeito de fato é condicionado – em última instância – pelo conteúdo. Naturalmente – e isso vale para todos os efeitos estéticos – esses efeitos são mediados e desencadeados no plano imediato pelo respectivo sistema das formas. A unidade de conteúdo e forma na estética, o modo de ser específico da forma artística, a saber, o fato de ela ser sempre a forma de um conteúdo particular e peculiar, ganha expressão exatamente nesse papel imediato de mediação da forma entre a obra e a receptividade, no fato de o receptor ser tocado imediatamente por efeitos formais, mas em sua vivência eles se converterem de imediato em conteúdos, de modo que ele se crê submetido a efeitos de conteúdo.

É impossível tratarmos aqui das complexas inter-relações entre conteúdo e forma que se tornam atuantes durante o destino histórico de uma obra, de um gênero, de uma arte etc.; só um ponto deve ser mencionado brevemente, a saber, que no âmbito do efeito da ornamentística geométrica, que aparenta ser puramente formal, se irradiam, precisamente da generalidade abstrata da essência apresentada, de um modo ao mesmo tempo sensível e abstrato-intelectual do mundo fenomênico existente, ininterruptamente efeitos de conteúdo, em consequência de suas interações dialéticas. Como mostramos, é impossível que esses efeitos de conteúdo sejam idênticos aos autóctones, porque o significado alegórico não pode mais ser decifrado e, mesmo que pudesse, ele já não poderia mais nos dizer nada em termos de evocação artística. Já apontamos o teor sentimental mediante a citação da poesia de Stefan George. Porém esse teor sentimental não é tão indeterminado como pode parecer à primeira vista; já falamos sobre seus fundamentos ideológicos. Mesmo que não seja possível fixá-lo concretamente em termos objetivos e de conteúdo – o que faz parte justamente do modo estético de ser da ornamentística –, ele não obstante tem em sua base determinações de forma e conteúdo claramente definidas. (Aqui emerge pela primeira vez, em um estágio extremamente abstrato, um problema muito importante para toda a estética, a saber, a questão de que o conteúdo efetivo da obra de arte, no que se refere a sua objetividade concreta, pode ser extraordinariamente indefinido, passível das mais diversas interpretações, sem que ele seja realmente indefinido – no sentido estético – e mesmo {sem} que tivesse de ser substituído, em termos kantianos, por uma ausência de conteúdo. O fato de essa questão emergir aqui, em conexão com a essência alegórica da ornamentística, não significa nem de longe que ela não possa voltar a surgir, de modo essencialmente modificado, também em estágios mais concretamente desenvolvidos, como é o caso em particular da música {cap. 9, II}, mas não só dela.)

A consequência do caráter abstrato dessas determinações estéticas – que aparecem sensivelmente e apenas despontam na sensibilidade, mas não são superadas nela – é que sua descrição conceitual forçosamente assume um caráter preponderantemente negativo, isto é, só é possível traçar os contornos do positivamente estético partindo de negações. Foi assim na relação entre aparência e essência. É assim no passo seguinte, até a concretização: a ornamentística não tem profundidade. Sabemos que essa palavra tem duplo sentido, mas esperamos conseguir mostrar que, na presente fatualidade estética, ela designa, tanto em sentido literal quanto em sentido metafórico – que adquiriu validade universal pela longa prática histórica –, um aspecto importante da própria coisa. Não é difícil abordar o sentido literal: ser bidimensional faz parte da essência da ornamentística geométrica; exatamente aquela evidência imediata na coincidência de sentido e sensibilidade se perderia com a inclusão da dimensão da profundidade; o triângulo, o círculo etc. podem ser inseparavelmente eles próprios e aspectos parciais de uma superfície decorativo-ornamental, ao passo que a reprodução necessariamente perspectivista de um cubo representa o reflexo de uma objetividade concreta em que o princípio cientificamente ilustrador já diverge bruscamente do princípio artisticamente figurador. Mais adiante veremos que a transição do princípio ornamental para o decorativo está vinculada, no sentido mais amplo possível, a certa tolerância à dimensão de profundidade, e que, nesse processo, ocorre uma luta de contradições, na qual o princípio decorativo tende a conservar, no efeito último de uma superfície, as configurações da terceira dimensão de fato existentes. No ornamento puro, essa contradição conflituosa não está ainda presente. Já indicamos que o uso ornamental de animais ou plantas os priva de sua objetividade real, plena de vida, homogeneíza-os completamente com os elementos geométricos de outras ornamentísticas – as quais, no entanto, lançam mão também de linhas geométricas curvas – e transforma-os em puros ornamentos {p. 465}. Eles também têm aqui meramente uma existência visível geral, ainda que esta seja determinada de modo um pouco mais concreto quanto ao objeto do que a dos ornamentos meramente geométricos; quando o efeito formal é mediado pelo conteúdo, a unidade se converte em um clima de fábula, em contraposição ao da vida.

Questões mais complexas emergem da apreensão ampliada, metafórica da profundidade. Entretanto, nossas últimas observações nos conduziram às imediações de uma solução, pois a redução de seres vivos a contornos ornamentais – o que, como já vimos, está vinculado necessariamente ao fato de que eles não mais sejam refletidos artisticamente em seu ambiente natural e as inter-relações de sua existência com esse seu ambiente sejam tratadas como não existentes – equivale a eliminar os problemas reais de sua vida, os antagonismos reais da vida das formações artisticamente figuradas dessa maneira. Assim – e esse é o ponto relevante – todo negativo no sentido dialético é fundamentalmente eliminado do entorno da figuração ornamental. Porém essa fatualidade privativa já nos confronta clara e concretamente com a verdade da formulação metafórica da profundidade: o que consideramos profundo na arte, independentemente de qual arte se trata? A resposta é evidente: um reflexo da realidade que figura de modo fidedigno a contraditoriedade da vida em todas as suas determinações decisivas, em sua dinâmica plenamente desdobrada. Quanto maior for a tensão de tais contradições concretas trazidas à unidade, tanto mais profunda será a obra de arte. Trata-se de uma maneira correta de falar quando se costuma conferir o predicado da profundidade justamente a artistas que, nesse aspecto, vão inescrupulosamente até as últimas consequências; é o caso de Dante e Rembrandt, Shakespeare e Beethoven. Contudo, uma contradição concreta e dinâmica é impensável sem a consistência na elaboração do negativo. Engels enfatiza com razão – naturalmente para o campo do pensamento filosófico, mas sua constatação se aplica sem esforço também à arte – que Feuerbach é raso em comparação com Hegel, por ficar muito aquém deste em termos de concretude e coerência ao tratar do negativo[92]. Importante para nós nessas análises de Engels é sobretudo que o antagonismo entre profundo e raso está inseparavelmente vinculado ao modo de tratar o negativo na vida da humanidade. Contudo, é igualmente digno de nota – dado que nunca é demais repetir que arte e ciência refletem a mesma realidade – a forte ênfase que Engels dá à concretude histórica e à relatividade do negativo, bem como à importância central deste no desenvolvimento social. Nenhuma arte que queira refletir adequadamente a realidade social concreta pode passar ao largo desse complexo de problemas e escapar da crítica justificada de ser rasa, superficial, e apequenar a realidade. A arquitetura é a única exceção. Contudo, dado que nessa arte – apesar de certas afinidades com a questão ora em pauta –, as razões para isso, por sua essência, colocam-se de outro modo, já porque ela, apesar de não ser apropriada para expressar o negativo, não é sem mundo como a ornamentística, só poderemos tratar a falta do negativo na arquitetura por ocasião de sua análise {cap. 14}.

Ora, a posição especial da ornamentística se baseia no fato de ela se encontrar aquém do dilema da configuração artística que se origina dessa situação.

---

92 Friedrich Engels, *Ludwig Feuerbach und der Ausgang der klassischen Philosophie* (ed., pref. e notas Hermann Duncker, Viena, [Literatur und Politik,] 1927, Marxistische Bibliothek 3), cit., p. 74; MEW, v. 21, p. 287.

A falta de toda e qualquer negatividade não constitui um desviar-se de sua configuração, mas, pelo contrário, uma peculiaridade fundamentalmente necessária desse modo de formação. De modo correspondente, a falta de profundidade que decorre daí por necessidade não equivale a uma tendência à superficialidade ou à pouca profundidade, mas, pelo contrário, expressa um aspecto muito específico da realidade. Já descrevemos os traços principais de sua essência. Agora os componentes de conteúdo dessa dação de forma afloram muito mais claramente do que aconteceu até agora: nesse processo, o já mencionado efeito de fábula adquire, para usar uma expressão de Friedrich Hebbel, o acento de uma beleza anterior à dissonância, o brilho de uma realidade que nunca existiu desse modo como concretude real, que as sagas de quase todos os povos descreveram como idade de ouro, como paraíso perdido. Nisso naturalmente já está contido certo deslocamento da tônica em relação ao *páthos* original, de cunho geométrico, conforme ao conhecimento e conquistador da realidade, na medida em que o aspecto vanguardista deste último adquire o ressaibo de uma harmonia que existiu apenas em um passado remoto. Entretanto, esse antagonismo, que seria irrevogável em toda arte que compõe o real, aqui não passa de um oscilar entre determinações de matiz sentimental variado. Quanto a isso, os dois polos têm uma base comum: o fato de os objetos e seus contextos terem sido alçados para fora da realidade normal, na medida em que, por um lado, perdem seu ambiente natural, enquanto o ato imediatamente privativo lhes confere conexões novas, de resto não existentes, e na medida em que, por outro lado, ambos estão sintonizados entre si na mais completa homogeneidade, e essa ordem – que é contingente na relação com a objetividade real da vida – resulta extremamente regulada em si por uma legalidade. Assim, a ornamentística aparece como a refiguração bem ordenada de um dos aspectos essenciais da realidade, como a abstração sensível e perceptível de uma ordem geral. Em relação à realidade normal, essa ordem adquire uma volatilidade cuja expressão de ânimo são os polos anteriormente indicados, sem perder seu caráter de realidade geral.

Esse caráter volátil, real-irreal, é reforçado ainda mais quando se considera a ornamentística de outro ponto de vista, até agora não tratado, a saber, o de sua materialidade. Anteriormente fizemos alusão à polêmica entre Semper e Riegl em torno do seu surgimento e designamos essa polêmica como escolástica. Pois, por um lado, é historicamente correto dizer que toda ornamentística emerge do trabalho técnico, mas é impossível derivar seus princípios estéticos de modo simples e direto de uma técnica; por outro lado, a "vontade artística" contraposta de modo excludente à gênese técnica é um conceito vazio, não histórico e metafísico que ignora as inter-relações históricas (inclusive com a técnica) e assim hipostasia uma causa inventada e a acrescenta ao resultado final do desenvolvimento real. Na realidade, todo ornamento é a unidade inseparável da mais íntima autenticidade ao material e da mais livre e volátil imaterialidade. A primeira coisa é fácil de compreender. Pois, na mesma medida em que a gênese da ornamentística não pode ser derivada direta e exclusivamente do desenvolvimento da técnica, está claro que a execução de figuras [*Figuren*] geometricamente exatas nos mais diversos materiais (materiais têxteis, cerâmica, pedra, gravura em marfim etc.) pressupõe um estágio superior de domínio do material. Mais precisamente, não só um aperfeiçoamento técnico em geral, mas um cuidado preciso para que as possibilidades a serem convertidas em visualidade do material elaborado se tornem efetivas em cada caso de modo correspondente. Surge, assim, uma nova nuança da técnica, que, no domínio do material, vai qualitativamente além da utilidade prática, sem renunciar a esta e até melhorando-a, descobrindo na constituição do material as possibilidades que têm um efeito ótimo e imediato sobre a visualidade e levando sua produção à perfeição. Essas possibilidades são diferentes para cada material, de modo que a realização da mesma finalidade, a da visualidade geométrica, da plasticidade, da ordem, da precisão etc., requer e produz variadas linhas de desenvolvimento técnico-artístico.

O que chamamos de imaterialidade do efeito contém uma finalidade e uma elaboração que aparentemente são de um tipo diametralmente oposto. E, de fato, há uma contradição dialética real em ação aqui que é fecunda para o desenvolvimento da arte e a faz avançar. Acabamos de tomar conhecimento do componente da materialidade. A imaterialidade está vinculada da maneira mais estreita possível ao caráter geométrico fundamental da ornamentística e à sua essência sem mundo, já abordada no início. A base da contradição está contida já no próprio geométrico, a saber, como contradição entre sua evidência sensível imediata e o conhecimento de que as figuras [*Figuren*] confeccionadas, reproduzidas na realidade, jamais poderão corresponder exatamente às definições matemáticas que lhes são próprias; como vimos, Platão já havia chamado a atenção para esse fato. Para a ciência, a solução é clara: a essência matematicamente formulada é o exclusivamente verdadeiro; a exposição sensível se converte cada vez mais em ilustração – predominantemente pedagógica –, sendo que simplesmente passam por alto as variações necessárias. Na aplicação puramente técnica, todavia, aspira-se a um máximo de aproximação. Na arte, em contraposição, a aparência sensível se converte em forma de manifestação [*Erscheinungsform*] irrevogável da essência; a evidência sensível imediata só se encarrega de que a "ideia" da formação geométrica seja evocativamente despertada; as variações que existem por si sós, tão importantes para a ciência, não são nem sequer consideradas aqui. Porém, justamente por isso, a "idealidade", subtraída da vida real, está imanentemente contida nas formações sensíveis e causa seu modo de ser imaterial, o que faz dela a componente ora em pauta da contradição dialética na estética do ornamento.

Ora, o caráter estético se manifesta no fato de que essa tendência pode estender-se sem dificuldades também aos elementos não mais puramente geométricos da ornamentística (plantas, animais etc.). Pois a essência homogênea e homogeneizadora da ornamentística se concentra precisamente em conferir essa "idealidade" a todos os objetos figurados. Essa idealidade aparece como uma redução visualmente impactante ao mais escassamente necessário na cognoscibilidade simples do respectivo objeto, bem como em seu isolamento em relação a todo ambiente natural. Cada objeto depende puramente de si mesmo, e seus vínculos composicionais não têm fundamentalmente nada a ver com a objetividade que lhe é própria. Está claro que um modo de exposição desse tipo aumenta ainda mais a "idealidade" por si só já existente das formas geométricas. Porém está claro também que essa ênfase conscientemente unilateral no "essencial" das plantas ou dos animais entremeado na composição, que no máximo capta visualmente um traço marcante que chama a atenção, não busca nem sequer tornar visível a essência real como tal e contenta-se com a cognoscibilidade sugestiva imediata e a possível inserção na ordem não representativa do todo, conseguindo apenas reforçar ainda mais o caráter desmaterializador, desobjetificador. Os componentes não geométricos do ornamento são, portanto, pelo menos tão "ideais" quanto os puramente geométricos, ou melhor, surge um ambiente homogêneo dessa "idealidade", dessa desmaterialização.

Como podemos ver, a contradição que anunciamos está realmente presente aqui. O que importa agora é determinar um pouco melhor seu modo de ser. Pois se trata de uma contradição essencialmente diferente de outras semelhantes nas artes visuais. Por exemplo, um quadro, se quiser tornar visível a livre volatilidade de uma figura por meios pictóricos (como na *Madona*

Sistina, na *Assunta* de Ticiano etc.), terá de expressar uma objetividade real (com o peso correspondente), um movimento real etc., de tal maneira que essa tendência em si impossível do movimento adquira uma evidência sensível dentro de um mundo de objetos reais. Trata-se, portanto, de uma contradição que impregna profundamente a constituição objetiva de todo elemento pictórico, que, por essa razão, pertence, no sentido da lógica hegeliana, à dialética da essência, desvelando as contraditoriedades interiores do todo e das partes, da aparência e da essência etc.; trata-se de uma contradição que se origina da vinculação geral de tudo com tudo, que é suscitada e resolvida no âmbito da materialidade figurada pela própria pintura. Na ornamentística, em contraposição, a contradição é superficial quando comparada, por exemplo, com a pintura. Como decorre necessariamente do que foi exposto até agora, os objetos ornamentalmente postos para a intuição não têm materialidade própria; eles possuem simplesmente a materialidade comum a todos no conjunto de uma composição (ou seja, madeira, pedra, marfim etc.) e, em consequência da falta dessa materialidade própria dos objetos, não há como aparecerem as tensões que apontamos em relação à pintura. A mobilidade que se obtém em consequência da composição não conhece nem as dimensões, nem as leis de movimento do mundo real, nem as tendências determinadas por este; não passa de um impulso para o olho do receptor, um impulso que oferece alternâncias rítmicas, uma volatilidade rítmica etc. Portanto, a imaterialidade da ornamentística descrita anteriormente só se encontra em contradição com a materialidade do material (pedra, marfim etc.), com sua elaboração material autêntica, mas não com uma materialidade figurada dos objetos. Por essa razão, a contradição só pode ser superficial, um "passar para outro", o que Hegel designou como característica do estágio mais baixo da dialética, da "esfera do ser" (em contraposição à da essência)[93].

Na esfera estética da ornamentística, essa contradição possui necessariamente um caráter subjetivo, isto é, não o reflexo subjetivo de uma contradição que rege a própria configuração como tal, como nos exemplos citados da pintura, mas uma contradição que surge apenas na recepção da obra, ainda que produzida necessariamente por sua estrutura objetiva. Por essa razão, essa contradição revelada por último pode ser inserida na série das que foram anteriormente expostas. E não só isso: aqui se evidencia pela primeira vez com

---

[93] Georg Wilhelm Friedrich Hegel, *Encyklopädie*, v. 1, em HWF, v. 6, p. 317 (§161, adendo).

toda a clareza que todas essas contradições designam reiteradamente apenas aspectos distintos do mesmo nexo objetivo, concretizando-o por essa via. Assim, a falta de mundo da ornamentística eleva-se para fora do significado negativo, aparentemente apenas privativo, com que se apresentou na primeira vez em que foi mencionada. Ela se mostra agora como uma propriedade perfeitamente positiva e plena de conteúdo dessa arte, como seu modo de ser particular, extremamente variado, interiormente maduro, originador de múltiplas evocações, que não se esgota de modo algum em um sistema abstrato formalista de relações puramente formais, cuja estrutura formal, pelo contrário, nasce do ímpeto de compartilhar conteúdos essenciais, sendo apropriado para evocar artisticamente conteúdos multifacetados. Schiller fez tentativas essenciais, em parte bem-sucedidas, de superar a estética kantiana, mas permaneceu preso a ela em muitos aspectos e, sobretudo, nunca foi capaz de deixar totalmente para trás o princípio da ausência de conteúdo e o estranhamento da matéria próprios da "forma pura"; apesar disso, ele faz no poema "O ideal e a vida" uma descrição sugestiva dessa beleza da obra de arte. Quando relacionada a toda a arte, em especial à arte visual, como quer Schiller, ela é objetivamente equivocada e enganosa. Contudo, proporciona – sem querer – uma descrição poética grandiosa daquilo que expusemos como conteúdo positivo da falta de mundo do ornamento:

> Mas adentrai da beleza a esfera,
> e para trás resta o pesado na poeira
> com o material que ela mesma domina.
> Não é massa com dor arrancada,
> fraca e leve, como originada do nada,
> a visão diante da arrebatadora retina.
> Silenciam todas as batalhas e temores
> na vitória da maior certeza:
> desaparecem agora os espectadores
> da humana pobreza.*

Já no início destas considerações falamos do aperfeiçoamento precoce da ornamentística. Não se trata, nesse caso, meramente de seu surgimento precoce

* Tradução de Tomaz Amorim Izabel. Disponível em: https://traducaoliteraria.wordpress.com/2017/01/03/o-ideal-e-a-vida-de-friedrich-schiller/. O original encontra-se no mesmo local. (N. T.)

ou do fato de que ela, como ressaltamos com base em Weyl, realizou artisticamente, sob circunstâncias favoráveis, todas as variações conceitualmente possíveis milênios antes de o pensamento científico ser capaz de apreendê-las teoricamente; trata-se, antes, de sua posição em relação à realidade, de uma maneira de refleti-la esteticamente, que tem em si os traços específicos dos estágios mais antigos do desenvolvimento humano. Essa concepção ainda é reforçada pela particularidade das contradições dialéticas que estão em sua base e determinam sua peculiaridade. Como vimos, essas contradições se originam subjetivamente das contradições objetivas que costumam aparecer em estágios relativamente baixos da organização interna da matéria; a geometria, que aqui se tornou tão importante, também pertence a esse grupo. Aqui, em outro contexto, torna-se visível o que detalhamos sobre a convergência e a divergência históricas das categorias científicas e estéticas no âmbito do reflexo da mesma realidade. Mostramos, naquela ocasião, que os estágios superiores da desantropomorfização se afastam tanto da apercepção humano-sensível da realidade objetiva que as novas categorias por eles descobertas não podem mais corresponder a nenhuma categoria estética. Em contraposição, lidamos aqui com um dos pontos altos da convergência. Em toda a diversidade por nós indicada das funções que a geometria cumpre nos reflexos científico e estético, há uma concordância tão extraordinária e diretamente plausível entre ambos que jamais poderá ser encontrada em outro elemento formal do reflexo. Também nisso reside um motivo do aperfeiçoamento precoce da ornamentística geométrica. A partir daí explica-se o que anteriormente chamamos de caráter "primitivo" da ornamentística. Pois uma convergência tão íntima entre o reflexo científico e o reflexo estético não poderá retornar em um estágio mais desenvolvido. Nela se expressa uma unidade originária, ancestral, das capacidades humanas, um ainda não existir das diferenciações posteriores. No entanto, trata-se não mais de uma mescla confusa que indica um estar à mercê do ambiente, mas do domínio incipiente sobre ele com toda a sua grandiosa evidência, sua exatidão e sua abstratividade.

As artes figurativas propriamente ditas, que por isso também deixaram para trás a falta de mundo da simples ornamentística, são regidas por contradições dialéticas de ordem superior, por complexos princípios de composição. Ora, dado que o sentimento estético de tempos posteriores se formou, tanto no criador quanto no receptor, por meio desse desenvolvimento das artes, acresce-se aos acentos sentimentais da ornamentística ainda a nuança da primitividade (no sentido esteticamente positivo) como da arte oriunda da infância da humanidade; essa infância deve ser concebida aqui em sentido muito específico, mais marcado do que na interpretação da arte grega por Marx. Portanto, primitividade não significa aqui um estágio não desenvolvido da concepção artística ou mesmo da técnica, como pode ser o caso nos primórdios da arte figurativa. Trata-se, pelo contrário, de um aperfeiçoamento da forma que não poderá mais ser atingido, cuja base é essa unidade de conteúdo e forma que, desse modo, não poderá mais realizar-se sob as complexas condições sociais e psíquicas da era posterior.

Esse também é um efeito que a ornamentística não poderia de modo algum exercer sobre seus contemporâneos e que, no entanto, não é arbitrário, pois provém da relação necessária entre conteúdo e forma da própria ornamentística. Em consequência do desenvolvimento histórico, do lugar nele ocupado pela ornamentística, das modificações históricas nas circunstâncias sociais e de sua influência sobre a arte, a fruição da arte e a receptividade artística, essa nuança especial só entra em cena em um período tardio. Tais deslocamentos no teor sentimental dos efeitos constituem um fenômeno [*Erscheinung*] geral na história da arte; suas causas, sua adequação à essência estética das obras ou sua contingência – relativa – no que diz respeito a essa essência só poderão ser tratadas em detalhes na parte histórico-materialista da estética. Mais adiante retornaremos a certos pressupostos filosóficos ou a certas consequências filosóficas desses deslocamentos. Se, ainda assim, apontamos esse problema aqui, fazemos isso, por um lado, para mostrar quanto a ornamentística, em aparência tão puramente formal, é determinada pelo conteúdo ideológico e, por outro lado, porque, nas últimas décadas, a arte geometrizadora voltou à "moda", porém mediante uma teoria que colocou resolutamente de cabeça para baixo todas as questões históricas e estéticas, mas que, ainda assim, alcançou certa importância como expressão de tendências influentes da decadência moderna. Por essa razão, parece-nos inevitável fazer uma breve abordagem crítica dos pontos de vista dessa concepção de arte.

A obra mais conhecida e mais influente desse tipo é *Abstração e empatia*, de Wilhelm Worringer. Naturalmente não podemos analisar aqui toda a sua visão estética; seja dito apenas de passagem que, com essa contraposição, ele se posiciona de antemão contra o reflexo da realidade pela arte, pois, no caso dele, não é o realismo artístico efetivo que aparece como conceito antagônico à abstração, mas a "empatia" impressionista-subjetivista (Vischer, Lipps etc.).

Em uma passagem importante do livro, Worringer expressa de forma muito clara sua brusca rejeição de todo reflexo da realidade. Ele diz: "As teorias banais da imitação, das quais nossa estética nunca se livrou devido à dependência servil em que todo o nosso conteúdo educativo se encontra de conceitos aristotélicos, cegaram-nos para os valores físicos propriamente ditos, que são ponto de partida e destino de toda a produção artística"[94]. A peculiar posição modernista decadente de Worringer se expressa no fato de ele vislumbrar na "abstração" não só um ponto de partida da atividade artística, o que está certo, mas também a finalidade de toda arte. Assim, em termos de política artística, o livro de Worringer constitui uma antecipação do expressionismo, do qual ele se tornou um defensor mais tarde. Porém, já nesse livro, a dialética de todo o desenvolvimento da arte é reduzida a uma luta entre impressionismo e expressionismo, na qual Worringer se alinha aos ideólogos imperialistas que procuraram "destronar" a Antiguidade e a Renascença para substituí-las pela arte dos povos primitivos, do Oriente, do gótico e do barroco. Apresentamos essa visão geral de Worringer com toda a brevidade possível para tornar compreensível todo o significado de sua teoria da "abstração", que, por sua natureza, se apoia na ornamentística geométrica e constitui uma interpretação histórico-estética desta última.

A base teórica de Worringer é o antagonismo entre o estar em casa no mundo e o temor do mundo; o primeiro fundamenta a empatia, e o segundo, a abstração. O caso típico do primeiro é a Antiguidade clássica, "como uma antropomorfização completamente consumada do mundo"[95]. Em outra passagem, Worringer afirma: "No mundo, o homem estava em casa e se sentia o centro dele"[96]. Ele "se esquece" aqui da minúcia de que justamente os filósofos da Hélade clássica foram, como vimos, os primeiros a lutar de forma consciente pela desantropomorfização do pensamento humano, que a fonte de sua polêmica contra a arte era exatamente esse ponto. É claro que Worringer não se importa com tais minúcias, pois se propõe a grande tarefa de substituir a "intramundanidade (imanência)" superficial da Antiguidade pela "supramundanidade (transcendência)" da outra arte, da verdadeira arte. Contudo, essas são apenas as bases ideológicas gerais; o essencial para Worringer é o que decorre subjetivamente destas.

---

94 Wilhelm Worringer, *Abstraktion und Einfühlung*, cit., p. 168 e (3. ed.) p. 141.

95 Ibidem, p. 169 e (3. ed.) p. 142.

96 Ibidem, p. 133 e (3. ed.) p. 110.

Pois sua contraposição entre homem e mundo é, na verdade, a contraposição entre instinto e entendimento. E Worringer não hesita em tomar sua decisão a favor da visão de mundo "transcendente" no sentido do irracionalismo, da supremacia do "instintivo": "Porém o instinto do homem não é piedade mundana, mas temor. Não o temor físico, mas um temor do espírito. Uma espécie de medo espiritual diante do espaço, da caótica desordem e arbitrariedade do mundo fenomênico"[97]. Desse modo, a teoria de Worringer vai muito além de uma simples explicação histórico-estética da ornamentística geométrica, pois seus princípios fundamentais são os da arte autêntica, da arte transcendente:

> Portanto, toda arte transcendental visa a uma desorganização do orgânico, isto é, a uma tradução do mutante e condicionado para valores incondicionais da necessidade. Porém o homem só consegue sentir tal necessidade no grande além do que é vivo, no inorgânico. Isso o levou à linha rígida, à forma cristalina morta.[98]

Portanto, a arte geométrica do inorgânico é bem mais do que uma determinada variedade da arte, plenamente justificada no âmbito de vigência de seus princípios; ela é, muito antes, seu modelo puro e simples: o inorgânico, o hostil à vida é o alvo de toda arte autêntica. Assim, aqui, o anti-humano é enunciado como o grande princípio norteador da vida e da arte: "ser redimido do contingente da existência humana, da aparente arbitrariedade da existência orgânica universal pela contemplação de um necessário e inamovível. A vida como tal é sentida como perturbação da fruição estética"[99].

Worringer não é o único que defende essa concepção; a variada série de seus proclamadores se estende de Paul Ernst a André Malraux. Sejam citadas aqui apenas algumas afirmações características de Ortega y Gasset: "E, quando buscamos as formas mais gerais e mais características da nova produção, deparamo-nos com a desvinculação entre arte e humano"[100]. Ortega y Gasset mostra ainda que a "nova sensibilidade fina" na arte "é dominada pelo asco ao humano".[101] E ele infere disso uma consequência importante que só estava

---

[97] Ibidem, p. 170-1 e (3. ed.) p. 143.

[98] Ibidem, p. 177 e (3. ed.) p. 148.

[99] Ibidem, p. 31 e (3. ed.) p. 26-7.

[100] José Ortega y Gasset, *Die Aufgabe unserer Zeit* (introd. Ernst Robert Curtius, trad. de Helene Weyl, Zurique, 1928), p. 126; edição atual: "Die Vertreibung des Menschen aus der Kunst" [1925], em *Gesammelte Werke*, v. 2 (Stuttgart, [Ansalt,] 1955), p. 238-9.

[101] Ibidem, p. 135; *Gesammelte Werke*, v. 2, p. 245.

presente de modo implícito em seus predecessores: "Porém a nova arte tem e sempre terá a massa contra si. Ela é essencialmente estranha ao povo e, não só isso, ela é hostil ao povo"[102]. Naturalmente não é nossa tarefa aqui fazer a crítica dessa nova arte e de sua teoria. De qualquer modo, quem analisa o tema de modo imparcial compreenderá que correntes artísticas muito importantes do século XX, como o expressionismo, o cubismo, a nova objetividade, a arte abstrata etc., por mais diferentes que sejam entre si, se encontram extraordinariamente próximas dessas teorias artísticas da anti-humanidade em seus pressupostos tanto ideológicos quanto artísticos.

O que nos interessa aqui, acima de tudo, é a questão referente ao modo como todas as tendências de desenvolvimento da humanidade são falsificadas nessas teorias da decadência. Elas proclamam de modo geral que a objetividade da ciência e a contraditoriedade objetiva do ser não só devem ser concebidas como irracionalidade hostil ao humano mas também e exatamente como tal devem ser postas como ideal. Já há muito tempo a identificação da crescente desantropomorfização do conhecimento com uma anti-humanidade do conhecimento científico em geral, a identificação do modo de ser da realidade objetiva, independente do humano, com seu caráter hostil ao humano tornaram-se dogmas entre aqueles que recuam assustados diante das consequências de uma desantropomorfização nas ciências levada coerentemente até o fim. O primeiro a dar uma expressão de grande repercussão a esse pânico foi Pascal. Não por acaso ele é contemporâneo da transformação revolucionária da matemática e das ciências da natureza, à qual aludimos anteriormente {p. 311}, e não por acaso ele é um de seus pioneiros; contudo, também não é por acaso que ele recua ideologicamente, assustado diante das consequências, e busca no mundo cristão o mundo da humanidade, depois que a ciência privou o mundo de sua divindade, de sua humanidade. Assim, o motivo do temor já aflora em Pascal. Mas foi só quando o desenvolvimento social já havia avançado a ponto de as classes dominantes e sua intelectualidade o sentirem como totalmente desumanizado que o medo se tornou um dos pilares básicos da ideologia retrógrada, e sua aceitação perversa, sua idealização suicida, converteu-se em motivo predominante no pensamento e na arte da decadência. Esse é o sentimento expresso por Worringer e seus correligionários em relação à vida.

[102] Ibidem, p. 115; *Gesammelte Werke*, v. 2, p. 231.

Vimos como estão interligadas desse modo as bases de sua concepção das formas abstratas, de sua essência estética e de seu modo histórico de agir. O efeito sedutor dessas teorias deve-se à mistura de meias verdades com distorções, sobre a base, naturalmente, de um alçar à condição de conceito, de um "ontologizar" do modo de sentir da decadência. Pusemos a descoberto justamente essa unidade de meia verdade e distorção: mesclar a desantropomorfização do conhecimento do mundo pelo progresso da ciência com a desumanidade aterradora da realidade (no capitalismo). Uma segunda mistura desse tipo é hipostasiar o temor como patrocinador da arte autêntica e, ao mesmo tempo, como "sentimento primevo" da humanidade tanto no início quanto no fim de seu percurso. Naturalmente está correto afirmar que o temor desempenhou um papel importante na vida do homem primitivo. Porém é simplesmente falso e distorce os fatos quanto à posição de Worringer de vislumbrar exatamente na ornamentística geométrica (e, desse modo, indiretamente, na própria geometria) a expressão originária desse temor. Os resquícios da magia dão testemunho eloquente do poder desse temor, mas, como já mostramos, exatamente a descoberta da ordem geométrica, da legalidade geométrica (na prática cotidiana, na ciência e na arte) foi um primeiro passo para se libertar, pelo menos em parte, desse temor oriundo da incapacidade humana de dominar as forças da natureza {p. 465 e seg.}. Como mostramos, durante alguns milênios, os efeitos cognitivos e emocionais dessa libertação tiveram repercussão na ideologia, depois que ocorreu gradativamente essa libertação. E as primeiras tentativas de domínio da realidade pela matemática e pela geometria terem sido acompanhadas de representações mágicas não acrescenta nada a esse ponto; de modo geral, isso é característico do primeiro período de desenvolvimento da humanidade.

Concepções como as de Worringer concomitantemente põem a relação do homem com o mundo inorgânico de cabeça para baixo. A conquista da realidade objetiva, cujos primeiros passos são dados aqui, converte-se em "terror do espaço", de cunho espiritual; o mundo inorgânico que, segundo as palavras já citadas de Marx, é "o corpo inorgânico do homem" {p. 466} converte-se em corporificação do princípio hostil ao humano. O sentimento de mundo da decadência imperialista é projetado, assim, na era primitiva do desenvolvimento da humanidade, e a hipóstase assim obtida serve para expor o modo de sentir dessa época de decadência como exteriorização da mais autêntica essência humana, da verdadeira arte. E, por fim: a generalização worringuiana da ornamentística geométrica em princípio fundamental de toda arte verdadeira é mais uma mistura de meia verdade com distorção total. Já falamos sobre a distorção. A meia verdade consiste em que certas conquistas fundamentais da ornamentística se tornam, no decorrer do desenvolvimento, componentes codeterminantes da arte em geral. Mais adiante vamo-nos ocupar concretamente dessa questão, mais precisamente porque – e essa fundamentação já contém uma refutação fundamental da teoria de Worringer – as tendências da ornamentística que se tornam ativas de modo geral deixam para trás, no decorrer desse processo, grande parte do rígido caráter geométrico-inorgânico que lhes é próprio. Elas se transformam em um fator artisticamente codeterminante do reflexo da realidade objetiva, sobretudo a do homem e de seu mundo. Portanto, acontece – inclusive no gótico, no barroco etc. – exatamente o oposto do que Worringer supõe: não é a ornamentística que impõe suas leis da realidade inorgânica à realidade orgânica (humana) artisticamente refletida, mas são os princípios que brotam da ornamentística que aderem aos princípios de um reflexo concreto e objetivo da realidade, convertendo-se em elementos formais de uma arte não mais abstrata, não mais sem mundo. É óbvio que também esse processo somente pode desenrolar-se com base em uma contraditoriedade dialética. Voltaremos a tratar das contradições concretas em um contexto que se tenha tornado concreto.

Essas questões da gênese e do modo de ser da ornamentística possuem um significado do tipo estético geral e, portanto, um significado que leva para além da análise filosófica de seu surgimento. Pois a falta de mundo da ornamentística, e não só da puramente geométrica, produz uma relação aparentemente simples com sua base social e seu desenvolvimento, mas na realidade é bem mais complexa do que a das artes que compõem concretamente a realidade. A estas o próprio desenvolvimento histórico-social fornece conteúdo específico não só para o reflexo da realidade mas também para a mudança de sua forma estética; é inconcebível um Homero que pudesse de alguma maneira antecipar as possibilidades de atribuição de forma de um Thomas Mann. Contudo, esse tipo de antecipação existe para a ornamentística em medida bem maior justamente em consequência do seu modo de ser abstrato e sem mundo. A vinculação imediata com conquistas passadas de formação ou sua reprodução espontânea sob circunstâncias sociais modificadas, a continuidade quase inalterada de antigas tradições, dispuseram e dispõem de um espaço de manobra muito mais amplo aqui do que nas demais artes, embora, naturalmente, não se possa imaginar que esse espaço de manobra seja ilimitado. Recordemos uma vez mais, e enfaticamente, nossa constatação {p. 455 e seg.} de que o adorno humano (em contraposição ao animal) é de caráter social, não biológico, e que essa base social possui um raio de ação tanto maior quanto mais o ato de adornar se afasta da cotidianidade, quanto mais se constitui como gênero artístico. A consequência é que o desenvolvimento social tem forte influência também sobre as possibilidades de surgimento e ação da ornamentística. Cabe à pesquisa histórico-materialista da história da arte desvendar quando essa mudança se torna fecunda para ela, quando se deve iniciar um período de esterilidade, sobre que estão fundados seus princípios. Aqui devemos indicar tão somente que, nesse ponto, se trata de constelações objetivas, de possibilidades objetivas desse tipo de reflexo da realidade e do sistema formal oriundo dele. Portanto, elas não dependem de modo algum da vontade, da decisão dos homens de determinada época. Vimos quanta importância Worringer atribui à ornamentística e sabemos que as mais diferentes tendências artísticas – desde o *Jugendstil* – tentaram criar uma ornamentística nova, contemporânea. Já nos ocupamos criticamente da teoria de Worringer e hoje já é lugar-comum constatar o fracasso de todas essas tentativas. Por exemplo, a assim chamada tendência da arte abstrata produz uma pseudo-ornamentística: ela vulgariza e deforma o reflexo da realidade no pseudo-ornamental, no pseudodecorativo, sem descobrir algo realmente novo na ornamentística propriamente dita. Nesses fatos, expressa-se claramente a objetividade recém-mencionada das bases: cada época deve possuir os pressupostos ideológicos da ornamentística a partir da vida social que lhe é própria, a partir do modo específico de reflexo da realidade condicionado por essa vida social, para ser capaz de realizar esses sistemas formais de maneira que eles sejam mais do que modismos efêmeros. Teoria, resoluções, programas etc. só podem tornar-se fecundos quando tornam conscientes tendências fecundas da própria vida social. Como já indicamos repetidas vezes, é exatamente essa objetividade das bases que indica quanto essa forma de arte aparentemente tão pura acaba sendo determinada pelo conteúdo.

Cronologia da vida e da obra de György Lukács

(Extraído de István Mészáros, *O conceito de dialética em Lukács*, trad. Rogério Bettoni, São Paulo, Boitempo, 2013, com referências atualizadas de publicações brasileiras.)

1885

Segundo filho de József Lukács e Adél Wertheimer, György Lukács nasce em 13 de abril de 1885. Seu irmão mais velho, János (1884-1944), é morto pelos nazistas; Pál, seu irmão mais novo, morre aos três anos de idade (1889-1892); sua irmã, Maria, nasce em 1887.

Seu avô Jákob Löwinger (pequeno artesão) não tem condições de pagar a educação dos filhos. Assim, o pai de Lukács sai da escola aos 14 anos, em 1869, e trabalha como aprendiz em um banco em Szeged, no sul da Hungria. Talento financeiro brilhante e funcionário exemplar (que aprende, por conta própria, várias línguas estrangeiras à noite, durante os anos de aprendiz), aos 18 anos ganha o cargo de correspondente-chefe do Banco Anglo-Húngaro em Budapeste; aos 21, torna-se chefe de um departamento importante no Banco de Crédito Geral da Hungria e, aos 25, torna-se diretor do Banco Anglo--Austríaco de Budapeste. Em 1906, volta para o Banco de Crédito Geral da Hungria como diretor executivo, cargo em que permanece até ser demitido pelo regime de Horthy em virtude da participação de seu filho na Comuna de 1919. Pouco antes de se casar, em 1º de julho de 1883, ele muda seu sobrenome para Lukács e, em 1º de maio de 1889, ascende à nobreza como József "Szegedi Lukács". (Alguns dos primeiros escritos de Lukács são assinados, em alemão, "Georg von Lukács".) A mãe de Lukács, embora nascida em Budapeste, foi criada em Viena e teve de aprender húngaro antes de se casar. Desse modo, o idioma familiar sempre foi o alemão, o que facilitou bastante o contato inicial de Lukács com a filosofia e a literatura alemãs.

1902-1903

Os primeiros artigos de Lukács são publicados no *Magyar Szalon* [Salão Húngaro]. São escritos sobre teatro, no estilo impressionista de Alfred Kerr.

Entre 1902 e 1903, Lukács escreve cinco peças, seguindo o modelo de Ibsen e Gerhart Hauptmann, mas depois as queima e nunca mais retoma a prática da literatura criativa. Seu entusiasmo pelos escritores modernos é estimulado por uma apaixonada rejeição do livro de Max Nordau *Entartung* [Degenerescência], que rotula de "degenerados" Baudelaire, Ibsen, Tolstói e outros.

1904

Funda com dois amigos, László Bánóczi e Sándor Hevesi, o grupo de teatro Thália. (Hevesi torna-se depois diretor do Teatro Nacional Húngaro e também publica alguns textos importantes sobre dramaturgia.) Sob influência de Bánóczi e do pai, aprofunda seus estudos de filosofia, explorando sistematicamente as obras de Kant e, mais tarde, Dilthey e Simmel.

1906

Entre 1902 e 1906, para satisfazer o desejo do pai, estuda Jurisprudência na Universidade de Budapeste e torna-se doutor em Direito em 1906, pela Universidade de Kolozsvár (hoje Cluj).

Publica seu primeiro ensaio original, "A forma do drama", no periódico *Szerda* [Quarta-feira], que durou pouco tempo. Além disso, começa a publicar no *Huszadik Század* [Século XX], órgão da Társadalomtudományi Társaság [Sociedade das Ciências Sociais]. Em termos políticos, apoia sempre a direção-geral dessa sociedade contra o conservadorismo do *establishment*, mas, em termos filosóficos, opõe-se fortemente a seu positivismo, de orientação anglo-francesa.

Uma experiência vital para Lukács nesse ano é a publicação do livro de Ady, *Uj Versek* [Novos poemas].

1906-1907

Instala-se em Berlim, onde escreve, em húngaro, o primeiro rascunho de sua monumental *História do desenvolvimento do drama moderno*, resultado de seis anos de intenso envolvimento teórico e prático com o teatro e o drama. Envia o manuscrito de Berlim para a Kisfaludy Társaság (importante sociedade literária, batizada com o nome de dois irmãos, clássicos menores da literatura húngara).

1908

Ganha o Krisztina Lukács Prize, da Sociedade Kisfaludy, com seu livro sobre o drama moderno. (Uma versão reelaborada desse livro é publicada em 1911, em Budapeste, em dois volumes.)

Publica seu primeiro ensaio sobre Ady no *Huszadik Század*.

Um importante periódico literário, o *Nyugat* [Ocidente], é fundado em 1908 (extinto em 1941), e Lukács se torna um colaborador constante (entre 1908 e 1917), mas permanece completamente estranho à direção-geral. O anticapitalismo romântico, porém apaixonadamente radical, de Lukács é incompatível com a linha sociopolítica do *Nyugat*, que defende uma ordem burguesa "esclarecida"; e sua perspectiva filosófica também foge do diletantismo impressionista e do ecletismo liberal-positivista do grupo dominante, cujos integrantes rejeitam o artigo de Lukács sobre Ady, escrevem com total incompreensão e hostilidade sobre seu famoso livro *A alma e as formas* (escrito e publicado pela primeira vez em húngaro) e atacam seus poucos companheiros de literatura. Tudo isso contribui fortemente para a decisão de Lukács de buscar alianças e reconhecimento intelectuais na Alemanha.

1909

Seu amigo Dezsö Czigány – que pintou o retrato de Endre Ady – apresenta-o ao grande poeta húngaro.

Lukács é promovido a doutor em Filosofia na Universidade de Budapeste. (Em 1920, o regime de Horthy anula seu doutorado, assim como o de Jenö Landler – o muito admirado líder da facção a que pertenceu Lukács no Partido Comunista Húngaro.)

Conhece Béla Balázs (poeta, dramaturgo, crítico e, posteriormente, um eminente teórico do cinema), que durante uma década será um de seus amigos mais íntimos.

Publica o primeiro de uma longa série de ensaios sobre Thomas Mann.

1909-1910

Na Universidade de Berlim, frequenta as aulas de Georg Simmel e torna-se um de seus alunos prediletos, além de participante regular dos seminários "privadíssimos" que são realizados na casa do filósofo.

Escreve nesses anos a maioria dos ensaios que posteriormente compõem os volumes *A alma e as formas* (publicado em húngaro em 1910 e em alemão em 1911) e *Cultura estética* (publicado somente em húngaro em 1913).

Conhece Ernst Bloch, que se torna seu amigo íntimo e influencia positivamente seu desenvolvimento filosófico na juventude.

1911

Com outro amigo íntimo, o filósofo e historiador da arte Lajos Fülep, funda um novo periódico: *Szellem* [Espírito]. Apenas dois números são publicados, ambos com contribuições de Lukács. Leo Popper – seu grande amigo, segundo o próprio Lukács, de toda a vida – morre aos 25 anos. (A longa ligação de Lukács e Leo Popper é atestada não só pelo obituário – publicado no *Pester Lloyd* em 18 de dezembro de 1911 e republicado em 1971 no *Acta Historiae Artium*, com uma introdução escrita por Charles de Tolnay –, mas também pelas páginas dedicadas a ele na monumental *Estética*, de 1963.) Filho do grande violoncelista David Popper, Leo foi amigo de Lukács desde a infância e influenciou fortemente a elaboração de alguns dos conceitos mais fundamentais de *A alma e as formas*. (O ensaio introdutório desse volume – sobre "A essência e a forma do ensaio" – é na verdade uma carta a Leo Popper escrita em outubro de 1910, em Florença.)

1911-1912

Depois de passar alguns meses em Berlim e Budapeste, Lukács volta a Florença para trabalhar no esboço da *Estética*, livro que deveria compor a primeira parte introdutória de seu sistema geral de filosofia: uma introdução seguida de *Filosofia da história* e de uma obra sobre a ética.

Ernst Bloch, que esteve com Lukács em Budapeste em 1910, visita-o em Florença na primavera de 1912 e convence-o a se mudar para Heidelberg, para que possa trabalhar em um ambiente filosoficamente mais favorável.

1912-1914

Em Heidelberg, Lukács conhece Max Weber e Emil Lask e torna-se amigo íntimo dos dois. (Também conhece Toennies, Gundolf e outros e mantém boas relações com eles até seus caminhos se separarem no fim da guerra.)

Altamente encorajado por Bloch, Lask e Weber, trabalha em sua *Estética*. Com interrupções mais curtas ou mais longas, volta diversas vezes ao manuscrito, que não para de crescer, e, incapaz de concluí-lo de maneira satisfatória, abandona definitivamente o projeto em 1918.

Frequenta as aulas de Windelband e Rickert e, apesar de ser influenciado de certa maneira por eles, já assume uma posição crítica. Enfatizando a multidimensionalidade de sistemas categoriais adequados, escreve sobre o assunto: "Já na época em que estive em Heidelberg, escandalizava os filósofos de lá dizendo que o axioma implícito do sistema de Rickert é a bidimensionalidade do papel sobre o qual ele escreve" (carta escrita em Budapeste, em 9 de janeiro de 1963).

Lukács é cada vez mais influenciado pelo idealismo objetivo de Hegel. Ao mesmo tempo, é crítico dos elementos conservadores e do desprezo do indivíduo na sistematização hegeliana da filosofia da história. Planeja uma obra que deveria ser a síntese crítica de Hegel e Kierkegaard, mas não avança muito em sua realização.

Insiste na primazia da ética sobre a filosofia da história. Nesse espírito, começa a escrever uma dissertação para concorrer ao cargo de professor na Universidade de Heidelberg (uma *Habilitationsschrift*), mas de novo não chega a concluí-la. O tema dessa *Habilitationsschrift* é a investigação – à luz da obra de Dostoiévski – da relação entre ética e filosofia da história. (Um registro de suas ideias sobre essa problemática sobrevive, da maneira mais improvável, em alguns de seus ensaios sobre Béla Balázs.)

1914-1915

Em Heidelberg, ele escreve seu famoso *A teoria do romance*, publicado no *Zeitschrift für Äesthetik und Allgemeine Kunstwissenschaft* em 1916 e, em formato de livro, em 1920. O grande historiador da arte Max Dvořák o aclama como a obra mais extraordinária de toda a *Geisteswissenschaft* (ciência do espírito).

Ele assiste à eclosão da guerra com um pessimismo absoluto e afirma com ironia, a respeito das palavras de Marianne Weber sobre as histórias de heroísmo individual: "Quanto melhor, pior!". Do mesmo modo, embora dê as boas-vindas à perspectiva da destruição do sistema dos Habsburgos, dos Hohenzollern e dos tsares, pergunta com certo desespero: "Mas quem nos salvará da civilização ocidental?".

Na filosofia, é extremamente cético a respeito da metodologia de Husserl e deixa isso claro a Max Scheler quando este o visita em Heidelberg e declara seu entusiasmo pela fenomenologia.

Conhece sua primeira esposa, Yelyena Andreevna Grabenko (uma "social--revolucionária" russa), a quem dedica *A teoria do romance*. Seus pais são contra a ideia do casamento, e o respeitável Max Weber sugere que ele diga que ela é uma parenta sua para driblar tais objeções. Eles vão ao encontro dela em Viena e, relutantemente, abençoam o casamento, que, no entanto, se revela um completo fracasso. Ela permanece em Heidelberg quando ele volta para Budapeste, e o casamento é formalmente desfeito em 1919.

1915-1917

Graças à influência do pai, não é convocado para o serviço militar, apenas para o "*segédszolgálat*" (serviço suplementar), e trabalha em um departamento de censura. Ao mesmo tempo, por diversas vezes passa meses no exterior, principalmente em Heidelberg. Em harmonia com sua orientação e estado de espírito geral, escreve críticas favoráveis sobre W. Solovieff (Vladimir Solovyov, o niilista que se tornou um místico) durante dois anos seguidos no *Archive für Sozialwissenschaft und Sozialpolitik* (1915 e 1916).

Com um grupo de amigos, funda o que ficou conhecido como o Círculo Dominical e preside regularmente as reuniões, que são realizadas na casa de Béla Balázs. Os membros são: Frigyes Antal (historiador da arte e vice--presidente do Comissariado da Arte durante a Comuna de 1919), Béla Balázs, Béla Fogarasi (filósofo), Lajos Fülep, Tibor Gergely (pintor, segundo marido de Anna Lesznai), Edith Hajós (primeira esposa de Béla Balázs, tradutora de *Ensaios sobre o realismo europeu*, de Lukács, para o inglês), Arnold Hauser (sociólogo e historiador da arte), György Káldor (jornalista), Anna Lesznai (poeta e romancista, uma das amigas mais próximas de Lukács e, na época, esposa de Oszkár Jászi, historiador e editor do *Huszadik Század*), Ernö Lorschy (jornalista), Karl Mannheim (sociólogo), László Radványi (economista, marido de Anna Seghers), Edith Rényi (psicóloga, conhecida como Edith Gyömröi), Emma Ritoók (amiga íntima de Ernst Bloch na época, apoiou depois a contrarrevolução de Horthy e denunciou os antigos amigos em um livro intitulado *Aventureiros do espírito*, publicado em 1922), Anna Schlamadiner (segunda esposa de Béla Balázs), Ervin Sinkó (romancista), Wilhelm Szilasi (filósofo), Charles de Tolnay (historiador da arte), Eugene Varga (economista) e John Wilde (historiador da arte).

Fortemente encorajados pelo teórico sindicalista Ervin Szabó, Lukács e alguns amigos do Círculo Dominical realizam, no início de 1917, uma série de conferências públicas no marco do que chamam de A Szellemtudományok Szabad Iskolája (Escola Livre das Ciências do Espírito). Os grandes compositores húngaros Béla Bartók e Zoltán Kodály também participam da iniciativa. (Durante a Comuna, Bartók e Kodály – além de Ernö Dohnányi, que depois passa para a direita – lideram o Comissariado da Música.)

Ainda em 1917, Lukács publica um capítulo de sua *Estética* – "Relações entre sujeito e objeto na estética" – no *Logos*, em alemão, e no *Althenaeum*, em húngaro.

1917-1918

Saúda a Revolução de Outubro com entusiasmo, embora demore algum tempo até que suas perspectivas sociopolíticas mutáveis realmente modifiquem sua visão filosófica.

No fim de 1917 e início de 1918, trabalha em ensaios dedicados a Béla Balázs, que depois são publicados em um volume em húngaro. Como em Ady e Bartók, vê na obra de Balázs "o triunfo das decisões dramáticas sobre a acomodação oportunista, o triunfo da vida no espírito do 'ou-ou' sobre a filosofia do 'podemos ter as duas coisas'". Grande parte da polêmica se dirige contra o círculo do *Nyugat* e é explicitamente contra a linha interpretativa do importante poeta e crítico Mihály Babits. (Lukács conheceu Babits por iniciativa de Ervin Szabó em 1916, quando este tentou organizar os escritores para protestar contra a guerra. O encontro pessoal, no entanto, não os ajudou a superar o abismo que os separava em termos filosóficos e em suas atitudes sociopolíticas.)

1918

Max Weber passa algumas semanas em Budapeste com Lukács; em suas conversas, além de filosofia e estética, os problemas do marxismo e do socialismo em geral ocupam um lugar central. Essa é a última vez que a relação entre os dois é, como um todo, uma amizade harmoniosa – apesar de algumas tensões. Seus caminhos se separaram radicalmente depois dos eventos de 1919.

Lukács intensifica seu estudo sobre Marx e, por influência de Ervin Szabó, estuda Rosa Luxemburgo, Pannekoek, Henriette Roland-Holst e Sorel. (Seu primeiro contato com as obras de Marx remonta aos últimos anos do ginásio. Naquela época, em 1902, até se junta a uma Organização Socialista dos Estudantes, fundada por Ervin Szabó. Esse interesse precoce por Marx é seguido de um longo período de estudos mais exigentes, entre 1906 e 1911, em conexão com seu interesse pela sociologia da literatura e, em particular, pela sociologia do drama: um estudo que, por um lado, consistia em ler Marx no original e, por outro, era mediado pelos escritos de Toennies, Simmel, Max Weber e outros. Seu interesse por Marx é renovado mais uma vez na época de seus intensos estudos de Hegel [1912-1916]; em 1913, chega a sugerir que só se pode esperar uma compreensão e uma difusão apropriada das ideias de Hegel por intermédio da obra de Marx. Os anos de guerra e a Revolução de Outubro servem como um estímulo a mais para esse interesse, que culmina com a conversão ao marxismo – política e filosoficamente – em 1918.)

Em 2 de dezembro de 1918, ele ingressa no Partido Comunista – fundado em Budapeste apenas doze dias antes. Nessa época, o partido contava com menos de cem membros.

1919

Algumas semanas depois que Lukács entra para o partido, József Révai – que na época apoiava a linha sectária vanguardista de Aladár Komját – o ataca e espera que o "intelectual burguês" seja expulso do partido, o que não acontece. Quando é atacado por suas "visões conservadoras", Lukács mostra ao incrédulo Révai uma passagem da *Contribuição à crítica da economia política** em que Marx afirma que Homero é um "exemplo insuperável"; as discussões sobre tal atitude "conservadora" melhoram um pouco a relação, que durou – com muitos altos e baixos – quase quarenta anos.

O pai de Lukács ficou profundamente deprimido com o colapso do Império Austro-Húngaro, a revolução de Károlyi, o assassinato do primeiro-ministro,

* Trad. Florestan Fernandes, 2. ed., São Paulo, Expressão Popular, 2008. (N. E.)

conde István Tisza, seu velho amigo, e a radicalização política do filho. No entanto, nunca deixou de apoiá-lo pessoalmente, com todos os meios de que dispunha.

Durante a prisão do Comitê Central do partido, Lukács – como membro do Comitê Central interino – assume funções importantes. Posteriormente – em março, quando é declarada a República Soviética da Hungria –, torna-se vice-ministro da Educação e, após a demissão do social-democrata Zsigmond Kunfi em junho, ele assume em seu lugar a chefia do ministério.

Lukács inicia uma reorganização radical da vida cultural na Hungria e, entre outras coisas, funda um Instituto de Pesquisa para o Avanço do Materialismo Histórico. (Sua conferência sobre "A mudança de função do materialismo histórico" – depois publicada em *História e consciência de classe* – é proferida na cerimônia de inauguração do instituto.)

Durante a campanha militar contra as forças de invasão, Lukács é comissário político da 5ª Divisão.

A primeira esposa de Lukács passa em Budapeste os meses da Comuna (na maior parte do tempo com os membros do grupo de Komját, entre eles Révai), mas o casamento acaba definitivamente nessa época. Depois da derrota, ela teve de se esconder dos homens de Horthy até conseguir fugir do país, com a ajuda do pai de Lukács.

Muitos dos velhos amigos de Lukács – entre eles Frigyes Antal, Béla Balázs, Béla Fogarasi, Arnold Hauser (depois de um curto período na cadeia), Anna Lesznai, Karl Mannheim, Ervin Sinkó, Eugene Varga e John Wilde – deixam o país, e outros – como Wilhelm Szilasi e Charles de Tolnay – os seguem pouco tempo depois.

Lukács continua o trabalho ilegal depois da derrota da Comuna em agosto e setembro, em associação com Ottó Korvin, executado em 1920 (e depois citado por Lukács como exemplo de revolucionário heroico-asceta), escondendo-se na casa da fotógrafa Olga Máté. (Charles de Tolnay serve algumas vezes de mensageiro para ele.)

No fim de setembro, por intermédio de um velho amigo – o escultor Márk Vedres –, o pai de Lukács paga uma quantia substancial (boa parte dela emprestada) a um oficial inglês para tirá-lo do país disfarçado como seu motorista pessoal. (Lukács nunca soube dirigir.)

Em outubro, ele é preso em Viena e o governo de Horthy pede sua extradição. (Ele é condenado à morte *in absentia*.)

Um grupo de intelectuais intercede a seu favor junto do governo austríaco e publica um apelo no *Berliner Tageblatt* em 12 de novembro. Os signatários são Franz Ferdinand Baumgarten, Richard Beer-Hoffmann, Richard Dehmel, Paul Ernst, Bruno Frank, Maximilian Harden, Alfred Kerr, Heinrich Mann, Thomas Mann, Emil Praetorius e Karl Scheffler.

O pedido de extradição é negado e Lukács é libertado no fim de dezembro.

1920

Casa-se com seu grande amor da juventude, Gertrud Bortstieber. (Gertrud era três anos mais velha e costumava visitar a família Lukács desde 1902; era amiga íntima de Rózsi Hofstädter, esposa de Zsigmond Kotányi, o amigo mais próximo de Lukács pai. O jovem Lukács se apaixona perdidamente por ela, mas na época ela não se dá conta e se casa com o matemático Imre Jánossy, que morre de tuberculose.) Eles começam a namorar em 1918-1919 e se casam em 1920, depois que ela vai a seu encontro em Viena. O casal tem uma filha, Anna, e tem de criar três crianças em condições muitas vezes adversas. (Os dois filhos de Imre Jánossy – Lajos, físico mundialmente famoso, e Ferenc, engenheiro que se tornou economista, por sinal bastante original – eram pequenos quando o pai morreu.) Economista de formação e com grande sensibilidade para a música e a literatura, Gertrud une as qualidades de uma grande sabedoria prática e senso de realismo com uma concepção incontestavelmente serena da vida e um caráter cordial e radiante. Eles têm um casamento maravilhoso e as grandes obras de Lukács – inclusive *História e consciência de classe*, adequadamente dedicada a Gertrud Bortstieber – são inconcebíveis sem ela.

Lukács envolve-se ativamente no trabalho partidário e torna-se vice-líder da facção de Landler.

Sua linha política é fortemente de esquerda e Lênin o critica por seu artigo sobre o parlamentarismo ("Zur Frage des Parlamentarismus", publicado no *Kommunismus* em 1920).

Os agentes de Horthy sequestram diversos exilados húngaros em Viena e Lukács é avisado para tomar cuidado. Ele compra um revólver e o mantém até 1933, quando o joga no rio Spree (depois que os nazistas fizeram uma busca em sua casa, por sorte em sua ausência). Ao contrário do que diziam as acusações de que "Lukács aterrorizou os intelectuais durante a Comuna, apontando uma arma para eles enquanto os interrogava", essa foi a única arma que teve em toda a vida.

Em dezembro de 1920, ele apresenta um artigo sobre "Reação mundial e revolução mundial" na Conferência Sudeste da Internacional Juvenil Comunista, em Viena (publicado em 1921).

1920-1921

É coeditor de um importante jornal teórico, o *Kommunismus*, órgão da Internacional Comunista. Vários dos ensaios reunidos em *História e consciência de classe* são escritos nesse período e publicados primeiro no *Kommunismus*.

Representando a facção de Landler, participa das discussões do III Congresso da Internacional Comunista em Moscou e encontra-se pessoalmente com Lênin. Lukács descreve o encontro como uma das experiências mais formadoras de sua vida.

Politicamente, sua linha mostra certa dualidade: uma abordagem "messiânica" esquerdista e um tanto sectária dos problemas da revolução mundial (ele é um defensor – um teórico, na verdade – da "Ação de Março", em 1921) e, ao mesmo tempo, uma avaliação altamente realista e não sectária das perspectivas do desenvolvimento socialista na Hungria. (Nesse último aspecto, a influência de Landler é crucial.)

Dedica-se sistematicamente ao estudo e à reconsideração das obras de Marx e Lênin, cujos resultados se tornam evidentes em *História e consciência de classe* e em seu livro sobre Lênin.

1922

Thomas Mann visita a família de Lukács em Budapeste, em meados de 1922. Depois dessa visita, vai a Viena, onde se encontra pela primeira vez com Lukács. (As impressões de Thomas Mann sobre a longa conversa que tiveram são conhecidas pelo próprio relato deste.)

Lukács publica um artigo chamado "Noch einmal Illusionspolitik" [Mais uma vez a política das ilusões] no qual condena, com toda veemência, o avanço da burocratização e do autoritarismo no partido. O artigo é publicado, significativamente, no livro de László Rudas, *Aventureirismo e liquidacionismo: a política de Béla Kún e a crise do Partido Comunista Húngaro*. Na época, Rudas defendia a facção de Landler. Pouco antes do Natal, Lukács dá os retoques finais em uma das maiores obras filosóficas do século XX: seu ensaio sobre a "A reificação e a consciência do proletariado", parte central de *História e consciência de classe*.

1923

Publica em Berlim, pela editora Malik, *História e consciência de classe*, um dos seus livros mais influentes e mais discutidos.

Ernst Bloch publica um elogio caloroso em um ensaio intitulado "Aktualität und Utopie: zu Lukács 'Geschichte und Klassenbewusstein'" [Atualidade e utopia: sobre "História e consciência de classe", de Lukács].

No fim de 1923, Karl Korsch – amigo de Lukács na época – publica seu *Marxismo e filosofia**, que mostra uma abordagem semelhante à dos ensaios de Lukács publicados nos periódicos *Kommunismus* e *Die Internationale* (editado por Korsch) no que se refere a algumas questões políticas e filosóficas fundamentais. (Muitos dos ensaios publicados no *Kommunismus* e no *Die Internationale* – mas não todos – foram incorporados de alguma maneira em *História e consciência de classe*.) Com base nessa afinidade, os dois são estigmatizados e criticados no ano seguinte como "revisionistas".

Intensifica-se a luta faccionária dentro do partido húngaro.

1924

Lênin morre em janeiro e a tentativa de controle stalinista tanto do Partido Soviético quanto da Internacional Comunista é intensificada.

História e consciência de classe é criticado desde duas direções opostas: Karl Kautsky o ataca em um artigo publicado no *Die Gesellschaft* (em junho de 1924) e o filósofo do partido russo A. Deborin o condena no *Arbeiterliteratur*, em um ensaio intitulado "Lukács und seine Kritik des Marxismus" [Lukács e a sua crítica do marxismo].

Expressando a drástica mudança na relação de forças dentro do partido e da Internacional Comunista, László Rudas – que costumava apoiar Lukács – muda radicalmente sua posição e ataca violentamente *História e consciência de classe* em um longo ensaio publicado em várias partes no *Arbeiterliteratur* (n. 9, 10 e 12, 1924). O lema programático do ataque de Rudas é, significativamente, uma citação de *Materialismo e empirocriticismo*, de Lênin**, na qual lemos: "*Beweise und Syllogismen allein genügen nicht zur Widerlegung des Idealismus. Nicht um theoretische Argumente handelt es sich hier*" [Provas e silogismos não

---

* Trad. José Paulo Netto, Rio de Janeiro, Editora UFRJ, 2008. (N. E.)

** Lisboa, Estampa, 1971. (N. E.)

são suficientes para erradicar o idealismo. Não estamos preocupados aqui com argumentos teóricos].

O clímax é atingido no V Congresso Mundial da Internacional Comunista, em junho e julho de 1924, quando Lukács é atacado por Bukharin e Zinoviev.

Lukács publica seu livro sobre Lênin.

1925-1926

Em 1925, Lukács publica no *Archiv für die Geschichte des Sozialismus und der Arbeiterbewegung* (*Grünberg Archiv*) uma crítica severa ao determinismo tecnológico mecanicista do livro de Bukharin sobre o materialismo histórico.

Sua atenção se dirige para a elaboração dos problemas da dialética marxista em relação aos fundamentos econômicos da sociedade capitalista, antecipando em dois ensaios importantes – sobre Lassalle (1925) e Moses Hess (1926) – a problemática de *O jovem Hegel* (1935-1938).

József Révai publica um ensaio entusiástico sobre *História e consciência de classe* no *Grünberg Archiv*, mas não enfrenta a questão da controvérsia político-filosófica que envolve o livro.

Lukács conhece o jovem Attila József em Viena e é o primeiro a reconhecer o significado da obra desse grande poeta para a literatura mundial. (Como o próprio József escreve de Viena para sua irmã: "Anna Lesznai, Béla Balázs e György Lukács me consideram um grande poeta; em particular este último, que diz que sou o primeiro poeta proletário com qualidades de importância literária mundial".)

Karl Korsch é expulso do partido em 1926 e, assim, Lukács fica ainda mais isolado com suas concepções dentro do movimento comunista internacional.

1927

Seu pai morre em Budapeste, aos 74 anos de idade. (Sua mãe morrera em 1917.)

1928

Jenö Landler morre em consequência de um infarto e cabe a Lukács preparar as teses que representavam as perspectivas sociopolíticas do partido. Elas ficam conhecidas como "Teses de Blum" e antecipam a estratégia da Frente Popular.

A atividade literária de Lukács é limitada à composição de uns poucos artigos, publicados principalmente no *Grünberg Archiv*.

1929

Lukács passa três meses na Hungria (coordenando o trabalho partidário clandestino).

As "Teses de Blum" são derrotadas, graças ao apoio que a facção de Kún tem dentro da Internacional Comunista. (A "Carta aberta do Executivo da Internacional Comunista", endereçada ao Partido Húngaro, afirma que "o fogo deve se concentrar nas teses antileninistas do camarada Blum, que substituíram a teoria leninista da revolução proletária por uma teoria liquidacionista semissocial-democrata".) Lukács é forçado a publicar uma autocrítica no *Uj Március*, e essa derrota marca o fim de seu envolvimento direto na política por cerca de três décadas.

O governo austríaco emite uma ordem de expulsão contra Lukács. Thomas Mann intercede a seu favor em uma carta comovente. A ordem de expulsão é revogada, mas Lukács deixa Viena – onde morou de 1919 a 1929 – para sempre.

1929-1931

Em Moscou, Lukács trabalha no Instituto Marx-Engels-Lênin, dirigido por D. Riazanov. Este mostra a Lukács o texto datilografado dos *Manuscritos econômico-filosóficos de 1844*, de Marx*, antes de serem publicados; esse fato tem um impacto significativo no desenvolvimento intelectual de Lukács. No mesmo período, ele conhece os *Cadernos filosóficos* de Lênin, publicados em 1929-1930, com o título de *Lênin Miscellanies IX* & *XII*. Esses escritos contribuem muito para a mudança de sua concepção sobre Hegel e sua visão das "relações entre sujeito e objeto", da epistemologia e da relação entre a obra de arte e a realidade social.

Esse é um período da vida de Lukács – desde 1905 – em que ele consegue se dedicar inteiramente à pesquisa e ao estudo, sem ser perturbado pela obrigação de escrever para publicar e pelas demandas da atividade política. Assim, consegue estabelecer os fundamentos de grande parte de sua obra posterior.

1931-1933

Muda-se para a Alemanha e instala-se em Berlim até a tomada do poder pelos nazistas.

---

* Trad. Jesus Ranieri, São Paulo, Boitempo, 2004. (N. E.)

Torna-se vice-presidente do grupo berlinense da Associação dos Escritores Alemães e membro eminente da União dos Escritores Proletários Revolucionários. Assume um papel bastante ativo nas discussões concernentes aos métodos da representação literária socialista, no espírito de sua concepção de "grande realismo".

Em 1933, publica "Meu caminho para Marx", no *Internationale Literatur*. Quando descobre que os nazistas estão a sua procura, foge da Alemanha e volta para Moscou.

1933-1935

Quando Lukács retorna a Moscou, Béla Kún e seus partidários tentam evitar que ele e sua família se instalem na cidade. Lukács inicia uma greve nos degraus do prédio da Internacional Comunista (frequentado por muitos estrangeiros que o conhecem bem): sua rebeldia logo consegue o resultado desejado.

Torna-se colaborador científico no Instituto de Filosofia da Academia Soviética de Ciências.

Trabalha em *O jovem Hegel* (concluído entre o fim de 1937 e o início de 1938), um projeto concebido no período em que fez uma reavaliação de suas concepções filosóficas à luz dos *Manuscritos de Paris* e dos *Cadernos filosóficos*. (Ainda em Berlim, entre 1931 e 1932, ele tentou trabalhar nesse projeto, mas não foi muito longe.)

No campo da crítica literária, trabalha em estreita colaboração com Mikhail Lifshitz. (Eles se tornaram amigos em 1929, no Instituto Marx-Engels-Lênin, e Lukács dedica *O jovem Hegel* – tanto a edição de Zurique/Viena de 1948 quanto a edição alemã-oriental de 1954 – a Lifshitz, apesar das acusações de "cosmopolitismo" feitas contra seu velho amigo.) Eles têm como órgão o *Literaturny Critique* (extinto em 1940) e seu principal alvo é a linha da Proletkult, cujos principais porta-vozes são Fadeiev e Yermilov. Lukács é o líder intelectual do *Literaturny Critique*, cujo círculo interno conta também com I. Satz e Usiyevitch, além de Lifshitz.

Lukács também se envolve no confronto com o grupo de escritores húngaros da Proletkult (Sándor Barta, Antal Hidas – genro de Béla Kún –, Béla Illés, Lajos Kiss, Emil Madarász, János Matheika, Máté Zalka e outros), o mesmo grupo que condenou Attila József em um documento oficial, com resultados devastadores, tachando-o de "pequeno-burguês que tenta encontrar no campo do fascismo uma solução para sua crise interior".

Na teoria estética, mais uma vez em estreita colaboração com Lifshitz, Lukács trabalha na herança literária de Marx, elaborando as linhas gerais de uma estética marxista sistemática.

Nesse período, conduz um debate sobre o expressionismo – iniciado em Berlim e concluído apenas no fim da década de 1930 – no qual enfrenta, entre outros, Bertolt Brecht e Ernst Bloch.

1935-1938

Termina O *jovem Hegel* e submete-o como tese de doutorado. Recebe o título de doutor em Ciências Filosóficas pela Academia Soviética de Ciências.

Nesse período (1936-1937), Lukács completa mais uma obra importante: O *romance histórico*.

A nova estratégia adotada pela Frente Popular melhora a situação de Lukács, facilitando – ainda que temporariamente – sua "luta partidária" contra a Proletkult e a versão jdanovista do "realismo socialista".

Em janeiro de 1938, um novo periódico húngaro aparece em Moscou: *Új Hang* [Nova Voz]. O quadro editorial é composto de Béla Balázs, Sándor Barta (editor-chefe da primeira edição), György Bölöni, Zoltán Fábry, Imre Forbáth, Andor Gábor (um dos amigos mais próximos e fiéis de Lukács e editor-chefe da segunda edição em diante), Sándor Georgely, György Lukács, József Madzsar e László Vass. Lukács tem um papel importante na determinação da orientação geral do periódico. Também é membro do quadro editorial do *Internationale Literatur* a partir de 1935.

1939-1940

Dado o agravamento da situação política geral, a antiga luta ideológica é retomada da maneira mais intensa possível. O grupo de Fadeiev e Yermilov ganha o apoio da alta hierarquia do partido e assume o controle da Associação de Escritores.

O *Literaturny Critique* é extinto e Lukács é privado do veículo para a difusão de suas ideias na Rússia.

Ele publica no *Internationale Literatur* um ensaio intitulado "Volkstribun oder Bürokrat" [Tribuno do povo ou burocrata]. Trata-se da crítica mais aguda e penetrante sobre a burocratização da Rússia durante o período de Stálin – e reconhecida como tal por Leo Kofler (Jules Dévérité) em um artigo publicado em 1952, isto é, antes do anúncio do programa de "desestalinização".

1941

Lukács é preso e fica seis meses na cadeia. Seus inquiridores tentam extrair dele – sem sucesso – a confissão de que era um "agente trotskista" desde o início da década de 1920. Ele só é solto pela intervenção pessoal de Dimitrov, que era secretário-geral da Internacional Comunista na época e recebeu muitos protestos a favor de Lukács vindos de intelectuais alemães, austríacos, franceses e italianos, bem como de alguns de seus antigos amigos húngaros, todos residentes da União Soviética.

Lukács publica ensaios sobre literatura húngara e alemã. Dentre eles, destaca-se "Estudos sobre Fausto", publicado no *Internationale Literatur*.

O *Új Hang* deixa de ser publicado.

1942-1944

A amizade entre Lukács e Révai é retomada depois que este deixa a Internacional Comunista, onde trabalhou – também como secretário pessoal de Béla Kún – entre 1934 e 1937. Os excelentes estudos de Révai sobre a história e a literatura húngara, publicados principalmente no *Új Hang*, são concebidos no decorrer de longas conversas com Lukács. A amizade se intensifica nos anos de guerra e continua harmoniosa até 1949, época do Debate Lukács.

Lukács faz palestras em alemão e húngaro para prisioneiros dos campos de guerra.

No início de 1944, publica *Irástudók felelössége* [A responsabilidade dos intelectuais], volume de ensaios sobre história e literatura húngara escritos entre 1939 e 1941 e publicados primeiro no *Új Hang*, com uma introdução datada de março de 1944. Esse é seu primeiro livro publicado em húngaro depois de um intervalo de vinte anos. (O último foi o pequeno volume sobre Lênin, publicado em húngaro em 1924, em Viena.)

1945

Tem a possibilidade de morar na Alemanha ou na Hungria. Escolhe essa última e jamais se arrepende da escolha, nem mesmo sob o fogo cruzado do Debate Lukács.

Chega a Budapeste em 1º de agosto de 1945 e torna-se membro do Parlamento. Em seguida, assume a cadeira de Estética e Filosofia da Cultura na Universidade de Budapeste e participa da presidência da Academia Húngara de Ciência.

Além de uma segunda edição de *Irástudók felelössége* – que se torna o centro das discussões culturais e ideológicas na Hungria –, ele publica dois volumes de ensaios em húngaro: *Balzac, Stendhal, Zola* e *József Attila költészete* [A poesia de Attila József]. Seu primeiro livro em alemão é *Fortschritt und Reaktion in der deutschen Literatur* [Progresso e reação na literatura alemã], publicado em Berlim pela Aufbau, que será sua editora até ele ser deportado em 1956.

1946-1949

Dá início a uma atividade literária fervorosa nos jornais e periódicos húngaros e, antes de começar o Debate Lukács, publica em diversas línguas numerosos livros de ensaios de tamanhos variados (vinte volumes e livretos só na Hungria).

Funda a revista cultural *Forum* em 1946 e permanece como seu diretor espiritual (não formal) até sua extinção, em 1950 – em consequência do Debate Lukács.

Em 1946, participa das discussões dos Encontros Internacionais de Genebra com a conferência "A visão aristocrática e democrática do mundo" e envolve-se em um confronto acirrado com Karl Jaspers, seu amigo durante os anos de estudo em Heidelberg.

O projeto de escrever *Die Zerstörung der Vernunft* [A destruição da razão] é concebido nesse período (com vários estudos parciais publicados em diversos livros entre 1946 e 1949), mas é concretizado somente após o "Debate Lukács" – graças à retirada forçada da atividade política e literária – e publicado simultaneamente em húngaro e alemão em 1954.

Faz diversas viagens pela Europa oriental e ocidental, incluindo França, Áustria, Suíça e Itália.

Em dezembro de 1947, profere uma palestra em Milão, na Conferência Internacional dos Filósofos Marxistas, sobre "As tarefas da filosofia marxista na nova democracia".

No início de 1949, participa das discussões da Conferência sobre Hegel em Paris, dedicada aos novos problemas da pesquisa hegeliana.

Em suas viagens a Paris, encontra-se com diversos filósofos franceses, militantes do partido (Emile Bottigelli, Jean Desanti, Roger Garaudy, Henri Lefebvre) ou não (Lucien Goldmann, Jean Hyppolite, Maurice Merleau-Ponty), bem como com intelectuais do campo da arte e da literatura. Torna-se membro fundador do Conselho Mundial da Paz em 1948 e participa de suas atividades – que envolvem inúmeras viagens ao exterior – entre 1948 e 1956. Renuncia em 1957.

Em 1948, ganha o Prêmio Kossuth.

1949-1952

1949 é rotulado por Rákosi de "o ano da virada": uma mudança radical na política, coincidindo na política cultural com o Debate Lukács e na política com o julgamento de Rajk.

Os ataques a Lukács são iniciados por um antigo defensor que se tornou um adversário: László Rudas. Ele publica um longo artigo repleto de insultos no órgão teórico do partido, o *Társadalmi Szemle* [Revisão social], seguido de ataques na imprensa diária e em praticamente todos os periódicos do país. Lukács é acusado de "revisionismo", "desviacionismo de direita", "cosmopolitismo", de ter "caluniado Lênin", de ser objetivamente um "serviçal do imperialismo" etc. Ataca-o Márton Horváth, membro do Politburo e responsável pela política cultural, e Révai junta-se ao ataque com um artigo de censura vigorosa.

Os eventos tomam um rumo mais sério quando Fadeiev publica um violento ataque no *Pravda*, prenunciando a possibilidade de diversas medidas de punição.

O objeto imediato do ataque são os dois volumes de ensaios escritos entre 1945 e 1948: *Irodalom és demokrácia* [Literatura e democracia] e *Új magyar kultúráért* [Por uma nova cultura húngara], publicados em 1947 e 1948, mas as questões abordadas nas décadas de 1930 ("Proletkult", "esquematismo", "realismo socialista" etc.) e 1920 ("Teses de Blum" e *História e consciência de classe*) ganham destaque.

Lukács publica um artigo autocrítico, mas este é considerado "meramente formal" por József Révai, o grão-teórico e líder inquestionável do partido em questões político-culturais. Apesar da aspereza do ataque de Révai, Lukács considera que sua posição é positiva, no sentido de praticamente pôr fim a ataques posteriores (a condenação que József Darvas lhe faz alguns meses depois, no Congresso dos Escritores de 1951, não tem a menor importância, apesar de este ocupar o posto de ministro da Cultura) e evitar a prisão que ele temia na época em que Fadeiev e o *Pravda* se envolveram no caso.

Em 1952, Brecht e Lukács superam a velha rixa expressionista e voltam a ser amigos. De 1952 até a morte de Brecht, em agosto de 1956, Lukács o visita sempre que vai a Berlim.

Em 1952-1953, o romancista Tibor Déri é atacado repetidas vezes e Lukács o defende nos debates.

Em novembro de 1952, Lukács termina *Die Zerstörung der Vernunft*, uma análise monumental de 150 anos do desenvolvimento filosófico alemão em relação à dialética e ao irracionalismo.

1953-1955

O período de redução das tensões políticas melhora muito a situação de Lukács e seus livros começam a aparecer de novo.

Para comemorar o aniversário de setenta anos de Lukács, a editora Aufbau publica um livro em 1955 – *Georg Lukács zum siebzigsten Geburtstag* [O aniversário de setenta anos de György Lukács] – com a participação de diversas personalidades de destaque, como Ernst Bloch e Thomas Mann. Ele também é eleito membro da Academia Alemã de Ciências em Berlim.

Na Hungria, recebe o Prêmio Kossuth pelo conjunto de sua obra em 1955.

No mesmo ano, na França, Merleau-Ponty publica *As aventuras da dialética*, obra que coloca *História e consciência de classe* no centro do debate filosófico e causa um grande impacto no desenvolvimento filosófico posterior, inclusive em *Crítica da razão dialética*, de Sartre*.

1956

Após o XX Congresso do Partido Comunista, muitos tabus são superados e os antigos debates políticos e culturais são reabertos. Lukács participa ativamente desses debates e preside o debate de filosofia realizado no Círculo de Petöfi em 15 de junho.

Viaja muito (Alemanha, Áustria, Itália, Suécia) e faz conferências sobre o tema de um livro publicado posteriormente com o título de *A significação presente do realismo crítico*.

Outra conferência famosa desse período é "A luta entre progresso e reação na cultura contemporânea". É proferida na Academia do Partido, em Budapeste, em 28 de junho.

No fim de junho, realiza-se um debate no Instituto para a História do Movimento Operário sobre as "Teses de Blum", com a participação de Lukács.

---

* Trad. Guilherme João de Freitas Teixeira, Rio de Janeiro, DP&A, 2002. (N. E.)

Em meados de 1956, ele funda um novo periódico, *Eszmélet* [Tomada de consciência], com Aurél Bernáth, Tibor Déry, Gyula Illyés, Zoltán Kodály e István Mészáros como editor. Depois do afastamento de Rákosi da política, o periódico obtém o sinal verde do ministro da Cultura.

Em 24 de outubro, Lukács se torna membro do Comitê Central ampliado e ministro da Cultura no governo de Imre Nagy.

Em 4 de novembro, refugia-se com outras figuras políticas na Embaixada da Iugoslávia. É deportado para a Romênia quando o grupo deixa a embaixada.

1957-1962

Em 10 de abril, Lukács retorna para sua casa em Budapeste.

Não aceita filiar-se ao partido recém-formado. (Ao contrário da crença amplamente difundida, ele nunca foi expulso ou teve sua readmissão negada.)

Os ataques contra Lukács recomeçam com mais veemência e são feitos, em primeiro lugar, por seu antigo pupilo József Szigeti, na época vice-ministro da Cultura.

O departamento de Lukács na universidade é fechado e ele é privado de qualquer contato com os estudantes.

Os ataques continuam durante anos – na Hungria, Alemanha, Rússia e outros países da Europa oriental – e, em 1960, a editora Aufbau publica em Berlim um calhamaço de 340 páginas intitulado *Georg Lukács und der Revisionismus* [György Lukács e o revisionismo].

Lukács publica na Itália seu *Prolegomeni a un'estetica marxista* [Introdução a uma estética marxista] (Editori Riuniti) e *Il significato attuale del realismo critico* [Significado presente do realismo crítico] (Einaudi), em 1957. Nesse mesmo ano, publica na Itália um posfácio a "Mein Weg zu Marx", no qual formula uma crítica aguda ao stalinismo e sua sobrevivência. Dá prosseguimento ao mesmo discurso em 1962, em uma "Carta a Alberto Carocci", editor da *Nuovi Argomenti*.

Em 1962, a editora Luchterhand começa a publicar suas obras completas com *Die Zerstörung der Vernunft* [A destruição da razão].

A principal obra de Lukács desse período (1957-1962) é a monumental *Estética*, concluída no fim de 1962 e publicada no ano seguinte em dois grandes volumes com o título *Die Eigenart des Ästhetischen* [A peculiaridade do estético].

1963

Depois de terminar a *Estética*, Lukács começa a escrever *Ontologia do ser social* com grande entusiasmo. A obra é interrompida de maneira cruel pela morte repentina de sua mulher em 28 de abril. (*Estética* traz uma dedicatória comovente a Gertrud Bortstieber.)

Durante meses, ele luta contra o desejo de cometer suicídio. Sua perda é registrada em um ensaio sobre Mozart e Lessing – os prediletos de Gertrud –, "Minna von Barnhelm": talvez o texto mais belo de toda a obra de Lukács.

1964-1968

Volta a trabalhar na *Ontologia do ser social*, mas nunca ficou satisfeito com o resultado.

Em setembro de 1966, dá início a uma importante série de conversas com Wolfgang Abendroth, Hans Heinz Holz e Leo Kofler, publicada posteriormente com o título de *Gespräche mit Georg Lukács** (editado por Theo Pinkus, Reinbek, Rowohlt, 1967).

Em 1967, escreve uma extensa introdução a um livro que contém seus primeiros escritos políticos e *História e consciência de classe*. Esse livro é republicado em 1968, em italiano e alemão.

Concede uma série de entrevistas e escreve vários artigos sobre os problemas da "desestalinização" e da burocratização. Eles culminam com um estudo da máxima importância, dedicado a um exame rigoroso da questão da democracia socialista no período de transição. Escrito em 1968, e concluído após a ocupação da Tchecoslováquia, contra a qual Lukács protestou fortemente, esse importante estudo foi publicado no Brasil com o título "O processo de democratização"**.

Em 1968, os primeiros escritos políticos de Lukács aparecem em alemão em "edições piratas" e figuram fortemente nos debates da oposição extraparlamentar em toda a Europa, bem como nos Estados Unidos.

---

* *Conversando com Lukács* (trad. Giseh Viana Konder, Rio de Janeiro, Paz e Terra, 1968). (N. E.)

** "O processo de democratização" em *Socialismo e democratização*: escritos políticos 1956-1971 (trad. Carlos Nelson Coutinho e José Paulo Netto, Rio de Janeiro, Editora UFRJ, 2008) p. 83-206. (N. E.)

1969-1970

Recebe o título de doutor *honoris causa* na Universidade de Zagreb, em 1969.

No fim de 1969, começa a escrever seus *Prolegômenos para uma ontologia do ser social*.

No mesmo período, reingressa no partido.

Em 1970, torna-se doutor *honoris causa* da Universidade de Ghent e também recebe o Prêmio Goethe, da cidade de Frankfurt am Main.

Em dezembro, seus médicos descobrem que ele tem um câncer em fase terminal. Dizem-lhe que terá pouco tempo de vida. Lukács trabalha com um empenho ainda maior.

1971

Trabalha nos *Prolegômenos* até poucos dias antes de morrer. Ao mesmo tempo, escreve muitas páginas com notas autobiográficas.

Continua organizando uma ação internacional de intelectuais para libertar Angela Davis de uma prisão política.

Sua última aparição pública é nas festividades a Bartók: profere uma palestra dedicada à memória de seu grande contemporâneo apenas algumas semanas antes de morrer.

Morre em Budapeste em 4 de junho de 1971. Alguns anos depois é enterrado no cemitério de Kerepesi, em um local reservado para as grandes figuras do movimento socialista.

Índice onomástico

Obras de György Lukács publicadas no Brasil

Ensaios sobre literatura. Coordenação e prefácio de Leandro Konder; tradução de Leandro Konder et al. Rio de Janeiro, Civilização Brasileira, 1965 [2. ed., 1968]. Reúne os seguintes ensaios: "Introdução aos escritos estéticos de Marx e Engels", "Narrar ou descrever?", "Balzac: *Les Illusions perdues*", "A polêmica entre Balzac e Stendhal", "O humanismo de Shakespeare", "Dostoiévski", "O humanismo clássico alemão: Goethe e Schiller" e "Thomas Mann e a tragédia da arte moderna".

Existencialismo ou marxismo?. Tradução de José Carlos Bruni. São Paulo, Senzala, 1967 [2. ed., São Paulo, Ciências Humanas, 1979].

Introdução a uma estética marxista. Tradução de Carlos Nelson Coutinho e Leandro Konder. Rio de Janeiro, Civilização Brasileira, 1968 [3. ed., 1977].

Marxismo e teoria da literatura. Seleção e tradução de Carlos Nelson Coutinho. Rio de Janeiro, Civilização Brasileira, 1968 [2. ed., São Paulo, Expressão Popular, 2010]. Reúne os seguintes ensaios: "Friedrich Engels, teórico e crítico da literatura", "Marx e o problema da decadência ideológica", "Tribuno do povo ou burocrata?", "Narrar ou descrever?", "A fisionomia intelectual dos personagens artísticos", "O escritor e o crítico", "Arte livre ou arte dirigida?" e "O problema da perspectiva".

Conversando com Lukács. Tradução de Giseh Vianna Konder. Rio de Janeiro, Paz e Terra, 1969. Entrevista concedida a Hans Heinz Holz, Leo Kofler e Wolfgang Abendroth.

Realismo crítico hoje. Tradução de Ermínio Rodrigues; introdução de Carlos Nelson Coutinho. Brasília, Coordenada, 1969 [2. ed., Brasília, Thesaurus, 1991].

Ontologia do ser social: a falsa e a verdadeira ontologia de Hegel. Tradução de Carlos Nelson Coutinho. São Paulo, Ciências Humanas, 1979.

Ontologia do ser social: os princípios ontológicos fundamentais de Marx. Tradução de Carlos Nelson Coutinho. São Paulo, Ciências Humanas, 1979.

Lukács. Organização de José Paulo Netto; tradução de José Paulo Netto e Carlos Nelson Coutinho. São Paulo, Ática, 1981. Grandes Cientistas Sociais (série Sociologia), v. XX. Reúne o ensaio "O marxismo ortodoxo", extratos de *Para uma ontologia do ser social*, do ensaio "Marx e o problema da decadência ideológica" e do capítulo "A sociologia alemã do período imperialista" de *A destruição da razão*, parte do prefácio a *História do desenvolvimento do drama moderno*, o texto "Nota sobre o romance" e um excerto de *Introdução a uma estética marxista*.

Pensamento vivido: autobiografia em diálogo. Tradução de Cristina Alberta Franco. São Paulo/Viçosa, Ad Hominem/Universidade Federal de Viçosa, 1999. Entrevistas concedidas a István Eörsi e Erzsébet Vezér.

A teoria do romance. Tradução, posfácio e notas de José Marcos Mariani de Macedo. São Paulo, Editora 34/Duas Cidades, 2000.

História e consciência de classe: estudos sobre a dialética marxista. Tradução de Rodnei Nascimento. São Paulo, WMF Martins Fontes, 2003.

O *jovem Marx e outros escritos de filosofia*. Organização, apresentação e tradução de Carlos Nelson Coutinho e José Paulo Netto. Rio de Janeiro, Editora da UFRJ, 2007 [2. ed., 2009]. Reúne: "Concepção aristocrática e concepção democrática do mundo", "As tarefas da filosofia marxista na nova democracia", "O jovem Hegel: os novos problemas da pesquisa hegeliana", "O jovem Marx: sua evolução filosófica de 1840 a 1844", "A responsabilidade social do filósofo" e "As bases ontológicas do pensamento e da atividade do homem".

Socialismo e democratização: escritos políticos 1956-1971. Organização, apresentação e tradução de Carlos Nelson Coutinho e José Paulo Netto. Rio de Janeiro, Editora da UFRJ, 2008 [2. ed., 2010]. Reúne: "Meu caminho para Marx", "A luta entre progresso e reação na cultura de hoje", "O processo de democratização", "Para além de Stálin" e "Testamento político".

Arte e sociedade: escritos estéticos 1932-1967. Organização, apresentação e tradução de Carlos Nelson Coutinho e José Paulo Netto. Rio de Janeiro, Editora da UFRJ, 2009 [2. ed., 2010]. Reúne: "A estética de Hegel", "Introdução aos escritos estéticos de Marx e Engels", "Nietzsche como precursor da estética fascista", "A questão da sátira", "O romance como epopeia burguesa", "A característica mais geral do reflexo lírico" e "Sobre a tragédia".

Prolegômenos para uma ontologia do ser social. Tradução de Lya Luft e Rodnei Nascimento; prefácio e notas de Ester Vaisman e Ronaldo Vielmi Fortes; posfácio de Nicolas Tertulian. São Paulo, Boitempo, 2010.

O *romance histórico*. Tradução de Rubens Enderle; apresentação de Arlenice Almeida da Silva. São Paulo, Boitempo, 2011.

Lênin: um estudo sobre a unidade de seu pensamento. Tradução de Rubens Enderle; apresentação e notas de Miguel Vedda. São Paulo, Boitempo, 2012.

Para uma ontologia do ser social I. Tradução de Carlos Nelson Coutinho, Mario Duayer e Nélio Schneider; revisão da tradução de Nélio Schneider; revisão técnica de Ronaldo Vielmi Fortes, com a colaboração de Ester Vaisman e Elcemir Paço Cunha; apresentação de José Paulo Netto. São Paulo, Boitempo, 2012. Reúne: "Neopositivismo e existencialismo", "O avanço de Nicolai Hartmann rumo a uma ontologia autêntica", "A falsa e a autêntica ontologia de Hegel" e "Os princípios ontológicos fundamentais de Marx".

Para uma ontologia do ser social II. Tradução de Nélio Schneider, com a colaboração de Ivo Tonet e Ronaldo Vielmi Fortes; revisão técnica de Ronaldo Vielmi Fortes, com a colaboração de Elcemir Paço Cunha; prefácio de Guido Oldrini. São Paulo, Boitempo, 2013. Reúne: "O trabalho", "A reprodução", "O ideal e a ideologia" e "O estranhamento".

A alma e as formas. Tradução e posfácio de Rainer Patriota; introdução de Judith Butler. Belo Horizonte, Autêntica, 2015. Reúne os ensaios "Sobre a forma e a essência do ensaio: carta a Leo Popper", "Platonismo, poesia e as formas: Rudolf Kassner", "Quando a forma se estilhaça ao colidir com a vida: Søren Kierkegaard e Regine Olsen", "Sobre a filosofia romântica da vida: Novalis", "Burguesia e *l'art pour l'art*: Theodor Storm", "A nova solidão e sua lírica: Stefan George", "Nostalgia e forma: Charles-Louis Philippe", "O instante e as formas: Richard Beer-Hofmann", "Riqueza, caos e forma: um diálogo sobre Laurence Sterne", "Metafísica da tragédia: Paul Ernst" e "Da pobreza de espírito: um diálogo e uma carta".

Reboquismo e dialética: uma resposta aos críticos de História e consciência de classe. Tradução, comentários e notas de Nélio Schneider; revisão técnica de Ronaldo Vielmi Fortes; prefácio de Michael Löwy; posfácio de Nicolas Tertulian. São Paulo, Boitempo, 2015.

Marx e Engels como historiadores da literatura. Tradução e notas de Nélio Schneider; revisão técnica e notas de José Paulo Netto e Ronaldo Vielmi Fortes; prefácio de Hermenegildo Bastos. São Paulo, Boitempo, 2016.

O *jovem Hegel e os problemas da sociedade capitalista*. Tradução de Nélio Schneider; revisão técnica e notas de José Paulo Netto e Ronaldo Vielmi Fortes. São Paulo, Boitempo, 2018.

Essenciais são os livros não escritos. Organização, tradução, notas e apresentação de Ronaldo Vielmi Fortes; revisão técnica e apresentação de Alexandre Aranha Arbia. São Paulo, Boitempo, 2020. Reúne as entrevistas "A reforma econômica da Hungria e os problemas da democracia socialista", "Lukács: retorno ao concreto", "Novos modelos humanos", "Todos os dogmáticos são derrotistas", "O marxismo na coexistência", "Cinema e cultura húngara", "A nova direção econômica e a cultura socialista", "A Alemanha, uma nação de desenvolvimento tardio?", "A cultura e a República dos Conselhos", "O astronauta na encruzilhada da ciência e do estranhamento", "Após Hegel, nada de novo", "Conversa com Lukács", "Essenciais são os livros não escritos", "O sistema de conselhos é inevitável", "Colóquio com György Lukács" e "A última entrevista de Lukács".

A destruição da razão. Tradução de Bernard Herman Hess, Rainer Patriota e Ronaldo Vielmi Fortes; revisão de Ester Vaisman e Ronaldo Vielmi Fortes. São Paulo, Instituto Lukács, 2020.

Goethe e seu tempo. Tradução de Nélio Schneider com a colaboração de Ronaldo Vielmi Fortes; revisão da tradução de José Paulo Netto e Ronaldo Vielmi Fortes. São Paulo, Boitempo, 2021.

Biblioteca Lukács

Coordenador José Paulo Netto
Coordenador adjunto Ronaldo Vielmi Fortes

Volumes publicados

2010

Prolegômenos para uma ontologia do ser social
Questões de princípio para uma ontologia hoje tornada possível

Tradução Lya Luft e Rodnei Nascimento
Supervisão editorial Ester Vaisman
Revisão técnica Ronaldo Vielmi Fortes
Prefácio e notas Ester Vaisman e Ronaldo Vielmi Fortes
Posfácio Nicolas Tertulian

2011

O *romance histórico*

Tradução Rubens Enderle
Apresentação Arlenice Almeida da Silva

2012

Lênin
Um estudo sobre a unidade de seu pensamento

Tradução Rubens Enderle
Apresentação e notas Miguel Vedda

Para uma ontologia do ser social I

Tradução Carlos Nelson Coutinho, Mario Duayer e Nélio Schneider

Revisão da tradução Nélio Schneider

Revisão técnica Ronaldo Vielmi Fortes, com a colaboração de Ester Vaisman e Elcemir Paço Cunha

Apresentação José Paulo Netto

2013

Para uma ontologia do ser social II

Tradução Nélio Schneider, com a colaboração de Ivo Tonet e Ronaldo Vielmi Fortes

Revisão técnica Ronaldo Vielmi Fortes, com a colaboração de Elcemir Paço Cunha

Prefácio Guido Oldrini

2015

Reboquismo e dialética

Uma resposta aos críticos de História e consciência de classe

Tradução Nélio Schneider

Revisão técnica Ronaldo Vielmi Fortes

Prefácio Michael Löwy

Posfácio Nicolas Tertulian

2016

Marx e Engels como historiadores da literatura

Tradução e notas Nélio Schneider

Revisão técnica e notas da edição José Paulo Netto e Ronaldo Vielmi Fortes

Prefácio Hermenegildo Bastos

2018

O jovem Hegel e os problemas da sociedade capitalista

Tradução Nélio Schneider

Revisão técnica e notas da edição José Paulo Netto e Ronaldo Vielmi Fortes

2020

Essenciais são os livros não escritos

Organização, tradução, notas e apresentação Ronaldo Vielmi Fortes

Revisão técnica e apresentação Alexandre Aranha Arbia

2021

Goethe e seu tempo

Tradução Nélio Schneider

Revisão técnica José Paulo Netto e Ronaldo Vielmi Fortes

Sumário completo

Volume 1 – Questões preliminares e de princípio

Volume 2 – Problemas da mimese

- 748/a -

zerrtheit als unerlässliche Vorbedingung einer jeden Existenz ~~xxx~~ empfinden. Allerdings ist dieser Drang und die Fähigkeit, ihn zu verwirklichen, auch in den verschiedenen Personen derselben Zeit, derselben Klasse sehr verschieden; vom Kampf um die tatsächliche Realisation dehnt sich die Skala über ohnmächtiges Revoltieren bis zu einer stumpfsinnigen, ja sogar selbstgefälligen Anpassung an eines der ~~xxxxxx~~ falschen Extreme aus.

Die Kunst ist ihrem Wesen nach stets eine Gegenkraft solcher Entartungstendenzen, stets das Vorbild für den Aufstand ~~xxxxx~~ wider ihre Einflüsse, das Ideal einer inneren Gesundheit. Dass ihre einzelnen Gestaltungen fast immer auch eine konkrete - positive oder negative - Vorbildlichkeit in einer bestimmten Hinsicht besitzen, mindert nicht, ja verstärkt diese ihre allgemeine Wirkung: Vorbild für ein dem Menschsein würdigen Verhaltens zu sein, die Objektivität der Welt so zu erfassen und zu gestalten, dass darin eine solche Subjekt-Objekt-Beziehung zum Ausdruck gelange. Das bedeutet aber für das schaffende Subjekt die Notwendigkeit, ein entsprechendes Verhalten zur Welt in sich auszubilden. Auch darin ist - je nach Periode, Klassen, Nation, Individualität - eine unendliche konkrete Variabilität möglich, ja unerlässlich, jedoch die oben angedeutete allgemeinste Form in der Ausbildung der schöpferischen Subjektivität ist der einzige Weg für ein gültiges Inslebensetzen derartiger ästhetischer Gebilde. Das, was man berechtigter Weise eine künstlerische Persönlichkeit nennt, beruht gerade auf ~~einer~~ solchen Beziehung zur Wirklichkeit. Natürlich ist es formell möglich, auf anderen psychischen Grundlagen Kunstwerke hervorzubringen; das exzessive Übergewicht einer weltlosen Subjektivität oder ihre seelenlos-unmenschliche Unterdrückung überträgt aber zwangsläufig die menschliche Fragwürdigkeit eines solchen schöpferischen Verhaltens auf das Werk und bringt darin eine unaufhebbare Problematik hervor. Die reale Verbindung zwischen Werk und schöpferischer Persönlichkeit ist selbstredend höchst verwickelt und zeigt die verschiedensten Formen des dialektischen Umschlags. In diesem Wechsel bleibt aber - wenn es sich um echte Kunstwerke handelt - ein immer wiederkehrender Mittelpunkt bestehen: eben das hier geschilderte Verhältnis zur Wirklichkeit selbst, dessen Bewegungsrichtungen wir als Entäusserung des Subjekts an die Objektswelt und als Rücknahme des so Erworbenen ins Subjekt in anderen Zusammenhängen bereits geschildert haben. Die jetzige Beschreibungen gehen über die früheren nur insofern hinaus, als einerseits die Substanzialität des schaffenden Subjekts als un-

Página do original datilagrafado da *Estética* com correções a caneta de Lukács.

Publicado em 2023, 50 anos após o lançamento da primeira edição em alemão, este livro foi composto em Revival565 BT, 10,5/14,2 e impresso em papel Pólen Natural 70 g/m² pela gráfica Rettec, para a Boitempo, com tiragem de 4.000 exemplares.